U0525071

史量才传播学刊

2020年 第1期

陈改玲　陆高峰◎主编

中国社会科学出版社

图书在版编目(CIP)数据

史量才传播学刊.2020.第一期/陈改玲,陆高峰主编.—北京：中国社会科学出版社，2022.6
ISBN 978-7-5203-9676-9

Ⅰ.①史… Ⅱ.①陈…②陆… Ⅲ.①新闻学—传播学—丛刊 Ⅳ.①G210-55

中国版本图书馆 CIP 数据核字(2022)第 017503 号

出 版 人	赵剑英
责任编辑	郭晓鸿
特约编辑	杜若佳
责任校对	师敏革
责任印制	戴 宽

出　　版	中国社会科学出版社
社　　址	北京鼓楼西大街甲 158 号
邮　　编	100720
网　　址	http://www.csspw.cn
发 行 部	010-84083685
门 市 部	010-84029450
经　　销	新华书店及其他书店
印　　刷	北京明恒达印务有限公司
装　　订	廊坊市广阳区广增装订厂
版　　次	2022 年 6 月第 1 版
印　　次	2022 年 6 月第 1 次印刷
开　　本	710×1000　1/16
印　　张	33
插　　页	2
字　　数	541 千字
定　　价	188.00 元

凡购买中国社会科学出版社图书，如有质量问题请与本社营销中心联系调换
电话：010-84083683
版权所有　侵权必究

《史量才传播学刊》编辑部

主　编：

　　陈改玲　陆高峰

栏目主持人：

　　骆静雨（新媒体前沿）

　　胡雨濛（新冠肺炎疫情与健康传播）

　　唐亚蕾（文化时尚传播）

　　吴昶学（对外传播）

　　董书华（马克思主义新闻观与新闻史）

　　齐二娜（影像传播）

　　陆高峰（应用传播）

见习编辑：

　　李施祺　张霄　张敏　王巽　雷昱

目　　录

新媒体前沿（主持人：骆静雨）

家庭传播学视域中家庭微信群的实证研究
　　——基于807份调查问卷 ………………………………（3）
浅析"企业自媒体"概念的合理性 ……………………………（18）
使用与认知：新闻课堂中的社交媒体
　　——一项基于高校师生对比的实证研究 ………………（28）
中国语境下社交媒体UGC议程设置实证研究：基于社交关系型
　　内容分发平台 ……………………………………………（38）
意识传播：智能化时代信息传播的方式、机制和危机 ………（50）
社交媒体环境下我国政治传播的主流模式研究 ………………（64）
视觉社交时代的"悖反型"自我呈现
　　——女性"扮丑自拍"现象解析 …………………………（74）
移动互联网文章中的图片传播效果研究
　　——基于2019年第一季度"人民日报"、"央视新闻"公众号的
　　实证分析 …………………………………………………（86）

新冠肺炎疫情与健康传播（主持人：胡雨濛）

海外网络用户对新冠疫情态度和情感的大数据分析
　　——基于Facebook平台新闻内容和用户点赞行为的分析 ………（105）
粉丝公益动员：传播机制、协同效应及优化策略
　　——TF-医援会新冠肺炎疫情公益动员案例研究 …………（124）

公共卫生事件中的"健康反哺"
　　——以新冠肺炎疫情中口罩佩戴问题为例 ……………………（144）
环境抗争事件的新闻评论动员框架及机制研究
　　——以"雾霾天停课"事件为例 ……………………………（161）
论大众健康类图书出版的"平衡之道" ………………………（176）

文化时尚传播（主持人：唐亚蕾）

创意城市：里昂，一个法国的成功故事 …………………………（189）
声像符号在博物馆过渡空间中主题营造的应用研究
　　——以中国丝绸博物馆为例 ………………………………（213）
高校"抖肩舞"群体传播现象研究 ………………………………（227）
迷失的男性
　　——佩德罗·阿莫多瓦电影中的男人们 …………………（235）
艺展中新媒体交互艺术表意模式探析 …………………………（244）
老字号品牌时尚延伸的品牌权益获得机制研究 ………………（255）
从"快看漫画"看中国条漫的现状及其发展着力点 ……………（271）

对外传播（主持人：吴昶学）

视觉传播视角下的国家形象建构
　　——基于 YouTube 中国相关热门频道数据分析 …………（285）
建构全球化语境中的本土化身份认同
　　——浅析"港式"主旋律电影讲好中国故事的传播策略 …（302）

应用传播（主持人：陆高峰）

新闻如此发声，何以"瞭望""导引"？ …………………………（317）
框架生产理论视域下疫情事件的媒体呈现 ……………………（323）
面向防疫应急的媒体大数据信息基础设施研究 ………………（333）
阿联酋主流英文报刊媒介融合现状探析
　　——以《国民报》和《海湾新闻》为例 ………………………（344）

马克思新闻观与新闻史（主持人：董书华）

国内马克思主义新闻观研究的学术脉络与前沿热点
　　——基于知识图谱的可视化分析 ……………………（365）
近代海外华商的公关广告研究
　　——以《申报》陈嘉庚公司广告为考察中心 ………（382）
论延安《解放日报》继往开来的历史作用 ………………（398）
建构现代报业托拉斯：论史量才的三次报业"并购"
　　——20世纪初世界现代报业对中国报业影响之再审视 …（410）
近代上海防疫中的史量才和《申报》
　　——兼论社会力量在防疫中的作用 …………………（426）

影像传播（主持人：齐二娜）

符号学视角下的"奇标签"：综艺节目的创新与陷阱 …（439）
短视频平台"网红"青年教师的生成逻辑及其意义构建分析
　　——以抖音用户"花阳"为例 …………………………（448）
建国前中国喜剧电影的发展路径 …………………………（456）
主流媒体红色微电影的创新传播探究 ……………………（470）
影评类短视频的版权争议与制度完善
　　——以影评类短视频博主谷阿莫被诉侵权案为例 …（478）
我国户外竞技真人秀的意义输出与接收
　　——以《奔跑吧》为例 …………………………………（490）
当前主旋律电视剧话语修辞的舆论引导力研究 …………（506）

新媒体前沿

(主持人:骆静雨)

家庭传播学视域中家庭微信群的实证研究[*]
——基于807份调查问卷

王卫明,顾馨月,罗俊敏

(南昌大学 新闻与传播学院,南昌 330031)

摘 要:微信群是新媒体时代家庭成员互动交流的重要平台,家庭微信群的互动交流是典型的家庭传播。南昌大学家庭传播学课题组开展了"家庭成员微信群使用情况"问卷调查,收到807份有效问卷。本文在此基础上分析了家庭微信群的创建与变动、群聊态度及群内冲突、群内互动内容、群内传播内容的受众意愿、传播符号与手段、受众参与程度、积极影响及存在问题等,探讨家庭微信群的管理及合理使用,提出管理建议和个人使用建议。

关键词:家庭传播;微信群;使用;"5W"

一 调查方法及被调查者基本情况

为了解家庭成员微信群使用情况,笔者通过"问卷星"网站发布了"家庭成员微信群使用情况调查问卷"(详见 https://www.wjx.cn/m/48101132.aspx,共18道单选题,23道多选题,1道开放式主观题)。本次调查期间为2019年10月25日16时至2019年11月5日22时,主要通过QQ、微信、微博等平台和线下问卷推介此项调查,共收回有效问卷807份(其中有9.42%通过手机提交)。

---

[*] 本文系2020年国家社科基金一般项目"当代中国语境下的家庭传播研究"(批准号20BXW056)的阶段性成果。

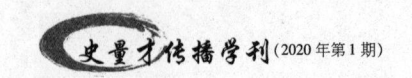

本次调查采用网络匿名调查方式，数据通过"问卷星"数据分析平台。因采用非随机抽样方式，本次调查的结果可作为一种探索性认识，不用于推论总体情况。

二　家庭成员微信群使用状况

由于家庭微信群的人员构成较为多样化，家庭微信群的类型也有所不同，因此，为了更好地了解不同类型家庭微信群使用情况，笔者将家庭微信群分为两类，以此展开调查：

(1) "小家庭"微信群：专指父母、亲兄弟姐妹为成员的微信群；

(2) "大家庭"微信群：既涉及父母、亲兄弟姐妹，又包括其他亲戚（例如：祖父母，外祖父母，堂兄弟姐妹，表兄弟姐妹，叔伯姑舅姨，姐夫妹夫，姑父姨父，侄子侄女，外甥外甥女，等等）。[①]

(一) 传播者与受传者 (Who & To Whom)

1. 群的创建及成员变动

关于被调查者是否有过创建家庭微信群经历的问题，有经历者和无经历者的比例分别为45.3%和54.7%，两者相差不大。

关于被调查者是否退出过家庭微信群的问题，绝大部分被调查者未退出过家庭微信群（占90.85%），只有极少数有过退出家庭微信群的经历（占9.15%）。

对于有过退出经历的这部分被调查者，以"21—30岁"的青年或中年人为主体（占47.69%），其中有一半多的人员有过创建家庭微信群的经历（占52.31%）。而关于退出原因，"与群里某些成员产生矛盾或不和"是最主要的退群原因之一（占40%）。可见，群内沟通对于群的成员变动也会产生影响。

关于家庭微信群是否存在应该加入的成员但未加入的情况，有这种情况和没有这种情况的占比相近（分别占47.97%和52.03%）。

而关于这些成员没有加入群的原因，"该成员很少玩微信，对微信功能

[①] 参见 Dawn O. Braithwaite, Elizabeth A. Suter & Kory Floyd, *Engaging theories in family communication: multiple Perspectives*, London: SAGE Publications, 2006, pp. 3–4.

不熟"是主要原因（占53.64%），其次是"该成员没有微信号"或"该成员和家庭其他成员关系较为疏远，很少联系"（分别占34.69%、32.94%）。在"其他"的开放式填空中，有被调查者提到"有成员因总是分享一些奇怪链接被踢出群"，从而未加入群。

可见，微信的使用与否以及熟练情况、家庭成员间关系的亲疏是影响家庭微信群成员构成的两个主要因素。

2. 群聊态度及群内冲突

关于被调查者家庭微信群群聊态度的问题，大部分被调查者表示"我会浏览群消息，但很少回应"（占54.13%），仅有少部分表示"我经常主动在群里发起话题的讨论"（占4.9%）。可见大部分被调查者的群聊态度是不太积极的，对于消息的主动接收性和发言欲望较低。

关于家庭微信群里的积极发言者是谁的问题，"父母或其兄弟姐妹"的占比最高（占56.78%），其次是"自己或兄弟姐妹"（占47.41%）。可见，家庭微信群中，"父母或其兄弟姐妹"和"自己或兄弟姐妹"是主要的积极发言者。

关于小家庭微信群是否出现过成员吵架的情况，绝大部分被调查者表示没有这种情况发生（占89.65%）。而关于大家庭微信群，84.26%被调查者表示没有这种情况发生。

总的来看，成员吵架的现象在家庭微信群内发生较少，这可能和家庭微信群的"家庭"属性有关，传统家庭价值观念中，讲究以和为贵，因此群内成员尽量做到相互包容，维护群内和谐。[1]

3. 其他传播行为

关于被调查者通过家庭微信群主要做什么的问题，对于小家庭微信群，绝大部分被调查者选择了"了解家人及亲戚的近况"（占83.71%），其次是"分享自己的生活"（占58.74%），"抢红包"占比居第三（43.8%）。

在大家庭微信群，"了解家人及亲戚的近况"占比仍最高（占78.49%），但相较于小家庭微信群，"抢红包"的占比超过了"分享自己的生活"的占比

---

[1] 参见 Kathleen M. Galvin, Dawn O. Braithwaite & Carma L. Bylund, *Family Communication, Cohesion and Change*, New York: Routledge, 2016, pp. 190-214。

（分别占48.67%和40.97%）。可见，绝大部分被调查者使用家庭微信群主要是了解家人及亲戚的近况、分享自己的生活以及参与红包互动。而"抢红包"和"分享自己的生活"占比排名在两种家庭微信群内情况不一，这可能和家庭微信群的成员构成以及群被赋予的主要功能有关。

关于"您是否有过将家庭微信群的聊天截图发朋友圈或QQ空间的行为？"的问题，仅有少部分被调查者有过该行为（占20.85%）。

其中，这少部分调查者以18—30岁的中青年人为主体（占66.89%），有一半多的人员有过创建家庭微信群的经历（占58.78%），微信群的使用频率也较高。

关于是否会对截图进行马赛克处理，"是"与"否"的人数占比相接近（分别占48.68%和51.32%）。

可见，家庭微信群使用较为积极主动的中青年人是分享聊天截图的主要群体，而关于群聊隐私保护意识仍需加强。

关于大家庭微信群内成员备注真实姓名的比例问题，有47.31%的被调查者表示"绝大部分"成员会备注真实姓名，没有成员备注真实姓名的情况占比最少（占5.07%）。

关于大家庭微信群内未备注真实姓名的成员，被调查者是否可以识别的问题，有43.21%的被调查者表示"绝大部分可以识别"，39.77%的被调查者表示"都可以识别"，仅2.13%的被调查者表示"无法识别"。可见，家庭微信群内是否进行真实姓名备注，对于群内成员相互识别的影响不大。

（二）传播内容（Says What）

1. 传播内容总体情况

关于小家庭微信群主要的互动内容，"生活状态分享"占比最高（占72.51%），其次是"微信红包互动"（占53.79%），"群玩游戏如微信麻将"占比较少（占6.24%）。

对于大家庭微信群，"生活状态分享"和"微信红包互动"仍是主要互动内容（占比均过半），其次是"资讯、文章类分享"（占40.86%）。与小家庭微信群不同的是，"发布聚会通知如婚宴、酒席"的互动内容在大家庭群内出现更多（占36.1%），而"群玩游戏如微信麻将"仍占比最少（占9.22%）。

可见，家庭微信群的互动内容以"生活状态分享"和"微信红包互动"为主。

2. 文化消费及资讯传播情况

关于家庭微信群文化消费情况的问题，半数多的被调查者选择了 D "推荐或讨论短视频"（占 58.04%），而 A、B、C 三个选项占比相近（分别占 36.08%、34.55%、30.35%），可见，短视频在家庭微信群内较受欢迎。

关于小家庭微信群内分享的资讯文章主要类型问题，大部分被调查者选择了"养生类"与"教育类"（分别占 60.45%、60.15%），"购物类"和"奇闻异事类"占比较低（分别占 26.92% 和 24.96%）。在"其他"选项的开放式填空中还提到"励志文章类"的内容。

而关于大家庭微信群，"养生类"占比仍最高（占 61.22%），其次是"教育类"（占 54.63%），"购物类"和"奇闻异事类"占比仍较低（分别占 34.69% 和 36.73%）。

总体上看，大家庭微信群内分享的资讯文章情况和小家庭微信群情况相似，"养生类""教育类""饮食类"是最主要的分享内容。而在当下疫情期间，疫情相关的资讯在家庭微信群分享的资讯文章中占有较大比重。

3. 传播内容的受众意愿

关于被调查者希望家庭微信群出现哪类信息的问题，绝大部分被调查者选择了"有关家庭和睦主题的信息"（占 73.99%），其次是"红包"（占 52.03%）。

关于被调查者不希望家庭微信群出现哪类信息的问题，绝大部分被调查者选择了"淫秽色情信息"、"耸人听闻的谣言"和"群内吵架的相关言论"（分别占 81.82%、80%、76.22%）。

（三）媒介渠道（In Which Channel）

1. 加入情况、类型及数量情况

关于"您是否加入家庭微信群"的问题，仅有 11.4% 未加入家庭微信群，未加入家庭微信群的人员以学生居多（占 46.74%），年龄上多集中于 18—30 岁（占 64.13%）。关于"加入的家庭微信群类型"的问题，绝大部分被调查者对于小家庭微信群和大家庭微信群均有加入（占66.57%），小家庭微信群加入人数比例略大于大家庭微信群（18.74%和14.13%），而两种家庭微信群均没加入的人员占0.56%（可忽略不计）。

总的来说，家庭微信群已经相当普及。

关于"加入的家庭微信群个数"问题，大部分被调查者加入了2个或3个家庭微信群（占30.63%和27.27%）。

2. 信息传播符号与手段

关于小家庭微信群主要的聊天方式，"语音"聊天和"纯文字对话"占比最大（分别占77.07%和63.65%），其次是"表情包"的使用（占50.68%）。

而关于大家庭微信群主要的聊天方式，"语音"聊天和"纯文字对话"仍是大部分被调查者选择的方式（分别占66.4%和59.43%），其次是"红包"（占45.8%）。

可见，家庭微信群最主要的聊天方式是"语音"聊天和"纯文字对话"，而相较于传统电话业务，"语音"聊天和"纯文字对话"较好地降低了聊天成本，因此，家庭微信群的使用可能会对电话业务和话费形成一定影响。

关于两种家庭微信群占比排名第三的聊天方式，小家庭微信群是表情包，而大家庭微信群是红包，这可能是因为，表情包作为一种较为随意的信息符号，更为亲近的人，符号的使用更为随意且无压力，因此，表情包在小家庭微信群内更常使用。而红包作为一种强激励性符号，一般而言，使用红包的目的在于激励人员参与某件事务中（如帮忙砍价、点赞、转发等）或活跃群气氛，而对于与自己亲密的人，无须激励，他们也会参与事务中来帮助自己或在群里回应自己，此外，红包的强激励性使参与人员越多，其发挥的互动性越强，也更好达成激励目标。因此，红包在大家庭微信群内更常使用。[①]

3. 受众参与程度

关于使用家庭微信群的频率，"小家庭微信群"使用频率主要集中在"经常参与—每周3—5天"与"有时参与—每周1—2天"（分别占25.45%、

[①] 参见 Kathleen M. Galvin, Dawn O. Braithwaite & Carma L. Bylund, *Family Communication. Cohesion and Change*, New York: Routledge, 2016, pp. 61–62。

23.36%)。"大家庭微信群"的使用频率主要集中在"偶尔参与—每月1—3次"（占32.25%）。

相较而言，小家庭微信群被经常使用，而大家庭微信群主要是偶尔使用。

关于小家庭微信群活跃度，有33.23%被调查者表示会"经常活跃—每周3—5天"，而"从不活跃"的占比最低（仅占0.91%）。

而大家庭微信群活跃度主要集中在"有时活跃—每周1—2天"与"偶尔活跃—每月1—3次"（分别占25.6%、25.28%），"几乎不活跃"的占比几乎是小家庭微信群同类选项的两倍，"从不活跃"占比仍最低（占1.75%）。

总的来说，小家庭微信群比大家庭微信群的活跃度更高，可见，家庭微信群活跃程度与群内成员亲密关系呈正相关。

关于家庭微信群一天的活跃时段，"17：01—21：00"是被调查者小家庭微信群和大家庭微信群的主要活跃时段（分别占73.42%、71.97%），而"00：00—5：59"则是最不活跃的时段（均占1.55%）。

总体上看，小家庭微信群和大家庭微信群的主要活跃时段都集中在17：01—21：00，这一段时间，大部分人处于下班后集中休息的时间，有充足时间和家人在群里互动。

三 家庭成员微信群传播影响（传播效果，With What Effect）

为了解家庭成员微信群的传播影响，本次调查设置了两道有关的多选题，每道多选题包含一个非必答开放式填空题（在"其他"选项中），以补充题目概括的不足。

第一题是"您认为家庭微信群有哪些积极影响？"。

（1）心理情感方面

有54.41%被调查者表示"家庭微信群有利于维系亲属间的关系，增强亲属间关系的亲密性"，44.48%被调查者表示"家庭微信群有利于增强家庭成员对家庭或家族的依附感和归属感"，36.22%被调查者表示"家庭微信群有利于减少成员内心的孤独感"。

可见，不少被调查者认为家庭微信群有利于成员与家庭、与家庭成员的情感联系。

微信作为一种线上交流平台，许多人表示因为对其过于依赖，而忽略当面沟通的重要性,导致亲情关系的疏远,他们认为当面沟通的许多要素(如语气、表情、肢体接触等)是无法被线上交流所替代的。但是数据结果却反映,不少被调查者认为微信平台是有助于亲情关系的维系的,这是为什么呢?

其实,如果能合理运用线上交流媒介,在某种意义上,对于家庭成员的情感联系是有利的。微信平台的使用不仅弥补了时间、地域对沟通带来的限制,而其"视频""语音"等功能,也更好地弥补了线上纯文字交流的不足(如交流的语气、表情、动作等无法传达),此外,微信平台的表情包、互动游戏等为家庭成员提供了更丰富的沟通形式与渠道,并且透过家庭成员在群内的消息互动,可以看到家庭成员生活的另一面,更好地了解家庭成员,从而拉近成员间的关系,增进成员间的情感联系。[1]

但是,微信的线上交流仍无法完全替代面对面聊天所给人带来的交流体验(如聊天时肢体接触中的拥抱给人带来的温暖),因此,家庭微信群的线上交流对于缓解人内心孤独感的作用是有限的。

(2)沟通交流方面

有 51.05% 的被调查者表示"家庭微信群有效促进了不同辈分的人之间的交流"。有 22.38% 的被调查者认为"家庭微信群有利于家庭成员言论表达的自由与平等"。

可见,超过一半的被调查者认为家庭微信群有效促进了不同辈分的人之间的交流,这可能是因为家庭微信群作为一个交流媒介,将不同辈分的家庭成员很好地聚集在了同一个对话空间,拉近了不同辈分成员之间的交流距离,提升了他们之间交流互动的概率。此外,微信作为线上交流平台,成员可以通过文字、图片等表达想法,在某种意义上缓解了面对面交流的压力、紧张或尴尬,从而有利于不同辈分成员之间的交流与良性互动。[2]

仅有两成左右的被调查者认为家庭微信群有利于家庭成员言论表达自由与平等。这可能是因为,家庭微信群(尤其是大家庭微信群)集中了家族的许多成员,成员间年龄跨度大,在聊天用语、语意理解、生活的文化空

---

[1] 参见 Kathleen M. Galvin, Dawn O. Braithwaite & Carma L. Bylund, *Family Communication. Cohesion and Change*, New York: Routledge, 2016, pp. 132 – 133。

[2] 参见 Kathleen M. Galvin, Dawn O. Braithwaite & Carma L. Bylund, *Family Communication. Cohesion and Change*, New York: Routledge, 2016, pp. 132 – 133。

间、价值观念等方面都存在差异，从而可能导致成员间的沟通障碍，产生误会，因此，为尽可能避免误会产生，成员会控制自己在群里的言论发表。此外，家庭微信群（尤其是大家庭微信群）的聊天互动，在某种程度上，可能会受到家庭辈分、长幼观念甚至是身份能力的影响，如存在长辈发言权更大，晚辈的发言不一定能被群里成员重视、家族中发展较好的成员的发言更受重视等问题。此外，群内发言有时还受到权力限制，如父母阻止子女在群内发表一些言论，从而使群内聊天产生不公平的现象。[①]

（3）信息获取方面

47.55%被调查者认为"做重要决定时，家庭微信群里的亲人能提供一些有用的建议"。37.76%被调查者认为"在家庭微信群里聊天有利于接触到不同的有价值的信息"，17.48%被调查者认为"家庭微信群能给成员来带一些机会（如就业工作机会）"。

可见，家庭微信群在帮助成员获取有利信息或机会方面的作用是有限的。受群的家庭属性的影响，家庭微信群内聊天、分享的内容多与家庭相关，轻松日常且生活化，因而很难从中获取多样化或有深度的信息。

（4）其他方面

在"其他"选项的开放式填空中，有被调查者提到"家庭微信群有利于长辈表达想法""家庭微信群使通知更方便""家庭微信群有利于了解家人的生活状态""家庭微信群使手机照片、视频的共享更方便"等。

第二题是"您认为家庭微信群存在哪些问题？"。

（1）心理情感方面

14.13%的被调查者表示存在"父母长辈通过家庭微信群'监视'自己"的问题。

父母长辈通过家庭微信群，询问自己的生活情况、工作情况、学习情况或婚恋情况等，会给人一种被监视的感觉，[②]但这种情况的占比较低，这是

[①] 参见 Langellier, K. M., & Peterson, E. E., Narrative Performance Theory: Telling Stories, Doing Family, In D. O. Braithwaite & L. A. Baxter (Eds.), *Engaging Theories in Family Communication: Multiple Perspectives*, Thousand Oaks, CA: Sage, 2006, pp. 99–114。

[②] 参见 Sun Sun Lim, *Mobile Communication and the Family: Asian Experiences in Technology Domestication*, Dordrecht: Springer, 2016, pp. 15–16。

为什么呢？

在传统家庭观念中，有"家丑不可外扬"的价值观念，而又常有人说道"这是别人的家事，我们不便插手"，对于每个家庭内部的家庭事务、成员私事，家庭成员都倾向于在家庭内沟通解决，而家庭外的人员，也不方便对别人家的事指指点点，因此，虽然家庭微信群聚集的都是亲属，但是，尤其是针对大家庭微信群，里面包含不同的小家庭，不同小家庭之间会形成一定的"内外隔阂"（即他家事，我家事），从而很少有成员会在群里问别人或自己小家庭成员的私事，从中也可以发现，大部分被调查者的家庭观念是附属在"小家庭"上的，大家庭微信群对于他们而言，仍然是一个公共空间。①

（2）沟通交流方面

27.41%的被调查者表示"成员在群里发表言论受阻"。24.76%的被调查者表示"成员们过度依赖家庭微信群而忽略当面沟通的重要性"。16.08%的被调查者表示"家庭微信群聊有时会造成成员间的误解"。11.19%的被调查者表示存在"家庭微信群里成员吵架互怼"的问题。

有近三成的被调查者表示成员在群里发表言论受阻，可见群内言论发表受阻的问题虽然不是很严重，但仍然需要重视。

此外，仅有少部分被调查者认为家庭微信群的使用会对当面沟通造成影响。可见，只要合理使用家庭微信群，是不会影响线下沟通交流的。

这里需要注意的一点是在沟通深度上，家庭微信群是很难替代当面沟通交流的，家庭微信群的聊天内容多是轻松日常化的，成员们很难在群里进行深刻问题的讨论，或者是深入情感的交谈，而线下交流可以做到这一点。

而关于成员误解与互怼的情况在家庭微信群发生较少。

（3）信息获取方面

有16.64%的被调查者表示"家庭微信群内出现虚假消息、负面消息、淫秽色情信息的传播"。

可见，大部分家庭微信群的传播环境是较好的，这可能是因为家庭微信群带来的言论发表匿名性更差（群内的成员都是自己的亲属），并且受到群

---

① 参见 Kathleen M. Galvin, Dawn O. Braithwaite & Carma L. Bylund, *Family Communication. Cohesion and Change*, New York: Routledge, 2016, pp. 68–70。

内家属的监督提醒,但家庭微信群的谣言传播问题仍需得到关注。

(4)其他方面

有29.93%的被调查者表示"家庭微信群的聊天互动打扰成员的正常生活",有7.69%的被调查者表示"家庭微信群管理人员未尽到管理职责"。

笔者在进行线下问卷发放时,通过与被调查者交谈,发现大部分被调查者的家庭微信群没有设置管理人员,因而并不存在管理人员未尽到管理职责的问题。

在"其他"选项的开放式填空中,有被调查者补充其他问题如"群里的成员拉入各自的亲戚,但自己并不认识,导致'家庭群'变'陌生人群'""大家庭微信群里亲戚过多,价值观差异太大,沟通有障碍"。

四 家庭成员微信群管理与使用建议

基于上述数据现象分析,可以发现,家庭微信群在使用过程中存在一些问题,影响部分成员的生活以及和家人的交往,也影响了家庭微信群功能的发挥。那么,作为一种生活化的、非正式的聊天群,家庭微信群是否需要管理?如何进行管理?如何合理使用?

为探索上述问题,笔者设置了一道有关家庭微信群管理的题目:"您认为家庭微信群应该如何管理?"。

选择"制定群聊规范,对不良用语、图片、视频等进行限制并及时提醒,对虚假资讯消息进行证实,鼓励内容积极的言论发表"的被调查者最多(占44.2%)。可见,有不少被调查者关注家庭微信群的传播环境和内容质量。

有33.43%的被调查者选择了"和成员商量,确定家庭微信群互动聊天时间",这一方法则能够有效缓解家庭微信群聊天互动打扰成员的正常生活的问题,此外,通过明确聊天互动时间,可以使家庭微信群的聊天互动更集中、更活跃。

有33.15%的被调查者选择了"由群主带头,家庭成员共同商定,具化管理员和其他成员的权利及责任,尊重成员隐私"。32.17%的被调查者选择了"选出家庭内有地位或辈分的成员作为群主,处理群内矛盾、带动话题、商讨家庭事务等"。19.86%的被调查者选择了"选出特定人员协助群主,处理群内矛盾,管理群内消息互动"。① 在"其他"选项的开放式填空中,个别被调查者认为"目前的家庭微信群现状很好,不需要特别管理","开心随意就好,家庭微信群顺其自然"。

通过上述分析,我们可以看出,大部分被调查者是认同对家庭微信群进行一定的管理和规范使用的。同时,被调查者对家庭微信群管理和规范使用有不同的侧重点。

因此,家庭微信群应该如何管理和使用呢?

(一) 管理方面

1. 意识上

转变观念:家庭微信群并非闲聊群。根据家庭微信群的成员规模、构成情况及重要程度,发掘家庭微信群可以发挥的积极作用(有关家庭问题处理、工作机会、人脉资源、行业资讯讨论等方面),打破家庭微信群仅仅服务于家庭、闲聊的认识局限和功能局限,提升家庭微信群作为"群"的功能属性。

注意把握时机,以群内出现的问题为契机和成员商讨解决办法,推动群管理。关注多数人的利益点与意愿,以此为基础,在群内传递家庭微信群合理管理与使用带来的利益点,带动多数人的认可赞同。

2. 行动上

管理员设置:一般而言,家庭内有较重话语权的人员、责任意识和管理能力较强的人员、对微信功能和网络技术较熟知的人员等更适合成为管理员,管理员的人数应根据家庭微信群的成员规模、重要程度灵活设置。管理员的职责及权力,应和家庭微信群内成员共同商讨决定,主要涉及群内消息管理、群内话题带动、处理群内成员矛盾、带领商讨家庭事务等。②

群规范制定:互动时间的规范。和群内成员商量,确定家庭微信群集中的互动聊天时间。

---

① 参见 Kathleen M. Galvin, Dawn O. Braithwaite & Carma L. Bylund, *Family Communication. Cohesion and Change*, New York: Routledge, 2016, pp. 165 – 173。

② 参见 Kathleen M. Galvin, Dawn O. Braithwaite & Carma L. Bylund, *Family Communication. Cohesion and Change*, New York: Routledge, 2016, pp. 165 – 188。

互动内容的规范：管理员做好"把关人"工作，对群内信息进行抑制和疏导，对不良用语、图片、视频等进行限制并及时提醒，对虚假资讯消息进行证实，注意规避谣言传播的逆火效应，在辟谣时注重语言的运用，避免成员产生心理抗拒、动机性推理、动机误解等，尤其是在处理父母长辈的谣言传播时。① 鼓励内容积极的言论发表。对群内转发、求赞、加速以及群玩微信游戏，应和群内成员共同商讨，确定管理方法。此外，应注重对成员隐私的保护。

3. 灵活处理

由于不同的家庭微信群，群内的成员规模、构成和主要功能（与成员的群聊意愿有关）都是有所差异的。因此，并不是所有的家庭微信群都需要一套严格、全面的管理和使用规范，应根据其具体功能指向、规模大小以及群聊特点，灵活处理。

（二）个人使用方面

1. 发挥好传播者与受传者的双重作用

个人在向群内传播、分享信息时，注意把握信息的内容质量，积极发挥传播者对信息的搜集、加工与传递作用，在合适时段，积极发起一些良性互动和话题讨论；在群内发表言论时，要注意言辞使用得当，尊重他人，并且注意聊天时段，不打扰他人；个人要尊重他人隐私，注意信息传播是否泄露个人或侵害他人的隐私。

作为受传者，个人应具备一定的信息判断能力和谣言识别能力，对于群内的不良信息、虚假消息保持警惕，并选择恰当的方式予以指出；在时间允许情况下，个人要积极响应群内聊天互动，表达自己的观点，对于有价值的信息，在不侵害他人隐私情况下，可进行二次传播。

2. 注意遵守群规范，配合管理员的相关工作

个人应根据家庭微信群的具体情况，推动适当的群管理工作，并且遵守相

---

① 参见熊炎《谣言传播逆火效应的成因解释与抑制策略——基于实证研究的整合与推导》，《现代传播》2019年第1期。

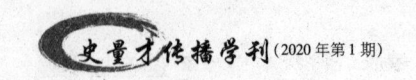

应的群规范，配合管理员相关工作，共同建设更具凝聚力、活力的家庭微信群。

3. 不能轻视当面沟通的重要性，合理分配群聊时间

个人在使用家庭微信群的同时，也不能忽视当面沟通的重要性，不能过分依赖家庭微信群，当在家人身边时，应多与家人进行面对面沟通交流，增强情感联系。

4. 积极挖掘家庭微信群的其他功能价值

个人可以根据群内成员构成，积极挖掘家庭微信群的其他功能，如创立专门为家里老人辟谣的微信群，通过家庭微信群召开家庭视频会议等。

五 家庭成员微信群的其他观点

为弥补前述选择题难以概括全部可能性的不足，本次调查设置了一道开放式填答题"对于家庭微信群你还有别的看法吗？"对该题的填答，字数不限，但较为费心、费时，因此填答人数较少（仅160人填答）。通过对填答内容的归纳和总结，笔者发现，主要包含以下两个核心观点。

（一）家庭微信群的核心作用在于沟通联系

不少被调查者在答案中提到对家庭微信群作用的认识，而绝大部分被调查者认为家庭微信群主要作用在于和家人的沟通联系。如"家庭微信群的建立主要是为了沟通""家庭微信群可以促进家庭成员之间的沟通、分享彼此的生活状态，稳固家人之间的情感""家庭微信群在联络方面有很大的帮助，能让身在各地的亲人，尤其是父母一辈增加沟通与了解"等。

此外，不少被调查者表示希望群内能再多点沟通互动，如"希望多互动、多参与""多多聊天，有好的东西大家分享"等。

（二）家庭微信群的隐私紊乱

家庭微信群在使用过程中一直存在一个问题：隐私紊乱与隐私边界。在一些被调查者看来，家庭微信群就是自己的私人空间，是自己"家庭"（更倾向于小家庭）的线上交流场所。因此，群内成为某种可以披露隐私的空间，如"作为亲密关系人之间的交流阵地"。而部分被调查者认为，家庭微

信群（尤其是大家庭微信群）是一种公共空间，因此不希望自己的一些个人信息发布在群里。如"群内闲聊挺好，但是有事尽量私聊"。

依据传播隐私管理理论，人们在人际关系中做出"自我披露"和"隐私管理"的决定包含三个主要观点：①个人对隐私信息具有控制权，积极制定自己的规则，决定哪些信息该披露以及向谁披露；②隐私边界和规则可以被协商；③当边界不明确或关系各方的隐私规则不同时，可能会产生隐私紊乱。①

因此，其实可以把家庭微信群拆解成"家庭"和"微信群"两个词来看，家庭（尤其是小家庭）对于多数人来说，是一种具有私属性的对象，是可以进行一定的隐私披露的空间，而"微信群"又具有一种公共性，个人会注重对其隐私的管理。因此，家庭微信群自然就存在一种公、私属性的矛盾，而家庭微信群主要是倾向于哪种属性，则和成员对该群的感受和看法有很大的关系，因此，不同成员在使用家庭微信群时，会形成不同的隐私规则，隐私边界也较模糊，从而带来隐私紊乱的问题。

---

① 参见 Sandra Petronio, "Boundaries of privacy, dialectics of disclosure", *New England Journal of Medicine*, No. 15, 2002, pp. 1505 – 1506。

浅析"企业自媒体"概念的合理性

齐二娜

(韶关学院,广东 韶关 521000)

摘 要：本文首先对"自媒体"(We Media)概念进行了追根溯源,不仅探明了国内外研究"自媒体"的主要观点,而且厘清了"We Media"被国内学者翻译成"自媒体"的原因及其解读片面性；其次,借助人内传播、把关、企业公民等理论对企业自媒体进行深度解读,同时与反对企业自媒体概念成立的观点进行商榷；最后,对比国内"企业自媒体"与国外"企业社会化媒体"两个不同概念之间的联系与区别,指出"企业自媒体"更具有国内语境与语义的合理性。

关键词：We Media；自媒体；企业自媒体；社会化媒体

一 "企业自媒体"概念的使用热潮与反对声音

2010年,朱平豆在研究中首次使用了"企业自媒体"的说法,将企业自建的官网平台、线上自销平台、线上互动社区网站称为"企业自媒体"平台,而百科、贴吧、BBS、博客群等载体或工具称为"社会化自媒体"平台[①]；2014年,海尔向广告商大发告示声称不再向传统媒体投放硬广告,以后就彻底依靠自己的企业自媒体,从而引起了传统媒体界的轩然大波；2014年7月,企业自媒体大会在广州举行。企业自媒体越来越成为学界与业界研究的热点。但回首其研究发现,不仅缺乏对"企业自媒体"概念的权威界

---

① 朱平豆：《数字时代的企业"自媒体平台"》,《国际公关》2010年第1期。

定与深度解读，而且存在一些反对"企业自媒体"概念成立的声音。如：代玉梅老师在《新闻与传播研究》中发文认为自媒体是"私人化、平民化、自主化的传播者们自由的在互联网上传播信息。而企业自建的各种官方媒体则会站在企业的立场对信息进行筛选、把关，而后才进行报道，并不能列入'We Media'的行列"①。一边是越来越热的使用潮，一边是反对的声音，企业自建的网站、微博、微信等媒体平台是否应该被称为"企业自媒体"、自媒体的使用者是否仅限于平民化的普通大众，成为值得思考的问题。

二 "We Media"的概念溯源及相关研究

Dan Gillmor（丹·吉尔默）在《下一时代的新闻》评论中首次使用了"We Media"这个名词，描述了一篇评论草稿在网上得到网友的各种建议和意见的有趣现象，从而指出一个"多维度的、数字沟通的时代"来临——称之为"We Media"。丹·吉尔默认为"We Media"的范围从电子邮件、博客、数字视频到 P2P 系统，增加了新的沟通方法，发明了新的合作工具，那些原来接收传统媒体报道的个人或者组织，正在学会新的技巧来获得他们自己想要的信息②。通过丹·吉尔默的论述，可将"We Media"的特质归纳如下：①一种新技术带来的沟通与合作平台；②可以"自由"的、几乎没有成本地接收和发送信息；③动摇并超出了传统大众媒体的控制范围；④个人、企业与其他组织都可以使用，带来了从文化交流到市场竞争全方位的改变。

"We Media"平台可以被企业等组织使用也在其他研究中体现出来，如：2003 年，威肯登·戴维引用丹·吉尔默的观点"'We Media'是一种多维度的、数字化沟通平台"来研究公司的公关活动，指出一些战略公司开始使用博客这种"We Media"与客户保持联系，并且这种方式可以直观地测量对目标受众的观点、态度和行为的影响③；一些研究认为沃尔玛在"We Media"平台 Myspace 的尝试收到非常好的效果。比如，可以通过年轻顾客的反馈了

---

① 代玉梅：《自媒体的传播学解读》，《新闻与传播研究》2011 年第 5 期。
② Dan Gillmor, "Here comes 'We media': Tech-savvy readers want in on the conversation", *Columbia Journalism Review*, 2003, Jan./Feb., pp. 20–21.
③ Wickenden David, *High-tech trends that will matter to PR executives*, Public Relations Strategist, 2003–09–03, pp. 23–27.

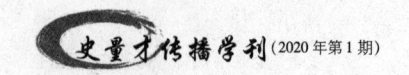

解到公司在储货上的一些不足①；US Fed News Service 发文认为脸书和推特是社会化工具，是个人和公司都可以使用的媒介平台②。

三 "We Media"的国内研究及其解读片面性

（一）"We Media"的国内研究缘起

国内学者方兴东最早提到"We Media"并将其翻译成"自媒体"，他认为博客为自己带来了"自由"的发声平台。作为一名 IT 观察者和评论员，方兴东在提出"自媒体"概念的时候也存在一些矛盾性。比如，他的主要研究仍是关于"公民新闻"方面的研究，以至于倾向于强调博客等媒介形式的"个人化""草根化"特性；又会在某些研究角落指出博客可以为企业所用③，这就为后期研究的片面解读埋下了伏笔。

（二）国内多数研究对"We Media"定义的误传及其内涵的解读片面性

"We Media"被翻译成"自媒体"后，后期的研究者并未对丹·吉尔默介绍"We Media"的原文进行追根溯源，而是直接转述了方兴东关于"We Media"的相关论述。随着麦尚文、丁玲华④、彭兰⑤等人对方兴东的"自媒体"观点的转述与扩展研究，这个概念逐渐地被使用开来。2006 年，邓新民在其研究中称 Shayne Bowman（谢因·波曼）等人在《We Media》的研究报告中为"We Media"下了一个严谨的定义："We Media 是普通大众借助网络通信技术，分享他们自身的事实与新闻的途径。"⑥ 邓新民的这篇文章截至目前被引用了两百多次，以至于这句话成了国内多数研究者认定的

---

① Frazier, Mya, "Wal-Mart tries to be MySpace. Yes, seriously", *Advertising Age*, 17 July, 2006.
② Fort Polk Joins, "We Media", *US Fed News Service*, *Including US State News* [Washington, D. C], 28 July 2009.
③ 方兴东、孙坚华：《Blog：个人日记挑战传媒巨头》，《南方周末》2002 年 9 月 5 日。
④ 麦尚文、丁玲华、张印平：《博客日志：一种新的网络传播方式——从传播学角度看 blog 的勃兴》，《新闻界》2003 年第 6 期。
⑤ 彭兰：《中国互联网展望——技术变革与发展动向》，《2014 第二届亚洲传媒论坛——新闻学与传播学全球化的研究、教育与实践论文集》，2004 年。
⑥ 邓新民：《自媒体：新媒体发展的最新阶段及其特点》，《探索》2006 年第 2 期。

"We Media"的定义。通过对《We Media》报告的查阅，发现这句话并不是谢因·波曼与克里斯·威利斯的观点，而是美国新闻学媒体中心的主任Dale Peskin（戴尔·佩斯金）为《We Media》报告写的简介中的一句话。那句话并非完整意义上的定义，而是戴尔·佩斯金站在新闻专业的角度去理解"We Media"平台带给普通大众与新闻业的变化，遗憾的是这句话却成了诸多国内学者将"自媒体"的使用者解读为"个人化""平民化"的根源。也就是说，研究者们普遍将戴尔·佩斯金等人对"公民新闻""草根新闻"的"个人化""草根化"特征套用在了"自媒体"的解读之上，将对"自媒体"的解读重点放在了"普通大众"之上，而非"平台""途径"之上，使后来诸多的研究者将自媒体定义为私人化媒体。如："自媒体"是个体传播者进行的网络传播[1]；自媒体也叫"个人媒体"[2]。正是这种片面的解读，才会有学者将企业等组织排除在自媒体的使用主体之外。

（三）支持企业可作为自媒体使用主体的声音一直处于研究边缘

从对"We Media"的追根溯源中可以看出，吉尔默等人从来没有将"We Media"限定于个人使用，国内也有不少学者延续了这种观点，支持企业同样可以作为自媒体的使用主体，如：吕欣欣指出企业应建立自己的Blog，以保证企业的独立性；汪杨认为企业可以运用博客自媒体对外树立企业的形象，对内进行成员的交流，团结内部力量。这些声音尽管合理，但从国内研究自媒体的文献数量分析中可以看出，这些文献主要集中在新闻与信息传播类方面的研究，自媒体的商业应用研究少之又少[3]。也就是说，自媒体研究多是关于"公民新闻""草根新闻"的研究，以至于"公民新闻""草根新闻"的"私人化""平民化""草根化"特征进一步被套用在"自媒体"之上，并逐步发展成为共识。无论是将"We Media"翻译成"自媒体"，还是将谢因·波曼与克里斯·威利斯误认为是"自媒体"的定义者，或是将"自媒体"解读成"私人化""平民化"的媒介，国内对"自媒体"

---

[1] 张彬：《对"自媒体"的概念界定及思考》，《今传媒》2008年第8期。
[2] 史历峰：《"聚媒体"：民意表达的新平台》，《新闻记者》2008年第3期。
[3] 陈宪奎、刘玉书：《2003—2014年中美自媒体研究和比较分析——基于数据挖掘的视角》，《新闻与传播研究》2015年第3期。

的研究都呈现出典型的"沉默的螺旋"现象,那些做出正确的解读或者对误读进行质疑的"非权威"研究者的声音一直处于边缘地带。

四 "企业自媒体"概念的合理性分析

前述的代玉梅老师等学者对"企业自媒体"的反对意见可以归纳为两点:一是自媒体的使用主体应是"私人、平民、自主"的传播者,即普通大众,企业不能被视为这样的传播者;二是企业自媒体会对所报道的信息进行"把关",也就是说"私人化、平民化、自主化"的传播者们的信息报道则是"自由"的,不存在"把关"。通过对国内外关于"We Media"研究解读,本文认为:

(一)普通大众的自媒体传播也具有公共性,并非绝对的"私人化"

对于自媒体的"私人化"问题很早就有学者提出质疑,指出博客等自媒体的传播特性具有"公共性"。如:林中路认为,博客不但是一种具有"私性"化的媒体,也是一种具有"公共"性的媒体;[①] 丁未认为博客尽管是一个公共舞台,但其"开放、自由、共享"等特性仅仅是一种技术上的可能,博客的话语权力分配格局与传统的大众媒体具有同构性。[②]

普通大众自媒体发展的"商业化"是其非私人化的另一种体现。如:"自媒体成长计划"指出自媒体作者可以发布长篇微博,并以此为依托进行广告业务的分成、热门话题的合作等商业化尝试,《云科技》《逻辑思维》等自媒体正是这种商业化尝试的代表;同样,罗振宇、吴晓波、柴静等人的自媒体的私人化、平民化性质也因此遭到质疑。吴晓明认为草根媒体一旦做大做强就会进入公众视野,其自身的草根意义就不复存在了,应该被并入传统媒介的渠道。[③]

---

① 林中路:《自媒体博客:公共性与隐私性探寻》,2005-7-8,检索于:http://blog.eedu.org.cn/u/?uid-25-action-viewspace-itemid-3011。
② 丁未:《从博客传播看中国话语权的再分配——以新浪博客排行榜为个案》,《同济大学学报》(社会科学版)2006年第17卷第6期。
③ 吴晓明:《对自媒体平台上的新闻传播理论的考察》,《徐州师范大学学报》(哲学社会科学版)2005年第31卷第6期。

（二）普通大众的自媒体传播同样存在"把关"，并非完全的"自由化"

"The Gates Came Down"是丹·吉尔默的主要观点，他认为"We Media"等平台的出现，使传统媒体的"门"倒塌了，其"守门人"的霸权地位不复存在，"强调了技术让每一个感觉到发声无力的人发出声音"[1]。但G. A. Alexandr（G. A. 亚历山大）和 A. A. Gregory（A. A. 格雷戈瑞）认为丹·吉尔默的观点"The Gates Came Down"（把关门倒塌）并不成立，因为"We Media"时代不仅没有真的结束审查，而且表现得越来越严格。同时，人们在发表观点的时候，也会体现出自我、本我、超我的人内把关特征[2]。亚历山大，G. A 和格雷戈瑞，A. A 的观点说明，普通大众在自媒体上的传播不仅存在"把关"，而且存在双重把关。首先，信息进入自媒体平台后要面临发布平台的把关。如果微博、微信等自媒体内容涉及管理者认为的不正当言论，就会被微博、微信背后的平台删除，尽管这种删除具有一定的延时和滞后[3]，但足以说明自媒体在本质上和传统媒体并没有太大区别，它同样受到不同利益集团的监管和牵制。普通大众想要通过博客等自媒体实现信息壁垒的突破只是一个美好的愿望[4]。其次，即使忽略平台把关，人的信息传播也必须先经过一个"人内传播"的过程。"人内传播"是人体的相关组织和器官分工协同，对信息进行把关、整合、再生产，最终指导人们的态度和行为[5]。"人内传播"，也就是人体内部的信息处理活动，并非纯粹的生理上的活动，而是有很强的心理特性和社会特性[6]。这与亚历山大、格雷戈瑞等人强调的本我、自我、超我的互动过程是一致的。人的内部传播本身就存在一种天然的自我"把关"。

---

[1] Dan Gillmor, We the Media, Grassroots Journalism by the People, for the People, Published by O'Reilly Media, Inc. http://www.hypergene.net/wemedia/download/we_media.pdf. 44–65, 2004.
[2] Asmolov A. G. & Asmolov G. A., "From We-Media to I-Media: Identity Transformations in the Virtual World", *Psychology in Russia State of Art*, 2009, 1（2）：102–123.
[3] 赵高辉：《博客传播中传者浅析》，《当代传播》2005年第3期。
[4] 孙晨钟：《论博客传播方式的局限性》，《江西财经大学学报》2005年第3期。
[5] 刘金星：《试论人内传播的"蛋式传播模式"——兼与林之达先生商榷》，《国际新闻界》2008年第1期。
[6] 陈力丹、陈俊妮：《论人内传播》，《当代传播》（汉文版）2010年第1期。

（三）企业自媒体完全符合自媒体的传播特征

自媒体的各种传播优势已基本成为共识，如"零编辑、零技术、零体制、零成本、零形式"等，这些优势同样适用于企业自媒体的使用。一方面，在大众媒体为主的传播时期，企业是没有自己的话语权的。任何信息的发布都需要借助大众媒体的途径，并付出高昂的费用。尤其是当危机发生时，甚至要忍受媒体公关的盘剥和欺诈[①]。另一方面，大众媒介的媒体记者没有时间和精力做关于企业的深度报道，企业的许多故事无从讲述，以至于大众无法深入地了解企业。如果创建了自己的媒体，就等于拥有了企业自己的报纸和电视台，上述问题就能很好地解决。也就是说，企业自媒体实实在在地掌握在企业手中，摆脱了原来大众媒体的制约，真正掌握了传播的话语权。企业无须花费很多的成本就可以拥有自身的媒体，随时随地传播企业资讯，进行信息收集，实现受众对话。

（四）企业与普通大众的身份同质性

对"企业自媒体"概念持反对声音的研究者们认为企业不应被视为私人化、平民化的传播者，这一点看上去似乎有很大合理性，但从其他学科的研究成果来看，个体与企业的区别并非那么绝对。如：心理学研究认为，企业尽管是一个群体概念，但群体是由个体所组成的，任何一个群体都具有人性的任何一个要素，如群体的意识、记忆、联想、激情等情愫[②]。也就是说，个人与群体在本质上是相通的。个人存在于群体之中，群体是由个人组成。任何个体都具有群体的行为倾向，其人性特质中都有着群体的特质[③]。经济学的研究认为，个体的选择行为和群体的选择行为基本上是一样的。在主流经济学的概念中，无论是个人还是企业，都属于"经济人"的范畴[④]。非主流经济学在分析人们的选择行为时，通常将个体和群体的选择行为融合

---

① 陈力丹、陈俊妮：《论人内传播》，《当代传播》（汉文版）2010年第1期。
② 唐雄山：《论人性的个体性、群体性及类性》，《佛山科学技术学院学报》（社会科学版）1998年第4期。
③ 曹花蕊、杜伟强、姚唐等：《顾客参与内容创造的个体心理和群体创造机制》，《心理科学进展》2014年第22卷第5期。
④ 何大安：《个体和群体的理性与非理性选择》，《浙江社会科学》2007年第2期。

在一起分析①。管理学研究中，美国在19世纪末就已经通过法律赋予了企业以"人"的身份，把企业视为有血有肉的独立个体②。企业同公民一样享有法律中规定的各种正当程序和平等保护，企业被称为"企业公民"③。Morgan（摩根）指出把企业当作个人这种隐喻方式可以使企业变得更加熟悉，让我们能够更好地去理解和研究企业④，自此，企业开始作为公民被研究，企业作为公民的语言、行为准则、社会责任等内容都得到了良好的系统的阐述⑤。这些学科的研究从不同角度表明企业也可以作为"平民化、自主化"的传播者。

五 "企业自媒体"与"社会化自媒体"的研究混淆性，使"企业"在自媒体之前的限定必不可少

随着自媒体的研究越来越多，如果不加"企业"这个限定词，就无法确定一篇文章是在研究企业在自建的媒体平台上的营销或传播问题，还是研究企业在微博、QQ空间等公共的"社会化自媒体"平台上的营销或传播问题。以微信平台为例，刘虹岑、王鹏翔、王凯等人都是研究企业的"微信自媒体"，王凯的侧重研究企业自建的微信平台传播，而刘虹岑、王鹏翔的研究则是侧重企业在大众微信平台上的传播。就目前的研究现状来看，由于未对企业自媒体进行权威界定，以至于现在的研究呈现混淆状态。有的是纯粹研究企业自建的媒体平台，有的是研究企业之外的"社会化自媒体"平台，有的则是将两种自媒体平台混合在一起。但企业在自建平台上与在企业之外的公共的"社会化自媒体"平台上的营销或传播是截然不同的。一方面，公共的社会化自媒体平台每天有海量的信息更新，平台会对这些

---

① Shiller, R. J., "Market Volatility and Investor Behavior", *American Economic Review*, 1990, 80 (2): 58–62.

② Joel Bakan, *The Corporation: The Pathological Pursuit of Profit and Power*, New York: Free Press, 16, 2004.

③ Andy Opel, "Corporate Culture Keeps Nature Regular: The 'Super Citizen', the Media and the 'Metamucil and Old Faithful'", Ad, *Capitalism Nature Socialism*, volume, 17.3, 2006, pp. 100–113.

④ Morgan, G., *More on metaphor: Why we cannot control tropes in administrative science*, Administrative Science Quarterly, 1983, pp. 601–607.

⑤ Logsdon, J. M., Wood, D. J., "Global Business Citizenship and Voluntary Codes of Ethical Conduct", *Journal of Business Ethics*, 2005, 59 (1–2): 55–67.

信息进行筛选,筛选机制则由"把关人"执行,把关人的出现让博客等自媒体的门户特征显现出来。也就是说,企业之外的"社会化自媒体"有着"传统媒体"的本质。企业如果要在"社会化自媒体"上发布信息,就要与新浪、腾讯等媒体巨头"商谈"。另一方面,在社会化的、大众化的、公共化的自媒体平台上,企业的营销信息每天有无数条,不仅无法起到营销效果,甚至会对受众造成干扰。再者,社会化自媒体快速发展为人们获取新闻与信息的重要渠道的过程中,网络新媒体的寻租活动也蔓延开来,而企业在自有媒体上的信息发布则不存在这种情况。当下媒体的发展态势表明,企业自建的媒体平台才是企业的"自由王国",是企业可以自主地、自由地发布信息的平台。因此,"企业"在"自媒体"之前的限定必不可少。

六 "企业自媒体"相比"企业社会化媒体"更具有中国语境下的针对性

国外并没有"Enterprise We Media"(企业自媒体)的说法,国外企业的 Facebook、Twitter、Website 等媒体形式普遍被称为"corporate social media",即"企业社会化媒体"[1],这个概念很快被传入国内。尤其是 2009 年"贾君鹏"事件以后,国内的研究者们也开始将企业微博、企业网络社区等形式称为企业社会化媒体。"企业社会化媒体"与"企业自媒体"两个概念在国内一直并行使用。从各种研究中可以看出,社会化媒体与自媒体都是包容性较强的概念,两者有极大的相似性。国外关于社会化媒体的研究也认为这种媒体既适用于个人,也适用于企业[2]。同样,国外企业在自建媒体上的传播与企业在社会化媒体上的传播也存在研究混淆性[3]。但也有一些研究开始有意识地将企业的自建媒体与社会化的媒体传播区别开来,研究中会

---

[1] Christian Fuchs, "Digital presumption labour on social media in the context of the capitalist regime of time", *Time & Society*, 2014, 23 (1): 97 - 123.

[2] Wu, He, Shenghua Zha, et al., "Social media competitive analysis and text mining: A case study in the pizza industry International", *Journal of Information Management*, 2013, 33: 464 - 472.

[3] Kiljae Lee, Won-Yong, Oh, et al., "Social Media for Socially Responsible Firms: Analysis of Fortune 500's Twitter Profiles and their CSR/CSIR Ratings", *Bus Ethics*, 2013, 118: 791 - 806.

在社会化媒体之前加上限定词"official"（官方的）、"firm-specific"（企业专属的），通过 official social Media 与 firm-specific social Media 等说法来显示区分①②。从两者的比较中可以看出，社会化媒体是比自媒体广泛的概念，它一方面侧重于内容生产与社交的结合；另一方面侧重于用户，而不是平台的运营者③。自媒体则主要将重点放在媒介使用权的归属上，强调了媒介权利的分化过程，更能体现网络技术带给企业的好处。从这个角度来讲，"企业自媒体"相较于国外的"企业社会化媒体"，更具有中国语境下的针对性。

结　语

尽管国内学者对"We Media"的解读存在种种片面性，但这个概念却在国内被广泛地关注和使用，因为"自媒体"的语义有中国语境下的合理性。"自媒体"中的"自"不仅可以解读成"自有的"，还可以解读成"自由的""自主的"，完全符合中国人的理解方式，也符合微博、微信等媒体形式的特质。因此，仅从内涵上理解，"自媒体"的翻译是可以成立的。根据概念转变的"同化"类型④，运用已有概念解释新现象，"企业自媒体"作为已有概念"自媒体"之下的一个"类别"，不仅具有合理性，而且更清晰地显示出"自有"媒介平台的"自主性"与"自由性"。因此，企业自媒体的概念是完全可以成立的，无论是普通大众，还是企业、政府等组织，都可以成为自媒体的使用主体。

---

① Dijkmans, C., Kerkhof, P. & Beukeboom, C. J., "A stage to engage: Social media use and corporate reputation", *Tourism Management*, 2015, 47: 58 – 67.

② Ting Li, Guido Berens, et al., "Corporate Twitter Channels: The Impact of Engagement and Informedness on Corporate Reputation", *International Journal of Electronic Commerce*, 2013, 18 (2): 97 – 125.

③ 彭兰：《社会化媒体、移动终端、大数据：影响新闻生产的新技术因素》，《新闻界》2012年第 16 期。

④ Posner, G. J., Strike, K. A., Hewson, P. W., et al., "Accommodation of a scientific conception: Toward a theory of conceptual change", *Science Education*, 1982, 66 (2): 211 – 227.

使用与认知:新闻课堂中的社交媒体
——一项基于高校师生对比的实证研究

田森杰[1],黄晓军[2]

(1. 北京市朝阳区定福庄东街一号中国传媒大学35号楼322室 100024;
2. 南昌大学新闻与传播学院,江西 南昌 330031)

摘 要:本研究通过对江西地区四所新闻与传播学院的112名教师和345名学生的问卷调查发现,教师个人生活中社交媒体的使用类型与在课堂上的使用类型呈现一致性,而学生个人生活中社交媒体使用类型与在课堂中呈现差异性。教师的行业经验越丰富,越倾向于使用社交媒体,对其用于教学的态度更为积极,而教师的社交媒体教学使用态度与他们的年龄无明显联系,学生并不会因为专业差异而更倾向于使用哪种社交媒体进行专业学习。课堂上师生对于社交媒体的使用方式单一化、浅层化,他们在何种课程适合融入社交媒体这一问题的认知上呈现混乱状态,虽然教师群体很少使用豆瓣、知乎,但他们仍然认为这些社交媒体对于教学有较大帮助。

关键词:社交媒体;新闻课堂;使用行为

一 问题的缘起及文献回顾

互联网的发展历程也是互联网社会化的过程,互联网的进化,就是围绕社会化进行的各种进化,不同社交媒体的出现、共存,共同构成了我国社交媒体发展的景观,社交媒体对于人们的思维方式、行为方式以及生产方式都产生深刻影响。社交媒体在业界的新闻实践和新闻生产中已经司空见惯，新闻记者越来越多地使用社交媒体进行自我宣传和寻找信息，[①] 我国也有比较充分的研究去关注记者在使用社交媒体进行新闻采写过程中的角色认知、行为规范以及相关的法律问题等。[②] 社交媒体被新闻记者的广泛应用以及在新闻实践中的重要价值给新闻教育者提出了一个重要问题，即新闻教育中如何利用社交媒体。本文研究问题的缘起，一方面，是因为社交媒体的重要作用已经渗透在我们的生活和学习中，但是除了一些教学个案之外，我们对于社交媒体在新闻教育中的作用却知之甚少；另一方面，作为"数字原生代"的当代大学生，他们在大学入学前就已经充分接触和使用电子产品和社交媒体，他们的社交媒体使用行为与使用习惯等应该在新闻教育中被利用。在新闻课堂中，已有老师和学生使用社交媒体进行专业教学和专业学习，但社交媒体在融入传统的新闻课堂方面仍然具有很多的挑战，其中重要的问题就是如何提升新闻课堂上社交媒体的使用效率，而使用效率的提升却绕不开师生对于社交媒体的使用行为与认识状况。

国内的研究中关于社交媒体教学应用的研究相对零散，比如：针对范以锦先生微博中的"新闻学生茶座"分析了微博教学相较于传统新闻课堂的优势与局限；[③] 谭天教授根据自己的教学实况具体阐释了如何通过微博、微信进行教学创新；[④] 也有从国外社交媒体课程设置及借鉴意义角度去研究的。[⑤] 不难看出，国内的相关研究多是以个案为主，而西方的社交媒体新闻教学研究就显得更为学理化，比如：通过深度访谈的方法对新闻教师的社交媒体使用意识、个人生活中与专业教学中使用社交媒体的方式以及新闻课堂上如何使用社交媒体等进行研究，同时对社交媒体教学使用过程中产生的隐

[①] Lasorsa, D. L., Lewis, S. C. & Holton, A. E., "Normalizing Twitter: Journalism practice in an emerging communication space", *Journalism Studies*, 2012（1）：19 - 36.
[②] 白净：《新闻记者使用社交媒体规范探讨——中国大陆媒体、路透社、美联社规范比较研究》，《新闻记者》2013 年第 3 期。
[③] 杨秀国、高菲：《美国社交媒体新闻学教学的个案解读——以美国伊萨卡学院为例》，《青年记者》2016 年第 6 期。
[④] 曾丽芸、谭天：《自媒体在新闻传播教学中的应用》，《新闻爱好者》2015 年第 6 期。
[⑤] 黄钦：《微博在新闻教育中的优势与局限——由范以锦的"新闻学生茶座"说开去》，《青年记者》2013 年第 9 期。

私问题、诚信问题等表示了担忧;① 调查研究学生专业课程学习的热情程度、参与程度以及学业成绩等因素与社交媒体使用的关系;② 采取定量与定性的方法去发现哪种社交媒体在新闻教育中最具使用价值;③ 并且有研究者发现随着时间的推移,学生在使用社交媒体进行专业学习的过程中,更倾向于发送内容,而不是通过转发或直接回复与他人交流。④ 同时也有学者指出教师在社交媒体上的过度分享,学生对于教师的满意度评价以及对课程的投入度评价等产生负面影响⑤。

在笔者的教学实践过程中,发现许多教师和学生都会在专业课程的教学、学习中或多或少地使用社交媒体,本文通过问卷调查,试图回答国内师生在新闻课堂中社交媒体使用的相关问题。

二 研究方法与研究问题

本研究主要在江西省地区展开调查,分别对省内的南昌大学、江西师范大学、江西财经大学和江西科技师范大学等四所学校的新闻传播学院的师生进行问卷调查,这其中既有综合类211大学,又有师范类、财经类普通高校,根据学生的专业背景,分别在四所学校的新闻学系、广告学系、广播电视学系以及影视传播系等四系各发放问卷90份,新闻学系收集有效问卷87份,广告学系收集有效问卷87份,广播电视学系收集有效问卷86份,影视传播系收集有效问卷85份,共发放问卷360份,有效问卷收集345份。教师所授课程由于存在跨越系别的情况,本研究未严格按教师所属系别进行问卷发放,不过在发放的过程中尽量保证各个系别教师人数均等,本研究针对

---

① Mike Moran, Jeff Seaman and Hester Tinti-Kane, Teaching, Learning, and Sharing: How Today's Higher Education Faculty Use Social MediaResearch report published by Pearson, Babson Survey Research Group, Retrieved from, http://files.eric.ed.gov/fulltext/ED535130.pdf.
② Junco, R., Heiberger, G. & Loken, E., "The effect of Twitter on college student engagement and grades", *Journal of Computer Assisted Learning*, 2011: 19 – 132.
③ Betancourt, L., The journalist's guide to Twitter, Mashable, Retrieved from, 2009. http://mash able.com/2009/05/14/twitter-journalism.
④ Lin, M. F. G., Hoffman, E. S. & Borengasser, C., "Is social media too social for class? A case study of Twitter use", *Tech Trends*, 2013: 39 – 45.
⑤ Mazer, J. P., Murphy, R. E. & Simonds, C. J., I'll see you on "Facebook": The effects of computer-mediated teacher self-disclosure on student motivation, affective learning, and classroom climate, *Communication Education*, 2007: 1 – 17.

四所学校的教师共发放115份，回收有效问卷112份。

本研究调查时间为2019年4—6月，主要围绕四个大问题进行研究设计：首先考虑到社交媒体已经成为师生社交活动中的重要载体，且在学生成长过程中很大程度上是通过社交媒体进行社交的，我们从教师与学生的对比的角度进行着眼，围绕"RQ1：师生在个人生活中与新闻课堂中使用社交媒体的类型差异"进行相关问题设计。另外，考虑到学生的专业背景以及教师的年龄、行业经验等因素，我们试图去发现师生在利用社交媒体进行专业教学、学习的影响因素，并且尝试研究学生在使用社交媒体进行专业学习时是否具有媒介使用共性，是否会因专业背景的不同而对社交媒体有各自的倾向，所以我们围绕"RQ2：师生个人背景与新闻课堂上社交媒体使用之间的关系"设置了问题。为进一步深化研究，试图发现如何更好地在新闻课堂上使用社交媒体的答案，所以本研究围绕"RQ3：师生课堂上社交媒体使用方式差异"，针对在课堂中使用过社交媒体的师生进行了调查。最后针对样本中全部的师生，对"RQ4：师生对于社交媒体的使用认知差异"进行调查，分别围绕哪些社交媒体适合专业教学和学习以及哪些专业课程适合融入社交媒体等进行问题设置。

三　研究发现

（一）样本基本情况

本调查的学生样本中男女比例分别为22.3%和77.7%，考虑到大一年级开设的专业课程较少，本研究在大一年级学生中问卷发放数量较少，占比12%，由于学生大四期间课程较少，四个学院均有媒体实习要求，问卷调查难度较大，大四学生总人数占比只有8%，大二、大三年级各占比40%。在教师样本中，男性教师占比60.7%，女性教师占比39.3%，教师的年龄分布主要集中于31—40岁和41—50岁，人数分别为48人（42.8%）和52人（46.4%）。样本中涉及微信、QQ、微博、贴吧、抖音、知乎、豆瓣、小红书等8种社交媒体（见表1）。

（二）师生在个人生活中与新闻课堂中社交媒体使用的差异

调查样本中，所有师生在个人生活中都使用了社交媒体，且微信、QQ

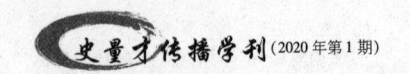

的使用频率无论是在教师群体还是在学生群体中都是最高的。如表2所示，学生在个人生活中社交媒体的使用类型更多元化：在教师样本中，只有30名老师在个人生活中使用了超过4种以上的社交媒体，有38名老师只使用微信和QQ进行网络社交。而在学生样本中，只有21名学生使用的社交媒体数量在4个以下。

在新闻课堂上，112名老师中有68名老师在课堂中使用过社交媒体，所有学生都使用过社交媒体进行专业学习，其中微信和QQ使用频率最高，在样本中我们发现，教师在生活和教学中对于社交媒体的使用具有高度相似性，他们在教学中使用的社交媒体也都是在生活中常用的社交媒体，像知乎、豆瓣这种知识型社交媒体教师在日常生活中不常用，所以也很少将其用来辅助教学。而在学生群体中，虽然他们在平时经常使用微信和QQ，但在课堂中却也经常会使用知乎、豆瓣等社交媒体。

表1　　　　　　　　师生最常用的社交媒体调查情况

	个人生活（教师/学生人数）	新闻课堂（教师/学生人数）
微信	65/131	48/106
微博	11/83	7/61
QQ	32/105	12/56
知乎	0/12	0/58
贴吧	0/1	0/0
抖音	0/1	0/0
小红书	0/4	0/0
豆瓣	4/8	1/64

表2　　　　　　　　师生使用社交媒体数量统计

	个人生活（教师/学生人数）	新闻课堂（教师/学生人数）
1种	4/0	20/26
2种	38/0	28/65
3种	40/21	12/105
4种及以上	30/324	8/159

（三）师生个人背景与新闻课堂上社交媒体使用之间的关系

如图1所示，68名使用过社交媒体辅助教学的教师有34人年龄在31—40岁，有30人年龄在41—50岁，26—30岁和50岁以上的各有2人；68人中有4人媒体从业时间不足半年，3年以上从业经验人数最多，达到24人。虽然样本中有44名教师未在课堂上使用过社交媒体来辅助教学，但在这44名教师中有24名教师对新闻课堂中使用社交媒体持支持态度，出现这种情况可能与教师所教授的课程类型有关系，在这24名教师中，31—40岁的8人，41—50岁的12人，50岁以上的4人，他们的媒体从业时间只有一人在半年至一年之内的，其余是有一年以上的从业实践。在20名反对社交媒体辅助教学的教师中，他们的行业经验都是不超过1年的，而年龄分布却相对均匀。所以根据调查样本中的数据，教师群体对于在社交媒体辅助教学的使用及态度与其年龄没有呈现明显的关联性，并不会因为年龄较大而不使用社交媒体辅助教学或者对其抱有保守态度，反而教师媒体从业经验会影响他们对于社交媒体的教学使用态度，有着3年媒体从业经验的教师群体没有一位反对在新闻课堂中使用社交媒体，而在反对社交媒体辅助教学的20名教师中，他们的从业时间都在一年之内。在学生群体中，我们并未发现学生对于社交媒体的学习使用与他们的专业背景有明显关联性，微信是所有专业学生课堂上使用最多的社交媒体，微博、知乎等也是很多学生倾向使用的，尽管豆瓣与影视系联系更加密切，但在研究中并未发现影视系学生在课堂上比其他专业使用豆瓣的频率更高。另外，课堂上使用社交媒体数量超过4种的分别有40人（新闻系）、38人（广告系）、41人（广电系）

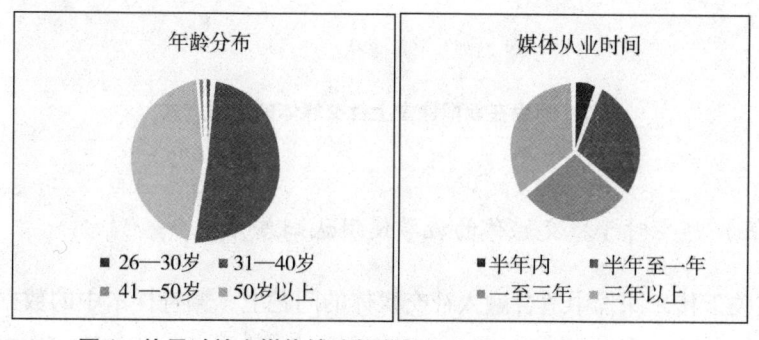

图1 使用过社交媒体辅助教学教师的个人背景（共68人）

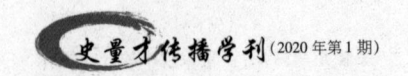

和影视系（40人），数量上并未有明显区别。

（四）师生课堂上社交媒体的使用方式

师生在课堂上社交媒体的使用方式主要有布置和完成作业、分享知识以及搜索信息三种，如图2所示，有60名教师使用社交媒体布置过作业，337名学生用社交媒体完成过作业，分别有56名教师、315名学生在课堂上利用社交媒体分享过知识，有40名教师、223名学生使用社交媒体搜索信息。这其中有一名教师利用社交媒体开展过弹幕教学，有18名学生使用社交媒体在实务类新闻课堂中进行过直播。从整体上看，无论是教师还是学生，对于社交媒体的使用方式还存在单一化的问题。

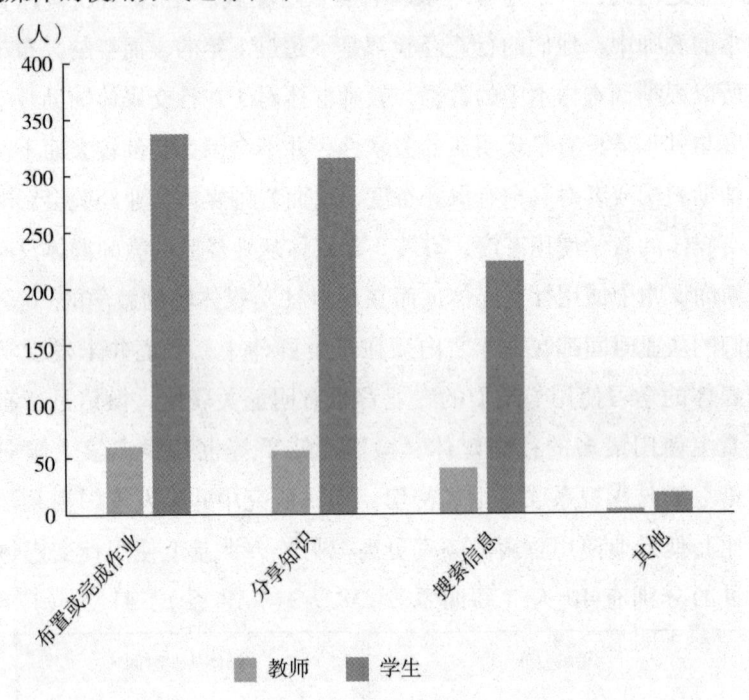

图2 师生在新闻课堂上社交媒体的使用方式

（五）师生对于社交媒体的教学使用认知差异

在关于什么课程中适合融入社交媒体的问题上，调查样本中的数据没有呈现明显的规律性，无论是教师还是学生在这一问题上未给出统一答案，在教师群体中既有认为新闻采写、摄影后期制作、网络与新媒体等实践性较强的课程适合融入社交媒体，也有认为新闻学概论、公共关系学等理论性课程也适合结合社交媒体开展教学，有 24 名教师认为所有课程都适合融入社交媒体。学生群体亦是如此，他们对于何种课程适合结合社交媒体的答案并未呈现出共性，这也反映了师生在该问题的认知上呈现出模糊混乱状态。

在关于什么社交媒体适合融入新闻课堂的认知上，教师的选择与他们个人社交媒体使用习惯形成明显的差异性，虽然教师在个人生活和新闻课堂上使用的社交媒体类型较少，只有 30 名教师在生活中使用了超过 4 种以上的社交媒体，但在 92 名支持社交媒体走进新闻课堂的教师中却有 66 名教师在这个问题上选择 4 种以上的媒介，并且像知乎、豆瓣这种教师平时很少使用的社交媒体都被他们认为适合用来辅助新闻教学。而学生群体对于该问题的回答与他们的日常社交媒体使用习惯呈现出一致性，他们平时不经常使用的社交媒体并不会被他们认为适合融入新闻课堂。

四　结论与反思

从研究中我们至少可以得出以下四个结论。第一，教师在个人生活和新闻课堂中社交媒体的使用类型具有一致性，教师在使用社交媒体辅助教学时以自己的使用习惯为主导，而学生在个人生活中常用的社交媒体类型与他们在新闻课堂倾向使用的社交媒体类型具有明显差异。第二，教师在新闻课堂中社交媒体的使用与其业界经验有关，与年龄无明显关联。这可能与社交媒体使用的广泛性有关系，随着智能手机以及社交媒体的发展，各个年龄段的人群对于社交媒体都有充分的使用，学生使用何种社交媒体进行专业学习与其专业背景无明显关联。第三，新闻课堂中的社交媒体功能还有待深挖，布置作业、搜索知识和分享信息等使用方式相对浅层化，要实现新闻教学中提升社交媒体的使用效能，需实现课堂和社交媒体的深度结合，深度结合的前提是对于课程性质和社交媒体功能的深度认知。第四，师生在社交媒体融入新闻课堂的相关认知上呈现混乱的状态，这说明社交媒体辅助传统教学尚未形成明朗的教学方式。

结合本研究的调查数据，新闻课堂中融入社交媒体时应该从以下几个方面去进行着力。首先，探索多元化社交媒体教学使用方式。本研究的调查中，课堂上多数师生对于社交媒体的使用形式单一，而样本中的一位老师利用社交媒体开展过"弹幕教学"，依靠微信平台，实现课堂上师生之间的实时沟通与交流，"弹幕教学"在更深层次实现了师生之间的沟通交流。但这仅仅是个例，应该探索更多元化的社交媒体使用方式，而非流于浅层，拘泥于形式。其次，建立社交媒体教学使用评估体系。究竟在什么课程中适合融入社交媒体，本研究中的师生似乎未给出具有共性的答案，这反映出社交媒体还缺乏明朗的教学使用模式，建立社交媒体教学使用评估体系，确定何种社交媒体类型适用于新闻课堂，什么类型的新闻课程适合融入社交媒体等，评估体系的搭建能够为社交媒体教学提供参考和准绳，以便获得更明确的教学使用模式。最后，教师媒介素养的提升。教师在个人生活中相较于学生社交媒体的使用类型单一，且与新闻课堂中社交媒体的使用具有高度一致性，这说明教师缺少对于学生社交媒体使用习惯的观照，缺失的原因可能是教师媒介素养的不足。媒介素养中包含对于媒介手段和设备的接触使用能力，显然，从样本的数据来看，教师群体的社交媒体接触使用，存在使用类型单一的问题，这会直接导致教师在教学过程中只选择自己熟悉的社交媒体进行教学，忽视学生的媒介使用习惯，影响新闻课堂上社交媒体的教学效果。所以在使用社交媒体进行辅助教学时，教师应该接触更多类型的社交媒体，不仅仅局限于微信、微博，主动去了解更多元化的社交媒体，掌握一些必要的操作技能等。

虽然本研究是国内较早对社交媒体融入新闻教育的调查研究，但是本研究仍有一些局限和不足之处。第一，受现实因素的影响，我们的调查者中大四年级的人数太少，而大四学生的专业课程学习量最多，他们对于社交媒体的接触和使用可能也更为充分，所以调查所获结果可能会与实际情况有所偏差。第二，本研究未关注社交媒体在新闻课堂上使用的法律规制问题。有关社交媒体中的隐私保护是个人日常使用过程中比较关注的问题，由于社交媒体中含有大量个人生活的内容，加之开放性的特征，当社交媒体用于公共学习时，个人隐私保护仍不容忽视；在社交媒体发布作业会涉及知识产权，对于这方面也需要给予保护。第三，调查中有相当部分的老师都进行过社交媒体相关的作业布置，如何去设置有价值的作业以及如何对于社交媒体作业的评判标准等问题同样值得去探索。所以在未来的研究过程中，应该接触更加多元化的师生群体,也应该对于社交媒体在新闻课堂使用过程中的作业设置和评价标准、隐私保护以及知识产权保护等问题予以关注。

参考文献

Betancourt, L., "The journalist's guide to Twitter. Mashable", Retrieved from: http://mashable.com/2009/05/14/twitter-journalism.

Junco, R., Heiberger, G. & Loken, E., "The effect of Twitter on college student engagement and grades", *Journal of Computer Assisted Learning*, 2011 (27): 119-132.

Lasorsa, D. L., Lewis, S. C. & Holton, A. E., "Normalizing Twitter: Journalism practice in an emerging communication space", *Journalism Studies*, 2012 (1): 19-36.

Lin, M. F. G., Hoffman, E. S. & Borengasser, C., "Is social media too social for class? A case study of Twitter use", *Tech Trends*, 2013, 57 (2): 39-45.

Mazer, J. P., Murphy, R. E. & Simonds, C. J., "I'll see you on 'Facebook': The effects of computer-mediated teacher self-disclosure on student motivation, affective learning, and classroom climate", *Communication Education*, 2007, 56 (1): 1-17.

Mike Moran, Jeff Seaman, and Hester Tinti-Kane, Teaching, Learning, and Sharing: How Today's Higher Education Faculty Use Social MediaResearch report published by Pearson, Babson Survey Research Group, Retrieved from: http://files.eric.ed.gov/fulltext/ED535130.pdf.

白净:《新闻记者使用社交媒体规范探讨——中国大陆媒体、路透社、美联社规范比较研究》,《新闻记者》2013 年第 3 期。

黄钦:《微博在新闻教育中的优势与局限——由范以锦的"新闻学生茶座"说开去》,《青年记者》2013 年第 9 期。

杨秀国、高菲:《美国社交媒体新闻学教学的个案解读——以美国伊萨卡学院为例》,《青年记者》2016 年第 6 期。

曾丽芸、谭天:《自媒体在新闻传播教学中的应用》,《新闻爱好者》2015 年第 6 期。

中国语境下社交媒体 UGC 议程设置实证研究:基于社交关系型内容分发平台

郝云峰

(北京通州区世纪龙鼎小区 2 号楼 232 室　101101)

摘　要：本文旨在对当今中国大陆最为流行的微博、微信等以社交关系内容为特征的平台上 UGC 用户生产内容的议程设置进行研究，以 2015 年新浪微博上最有影响力的突发事件"长江游轮翻沉事件"为例，运用夏洛特（Charlotte）研究所使用的历时调查交叉相关来证明议程设置的因果关系。研究发现，只有市场类媒体微博议程与公众议程存在正相关因果关系，同时发现公众议程的反向议程设置功能；官方主流媒体机构微博议程和网众微博议程分别与公众议程呈现负相关的因果关系。

关键字：社交媒体 UGC 议程设置；新浪微博；关系型内容分发

一　研究缘起

在中国大陆进入移动互联时代，微博、微信成为两个最为流行的主流新媒体舆论场。回答、双微、平台上 UGC（用户生产内容）是否与用户受众之间具有议程设置功能效果？这是当前需要迫切研究的问题。本研究关注的是关系型内容分发平台。

二　文献综述

麦库姆斯和唐纳德·肖提出的议程设置的理论发展，第一层是关于议题的显著性：告诉公众应该去关注啥（what）；第二层关于议程属性的显著性，就是告知应该怎样去想（how），也就是框架方向问题。近年来麦克姆斯和学生郭蕾提出了关联网络议程设置理论（Guo，L.，2012.02：616-631），也被称为议程设置理论的第三层。关联网络议程设置（The Network Agenda Setting，NAS）是将议题和属性二者打包结合看成一个整体，考察研究媒体对受众传递影响。目前中国学界相关论文介绍或提及第三层网络关联理论的只有三篇（史安斌、王沛楠，2017.10：17-22；曾凡斌，2018.05：30-37；郗艺鹏，2018.02：2-5）；关于其实证研究中国目前也仅有两篇：蒋俏蕾、陈杨（2018.09：85-100），郗艺鹏、罗海娇（2018.12：74-82）。但这个第三层理论提出传递的图像是网络状要素的关联并不是关于网络的议程设置理论，实际上研究者也将其应用在很多传统媒体研究中，如蒋俏蕾、陈阳的实证研究就是中国报纸关于韩国"萨德事件"对公众的关联议程网络研究。而本研究与第三层无关，只是就中国社交媒体语境下考察 UGC 用户议程设置的第一层。

User generated content（UGC），清华大学廖望、刘于思、金兼斌等（2013：66-81）将其规范为"用户创制内容"。UGC 的勃兴使传统媒体意识到面对的受众已不再是等信息被动填充的空白的容器，而是演变成为新闻消费者与新闻生产者二者同一的集合体。学者 Axel Bruns 倾向于将受众诠释为新闻用户和新闻生产者的集合体，即 produser（producer 生产者和 User 使用者两个英文词合成）（2005：66）。面对无法直接参与干预的公共事务，人们可通过社交媒体进行公开表达，可通过转发使信息跳出个人领域层面，面向整个舆论。国外学者 Goode 研究得出结论：公民记者的民主力量隐藏在他的公众议程设置的过程中，与过去传统媒体稀缺信息资源的把关（发或不发）相反，其是从丰富的、海量的信息中由公众过滤挑选把关。作为用户实践（UGC）也完成了传统媒体的议程设置任务（Goode，2009：1287-1305）。社交媒体传播是社会人际关系网络的节点共享传播，每一个节点用户都在检查过滤、把关（转发或不转发）。这种社交媒体网络节点用户依据价值进行键盘投票（过滤）行为是一种网络集体协同的把关行为，也就是UGC 议程设置的过程。N 次分享传播同时也是 UGC 议程设置的显著性指标，如同报纸是通过头版头条，广播电视是通过位置和时长，对社交媒体而言，我们对某些议题的关注程度，主要是来源于议题被报道或转发的频率及强度。网络信息可以快速传播并且繁殖的特点可以使网络轻易提高对事件报道的频率及强度。在微博平台上"反复就是力量"。只要反复出现，从不同的信源不断地进入受众的视线，这种效果就会体现出微博的议题频率及强度显著性。如"7·21北京特大暴雨""郭美美事件""温州动车事件"等，微博上都出现刷屏感觉议题显著性巅峰式体验；而形成这一实际显著性效果的关键因素，就在于转发、评论（公众再传播行为）的多少（N次）。社交媒体上的受众转发、评论等再传播互动行为是议程设置传播效果的显现，自然也使"N次转发"成为"UGC议程设置"的测量依据。如新浪微博的转发大多是在产生共鸣后转发，评论是社交媒体的另一种再传播互动行为，像"#""搜索"等其他再传播互动行为也都最终会转化成转发行为，统一转化为一个测量指标（N）。基于新媒体语境下五个W传播要素、把关机制及节点传播机制的变化，Xi Yunfeng（2016：33-66）、郗云峰、龙强（2015：175-182）及郗云峰、Mohd Hamdan、Changpengkee（2019.01：90-95）的论文都提及对经典的议程设置理论在新媒体语境下修订，提出关系型内容分发社交媒体（信息流传播特征）UGC的议程设置理论假说——由发布人发布和公众N次转发（赞）评论等再传播互动两个阶段完成，显著性通过公众的N次再传播互动多少实现，完全由公众节点投票过滤决定机制的公众议程设置。本研究以该假说可以把诸多再传播互动行为转化统一显示为N次转发量作为显著性测量指标，在社交媒体上考证用户（UGC）微博议程与公众议程之间是否存在因果关系（议程设置）。

　　媒体的媒介议程分解细化为官方主流媒体及机构用户微博议程、市场类媒体用户微博议程和活跃网民意见领袖主导的网众用户议程三种类别研究。这三者在社交媒体上都要经过公众用户转发汇聚才能形成议程，所以都是广义的社交媒体UGC议程，这是首次分类细化视角研究。

　　本研究以2015年6月新浪微博上的长江游轮倾覆事件为例进行实证研究。

　　在实证定量研究中关于因果关系的研究方法一般为实验法，但经典的议程设置理论最初是使用历时问卷调查研究法创新，也就是在1968年美国大选教堂山（Church Hill）研究中证明媒体议程与公众议程存在相关性的基础上，1972年美国大选夏洛特（Charlotte）研究中使用历时问卷调查，利用前后交叉关系（cross-lagged correlation）研究证明二者之间的因果关系。媒介议程在前是因，公众议程在后是果（洛厄里、德弗勒，2009：170-180）。本研究具体问题是社交媒体（微博）UGC议程与公众问卷调查议程的相关性，以及利用前后交叉相关研究二者的因果关系。本研究案例在事件发生后第七天（中国风俗死亡以后的第七天俗称"头七"）和第三十天分别做两次调查来进行，分别简称为头七调查和月末调查。

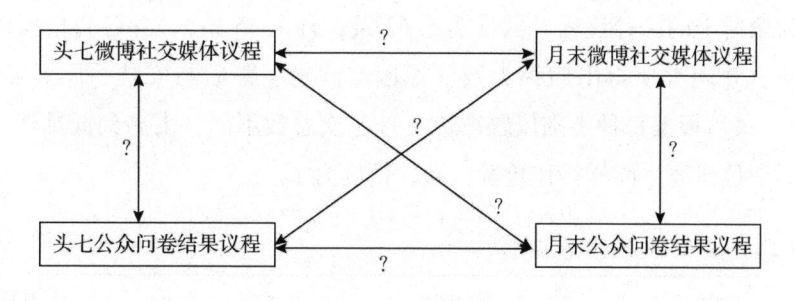

```
┌─────────────────────┐      ?       ┌─────────────────────┐
│ 头七微博社交媒体议程 │ ←─────────→ │ 月末微博社交媒体议程 │
└─────────────────────┘              └─────────────────────┘
         ↑  ↖         ?         ↗  ↑
         │     ↖              ↗     │
         ?        ↖        ↗        ?
         │           ╳              │
         │        ↙     ↘           │
         ?     ↙      ?     ↘       ?
         ↓  ↙                   ↘  ↓
┌─────────────────────┐      ?       ┌─────────────────────┐
│  头七公众问卷结果议程 │ ←─────────→ │  月末公众问卷结果议程 │
└─────────────────────┘              └─────────────────────┘
```

图 1　研究模型

本研究并以官方主流媒体及机构用户、市场类媒体用户、网众用户三种微博UGC用户议程分别对研究问题展开研究。

研究假设：

H1：官方主流媒体及机构用户（UGC）微博议程与公众议程存在因果关系

H2：市场类媒体机构用户（UGC）微博议程与公众议程存在因果关系

H3：网众用户（UGC）微博议程与公众议程存在因果关系

三　研究方法

（一）社交媒体（微博）媒介（UGC）议程采集

议程数据采集方法以研究者微博作为传播节点在信息流中滚雪球方法寻找达到采集标准的相关议程，并结合关键字搜索作为补充方法。中国人民大学的舆论研究所两年来曾对微博舆情事件监测总结发现，如一社会事件新浪微博被转发超过了一万次与评论超过了三千条，或是这两个指标满足其任何一个，大众媒体就会主动介入，"搬运"到社会话语的场域，从微博的场域"溢出"到社会话语的场域（喻国明，2012），本研究中借鉴万次转发的标准作为新浪微博议题设置的采集依据，如官方主流媒体微博央视新闻、人民日报。但鉴于中国微博的治理及新浪微博活跃性下降,许多粉丝众多的大V大多在公共事件中参与转发活跃下降,网众用户议程上万次被转发已很少(包括市场类媒体微博如财经网),故也借鉴了法院相关的微博谣言被转发超过500次的处罚标准以500次作为采集依据,故分别依据1万次(官方主流媒体类相关救援)和500次(网众用户和市场类)转发为依据依次采集到新浪微博上的三种议程(共计头七63条,月末25条),并各自根据内容分析法合并同类项得出四种类别(原因与问责、善后与安抚、质疑媒体、其他),最后根据每种类别议题被转发的N次总数不同,由高到低排序。编码由另一位研究生同样操作检验一致,信度为1。

(二)公众议程问卷调查

制作电子问卷,通过"问卷星"在网上调查,长江翻船人员死亡的头七阶段回收问卷196份,有效问卷为189份。月终问卷有效回收只是183份。故这个固定样本人群是183(这个样本数据已高于或接近国内外学术期刊发表的一些议程设置的实证研究调查人群样本量)。当初国外议程设置发表研究样本人群是100位中间选民。本研究样本人群选取无死亡者近亲属关系的普通社交媒体受众用户群体。从样本规模和人群选择保证了研究效度。固定样本人群描述:183人全部是社交媒体的使用者,并有一定的转发评论互动活跃用户行为(也就是说参与了议程设置集体协同过滤把关)。调查数据也显示70%非单一社交媒体信源,故这个样本人群多是传统媒体和社交媒体的混合信源。年龄在20—45岁之间的网民(包括海外留学生和国内体制内与体制外人员)。问卷制定有小范围前测,认知回答重合度96%,问卷的信效度得到保证。

公众的注意力是一种稀缺资源,在所有10次盖洛普民意测验中发现,公众议题的数量保持在2—6个之间(约翰·C.雷纳德,2008:328)。本研究以5个公众议程类别考查排序变化。问卷回收编码同上另请一研究生同样操作检验一致,信度为1。

(三)关于传统媒体和线下人际传播

尽管不少人是社交媒体和传统媒体的混合信息来源(头七调查是70%),但社交媒体UGC的议程实际上是传统媒体不宜说或不可能有的,独立性很强没有重叠,所以已经可以与传统媒体信源影响分离。另外,此次调查网上私信与回答者访谈了解,因为这样的事件地域性离自己身边较远,没有遇难亲戚朋友的接近性,也没有最终需像西方选举那样下决定的投票行为,基本上只是参与话题讨论并局限于网上,不存在线下人际传播。故本研究并没有必要像夏洛特研究那样去做分离另外的信源(如政治广告和人际传播两个影响因素研究)。

(四)关于相关性采用排序的斯皮尔曼等级相关系数 R(s):

$$1 - \frac{6\sum D_i^2}{N(N^2-1)}$$

如有并列排序时,取排序的平均数(如排序4和5并列给每个按均分 n = 4.5〔31〕。本研究样本有些项因实际现实缺失是正常的,比如官方主流媒体在对事件原因及问责项回避缺失是大陆舆论报道客观存在的特有现象不可避免。对于缺失的后面两项,均以排序4和5并列处理。斯皮尔曼等级相关系数均按照排序(表1和表2)的数据进行公式计算后所得值。该系数 R(s)的绝对值越接近1说明相关性越大。

四 研究结果

表1是公众问卷调查在头七和月终的结果,基本上变化不大,只有质疑媒体报道问题的内容在月终由原先的第四位降到了最后一位。相关度高度0.9基本没变。

表1　　　　　　　　　问卷调查公众议程结果

公众议程	议程类别	头七问卷公众议程		月终问卷公众议程	
		人次	排序	人次	排序
原因与问责		180	1	150	1
善后与安抚		100	2	83	2
相关救援		80	3	53	3
质疑媒体		25	4	19	5
其他		20	5	38	4

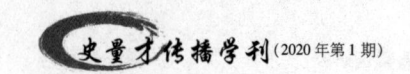

表2显示内容分析微博社交媒体UGC（媒介）议程的各类头七和月终内容排序。结果显示官方主流媒体议程、市场类媒体议程、网众议程的侧重点不同排序有重大差别。

表2　　　　　　　　社交媒体新浪微博UGC议程

议程类别转发量	头七微博总体UGC议程	月终微博总体UGC议程	头七微博网众议程	月终微博网众议程	头七市场类议程	月终市场类议程	头七官方主流议程	月终官方主流议程
原因与问责	1	0.73	0.3	0.43	0.7	0.3		
善后与安抚	4	0.1165		0.12	26		15	6
相关救援	63	9.83	19	0.23		3.6	33	
质疑媒体	2.65	0.17	2.5	0.17				
其他	2.5	32.43	0.6	0.37		0.6		32

图2、图3、图4依次为社交媒体UGC三种议程与公众议程的"前后交叉相关"来证明因果关系。从图3可以看出，第一次时间是头七，也就是事件发生后的第七天，对微博议程和公众议程第一次分析和调查；第二次时间是月终，也就是第三十天，对微博议程和公众议程发起第二次分析调查。

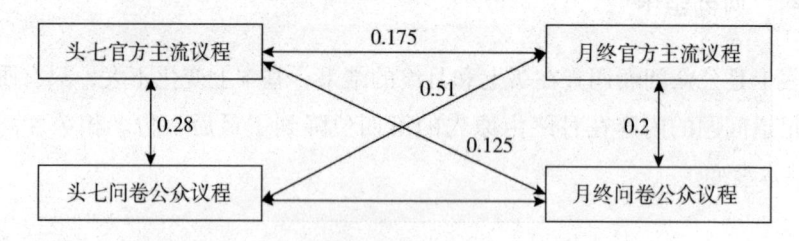

图2　官方主流媒体类议程和问卷公众议程间的"前后交叉相关"

图3显示，头七市场类媒体微博议程与月终市场类媒体微博类议程是相关的（0.575），头七公众问卷议程和月终公众问卷议程更为相关（0.90）。分别在每个时期，市场类媒体微博议程与公众问卷议程也有相关性（分别是0.575和0.375）。但到目前为止，这些数据都不能得出因果关系的推断。根据对角线上的关系和上述相关关系作为一个整体来寻找"前后交叉关系"，从而证明因果关系。从图3看出头七公众问卷议程与月终市场媒体微

博议程的关系比另一条对角线表示的关系更紧密，其相关系数是 0.675 对 0.575，相差 0.1，从统计学的意义上说，这意味着头七公众议程更能解释月终市场类媒体的微博议程，而不是相反。同时也很明显地看到，公众议程在头七和月终也没什么变化，而变动的只是市场类媒体微博议程。很显然，这条对角线表明，头七公众议程与月末的市场类媒体微博议程存在因果关系。而 0.675 的相关系数也大于每个时期公众议程与市场类媒体微博的相关系数（分别是 0.575 和 0.375）。所以，这样一种整体的考察证明了头七公众议程排序与月终市场类媒体微博议程对议程重要性的排序之间的因果关系。换句话说，就是二者在社交媒体上存在议程设置关系，公众议程是因，市场类媒体微博议程是果。与图 3 全部是正相关不同，在图 2 和图 4 中都出现了负相关。但是否存在相关与正负没有关系而是看它的绝对值是否接近 1。另外负相关表示随着自变量的趋势递增，因变量反而递减。根据对图 3 同样模式分析发现图 2 绝对值 0.51 大于另一条对角线 0.125，相差 0.41，整体考察也意味着头七公众议程更能解释月终主流媒体议程，只不过是负相关，随着公众议程关注问题顺序递增而成反比递减。

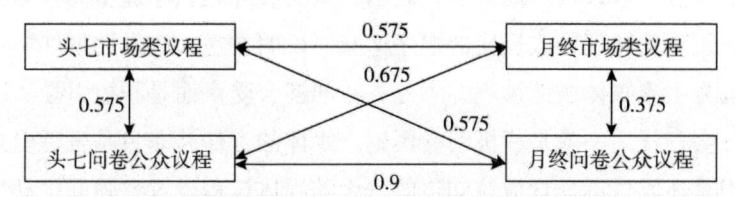

图 3　市场类议程和问卷公众议程间的"前后交叉相关"

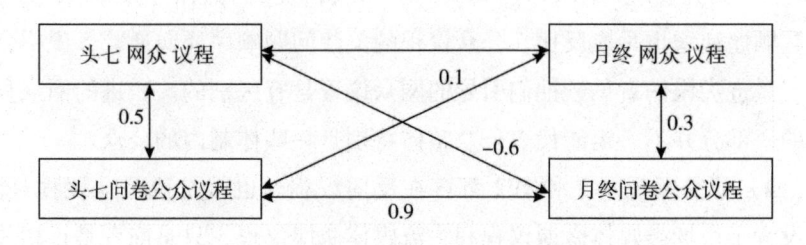

图 4　网众议程和问卷公众议程间的"前后交叉相关"

同理，图 4 绝对值（-0.6）的对角线发现大于另一条对角线值 0.1，相差 0.5，官方主流媒体微博议程以及网众微博议程分别存在因果关系。整体考察也发现头七网众议程更能解释月终公众议程，同样只是负相关代表网众议程关注问题顺序递增而月终公众议程成反比递减。

五 结论

（一）研究发现，图3市场类微博用户的社交媒体媒介议程与公众议程的问卷调查结果存在正相关的因果关系；但本实证研究发现，公众议程是因，社交媒体媒介议程市场类媒体微博用户（UGC）议程是果。这也是与传统媒体议程设置媒介议程是因，公众议程是果不同的新研究发现。这也恰恰说明在新媒体语境下公众的传播赋权后传播生态机制的变革。在中国的社交关系型内容分发社交媒体平台上，天然有着受众贴近性的市场类媒介机构积极根据受众热点改进议程；同时，由于新媒体环境下新增了传播者角色的公众用户表达活跃性增强，其议程已可以对社交媒体上的市场类媒体用户议程产生议程设置效果。这与中国大陆的舆论生态环境变革的现实是一致的。

（二）研究发现，图2对角线绝对值0.51是负关系，说明官方主流媒体微博议程对公众议程逆向接受，表示公众关注问题顺序递增而官方主流媒体的微博议程关注问题成反比的顺序递减。说明在重大突发性事件中承担舆论引导官方主流媒体微博议程并不是一味的迎合受众而是积极引导。因媒体倡导的社会责任之一就是积极引导舆论。媒体的责任并非只是告诉受众想知道的，而是还要告诉受众应该知道的，大陆媒体议程设置有强调主动性的一面而不只是客观性的被动。特别在类似灾难报道事件中。

（三）研究发现，图4中-0.6的对角线，说明头七的网众媒体议程关注问题顺序递增也是成反比，公众议程的关注问题顺序逆向递减，说明公众议程与激进尖锐的意见领袖们引导的网众议程是有区别的。激进的网众只是公众的一部分并不一定能代表公众整体特别是一些体制内的公众。

（四）研究发现图3和图2都存在反向议程。也就是说公众议程是因，反向设置了市场类媒体微博议程和主流媒体微博议程，只是前者是正相关正向关系、后者是负相关反向关系。反向议程设置国内外一些学者已有提及，如麦库姆斯在接受赵蕾采访时说，反向议程设置存在许多有意思的例子，如在美国比较有名的反向议程设置例子是CBS电视台栏目"六十分钟"关于前总统布什的访谈。这些例子的总体特点是若公众对事件存在兴趣，就会引起新闻媒体的注意，反向议程就会出现（赵蕾，2019.01：73；McCombs，2014：14）；肖在接受袁潇专访时也提及并认可反向议程（袁潇，2016.06：74）；也有中国学者提出"反议程设置"的概念（史安斌、王沛楠，2017.08：74-76），实质上是网络传播语境下信息传播主体由媒体演变而成的受众，受众也成为网络议程的意见领袖，来主导信息传播的整个过程"反向议程设置"这个现象出现是网络媒介发展的必然产物，也是当下与未来信息传播的方式之一。因受众可以抛弃与回避任何传统媒体的"议程设置"中对未来事件走向预期，自主改变或是自我决定"议程设置"的方向进程；这种情况不可能在传统媒体时期出现，因为传统媒体受众话语权和自我表达路径有限，成为意见领袖的可能几乎不存在。微博等社交媒体的出现使反向议程实现成为可能。本研究也恰恰说明在新媒体语境下，公众的传播赋权后，传播生态机制发生变革产生反向议程设置作用。这也是区别于传统媒体议程的新发现。本研究结论中无论是公众议程反向设置市场类媒体微博议程和官方主流媒体微博议程，还是网众微博议程设置公众议程，都说明网络传播赋权后公众议程设置的主动性，而更活跃的网众主动性要高于普通公众。

附录1 电子问卷

您好，这是一个新闻传播学关于社交媒体UGC公众议程设置的纯学术性研究问卷调查，与任何政治派别机构无关，请您协助回答如下三个问题，通过微博私信发送回收唯一管道。

一　单项选择

关于长江游轮倾覆事件你的主要信息源基本上是以（　）为主

（1）单一信源社交媒体（微博）

（2）混合信源含传统媒体报纸、电视、广播

二　多项选择（对勾）

在这次事件中有哪些微博使用行为

（1）转发（　）

（2）评论（　）

（3）赞（　）【头七问卷】

无任何互动行为（　）【月终问卷】

三 陈述题

请回忆在此次事件中你最关注的五个问题

（1）

（2）

（3）

（4）

（5）

参考文献

Bruns, A., "Produsage: towards a b roa der framework for user-led content creation", Creativity and cognition: Proceedings of the 6th ACM SIGCHI Conference on Creativity and Cognition, June, Washington, D. C., 2005: 66.

Goode, L., "Social news, citizen journalism and democracy", *New Media & Society*, 2009, Vol. 11, No. 8, pp. 1287 – 1305. doi: 10. 1177/1461444809341393.

Guo, L., "The application of social network analysis in agenda setting research: A methodological exploration", *Journal of Broadcasting and Electronic Media*, Vol. 56, No. 2, 2012, pp. 616 – 631.

Mc Combs, M. E., *Setting the Agenda*, *The Mass Media and Public Opinion*, 2nd ed. by Cambridge, England: Polity Press, 2014.

Shaw, D. L., Mc Combs, M., Weaver, D. H. and Hamm, B. J., "Individuals, groups and agenda melding: A theory of social dissonance", *International Journal of Public Opinion Research*, No. 11, 1999.

Xi yunfeng, The Agenda Setting of User Generated Content (UGC) In Selected Popular Social Media [PhD Dissertation], Malaysia: Universiti Malaysia Sabah, 2016.

蒋俏蕾、程杨：《第三层次议程设置：萨德事件中媒体与公众的议程网络》，《国际新闻界》2018 年第 9 期。

廖望、刘于思、金兼斌：《社会媒体时代用户内容生产的激励机制》，《新闻与传播研究》2013 年第 12 期。

［美］洛厄里、德弗勒（Shearon, L. A. & Melvin, L. D）：《大众传播效果研究的里程》第三版，刘海龙等译，中国人民大学出版社 2009 年版。

史安斌、王沛楠：《议程设置研究 50 年：溯源·演进·进展》，《新闻与传播研究》2017 年第 10 期。

郗艺鹏：《输出逻辑：第三级议程设置理论的新启示》，《青年记者》2018 年第 2 期。

郗艺鹏、罗海娇：《媒介议程与公众外显议程的网络关联性研究——基于第三级议程设置理论》，《新闻界》2018 年第 12 期。

郗云峰、Mohd Hamdan、Changpengkee：《掀帘·对话·解构：幻想主题分析视域下数字媒介民主中 UGC 议程设置模式探析》，《徐州工程学院学报》（社会科学版）2019 年第 1 期。

郗云峰、龙强：《绘制 UGC 议程设置思维图谱及危机公关策略分析——以马航 MH370 失联事件新浪微博为例》，刘昶、邓炘炘、李建刚主编：《互联网思维的传播学逻辑》，中国传媒大学出版社 2015 年版。

喻国明：《微博场域溢出阈值》，中国人民大学舆论研究所官方微博，上网日期：［2012，7］获取自 http://weibo.com/u/2863146752。

袁潇：《数字时代中议程设置理论的嬗变与革新——专访议程设置奠基人之一唐纳德·肖教授》，《国际新闻界》2016 年第 4 期。

［美］约翰·C. 雷纳德：《传播研究方法导论》第三版，李本乾等译，中国人民大学出版社 2008 年版。

曾凡斌：《关联网络议程设置的概念、研究与未来发展》，《新闻界》2018 年第 5 期。

赵蕾：《议程设置 50 年：新媒体环境下议程设置理论的发展与转向——议程设置奠基人马克斯韦尔·麦库姆斯、唐纳德·肖与大卫·韦弗教授访谈》，《国际新闻界》2019 年第 1 期。

意识传播:智能化时代信息传播的方式、机制和危机

周逢年[1],佘晨曦[2],郑丛炜[3]

(1. 浙江杭州钱塘新区中国计量大学艺术与传播学院 310018;
2. 浙江杭州钱塘新区杭州师范大学钱江学院 310018;
3. 浙江杭州钱塘新区杭州师范大学钱江学院 310018)

摘 要:智能化时代已来,人类信息的传播即将发生根本性变化,由网络传播时代趋向意识传播时代,无须介质直接由芯片脑之间进行信息传递,信息互动更加快捷、高效、精准,手动式的物质性信息传播即将弱化或消失,个体隐私权将会受到极大挑战,量子技术是否能够有效保护隐私还是未知数,信息垃圾将会严重影响人的生理及心理健康,人类的性质以及终极意义将会不断被拷问。

关键词:意识传播;智能化时代;传播方式

引 言

所谓意识传播是将人脑植入高智能化的芯片,形成脑机合一,通过人的意念将信息符号传递给受众或特定对象。正如美国著名未来学家雷·库兹韦尔预言:"2030 年,人类将成为混合式机器人,进入进化的新阶段。"① 也即将人脑与电脑"嫁接"起来,成为脑机共有的意识合体。意识传播是在人工高度智能化基础上形成的,它是人类传播方式的又一次飞跃,人类信息

---

① [美]雷·库兹韦尔:《人工智能的未来》,盛杨燕译,浙江人民出版社 2016 年版,第 2 页。

的传播方式将从网络化传播时代趋向意识化传播时代。人类的信息传播也会更加精准、快捷、高效,传播机制更加灵活、多变、随意,思考和数据处理的方式是现有信息处理器无法实现的,但同时也会引起一系列问题,比如信息安全、信息隐私权、脑机融合引发的生理和心理矛盾等诸多问题,甚至会产生人类的性质以及终极意义的拷问:我是谁?我从哪里来?我到哪里去?脑机合一,人类大脑变成芯片脑,则会形成一个"全球脑","如果存在一个全球脑,那它有自我吗?……那是一种真实存在的事物,还是只是一些数据,有时是一些标签,而不是真正的自我?"①

一 意识传播成为可能

(一) 智能化技术初现端倪

人体器官已经可以通过3D打印被替换,大脑亦可以植入芯片,增强或控制人的基本行为,这为信息互动或传播提供更为便捷的交流方式。

美国俄亥俄州男孩卡巴·乔恩弗多(Kaiba Gionfriddo)因气管有先天性缺陷,2018年2月,密歇根大学公共医疗中心在卡巴的喉咙里植入一个3D打印的人工气管,现在19个月大的卡巴健康成长,呼吸正常。② 美国瘫痪患者伊恩·伯克哈特在2011年因一场车祸而导致全身从肩部以下瘫痪,2013年接受了大脑芯片植入手术。术后,可以自由控制右手臂和右手腕,成为全球首例大脑芯片植入"复活"瘫痪肢体的人。2012年,浙江大学研究组的科学家在猴子大脑运动皮层植入芯片,通过大脑信号"遥控"机械手,使其做出抓、握、捏等较精细的手势。

除了重新控制自己的肢体之外,大脑植入芯片的患者还可以通过意念控制机械手臂,使那些肢体残疾的患者恢复正常生活。2015年5月,脑部移植芯片的瘫痪病人埃里克·勒克(Erik Sorto)在瘫痪13年后,重新依靠自己的力量举起啤酒杯。

---

① 《全球脑:互联网进化与人类智慧——价值中国专访世界知名技术未来预言家、企业家、投资家Nova Spivack》,2011年6月28日,http://www.chinavalue.net/pvisit/Nova Spivack.aspx,访问时间2019年11月22日。
② 《全球首例3D打印人体器官移植手术成功》,2013年5月29日,http://health.zjol.com.cn/,访问时间2019年11月22日。

不过，涉及信息接收功能的芯片却尚未有成品出现。据 Nextgov 称，DARPA 于 2018 年 7 月组建团队，来开发一种神经接口，可以用脑电波发送和接收信息的系统。DARPA 希望通过两种方式来实现这一目标：一种是体外的非植入型设备；另一种是可吞咽、注射或通过鼻子输送的非手术系统。[1]

脑机接口（Brain-Computer Interface，BCI）技术形成于 20 世纪 70 年代，是一种涉及神经科学、信号检测、信号处理等众多学科的新兴技术领域。BCI 技术在人脑与机器之间架起桥梁，建立起直接的交流和控制通道，实现了人的生物脑与机器的互联沟通。人类传达想法或操纵机器不再需要语言或动作，只需要用脑。

《中国科研信息化蓝皮书 2017》中写道："脑机接口技术在增强现实领域还没有得到正式应用，但是这不妨碍我们对这两个技术的结合进行畅想。直接的用途有两个，分别对应了读出型和写入型。读出型脑机接口技术指的是读取、解码神经信号后，对叠加的虚拟内容进行操作，实现人机交互，比如虚拟内容的点击、放大、缩小、关闭、移动位置等。写入型的脑机接口技术将 AR 需要叠加的虚拟内容，转变成信号编码写入人体的神经系统，用于视觉方面的感知。这种情况下，可以不再需要显示设备。"

2019 年，BCI 领域取得重要进展：7 月 17 日，埃隆·马斯克创立的 Neuralink 公司发布 BCI 系统。7 月底，国际期刊发表美国科学家"语音解码器"相关研究。而我国作为领跑 5G 时代的国家，于 8 月 20—25 日，在北京举办了"2019 世界机器人大赛——BCI 脑控机器人大赛暨第三届中国脑机接口比赛"。这次大赛进一步促进了中国社会对 BCI 技术的关注，推动了国内 BCI 科研团队之间的交流。

清华大学脑与智能实验室 BCI 研究人员高小榕认为，目前 BCI 领域进入了"技术爆发期"，将涌现出各种各样的技术路径来实现 BCI 技术。在未来的意识传播时代，芯片脑之间可以实现直接的信息连接与交换。基于 5G 的超可靠超低时延通信和同时同频全双工等技术，信息传输将不再囿于技术

---

[1] 《美学者：未来在人类大脑中植入芯片或将成为可能》，2019 年 3 月 5 日，https：//smart.huanqiu.com/article/9CaKrnKiIaV，访问时间：2019 年 11 月 22 日。

因素。在万物互联、实时共享的时代，信息传输会像呼吸一样自然而无感，而人类的认知方式和沟通模式都将发生根本性的变化。

美国哲学家希拉里·普特南（Hilary Whitehall Putnam）在其著作《理性、真理与历史》（1981年）一书说到的"缸中之脑"，普特南的思想实验是：假想某个浸泡在营养液中的大脑通过细细的导线与躯干相连。这个大脑对躯体动作的意识发出的指令，通过导线双向传递。此时此刻，你会认为这还是一个生物学意义上的"人脑"吗？科幻电影《黑客帝国》的人物Neo，他的躯体浸泡在生物营养液中，但大脑却可以与一个叫作Matrix的超级电脑相连。库兹韦尔预言："2029年，新一代智能机将通过图灵测试，非生物意义上的人将在这一年出现。"[1] 人的意识、感知，都可以通过连线在人的肉身和超级大脑之间穿梭传递。很自然地，人们除了不断追问"这是真的吗"以外，更担心这样的问题："我是谁？"

智能化信息传播方法不仅意味着人类个体可以突破自身的认知局限，更意味着人类社会中的信息传播、交流方式将会产生结构性的巨变。从而伴随而来的是道德、伦理、意识形态等的价值冲突和难以适应人性和社会的技术障碍。

（二）政府支持智能技术的开发

自20世纪中叶起，人类注意力已经移向人工智能领域。近些年，全球人工智能产业进入高速发展期。美国、中国、欧盟、英国、日本、德国等国际主要经济体纷纷推进人工智能战略布局。谷歌、微软、英特尔等国际领先企业以及中国的阿里巴巴、华为等众多互联网公司投资、研发人工智能技术。

美国一直致力于人工智能基础性研究，DARPA作为政府机构持续推动人工智能的发展与应用。2016年10月，美国白宫科技政策办公室（OSTP）发布《为人工智能的未来做准备》报告，明确美国政府对人工智能技术开发的支持态度。同月，OSTP下属的国家科学技术委员会（NSTC）发布《国家人工智能研究与发展战略计划》，强调加强人工智能研究，使人工智能为社会带来更广泛的积极影响。12月，美国白宫发布《人工智能、自动

---

[1] ［美］雷·库兹韦尔：《人工智能的未来》，盛杨燕译，浙江人民出版社2016年版，第17页。

化与经济》报告,考察人工智能驱动的自动化给经济带来的深远影响。2018年5月,美国白宫举办人工智能峰会,政府邀请业界、学术界和政府代表共同讨论人工智能产业的发展前景,并成立人工智能专门委员会,其职责是为政府提供建议和帮助,强化人工智能的研究与开发,以提升联邦政府工作的整体效率和生产力。允许人工智能技术"自由发展",联邦政府"允许科学家和技术专家自由研发下一代伟大发明"。2019年2月,美国总统特朗普签署《美国人工智能倡议》行政令,将美国人工智能技术发展上升到国家战略高度。

中国政府对人工智能技术开发高度重视,将人工智能当作未来国家战略的主导。2016年8月,国务院颁布的《"十三五"国家科技创新规划》指出,人工智能作为发展新一代信息技术的主要方向,……大力"发展自然人机交互技术,重点是智能感知与认知、虚实融合与自然交互、语义理解和智慧决策、云端融合交互和可穿戴等技术研发及应用"。2017年7月,国务院颁布《新一代人工智能发展规划》,将发展人工智能上升到国家战略层面。并在其基础上,工信部于2018年12月发布了《促进新一代人工智能产业发展三年行动计划(2018—2020年)》,具体提出了四方面行动目标:人工智能重点产品规模化发展;人工智能整体核心基础能力显著增强;智能制造深化发展;人工智能产业支撑体系基本建立。[①]当然,欧洲、日本、印度和韩国等国政府都对人工智能技术的开发给予大力支持,制定了一系列切实可行的相关政策。从政府的力度来看,未来的智能化技术越来越人性化,甚至脑机一体化的机器人会提前到来。

二 智能化信息的传播方式

信息传播的方式从古至今,不断迭代变化。从动物的"姿态"对话,只能传播简单的行为和动作,到智人的"语言"交流,产生了心灵、自我和社会,再到文字的出现,飞鸽、电报、电话发展到现在的智能手机、web 2.0时代。每一次的变化都曾引起时代的巨变:人类生活方式的改变、生产

---

① 国务院发展研究中心国际技术经济研究所、中国电子学会、智慧芽:《人工智能全球格局:未来趋势与中国位势》,中国人民大学出版社2019年版,第10页。

力的提高和社会结构的调整。正如吴飞教授所言："人类的信息传播超越了时间与空间的束缚。如书本之类的大众传播媒介，提供了另一种可能性——足不出户也可以'认识'更多的人，'看见'更大的世界。石碑、瓷（龟）片、铜鼎、莎草纸是人类早期发现的能够穿越时间的媒介，印刷术则让信息和知识的传播超越了空间的限制，电子媒介多少完成了时空的双重接洽。蒂姆·伯纳斯·李发明的万维网则可以让人们在更大范围内实现在线交流。今天网络社会的崛起，更是打破了地域、国家、种族、语言、文化、行业和供应链上下游的区隔。"①

而人工智能、脑科学、网络传播和量子科学等学科不断发展，正预示着人类社会即将到来的新的传播方式——意识传播。这种传播方式结合目前所具有的信息传播方式，实现更加精准的点对点、点对面的传播路径，依据所需受传信息。

意识传播时代，带来新的传播关系和新的传播形态。智能化信息传播以无线网络为传播路径，智能芯片为载体，芯片脑成为信息传播中枢。在这种信息传播模式下，互联网的各种信息将会突破以往任何传播方式，做到"信息瞬达"的可能，互联网中的各种可及信息都会呈现在芯片脑中。每一芯片脑都是公共传播网络中的一个节点，而实时的数据生成和分析算法成为信息传播的命脉。

意识传播时代，会建构一种新的信息传播形态，变革人类对于信息的认知。人类的行为变化和心理需求都被感知并且数据化，而数据处于被监测状态，人与物、物与物智能互联。脑机数据不仅可以独立应用于个性化服务，还被集成式采集和统计，提供给其他行业进行数据分析。譬如，一个心理学实验小组调查环境和气候因素对心理健康的影响，如果采用传统问卷调查的方式，数据采集是十分烦琐、漫长的过程，且准确性得不到保证，但在未来，基于芯片脑搜集大规模人体数据样本，想要了解各地区人群的心理健康状态并对变化情况进行分析只是瞬间的事情。不过，人类的隐私和某个意念毫无掩饰地暴露在他人面前，真真实实地成为玻璃人。当然，人人皆为玻璃

---

① 吴飞、颜繁冰：《"地球上可能有一个灵魂、或可能醒来"——网络化社会中"全球脑"的形成与知识生产模式创新》，《新闻记者》2019年第9期。

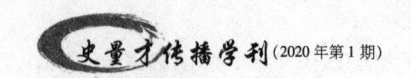

人，也不足为怪了。

美国当代技术哲学家、政治理论家兰登·温纳在《自主性技术：作为政治思想中的主题的技术失控》一书中，从政治学视角提出了技术的自主性。技术自诞生起就包含政治和文化因素，技术重新构建了人类社会。温纳提出"反向适应"的概念，即目的反过来适应手段的颠倒关系——人类发明了技术，却要反过来适应技术。故而，人类与技术是共同适应、共同进化、共同成就的关系。法国当代哲学家、人类学家布鲁诺·拉图尔在《自然的政治》中，将世界解释为人类与非人类在一个整体中的属性交换。在意识传播时代，诸如媒介是人的延伸或人是媒介的延伸等观点将不复存在——人即媒介。全人类的传播网络纵横交织，信息传播不再局限于单向或双向，而是多方位、全方位的。

智能化信息转播借助于新型移动通信技术的推动，"物"所扮演的角色将尤为突出。[1] 以即将到来的5G为例，传统的信息传播生态下，传播者往往是人或互联网。而在5G时代，摄像头、感应器等硬件设备可以突破人体的桎梏，对外部的环境进行远距离、高反应的信息采集与接收，并可为个人主动智能地提取出主要内容和特征。物能够在时间的连续性、空间的复杂性、信息的多样性等多方面延展人的能力。其在功能意义上来说，成为人体的特殊感官，并且由于硬件对于信息的提取和处理往往需要遵循精确、科学的原则，能够在一定程度上弥补人类认知和主观判定上的各种偏差。

另外，智能化信息设备作为一种与人脑连接的硬件，本身也是一种物。当智能化信息传播设备可以直接采集并发送人体的相关数据时，人体本身也将成为一种完全意义上的终端——人肉终端。[2] 当智能化信息传播设备能够直接采集并处理、传播人体的相关信息时，人类也会变成一种特殊的数据库，意识层面的思维、动机、需求、情绪和身体层面的心跳频率、血糖、体脂比等健康状态将被采集并数据化，现在的小米、华为手环已经可以对人体的基本健康状态进行检测。作为个体数据源，其信息可以提供身体疾病的监控和解决手段，也能对其心理问题进行一定分析和处理。而作为群体数据

---

[1] 彭兰：《5G时代"物"对传播的再塑造》，《探索与争鸣》2019年第9期。
[2] 彭兰：《Web 2.0及未来技术对数字化个体的再定义》，《当代传播》2013年第2期。

源，其信息可以提供群体身心特征的大数据，以在社会学、人类学和心理学等领域进行精准的特征统计。设想未来，意识传播的实际应用情景：地震传感器在自动检测到地震波后，无延时地向震区所有芯片脑传送地震预警信息，并且针对性地提供避难路线；芯片脑感知、评估人的健康状况，医生和患者之间通过意识沟通，随时随地远程治疗，科学有效地延长人类寿命；日常分析监测到的空气质量、车流拥堵状态、人流密度等信息，并在需要时自主推送给每个人，将出行最优化……

基于人工智能自主性的特点，当它参与传播网络后，会打破时间和空间对人的限制，拥有无限广阔的前景。人的经验的来源会发生根本性变革，记忆能够植入芯片脑，人的学习能力和效率会因此实现飞跃性的提升。因而，人类的学习方式也会改变。数学计算、语言学习都不再需要多年的积累，而是通过芯片脑相互之间传受，个性化定制，工业化生产，并且随时随地调整和升级内容。高度重复的基础体力劳动和高强度的脑力劳动将不再必要，告别无用功的人类可以更加专注于创造性活动，从而将人类的智能和潜力发挥得更充分、有效。以教育培训行业为例，当今社会的教育模式将不再受用。全面建构起芯片脑网络后，在线教育成本会大幅降低，优质教育资源可以实现全球共享，学生可以处在随时随地、因地制宜的学习状态中。开启全民学习时代，真正做到"教学相长"的模式。

看起来天马行空的想象行为，在依据现今人工智能技术推理的基础上，人类将要面对一个全新的、充满挑战的意识传播时代。

三 智能化时代信息传播的机制

智能化时代信息传播与传统信息传播的最大不同在于两者的认知途径不同。传统信息传播时代，不论是说话、表情、文字，还是互联网、新媒体，这些流动的信息都要经过人类的感官系统，经过人脑的一系列认知加工，呈现于意识之中，完成信息的传播。通过眼睛，人类可以识别出图片以及文字；通过耳朵，人类可以认知出声音，进而分析出语言的信息；通过鼻子，人类可以认知出不同物体的气味；通过舌头，人类可以认知出食物的味道……人脑已经在不断的信息接收过程中，构建出成熟的认知系统，来进行外界和内部的信息交互。

而智能化时代的信息传播将跨越此认知系统,将信息直接呈现于意识之中。代替大脑的认知进行信息的转化,这便是芯片脑所具备的功能和主要机制。

具体来看,人类的信息认知涉及两个方面,认和知。认是指外界信息变成某一数据信号,涉及外界到人体的信息流入。而知则是指,此数据信号向意识层面转化的过程,涉及人脑中信号的流动。而意识传播时代,智能化信息能够将互联网信息直接呈现于意识之中,那么人类的主动性和意志性的体现则荡然无存,这种信息传播的双方也不再是人与互联网的关系,而是芯片脑之间的关系。

如何将信息通过芯片转化为大脑可识别并具有与传统信息属性、特征一致的数据信号,以适应不同人脑的认知模式,是智能化芯片研发所要考虑的问题。

四 智能化时代信息的传播危机

(一) 个人隐私权的威胁

在传统信息传播时代,流动的信息往往具有实体性,个体只要控制信息实体,便控制信息的流动与否,虽不能保证信息传播的绝对安全,但可以保证信息的传播权掌控在传播者手上。但在逐渐发展的互联网时代,信息趋向数据化,网络上的信息不仅留存于互联网、区块链上,也会分布式地停留在各个观阅者的硬件和记忆之中,此时传播者逐渐丢失信息的掌控权。正如布热津斯基在《大失控与大混乱:21世纪前夕的全球混乱》一书中所说的:"电视是导致媒介失控的根源,对于世界的大多数人,尤其是年轻人来说,电视是接触社会和接受教育的重要工具。并且在这方面,它正迅速地替代历来由家庭、教会和学校所起的作用。"[1] 学者邵鹏在布氏观念的基础上,并根据互联网的属性特点,进一步推理出:"如今媒介失控初见端倪,但不是布热津斯基所预言的电视媒介失控,而是以计算机为基础的网络媒介面临失

---

[1] [美]布热津斯基:《大失控与大混乱:21世纪前夕的全球混乱》,潘嘉玢、刘瑞祥译,朱树飏校,中国社会科学出版社1994年版,第171页。

控。"① 由于媒介失控，对隐私权的关注则显得十分重要，对隐私权的定义界定的需求十分紧迫，包括"隐私"本身的内涵、人们在维护隐私时所能够行使的权利。②

意识传播时代，个体的隐私权将受到极大的威胁和挑战。不可否认信息加密技术也会不断发展，因为意识流传播特点，个体的隐私信息很难在意识时空间里得到有效保护。而智能装置及其数据的控制者将成为传播网络环境中的新权力，社会法律机制和道德伦理规范需要重新调整，以防止芯片脑被算法直接控制或病毒侵害。同时作为"物"的载体，当个体的身心信息不加限制地被收集、传播时，那么隐私也变得毫无意义，因此对于智能化信息的权限控制至关重要。不过，若事先在芯片脑的程序中赋予自我意志优先决定权，由主体决定打开或关闭对外沟通的窗口，或许是一个解决的好办法。

（二）信息垃圾影响芯片脑的正常运行

信息爆炸因互联网的高速发展所致，网络中的信息数据日益庞大，每分每秒都有巨量的信息产出。当人与物之间的连接也进入互联网中，成为数据信息的一大新类目，信息量将会迎来新一轮的爆炸。③ 而人类的文化、科学活动必然具有一定的生产效率上限，这意味着庞大的数据中具有很大比例的信息垃圾，这对芯片脑的信息传播和信息储存将会产生极大影响和挑战。因为芯片脑的容量有限，其信息处理也存在一定限度，信息垃圾会影响芯片脑的信息计算和信息交互。在网络信息技术十分发达的美国和日本，近年来的信息吸收率仅为10%左右。④ 另外，因为信息垃圾的影响，也会给芯片脑带来生理和心理的压力，而致使芯片脑处于瞬间性的"休克"状态，即古德（I. J. Good）所说的"智能爆炸"。在超智能时代，信息垃圾依然存在，且只会增多。正所谓："魔高一尺，道高一丈。"

信息本身的目的是解决不确定性，而大量的信息却与之相悖。当个体接

---

① 邵鹏：《媒介失控：谁来挽救网络传播的混乱局面？》，《东南传播》2008年第9期。
② 刘德良：《个人信息保护立法应明确人格权和财产权属性》，《网法时空》2015年第5期。
③ 喻国明、陈雪娇、卢文婕、曹笑凡：《边缘计算、5G与传播的未来融合——试论场景视阈下新闻传播过程的重新构建》，《传媒观察》2019年第10期。
④ 林坚：《信息时代的信息选择》，《科技导报》2001年第1期。

收到的信息超出预期，个体往往会产生"信息超载焦虑症"甚至信息恐惧。另外，信息超载也会让个体遭受某种意义上的信息匮乏。信息数据过于庞大，搜索个体所需的信息也会费时费力。在意识传播时代，如何解决信息垃圾问题，则是一个亟须解决的问题。在技术发展的同时，需要"治理信息污染，既需要加强技术控污能力，也需要网络用户提高素质和信息识别能力，努力净化网络空间，使其成为圣洁之网"。①

（三）加剧社会不平等

谷歌工程师阿里在 2017 年神经信息处理系统大会的颁奖典礼上说："人工智能就是新时代的炼金术。"人工智能技术发展太快，以至于大多数人还无法完全理解真相。惶恐于解决问题的速度赶不上新技术革命的速度，人类社会将陷入极度焦虑的状态。

最先被提出也是最明显的便是人类社会阶层的不平等问题。以 BCI 技术为代表的人工智能应用，在初期甚至很长的一段时间内，都必然需要高昂的费用来支撑。如果智能技术无法成为普享的福利，那么它在小范围推动社会进步的同时，会导致人类的不平等进一步强化，贫富、强弱差距的进一步拉大。

尤瓦尔·赫拉利指出："新技术带来一个危机，一些人会被升级为超级人类，而其他的人甚至世界上大多数人将成为无用阶级。21 世纪的变革可能会产生一个新的无用阶级，数百万甚至数十亿人将没有经济价值、没有政治权利。这可能是 21 世纪面临最严重的社会政治和经济问题。"② 的确，在理智方面完全凌驾于人类的超级智能对普通人类造成了被支配、被奴役甚至被消灭的风险。如果构建新的社会规范和秩序，避免新的不平等问题的发展，是我们必须解决的问题。

其实，在人类的历史长河中，从原始工具被人类发明和利用的第一天，由技术引起的不平等问题就产生了。北京师范大学喻国明教授提出："今天

---

① 林坚：《论现代科技革命引发的信息传播中的问题及其对策》，《自然辩证法通讯》2001 年第 2 期。

② 《怎样才能摆脱沦为"无用阶级"的命运?》，2017 年 7 月 31 日，https://www.zaojiu.com/talks/1449，访问时间：2019 年 11 月 22 日。

我们跟人工智能之间所出现的一系列问题……其实是掌握了现在技术传播生产力的人们，跟过去既有的掌握制度传播生产力的人们之间，在一个特定的发展阶段上的一种矛盾与对冲，也可以说是一种博弈。"①

智能技术的产生，不仅意味着个体交往方式的改变，也意味着个体在物种层面的又一进化。凭借智能技术，人类可以实现对物竞天择的自然桎梏的跨越，产生巨大的功能进化。忽略掉智能技术的种种缺陷，其对于个体拥有十分巨大的吸引力，这也预示了市场上的价值追逐，价格必定十分昂贵，导致该设备的使用者，将局限于少量掌控巨量财富的商贾中。

少部分的使用者依靠此设备，不仅在财富、阶层上进一步上升，其在难以自行选择的物种方面，也将产生质的飞跃。为了防止竞争，避免财富流失和阶层流动，财阀将采取各种手段来控制此设备的普及。随着设备的不断发展，设备拥有者和普通人的差距将越来越大。这些与信息掌握度、外物控制力和信息的控制有关的差距，会导致经济和阶层差距的进一步扩大。智能技术发展到一定阶段，拥有者在功能上将会表现出比普通人极大的优越，以至于出现物种划分的现象。拥有者将以高级物种的态度面对普通人，这将导致去人性化的发生。

不平等问题不会阻止人类对意识传播领域的探索和发明，也不应该阻止。不论是过去还是未来，人类始终是人工智能的设计者和发展方向的决定者，人工智能时代人类依然是最坚固的领导者。在技术足够成熟的那一天，如何让全人类享受到同样高效智能的技术手段、如何让技术不被垄断，才是我们应当关注的重点。

（四）有机体人身的身份认同焦虑

人的生物脑和芯片脑共存，植入芯片后的大脑神经系统和人的其他生物构造相融合，人脑将存在不稳定性和不确定性。人脑是被数据化的理性与感性同时存在的生物。芯片脑不仅能够建构人的理智认识，更会对人的情感、审美等多方面形成数据化。

---

① 喻国明：《未来传播学科的发展范式：基于技术"微革命"的思考》，《新闻界》2019 年第 6 期。

人机关系是深度社会沉浸的复杂交互关系。[①] 当个体可以无须与外界接触便能做到信息的接收与传播、物体的操纵，甚至情感的流动，那么身体在此时的互动状态中，会显得无用且累赘。人类社会发展至今的，有关身体的一系列文化、价值、规范以及借助这些规范建立起的其他文化都将出现衰减以至崩塌。由此，在意识传播时代，人类对自身的性质需要一个全新的认知。首先，人作为生物体容纳了非生物的芯片，芯片脑与其他身体组织共同运转以支持生命活动，导致人失去了生物学上的同一性。而从人格主体性出发，人格同一性问题在芯片脑的属性中，似乎存在着不可调和的矛盾，因为身体机体已然不同，记忆方式也各异。洛克关于人格的"记忆标准"指出：记忆是人格同一性的构成性原则，记忆把过去的我统一到现在的我之中，共同构成我的同一人格。如若记忆的能力和方式通过 BCI 技术改变，记忆的内容通过 BCI 的方式存储和更改，那么独属于每个人的连续不断的长年积累的记忆习惯都将不复存在，人类将不再拥有与其他个体有所区分的独立意志和人格。

待人接物的身体礼仪，届时不再需要，通过设备向大家传输礼仪信号即可。借助身体美观建立的两性吸引力，此时不再成立，通过设备向对方传递自身的网络形象便可。体育的赛事、竞争、文化、市场都将消亡，取而代之的是网络虚拟游戏。以上描述虽然只是假设，但不可否认的是，当个体意识能够代替身体完成诸项行为活动时，身体的功能在未来商业社会中，将没有任何用武之地。身体器官被 3D 打印代替，肉体人身将会引起身份认同危机，芯片脑的价值取向也会模糊化、去边界化，会不断被拷问：我是谁？我从哪里来？人的概念从内涵和外延上，都将发生巨大的变化。

结 语

在意识传播时代，人与人的交往以及认知空间更加理性化、数据化和计算化，人类的情感态度、价值信仰、认知过程、社会适应也都被智能数据所掌握和控制。人与人、人与社会的交往和关系也相应地变得更加简单、诚实和平等化。正如单波教授所言："在人与人之间'我和你'的对话关系中，

---

① 赵渊：《人机关系与信息传播变革》，《现代传播》2019 年第 6 期。

人们通过对话互动来促进人格与知识的发展,每一个交流活动的参与者表现出的态度与行为,都以互惠、开放、诚实、坦率、不虚饰、自发性、非操纵性以及共享性为特征。"① 人类一旦进入意识传播时代,个体则弥散于整个人类世界,此时个体处于网络的社会化空间,那么作为个体的人很难具有独立的理性、自主性、中心性以及自我主体性,个体的思想和思维也被智能数据控制。"也许历史与传统将平稳地顺应信息检索系统,因为这些系统将作为一种资源以满足按控制论方式组织起来的人类的必然的计划需求。问题是,思维是否也将以信息处理事务告终?"②

---

① 单波、侯雨:《思想的阴影:西方传播学古希腊渊源的批判性考察》,《新闻与传播研究》2017年第12期。
② [美]迈克尔·海姆:《从界面到网络空间:虚拟实在的形而上学》,金吾伦、刘钢译,上海科技教育出版社2000年版,第56—57页。

社交媒体环境下我国政治传播的主流模式研究[*]

彭 剑

(四川省社会科学院新闻传播所,成都 610042)

摘 要:根据媒介环境学派观点"媒介即环境",媒介不仅是环境的一部分,还塑造着环境及其中的一切。当前,社交媒体环境深刻影响到我国政治传播的模式及效果,并对传播内容打上深刻的技术烙印。本文主要研究社交媒体环境下我国政治传播的主流模式的特点、方式及传播策略,剖析我国主流政治传播的实践特色,并分析其存在问题、不足及出路。

关键词:媒介环境;传播模式;主流政治传播模式

根据媒介环境学派观点,"媒介即环境","媒介不仅是环境的一部分,还塑造着环境及其中的一切"[①]。同时,媒介并不完全是中性的,每一种媒介都有独特偏向。"伊尼斯认为媒介有时间和空间的偏向,麦克卢汉将其发展为媒介的感官偏向,波斯曼继承了这一命题,指出了媒介的意识形态偏向,莱文森指出了媒介的人性化偏向,梅罗维茨提出了媒介的前区偏向和后区偏向"[②]。因此,随着新媒介技术的不断发展,不同媒介介质对传播内容打上了深刻的烙印,并形成特有的技术"偏向"。

那么,社交媒体环境及技术偏向对我国主流政治传播模式产生了什么样

---

[*] 本文系 2016 年国家社科基金项目"社交媒体环境下的政治传播研究"(项目编号:16BXW079)的成果。

① 商娜红、刘婷:《北美媒介环境学派:范式、理论及反思》,《新闻大学》2013 年第 1 期。
② 商娜红、刘婷:《北美媒介环境学派:范式、理论及反思》,《新闻大学》2013 年第 1 期。

的影响？本文拟以我国政治传播的主流模式为研究对象，剖析其在社交媒体环境下所扮演的独特角色和发挥的基本作用。

一　政治传播的模式认知

所谓模式，是对现实事件的内在机制以及事件之间关系的直观和简洁的描述。传播模式便是对传播过程及传播各要素之关系的直观而简洁的描述。进一步看，模式其实是一种理论认知的简化形式。因而，一个模式往往试图表明某些事物的结构或过程的主要组成部分以及这些部分之间的相互关系。

在社会科学研究中，借用模式来分析和研究事件具有重要功能。丹尼斯·麦奎尔在《大众传播模式论》中指出了模式的三种功能。其一，模式具有构造功能，能揭示各系统之间的次序及关系。其二，模式具有解释功能，能够解释事件运行的基本机制。其三，模式具有预测功能，能够对事件的进程和结果进行预测①。总体看，模式是"作为思想的辅助工具"而存在的。

在传播学领域中，麦奎尔认为模式研究特别有用的主要原因在于"传播在社会关系内虽然无法窥见，并且没有明确或永久的形式，但传播行为在某一特定的关系结构中采取的却是可以预见或重复出现的形式"。② 其中，传播的功能性图像模式"可以为人们勾划出一些线条来表示我们已知存在而又无法看到的联系，可以显示这种联系的结构、强度、方向和局部剖图，使已知的要素及关系尽可能固定化"。③ 简言之，我们可以通过图像化的模式，清晰认知和观察传播过程与传播要素之间的结构关系。

传播模式不是一种固有的僵化结构，而是一种随着传播动态而不断微调和变迁的形式。其主要结构却是清晰的、明确的，甚至是稳定的，维系着传播的基本过程和方向。如西奥多森对传播的定义所提示的那样"传播是个人或团体主要通过符号向其他个人或团体传递信息、观念、态度或情感"④，在这一定义中，我们可能清晰地提炼出传播者、传播内容、传播对象等传播

---

① ［英］丹尼斯·麦奎尔：《大众传播模式论》，祝建华译，上海译文出版社1997年版，第3页。
② ［英］丹尼斯·麦奎尔：《大众传播模式论》，祝建华译，上海译文出版社1997年版，第3页。
③ ［英］丹尼斯·麦奎尔：《大众传播模式论》，祝建华译，上海译文出版社1997年版，第3页。
④ ［英］丹尼斯·麦奎尔：《大众传播模式论》，祝建华译，上海译文出版社1997年版，第5页。

模式的基本概念，并通过简洁的图像化方式加以呈现和把握。

政治传播模式亦是如此。传播模式有多少种，政治传播模式就有多种。可以根据不同的研究路径和视角，得出不同的政治传播模式。但是在现实政治制度下，政治传播模式并非可以任意剪裁的。因为，政治传播模式受到政治、经济、社会和文化等多重现实因素的影响和塑造。需要我们从具体的政治社会语境中来把握政治传播的具体模式。政治传播模式是具体的、实践的、发展的。其原因在于政治传播受到多重影响。

首先是受到政治制度本身的影响，从中西方不同的政治传播实践来看，西方以市场化和私营媒体为主的传播体系，决定了其政治传播的市场导向和看门狗角色，而作为第四权力也决定了其报道的倾向和定位。而在中国特色的政治制度下，来自西方的党派竞争政治及其政治传播理论，是无法平移到中国特色的政治传播实践中的。中国政治制度中的传播媒介具有"喉舌"功能，在日益多样、价值多元的时代，是凝聚社会共识的重要平台和反映民意的重要渠道，担当着形成社会共识和引导社会舆论的责任。其次政治传播受经济场域的影响。在西方，传媒自身的经济属性、媒介所有权、经济结构等势必影响到政治传播，尤其当媒介权力与其他权力产生冲突的时候，就会冲击到政治传播的倾向，以竞争性选举为例，各种媒介的经济或党派属性不同，而进行的各种相互攻击的报道不可胜数。而在我国，传媒经济属性的影响相对较少，内在于体制之中的传媒需要在主流舆论的引导和塑造中担负应有的责任，其可能出现的监督和批评性报道，则意在促进政府管理的自我完善和进步。最后政治传播还受文化因素的影响。文化是一个相对宽泛的概念，在这里既有新闻文化的影响，也有政治文化的影响。从新闻文化的角度看，新闻报道的客观性要求、专业化标准、事实性标准、批判性立场等都是作为新闻文化而嵌入传播过程中，也影响到一种政治传播究竟采取什么样的价值模式和操作理念。从政治文化的角度看，新闻无疑受到政治本身运作方式的影响，政治传播更易受到政治信息来源、渠道影响，从而打上政治文化的烙印。

总体看，政治传播由于受到多重因素影响而呈现出与这些因素相适宜的传播模式，体现出某种政治制度下的传播特色和传播差异。而这一模式和方式的差异是如何呈现的，就需要进一步分析我国政治传播的主流模式的内在结构和传播机制。

二 主流传播模式：我国政治传播的重要实践

我国政治传播的具体模式可分为主流模式、市场化模式、融合化模式。这三者虽然无法完全概括我国政治传播的全部实践，但无疑囊括了我国政治传播的主要形态，对于观察我国政治传播具有重要价值和意义。

什么是我国政治传播的主流模式？一般意义上是指"以政府、官方为主体"的政治传播和"以主流传媒为载体"的政治传播，这两种主流传播模式的规定性在于：传播者的权威性质决定了其居于政治传播的中心地位，决定了其在我国政治传播中的主流价值。

研究政治传播主流模式，还需要进一步分析其传播的基本结构。从传播模式的角度看，传播模式主要由如下因素构成：传播者、渠道、信息、接收者以及发送与接收之间的关系、效果、编码及解码等要素。简言之，分析一个模式，需要把握其基本要素，即传播者、渠道、内容、受众。

按此分析，当前我国政治传播的主流模式的基本结构中的主要因素有以下几点。（1）传播者，即主要由政府、官方、党媒组成，这是我国政治体系中处于核心位置的信息提供者，处于政策制定、官方发布、权威传播的中心地带。这其中包括部分官方人士和专家学者，他们处于对政策制定或智库建言献策的位置，或是政府和官方的智囊，或对政治信息具有权威和专业的解读能力。因此，我国政治传播中的传播者的权威性与权力地位均高于其他体制中的传播者，我国的政治传播者与传媒消息源是同构的，这是由我国特殊的政治传播体系所决定。西方国家的政治传播也依赖于政府与官方的消息，但媒体的主动性和独立性相对较强。（2）传播渠道，即政治信息发布和传递的主要路径。我国政治信息的传播可以从广义和狭义两个方面来理解，从广义角度看，我国政治信息的传播在整个政治共同体内，包括大众传播、组织传播和人际传播等多重路径。其中较具特色的是"政府组织传播"，通过各级政府组织的垂直传递渠道，以发文、会议、学习讨论等形式进行传播。随着新媒体技术的快速发展，以组织方式进行的政治传播也在不断创新，利用新传播技术扩大政治信息传播覆盖面，提升其创新传播的活力。以中宣部主管的《学习强国》App 为例，它是以习近平新时代中国特色社会主义思想和党的十九大精神为主要内容，面向全体党员和全社会的传播平台。"平台 PC 端有'学习新思想''学习文化''环球视野'等 17 个板块 180 多个一级栏目，手机客户端有'学习''视频学习'两大板块 38 个频道，聚合了大量可免费阅读的期刊、古籍、公开课、图书等资料"。可以说，这是一款新型、极具亲和力的传播平台，包括大量政治、政策信息，但同时，也有音乐、艺术、读书等寓教于乐的栏目内容。从狭义的政治传播看，政治传播的主要渠道就是以党媒为主体的我国大众传播体系，既承担着新闻传播的媒体责任，也履行着传播党和国家政治方针和决策意见的重要职责。(3) 传播内容，即主要传播党和国家的重要议题。近年来，在我国政治传播主题内容中，"中国梦""一带一路""全面小康""科技强国"等重要主题，成为政治传播的主要内容。(4) 接收者，即政治传播的受众。政治传播与其他任何传播一样，面对的是广大的社会大众，当然也包括对外传播所涉及的相关受众，这是从广义角度而言。在我国还有一个较为特殊的群体即八千多万党员干部，可以说这是一个重要的受众群体，也是一个针对性较强的受众群体。他们接受、吸收、学习、实践其中的重要政策，并将其运用到工作与实践中去，这也是我国政治传播独有的能够实现政治信息、政策精神落地的有效模式。

三　主流模式的叙述与表达：中国成就、发展引领与现代化共识

中国特色的政治传播主流模式，体现的是我国政治传播的主流叙述与表达。十八大以来，中国政治议题开始扩张，政治传播步入新阶段，"中国梦""一带一路""依法治国""养老改革""二胎放开"等国家和民生议题，"亚投行""互联网＋""美丽乡村""生态文明"等重大时事的政治传播全面拉开。分析中国主流政治传播，我们可以观察到其中主流叙述的重要特征。这些特征体现了习近平新时代中国特色社会主义政治传播的主流模式。

主流叙述模式主要体现了三种议程的高度重合，即政府议程、宣传议程和媒体议程的重合。这在主流媒体的新闻报道中表现较为明确，以十九大以来任仲平系列为例，充分体现出新时代的政治传播的主流叙述。任仲平是党报评论中较为独特的政治传播形态，它以报纸的评论形态出现，却不拘泥于报纸评论的短小精悍的形式，它往往展开七八千字的波澜壮阔的叙述，赋予文字较大写作空间。这一方面有利于把问题写深写透，更好地表达自身思想

和思考；但另一方面也为写作提出了更高更严的要求。任仲平作为党媒评论的一面旗帜，18次荣获中国新闻评论奖，可以说是中国主流媒体政治传播的重要革新和探索。

　　任仲平是如何实现主流媒体政论表达形态的革新与探索的呢？首先，以主流姿态切入主流议题。作为党中央机关报的政论品牌，在政治传播中具有引领性和指向性的价值和作用。因此，正如该报所要求的那样：任仲平要有力量把握历史的大逻辑、要有勇气做出时代大判断，要构建起属于自己的"主流叙述"①。所谓以主流姿态切入主流议题，指的是以系统性、全局性、前瞻性思考重大时代主题，站在时代的高度，对治国理政、思想文化、历史事件、社会舆情等重大议题，发出自己的声音和做出有价值的独立判断。其次，以主流声音传播主流价值。当前，我国处于思想文化复杂多元、世情国情多样多变、各国观念竞争纷繁复杂的时代，需要主流媒体在复杂变化中指出变革方向和前行路标，这就要求党报政治评论需要有敏锐的发现和深入的思考，有直面问题的勇气和治国理政的担当。"说到底，文章合为时而著，只有把握好时代性、针对性、人民性，才能在主流声音中更好地体现主流价值。"② 再次，塑造政治传播的主流表达。政治传播是主流意识形态形成的传播场域，主流意识形态主要通过主流传播模式而得到宣传和广播。所谓主流表达，即要实现政治传播表达的三种功能：引导功能——强化意识形态的引领作用和方向作用，通过政治传播，主流意识形态在整个社会范围内形成巨大的政治行动力和社会影响力，形成舆论向心力和核心话语权，引导着整个社会意识的基本走向；价值塑造功能——主流表达要体现时代价值，以价值说服为主，使主流意识形态或政治传播话语与社会受众的接受心理相一致，形成共鸣，产生共识，从而使主流话语的价值契合社会的主流价值，或引领社会主流价值；动员功能——政治传播主流表达要有极强的动员功能，能够形成对政治价值的落实和政治行动的推动，鼓舞和感染目标受众，巩固和维护政治权力和政治意图的实现。

---

　　① 任仲平：《主流媒体政论表达形态的革新与探索》，上海新闻网，https://www.021news.cn/show-422656-1.html，2018年12月5日。
　　② 任仲平：《主流媒体政论表达形态的革新与探索》，上海新闻网，https://www.021news.cn/show-422656-1.html，2018年12月5日。

我国的政治传播主流模式是围绕国家稳定、社会进步、经济发展、人民幸福的重大主题展开的。由于传播者构成、传播渠道与传播内容具有高度的一体化和目标的一致化。因而我国的政治传播主流模式主要表现以下具体特色。

第一，中国成就的彰显。彰显中国成就是政治传播的题中应有之义，也是我国政治传播的主要议题和报道责任。区别于国外的政治传播中的党派之间的批评和相互指责。在政治传播中彰显中国成就，主要依靠的常规性武器即成就报道。我国成就报道与宣传报道具有很大程度的相似之处，主要以成就作为宣传内容，以宣传手段推动成就传播。对于成就报道的准确说法是"成就报道是主流新闻媒体围绕中心、服务大局、惠及民生的重要表现形式，对于弘扬主旋律、凝聚民心、发挥舆论导向，具有重要意义。在重大节日、重大事件纪念日等时间节点上，梳理和总结过去的成就，是成就报道的传统项目"。[①] 彰显成就并不是一件十分容易的事，容易陷入单调平面的成绩展示。对此政治传播中的成就报道，要体现出报道的新闻价值和传播价值。一是提炼主题的重大意义。挖掘出符合时代的重大主题价值。否则成就报道就成了简单的宣传材料。近年来，在我国经济社会和改革开放的快速发展中，取得了举世瞩目的巨大成就。诸如港澳回归，一雪百年耻辱；亚投行建设，走共同合作之路；G20杭州峰会，促进世界可持续发展；中国GDP超10万亿；还有西气东送、南水北调、三峡大坝、西藏铁路等巨型工程的建成；等等。每一件都是中国人民创造的响当当的重大项目。对此，通过中国改革开放的线索和中国发展速度与质量的交织，来体现发展的成就。二是要切入百姓视角，符合老百姓常识。成就固然可喜，但过分的宣传也可能造成一定的逆反心理，老百姓总希望通过自己的切身感受来认识国家发展的成就。因此，需要结合群众的获得感、幸福感来彰显成就，否则脱离了广大群众的切身感受反而会引起种种负面效应。三是表达方式的更新。随着新传播技术的快速发展，新的图像化、数字化、视觉化传播手段日渐丰富，这些新传播技术无疑会给原来枯燥乏味的成就报道带来新的生机与活力。

第二，发展引领。中国的改革开放历程是一部波澜壮阔的经济社会发展

---

① 林溁：《做深做活成就报道》，《视听界》2015年第1期。

史，在很长一段时间内，发展都是中国的第一要务。如何报道中国发展，无疑也是中国政治传播的重要主题和内涵。尤其是党的十八大以来，党中央把握我国发展的时代大势和前进方向，提出了"创新、协调、绿色、开放、共享"的新发展理念，新发展理念的提出，引领了中国新一轮的快速发展，在发展历程中不断破解难题、增强动力，朝着更高质量、更有效率、更加公平、更可持续的方向前进。

总体看，发展是中国的主旋律、主方向。政治传播必然需要紧扣中国发展主题，以新发展理念为引领，以发展报道为支撑，报道中国发展过程中所面临的机遇、问题、路径、方式、方法以及创新成果，其素材源源不绝，其新闻点熠熠生光。可以说，发展报道成为政治传播聚焦中国发展的重要形式。有研究指出"今天的中国，发展是硬道理。发展报道便成为一切发生在中国大地上全面建设小康社会新事物、新现象和新问题的集中展示。它们构成发展报道的基本主题，成为贯穿社会发展的重要线索"。[①] 在政治传播中如何报道好中国的发展？一是把握中国社会的发展趋势和基本脉络，聚焦中国经济社会发展所取得的成绩。这一点与成就报道有共通之处，但却是在发展理念和视角之下切入报道的，以面向未来的开阔思路和坚定不移的开放精神作为支撑的。二是直面发展中的问题。以问题为导向，剖析中国发展中的困难和挑战。面对当前社会发展过程中不可避免的各种纷繁复杂的矛盾，需要传媒用心去观察和分析，去发现问题，找到问题的根源。三是要寻找解决发展问题的路径和方法。当前，中美贸易摩擦处于一个十分激烈的阶段，中国发展受到不同程度的影响和冲击，但是我们需要站在政治传播的高度，不仅通过正面宣传和报道来鼓舞精神，也需要站在实事求是、面向困难和挑战的角度，寻找解决问题的办法。总之，发展引领，是我国主流政治传播的重要模式，通过发展报道，展示成就成绩，对比问题与不足，从而为社会发展提供路径与解决方案。

第三，现代化共识。观察中国政治传播，可以清晰地发现其中的现代化共识。这是因为中国改革开放进程其实质是一轮中国走向社会主义强国的现代化发展进程。现代化作为我国新闻报道和政治传播的主题，一直存在于我国的主流报道中，并形成了全社会的共识。

---

① 彭剑：《论发展报道的特征》，《现代视听》2007年第1期。

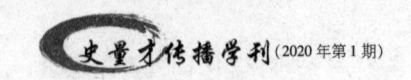

回顾历史可以看到，事实上中华人民共和国的成立便开启了现代化征程。1954年，我国明确提出了实现"四个现代化"的目标。虽然经历了曲折和磨难，也经历了中断与停顿。但改革开放后，中国加快推进现代化建设的脚步，解决了亿万中国人民的温饱问题和发展问题。十八大以来，党中央基于世情国情的新变化、新挑战，提出一系列新理念、新思想、新战略，开启了全面建设社会主义现代化国家的新征程。任何一个国家的现代化道路都不尽相同，中国的现代化道路也是如此。但是中国的现代化是全社会的现代化，包括了经济现代化、社会现代化、政治现代化、文化现代化、生态文明现代化五位一体的内容。

中国现代化共识，可以说是我国主流政治传播的主要议题。以《人民日报》《光明日报》《中国青年报》以及各级党报为主体的政治传播阵地，推出许多关于现代化发展的新闻报道。这些报道既有体现现代化成果的新闻信息，也有剖析现代化发展的新闻评论，从多角度、立体化地展示我国现代化进程及现代发展理念、目标和道路。2017年10月20日人民网记者贺迎春撰写的报道《中国的现代化有了"美丽"新目标》聚焦了十九大报告对生态文明建设的论述，敏锐地发现报告提出"现代化是人与自然和谐共生的现代化"。这是报告首次就现代化的"绿色属性"所给予的更加符合生态文明核心要义的界定，因而具有极高的新闻价值和传播价值。作为中央机关报《人民日报》在不同阶段都对中国的现代化摇旗呐喊，在现代化问题上体现了一家权威大报的高瞻远瞩。如2018年1月5日《人民日报》发表的钱乘旦的《把握中国现代化的历史方位》，2018年3月1日人民日报评论员文章《推进国家治理现代化的一场深刻变革》都是站在时代高度对中国现代化的思考。

中国主流媒体的现代化共识，是我国政治传播中的重要主题和内容，是政治传播主流模式所呈现的表达议程。这一线索一直贯穿在我国改革开放和现代化建设中，对于我国凝聚改革共识、形成发展合力、鼓动人心士气都有十分积极的意义。

四 存在的问题和建议

政治传播模式中的各个结构部分及其所形成的传播机制影响着政治信息

的传播效果。传播模式既是一种具体的动态的传播要素的组合，也是一种分析传播过程的工具。一种模式是否能够良好运行需要依赖不同的制度条件和社会环境，并形成传播与接受之间的良好反馈与互动。

从传播角度看，我国主流政治传播模式仍然存在一些不可忽视的问题。主要表现在以下几点。一是自上而下的单向传播较为明显，表现在政治信息的纵向流动和传递。这样的传播模式有着自身的特点和优势，例如可以完整而全面地传达传播者的意图和观念，可以形成直接有效的信息到达。但其弊端也较为明显，缺乏互动的反馈机制，使自身发射的信息缺乏回流的路径和修正的机会。当然，随着新的传播技术的发展，这一缺陷可以在很大程度上得到弥补和改进。二是政治传播话语表达的创新性和亲和力不够，以宏大叙事和抽象表达为主，难以拉近和受众的距离。当前我国主流政治传播话语源自政治或官方信息源，在传播过程中打上了政治和官方烙印，其部分传播话语缺乏亲和力，与受众难以形成有效沟通。三是政治传播中的宣传灌输现象。长期以来，政治传播等同于宣传的现象仍有不同程度的存在。作为政治传播重要内容的意识形态，本质是一种观念思想体系，需要理性、判断、推理等过程，需要通过理性的文本形态加以传播。但随着网络时代的到来，新的融合化、视觉化、视频化表达形态的出现，需要有更加富于感染的传播形式和手法来促进政治传播效果的提高。因此，创新政治传播的表达方式成为提升政治传播效果的必由之路。

视觉社交时代的"悖反型"自我呈现[*]
——女性"扮丑自拍"现象解析

陈 琦[1]，周芷茹[2]

(1. 西北政法大学 陕西省西安市西长安街558号 710199；
2. 西北政法大学 新闻传播学院2020级研究生，西安 710199)

摘 要：社交媒体时代，"自拍"成为广大女性在网络空间自我呈现的主要方式之一。当修图软件"生产"出来的"完美"自拍越来越趋于同质化，观众的审美疲劳也导致了"美颜自拍"的关注度持续下降。女性作为自拍大军中的主力，一直在追寻着社交媒体中新的视觉存在方式——"扮丑自拍"在这样的背景下应运而生。这种"悖反型"自我呈现在视觉社交中异军突起，反而产生了意想不到的印象管理和形象传播效果。本文在"自我呈现"理论范式下，从"他者凝视"的角度对女性"扮丑自拍"现象进行分析，以期探寻其背后的心理机制、传播效果和传播规律。

关键词：视觉社交；悖反型表演；自我呈现；女性"扮丑自拍"

一 研究缘起

自拍是社交媒体时代人们展现自己、寻求他人认可的手段之一。美颜修图软件的出现标志着人们操控他人对自身印象朝自己理想的方向转变的主观意愿，同时也是女性对自身形象主体意识的觉醒。在当今这个状态时时更新

---

[*] 本文系国家社科基金重大项目"互联网群体传播的特点、机制与理论研究"阶段性成果（项目号：15ZDB143）。

的时代，越来越多精准细致的美颜技术像一根越绷越紧的弦，让自拍者感到乏味、让观看者感到疲倦。在这样的背景下，故意显得愚蠢或者丑陋的扮丑自拍应运而生。① 一些恶作剧似的扮丑自拍星星点点地冒出来，反而像一股清流，通过对痴迷美貌的消费社会的审美无伤大雅的嘲弄和讽刺，舒缓了人们在"颜值即正义"口号横行下紧绷的神经。如果说"美颜修图"是让人"变美"的励志鸡汤，那么"扮丑自拍"就是疲惫生活中让人停下来喘气的"肥宅快乐水"。

社交媒体成了人们完成自身主体性建构的途径，当"美颜"变得越来越大众、成了随波逐流，自我美化就像融化的奶油蛋糕，虽然甜，但却有点腻了。越来越多的女性开始另辟蹊径，分享做鬼脸、伸舌头、挤眉弄眼、仰拍双下巴等"自毁形象"的丑照，很多拍照 App 也顺应这种市场需求推出了"如花妆"等扮丑自黑的应用。很多用户都认为，这种"自黑"风格的自拍显得特立独行，又酷又勇敢，使得大家在审美和自黑间出现了细微又特别的感觉，通过搞笑、讽刺、自嘲等释放出了现实生活中的压抑的情绪。现在，按照自己想法任性地摆出各种自我丑化的女性自拍数量逐渐增加，演变成了一种特殊的女性亚文化景象。②

二 理论回顾

（一）自我呈现理论

自我呈现（Self-Presentation），这一概念，是美国社会学家欧文·戈夫曼（Erving Goffman）于 1959 年《日常生活中的自我表现》一书中提出的，也有研究称之为自我整饬。③ 戈夫曼作为戏剧主义理论中的符号互动理论家，用一个戏剧性的比喻来分析人的行为。在他看来，生活的各个情境就像一个大舞台，人则是在舞台上通过演出以求控制观众对自身的印象形成的演员。戈夫曼在观察中发现，在不同的情境下，或者在不同的观众面前，"表演"的个体会倾向于扮演不同的角色。如果把社会交往情境看作戏剧，交往

---

① 《卖萌 out，明星集体扮丑自拍，变态造型真雷人》，新浪网，http://slide.eladies.sina.com.cn/index.php。
② 蔡天然：《社交平台"丑照自拍"背后的主体抗争意识研究》，《传媒与社会》2017 年第 5 期。
③ Goffman, E., *The Presentation of Self in Daily Life*, Vol. 21, iss. 3, 1959: 655.

中的人们都在有意识或无意识地进行"表演",通过角色扮演来控制他人对自己的看法。人们在正常情况下都喜欢用和当下的人际关系背景和社会情境相符合的形象向别人展示自己,让自己在别人心中留下一个理想的印象。①

戈夫曼关于"自我呈现"的研究,更大程度上倾向于对传播效果的研究。不管个体的呈现方式怎样,目的都是让他人产生自己期待中的印象。因此,戈夫曼按照效果,将印象管理的呈现类型分为理想化表演、悖反型表演、神秘化表演和补救表演。

为了在社会互动中呈现理想化的表演效果,有时个体会在一定程度上进行与自身真实的角色相背离的表演,这种自我呈现的表演方式就是戈夫曼所说的"悖反型表演",也有学者将其称为"误导表演"。在自我呈现的维度下进行观照,社交网络中悄然兴起的"扮丑"自拍,则是自我呈现中"悖反型"角色表演的典型表现。

(二) 凝视理论

所有关于对图像传播的研究,都无法绕开拉康的"凝视"理论。这就像一道无法绕开的目光,在远处规定着人们对观看与被观看的思考。② 1964年,拉康提出了"凝视"(gaze)的概念,对视觉活动做了激进化的处理,他不仅在我们的观看行为中嵌入了大写的他者(Other)的结构功能,而且引入实在界的维度,把属于实在界的"对象a"(object a)看作规定看的行为的绝对之物,从而使在我们的日常经验中最简单不过的观看行为变得迷雾重重。理想自我和自我理想的形成是在这一想象的凝视中完成的。主体一方面把想象的他者的凝视投射到自我之上,从而造成自我完满性的幻觉效果;另一方面还通过认同他者的目光来把这一凝视内化为自我的理想,即拉康所谓的"凝视的效果"。

三 研究设计

本研究所描述的"扮丑自拍"的样本选择准则为故意扮丑,通过光效、

---

① [美] 欧文·戈夫曼:《日常生活中的自我呈现》,冯钢译,北京大学出版社2016年版,第25—28页。
② 吴琼:《他者的凝视——拉康的凝视理论》,《文艺研究》2010年第4期。

角度、表情等方式,以扭曲的脸部肌肉、刻意扮丑的身体动作等形态传达出与正常自拍照风格迥异的照片类型,展现出和一般美化自我的自拍风格迥异的自拍种类。研究目标群是通过网络社交平台分享过自己的扮丑自拍的女性。采用深度访谈法、焦点小组讨论法,旨在探寻女性"扮丑"自拍的动机、规律与特征。

研究方法采取立意抽样,在 2018 年 6 月至 2019 年 6 月为期 12 个月的时间内,对在社交媒体或网络社交平台发布过"扮丑"自拍的 20 位不同年龄、不同职业和教育背景的女性进行了半结构式访谈。

访谈方式包括焦点小组访谈,面谈,电话访谈,微信或 QQ 等社交软件、"知乎"等知识问答平台邀请回答等方式;访谈时间为每次 10 分钟到半小时,受访者的职业分布包括学生、记者、化妆师、健身教练、护士、公务员、白领等,所在地区亦南北分布各异;年龄在 20—40 岁,其中高中学历 2 名、大专学历 2 名、本科学历 7 名、研究生及以上学历 9 名;经济收入为 3000—30000 元/月不等。借助 Nvivo11 这一计算机辅助质性数据分析软件对访谈资料进行整理、导入与编码来分析受访对象关于"女性扮丑自拍的心理机制""他者凝视对女性扮丑自拍的影响""扮丑自拍背后的主体意识"等三个树状节点和七个子节点,具体内容如表 1。

表 1　　　　　　　　　　　树状节点和子节点

树状节点	子节点	参考点数	参考点描述
女性扮丑自拍的心理机制	自我呈现的需求	13	社交媒体上千篇一律的"美颜"浩如烟海,希望从中脱颖而出,就必须与众不同
	群体认同的需求	12	在女性群体的同性社交中,要想获得认同,"不比别人美太多",是彼此心照不宣的潜规则
	社交需求	8	"存在感"是许多社交场景的前提,"美颜"越来越同质化,"扮丑"反而成了新的敲门砖
	社会评价	9	漂亮的皮囊千篇一律,有趣的灵魂千里挑一。"扮丑"在很多时候,是"有趣"的外在表现

续表

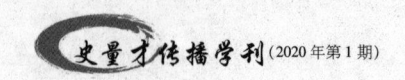

树状节点	子节点	参考点数	参考点描述
他者凝视对女性扮丑自拍的影响	关注度带来激励	6	"一键美颜"导致了网络社会的审美同质化,"扮丑"反而会带来更多的关注
	反推扮丑自拍者的自我认同	7	舆论在互联网世界虽然依旧会产生很大影响,但个体自身的精神支撑与选择才是社交媒体时代更为普遍的风格特征
女性扮丑自拍背后的主体意识	对传统审美规训的抗争	12	传统审美存在某种道德强制性,齐一的、同质化的"美颜"甚至产生欺骗性,而"扮丑"则在某种程度上是对此种规训的抗争
	对"他者凝视"规训的抵抗	9	"他者凝视"潜移默化地形塑了女性的审美意识。思考要做怎样的自己的过程,其实就是一个不断摆脱这种形塑的过程
	对"自恋"的抵抗	7	扮丑自拍超越了美颜自拍的"自恋"情结,超越了那种沾沾自喜的顾影自怜

四 研究分析

通过对女性扮丑自拍现象的 Nvivo 分析,对各节点的逻辑进行深入思考,最终筛选出以下几个范畴的议题。

(一)女性"扮丑"自拍的动机

1. 个性至上:追求与众不同

"彰显个性"是现代社会年轻人的普遍追求,要想在社交网络海量的自拍照中脱颖而出,吸引注意力、被赞赏被关注,仅仅靠千篇一律的"美颜"是不够的,展现独特个性变成了大量发布扮丑自拍女性的主要想法。

在深度访谈中,几位热衷分享扮丑自拍的女性的观点比较典型:

"像我这类没有颜值的人,千人一面的美颜不是我的世界,与众不同的丑照才是我的主场。"(小杨,电信公司客服,23岁)

"有时候在朋友圈发自拍的时候,会觉得这是一场争夺眼球的暗自较劲。所以如果不能美到极致,那就丑得与众不同"。(叶子,影楼化妆师,27岁)

很多扮丑自拍爱好者对社交网络中铺天盖地的美颜自拍不以为然,她们

图1　女性扮丑自拍对比

旗帜鲜明地表达了自己的态度："比如情人节，几乎全世界女孩都在分享玫瑰花、巧克力、烛光晚餐和自己的精修美照时，扮鬼脸、搞怪照，反而点赞的一大堆，与众不同、完美胜出。瞬间觉得那些扎堆的'美颜'弱爆了。"（蕾蕾，记者，29岁）

在深度访谈中，受访者关于扮丑自拍的回答，"与众不同"四个字出现的频率最高。社交媒体时代，女性逐渐发现自己掌握着自拍照的创作主导权，于是会更加注重主体意识的发掘和表现。

2. 寻求在女性群体中的认可

"谁更美"，似乎是女性群体中的一场旷日持久的战争。希腊神话中女神厄里斯的一个"献给最美的女人"的金苹果，就在女神赫拉、雅典娜和维纳斯之间挑起了纷争，甚至引发了后来的特洛伊战争；经典童话故事《白雪公主》中，恶毒的王后之所以要将白雪公主置于死地，也是因为白雪公主取代了她，成为魔镜所言"世界上最美的女人"。对"美"的较量，是女人之间看不见的血雨腥风。而在容颜上胜出太多的女性，往往会被女性群体孤立，甚至伤害。电影《西西里的美丽传说》讲述的就是这样的故事，片中的律师在法庭上阐述莫妮卡·贝鲁奇扮演的女主角的"罪状"时说，"美貌就是她最大的罪恶"。

在访谈中，我们发现，有相当数量的女性表示，发布扮丑自拍，是为了在同性群体中受欢迎、获得认同。

女性扮丑自拍的做法，大多是因为在意与同性间的关系。

"如果只有我一个人拍得漂亮，会遭人讨厌的"；"如果不和她们一起扮丑，肯定会被认为是不合群的人"。这些都是在意他人对自己的看法，尤其是在意同性对自己看法的表现。娱乐圈甚至还有这样的说法，"是真闺蜜还是塑料姐妹花，一张合照就知道了。"范冰冰跟李冰冰合影，只把自己P白；主持人沈梦辰和名模刘雯合影，P长自己的腿；麦迪娜与Angelababy合影，只P掉了自己的黑眼圈等，都在娱乐圈引发过争议，也给自己贴上了"心机女"的标签。自拍合照时，"不比别人美太多"也成了自拍社交时代女性间交往的潜规则。

精神科医生Yuuki在分析自拍扮丑现象时指出，"通常这些在自拍时故意扮丑的人，都很容易被认为是自信、有趣的人。但是实际上这种人却内向害羞，在意他人眼光，不论男女，都有这个倾向"。

从这一层面上讲，要想在女性群体中被接纳、被认可，在容貌上掩饰锋芒，"扮丑"，不啻为同性间交往的智慧之选。

3. 存在感的追寻

正如福柯所说，所谓现代人，就是尝试创造自我的人。这种意识无法把人们从自身的存在中解放出来，社会的发展使人们不得不直面发现和创造自我的艰巨任务。

对于扮丑自拍爱好者来说，分享在个人主页上的自拍是在表达与外界交流的内心想法。因为想完成此交流，部分受访者坚持配文以完成自身目标："若本人的照片能让你们觉得有趣，我便会用特殊配文……"自拍照分享后，好友的点赞评论，也是个体发现自身存在感的手段："本人十分期盼好友评论，是由于满足感强弱取决于评论者数目，得到的赞赏越多越会让自己感到满足。"

通过发布扮丑自拍，女性在观看主体与被观看的客体之间不断转换，对自我的认知角度，也从镜像中的自己、他者眼中的自己之间不断完善，从而完成对自身存在感的创建和刷新。

4. 抵抗自恋，情绪宣泄

自拍在最初的阶段也许很难绕过自恋的情结：以自拍的方式来审视自己，不仅源于对自我的迷恋，甚至还可能加剧这种迷恋，正如美少年纳喀索斯在水边为自己的倒影而深深着迷，最终化为岸边的水仙花。不过在摄影师的自拍中，照片取代了形成倒影的湖面。此外，自拍还容易流于建构"理想"自我的粉饰伎俩。对于故意发布丑照的自拍者来说，扮丑自拍超越了美颜自拍的"自恋"情结，超越了那种沾沾自喜的顾影自怜。以摄影师莫毅为代表的丑照倡导者提出，扮丑自拍，就是要把自己"拍烂"，正视自己的"丑"。更重要的是，他的自拍不局限于对于自我情绪和生命历程的记录，而是具有社会性的；或为了引出社会的风景，将自己与社会和他人共同作为审视的对象，批判集体的冷漠、麻木时，也让自己"陪绑"其中；或作为一种祭奠历史事件的仪式，而将自拍的过程本身变成了一种宣泄个人对社会、历史之情绪的渠道。①

在深度访谈中，有一些受访女性在发布扮丑自拍时选择了微博。微博是比微信朋友圈更大的社交平台，表面上是把丑照分享到微博，实际上是回避了熟人圈子，建造了新的密闭的空间。

"我的微博小号，随时发丑照。我没关注任何人，也没有熟人关注我。"（蜜蜜，外企白领，30岁）

这些扮丑自拍为她们带来了愉悦，在发布丑照的过程中，她们享受到了宣泄情绪的快感。

对于扮丑自拍现象，摄影史学家塔格（John Tagg）的研究则更为艰深，他以福柯（Michel Foucault）的理论来更进一步地分析丑照自拍摄影对社会的"规训"（discipline）。他认为，扮丑自拍是在以艺术的行为方式调适着自身与都市、社会和他人、历史和记忆的关系，是抒发郁积的情感、宣泄压抑的情绪和安抚自我痛楚的干预手段，以此疗愈自我。

（二）他者评价对女性"扮丑"自拍的影响

1. 关注度带来的激励作用

扮丑自拍的意义，是由分享者的"自黑"与观者的评价共同承载的。

绝大多数的受访者认为，社交媒体好友的评论和点赞会鼓励其发布扮丑自拍。

---

① 莫毅手工书：《我是一只狗1995》（版数18/100），给顾铮写的信，第2页。

"偶尔发个丑照，结果评论直接创了新纪录……如果大家高兴看，我还会接着分享。"（雪然，大学生，21岁）

网络虚拟世界的审美观已经变得多元，铺天盖地的美颜照时间久了也会产生审美疲劳。扮丑照的大胆自黑，以一种不走寻常路的方式刷新了美丽的屏幕界面，反而吸引了大量的注意力。发布者自己也会对丑照的评论和赞赏更加关注。

"别人夸赞你自黑照片。感觉你很有性格，自己便会觉得这是一种独特的享受，与普通生活中的甜蜜不一样……"（粉猪，平面设计师，31岁）

这种自嘲式的幽默，以及对围观者心领神会的评价和赞赏的享受，共同推动了自拍视觉语言方式的更新与扮丑自黑照的风行。

2. 扮丑自拍的赞赏推动反式自我认同

在访谈中，很多受访女性都表示，既然敢发布自毁形象的丑照，就不会受到他人对自己扮丑自拍照的评论影响。还有一些受访女性认为自黑扮丑照是社交过程中非常有效的好友筛选机制。

"我感觉这是对朋友的一种甄选……若是丑照能得到好友的赞赏，就能使朋友更亲近，证明大家是审美趣味相投的人。"（丫丫，健身教练，25岁）

与他人的评论相比，拍摄者自身的决定才是选择自黑照的关键点。

"自黑是彰显个性的表现，至于大家评论喜好与否，我毫不当回事。"（魏然，护士，23岁）

这一观点和福柯的主张不谋而合，舆论在互联网世界虽然依旧会产生很大影响，但个体自身的精神支撑与选择才是社交媒体时代更为普遍的风格特征。

（三）规训与抗争：女性"扮丑"自拍背后的主体意识

1. 对传统审美规训的抗争

在访谈中，有些女性表示不赞成当代审美的道德强制性、齐一性，对网络自拍中抽象性、同质化美颜现象有着本能的厌恶。她们甚至认为过度美颜具有欺骗性。深入探讨，对自拍照的评论还是以对拍摄者的评价为出发点：

"我感觉社交网络空间中的自拍照形象与现实生活中不能相差过多，很多人修图过度，完全修成另一个人了。"（叶子，影楼化妆师，27岁）

虽然大的时代背景下的审美观点变化不大，可总体来看，很多女性在自拍中正在逐渐逃离传统审美规范的束缚，而对于"美"及其背后的含义，很多女性都开始有了自己的看法，不再对传统审美眼光百依百顺。尽管对女性的身体审美大多数人还停留在"肤白貌美大长腿""樱桃小口小蛮腰"，还有很多女性依旧屈从于这种审美规训，在现实生活中减肥、美白，在自拍场景中美颜、修图，试图通过种种努力和技术措施，使自己尽可能符合社会的审美标准。但对于"韩式半永久"的人工整容、"一键美颜"的数字修图所展示出的同质化现象严重的"美"，还是有些女性持抗拒态度，对数字修图会有美的太假、太不真实等评价。从某种程度上来说，女性对传统审美的抗争，也是女性意识觉醒的表现。

2. 对他者凝视规训的抵抗

在视觉文化研究中，拉康的"凝视"理论就像一道无法绕开的目光，在远处规定着我们对观看的思考，围绕他者的凝视来思考拉康凝视理论的要旨。按照拉康的解释，主体的观看并非主体自身的看，而是由他者的凝视建构出来的，并由此引发了一个悖论性的效果，即主体一方面通过想象某个他者的凝视来使自身作为观看主体得以可能，可另一方面又因为他者凝视的背后总隐藏着实在界的对象的凝视而使主体的观看演变成了一种不可能的看。[1]

网络虚拟空间内，扮丑自拍这种亚文化现象，被看作对传统审美体系下他者凝视的挑战，通过不走寻常路的视觉符号展现的"扮丑自拍"，所表达出的是既不顺从，也不拒绝的态度。"扮丑"，是对独特审美观点和志向迥异的昭告。

"我感觉自己从来不会在所谓的主流审美里随波逐流。"（乐洋，电台DJ，26岁）

"要展示出什么样的形象，我有自己的想法，我不想干扰别人，也不愿被他人干扰。"（粉猪，平面设计师，31岁）

针对这种抗争，受访者在追溯被主流审美形塑的过程时谈道："社会的审美观点形塑了个体的审美意识，我在思考要做怎样的自己的过程，其实就

---

[1] 吴琼：《他者的凝视——拉康的凝视理论》，《文艺研究》2010年第4期。

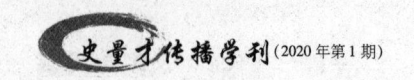

是一个不断摆脱这种形塑的过程。"(嫣然，广告从业者，34 岁)

3. 女性扮丑自拍中的自我规训

虽然受访者均认为"人们分享的照片都是自身操控的结果"，可还会发现，虽然想要个性，想跟着内心的感觉走，但还是会受到舆论影响，进而下意识地对自身行为进行规训。

"即使是扮丑自拍，我也会尽量避免分享那种使人产生坏印象的自拍。"行为上即便没有改变，可他人的评论还是会引发自拍女性的自我反省："我想，分享的照片不应该是仅仅让自己高兴，却让所有看到的人拉黑我、厌烦我。"(粉猪，平面设计师，31 岁)

戈夫曼对于"悖反型表演"有个人独特的见解："这是带有目的性的表演行为，通过对观众进行心理暗示而让其误解意思或者曲解认知，语言、行动、暧昧的陈述都是相关行为。"

需要明确的是，悖反型表演并非只能带来负面影响，其动机有的是出于恶意，但更多的是出于善意，其行为有有意识的，也有无意识的。虽然其表演性质因多数人行为而受到公众的质疑，但是其实这也只是一种表演的手段罢了。戈夫曼认为如果用在了对的环境下，误解也能成为具有积极效果的社交手段。比如为了行将就木的病人能拥有希望，医生会隐瞒病情鼓励康复；中年妇女经过化妆打扮而展现出不符合实际年龄的青春活力。

扮丑自拍这种"悖反型"自我呈现，并不能简单地用任何好坏善恶来评价，所处的情境决定了它的意义，位于较高阶层的个体更需要学习悖反型表演的自我呈现策略。

五　结语

总的来说，扮丑自拍的女性不想借助主流的审美展现自己，与旧的价值观斗争，用自黑、自嘲的行为展现了自己的观点，进而让女性的自我意识在禁锢中得到解放。这种表现手段在社交媒体空间的小圈子中产生，依然有获取他人赞赏的期盼，让个体赞赏变成群体赞赏。可是，扮丑自拍的主体性抗争是以逃脱旧时代的规训为宗旨，对扮丑自拍的自我反省一直没停止。这其中"度"的掌握是源于长时间的社会文化与生活文化的多重浸染，同时，转变成自拍者自己判辨的评价与思量手段。

  由此看来，丑照自黑的行为虽然是主体的表现，却并不是改变社会旧理念和审美规范的依据，仅可以当成女性亚文化行为看待。不过，女性扮丑自拍的实践，不管对拍摄者个人的艺术生涯和生命历程而言，还是对社会历史的归档与集体记忆的建构而言，都具有深远的意义。

移动互联网文章中的图片传播效果研究*
——基于2019年第一季度"人民日报"、"央视新闻"公众号的实证分析

金鸿浩

（国家检察官学院，北京　102206）

摘　要：图片被称为"世界的语言"、报纸版面的"心脏"。移动互联网时代，新闻采编时文章图片、视频数量的增加，是否会显著提升文章吸引力呢？新时代新闻人又该如何应对"读图时代"呢？本文通过对2019年第一季度"人民日报"和"央视新闻"官方微信公众号3490篇文章的实证分析发现，在一定条件下，图片、视频对微信文章点赞数有显著正面影响。（1）标题字数的增加会显著降低文章吸引力，标题字数22字以上文章的点赞数相比会下降约15.1%。（2）文章JPEG图片数量每增加1幅，文章点赞数会增加6.3‰；GIF图片数量每增加1幅，文章点赞数会增加2.4%；PNG图片数量变化的影响不显著。（3）在非时政类文章中，正文视频数量每增加1条，文章点赞数会增加10.6%。但是对于时政类文章没有显著影响。最后，本文建议在移动互联网时代，主流媒体应加大图片视频采集力度，优化移动互联网图文编辑规则，以提升其传播力和影响力。

关键词：移动互联网；读图时代；微信公众号；图片视频；实证分析

---

* 2015年度国家社科基金课题"网上舆论斗争的核心理论与实务方法研究"（项目编号：15BXW056）的研究成果。

一　引言与综述

自古以来，图像就是人类存储、传播信息的主要方式之一。南非科学家的一项重要考古发现表明，大约7.3万年前的中石器时代，人类就已经有意识地采用赭石作为颜料在石块上进行绘画。① 近年来考古发现的4万年前的印度尼西亚苏拉威西岛岩画、3万年前的法国屈萨克岩画、1.5万年前的西班牙阿尔塔米拉洞窟岩画，绘画技术均已十分娴熟，信息量非常丰富。

到大众传播时代，报纸、杂志等媒介中，几乎都或多或少存在图像。即使在烽火连天的抗日战争敌后根据地之中，极度缺乏油墨、纸张等物资资源，1939年1月至1942年3月《八路军军政杂志》仍每期固定用铜版纸在首页刊载一面两页相连的军事摄影图片，总共刊登军事新闻图片28组，照片169幅。西方学者将图片看成报纸版面的"心脏"，推测主要有两方面的原因。一方面，图像可以传播文字无法传播的信息。正如1920年戈公振先生在《图画周刊》发刊词中所指出的"世界愈进步、事愈繁颐，有非言语所能形容者，必藉图画以明之"。② 另一方面，在传统纸质媒介中，读者更偏好阅读图片数量较多的刊物。例如，美国的一项报纸图片调查显示，"随着照片版面的增大，读者的兴趣也在增加，42%的读者表示愿意阅读一栏照片，55%的读者愿意阅读两栏照片，约70%的读者对四栏照片更感兴趣"。③

随着对照实验和眼动仪等现代设备的广泛应用，这一观点被多次验证。Widman和Polansky对斯德哥尔摩报纸Dagens Nyheter的129名读者进行广告阅读测试，发现广告中的照片、图片和颜色，显著增加了读者的关注度。④ Holmqvist和Wartenberg对26位读者围绕三份北欧报纸进行了眼动仪实验，研

---

① D'Errico, F., "The Origin of Humanity and Modern Cultures: Archaeology's View", *Diogenes*, 2007 (2): 122-133.
② 韩红星：《读图时代的开启：中国画报源流考略》，《新闻与传播研究》2011年第4期。
③ 曾璜：《报道摄影》（修订版），浙江摄影出版社2006年版，第148页。
④ Widman, L. and Polansky, S. H., "Annonsläsning: En ögonrörelseundersökning av DN-läsare", *Unpublished Report*, Stockholm: Dagens Nyheter, 1990.

究发现实验对象阅读图片的时间相比要多 11.5%（在 0.01 水平显著）。① Holšánová 等人从瑞典报纸 *Norrköpings Tidningar* 的读者中招募了 31 人参与眼动仪实验，研究发现，系列图片和良好的"图片—文本"排版，可以显著吸引读者的初步关注，并且使读者保持兴趣，进行更长时间的阅读。② 喻国明等人对中文都市报的眼动仪实验也表明，四幅实验材料中，被试者对大图片的关注度平均分别达到 94.4%、94.1%、88.9%、94.4%。③

2008 年以来，随着智能手机的广泛应用，3G、4G 移动网络带宽提速，到 2013 年中国正式进入移动互联网爆发元年。2018 年玛丽·米克尔发布的《互联网趋势报告》显示，中国移动互联网用户突破 7.53 亿，高居世界第一位。腾讯公司官方的《2017 微信数据报告》也显示，2016 年我国微信公众号数量已超过 1200 万个，2017 年微信公众号月活跃账号数为 350 万。

那么，在移动互联网时代，图片、视频等多媒体的增加，是否仍然符合受众需求，会显著增加提升文章吸引力呢？部分学者对此进行了初步探索。谭天等通过对四个电视新闻栏目官方微博的描述性统计分析，认为是否发布图片、视频和微博传播影响力具有一定的相关关系。④ 江若尘、陆煊对 1 万条企业官方微博文章的实证分析表明，拥有图片的微博转发数显著大于没有图片的微博，认为图片的视觉效果降低了用户信息处理强度，减少了阅读的时间成本，从而给受众带来了更高价值。⑤ 纪慧生、蔡东妮基于 206 份有效调查问卷的研究，发现图文结合的微信文章对用户的吸引力要高于纯文字或纯图片。⑥ Pittman 和 Reich 对 253 名大学生的实证研究显

---

① Kenneth Holmqvist & Constanze Wartenberg, *The role of local design factors for newspaper reading behaviour-an eye-tracking perspective*, Lund University Cognitive Studies, 127, 2005, https: 11j. mp/3pJJTVe.

② Holšánová, Jana & Holmberg, Nils & Holmqvist, Kenneth, *Tracing Integration of Text and Pictures in Newspaper Reading*, Lund University Cognitive Studies, 125. 2006, http：//cn. hk. uy/n59.

③ 喻国明、汤雪梅、苏林森等：《读者阅读中文报纸版面的视觉轨迹及其规律——一项基于眼动仪的实验研究》，《国际新闻界》2007 年第 8 期。

④ 谭天、李兴丽、赵静雯：《电视新闻栏目官方微博的实证研究》，《现代传播》2012 年第 10 期。

⑤ 江若尘、陆煊：《企业创造内容型网络口碑传播效果的影响因素研究——基于新浪微博的网络口碑传播实证分析》，《财贸研究》2014 年第 5 期。

⑥ 纪慧生、蔡东妮：《微信公众号信息传播影响因素分析》，《集美大学学报》（哲学社会科学版）2016 年第 4 期。

示，在使用 Instagram、Facebook 等移动应用时，图片传播可以使受众的孤独感减少，而对生活的幸福感和满足感显著增加。[1] 中国科学院大学彭晨明等研究发现，微信公众号封面图片的暖色调比例对阅读数有边缘显著的负影响，回归系数为 -0.07（在 0.1 水平显著）。[2] 吕文增等对 2015 年上半年上海政务微信公众号文章的描述性统计发现：图片数在 30 个以下时，整体阅读数随着图片数增加而增加；当图片数超过 30 个之后，文章阅读数递减。[3]

但是，上述大众移动媒介图片传播效果研究的文献中，总体上描述性统计、相关分析较多，回归分析较少。对于不同类型图片、视频的传播效果有无差异，不同传播内容中图片、视频的传播效果有无差异，以及增加每幅（条）图片、视频对传播效果的边际影响值为多少等缺乏科学的实证研究。

二 研究设计

研究样本选择了"人民日报"官方微信公众号（微信号：rmrbwx，账号主体：人民日报社）和"央视新闻"官方微信公众号（微信号：cctvnewscenter，账号主体：中央电视台新闻中心）在 2019 年 1 月 1 日至 2019 年 3 月 31 日发布的全部文章（共计 3490 篇）。

研究样本具有一定的代表性。《人民日报》(People's Daily) 是中国共产党中央委员会机关报和我国报刊行业的"龙头单位"，成立于 1948 年 6 月 15 日。2013 年 1 月 1 日，《人民日报》开通微信公众号，标语为"参与、沟通、记录时代"，2015 年 10 月 8 日，人民日报社成立新媒体中心专门负责运营。在新榜《2018 年公众号阅读量排名》中，"人民日报"微信公众号以 8.1 亿 + 总阅读量、9474 万 + 总点赞数排名第一。中央电视台（CCTV）是中华人民共和国国家电视台和我国电视行业的"龙头单位"，其前身成立于 1958 年 5 月 1 日。其微信公众号标语为"提供时政、社会、财经、体育、突发等新闻信息以及天气、路况、视频直播等服务信息"。在新

---

[1] Pittman, M., Reich, B., "Social media and loneliness: Why an Instagram picture may be worth more than a thousand Twitter words", *Computers in Human Behavior*, 2016, 62: 155-167.
[2] 彭晨明、张莎、赵红：《如何让你的微信帖子更受欢迎？——基于知名品牌微信运营数据的实证研究》，《管理评论》2016 年第 28 卷第 12 期。
[3] 吕文增、石开元、郑磊：《政务微信传播方式与效果研究》，《电子政务》2017 年第 1 期。

榜《2018年公众号阅读量排名》中,"央视新闻"微信公众号以6.1亿+总阅读量、1954万+总点赞数排名第三。

根据上述的文献回顾,本文设置了图文视频数量与文章吸引力关系的研究假设。因为微信公众号设置了阅读数、点赞数10万人次的显示上限,当文章阅读数、点赞数超过10万人次时,系统显示"10万+"。而统计样本中,"人民日报"微信公众号的全部文章和"央视新闻"微信公众号80.04%的文章阅读数均为"10万+"。而点赞数最大值为68722次,未超过"10万+"的显示限制。因此本文将文章点赞数作为文章吸引力的主要替代指标,设置为被解释变量。具体假设如下:

H1. 文字增加不会提升文章吸引力

H2. 图片增加会大幅提升文章吸引力

H3. 视频增加会大幅提升文章吸引力

为了验证上述假设,2019年4月,笔者应用Python计算机程序,对"人民日报""央视新闻"微信公众号进行网络抓取,并提取了文章的阅读数、点赞数、标题字数、文章字数、内容摘要字数、各类格式的图片数量、视频数量、是否单条发布、图文篇次、发布时间等内容。通过正则表达式(Regular Expression)统计了3490篇文章标题和正文中含有时政类新闻关键词的情况,并设置了对应的二值变量(如果具有相关关键词,认定为时政类文章,反之认定为非时政类文章;样本中时政类文章共1308篇占37.48%,非时政类文章2182篇占62.52%)。为了统计方便,笔者对研究数据中的文章点赞数、正文阅读数取其对数值。变量设置完毕后,由课题组实习人员对相关指标进行编码和二次核对,部分主要变量的描述统计结果参见表1。

表1　　　　　　　　部分主要变量的描述统计结果

变量名	平均值	标准差	最小值	中位数	最大值
文章点赞数	4497.42	6120.18	94	2057	68722
文章阅读数	97699.06	9048.94	24574	100001	100001
标题字数	20.69	6.83	1	22	50
正文字数	1333.67	1125.67	36	1174	19917
摘要字数	5.02	16.53	0	0	133

续表

变量名	平均值	标准差	最小值	中位数	最大值
JPEG 图片数量	9.90	12.15	0	6	152
PNG 图片数量	7.96	13.07	0	2	138
GIF 图片数量	1.58	3.19	0	1	52
正文视频数量	0.45	0.66	0	0	3
时政类文章	0.37	0.48	0	0	1

三 研究内容

本文采用最小二乘法（Ordinary Least Square，OLS）对2019年第一季度"人民日报"、"央视新闻"微信公众号文章点赞数的对数值进行回归分析。经过Stata软件检验，各模型均不存在共线性问题；同时为使模型中异方差的影响不敏感，本文回归分析均采用了稳健标准误差（Robust Standard Error）。表2中除模型（1）在0.05水平显著外，其他模型均在0.01水平显著，在控制了微信媒体差异、微信标题差异、发布方式差异后，模型（4）调整后的R^2达到0.592，能够解释样本中59.2%的变化情况，表明模型具有较好的拟合度。

表2　　　　微信文章点赞数对数值的 OLS 回归分析

	模型（1） ln 点赞数	模型（2） ln 点赞数	模型（3） ln 点赞数	模型（4） ln 点赞数
文章字数	0.000**	0.000***	0.000***	0.000
	(2.172)	(4.464)	(5.077)	(1.573)
正文图片数量	0.004***	0.003***	0.005***	0.004***
	(3.785)	(3.600)	(5.872)	(5.713)
正文视频数量	-0.156***	0.120***	0.068***	0.068***
	(-5.518)	(5.112)	(3.393)	(3.670)
微信媒体差异		控制	控制	控制
微信标题差异			控制	控制
发布方式差异				控制
_cons	7.626	6.821	7.910	7.673
	(217.557)	(208.930)	(80.241)	(74.206)

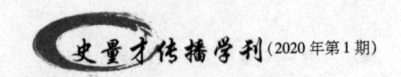

续表

	模型（1）	模型（2）	模型（3）	模型（4）
	ln 点赞数	ln 点赞数	ln 点赞数	ln 点赞数
N	3490	3490	3490	3490
Adj. R-Square	0.013	0.359	0.521	0.592

注：***$p<0.01$，**$p<0.05$，*$p<0.1$，下同。

（一）文字增加会提升文章吸引力吗？

在模型（1）中，文章字数对微信公众号点赞数有显著正向影响，文章字数的回归系数为 0.000039，即文章字数每增加 100 字，文章点赞数会上升 3.9‰（在 0.01 水平显著），但是在模型（4）控制了微信媒体差异、微信标题差异、发布方式差异后，这种关系将不再具有统计学上的影响。

文章字数包括标题、正文、摘要三部分，其中标题和正文属于必须项，摘要属于选填项。为了进一步研究文章字数对文章吸引力的影响，笔者分别对这三部分字数变化情况进行分析。

表3　　　　　　　微信文章字数对文章吸引力的影响因素分析

	模型（5）	模型（6）	模型（7）	模型（8）
	ln 点赞数	ln 点赞数	ln 点赞数	ln 点赞数
标题字数	-0.015***			
	(-6.906)			
标题字数22		-0.151***	-0.189***	-0.125***
		(-5.322)	(-4.235)	(-3.417)
ln 正文字数	0.025	0.022	0.035	0.025
	(1.511)	(1.323)	(1.158)	(1.261)
摘要字数	0.001*	0.001	-0.002***	0.004
	(1.771)	(0.857)	(-2.668)	(1.616)
文章类型	未控制	未控制	时政类	非时政类
其他变量	控制	控制	控制	控制
_cons	7.112	7.135***	7.072***	6.767***
	(55.453)	(27.907)	(44.893)	(30.430)

续表

	模型（5）	模型（6）	模型（7）	模型（8）
	ln 点赞数	ln 点赞数	ln 点赞数	ln 点赞数
N	3490	3490	1308	2182
Adj. R-Square	0.598	0.596	0.614	0.584

1. 标题字数

研究发现，标题字数会显著影响文章点赞数。从模型（5）的回归方程可知回归系数为 -0.015，即文章标题每增加一个字，文章点赞数会下降 1.5%（在 0.01 水平显著）。为了进一步验证该规律，笔者以标题字数的中位数 22 字作为界限，对比了 22 字及以上文章和 22 字以下文章的差别，从模型（6）可知，标题字数 22 字以上文章的点赞数会下降约 15.1%（在 0.01 水平显著）。进一步区分文章内容（时政类和非时政类），由模型（7）和模型（8）的比较可以发现，时政类文章的负面影响更为显著，标题字数 22 字以上文章点赞数下降约 18.9%（在 0.01 水平显著），非时政类下降 12.5%（在 0.01 水平显著）。

2. 正文字数

点赞数和正文字数的相关系数为 0.0687（在 0.01 水平显著），呈显著的正相关关系，但没有显著的回归影响。进一步分析发现，样本中正文字数平均值为 1333.67 字，中位数为 1174 字，99% 的文章在 5000 字以内。具体而言，"人民日报"正文字数平均值为 1289 字，"央视新闻"为 1386 字。两个媒体均有效控制了正文字数。笔者在另一个样本的研究中，对某政务微信公众号 6242 篇文章的实证分析发现，由于没有良好控制字数，文章正文字数与文章吸引力存在显著负面影响。正文字数每增加 1%，文章阅读数会下降 3.2%（在 0.01 水平显著）。

3. 摘要字数

样本中，1228 篇文章（35.19%）有编辑内容摘要。在有摘要的文章中，内容摘要的字数平均值为 14.26 字，中位数为 5 字，最小值为 1 字，最大值为 133 字。其中，人民日报 58.56% 的文章有摘要，央视新闻 7.18% 的文章有摘要。在控制其他变量的基础上，有摘要的文章点赞数比没有的高 9.49%（在 0.01 水平显著）。模型（5）显示，摘要字数每增加 1 字，文章

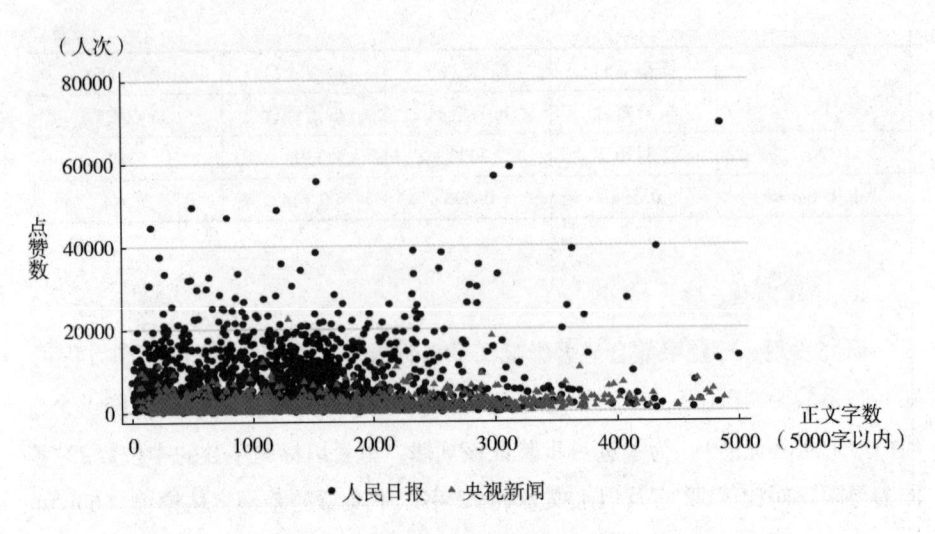

图1　"人民日报""央视新闻"的正文字数和文章点赞数关系

点赞数会增加1‰（在0.1水平显著）。如果考虑到文章内容，模型（7）（8）显示，在时政类文章中，摘要字数每增加1字，文章点赞数会下降2‰（在0.1水平显著）；在非时政类文章中，摘要字数每增加1字，文章点赞数会上升3.7‰（P=0.1063，接近于0.1水平）。

（二）图片增加会提升文章吸引力吗？

在模型（1）—（4）中，文章图片对微信公众号文章点赞数均有显著正向影响，在模型（4）控制了微信媒体差异、微信标题差异、发布方式差异后，正文图片数量的回归系数为0.004，即正文图片数量每增加1幅，文章点赞数会上升4‰（0.01水平显著）。为了进一步了解不同格式图片的影响，表4中笔者区分了三种图片格式。

表4　微信图片、视频数量对文章吸引力的影响因素分析

	模型（9） ln 点赞数	模型（10） ln 点赞数	模型（11） ln 点赞数
JPEG 图片数量	0.006***	0.007***	0.006***
	(5.801)	(3.141)	(4.579)

续表

	模型（9）	模型（10）	模型（11）
	ln 点赞数	ln 点赞数	ln 点赞数
PNG 图片数量	0.001	0.002	0.001
	(1.141)	(1.088)	(0.684)
GIF 图片数量	0.024***	0.005	0.024***
	(6.113)	(0.578)	(5.534)
正文视频数量	0.068***	0.003	0.106***
	(3.622)	(0.128)	(4.278)
文章类型	未控制	时政类	非时政类
其他变量	控制	控制	控制
_cons	6.877	6.780***	6.904***
	(54.308)	(30.814)	(44.244)
N	3490	1308	2182
Adj. R-Square	0.600	0.614	0.589

常见图片格式主要包括 BMP 格式、JPEG 格式、PNG 格式、GIF 格式，其中 BMP（全称 Bitmap）是微软应用系统的标准图片格式，不采用压缩方式，因此一般图片较大，浏览时消耗流量较多，所以在移动互联网中使用较少，本文的 3490 篇文章中均未使用 BMP 格式图片。

1. JPEG 图片

JPEG 格式（全称 Joint Photographic Experts Group，联合图像专家组）以其研发团队名称命名，其技术特征是具备了较高的压缩率，例如，BMP 格式保存时 4.28MB 的图像文件，采用 JPEG 格式保存时仅为 178KB，是前者的 4.06%，但以损失一定的图像质量为代价。JPEG 格式图片的使用最为广泛，样本中有 2934 篇文章（占 84.07%）使用了 JPEG 图片（简称 JPG）。模型（9）显示，文章 JPEG 图片数量每增加 1 幅，文章点赞数会增加 6.3‰（在 0.01 水平显著）。如果考虑到文章内容差异，模型（10）时政类文章中，文章 JPEG 图片数量每增加 1 幅，文章点赞数会上升 6.8‰（在 0.01 水平显著）；模型（11）非时政类文章中，文章 JPEG 图片数量每增加 1 幅，文章点赞数会上升 5.8‰（在 0.01 水平显著）。

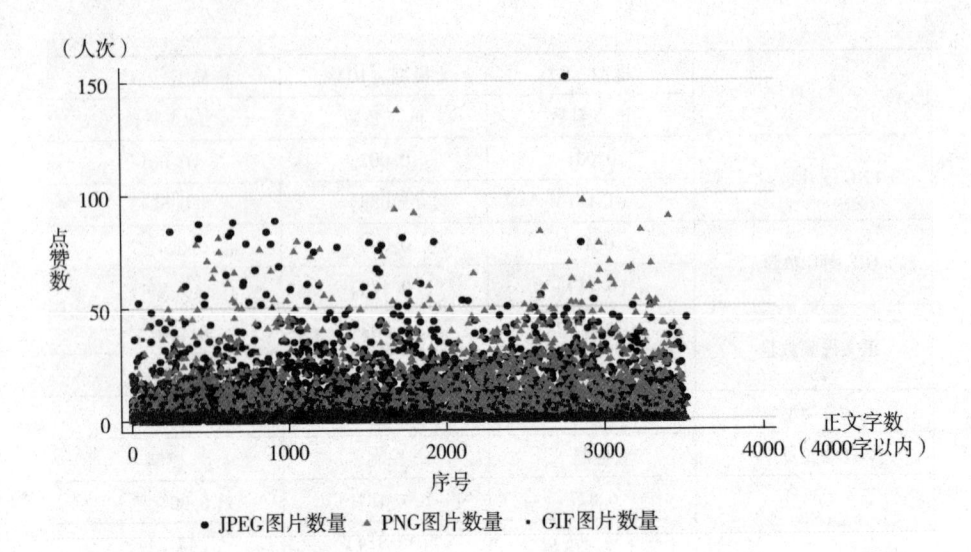

图2 样本文章中 JPEG、PNG、GIF 三类图片格式分布

2. PNG 图片

PNG 格式图片（全称 Portable Network Graphic Format，便携式网络图形）是一种无损压缩的位图格式，专门优化了网络传输效果（在浏览时先呈现一个模糊的基本图案，下载后逐步清晰展示全貌），并支持透明效果，消除图片锯齿边缘。因此在微信文章中，除了部分作为图片、LOGO 使用，也经常作为文章排版时装饰图案的图片格式。样本中，有 2034 篇文章（占 58.28%）使用了 PNG 图片。模型（9）（10）（11）中，PNG 图片数量均未对文章点赞数产生统计学上的影响。

3. GIF 图片

GIF 格式图片（全称 Graphics Interchange Format，图像互换格式）是一种基于 LZW 算法的连续色调的无损压缩格式，可以存储多幅彩色图像，经常用作保存动态图片和动画。样本中，有 1818 篇文章（占 52.09%）使用了 GIF 图片，在使用了 GIF 图片的文章中，篇均使用 3.03 幅（"人民日报" 2.90 幅、"央视新闻" 3.71 幅）、中位数为 2 幅。模型（9）显示，文章 GIF 图片数量每增加 1 幅，文章点赞数会增加 2.4%（在 0.01 水平显著）。但如模型（10）所示，在时政类文章中 GIF 图片数量对文章点赞数没有统计学上的影响。

（三）视频增加会提升文章吸引力吗？

微信公众号文章与传统报刊最大的不同就是可以内嵌多媒体视频。微信公众号一般要求作者上传至腾讯视频（v.qq.com）后，再嵌入至微信公众号正文。样本中，有1305篇文章（占37.39%）嵌入了视频，在嵌入了视频的文章中，篇均内嵌视频1.20条、中位数为1条、最大值为3条。如果对微信媒体进行分类，发现"人民日报"25.03%文章内嵌了视频，"央视新闻"52.20%内嵌了视频，央视作为电视媒体在这方面优势更为突出。

根据模型（9）显示，正文视频数量每增加1条，文章点赞数会增加6.8%（在0.01水平显著）。如果考虑到文章内容差异，模型（10）时政类文章中，正文视频数量变化对文章点赞数没有统计学上的影响；模型（11）非时政类文章中，正文视频数量每增加1条，文章点赞数会增加10.6%（在0.01水平显著）。

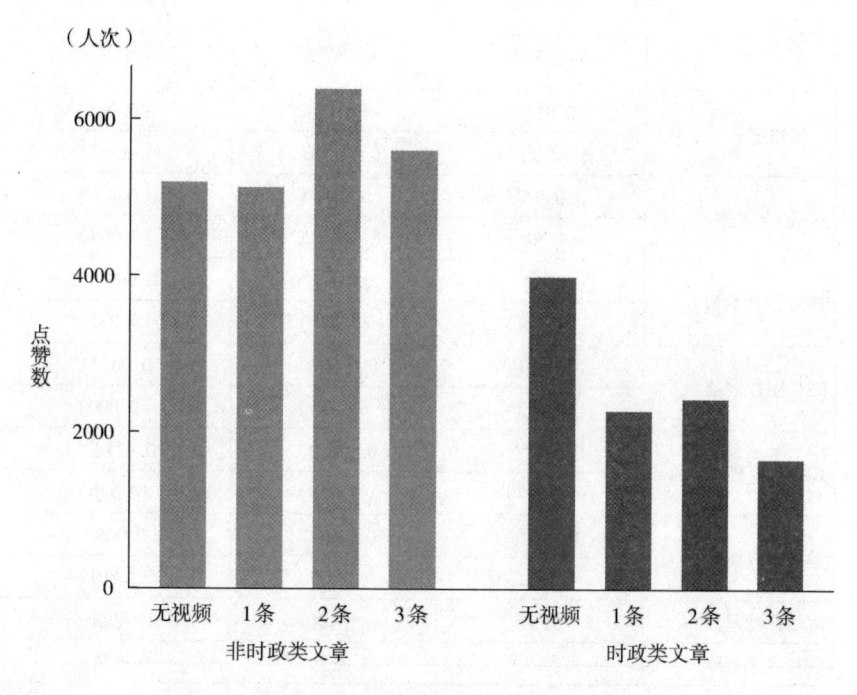

图3 不同文章类型的视频数量和文章点赞数关系

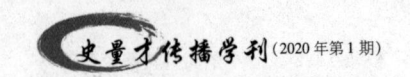

（四）稳健性检验

为了进一步验证上述研究结论的稳健性，笔者分别对"人民日报""央视新闻"点赞数与文章字数、图片数量、是否内嵌视频的关系进行了 OLS 回归分析，同时增加了新的样本数据，即新华社微信公众号（微信号：xinhuashefabu1，账号主体：新华通讯社）2019 年 1—3 月发布的 1762 篇文章，进行实证分析。

研究发现，"人民日报""央视新闻""新华社"的三个模型（12）（13）（14）均具有较好的拟合度，调整后的 R 方分别为 0.448、0.347、0.345，模型在 0.01 水平显著。由于在网络抓取中，没有抓取到新华社微信公众号的内容摘要数据，因此没有对该项进行检验。

表5　不同微信公众号图文视频对文章吸引力的影响因素检验

	模型（12）"人民日报" ln 点赞数	模型（13）"央视新闻" ln 点赞数	模型（14）"新华社" ln 点赞数
标题字数	-0.017***	-0.013***	-0.005*
	(-5.279)	(-4.483)	(-1.878)
ln 正文字数	0.099***	-0.018	0.068***
	(4.705)	(-0.675)	(3.004)
JPEG 图片数量	0.006***	0.004**	0.007***
	(4.514)	(2.526)	(4.871)
PNG 图片数量	0.001	0.002	0.007**
	(0.472)	(1.175)	(2.000)
GIF 图片数量	0.020***	0.028***	0.021***
	(4.597)	(3.728)	(4.126)
是否内嵌视频	0.096**	0.089***	0.065*
	(2.351)	(2.657)	(1.801)
微信标题差异	控制	控制	控制
发布方式差异	控制	控制	控制
文章内容差异	控制	控制	控制

续表

	模型（12） "人民日报" ln 点赞数	模型（13） "央视新闻" ln 点赞数	模型（14） "新华社" ln 点赞数
_cons	8.383***	7.585***	8.383***
	(43.800)	(39.434)	(43.800)
N	1902	1588	1762
Adj. R-Square	0.448	0.347	0.345

稳健性检验发现，（1）标题字数的增加显著降低文章吸引力，标题每增加一个字，"人民日报"微信公众号点赞数会下降1.7%（在0.01水平显著），"央视新闻"点赞数会下降1.3%（在0.01水平显著），"新华社"点赞数会下降5‰（在0.1水平显著）。（2）JPEG图片数量的增加会显著提升文章吸引力，文章每增加一幅JPEG格式图片，"人民日报"微信公众号点赞数会增加6‰（在0.01水平显著），"央视新闻"点赞数会增加4‰（在0.05水平显著），"新华社"点赞数会增加7‰（在0.01水平显著）。（3）GIF图片数量的增加会显著提升文章吸引力，文章每增加一幅GIF格式图片，"人民日报"微信公众号点赞数会增加2.0%（在0.01水平显著），"央视新闻"点赞数会增加2.8%（在0.01水平显著），"新华社"点赞数会增加2.1%（在0.01水平显著）。（4）文章内嵌视频会显著提升文章吸引力，与没有内嵌视频的文章相比，加入视频的"人民日报"微信公众号点赞数高出9.6%（在0.01水平显著），"央视新闻"点赞数高出8.9%（在0.01水平显著），"新华社"点赞数会增加6.5%（在0.1水平显著）。

正文字数和PNG图片数量的影响在不同公众号中不一致。其中，"人民日报"、"新华社"微信公众号中正文字数对数值的增加，会对文章点赞数对数值有正面影响（在0.01水平显著），但是"央视新闻"中不显著（p = 0.4998）。"新华社"微信公众号中PNG图片数量的增加，会对文章点赞数对数值有一定的正面影响（在0.05水平显著），但是"人民日报"和"央视新闻"中不显著（$p_{人民日报} = 0.6370$，$p_{央视新闻} = 0.2402$）。

四　研究建议

如上文所述，本文的三个假设均在一定条件下成立。但是应当注意到"一定条件"的限制。例如假设 1 中"文字增加不会提升文章吸引力"对于标题字数而言适用，在控制了其他变量情况下对于正文字数也部分适用，但是对于摘要字数不完全适用。假设 2 中"图片增加会大幅提升文章吸引力"对于 JPEG 图片格式适用，但是对于 PNG 格式不适用，对于 GIF 图片仅在非时政类文章报道中适用。假设 3 中"视频增加会大幅提升文章吸引力"也仅在非时政类文章报道中适用。

移动互联网"读图时代"正在来临，2019 年第一季度"人民日报"微信号 1902 篇文章中包含了 17126 幅图片（含排版时的装饰图片）1261 条视频，"央视新闻"1588 篇文章中包含了 11747 幅图片 1376 条视频，"新华社"1762 篇文章中包含了 14879 幅图片 1317 条视频。如果按照视文比（视频/万字文字）进行统计，"人民日报""央视新闻""新华社"的视文比平均值分别为 2.25 条/万字、4.61 条/万字、3.60 条/万字。这在纸媒时代是不可想象的。正如周宪所说"我们正处于一个视像通货膨胀的'非常时期'，一个人类历史上从未有过的图像富裕过剩的时期"。[①]

微信公众号等为代表的移动互联网媒体采编和管理也正在面临"读图时代"的全新挑战。李小华、易洋对 233 个用户主流媒体官方微信满意度调查中（满分 5 分），编辑水平得分仅为 3.87 分，阅读舒适度得分仅为 3.97 分。[②] 周丹、周华清等也发现，当前微信公众号传播普遍存在插图与文章相关度较低，不能很好地发挥图片的作用。[③] 作者也呼吁微信新闻图片采编原则需要改变。

一方面，建议加大新闻图片视频采集力度。基于本文的研究结果，科学增加图片、视频会显著提升文章的点赞数。为了在新媒体时代，落实习近平

[①] 周宪：《反思视觉文化》，《江苏社会科学》2001 年第 5 期。
[②] 李小华、易洋：《基于用户调查的纸媒官方微信传播效果实证分析》，《中国出版》2014 年第 8 期。
[③] 周丹、周华清：《科技期刊微信公众号文章版式设计研究》，《中国科技期刊研究》2017 年第 12 期。

总书记"使主流媒体具有强大传播力、引导力、影响力、公信力"要求①，主流媒体应当转变观念，主动认识到传统的文字为主、图片为辅的平衡正在打破，移动互联网传播中图文比、视文比的比例在潜移默化中大幅提升，新的图文配合的平衡正在形成。图片为主的新传播形式也受到了受众的欢迎，例如"人民日报"公众号的《中国最神秘组织曝光，看完差点惊掉下巴》《这家店开了5年不要钱，老板去世后才明白原因》等文，"央视新闻"公众号的《独家揭秘：〈新闻联播〉的"神仙爱情故事"是怎么拍到的?》《紫禁城，上元夜》等文，"新华社"公众号的《看完这18张车票、机票和船票，哭了》《心动！就在这一瞬间》等文章均代表了未来的一种以图片视觉冲击和审美享受为特征的图文传播发展方向。特别是随着版权保护的力度增加，图片、视频的知识产权也摆在了更加突出的位置。建议主流媒体发挥资源采集优势，增加机构、人力、资金、设备投入，大幅提升主流媒体的图片、视频制作数量和采集质量，厚植未来媒介竞争中的比较优势。

另一方面，建议优化移动互联网图文编辑原则。正如华南师范大学周菁所说，移动互联网时代"图片位置观念被先后顺序取代，图片编排由块状分布向线性分布转变，好图片的要求从内容为王到形神兼备"。② 主流媒体应当主动加强新媒介中图文、视频编辑原则和编辑艺术的研究。首先应当明确"微图文"编辑的"不建议事项"或"禁忌"。例如，文章标题语言应当尽量简洁，字数一般不超过手机屏幕的两行；时政类文章应当尽量减少视频、动态图片（GIF格式图片）的使用。在此基础上，再探索"微图文"编辑的"建议事项"或"原则"。例如，文章排版过程中应当适量增加JPEG图片数量，给受众更好的视觉体验；非时政类文章发布中，能够编辑内容摘要的建议编辑摘要提示读者，有关联视频或动态图片（GIF格式图片）的，建议内嵌入文章醒目位置。

---

① 《习近平在中共中央政治局第十二次集体学习时强调推动媒体融合向纵深发展》，《人民日报》2019年1月25日第1版。

② 周菁：《论微信新闻图片编辑原则的变化及策略》，《新闻界》2015年第1期。

新冠肺炎疫情与健康传播

(主持人:胡雨濛)

海外网络用户对新冠疫情态度和情感的大数据分析*
——基于 Facebook 平台新闻内容和用户点赞行为的分析

闵 勇[1]，周钰颖[2]，邵 安[3]，吴 晔[4]

(1. 北京师范大学 新闻传播学院计算传播学研究中心（珠海校区） 519087；
2. 浙江工业大学 计算机科学与技术学院，杭州 310023；
3. 浙江警察学院 "枫桥经验"与社会治理研究，杭州 310053；
4. 北京师范大学 新闻传播学院，北京 100875)

摘 要：2019 年 12 月暴发于武汉的新型冠状病毒肺炎（COVID-19）疫情已经发展成为一个具有重大国际影响的突发危机事件。文章以大数据分析方法，选择 Facebook 平台中西方主流媒体的涉本次疫情报道和相关用户点赞、评论及转发行为为研究样本，试图挖掘西方主流媒体及公众对中国本次疫情的态度和倾向。通过对 13 家媒体，1135 条新闻及超过 270 万点赞数据的数量、来源、内容、倾向、时间动态的分类和统计，从媒体和公众两个角度剖析了本次疫情中西方社会对于中国的态度和情感。研究发现，西方媒体持续高度关注本次疫情发展，尽管总体报道呈现较中立态度，但依然存在较高比例的负面报道，且负面报道随疫情的发展不断增多。同时，与媒体态度不同，西方公众整体对中国本次疫情呈现积极正面情感，但仅在特定时间范围对本次疫情有较高的关注程度。基于媒体和公众的态度差异，提出进一步改善突发危机事件中国际舆情的引导和管理建议。

关键词：新型冠状病毒；涉华舆情；计算社会学；网络爬虫；社交网络

---

* 基金项目：2019 年教育部人文社会科学研究专项任务项目"高校思想政治工作"（序号：66）阶段性成果。

一　研究背景

国际涉华舆情通常被定义为外国政府机构、民众（民调）和国际媒体（西方媒体为主）涉华新闻报道所形成的态度和意见的总和[①]。"一带一路"倡议实施以来，中国逐渐走向世界舞台的中央并参与全球治理体系中，中国议题也越来越多地引起国际媒体的关注。世界对中国的态度和意见能折射出中国在国际环境中扮演的角色，反映中国的国际形象，显得尤为重要。而如今全球化的大环境下，西方主流媒体依然把控着国际信息的主要话语权，对国际涉华舆情起决定性导向作用。因此，西方媒体对涉华新闻报道的偏向性以及海外网民对中国事件的倾向性态度是分析国际涉华舆情的核心命题。

近几年，国际涉华舆情相关研究逐渐兴起，研究范围涉及经济社会的方方面面。针对涉华舆情开展全局形态分析，包括：郭可等[②③]选取 *New York Times*（《纽约时报》）、*Die Zeit*（德国《时代周报》）和 *Le Monde*（法国《世界报》）中的所有近20年的舆情发展特点，研究表明涉华舆情尽管保留固有成见，但也在不断变化中；龚为纲等[④]针对 Reddit 平台63万条涉华新闻和540万涉华评论的情感倾向进行分类，结论得出新闻和评论依然是以负面情绪为主。在针对特定事件的舆情分析中，较为典型的是对"一带一路"的舆情研究：侯迎忠等[⑤]选取 *Guardian*（英国《卫报》）、*New York Times*（《纽约时报》）和 *Washington Post*（《华盛顿邮报》）三家主流媒体2013年10月以后的有关报道，运用话语分析与框架分析的方法揭示了西方媒体涉华报道的规律及其构建的中国形象，表明报道基本具有客观性，但不乏偏见和误解；朱桂生[⑥]等分析 *Washington Post* 的有关报道，通过分类、及物性、文

[①] 郭可、杨文睿：《新战略期国际涉华舆情新特征和舆论引导新态势》，《对外传播》2016年第12期。

[②] 郭可：《西方三报涉华国际舆情研究（1992—2010年）（上）》，《新闻大学》2013年第6期。

[③] 郭可：《西方三报涉华国际舆情研究（1992—2010年）（下）》，《新闻大学》2014年第1期。

[④] 龚为纲、张严、蔡恒进：《海外自媒体中涉华舆情传播机制的大数据分析——基于Reddit平台的海量舆情信息》，《学术论坛》2017年第3期。

[⑤] 侯迎忠、付阳、张天艺：《全球治理语境下的中国形象研究——以"一带一路"国际舆情为例》，《对外传播》2019年第9期。

[⑥] 朱桂生、黄建滨：《美国主流媒体视野中的中国"一带一路"战略——基于〈华盛顿邮报〉相关报道的批评性话语分析》，《新闻界》2016年第17期。

本架构、互文性等手段，研究表明外媒将中国的"一带一路"倡议塑造成一种殖民扩张、重利轻义的霸权形象；吴佳华[1]、邵斌等[2]都做了相关研究，分析得出西方主流媒体对"一带一路"存有消极评价。姚勤华等[3]研究了党的十九大召开期间的舆情；叶俊等人[4]对上海国际进口博览会期间的报道进行了舆情分析。这些研究或多或少都反映了中国在西方媒体中的负面刻板印象，对中国掌握国际话语权和监控国际涉华舆情提出了有效的建议，有警醒作用。但是这些海外涉华舆情的研究主要更多的是对于中国的整体形象和中国政府的战略、政策等偏向于政治内容的分析，缺乏对于具有特定背景和意义的具体事件的深入挖掘，特别是对于突发性的国际事件的分析。

2019年年末开始肆虐的新型冠状病毒肺炎（COVID-19）已导致数万人感染，数百人丧生。疫情暴发以来，国内媒体、社交网络关于疫情的话题热度持续高涨，频上热搜，每个人都在密切关注疫情的发展动态。自从2020年1月31日，世界卫生组织（WHO）将本次新型冠状病毒疫情列为"国际关注的突发卫生公共事件"（PHEIC）以来，新冠肺炎疫情在国际媒体和网络上的报道和讨论也日益增多，成为影响世界的重大涉华事件。相较于其他涉华事件，本次疫情在国际性、突发性、持续性以及影响力方面都更具广度和深度。与类似的2003年暴发的SARS病毒事件相比，由于现如今我国更大的开放程度、更强的经济贸易活跃性、疾病本身的复杂性以及网络社交媒体的成熟，本次疫情在国际上引发了更大范围和更长时间的关注。针对当年的SARS疫情，田发伟等人[5]当时研究了 *Washington Post* 上短时间内涉及SARS的86篇报道和专门针对SARS在中国的蔓延的33篇报道，发现以美国为主导的西方各国媒体一开始就试图将中国SARS报道放在政治报道框架中，报道大多

---

[1] 吴佳华：《海外媒体对"一带一路"倡议的传播研究评析》，《经济与社会发展》2019年第2期。

[2] 邵斌、蔡颖莹、余晓燕：《西方媒体视野中"一带一路"形象的语料库探析》，《当代外语研究》2018年第4期。

[3] 姚勤华、杜梦渊：《国际主流媒体涉华报道新趋势分析——以海外党的十九大报道为例》，《毛泽东邓小平理论研究》2018年第1期。

[4] 叶俊、李霏卿、张佳佳：《全球媒体对中国形象的跨国界建构——首届中国国际进口博览会国际舆情分析》，《对外传播》2018年第12期。

[5] 田发伟、李希光：《美国媒体关于中国SARS报道中的政治化倾向分析》，《新闻与传播研究》2003年第2期。

受美国政府对华的基本立场和美国根深蒂固的意识形态框架和偏见影响。黄鹂等人[1]选取了 *NYTimes*、*Washington Post* 和 *Los Angeles Times*（《洛杉矶时报》）一个月期间对 SARS 内容的报道，从文章的数量、内容和立场三个方面进行分析，表明三家大报报道较为客观和尊重事实。Leung 和 Huang[2] 研究了 SARS 疫情期间五个国家的报纸关于中国和越南的报道，其中包括美国的 *Washington Post*、英国的 *The Times*、澳大利亚的 *The Sydney Morning Herald*、加拿大的 *Sydney Morning Herald* 以及新加坡的 *Sydney Morning Herald*，通过识别和分析各个媒体固有的框架和新闻传递的色调，对比媒体对两个国家疫情的态度，发现中国更多地展现负面形象而越南则没有。Beaudoin[3] 通过对比新华社和 AP（美联社）的新闻倾向，通过责任归属、人类利益、经济后果和严重性四个维度分析两个媒体的差异性，发现 AP 报道带有偏见。总的来看，以往对于 SARS 的研究基本上停留在媒体角度，总结的是西方媒体在 SARS 疫情期间对中国的看法，折射出西方媒体的态度和意识形态，但是缺少民众立场，无法得知更多数的普通海外民众真实的想法。

本研究基于最为主流的海外社交媒体网站 Facebook，通过对 2020 年 1 月 8 日至 2 月 17 日这 41 天期间，13 家西方主流媒体账号超过 1000 条涉及本次新冠疫情的新闻帖子和超过 270 万用户点赞行为的分析，不仅透视媒体播报的相关新闻的内容特征和意见倾向，而且进一步分析了海外用户对于新冠病毒疫情的观点、态度和情感特征，以小见大，刻画出西方民众对本次疫情的情感全景，深入探讨我国应当如何更有效在海外社交网络中进行危机事件下的舆情引导和管理。

二 数据与研究方法

（一）数据来源

Facebook 是全球最大的社交网络和社交媒体应用之一，月活跃用户已经

---

[1] 黄鹂：《如何客观看待美国主流媒体对中国 SARS 的报道？》，《新闻与传播研究》2003 年第 3 期。

[2] Leung, C. C. M., & Huang, Y., "The paradox of journalistic representation of the other: The case of SARS coverage on China and Vietnam by western-led English-language media in five countries", *Journalism*, 2007, 8 (6): 675–697.

[3] Beaudoin, C. E., "Sars news coverage and its determinants in China and the US", *International Communication Gazette*, 2007, 69 (6): 509–524.

超过 20 亿，已经成为海外用户最主要的新闻传播和意见交流的渠道之一。在 Facebook 平台中，选取 13 个主要的西方媒体账号，包括：AP（美联社）、BBC（英国广播公司）、Bloomberg（彭博社）、CNN（美国有线电视新闻网）、*Daily Mail*（英国《每日邮报》）、Economist（经济学家）、Fox（美国福克斯）、*Guardain*（英国《卫报》）、NBC（美国全国广播公司）、*New York Times*（《纽约时报》）、Reuters（路透社）、*Washington Post*（《华盛顿邮报》）和 *The Wall Street Journal*（《华尔街日报》）。针对每个账号，通过检索标题和内容中同时包括"Coronavirus"或"Covid"或"nCov"关键词的内容。此种新闻检索方式操作便捷，能够利用网络爬虫快速采集指定账号发表的大部分相关内容，但受限于 Facebook 平台的相关技术限制（单次搜索最多显示 100 条结果），不能保证采集到所有相关内容。在 13 个媒体账号中，由于 CNN、Bloomberg 和 *NYTimes* 三个媒体新闻数量较多，存在采集不完整情况。但由于 Facebook 的搜索结果排序考虑了新闻的热度，因此，能够保证高关注度的内容的完整性。

通过上述方法，采集从 2020 年 1 月 8 日至 2020 年 2 月 17 日范围内，涉及本次疫情的新闻共 1135 条，包括其标题、发表时间、文本内容、全文链接和内容、点赞/评论/转发的数量。对每条新闻进一步采集其详细的点赞数量数据，包括六类情感符号 Like（赞）、Love（爱）、Haha（笑）、Wow（惊讶）、Sad（悲伤）、Angry（愤怒），共计超过 270 万条。通过对这些数据的分析，挖掘海外媒体和用户对于本次疫情的情感和态度倾向。相关数据集以通过本研究组网站（www.socialbot.top）开放下载。

（二）研究方法

对于本次疫情相关的新闻，利用人工投票方式对新闻的主体、内容和观点倾向进行分类。新闻主体分类包括：中国大陆、中国港澳台地区、海外及其他共四类。对于主体为中国大陆的新闻，将其内容进一步分类为客观疫情数据报道、政府政策相关、个体经历相关以及其他（例如，医院医疗相关以及疫情对于经济、社会和环境的影响等）共四类。新闻的观点倾向分为正面（对中国持支持、赞扬或同情态度）、负面（对中国持敌视、批评或嘲讽态度）以及中立三种。每条新闻全文的每个分类至少经过两名志愿者的标注,如果两人标注相同则采用该标注结果,如果两人标注不同,则引入另一名志愿者,重复该过程,直到至少有两人给出相同的标注结果。新闻的分类有助于挖掘不同的新闻类型和倾向对于公众情感和态度的影响。

西方主流媒体基本有固有的新闻框架和新闻色调,一直被指控在对第三世界国家,尤其是涉及中国的报道有偏见,有消极导向,不准确并且具有强烈的西方意识形态偏见[1],它们经常对许多发展中国家和(后)共产主义国家构成负面的其他刻板印象(即暴力、古怪和冲突)[2]。因此对中国的报道往往存在不利的观点。我们在标注新闻的时候,用以下规则[3]自上而下判断新闻观点倾向:

1. 如无明显评价词语(情感词)则判定为中立态度;

2. 提取评价短语,分析感情色彩;

3. 如有观点持有者,研究观点持有者本来的立场和态度;

4. 从评价对象出发判断,如疫情本身、中国政府、个人等带有的感情色彩或许存在差异;

5. 整体分析新闻,如果仍未识别出明显的语义倾向则判为中立。

对于社交媒体分析,传统研究倾向于使用评论文本对网络用户意见进行刻画,然而,基于评论文本的方法在本次疫情的舆情分析中存在以下两个问题。首先,数据分析中发现,在网络社交媒体中,采用点赞行为的用户数量远远大于评论的数量。在本次疫情的相关新闻中,该差距最高可超过 100 倍。因此,使用点赞数据能够反映更多用户的情感和态度倾向。其次,无论使用情感词典或者最新的自然语言处理技术,对评论这样的短文本进行情感判断都存在精度问题。目前的计算机技术很难判断诸如比喻、隐喻、反讽以及互联网最新流行用词等表达方式。此问题在处理本次疫情这种实时新闻时

---

[1] De Beer, A. S., "News The Fleeting, Elusive, but Essential Feature of Global Journalism", in A. S. De Beer and J. C. Merrill (eds) Global Journalism: Topical Issues and Media Systems, 4th edn., 2004, pp. 163–76, Boston, MA: Pearson Education.

[2] Weaver, D. H. and C. C. Wilhoit, "Foreign News in the Western Agencies", in R. L. Stevenson and D. L. Shaw (eds.), Foreign News and the New World Information Order, 1984, pp. 153–85. Ames, IA: The Iowa State University Press.

[3] 赵妍妍、秦兵、刘挺:《文本情感分析综述》,《软件学报》2010 年第 8 期。

更加突出。因此，本研究依据本次疫情和 Facebook 平台的特点，利用点赞数据进行网络用户意见分析。与国内社交媒体不同（例如微博、今日头条以及各类视频网站等），Facebook 在点赞中提供了 6 种不同表情符号，能够有效地体现用户的不同情感和态度倾向。

为分析本次疫情相关新闻在 Facebook 平台的用户热度，采用归一化的热度评价指数，计算方法如下：对于一个媒体账号，除上述通过关键词搜索方式获取的疫情相关新闻外，利用网络爬虫采集 1 月 8 日至 2 月 17 日期间至少连续 3 天该账号的所有主要新闻。以这些新闻的平均点赞、评论、转发数量作为热度的背景值对该媒体疫情相关新闻的三个用户行为数量进行归一化处理，获得针对三种用户行为的新闻热度指数，即点赞热度指数、评论热度指数和转发热度指数。如果热度指数大于 1，则说明疫情相关新闻获得了超过正常新闻相对更多的关注，而如果该指数小于 1，则正好相反。

三 涉新冠疫情新闻的基本情况

（一）新闻数量发展态势

在 2019 年 12 月自武汉开始的新冠肺炎疫情发展过程中，媒体报道的数量随着疫情的快速发展产生大幅度变化（图 1）。1 月 20 日前，Facebook 中的 13 个主流西方媒体只有 WSJ、Guardian、Economist 和 Reuters 这 4 家媒体的 7 个报道关注中国此次疫情发展。从 1 月 20 日后，报道数量出现爆发式的增长，在 1 月 24 日达到顶峰，当日新闻数量达 49 篇，平均每个媒体超过 3 篇。此后 20 天中，报道数量一直维持在每日 30 篇左右的范围波动。2 月 13 日后，报道数量开始较为快速地下降。对于疫情发展情况，1 月 20 日由钟南山院士任组长的国家卫健委高级别专家组证实了"人传人，且有医务人员感染"，而此后 3 天，湖北开始提升突发公共卫生事件应急响应等级并于 23 日实施封城行动。可见，西方对疫情的关注实际上是随着对中国政府的管控措施和强度的变化而变化的。

从新闻内容的倾向性看，明确支持或赞扬态度的正面新闻比例在整个时间段内都基本维持在 15% 左右波动，而负面新闻则随着疫情的发展不断增加，从早期不到 10%一直到 2 月 15 日的 60% 左右，该比例大大超过了之前对于涉华新闻的整体评价结果（约 20%）。在疫情暴发的早期 13 家主流媒

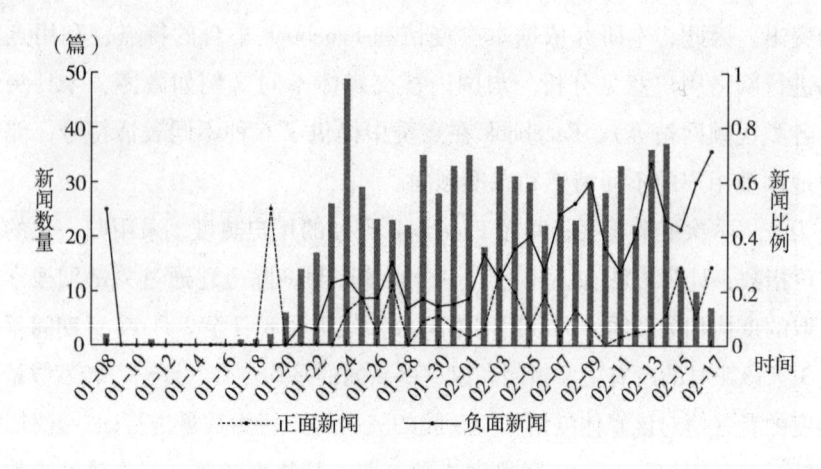

图1 新闻数量发展态势

体的报道内容以中立性的数据报道为主，而到了中后期，开始有大量负面的评论性报道出现。

通过详细分析，可以发现正面报道主要可以分为四类。第一类新闻报道的是中国政府在国内采取的积极有效的举措，包括迅速建立应急隔离医院、派遣医护人员、研制疫苗、采取隔离追踪措施等新闻。这类新闻都反映了中国政府为控制疫情所做的努力。例如，2月3日"中国10天内建成的1000张床位的冠状病毒医院正式对外开放"的相关报道。从图1的数据中也可以发现，1月25日和2月3日是正面报道比例等于或者大于负面报道的两天，也正对应了火神山医院开工和交付的日期。第二类是抗击疫情中取得的当前进展，包括冠状病毒传播速度变缓、病例的连续下降，以及对治愈患者的采访报道，例如，"一个治愈冠状病毒的家庭对出院后在北京的医院工作人员表示感谢，但人们对该疾病给中国卫生工作者造成的压力表示关注"。第三类是慈善捐助相关的报道。第四类是中国政府在抗击疫情与国外通力合作，共同抗击疫情的举措。由此可见，在危机事件管理中，中国政府的高效和强力管理措施实际上更容易获得西方媒体的正面报道，这也正反映了现今西方政治制度和社会体制的缺陷。同时，民间的积极正面案例也是需要大力度宣传的。

而负面报道中，第一类是针对疫情前期信息披露不及时、反应迟钝和行动迟缓，并对言论和信息进行打压以及瞒报，不向公众通报疫情实情，没有及时遏制冠状病毒的扩散。第二类则是认为政府为了避免疫情扩散而使用的封锁武汉等强制隔离措施是限制了公民的人身自由。2月13日后，数据显示随着疫情在全国范围受到控制，西方媒体的重点从客观关注疫情发展转移到中国政治体制和社会制度，此时，相关负面报道开始增多。这提示中国政府，越是在危机渐趋平稳的中后期，越要重视海外舆情工作和国家形象维护。

（二）新闻来源与内容分类分析

从新闻来源的分布看（图2），关于我国本次疫情危机，大部分主流媒体都给予了高度的关注，在40天的时间内，13家媒体中有半数以上达到了平均每天2篇相关报道的水平，仅有《每日邮报》、美联社和福克斯新闻网的报道数量较少。从态度倾向看，大部分西方媒体的主流报道依然是中立为主。考虑到本次疫情的负面性质以及疫情前期部分地方政府的管控不利，存在一定比例的负面报道也是正常现象。然而，以《华盛顿邮报》和《纽约时报》为代表的部分媒体负面/正面信息比例异常偏高，两家媒体这一比例达到90%和82.5%，而《卫报》几乎未见正面报道。

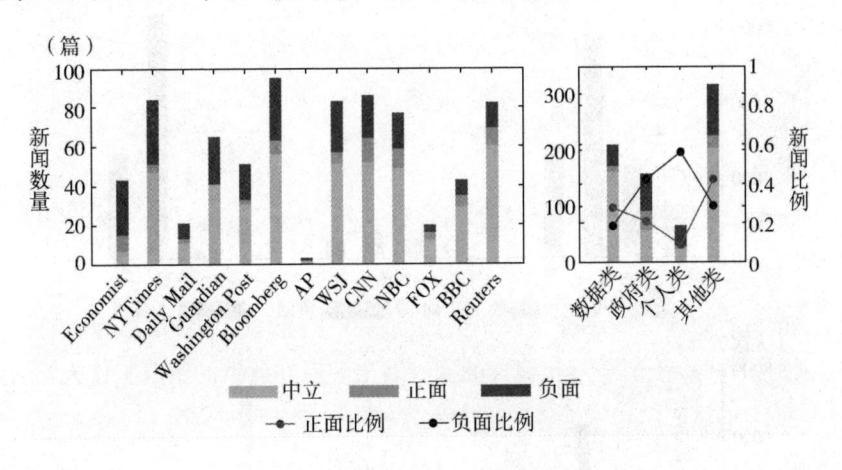

图2 新闻来源与内容分类分析

从内容的角度看，大部分报道的内容集中在疫情发展动态（28.0%）以及相关影响（42.2%）方面，而这两方面负面报道的比例相对较低，分别为18.5%和28.9%。而在关于中国政府相关表现、政策和措施的报道（占比21.0%）中，负面比例达到42.4%，这显示出西方媒体依然存在对我国意识形态和政治体制的固有偏见。在这次疫情报道中显示出一个突出的

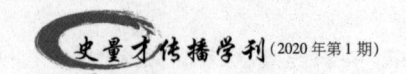

特点就是关于个人的报道中负面比例异常偏高,接近60%。以李文亮医生事迹为代表,在疫情早期对信息透明性、防控措施、医疗和防护条件的批评成为负面报道增加的主要原因之一。

四 涉新冠疫情新闻的用户情感态度分析

（一）新冠疫情新闻用户消费的数量特征

在Facebook中,用户对于新闻的消费主要通过其对新闻的点赞、评论和转发等操作行为进行体现。数据显示（图3）,对于中国新冠疫情相关新闻,海外用户更多愿意通过点赞和转发操作进行新闻消费,尤以点赞操作为主。点赞操作数量在整体上是评论数量的7—8倍。考虑到每个用户只能进行一次点赞操作,而可以进行多次评论和转发,点赞操作覆盖的用户数量较之评论更广泛和全面。

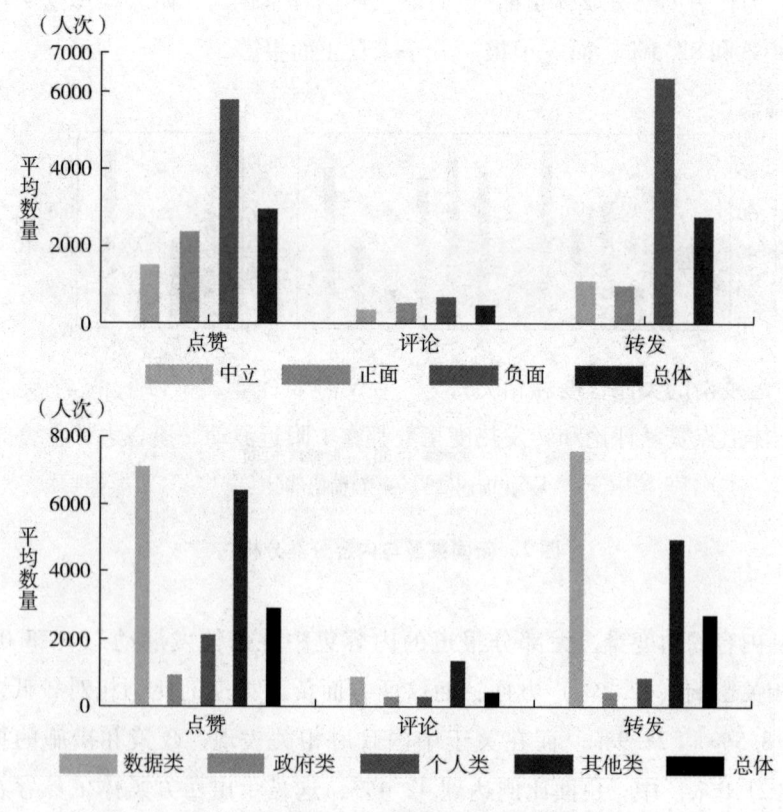

图3 不同倾向和类型新闻的用户消费行为

针对本次疫情，三类消费行为都具有明显的倾向性，负面倾向的新闻收到的三类行为的数量远远大于中立和积极倾向的新闻。如图3显示，对于点赞、评论和转发行为，单条负面新闻导致的数量分别是正面新闻相关数量的2.46倍、1.33倍、6.68倍。这样巨大的差异显示，本次疫情中，负面新闻的传播效果要明显优于正面倾向的新闻，也远远大于中立倾向的新闻。在正面和中立倾向新闻的对比中，正面新闻能够获得更多的点赞和评论，分别约为中立新闻的1.55倍和1.47倍。而两者的转发数量大体相当，中立新闻略高（1.16倍）。可见，负面内容更容易激发用户的信息消费行为，获得更多的关注，从而得到更为广泛的传播。

从新闻分类的角度看，数据相关的疫情动态和其他类新闻则受到更大的关注，其点赞、评论和转发数量都在政府与个人相关新闻的3—16倍。而在政府和个人相关的新闻中，个人新闻的关注程度又要高于政府政策相关新闻，达到1.1—2.3倍。可见，海外用户依然更加关注疫情的发展动态以及本次疫情对全球经济及社会的影响，而单纯的各级政府采取措施和政策的介绍以及危机中的个人故事很难被广泛关注和传播。这样的结果提示我们需要在海外危机公关和舆情管控中突出相关政策、措施和案例的全球影响，以吸引更大范围的关注。

（二）新冠疫情新闻用户消费的时间动态

通过分析新闻热度指数随疫情发展的变化，可以真实展现海外用户对于本次新冠疫情的关注程度和相关行为。在1月8日至2月17日的41天时间内，整体上点赞、评论和转发热度指数都在1附近波动。换言之，在大部分时间中，本次疫情并未在Facebook平台受到普通用户超过正常范围的关注。但在两个较短的时间段内，关注度爆发式的增长。一个是1月24—25日，对应于疫情正式暴发，全国范围内防疫措施急速升级的阶段。第二个是1月29—1月31日，以世界卫生组织将本次新型冠状病毒疫情列为"国际关注的突发卫生公共事件"为标志，本次疫情从中国内部事件正式升级为全球事件。由此可见，最能吸引海外公众关注的还是疫情发展和全球扩散本身。

1月24日，点赞和转发热度指数分别达到最高的17.8和20.2，说明当日疫情相关新闻收到的点赞和转发数量都接近或超过正常水平的20倍。而

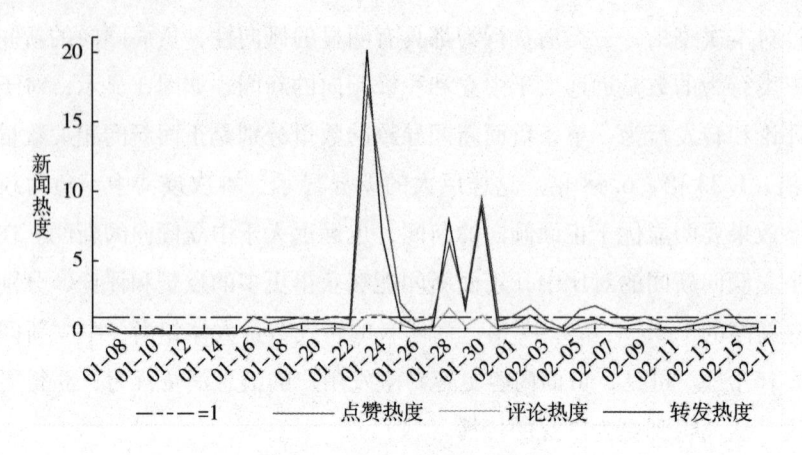

图 4 用户新闻消费热度变化

在 1 月 29 日和 31 日，点赞热度指数分别也达到 6.5 和 10.0，而转发热度指数达到 8.2 和 9.2。可见，针对本次疫情，Facebook 用户更倾向于使用点赞和转发操作来表达自身的关注。对比图 1 的新闻数量数据可以发现，1 月 24 日后主流媒体的持续的高密度报道并未换来用户超乎正常的关注水平，呈现一种"一头热"的状态。而评论热度在大部分时间内都是远小于 1 的。可见，对于本次疫情，Facebook 用户并不愿意进行过多的文字评价，甚至呈现回避评论的态度。

本次疫情相关新闻评论热度和点赞、转发热度的差异可从以下两方面进行解释。一方面，随着中国的快速发展，涉华重要事件已经具备很强的国际性，同时西方对于中国的关注也日益增加，因此，海外用户已经开始更多地关注中国相关信息；另一方面，海外用户在针对中国的重大问题上呈现一种相对保守和谨慎的态度，从而避免直接表达自身意见。这种保守和谨慎态度可能来源于缺乏对中国的了解，也可能来自文化传统和意识形态的差异。

五　用户情感分析

基于 Facebook 平台提供的六类点赞情感符号，以及在本次疫情相关新闻中，用户更多使用点赞行为进行新闻消费的情况，可直接利用六个情感符号体现用户对于新闻的情感和态度。

"赞"这个情感符号是使用最多的符号,在所有1135条新闻中,"赞"在所有六种符号中的平均占比可达70%—80%。在六个符号中,"赞"更多地表达一种偏向于中立的关注态度,也就是用户通过简单的点"赞"表达对疫情的关注,而其具体的感情色彩偏弱。"赞"的高比例使用与前述分析中得出的海外用户针对本次疫情的保守和谨慎态度一致。

"爱"这个符号代表了更多的积极和正面的情绪。主要出现在与慈善相关的正能量新闻中,例如"阿里巴巴宣布将设立一个10亿元(1.44亿美元)基金,为病毒暴发的中心武汉和湖北省购买医疗用品"相关新闻中,"爱"的比例可达20%。该符号也会高频率出现在与海外用户切身利益相关的新闻中,比如"特朗普政府宣布禁止过去14天内在中国旅游的境外人士入境"。

针对本次疫情相关新闻,"惊讶"这个符号代表了一定程度的积极情绪,但相较于"爱"的程度要弱。例如,在新闻"中国1000个床位的冠状病毒医院在10天内建成"中,"惊讶"符号被高频率使用。同时,在疫情快速扩散的负面新闻中使用比例也较高,如"14名钻石公主号游轮美国乘客对冠状病毒检测呈阳性"。整体而言,"惊讶"通常针对疫情和相关事件本身,呈现弱正面情感。

"悲伤"符号在此次疫情中更多表达了对中国人民的同情和关心,具有一定的正面意义,例如,"武汉冠状病毒造成至少170人死亡,中国大陆确诊7700多例病例"中该表情使用比例达18.8%。考虑到疫情本身的负面性质,"悲伤"这一负面符号实际上表达了对于中国政府和人民一定程度的正面情感。

"愤怒"符号表达了对于某些特定事件的反感,包括:瞒报数据、失职渎职、囤积居奇等。这些事件有一部分属于西方媒体的蓄意抹黑,也有部分是疫情前期的认识与重视不足。一个代表性例子是"美国商务部长罗斯认为中国疫情有助于加快北美地区就业的恢复",在该新闻中"愤怒"符号的使用比例达到了60.6%。可见,该符号实际上代表了海外用户对于新冠肺炎疫情中的错误行为的气愤和不满。

在本次疫情新闻数据中,"笑"这个符号具有一定的嘲讽含义,属于明显偏向负面的观点表达。例如,在"中国外交官将冠状病毒危机视为对友谊的考验,呼吁外国政府不要中止与中国的旅行联系或撤离本国公民"新闻中，该符号使用比例较高，达43.8%。

从新闻倾向角度可以发现（图5），关于此次疫情的负面报道更容易激发用户的"悲伤"、"愤怒"和"嘲笑"的情绪，平均可达正面倾向新闻的2.1倍、4.2倍和1.4倍。而正面新闻容易获得更多的"惊讶"和"爱"的情绪，平均可达负面倾向新闻的2.4倍和1.3倍。总体而言，具有明显负面情绪的"嘲笑"和"愤怒"符号在涉疫新闻中总体使用比例很低，维持在7%左右。相比40%左右的负面新闻总量，可以说明大量普通用户对中国本次疫情并不持明显的负面态度，而西方媒体的报道放大了少数的负面情感。

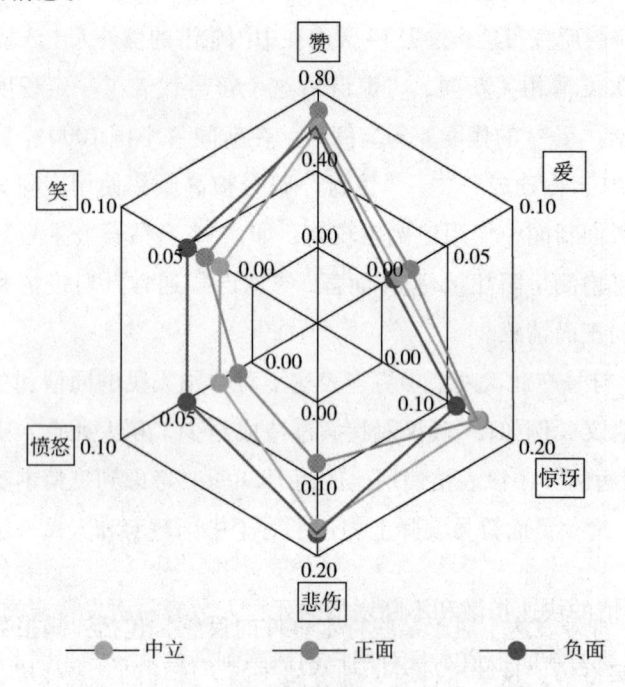

图5 不同倾向新闻的点赞比例

从新闻类型的角度可以发现（图6），与中国政府和政策措施相关的报道相对最容易激发用户的"愤怒"和"嘲笑"情绪，总比例平均可达12%左右。这一方面要归因于本次疫情的性质，更多的原因还是媒体在报道中国相关内容时的方式。同时，此类报道也更容易获得"惊讶"的情绪反馈，平均可达20%。高比例的"惊讶"反馈得益于我国政府的一些高效管理举

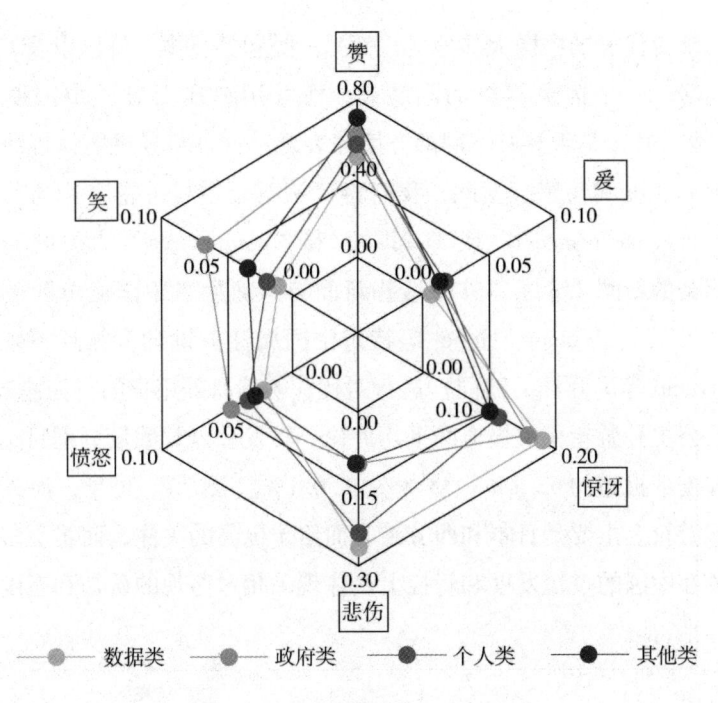

图6 不同类型新闻的点赞比例

措,包括火神山等医疗设施的快速建设以及全国范围的果断的隔离与封锁措施。与个人相关的报道则相对更容易获得"悲伤"的情绪反馈,平均比例可接近30%,这体现了西方主流价值观中的人本主义色彩。以李文亮为代表的武汉医疗工作者的相关报道吸引了大量的"悲伤"情绪反馈。与疫情发展进程相关的数据报道相对更容易收获"惊讶"和"悲伤"的情绪,这体现了本次疫情的快速扩散和不断增加的死亡人数容易引发普遍的感叹和负面情感。其他类型新闻报道本身对用户的情感刺激性就较弱,因此,此类新闻获得了更高的"赞"的比例,仅表达对内容的关注。

通过对超过270万条点赞数据的分析可以发现,针对本次疫情灾难,海外普通用户更多地表达了对于疫情本身发展的关注,以及对于受害国家和人民的同情,整体呈现相对积极的态度和情绪。

六 "钻石公主号游轮"案例分析

在本次疫情相关新闻报道中,实际上主要存在两类关注的主体,一类是以湖北武汉为代表的中国大陆地区，而另一类包括日本、韩国以及其他国家的海外地区。一个需要辨析的问题是，海外用户在面对"中国疫情"和"海外疫情"时，是否具有不同的态度与表现？这种差异更能体现海外用户对于中国的态度和情感。据此，我们将"钻石公主号游轮"作为代表性案例，以"diamond princess"或"cruise"和"coronavirus"为关键词检索获得与之相关的新闻 258 条，并将这些新闻与明确为"中国疫情"的 824 条新闻（含 China、Wuhan、Hubei 等特定中国属性关键词，并且不含 Japan、Korea、Trump 等国际性关键词）进行对比，明确海外用户的行为差异。

钻石公主号游轮相关报道的平均评论、转发和点赞数量分别只达到关于中国大陆疫情报道的 62.1%、33.8% 和 50.1%（图 7）。可见，海外用户并未因为该游轮上主要是日本和西方乘客而给予更高的关注，而将更多的注意力依然放在中国的疫情发展和管控上，体现了相对客观的认知和态度。

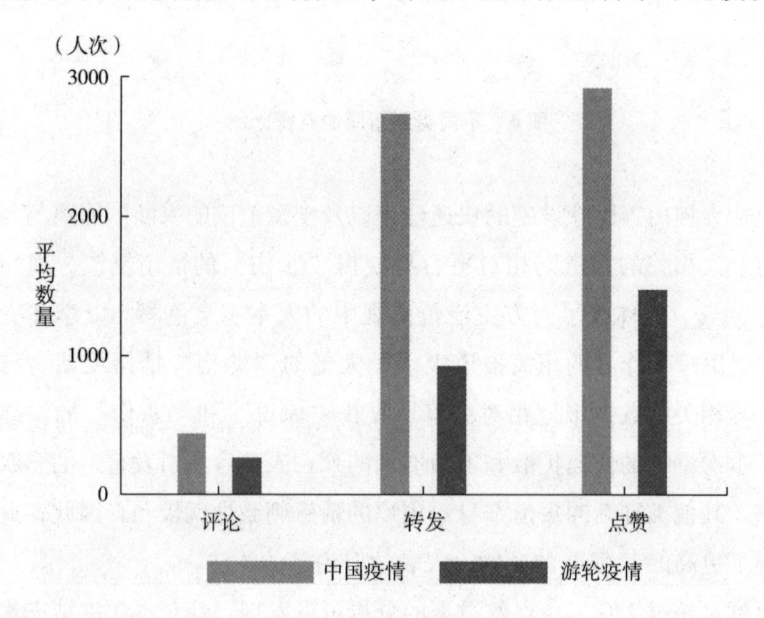

图 7　钻石公主号游轮疫情热度对比

在用户情感表达方面，两类新闻依然呈现十分近似的比例（图 8）。在钻石公主号游轮相关报道中，用户使用了更少的中立性的"赞"符号，以及负面性的"嘲笑"和"愤怒"符号，而更多地使用"惊讶"和"悲伤"的积极符号。可以看出，由于钻石公主号游轮疫情更多涉及日本及欧美乘客,因此,海外用户在同理心的驱使下情感表达更加丰富和主动。

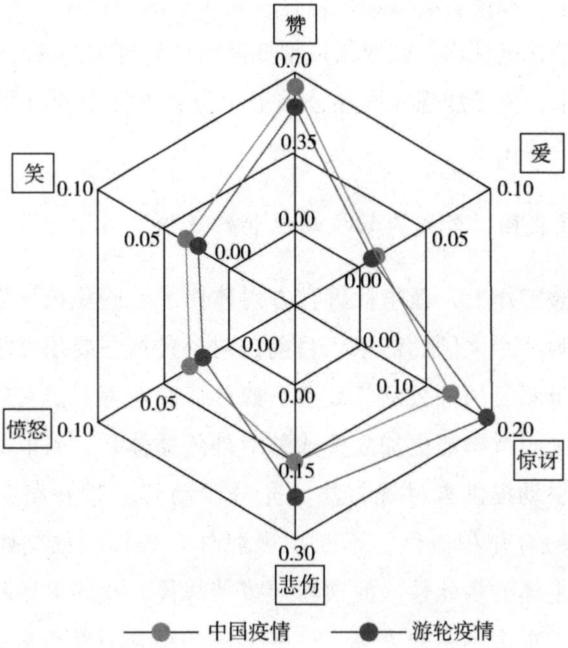

图8 钻石公主号游轮疫情情绪对比

七 结论与对策

对比2003年SARS的研究,大部分文献研究了西方媒体的新闻倾向,西方媒体固有的分析框架以及新闻的感情色彩。但是这些研究仅仅停留在媒体层面,忽略了海外民众对于发生在中国的重大灾难和疫情的态度。本研究基于新冠肺炎疫情,从西方主流媒体和海外民众两个维度,深度分析了本次国际重大涉华舆情事件带来的影响,发现虽然新闻报道的内容以负面居多,但是海外用户更多地关注疫情本身,表达出对受难群体的同情和鼓励,呈现积极正面的态度。

如今正是我国实现中国梦的关键时刻,建构良好的国际形象具有重大战略意义。在新冠疫情期间,我国处于国际舆论关注的焦点,但对外传播仍处于相对被动的状态,国际话语权空间非常有限。尽管本次疫情对我国社会发展和人民健康造成了严重的负面影响,但也可以成为一个重塑中国国际形象的契机。通过数据分析可以发现，面对共同的灾难和疫情，海外用户表现出更多的积极情感。如何更有效地传播这种对于中国的积极情感，并借此推广对于中国形象的正确认识，就成为疫情期间舆情管理中的核心问题之一。基于上述分析结果，为了加强我国在公共卫生应急事件中的海外舆情影响力，特提出以下对策建议。

（一）加强我国对外发声的主动性和广泛性

在对外传播工作上，新华社等官方媒体作了一些积极探索，但仍然远远不能满足作为一个大国的需求。目前，对外传播主要依靠于传统官方媒体，目标受众虽然是国外公众、政府、媒体、企业等，但有效的受众范围非常有限。我国亟待构建更加立体式的对外传播体系，采取战略合作、购买媒体板块、主动提供素材等方法，充分调动"一带一路"沿线国家和西方国家媒体的合作积极性，不断拓展海外自媒体、社交媒体的发声渠道，增加传播主体的多元性。此次新冠疫情战役，我国采取积极有效的防控措施，出现了很多感人的事迹。这些事迹是超越国界和文化差异的，能够很容易被海外网友所理解。由此，理应加强海外宣传的客观内容建设，突出"中国感动"的世界影响，从而让中国声音和中国行动走近广大国外网络用户。

（二）进一步发挥海外华人的舆论影响力

我国海外华人群体规模庞大，遍布世界各地，影响力不断上升。绝大部分海外华人对祖国怀有深厚感情，对祖国的强大感到欣喜和有依靠。此次新冠疫情期间，海外华人积极呼吁，组织当地华人捐款捐物。由此，应加大海外华人联系力度，充分发挥华人群体的影响力。一方面，支持海外华人媒体，可以提供定制化的新闻素材，创造海外华人为祖国发声的条件。特别是，积极贴近海外华人青年一代，考虑他们的教育背景、思维习惯、文化生活等因素，用他们喜闻乐见的方式进行媒体交流，进而加强对祖国的同理心，并探索利用海外华人的示范效应，在西方民众中鼓励和激发更大范围的积极情感表达，从而提升对我国正确认识的传播效果。

（三）充分调动社会资本参与对外传播

我国的国际形象主要为西方主流媒体所塑造。在现代西方主流语境中，人们认为政府往往需要监督，对政府声音往往持谨慎态度。相对的，非政府组织、志愿者、企业家、社会名人往往对西方民众更有舆论影响力，更加容易激发网友的同理心。随着我国的全球影响力不断上升，不断涌现出具有较高国际知名度的企业家、社会名人等。但由于运用对外传播技巧的能力生疏，我国媒体与相关部门没能充分利用各种社会资本，导致传播效果有限。因而，充分地调动这些社会资本参与对外传播，将极大地影响舆论趋势。尤其是，努力挖掘名人参与疫情防控工作的感人事迹。

（四）加强我国疾控学术话语权输出

2020年2月18日，《柳叶刀》在线发表了来自美国等8个国家的27名公共卫生科学家签署声明，反对阴谋论，支持中国抗击新冠病毒肺炎的科研、公共卫生、医务工作者。在公共卫生应急期间，舆论场噪声杂乱。这种来自专业人士的声音非常具有说服力，能够有效地影响舆论方向。现阶段，应提升我国科学界的舆论意识，加强我国疾控学术话语权输出，着力将学术声望转化为国际舆情影响力。

粉丝公益动员:传播机制、协同效应及优化策略*
——TF-医援会新冠肺炎疫情公益动员案例研究

廖卫民,陈雨莲

(东北财经大学 人文与传播学院,大连 116025)

摘　要:在2020年新冠肺炎疫情期间,粉丝团体在社交网络中的公益动员产生了巨大的社会影响。本研究以TFBOYS粉丝群体TF-医援会在疫情暴发期间所做的公益动员为例,从传播效果的认知、情感、行为三个层面探究一次典型的粉丝公益动员的传播机制。研究发现:粉丝参与公益活动的主要动因是粉丝应援文化,在严峻疫情的信息刺激下,医援会粉丝中形成了一种强烈的群体归属感及劝服认同效果,从而促进粉丝对抗疫信息的转发、评论和直接捐赠等公益行为,从而有力地提升了粉丝的心理满足感和价值感。从传播学理论上看,这是一种粉丝对偶像拟态亲密关系的"使用与满足"过程,也是一种意见领袖影响广大受众的过程。防控疫情需要保持必要的社交距离,这就促使粉丝之间在线互动的自然发生,从而呈现了疫情情境下粉丝公益动员的偶像效应及多方协同的特征。另外,粉丝公益动员也存在面子公益、后续乏力等问题,对此本研究提出化虚为实、化繁为简、化阻为通、化表为里等四点优化策略。

关键词:公益传播;粉丝公益动员;传播机制;协同效应;新冠肺炎疫情

---

* 基金项目:本文系2019年度辽宁省社会科学规划基金项目"智媒时代数据新闻生产创新及其传播伦理研究"(编号:L19BXW002)和浙江省哲学社会科学规划课题"互联网+公益慈善的传播机制、协同效应及引导方略研究"(编号:17NDJC259YB)的阶段性成果。

公益是社会的良心，是温暖人间的一道社会保障底线。在突发重大危机的时刻，人们的公益行动往往能起到扶危济困的重要作用。在 2020 年新冠肺炎疫情暴发之际，各种粉丝团体迅速行动起来，形成"以偶像之名，行公益之事"的粉丝应援的公益行动模式，为抗疫行动助力，取得了积极的社会效果与传播影响。本文选取当时颇有影响的一个公益粉丝团体——TF－医援会为研究对象，以新冠肺炎疫情事件中 TFBOYS 粉丝群体所做的一系列新型公益活动为例，深入探讨粉丝公益动员的传播规律，试图解决以下问题：在突发危机之际，粉丝团体是如何进行公益动员的？在其公益动员中，传播究竟发挥了什么作用？各方面究竟是如何协同行动的？粉丝群体公益活动的一般优化策略是什么？

一　问题背景：粉丝社群勃兴及粉丝公益行动的崛起

随着粉丝经济的不断成长以及粉丝社群的不断发展，以追星为核心特征的"饭圈文化"在网络社会中勃兴。明星是社会中颇具影响力的群体，其粉丝的活动很大程度上也代表着偶像，粉丝们的群体行为必定也会在某种程度上对社会产生重大影响。随着各大社交媒体的兴盛，粉丝基于对偶像的喜爱与支持，衍生出丰富多样的表达方式，如对偶像的公开宣传、支持投票等，做公益慈善活动是近年来出现的新事物。随着公益慈善之风的传扬，越来越多的粉丝看到公益对偶像带来的良好效益，它一方面能切实地帮助他人、传达善意，另一方面也能提升偶像良好口碑、塑造美好形象，因此，粉丝群体也愿意更频繁地组织公益活动，开展公益动员。"饭圈文化"因此也越来越从小众走向主流，从青涩走向成熟，各种"以偶像之名，行公益之事"的活动，也逐步得以规范化、组织化和规模化地展开和实现，对社会生活和舆论环境产生了重要的影响。

例如，2020 年 3 月 10 日，李宇春的生日动态微博的评论就被她的粉丝们留言捐款截图给刷屏了。据新浪微博"中国公益指数"披露的数据：当天截至 21 点，"玉米爱心基金"通过微公益单渠道捐款金额达 750371.39元。"自 2006 年玉米爱心基金成立以来，玉米们持续向基金捐赠并坚持做公益，而每年的 3 月 10 日这天，捐款庆生则成为一个属于玉米们的特殊应援方式。截至今日，玉米爱心基金共收到善款逾 2000 余万元，救助人口逾十万。今春疫情至今，李宇春和玉米们积极寻求物资渠道，与前线医院沟通需求，玉米爱心基金已采购 160 余万元战'疫'物资（其中包括李宇春捐赠的 50 万），成功地向湖北地区捐赠包括消毒剂、雾化器及负压救护车等物资，目前已有 7 批物资陆续抵达湖北包括武汉在内的各地医院。"①在该微博下有大量的粉丝留言，例如，有一位粉丝的评论是"有不可动摇的热爱，才有不可摧毁的希望"，这表达了粉丝对偶像的热爱，以及他做公益的行动感悟。

事实上，诸如这样的案例还有无数，粉丝通过公益行动向偶像表达热爱，向社会表达善意，从而为偶像及粉丝团体赢得良好的声誉，这是粉丝公益如雨后春笋般出现的内在逻辑。正如微信公众号"共益资本论"专题文章《"饭圈公益"全面破圈》的评价所言："新媒体赋权是粉丝公益崛起的关键，传统的应援行为得以突破空间的限制。手机捐款、微信捐步、微博点赞等线上应援行为在流量经济时代产生了前所未有的影响力，饭圈的公益站正破圈而出，成为一股新兴的社会力量。"②

二 案例回顾：新冠肺炎疫情下 TFBOYS 粉丝公益动员历程

（一）突发危机袭来：新冠肺炎疫情初期态势

2020 年 1 月 20 日，钟南山院士接受央视连线时明确表示，"现在可以肯定有人传人的现象"，次日"央视新闻 1 + 1"的微信公众号发布更新的数据称："截至 21 日 7 点 30 分，我国境内累计确诊新型冠状病毒肺炎病例 219 例（武汉 198 例，北京 5 例，广东 14 例，上海 2 例）"③。此时已临近春节，春运流动人员密集，新冠病毒的传染人数急剧上升，武汉及湖北其他地方的病例数量不断上升，全国其他城市也相继出现传染病例，且均为输入型病例，一时引起世人恐慌。到 1 月 23 日，武汉实施封城决定。此后，随着信息的不断公开，医疗知识的普及，及时隔离、做好防护措施成为全民共

---

① "中国公益指数"发布，该微博地址为：https://weibo.com/5722914096/Iy0Zypdnn。
② 黎宇琳：《"饭圈公益"全面破圈》，"共益资本论"（微信公众号），2020 年 5 月 19 日，https://mp.weixin.qq.com/s/4YyroDSjljf9DG6Yy7CbDA。
③ 新闻 1 + 1：《划重点！钟南山权威解读新型冠状病毒肺炎》，"央视新闻 1 + 1"（微信公众号），2020 年 1 月 21 日，https://mp.weixin.qq.com/s/DHY0ulJxqE4OXfbZn1a4Kg。

识，同时也出现了防护用具供需矛盾突出、口罩缺货、医疗用具欠缺等迫切问题，随之湖北各地医院纷纷发出募捐公告。据新浪微博微热点的统计，在宣布第一例确诊案例后，"口罩"的微指数在1月21日的热度首次超过"红包""武汉"的热度跃居第一，"封城""肺炎"等词的搜索指数陡升。从数据的对比与急剧变化中可以发现2010年1月20日晚，钟南山院士在中央电视台"新闻1+1"栏目接受直播连线采访时表示：新冠肺炎疫情以及口罩等医用防护物品在疫情暴发后，获得了公众和网民的极大关注。与此同时，人们也开始行动起来，积极动员，抗击疫情，粉丝公益行动也应运而生。

（二）粉丝公益动员：新冠肺炎疫情暴发后TFBOYS粉丝的行动过程

据了解，TFBOYS粉丝群体此次的公益活动，主要由"TF-医援会"负责，这是一个由医生、护士等带有一定专业性身份特征的粉丝群体所组成的粉丝公益团体，并非专门的公益组织，该会的大部分成员是一群二十多岁的"饭圈女孩"，且奋战于抗疫一线，是专业的医护人员，从各个层面为抗击疫情作出了贡献。自疫情暴发以来，TF-医援会便密切关注疫情发展，从1月24日各大医院因防护资源紧缺纷纷发出募捐公告起，TF-医援会的成员便迅速达成了共识，他们要计划以偶像之名为此次疫情募捐物资。

首先，医援会在自己的官方微博[①]上每日更新疫情进展，发布防疫小知识，让更多的粉丝对此次疫情的严重性形成认知，TFBOYS组合中的三位成员也在疫情暴发后多次为疫情重灾区湖北助力，为此次募捐动员活动做出铺垫。随着各大公益机构开启了募捐活动，TFBOYS成员均作出了贡献，王源个人捐款30万元、王俊凯个人捐款20万元，为粉丝做了良好的表率。此后TF-医援会也积极开启了募捐活动，与TFBOYS粉丝团官方微博合作，积极在官微、微信群、QQ群等社交媒体上，以偶像之名发布动员信息。医援会的成员具有粉丝与医护人员的双重身份，偶像力量与疫情残酷性的双重作用叠加，让更多的粉丝意识到此次募捐活动的重要意义，从而形成要及早行动、施以援手的群体认同。

从启动、发布到捐赠、采购、实施的整个流程来看，TF-医援会进行

---

① TF-医援会官方微博地址为：https：//weibo.com/TFMedicalBackup。

了周密的策划，制定了严格的群体规范，TF-医援会不断在其官方微博发布募捐进程，保证募捐活动的顺利进行。值得一提的是，出于医援会成员身份的特殊性、民间公益募捐的合法性、线上微公益的局限性，此次募捐TF-医援会采取了新型募捐方式——直接募捐，不同于以往的公益募捐形式，TF-医援会作为募捐活动的发起者，不直接接触捐赠款项，而是将参与此次募捐的粉丝直接对接淘宝商家，粉丝们直接在淘宝平台下单，医援会则与商家对接数量，物资直接由商家运往武汉各地的医院，每一次对接，医援会都会有工作人员全程陪同，协作开展物资对接工作，确保每一笔款项的有效去处以及捐赠工作的顺利进行，数据全程公开，确保粉丝们的捐赠落到实处。这一举动与以往的公益募捐方式有所不同，款项不经过中间人，直接与商家对接，不仅体现了TF-医援会对此次活动公益性质的理性认知，也为粉丝公益的未来发展提供了新思路、新路径。

（三）共同抗击疫情：TF-医援会等粉丝团体公益行动的捐赠结果

在各大医院发布募捐医用防护物品的第二天晚上，TF-医援会便募集到了第一批物资，这是粉丝们用总计约66万元善款购买的23万余只口罩，这批物资被迅速发放到各医院手中，真正做到了有效捐赠。1月31日，共青团湖北省委员会官方微博"青春湖北"发布感谢信称："自1月24日，@青春随州向社会发布接受捐赠物资抗击新冠疫情的倡议以来，TFBOYS组合团粉先后分两批向湖北随州捐赠23.2万只一次性医用口罩，成为第一批驰援随州的抗击新冠疫情的捐赠物资！让我们一起加油，共同抗击疫情！"（参见图1）①

可见，从捐款到分发口罩至各大医院，前后的总时长不过三天，参与捐赠的人也不局限于TFBOYS粉丝，还有其他众多的明星粉丝团体、爱心人士参与捐赠。在疫情进一步获得全民性关注之际，由各大粉丝群体组成的百家团，也在积极组织抗疫捐赠活动，累积捐赠的款项及物资不断递增，一时难以统计齐全。

据一家专门聚焦艺人数据的微信公众号"FUNJI种瓜基地"，通过收集大量公开发布的粉丝团体捐赠数据，挖掘数据当中最具新闻价值的信息，制

---

① "青春湖北"官方微博发布感谢信的微博地址为：https://weibo.com/2321615032/IrZUI06LQ。

图 1 "青春湖北"之官方微博发布对 TFBOYS 粉丝公益行动的感谢信

作出了各式各样的可视化图形，从而能让人一下子看清整个"饭圈"抗疫捐赠的规模与品类。据其于 2020 年 2 月 2 日推出的文章《饭圈女孩为疫情捐的财和物都去哪了？》的统计数据，FUNJI 根据"能量中国"官方微博的公示信息做了整理，"从 2020 年 1 月 23 日到 2 月 2 日，共计 302 家粉丝组织（事关 243 位艺人），发起捐款捐物 393 次，累计金额达 740.37 万元"。① 从其公布的一张"2020.1.23—2.1 饭圈女孩为疫情捐赠的财物流向"的桑基图（参见图 2）② 上可以看到，在这一期间内 TFBOYS 粉丝团体的捐赠全部直接流向了医院，是当期捐赠数额最大的粉丝团体。

---

① 武汉加油：《饭圈女孩为疫情捐的财和物都去哪了？》，FUNJI 种瓜基地（微信公众号），2020 年 2 月 2 日，https://mp.weixin.qq.com/s/1Adds9M51nYwaqxceJHoQg。

② 《2020.1.23—2.1 饭圈女孩为疫情捐赠的财物流向》桑基图来自《饭圈女孩为疫情捐的财和物都去哪了？》一文。

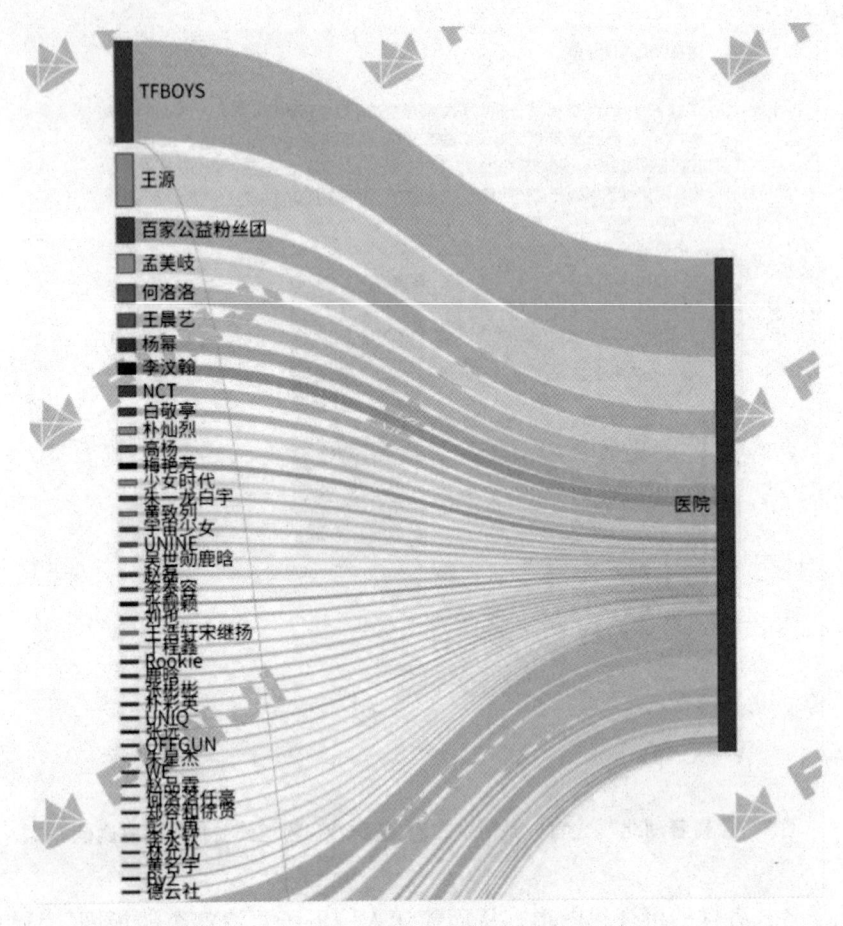

图 2　2020.1.23—2.1 饭圈女孩为疫情捐赠的财物流向桑基图（局部）

三　框架构建：粉丝公益动员的性质、过程和传播机制

在公益传播及公益动员领域，国内外学者已经进行了相当深入的研究探索。在基础理论层面，国内传播学界系统探讨"公益传播"的概念及其发展大致可追溯到马晓荔、张健康的《公益传播现状及发展前景》，该研究基于社会整合理论，指出公益传播是全体社会成员参与并受益的活动，在实现社会整合和推动社会发展两方面有特殊的力量和作用。[①] 陈力丹、闫伊默借

[①] 马晓荔、张健康：《公益传播现状及发展前景》，《当代传播》2005 年第 3 期。

助整合传播理论探讨社会公益理念的传播问题[1];王炎龙等研究公益传播主体分别为"媒体"、"企业"、"政府"和"民众"的四维框架,进行理论构建和阐释[2];曹维在其基础上延伸构建了一个以公益组织为传播主体的新模式,体现当时国内社会公益实践及公益组织发展的新特点与新趋势。[3] 在公益动员领域,谢静基于民间组织案例分析公益行动中的共意动员与联盟建构,凸显其公民社会建设的内在意义[4];沈阳等人运用社会网络分析方法,针对微公益传播的不同内容层次分析了群内、跨群和超群这三种动员模式的效能[5];胡文丽通过一起公共事件探讨微公益的社会动员要素、环节及其运作机制[6];尹章池、刘凯恒则采取数据可视化手段比较研究两个公益组织大V微博动员的策略跟进问题。[7] 这些研究从总体上大致勾画了国内学界对于公益传播及公益行动研究的学术图景轮廓。

从某种意义而言,本文聚焦研究的粉丝公益动员,在一定程度上其性质大致属于一种"新媒介时代粉丝群体的参与式行为实践"[8],粉丝公益不同于传统类型的公益,其公益活动传播方式与传统公益传播存在较大的差别。在传统的公益传播活动中,传播主体往往是政府或红十字会、各种非政府组织等公益组织;在粉丝公益动员中,传播主体其实是多元的,主要是在互联网上自发集聚甚至是随机形成的粉丝群,其内涵一般是粉丝个体,但其实体也可能会是一个企业、民间组织或协会的代表等。从某种意义而言,粉丝公益动员正是一种典型的"互联网+"公益慈善的动员过程,其传播策略也是在传统公益传播动员的基础上更多地调用了新媒体,有效利用社交媒体的

---

[1] 陈力丹、闫伊默:《整合传播构建社会公益理念》,《中国广播电视学刊》2007年第9期。
[2] 王炎龙、李京丽、刘晶:《公益传播四维框架的构建和阐释》,《新闻界》2009年第4期。
[3] 曹维:《从"公益传播四维框架"到以公益组织为传播主体的公益传播模式》,《上海交通大学学报》(哲学社会科学版)2015年第1期。
[4] 谢静:《公益传播中的共意动员与联盟建构——民间组织的合作领域生产》,《开放时代》2012年第12期。
[5] 沈阳、刘朝阳、芦何秋、吴恋:《微公益传播的动员模式研究》,《新闻与传播研究》2013年第3期。
[6] 胡文丽:《微公益社会动员机制探究——以"罗一笑事件"为例》,《新媒体研究》2018年第1期。
[7] 尹章池、刘凯恒:《公益组织大V微博动员的可视化对比与策略跟进》,《新闻与传播评论》2019年第5期。
[8] 祝颖:《新媒介时代粉丝群体的参与式行为实践研究》,硕士学位论文,安徽大学,2017年。

便捷性、互动性、裂变传播等特点进行广泛的公益动员，从而形成独特的传播机制、协同效应及策略效果。为此，笔者在一定的文献研究基础上，结合本案例内容，初步构建了一个理论视角的分析框架。

（一）粉丝公益动员的性质界定

粉丝公益动员从本质上看，实际是一个社会群体内部的舆论动员和行动动员的过程，广义而言，它依然是一种社会动员，实际是指"社会学中的群体有组织地集聚和运动的现象"①，"动员"在这里实际是作为一种工作方法，"一般是指为了实现特定目标而进行的宣传、号召、发动和组织工作"②。粉丝公益动员，一般是由粉丝发起，出于公益目的而采取一种群体性的捐款捐物或救助行动，其本质依然是一种人员或资源有组织性的集聚和运动，这正是应对突发危机和采取公益行动时所需要的社会过程。

（二）粉丝公益动员的系统要素、过程及传播机制

粉丝公益动员的社会过程所调用的社会资源构成了一个小型的社会系统，这个系统内往往包含着一些共同的系统要素，例如：①作为动员主体的粉丝；②作为动员客体的粉丝、公众及社会组织等；③形成动员效应的议程、情感、社会认同等；④发布动员信息的媒体、社交网络、传播渠道等；⑤动员运行的社会环境、政府规制环境、媒介生态环境等；⑥动员传播的文本、话语及其他符号意义子系统等。

对于一般公益传播的网络动员过程，曾庆香认为"微公益传播的网络动员中，不管动员主体是公益组织、政府、传统媒体，还是体制外的草根力量，其网络动员都遵循着一致的运作机制。这一动员机制由议题设置环节、情感动员环节、认同塑造环节与线上线下联动环节构成，每个环节都有专属的功能，同时又服务于整个运作机制，从而最终达到动员的目的"。③ 这个一般模式其实完全适用于粉丝公益动员过程，只是在粉丝公益动员过程中，

---

① 廖卫民：《论突发事件中的舆论动员——以南方雪灾为例》，《新闻记者》2008年第4期。
② 龙太江：《从"对社会动员"到"由社会动员"——危机管理中的动员问题》，《政治与法律》2005年第2期。
③ 曾庆香：《微公益传播研究——主体·模式·影响》，博士学位论文，武汉大学，2014年。

情感动员与认同塑造的过程往往统一在对偶像的认同与情感的过程之中，可以将两者归为同一个情感环节。

因此，在新冠肺炎疫情期间粉丝公益动员的过程，根据研究的实际情况，笔者将其分解为以下三个环节：①认知（公益行动的缘起与触发事件、粉丝应援等）；②情感（公益行动的偶像认同感、群体归属感等）；③行为（捐款捐物、购买、送达、验收等相关公益行动）。不同的具体过程内部对应于不同的内在机制，在整体上形成了一个认知、情感、行为的偶像效应协同机制，整个粉丝公益动员的分析框架如图3所示。

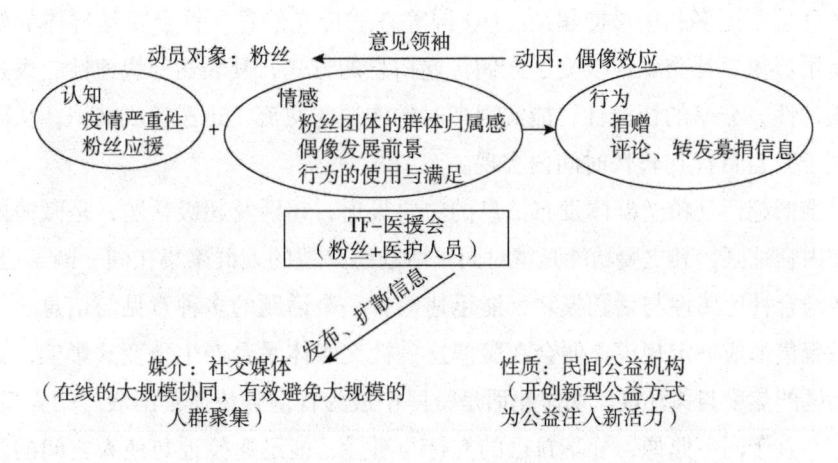

图3 粉丝公益动员的理论分析框架：系统构成要素及动员过程

在这个粉丝公益动员的理论分析框架之中，TF-医援会作为一个医护人员为职业特征主体的粉丝团体，在一定程度上成为最核心的行动主体和信息传播主体，它是偶像与单个个体粉丝之间的桥梁与中介，也是信息发布扩散的枢纽，在一定程度上也是一个重要的意见领袖，同时也是一个情感维系与交流沟通的中心。在这个过程中，信息往往经由社交网络进行广泛传播，在新冠肺炎疫情期间，由于必须保持一定的社交距离，集中在线上进行传播交流与行动协同，这构成了TF-医援会这次粉丝公益动员的一个重要特征。

（三）粉丝公益动员的传播媒介特质与媒介议程设置

粉丝公益动员能够顺利进行，在一定程度上要归功于微博等社交媒体裂变式的传播特性，微博具有强互动性，明星作为微博上最具影响力且高关注度的群体，其行为能在较短时间内获得较多人的响应，辅之以微博点赞、评论、转发的功能特性，驱动微博内容得以更快速及大规模地扩散。一个偶像粉丝群体的行为，往往也能带动其他粉丝群体，达到一呼百应的传播效果，且能在微博等公共话语平台获得较快的回应与支持。

麦克卢汉说："媒介即讯息"，任何一种媒介都是人身体某一部分的延伸，这表明有价值的不仅仅是内容，媒介本身也传递着重要的信息，媒介在改变人们传播信息、接受信息的生活方式与习惯方面发挥着重大影响，以往的公益信息大多是专业的公益组织通过官方网站或者新闻稿来发布信息，而粉丝公益则更多利用微博超话、QQ群等方式传递信息，符合粉丝群体的媒介使用习惯。社交媒体改变了人们传递信息的方式，其表达的快速性、表达的随时性、分享的快捷性，能实现即时的沟通与交流，迅速达成共识，从而有利于公益目标在较快时间内实现。

微博超话是粉丝群体发布信息的主要渠道，超话及超级话题，是微博的兴趣内容社区，其主要功能是将对同一话题感兴趣的人群聚集在同一圈子里，有效结合社区属性与话题模块，能迅速整合一个话题的多种意见与信息。当人数聚集形成一定规模，便会在微博这一社交媒体平台产生裂变式影响，提升话题的热度与关注度。明星超话是微博中最为普遍且传播范围最广的类型，粉丝们基于同一偶像，分享自己的支持与喜爱，能迅速拉近与他人之间的认可及共鸣感，与其他渠道相比，超话因其交流的随意性与日常性，往往能更快获得他人的认可，从而产生快速的动员效果。

传播学"议程设置理论"在粉丝公益动员中主要体现在粉丝将重要的信息放置于醒目位置。微博具备的"置顶"重要消息的功能与之不谋而合，其具备的提醒性功能，推动人们关注想要推动的事件。在新冠肺炎疫情期间，与TFBOYS相关的各个微博账号以及超话置顶都是与募捐相关的信息，在尽可能地吸引注意力的同时对受众进行募捐动员。

四 理论解释：粉丝公益动员的心理、情感和协同效应

粉丝应援主要是指有组织的粉丝行为或活动表达对偶像的支持。[1] 粉丝

---

[1] 高歌：《传播仪式观下的粉丝应援文化研究》，硕士学位论文，南京师范大学，2018年，第3—5页。

应援所形成的文化约定，将会对粉丝的认知形成引导，在突发疫情的信息刺激下，对粉丝的情感产生强烈的冲击，从而引发粉丝的个体行动与集体协同。这是按照上述分析框架所形成的一个理论解释。在此意义之下，粉丝公益从某种程度而言，就是一种特殊的应援活动，是粉丝为进一步彰显偶像社会责任感以及提升偶像社会价值所做的巨大努力。粉丝组织做公益，本质上是表达对偶像的支持，一些典型的追星行为如买专辑等大多是个人行为、单独行动，而应援活动则更像是一场群体的狂欢，每一次活动都是粉丝团有组织、有目标地进行，通过群体努力表达对偶像的支持与喜爱。

（一）粉丝公益动员中粉丝个人的使用与满足

传播学的"使用与满足"理论[①]对此的解释，是将粉丝看作有需求的受众，他们的行为都是有目的地使用媒介，对于明星其实也是一种使用与满足的过程，例如在粉丝公益活动中，粉丝通过团体应援活动能产生独特的满足感，有的不是直接的媒介使用，而是一种间接的交往与互动过程，主要体现在以下三个层面。

第一，双向互动[②]的满足——既能为偶像的发展添砖加瓦，又能进一步加强粉丝与偶像之间的亲密互动，粉丝通过参与公益活动，在为偶像打造富有责任感、积极向上的正面形象时，也使粉丝的应援活动能更大程度地获得社会的认可、接受与称赞，有利于娱乐圈与饭圈的良性发展，为社会提供正能量。

第二，拟态亲密关系[③]建立的满足——微博、B 站等新媒体的兴起打破了偶像与粉丝之间的时空阻隔，强化了偶像与粉丝之间的双向互动，在时空错位的情况下拉近偶像与粉丝的心理距离，建立亲密联系。粉丝公益在某种程度上看是粉丝与偶像间无形亲密关系的产物，因为只有亲密的人才会无条件地充分考虑对方的利益与发展，粉丝在公益应援中实现了对偶像社会责任感的加持，偶像与粉丝之间的关系进入若干私人区域，深入了传统认知上属

---

① 郭庆光：《传播学教程》，中国人民大学出版社1999年版，第165—168页。
② 余宁：《网络粉丝社群中的互动仪式链研究》，硕士学位论文，南京师范大学，2019年，第10—17页。
③ 朱丽丽、韩怡辰：《拟态亲密关系：一项关于养成系偶像粉丝社群的新观察——以TFboys个案为例》，《当代传播》2017年第6期。

于亲密关系的范围,从而在某种程度上与偶像建立了拟态亲密关系,加强了与偶像的亲密度。

第三,群体身份认同的满足——应援活动具有一种群体内的仪式感,能使粉丝群体自发形成群体身份认同并起到凝聚人心的作用。粉丝在这样的行动中获得了"满足",并以此作为维系与偶像之间联系的重要纽带,二者之间的拟态亲密关系得以长久且稳固地建立。

(二) 粉丝公益动员中粉丝群体的归属感与群体规范

粉丝公益动员,从其传播类型来看属于群体传播,是粉丝将各自的意愿加以连接,以传播一个共同的目标,并加以实现的过程。从传播仪式的理论视角看,群体归属感是个人自动将自己归属于所参加群体的一种情感,有了这种情感,群体就会以这个群体规范为标准而活动,自觉地维系保护这个群体。① 粉丝公益的主要目的是为偶像应援,群体间依赖于粉丝为偶像提供支持表达爱意的心理,组成群体以集体的形式为偶像应援,并通过网络、移动通信工具等即时沟通手段为粉丝公益的传播与顺利进行提供载体,并且能在活动过程中组成属于这一群体的社会网络,即使是在无领袖的情况下,也能够通过某种自组织形式,实现快速的聚集。其聚散迅速的明显优势,加上社交网络的支持,使活动传播目标能在较快时间内得以实现。例如,在本研究中所关注的 TF-医援会在三天之内募捐近 66 万元的案例。

此外,粉丝公益得以顺利进行的一个重要原因在于群体规范的不断完善。群体规范一方面对群体行为起到约束的作用,另一方面也是群体得以长久且稳定存在的基础。粉丝组织能够借助日常应援累积的经验优势,精打细算,牢记粉丝募集的钱不能随意乱花,严谨地甄选物资与合作对象。同时,面对庞大资金流动、第三方监管缺乏、没有成熟运营系统等现实问题,为了防范和规避风险,保障捐助粉丝的权益,所有的饭圈组织都拥有一套信息公开的制度以及通畅的信息公开渠道,将所有工作暴露在监督之下,建立监管群、开设官方应援微博,日常发布工作进程,记录追踪粉丝公益日常实践,为其他粉丝提供途径来监督日常决策与运营,实现公益活动全程透明化。

---

① 刘慧:《传播中的仪式对于群体归属感建立的作用分析》,《编辑之友》2012 年第 6 期。

（三）粉丝公益动员中粉丝个人与群体的互动协同

一般而言，粉丝个人可以通过社交媒体在互联网平台上快速简易地找到自己想要加入的粉丝群体，在基于同一个偶像的基础上，组成饭圈组织，每一个人都是单独的个体，但每一个人又是后援组织群体中的一员，都主动积极地参与集体活动。从某种意义而言，粉丝是一个泛化的、遍在的概念，粉丝大都通过微博、微信、QQ 等社交媒体进行一对多或者多对多的互动，人人都有麦克风，传播主体多元，每个人都能表达自己的意见、奉献自己的力量。在粉丝公益中，每个人都可以被视为动员的力量主体，都可以组织募捐、参与对接、监督执行，个人的行为与组织的号召相呼应，组织的活动代表个人的心声。

在粉丝公益中，围绕着一个中心、多个发散点运行，"一个中心"（偶像）与多元参与主体相组合构成饭圈组织独特的运行机制与文化特性。在粉丝公益中，粉丝们通过微博用户"TF-医援会"、#TFBOYS 超话#来谈论新冠肺炎疫情时期的实时信息，并以此为基础进行公益动员，无论是 TF-医援会的 8 万多的粉丝关注①，还是#TFBOYS 超话#超 485 亿人次的阅读量，都为此次疫情公益活动动员奠定了动员基础，粉丝们基于群体认同与群体趋同，通常会趋同于多数意见，方便群体目标的达成。在此次公益活动中，各个饭圈组织均表达了对新冠肺炎疫情捐赠的重视，处于群体中的、参与活动的成员受到群体趋同心理的影响，就会自觉或不自觉地做出和群体成员一样的行为，一样的对活动支持的表达。2020 年 2 月 26 日，"FUNJI 种瓜基地"微信公众号发布了从 2 月 8 日到 2 月 20 日 16 点期间，在其粉丝抗击疫情页面记录并审核通过的 227 位艺人主体（包括单个艺人、组合、粉丝 CP）的506 家粉丝后援会、个站或其他组织上传的 1869 条爱心记录的数据桑基图（如图 4 所示）系列及简要数据说明②，从中可以看出在抗击疫情中大家不约而同地采取了一致行动，在行动中捐赠物资钱款的流向也呈现了多样性和互补性的特点，从而形成一种良好的群体协同效应。

---

① 截至 2020 年 6 月 13 日，TF-医援会的粉丝数量为 88790 人。
② 三顿：《506 个粉丝组织，1869 件公益行动，"饭圈"在抗疫中都做了什么？》，FUNJI 种瓜基地（微信公众号），2020 年 2 月 26 日，https://mp.weixin.qq.com/s/hEvz7pEDazKvUyp8pTsMbg。

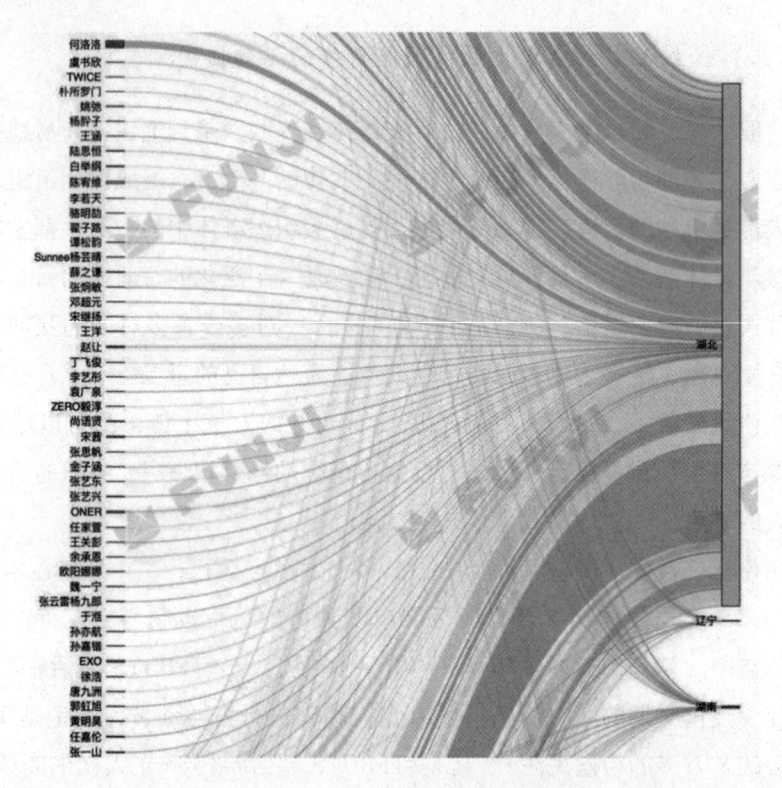

图4 2020.2.8—2.20 粉丝抗击疫情捐赠地域流向的桑基图（局部）[①]

可见，粉丝公益动员在某种程度而言，正是一个系统的自组织的互动协同过程。在这个协同过程中，偶像的凝聚力、粉丝应援文化和粉丝群体归属感、群体规范，如同黏合剂和吸引力，带动整个粉丝团体形成一种集体的行动，从而产生公益行动的快速积极的结果，形成一种大规模在线协同效应。

五 意义解析：粉丝公益动员的话语、修辞和劝服效果

从信息传递层面分析，粉丝公益动员最重要的是从形式上改变了以往"一对一"或"一对多"的传播方式，而是将二者相结合形成一种新的网状传播方式。每一个节点都有联系，不再是单向传播，这种交流沟通方式使信

---

① 图片来自《506 个粉丝组织，1869 件公益行动，"饭圈"在抗疫中都做了什么?》一文。

息的内容能更容易得到公众及广大网民的认同及接受，公益活动信息在粉丝的不断互动交流中，提升了热度，得到更广泛的传播以及更大范围的助力。一个偶像粉丝群体的行为往往也能带动其他粉丝群体，达到一呼百应的传播效果，从而获得较快的回应与支持，促进公益目标完美达成。

从意义生成的层面分析，粉丝公益动员最重要的是其采取的话语方式、修辞及劝服效果，其本质是一种符号的情感动员过程，表现了如下三个重要特点：第一，粉丝公益动员的话语，丰富了粉丝团体的情感表达；第二，粉丝公益动员的修辞，引发粉丝团体的情感共鸣；第三，粉丝公益动员的劝服，促进了粉丝团体的共识形成。

例如，在募捐动员中，TF-医援会发表了一篇名为《我们是中国人，再是粉丝，我们问心无愧！》的微博（如图5所示），产生了强大的影响力，浏览量达到118万人次[1]。文章篇幅较短，但言简意赅，且辅之以图片等冲击性视觉化表达，传达了丰富的含义，粉丝组织首先通过细说捐赠细节与成果，表达对粉丝们有效捐赠的赞扬，再以此次事件粉丝行为所产生的正面效果来有效驳斥以往对粉丝群体的刻板印象，为粉丝这一特殊群体正名，提升粉丝的归属感，接着用温情的话语表示对奋战于一线的医援会成员的关心，文章结尾表达态度，说出粉丝这一特殊群体的真实想法，从情感上引起粉丝的共鸣，从态度上引领正能量，最后，附上感谢信等图片，增添视觉强度，强化劝服与认同的双重效果。

再如，在此次新冠肺炎疫情捐赠中，TF-医援会每日多次更新捐赠进展，发布受赠组织的感谢信，奋战在一线的工作人员也不断参与互动，以悲情的话语策略与持续的互动使得粉丝能更真切地感受到一线医护人员的辛苦，以及众人为此次抗疫所做的努力，打动人心，认识到此次公益捐赠能对医疗人员带来切实的帮助，将所有关注此次疫情的人圈入一个感受共同体中，用真切的感情渲染出认知上的共鸣，从而刺激受众参与捐赠活动。此外，粉丝团体所做的公益活动，也可以有效影响偶像的活动路径，在新冠肺炎疫情中，TFBOYS本身也积极参与由韩红引领的明星捐助活动。从偶像到

---

[1] TF-医援会：《我们先是中国人，再是粉丝，我们问心无愧！》，2020年1月31日，https://weibo.com/ttarticle/p/show?id=2309404466900678607043#_0。

图5 手机截屏《我们是中国人，再是粉丝，我们问心无愧》的全文内容

粉丝，形成双重群体共识：其一，"我们都是中国人"，为抗疫做贡献，从而有助于捐赠目标的顺利实现；其二，参与此次捐赠活动，能够有效提升偶像与粉丝群体的社会认同度。

当人与人之间凭借情感共鸣联结成群体时，情感共鸣可以激发更多人的参与热情，个体也可以借助情感表达进一步参与活动，粉丝组织也可以借助情感共鸣推动公益动员开展，加深粉丝的群体认知，推动情感升华，从而自愿参与公益活动。情感表达促进情感共鸣，情感共鸣能促进群体共识形成，此三者层层递进，最终促进了粉丝公益活动的顺利进行，形成了良好的劝服效果。

六 价值启示：粉丝公益动员的问题、不足和优化策略

（一）粉丝公益动员的问题与不足

通过上述案例研究发现，粉丝公益动员及其产生的结果，充分展现了粉丝群体存在的社会意义和积极价值，能够为社会带来正能量，为应对突发危机做出贡献，从而促进粉丝文化的良性发展。但是，在本案例中，也发现了粉丝公益动员及整个粉丝组织运营管理中存在的一些问题与不足。例如，粉丝团体作为一种自发性的民间组织，没有专门的规章制度，无固定资金来源，公益活动项目的开展具有不稳定性、随机性和难持久性的特点，参与人员本身并非专门的公益人员，其行为无法纳入常态的监控管理之下，粉丝公益行动中难免有各种不周、不足之处。

例如，粉丝公益动员中的面子公益现象依然存在，导致宣传重于公益属

性。粉丝公益动员，在本质上应该首先是公益活动，但是在现实中更像是一场属于明星的形象宣传，公益的概念已经被弱化，相比于单纯地献爱心，越来越多的粉丝组织把公益活动作为偶像形象加持的工具，当宣传达到目的，公益的后续工作往往会被忽略，公益活动结果的后期维护和持续乏力，往往力不从心，有的还会留下一些献完爱心后遗留的"烦恼"。在2020年5月20日，本次TF-医援会在其官方微博上发布了一则公告，公开了前述粉丝公益动员的账务及捐赠口罩数量，说明了目前仍然存在28346元的公益补款的问题及缘由："自上次组织大家为抗击疫情捐赠口罩公益活动已过去两个月的时间，经过再三考虑我们不得不将口罩捐赠后遗留下的问题公布寻求大家的帮助。这份之前为武汉及随州捐赠口罩的公益活动，由于退款人数过多，及因恶意投诉导致大量订单成交后系统自动退款，经过武汉卖家复工后核算账目后，目前仍需补款近三万元。"[①] 毕竟，公益行动时根据粉丝下单的数据已经交付给医院实际的口罩，实际的卖家最终没有收到钱，因此需要TF-医援会出面完成后续的补款事宜。TF-医援会最终采取了拍卖医援会徽章的方式来筹集这笔补款。

再如，粉丝公益动员中的监管及行动落实问题难以保证，影响长久信任机制的建立。TF-医援会组织捐赠后出现的退款问题，实际上也是一个监管及行动落实问题，以及发现出现的问题后，如何来补救？如何来挽回声誉？这些都将影响到粉丝团体、粉丝个人，最终也将影响到偶像的声誉。可见，粉丝公益动员出现的问题，在本质上还是公益活动中的信任机制、公益属性能否首先得以确保的问题。粉丝公益动员从其"以偶像之名，行公益之事"的粉丝应援行动模式看，其实质上具有一种"假借"的委托与代理的关系或意义蕴含其间，其根本原因在于粉丝与偶像间是一种拟态亲密关系，这种关系实质上是一种准社会交往关系的体现，并不是粉丝与偶像之间的现实的、平等的、互惠的社会交往关系。

（二）粉丝公益动员的优化策略

基于上述分析，参考相关研究文献，笔者提出以下粉丝公益动员的优化

---

① TF-医援会官方微博此项公告的访问地址：https://weibo.com/5145019141/J2OOdbr5D。

策略。

第一，化虚为实。所谓虚，就是目前粉丝团体在网络上的一种虚拟存在，粉丝与偶像的关系也是一种半虚半实的拟态亲密关系，粉丝公益本身的一种"以偶像之名，行公益之事"的假借关系，这些都是一种难以让人真正形成长期信任的关系。这些"虚"之处，实际上隐含着粉丝公益行为的正当化问题。除了在法律和监管层面，对此进行必要的规范化引导之外，目前作为粉丝团体所能做的，就是加强与偶像的密切联系和直接接触，获得偶像的正式授权关系。这都需要在有关公益行动之前和日常活动中加以落实，然后，把经过实践摸索逐步形成的粉丝公益动员流程与规范加以修改完善，形成一套稳定的、实在的、简明的条款，在网络上公之于众，广而告之，让粉丝们认真遵守。在这个过程中，偶像应该出现并签字授权，完善粉丝公益的自组织规范。

第二，化繁为简。所谓繁，就是目前粉丝公益动员中的环节与流程还比较繁复、啰唆或需要做重复性的工作和消耗。这就需要进一步优化设计，在信息发布和启动劝募之前，从粉丝的角度思考如何能让粉丝比较便利地参加，消除他们的一些顾虑，例如在信息发布的内容上能同时提供捐赠的链接，例如，在手机端和PC端都同时能提供参与粉丝公益行动的入口。从长期做粉丝公益的角度，粉丝团体的组织机构需要考虑做好数据支持和智能化支持，保管好财物流程的数据，让比较烦琐的事情由后台程序完成，简化粉丝公益动员前端的复杂度，从而推进粉丝公益行动的流畅化。

第三，化阻为通。所谓阻，就是目前粉丝公益动员中还有一些问题与不足，阻止或阻碍了粉丝公益动员的效能。对于这些问题都需要有针对性地加以研究，提出具体的解决方案。这就要有及时的信息反馈渠道，一旦发现问题，能及时被公开传播，从而引起大家的注意，调集网络上的各种资源，加以解决。例如，前面所述的退款问题的出现，如何及时补款的方案建议等，都可以在网络上进行传播，这样就能迅速引起注意，从而使整个粉丝公益的流程变得畅通高效，避免留下难以解决甚至久拖不决的"后遗症"。

第四，化表为里。所谓表，就是面子公益的问题。无论采取何种优化策略，其本质是要真正做公益，而非做面子工程。因此，在粉丝公益传播中，除了呈现偶像的公益形象之外，还要切实做好粉丝公益行动本身的内容传播，切实做好粉丝公益活动的各个环节，把细节做实做好，不仅面子要做得漂亮，里子也要做得干干净净、磊磊落落，能真正发挥出公益的社会功能，救助到需要帮助的人。最终，让粉丝们都能将对偶像的不可动摇的热爱，融入对公益不可动摇的行动与实效当中。

（三）粉丝公益动员的价值启示

以往的无数灾难面前，自发的民间组织一直都是不可或缺的一股力量，一群群粉丝团体在此次新冠肺炎疫情期间担当重责，高效完成社会协作，做到了防风险、强监管，为填补医疗物资空缺做出巨大的努力，获得了社会各界的高度认可。防控疫情需要保持必要社交距离，这就促使粉丝之间在线互动的自然发生，从而呈现了疫情情境下粉丝公益动员的网络协同特征，这为探索新的粉丝公益路径提供了可资借鉴的案例。在新的社会语境下，粉丝公益开创了新型公益模式，开拓了新型公益团体，其形成将会在公益进展中占据强有力的地位，研究粉丝公益动员，不仅有益于公益事业发展，还能促进公益事业在发展的历史长河中不断进行创新与开拓。

在当前的社会语境下，粉丝公益的发展一方面为公益事业注入强大的力量，社交媒体的强大扩散力、明星的强号召力、粉丝群体的庞大数量，使粉丝公益动员具有强大的动员基础，都为公益事业增添活力；另一方面有利于营造积极、健康、向上的粉丝文化，提升偶像社会责任系数，为社会带来正能量，为青少年做良好示范，突出粉丝群体公益行动的特殊价值，才能避免一些人先期对粉丝群体行为的某些误读或曲解。我们需要对现有粉丝公益动员策略进行进一步的优化提升，才能使之更加完善，并更加符合社会实际需要。事实上，对所有人而言，只有做公益的热情是不够的，还需要懂得做公益的规则和规律，这才能够使我们的爱心得到更妥善的安置。

公共卫生事件中的"健康反哺"
——以新冠肺炎疫情中口罩佩戴问题为例

吴芷逸,杜 月

(浙江理工大学 史量才新闻与传播学院,杭州 310018)

摘 要:随着时代的飞速发展,健康问题进入人们的视野,尤其是在家庭中,代际间会对健康问题进行讨论与交流。在新冠肺炎疫情发生早期,代际之间对是否佩戴口罩存在一种认知差和行为差。本文通过焦点小组的方式,对代际之间在新冠肺炎疫情期间是否佩戴口罩的差异问题加以研究,旨在促进家庭中的健康反哺,提升亲代健康认知,并在亲代健康认知与行为采纳过程中强调代际传播对大众传播的有益补充。

关键词:文化反哺;健康反哺;健康行为;公共卫生事件;创新扩散

自2019年12月开始的新冠肺炎疫情初期,为了避免病毒在人群之中的扩散,医护人员呼吁群众在出门期间需要佩戴口罩。而在家庭内部出现了一种现象——子女在网络上接收到"疫情期间出门需要佩戴口罩",将此反哺给父母,希望父母接受建议并做出健康行为的改变。

随着反哺现象在新媒体时代逐渐显著,家庭内部的反哺受到较多关注。前人的研究主要集中于文化反哺的原因、效果研究,但对健康领域发生的反哺现象研究较少,本文在文章第一部分作文献综述并借此引出新的概念"健康反哺",结合创新扩散相关理论,侧重研究健康信息的反哺和由此带来的系列变化和影响。研究方法以现象入手,用焦点小组的方式进入家庭,

---

* 基金项目:本文系浙江理工大学本科生科研创新项目。

探究戴口罩问题在反哺过程中的原因、效果、影响和意义。预期以新冠肺炎疫情早期亲代与子代之间对是否佩戴口罩的认知差异为微观视角,探究在重大公共卫生事件中家庭内部的健康反哺。

一 文献综述

(一) 文化反哺与健康反哺

文化反哺的源头是国外对青少年"反向社会化"的研究——国外学者对二战后世界格局和经济形势发生巨大变化,也对青少年社会化产生附带效应。20世纪80年代我国正式开始对此进行深入研究,周晓虹先生《试论当代中国青年文化的反哺意义》[1]一文中提出了"文化反哺"概念,而且在《文化反哺:变迁社会中的代际革命》中进一步对文化反哺进行定义:"在急速的文化变迁时代所发生的年长一代向年轻一代进行广泛的文化吸收的过程。"[2]

国内对文化反哺的研究主要集中于:成因、内容、效果和影响。成因方面,文化反哺的形成主要是时代的产物,新媒体的发展提高了子代的话语权。弓丽娜将成因有以下归结。第一,时代的变化提供了丰富多彩的信息获取渠道,对于新事物,青少年有更强的理解能力和接受能力。第二,整个社会大环境越来越尊重青年群体的意见和行为,为青年群体提供作为、创新、改变的空间。并且赵玉倩的《新媒体环境下的文化反哺现象研究——基于对7户大学生家庭的调查》[3]中提到新媒体的繁荣从基础层面改变了传统社会的信息系统模式,新媒体的发展使家庭内外的信息环境发生改变,这些成为最直接引发文化反哺现象的因素。一方面,新媒体的发展改变了亲代"习惯"的生活方式和生活环境,亲代对于新媒体的知识空白,只有更新自己的信息渠道和获取能力才能紧跟时代的步伐。这种动力的形成成为文化反哺发生的充分条件。另一方面,在家庭信息环境中新媒体(微信、微博等)被子代带入家庭中令亲代接触,使亲代产生好奇心,愿意主动接触学习的时候引发了家庭内文化反哺现象的发生。

---

[1] 周晓虹:《试论当代中国青年文化的反哺意义》,《青年研究》1988年第11期。
[2] 周晓虹:《文化反哺:变迁社会中的代际革命》,商务印书馆2011年版,第22页。
[3] 赵玉倩:《新媒体环境下的文化反哺现象研究——基于对7户大学生家庭的调查》,硕士学位论文,兰州大学,2018年。

据此提出假设一：社会环境的变化和新媒体的发展为反哺提供了条件

内容方面，学者们认为文化反哺的内容是多方面的，周晓虹提到，"今天的父母们从孩子那里学到的决不仅是新的消费方式或消费习惯，也学到了在这个变化迅即的社会中安身立命、从容应对所需要的胆量、知识、眼界和能力、心态"。[1] 在效果与影响方面，第一，大多数学者持肯定意见，反哺带来的效果和影响大部分是积极层面的。子代从新媒体渠道获取最新最全面的信息，让传统模式家庭中的父母失去了信息知识的绝对权威，这给家庭带来兼具个人及全球性两种极端性质的文化。也就是说，"文化反哺"在家庭中构建了一种新型的学习关系。第二，子代对于亲代的反哺存在一定的滞后性和间接性，郑金洲的《教育反哺刍议》指出[2]，文化反哺的效果存在一定的滞后性和间接性。虽然文化反哺对亲代和子代都有积极层面的影响，但是反哺效果是一个需要长时间观察研究的漫长过程，这个过程是有间隔、有变化、没有规律的，并不能即刻显现出来效果。

据此提出假设二：子代对亲代的反哺有滞后性和间接性

再者，反哺的效果是逐渐显露，接受程度不断深化的。赵玉倩的《新媒体环境下的文化反哺现象研究——基于对7户大学生家庭的调查》[3] 提到文化反哺的内容和影响并不是垂直的，而有"向后"移动的趋势。亲代对反哺的内容从接受信息（文化表层）逐渐蔓延到健康态度和健康行为方面（文化中层）的接受甚至是价值观的改变。

据此提出假设三：反哺的效果逐渐从得知健康信息深入健康态度和健康行为的改变

综上所述，在当前社会文化大变革时期，网络和新媒体不断冲击着传统社会和传统价值观，文化反哺从文化传承的角度，颠覆了以往传统社会中"父教子"的行为模式，而是出现子代将知识文化传递给亲代的反哺现象。而在健康领域也存在这种现象，随着社会对健康问题的关注，家庭中对健康知识的需求不断增加，但亲代和子代在健康认知方面

---

[1] 周晓虹：《从颠覆、成长走向共生与契洽》，《河北学刊》2015年第3期。
[2] 郑金洲：《教育反哺刍议》，《教育研究》2005年第5期。
[3] 赵玉倩：《新媒体环境下的文化反哺现象研究——基于对7户大学生家庭的调查》，硕士学位论文，兰州大学，2018年。

存在一定的差异性。一方面，亲代对新媒体环境的不适从导致在健康知识方面出现缺失并无法有效改变错误的健康观念，因而不得不向走在时代前端的子代进行主动求助和印证；另一方面，随着亲代年纪的增长，子代对亲代的健康关注也使其产生主动向亲代进行健康认知的反哺行为，由此产生了健康反哺。

我们将文化反哺和技术反哺的概念迁移到健康领域，提出这个新的概念"健康反哺"，将其作为代际之间关于健康问题的反向交流引导过程，定义为子代向亲代传递健康信息后亲代形成了新的健康态度并在健康行为上做出一定改变。这种健康反哺在家庭中的效果尤其明显，亲代的健康认知由子代进行填补和改变并在一段长时间的过程中影响效果逐渐从表层（健康知识）上升到深层，对亲代的健康态度、行为甚至价值观作出改变。健康反哺作为一种代际传播，强调的是子代对亲代的反哺行为，而这种代际传播在家庭中的亲子模式让大众传播的过程更加顺畅，可以对大众传播进行有益补充。

本文主要关注在新冠肺炎疫情初期出现亲代与子代之间"出门是否佩戴口罩"的认知差异，将此作为健康反哺的一个范本，探究健康反哺过程。

（二）创新扩散

创新扩散理论最早由美国学者埃弗雷特·罗杰斯（E. M. Rogers）提出：创新是一种被个人或者其他采用单位视为新颖的观念、实践或者事物；扩散是创新通过一段时间，经由特定的渠道，在某一社会团体成员中传播的过程。[①] 而创新扩散理论是一种理论模型——用于传播健康知识、方法及行为模式并促进其被接受，这种模型广泛应用于健康研究。

反哺就是一种微观单位内的创新扩散过程，李柯欣根据金兼斌先生的理论提出：家庭内部的反哺体现在家庭的日常生活中，相比于传播刻意的"议程设置"，反哺的过程符合自发性的扩散。并且，当反哺的内容涉及创

---

① ［美］埃弗雷特·M. 罗杰斯：《创新的扩散》，唐兴通、郑常青、张延臣译，电子工业出版社 2016 年版，第 13 页。

新事物时，这些在家庭中被提及的新事物通常被社会的部分群体实践、认可，已经具备创新扩散中创新事物的必有特征。①

据此提出假设四：新理念通过创新扩散形成健康反哺

并且，创新扩散的成果与亲代的认知有密切关系。子女对亲代反哺成功的关键在于亲代是否接受，家庭内的成功反哺具有不确定性，反哺成功与否与长辈的认知密切相关。在文化反哺的情境下，亲代作为扩散过程中的"弱势"，他们的认知来源于最早接触新信息的子代，但是在这个过程中，亲代的认知有很大可能与子代产生差异。

因此提出假设五：反哺作为一种创新扩散与亲代的认知有关

在健康方面，黄黎新的《创新运动项目特征与青少年运动态度及行为的相关性研究》在青少年运动中表示通过创新扩散可以在一定程度上对青少年的运动态度以及行为产生影响。② 并且，郭新艳的《创新扩散理论在城镇居民健身行为扩散调查研究中的应用》③通过大量实验表明当个体有更丰富的创新行为知识的时候，对于这种行为的认同感也更加强烈，更愿意改变自己的态度和行为。这表明创新理念影响个体的健康态度和行为，并且当创新理念引起个体共鸣时，这种态度和行为的改变更加强烈。本研究认为在健康反哺过程中，家庭中的反哺具有代际之间的方向性，一种健康观念和行为从亲子关系之间进行反向扩散是创新扩散的一个特殊范本。并且新的健康知识作为一种观念不断扩散被更多的亲代所认可、再次进行传播，不断扩大大众对于健康反哺的接受，形成新的健康观念和健康行为。

二 研究方法

（一）观察法

笔者在焦点小组访谈中有目的、系统地记录和分析受访者的语言和动作，同时记录下自己当时的感受，使研究成果更加真实和全面。

---

① 李珂欣：《家庭中的数字代沟与反哺现象探究》，硕士学位论文，武汉大学，2018年。
② 黄黎新：《创新运动项目特征与青少年运动态度及行为的相关性研究》，《成都体育学院学报》2019年第2期。
③ 郭新艳：《创新扩散理论在城镇居民健身行为扩散调查研究中的应用》，第五届中国体育博士高层论坛文集，2014年。

(二) 焦点小组访谈

焦点小组中访谈的对象是一群人，可以减少受访者的紧张感，相互讨论相互补充中可以扩展谈话的内容和角度，为笔者提供更多的参考内容。在焦点小组的讨论中，笔者作为"主持人"起到组织的作用，尽量营造"畅所欲言"的轻松氛围，促进小组成员之间的互相讨论，减少对小组成员的观点的影响。

1. 访谈对象

受疫情影响，访谈的范围较小且较集中。本次访谈选取6个家庭作为3个焦点小组，将两个家庭分为一个小组，每个焦点小组为6人。亲代年龄在40—65岁之间，子代年龄在20—40岁之间。笔者用A到F字母来代表6个焦点小组，父亲的代号为F（Father），母亲的代号为M（Mother），子女的代号为C（Children）。访谈对象情况整理如表1-1。

表1-1

焦点小组编号	父亲（F）	母亲（M）	子女（C）
A	48岁—本科	48岁—本科	21岁—本科（在读）
B	61岁—专科	60岁—高中	36岁—本科
C	49岁—专科	46岁—专科	21岁—本科（在读）
D	52岁—高中	52岁—高中	26岁—本科
E	46岁—本科	45岁—本科	20岁—本科（在读）
F	52岁—本科	53岁—本科	27岁—研究生

2. 研究准备

讨论主题围绕新冠肺炎疫情中戴口罩的争论焦点展开。讨论分别采用录音、笔录和备忘录等方法协助完成。为了使焦点小组的讨论顺利进行，准备了辅助性的访谈提纲。

亲代：

a) 在新冠肺炎初期，您的孩子有对您科普过要戴口罩的问题吗？您的态度是？（是否愿意接受反哺）

b）若一开始您不想戴口罩是因为什么？

c）那现在出门您会戴口罩吗？

d）如果会戴口罩是因为什么让您的态度发生转变呢？

e）反哺对您的亲子关系或家庭地位有影响吗？

f）通过反哺，亲子双方的差异缩小了吗？

子代：

a）你是通过什么渠道知道要戴口罩才安全的呢？

b）你有没有把这个信息告诉父母？（是否愿意对父母反哺）

c）父母的态度？你对父母的态度有什么看法？

d）为了改变父母的态度，做了什么努力？

e）反哺的最终结果是？（父母愿意戴口罩或者还是不愿意）

f）反哺对您的亲子关系或家庭地位有影响吗？

g）通过反哺，亲子双方的差异缩小了吗？

3. 资料整理

根据焦点小组访谈的内容进行整理，将受访者回答按照反哺原因、反哺过程中存在的问题、反哺效果和反哺的影响四个方面归类梳理。

三 研究与分析

（一）健康反哺的成因

在新媒体盛行的年代，亲代与子代之间由于接触、使用、掌握新媒体的能力、接受信息的速度等存在差异，导致代际之间对相同的事物持有不同的态度和观念，即存在数字代沟。[①] 正如2020年1月时，新冠肺炎疫情悄悄地在中国蔓延，但当时代际之间对于"是否要佩戴口罩出门"的问题存在态度上的差异。由此，笔者想通过这种态度的差异来分析健康信息的反哺的成因。

1. 互联网时代赋予子代健康反哺的能力

由于亲代消息主要来源为传统媒体，如广播电视、新闻报纸等，但在疫

---

① 李珂欣：《家庭中的数字代沟与反哺现象探究》，硕士学位论文，武汉大学，2018年。

情初期这些媒体并没有对此疫情进行大篇幅的报道，导致许多亲代对疫情并不在意，也不了解具体的防疫措施。因为亲代对疫情的严重性以及防疫的具体措施没有全面系统地了解，这为反哺提供了可能性。

对于有定时看电视新闻习惯的 C 家庭来说，传统媒体是他们所信赖、所接触的主要接收信息的途径。

> 疫情初期的时候，因为政府、电视都没有宣传报道这个病情，我们都不知道疫情的严重性。后来孩子和我们聊了之后，我们才大概了解新冠肺炎到底是怎么回事、具体要怎么防护。

与此同时，子代获取信息所依赖的新媒体，如微博、微信公众号、抖音等平台已经对疫情有了较为权威的科普和报道，并宣传了正确防疫的措施，如出门佩戴口罩、不参加聚会、勤洗手等，使子代在疫情初期已经对疫情的严重性、防疫的重要性等健康知识有了一定的掌握。在此次焦点小组访谈中，六个受访子代都表明，一开始自己是通过微博平台知道出门戴口罩能有效防疫。

并且由于子代所受到的思想观念的束缚很少，对新事物、新概念具有较强的敏感性，使子代能够很快地接受了对于人们来说是一种创新的知识，即"出门佩戴口罩能有效防控疫情"，从而具备了对亲代反向输入防疫知识的能力。正如 DC 所言：我通过微博、微信、抖音、网络新闻了解到了新冠肺炎的严重性，觉得戴口罩是有必要的。我自己在外出的时候会佩戴口罩，同时也在督促家人共同完成。毕竟戴口罩是保护自己与保护他人的一个重要防疫办法，这能够尽自己一点所能，为社会做出一点贡献。

2. 关心父母是子代进行健康信息反哺的出发点

子代通过新媒体了解到了此次新冠肺炎疫情的严峻后，除了自身做好防控措施外，在出于关心父母的心态下，会对亲代进行健康信息的反哺，力求保护好自己和家人。

CC：当我在微博还有朋友圈上看到关于疫情的科普之后，我感觉这个疾病很可怕，会让人在不知不觉中感染。所以当我知道戴口罩是有效的防护措施之一，立刻就和家人讲，希望他们能少出门，出门的时候要佩戴好口罩，以防感染。毕竟老一辈他们都不玩微博，电视上对此次疫情也没有报道，就希望把我在网上看到的信息知识告诉他们，让他们保护好自己，不要被感染。

因为家庭伦理的联结，子代因为担心父母受感染，会主动进行健康知识的反哺，督促他们佩戴口罩，完成防控措施。

3. 亲代的危机意识促进反哺的进程

美国学者普伦斯基将年轻人称为"数字化土著"，而将中老年人称为"数字化移民"甚至"数字化难民"。[1] 如此形象的表达可知，亲代对于日新月异的数字化时代来说，他们会感到陌生，面临逐渐被社会边缘化、脱离时代生活轨迹的风险和困境，为了摆脱"数字化难民"所带来的危害，亲代由于危机意识，会主动请教子代，从而导致反哺过程的发生。

就此次新冠肺炎的防控措施而言，当亲代通过各种渠道，如子代的初次反哺、传统媒体的报道、同辈人的人际传播等，了解并接受了正确的防控措施时，会主动要求进行下一次健康反哺。由于亲代对防控信息了解的不全面或使用网络的技术不成熟，如无法正确甄别网络上的信息，对网上防控申报操作存疑等，使他们会主动请教子代，进而促进了反哺过程。

如亲代会主动询问子代，如何挑选口罩。

AM：市面上太多口罩了，都不知道到底要买哪种口罩才好，就回去问问孩子的意见。孩子就会给我们发一些权威的公众号上的文章，教我们如何判断普通口罩、医用外科口罩和 KN95 口罩的区别。

亲代会主动请教子代关于疫情防控的问题。

EF：市政府为了精准防控，要我们对自己的健康状况和出游情况进行申报，才能得到出行码。但是操作过程很麻烦，要在公众号扫码，还要填好多东西，我都搞不懂，就去问问我儿子，让他教我怎么弄。

（二）以创新扩散为模型的健康反哺中存在的问题

罗杰斯将创新扩散定义为创新内容在具体时期内，通过某种渠道，在某一社会团体的成员间传播的过程。随后中国学者金兼斌认为扩散不是一种有

---

[1] Prensky, Marc, Digital Natives, Digital Immigrants, *From on the Horizon*, MCB University Press, 2001.

意识加以推动的成果，但传播则是经过筹划组织的，具有较强的目的性。①通常，在家庭内部的反哺是属于创新扩散的分支，因为反哺主要涉及的是日常生活方面，通常是子代无意识地、自发地进行反哺，相较于策划性较强的传播过程来说，反哺过程应为创新扩散，符合其具有自发性的特征。再者，在反哺的内容方面，通常关系到创新的事物或理念，其中这些创新内容通常已经被某些社会团体大量地讨论或被全然接纳。在内容上，反哺也符合扩散模型中的必定提出新事物的特点。因此，存在于家庭内部的健康反哺活动，便是微观上的小型创新扩散过程，其中子代为"早期使用者"，亲代为"后期使用者"或"落后者"。

由于反哺属于创新扩散，涉及新事物或新知识，那么接受或拒绝是创新扩散或者反哺最关键的变量，并直接决定了反哺的效果。

1. 亲代的"认知"影响态度，决定了反哺的成功与否

罗杰斯的扩散模型中显示，个人由个体特质和需求、社会的传统认知、对异常的宽容度等形成了自己独特的认知储备。所以当新概念出现时，个人的认知则会对新概念产生不同的态度和看法，从而决定了扩散的成功与否。②

在新冠肺炎疫情初期，当子代向亲代反哺关于"出门需要佩戴口罩"这一健康防疫知识时，亲代会根据自己的认知，对这一创新知识进行快速判断，并产生不同的态度和看法。出门要戴口罩这一事情，对于老一辈来说，这是前所未有的新奇事件，有的亲代会根据自己以往的生活经验进行判断，并对此次反哺呈不认同的态度。

BF：我觉得戴着口罩出门闷得慌，很不舒服，所以一开始我都不乐意戴口罩出门。而且我出门去街上一看，也有很多人不戴口罩。我觉得就是年轻人太"怕死"了。

BF 据自身身体条件和社会他人压力的认知判断，得出的结论是年轻人（子代）畏惧死亡，将疫情夸大化，才导致了"出门需要佩戴口罩"这一议题的产生，实质是没有必要的。此时，BF 通过认知影响了他对此次健康反哺的态度，导致反哺失败。

---

① 金兼斌：《技术的传播——创新扩散的观点》，黑龙江人民出版社 2000 年版，第 25 页。
② 李珂欣：《家庭中的数字代沟与反哺现象探究》，硕士学位论文，武汉大学，2018 年。

CM：一月的时候，没有意识到疫情的严重性，所以认为孩子叫我们戴口罩、抢口罩的行为觉得很荒唐。也不是不信任孩子说的话，但毕竟我们那个时代都经历过非典，那么严重的疾病都能挺过去，也没听说过出门一定要戴口罩的。

CM 根据以往的经验，即经历过新冠肺炎的兄弟——非典，来否定了反哺中涉及的创新内容。

2. 滞后的接纳意向

《教育反哺刍议》[①] 中关于反哺效果提出了一个新概念，即亲代接受反哺的结果存在滞后性。表面上看，在反哺过程中，代际之间会产生积极效应，但是从长远看，通常反哺的效果并不是一蹴而就的，亲代需要用较长的时间去体会并接受子代反哺的信息，进而改变自身的行为。

在受访的六组家庭中，仅有 A 组和 D 组的亲代立刻接受了子代的反哺。

AF 表示：在新冠肺炎初期，真诚地接受了孩子的科普。并比孩子抢先一步去药店买口罩。

其中，A 家庭的亲代对子代创新事物的反哺是毫不犹豫的接纳，对新事物产生积极主动的看法和观念的认同，从而会自发性地前往购买口罩。

但由采访结果得出，其余四组家庭的亲代对创新观念的接纳是持有滞后性的。

BF：我现在出门都会戴口罩了，街上每一个人也都自觉地戴口罩，而且商场、超市不戴口罩不让进入。毕竟疫情逐渐严重，认识到问题的严重性。钟南山院士也给我们普及了戴什么样的口罩，怎么戴口罩，戴口罩的重要性。

CM：当媒体新闻不停在报道这个疫情的时候，特别是看到电视播出关于武汉封城的报道开始，就意识到了严重性，才开始紧张，就意识到孩子之前说的话，叫我们出门戴口罩、要买多点口罩屯着以防万一是对的。现在不管出门买菜还是下楼倒垃圾、拿快递或者去上班都会戴口罩。

BF 和 CM 由一开始不认同戴口罩的行为，但现在会主动佩戴口罩，其中滞后了十几天才接纳了这一创新概念，并作出决策。其间，子代并没有因

---

① 郑金洲：《教育反哺刍议》，《教育研究》2008 年第 5 期。

为第一次反哺的表现失败而放弃健康反哺，而是通过转发在健康知识领域的"意见领袖"的话语，进行一次次的反哺，从而使亲代的观念有所改变，进而滞后地接纳。

BC：转发给他们一些微信上的相关文章、视频，特别是给他们看钟南山的视频。

CC：每天在他们耳边念叨，转发一些权威的文章，比如说丁香医生写的科普文，钟南山的一些采访视频。

在这次疫情中，丁香医生——健康传播中的权威媒体、钟南山——抗击非典的领军人物、子代的不断反哺，促进了亲代接纳"出门戴口罩"这一创新概念。

由于此次健康反哺涉及的是日常生活及生活态度层面，亲代对此层面已经有了自己的认知和态度，并有一系列通过实践和经验的累积，再者前期传统媒体并没有对疫情进行大规模报道，这些个人原有的特质和社会环境使大部分亲代作出了不认同的决策。但随后，由于他们熟知的传统媒体等开始宣传报道时，他们便开始打破原来对戴口罩的刻板印象，进而接受此健康反哺的内容。这种反哺的效果是潜移默化的，具有滞后性。

（三）健康信息反哺的影响与意义

1. 代际接收信息差距变小

子代接收的信息主要从新媒体中流出，其中新媒体的特性是：海量、及时、多元化、互动性等，使得子代能够最快地接触到最新、更大量的信息。但与此同时，绝大部分亲代接收的信息是从传统媒体中流出，如电视、报纸等传统媒体是无法及时传播大量的新闻，使得亲代的信息来源较为闭塞。此时，因为代际之间信息流的不平衡导致了"数字代沟"。而"数字代沟"是触发反哺的前提之一，那么反过来笔者思考，通过子代对亲代的反哺，是否会缩小代际之间信息差距？通过六组家庭的焦点访谈，笔者得出的结论是"健康信息反哺会使代际接收信息的差距缩小"。

CF：和孩子之间的信息差距当然缩小了，这样（反哺）能让我们越来越接近孩子的思想。孩子在网上知道的消息比我们多，回来告诉我们的话，我们也能知道好多新消息。就像这次，是孩子先告诉我们要买口罩、戴口罩，虽然半信半疑但在她的督促下还是加入抢购口罩的热潮中。

CC：在我告诉他们哪些平台可以知道最新的疫情消息之后，他们现在总是会在家庭群里转发分享关于疫情防护的内容。

当子代通过反哺告诉他们关于疫情的消息后，亲代收纳信息的渠道不再是单一的，而是多元化的，使他们能提高接收新信息的速度，从而缩小和子代之间掌握的信息差距。

2. 改变了亲代的健康观念

生活了半辈子的父母很容易受到传统价值观和自身经验的束缚，不太在意时代发展所带来的变化，而在坚守着曾经适用的旧观念。就从此次新冠肺炎疫情举例，亲代认为"只有生病的人才需要戴口罩""家里普通的棉布口罩也能达到防护效果"，他们这些认知确实是符合曾经的年代，但这些旧的健康观念却在此次新冠肺炎疫情中不受用。

诚然，个人由时间、经验所累积的观念是很难受到改变，但在孩子不断的反哺下，可能会让他们的旧的健康观念有所动摇，甚至改变了他们的健康行为。BM曾经认为在疫情肆虐的时候，戴着普通的棉布口罩出门也能保护自己的健康安全，但后来她的孩子和她科普了一番之后，BM开始接纳子代输入的健康知识。

BM表示：

现在孩子获取的信息更丰富，我们不能依靠老经验看新问题。通过这件事，对孩子更信任了，以后孩子从网络上获取的信息意见要认真对待。

BC称：

父母不单纯地信任自己的老经验了，有很多疫情、健康相关的问题都喜欢问我的意见。比如N95缺货时和我交流N90的防护程度够不够。

由访谈结果得出，子代的反哺确实能有效改变亲代的旧观念。

3. 促进亲子关系

反哺属于一种人际传播，是亲代和子代之间互动的过程。持续的反哺能增加家庭成员之间的互动性，促进代际之间的交流，增加亲子之间的互动接触性，进而使家庭关系更融洽。在受访的六组家庭的亲代和子代一致认为此次反哺促进了亲子之间的交流。

其中 DC 认为健康信息反哺能充分表达自己对父母的关爱之情，其母亲 DM 也表示：

反哺没有破损亲子关系，反而关系还变得更融洽了，和孩子沟通变多了。孩子为了督促我们戴口罩，打电话给我们的频率变高了，也会经常回家吃饭，顺便给我们补充一点口罩。

亲子双方都明显感知到了对方的关心，使关系更加融洽。

虽然在反哺过程中，代际之间会因为观念态度的认知导致对反哺内容产生争议，但这种争议并不会破坏亲子关系，反而能激发亲子对同一议题的持续交流，增加互动感。在疫情初期，许多家长会对孩子的健康反哺产生怀疑和争论，以致衍生出网络上教父母戴口罩的十大方法。

FF：一开始，孩子和我说要戴口罩出门的时候，我就反驳他，认为只有生病的人才会戴口罩，我们都是健康的人，没必要戴口罩。而且还"教训"他别老是看网上说的话，那都是危言耸听，别一股脑儿就去凑热闹、抢口罩。但后来意识到严重性之后，我也会戴上口罩了。每次有什么疫情新消息，孩子就会在群里发。有的时候看新闻讲到疫情相关的，我们也会一起聊一聊。这样挺好的，虽然一开始有点争吵，但起码孩子愿意和我们交流。

FC：我还是每次看到疫情相关的讯息就会转发给他们看，然后我们会对疫情的一些相关政策做出讨论。

新冠肺炎疫情属于重大公共事件，这不仅让社会上多了很多讨论的声音，也让家庭内部有了更多的交流。

四 讨论与结论

笔者通过将文化反哺的概念和研究转移到健康领域，将子代向亲代传播健康信息，并使亲代的健康态度和行为发生变化的过程称为健康反哺。这种特殊的代际传播强调的是子代对亲代进行健康知识的科普，可以对大众传播和反哺进行有利的补充。

本文以新冠肺炎疫情暴发初期，子代劝导、督促亲代出门佩戴口罩的行为举例，并借助六组家庭对此事进行焦点访谈，进而论证健康反哺的成因、反哺过程中存在的问题、反哺的影响和意义三个方面得出以下结论。

第一，健康反哺是由社会环境和新媒体、子代、亲代共同导致的。

弓丽娜曾将文化反哺归因于青年对新事物具有较高的敏感性和接受能力；赵玉倩认为新媒体的繁荣发展改变了家庭内部和社会的信息流向，新媒体的存在为反哺提供可能。根据前人的研究，笔者曾对健康反哺的成因作出预测：新媒体的盛行成为健康反哺的首要条件。经过小组焦点访谈和研究分析得出，健康反哺确实由新媒体引起。在新冠肺炎疫情初期，子代通过新媒体得知了戴口罩的重要性，且迅速接受此新观念；但同时，亲代所依赖的传统媒体并没有大肆宣传防疫措施，使亲代不知道、不理解为何要戴口罩出门。此时子代的健康反哺对亲代的防疫知识的普及起到了关键作用。

再者，反哺属于双向互动性的代际交流，子代和亲代共同促进健康反哺的进程。新冠肺炎疫情肆虐，子代通过新媒体等网络平台充分意识到了疫情的严重性和防疫的重要性，出于关心父母的角度进行健康反哺。而亲代因为害怕被隐形社会边缘化，并随着传统媒体的逐渐报道使他们开始向子代请教疫情相关的健康知识，从而催化了健康反哺的进行。

第二，健康反哺属于微观上的创新扩散，反哺效果与亲代的认知有关。

金兼斌提出，[①] 在家庭内，反哺通常是子代无意识地向亲代输入日常创新知识，属于微观上的创新扩散过程。而笔者根据创新扩散理论得知，被扩散者的接纳度与其"认知"有关，即在健康反哺过程中的创新扩散的成功与否与亲代的"认知"有关，其中经过小组焦点访谈和笔者的分析研究得出，亲代的个人经验、自身条件、社会和他人的压力对亲代的认知具有巨大影响，进而影响其决策，成为是否接纳创新内容的关键变量。

第三，健康反哺具有滞后性。

《教育反哺刍议》一文中指出，亲代对创新扩散性反哺具有滞后的接纳，笔者通过访谈和研究也得出，在健康反哺中，亲代对子代的健康知识反哺存在滞后性的接纳。在新冠肺炎疫情初期，许多亲代对子代科普的"戴口罩"问题存在质疑，但随着时间的流逝，传统媒体的进一步报道、路上行人相继佩戴口罩等让亲代渐渐接纳了这一防疫健康知识。即反哺中，亲代的决策存在滞后性，使反哺的效果是逐渐显示而非一步到位的。

第四，健康反哺缩小了代际之间信息掌握的差距。

---

① 金兼斌：《技术的传播——创新扩散的观点》，黑龙江人民出版社2000年版，第198页。

"数字代沟"是触发反哺的前提之一，所以笔者假设反哺能有效缩小亲子之间信息接收的差距。根据访谈，每组家长都表示，通过子代的健康反哺，让他们更快知道更多关于疫情的消息，即健康反哺确实缓解了"数字鸿沟"带来的"数字代沟"。

第五，健康反哺从科普亲代健康知识进而影响亲代的健康行为和态度。

虽然许多亲代都对健康反哺中的创新观念存在滞后性的接纳，但最后亲代的决策确实接纳了子代科普的健康防疫知识。并且通过本文的研究得出，一旦亲代接纳了关于"戴口罩出门"这一创新的健康知识之后，他们不但会自觉佩戴口罩出门，还会积极前往药店购置口罩，并主动地转发传播关于疫情的信息，甚至会反过来督促子代做好防疫工作。一般子代对亲代的健康反哺只存在于健康防疫知识层面的科普，但在亲代接纳健康知识后，会改变其原本的旧观念，形成一种新的健康行为和态度。

第六，健康反哺间接提升了家庭的融洽程度。

反哺属于一种亲子互动交流的过程，而子代对于如新冠肺炎疫情这种重大公共卫生事件的反哺能更加促进家庭内部的互动。通过本文的分析，在新冠肺炎疫情前期，代际之间对于"是否需要佩戴口罩出门"的议题存在辩论，后期对疫情的相关新闻存在家庭内的分享交流，增加了亲子之间的话题，并让亲子之间感受到关爱，间接提高了家庭和睦度。

早期学者对于反哺的研究只停留于文化内容反哺传播层面，而本文创新地利用扩散模型将反哺概念拓展到健康知识、态度和行为方面，并提出了健康反哺的概念。并且结合时代热点，通过新冠肺炎疫情中个人防疫措施入手，以小组焦点访谈的形式采访了六组家庭，以此深入分析研究健康反哺。但本文亦存在不足之处：调查样本不够大，群体略微单一，使研究较为局限；另外，笔者在进行小组焦点访谈的时候，已经是疫情的发展中后期，受访者谈及的内容多为回忆内容，可能会对疫情初期的情况或反哺细节有所遗漏，使得本文的调查数据不够完整且较为主观；本文只从新冠肺炎疫情背景下戴口罩的健康防疫知识入手，并没有涉及各方面的健康知识和健康行为的调查分析。希望未来的研究能够收集更多的数据样本，而不仅局限于几组家庭之中；并且进行多阶段、长期的研究，采用除了访谈以外的多种研究方法；针对多种健康问题入手，深入研究健康反哺。

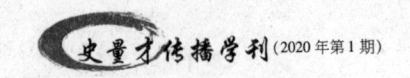

参考文献

Prensky, Marc, *Digital Natives, Digital Immigrants, From On the Horizon*, MCB University Press, 2001.

[美] 埃弗雷特·M. 罗杰斯：《创新的扩散》，唐兴通、郑常青、张延臣译，电子工业出版社 2016 年版。

弓丽娜：《现代社会中的青年文化反哺现象探析》，《道德与文明》2004 年第 4 期。

龚界文、胡静：《"反向社会化"与"文化反哺"现象研究述要》，《青年探索》2004 年第 5 期。

郭新艳：《创新扩散理论在城镇居民健身行为扩散调查研究中的应用》，《第五届中国体育博士高层论坛文集》，2014 年。

黄黎新：《创新运动项目特征与青少年运动态度及行为的相关性研究》，《成都体育学院学报》2019 年第 2 期。

金兼斌：《技术的传播——创新扩散的观点》，黑龙江人民出版社 2000 年版。

李珂欣：《家庭中的数字代沟与反哺现象探究》，硕士学位论文，武汉大学，2018 年。

庆豫淑、肖静：《创新扩散理论的多形式健康教育在社区儿童疫苗预防接种工作中的应用效果、临床研究》，《漯河医学高等专科学校第三附属医院预防保健科》2018 年第 3 期。

赵玉倩：《新媒体环境下的文化反哺现象研究——基于对 7 户大学生家庭的调查》，硕士学位论文，兰州大学，2018 年。

郑金洲：《教育反哺刍议》，《教育研究》2005 年第 5 期。

周晓虹：《从颠覆、成长走向共生与契洽》，《河北学刊》2015 年第 3 期。

周晓虹：《文化反哺：变迁社会中的代际革命》，商务印书馆 2011 年版。

环境抗争事件的新闻评论动员框架及机制研究
——以"雾霾天停课"事件为例

陈甜甜

(南京体育学院 体育教育与人文学院,南京 210000)

摘 要:媒介话语不仅是客观事实的呈现,更是作为一种重要的社会话语影响着事件的行进。基于此,本文以框架建构理论为基础,通过对"雾霾天停课"事件的新闻评论文本进行框架分析,发现各类评论以"责任归因"的"去政治化"框架凸显威权政府的意识形态,再以"公民表达"的"去政治化"框架置换成主流意识形态,以影响事件的最后走向。在新闻评论中,"公民权利"、"公民表达"、环境正义、发展主义等共意动员剧目成为实现有效动员的重要影响机制。总之,掌握新闻评论的社会动员规律并使其理性化、常规化,一方面有助于引导理性舆情以规避同类事件的发生,另一发面有助于重建新闻媒体服务于真相、服务于民主的重要社会功能。

关键词:媒介动员;"雾霾天停课"事件;共意动员剧目

一 研究缘起

"后真相"作为 2016 年牛津词典的年度热词,在词典中被描述为客观事实对公众舆论塑造影响力与诉诸情感和个人信念相比更弱。根据其定义,约翰·基恩(John Keane)指出其实质为情感战胜理智,心灵战胜头脑,事实和客观性正从公共生活中消失(刘沫潇,2018)。换言之,在民粹主义中,公众对事件进行主观性的情感认知。近年来,公众的焦虑、质疑、激愤、嘲讽等负面社会心态成了各类舆情事件的主流情感表征。负面社会心态带来的直接后果会出现非理性的网络动员，在舆论场中很容易出现"偏激式"的舆论观点。同样，非理性的话语表达会使动员指向发生偏离，引起不必要的社会矛盾。在"花朵绿萝"事件中，网友原本只是为了争取环境正义才提出"孩子是绿萝"之说，但随着各地网友对"北京孩子是花朵，某某地孩子是绿萝"的不断接龙，最后，网络中的舆论已偏向并发酵成为地域歧视问题，引发了北京网友和其他地域网友间的争论。所以说，在网络社会中，各类负面情感现象聚集的"社会情感失范"现象已发展成为一个严重的社会问题（于德山，2017）。"社会情感失范"一方面打乱了社会秩序，另一方面则是遮盖了事实真相和社会真相。在这一背景下，我们需要重建一个可以接近客观性标准的框架，而不是让真相留下的空位直接转移到主观性上（蓝江，2017）。可以说，新闻媒体报道是最接近客观事实的，其主要职能在于客观、如实地描述现实。科瓦齐等人曾经指出，新型的新闻工作者不再决定公众需要知道什么——这是古典的把关人角色。他或她应该帮助受众从信息中理出头绪，这并不意味着只是简单地在新闻报道中加入解释或分析。相反，这种新型新闻工作者（或者意义赋予者）必须核实信息的可靠性，然后加以整理，使它能被人们迅速有效地理解（比尔·科瓦奇等，2011）。新闻评论者则是科瓦奇口中的新型新闻工作者，他们的基本职能在于对公共事件进行理性阐释、引导舆论的过程中有自我的一套客观性标准框架。因此，在突发性公共事件中，掌握和重建新闻评论的社会动员框架有助于还原"真相"。

约翰·基恩认为，"后真相时代"的到来对于新闻媒体而言是一种机遇，新闻媒体通过更新阐释策略来加强自身的客观主义精神，为公众提供更可靠的信息依据，为民主的发展引导和培养更理性的公民，以此挽回"中流砥柱"的社会角色。在这样的背景下，本文认为，有必要通过引入媒介动员的相关理论资源和新闻评论的阐释策略来应对突发性事件中的"后真相"现象。本文的意图在于以雾霾突发事件为主要考察对象，由此探析新闻评论在突发性公共事件中的动员框架及机制，从而试图掌握新闻媒体的社会动员规律以及验证新闻媒体服务于真相、服务于民主的重要社会功能。因此，本文重点关注和讨论的是新闻评论在突发性事件中的动员框架及机制，主要包括两个问题：其一，媒体在"后真相时代"通过何种策略阐释环境问题；其二，媒体通过何种"动员"机制来促进"公民社会"的民主发展。

二 文献探讨

随着人们主观意识的增强、民主化程度的提高和国家法制的健全，让更多的公众有了积极参与社会活动的想法。然而，当公众因缺少渠道或中介而阻碍个人意志表达时，媒体在公共事件中的话语表达作用就显得越来越重要。媒体在公共事件中具体扮演了什么样的角色？通过相关研究梳理发现，首先，媒体对新闻事件进行议程设置，由此影响公众对于事件的认知及判断（A. Carvalho, 2005），并且媒体尝试着与公众所关注的议题高度一致（M. Salwen, 1988）。其次，媒体为事件抗争者提供有效途径（何艳玲，2005），有利抗争者的身份建构（孙玮，2007），促进媒体驱动型的公众参与以及政府回应（曾繁旭、黄广生，2013）。再次，媒体作为公众与官方之间的中介桥梁，有效促进两者对议题的协商式沟通（戴佳、曾繁旭，2016）。总之，无论是媒体的议题设置、议题建构作用，还是中介桥梁的角色，其本质都是通过大众传播媒体形成和影响社会舆论，进行社会动员（甘泉，2010）。由此，媒体的媒介动员功能得到了学者广泛的关注。有学者以南京《梧桐树事件》为例，认为主流纸媒在进行共意性运动报道时，通过"归因"和"表意"策略对其进行理性动员（易前良、孙淑萍，2013）。有学者以《核电事件》为例，指出传统党报通过媒介融合策略寻求与民间话语的沟通（戴佳、曾繁旭，2016）。还有学者以《雾霾事件》为例，纸媒在进行环境报道时运用议程设置策略进行议题的预警机制建构（李文杰，2014）。也有学者以番禺《垃圾焚烧事件》为例，认为媒体多以媒体框架整合策略来建构集体行动事件的意义（聂静虹、王博，2012）。总之，相关研究多以新闻报道为研究样本，对其话语修辞、框架建构、议程设置或媒介融合等动员策略进行分析研究。诚然，在媒体信息组成中，除了新闻报道外，新闻评论也是其重要组成部分。

在媒体信息组成中，新闻报道和新闻评论可谓新闻事业的两翼，缺一不可。新闻评论的信息主要是意见性信息，即对客观事物所做的"价值判断、因果分析和理性抉择"（靖鸣、潘智琦，2015）。新闻报道是主体、基础；新闻评论是主旨、灵魂（赵振宇，2006），新闻报道与新闻评论为人们提供了关于事件的全息图景。相比新闻报道而言，新闻评论重在综观全局，联系事件的脉络，生产出对事件的认知框架和观点。同时，由于评论一般由报社主笔、编辑部资深编辑或评论员执笔，行文言辞有理有据，其知识精英式观点成为左右媒介报道和引导民众认知的重要因素。40年来，我国新闻工作已由传统的"新闻宣传工作"转变为"新闻舆论工作"，言论作者在形成和引导社会舆论方面的作用更显重要（胡沈明，2019）。因此，本文以新闻评论为研究文本，对"雾霾事件"的媒介动员框架及机制进行研究，试图诠释新闻评论成为突发性事件的社会动员的有效行动解释框架以及充实突发性事件媒体传播的相关研究成果。

三 研究内容

2016—2017年期间，发生的以"雾霾天停课"为议题的突发事件，主要是指"雾霾天停课"议题所引发的多个子事件组成的流动性、历时性的话语事件。2016年年底的"花朵绿萝"事件将"雾霾天停课"议题引入公众视线，正当网络上开始出现"北京的孩子是花朵，某某地的孩子是绿萝"的网络体时，河南安阳某中学在雾霾天室外考试的事件所引起的次级议题"雾霾天考试"，稳稳地占据了舆论焦点。随后，另一个西安某中学雾霾天上课，举报学生被"教育"事件的次级议题"雾霾天未停课"又将舆情推向高潮。这一系列流动和发展的话语事件，更多地展现了一种"行进"中的话语政治。同时，这些事件也是政府治霾工作中所遇到的、具有破坏社会正常管理秩序的突发事件（冯文林，2004）。基于此，本文以部分媒体的评论为研究对象，目的是将"雾霾天停课"系列事件的话语实践进行横向切割，探究突发性公共事件中的新闻评论动员框架以及话语结构所携带的动员"共意"。

"雾霾天停课"议题包含多个发展阶段，也包含多个次级议题。随着事件的发展，议题呈现出不同的"热点时刻"、不同的情势场景和不同的权力关系，话语与意识形态也随之转换和变迁。在对社会冲突性议题的建构上，新闻媒体常常受到多种外部因素的制约和影响。面对类似的社会冲突事件，即便是同一家媒体也可能采用不同的新闻报道框架，这充分显示了在社会转型期，新闻报道具有非常规性和不稳定性等特点。新闻媒体更多情况下是对事件本身的回顾和客观报道，为受众提供了简单的事件信息。由于事件的高度敏感性，使国内媒体报道不约而同地产生"寒蝉效应"。在议题的早期报道中，媒体的报道视角比较中立，多方面的声音同时存在，注重报道平衡，权衡了各方面的利益，展示了议题的冲突面和实质面。这一时期，媒体主要使用主题式框架进行报道，但随着议题的发展和冲突的"行进"，新闻评论逐步开始对事件议题进行架构与升华，成为左右新闻媒体报道和引导民众舆论的关键动员结构。

四 "雾霾停课"事件的新闻评论动员框架

框架理论引入传播学界后被广泛应用，围绕新闻文本、新闻生产、受众研究开展了一系列框架分析研究，取得了丰硕的研究成果。其中，有学者以《人民日报》和《南方周末》的雾霾报道为研究对象，运用框架理论对两份纸媒的报道框架进行分析，并阐述了媒体在对环境风险议题进行报道时的框架特征（杨婷婷，2013）。同样，有学者就《华商报》和《西安晚报》中的雾霾报道为例，探讨了媒体的叙述框架与受众认知之间的内在关系（许加彪、韩昭玮，2014）。另外，还有学者就美国媒体中的东北雾霾报道为例，认为媒体的新闻框架会受到政治环境与政策的影响，媒体通过标题"框架主题"结构的不同组合来进行意识形态的意义建构（刘淑姣，2014）。可见，报道框架是媒体进行环境议题报道的最常用的话语策略。就新闻评论而言，评论记者为了更好地动员受众接受他们对于事件的意见或意识形态，也同样会使用一些更容易被接受的话语策略。为了有效地动员受众，社会运动积极分子在大多数场合，都需要把他们所持有的意识形态和话语体系进行改造，将其与动员对象的直接利益或情感联系起来（D. Robert，2000）。

同时，社论框架对新闻框架往往有补充、印证和延伸的作用。因此，对社论的话语分析，可以进一步呈现媒介在新闻报道中所采用的框架。戴维·斯诺认为，为了更好地动员参与者，组织者往往会创造一些更容易被接受的话语（D. Robert，2000）。这种有意识、有目的、策略性地达成共识的框架整合过程就是策略性框架，该过程主要包括框架搭桥、框架扩大、框架延伸、框架转变（周裕琼、齐发鹏，2014）。学者赵鼎新在对中国社会运动考察之后，又增加了框架借用这一新的策略，用来特指缺乏理论武器的弱势群体借用一个与他们的怨恨感或被剥夺感不相符，甚至截然相反的意识形态或话语来做框架（赵鼎新，2006）。因此，在框架理论的基础上，本文对部分媒体的新闻评论内容进行解构，来剖析媒介通过何种框架建构"雾霾天停课"事件，最终呈现"雾霾天停课"事件中的动员框架。

本文的研究样本主要有以下几类。第一类是都市类报纸，如《南方周末》《南方都市报》《新京报》。有学者指出，都市类报纸在评论的改革创新方面扮演了先锋和"主力军"角色（曾建雄，2012）。第二类是党报，如《人民日报》《光明日报》《新华日报》等各级主流媒体的评论优势依然凸显，其在评论的题材内容、表现形式以及报网互动诸方面，均有开拓创新之举。第三类为网络媒体，如中青舆情监测室、澎湃网、光明网等。本文共搜集到有关"雾霾天停课"相关议题的主要评论文本14篇，其具体框架及实现途径如表1。

表1　　"雾霾天停课"的系列事件的评论框架及实现途径

标题及出处	评论框架	实现途径
"石家庄雾霾天不停课"事件		
《雾霾天停课，石家庄为何反应"慢几拍"》，《新京报》（2016/12/20/）	归责地方部门、政策秩序框架	框架转变　框架搭桥
《雾霾爆表停课慢三拍是失职行为》，《新华日报》（2016/12/22/）	归责地方政府、政府信任框架	框架转变　框架扩大
《雾霾之下，每个公民都不该是绿萝》，《人民日报》（2016/12/22/）	对立—斗争框架、社会冲突框架	框架延伸　框架借用
《雾霾把老师逼成网红，却也让老师焦虑》，《南方周末》（2016/12/24/）	教学发展框架、社会秩序框架	框架转移　框架搭桥
"雾霾天操场考试"		
《重大雾霾停课规定不能打折扣》，《南方都市报》（2016/12/22/）	范例式框架、主流价值观框架、对立性框架	框架延伸　框架转变
《雾霾天还让学生露天考试，学校责任心何在》，《新华日报》（2016/12/22/）	归责学校、政府无责、风险治理框架	框架转变　框架扩大
《雾霾天操场考试，校长何必这样拼?》，《新华日报》（2016/12/23/）	利益冲突框架、教学冲突框架	框架转移　框架转变

续表

标题及出处	评论框架	实现途径	
《雾霾天操场考试 没把学生健康当回事》，《新京报》（2016/12/22/）	健康—教育对立框架、环境风险框架	框架延伸	框架扩大
《雾霾天考试 思想之霾更可怕》，澎湃网（2016/12/21/）	教学秩序、思想冲突、政府治理框架	框架转移	框架搭桥
《面对应试教育 雾霾也需要来一股冷空气》，《人民日报》（2016/12/29/）	归责教育框架、教育发展框架	框架转移	框架延伸
学生举报学校雾霾天未停课			
《教而不育 教育之大害》，光明网（2017/1/11/）	教育改革框架、价值冲突框架	框架搭桥	框架转移
《学生举报雾霾不停课 为什么还要被批评教育》，《新京报》（2017/1/11/）	法治框架、政府信任框架、社会公正框架	框架转移	框架延伸
《雾霾天补课被举报，反思的应该是谁》，《人民日报》（2017/1/11/）	法治框架、教育观框架、教学框架	框架搭桥	框架延伸
《举报学校雾霾天违规上课，怎能报复学生?》，中青舆情监测室（2017/1/12/）	环境风险、归责教育局、学校框架	框架延伸	框架转移

由表1可知，新闻媒体对各个"雾霾天停课"事件所采用的评论框架是不断转换、延伸、扩大的。框架之间彼此既有所承续，又有所断裂，呈现出整体动态变迁的特征。该事件中，不同媒体对事件进行了跟踪报道和大篇幅评论，研究发现，新闻媒体的评论重心为事件中的学生主体与当地学校、教育部门之间的互动博弈，并聚焦于教学失职、政策治理的正常遵守等问题。在此过程中，新闻媒体充分体现了各自的话语特色，通过策略性框架的使用对事件进行了舆论引导。

《人民日报》和《新华日报》分别代表了中央和地方党报，在坚守党政原则的基础上，其视角和价值取向都有明显改变。过去那种居高临下的宣传灌输模式已逐渐被平等相待、交流沟通意见信息的传播模式取代，一定程度上打破了人们对党报评论的"刻板印象"（卢新宁，2009）。面对同一事件时，二者保持着独立的事件认知与定位，更多表现出各自的意识形态立场。如石家庄"雾霾天不停课事件"，《人民日报》的《雾霾之下，每个公民都不该是绿萝》，该报道一改往日呆板的语言表达方式，而是通过框架借用把网络上有关"花朵绿萝"

的比喻说辞用以表述事件客体。虽然本事件为环境问题，文中运用框架延伸策略，成功地将雾霾污染延伸出教育平等框架。全文以核心诊断性框架，认为人人都应在雾霾天得到公平的停课制度，成功将此事件诊断为教育平等问题。

与此同时，《新华日报》也积极跟进社会热点，给予了事件不同的内因定位。《新华日报》的《雾霾爆表停课慢三拍是失职行为》报道中，首先通过框架转移将环境问题框架转移为归责地方政府及学校框架，进一步明确事件内因。其次是框架搭桥，由于石家庄某学校未遵循政府政策按时停课，本是石家庄个案，文章却以"重污染天气应急预案落实得怎么样与百姓健康直接相关"的话语，将雾霾天未停课搭桥成为重污染天气应急预案落实议题。

除此之外，《新京报》的评论版与时俱进，更加注重发挥"专业写作""权威写作"的舆论引导功能，同时兼顾"草根声音"和"来论"的诉求（曾建雄，2012）。面对"雾霾天停课"这类冲突性议题，《新京报》分别运用了复合型框架来建构事件。归责框架、政府秩序框架、健康教育对立框架、环境风险框架、法治框架、政府信任框架以及社会公正框架等评论框架来再现事件过程及冲突。这些框架既展现事件冲突过程的权力紧张关系又凸显各方主体利益博弈，既描画事件原委又讨论环境风险。同时，《新京报》还大力建构公民权利以及公民意识框架话语，如《雾霾天操场考试，没把学生健康当回事》一文中运用了框架延伸策略和核心框架转移策略，前者揭示了学生健康权利被剥夺的事件内因，后者突出健康和教育对立框架的冲突性议题。另外，《学生举报学校雾霾天不停课 为什么还要被批评教育》一文同样运用框架延伸策略，强调学生的举报权被剥夺以及被举报学生所受到的不公正待遇。可见，表层的环境风险框架被"公民权利剥夺""公民法律意识""公民环境意识"等"公民社会"中的主流意识形态话语所置换。

整体而言，各类评论主要以"责任归因"的"去政治化"框架凸显威权政府的意识形态，再以"公民表达"的"去政治化"框架置换成主流意识形态。在环境事件的评论中，新闻评论并不存在一个整体性的积极或消极新闻框架，而是在其内部依据自身的组织定位或性质进行不同的媒体实践运作，最终因为不同的选择，而形成他们之间的话语分裂和对抗。在不同媒体的不同话语中，公众行动被定义，又被重新定义，议题被建构，又被再建构。总之，媒体动员的框架策略成为议题主宰、争夺与对抗的主体。

五 新闻评论的动员机制：共意动员剧目

抗争剧目是人们所采用的熟悉的抗争形式，因此也为媒体人的信息传播所形塑（邓力，2016）[①]。在社会运动理论中，美国社会学家查尔斯·蒂利等学者发展出"抗争剧目"这一概念，特指"一组为政治行动者所知可用的抗争性表演形式"（C. Tilly，1979）。剧目一词暗含其带有戏剧元素和表演成分，西方国家的抗争剧目主要以表演、演讲、静坐、示威等方式进行（查尔斯·蒂利，2010）。现代抗争依赖于媒体而发展，其中的表演性依旧存在，只是更加侧重于媒介话语元素。本文认为，在新社会运动理论中，随着动员者身份的改变，也同时扩大了动员者的"剧目库"。对于媒体这一特殊的行动倡导者（动员主体），媒体组织在进行共意动员时所使用的"动员剧目"存在一定的特殊性，不再是传统社会运动中"动态"的，强调"表演性"的剧目，而是字里行间所体现出"静态"的、强调"意识形态"的剧目，这更符合新社会运动的"观念动员"。由于"动员剧目"指的是动员形式的集合，那么本文借用"意识形态集束"（李金铨，2004）的概念，来进一步阐释共意性动员中的意识形态集合。由此，本文将共意性动员活动中媒体评论所携带的意识形态集束称为"共意动员剧目"。

在影响社会变迁的各类因素中，相对于作为深层语境的政治、经济等社会要素而言，呈现社会镜像的媒体应作为更为重要的考察对象（J. Vargas，2010）。前文可见，各主流新闻媒体关于"雾霾天停课"事件的评论，体现了不同阶层的利益、权力话语和价值观念。这不难看出，在中国转型时期，环境保护和经济发展、政治秩序维护和公民权利保障等重大问题的矛盾心态越发凸显。为进一步探究该问题，本节选取不同类型的媒介对"雾霾天停课"事件的新闻评论进行分析，通过解读这些评论的框架立场，进而提炼出核心的"共意动员剧目"。

本节通过详细考察新闻评论中的框架、隐喻、警句、描述和原则诉求等话语要素，来提炼和重构"雾霾天停课"议题的共意动员剧目，它们可以

[①] 邓力：《新媒体环境下的集体行动动员机制：组织与个体双层面的分析》，《国际新闻界》2016年第9期。

被归纳为"环境正义"、"发展主义"、"威权政府"和"公民社会"四个方面。这些意识形态在观念和价值体系上存在对立和冲突,但又彼此共存和交织,共同支配着雾霾议题的媒介动员面貌(如表2)。

表2 "雾霾天停课"系列事件中的共意动员剧目

主流意识形态	环境正义	发展主义	威权政府	公民社会
框架	环境风险	教育利益至上	政策秩序	公民权利
隐喻	"浓的化不开""秋冬毒雾杀人刀"	"视霾如归""思想雾霾""雾霾应试"	"预案""拒不执行"	"谈话""反省""绿萝""小白鼠""吸霾器"
警句	雾霾严重危害人体健康,容易引起呼吸系统疾病、心血管系统疾病、血液系统、生殖系统等疾病	孩子是祖国未来的脊梁,每个孩子都有平等接受教育权利,同样,国家也有维护教育公平的义务	政策再好,措施再有力,基层不贯彻、不落实,岂不是一纸废文,严重伤害政府公信力	青年群体的合法权益必须得到维护
描述	河南省林州市遭受到雾霾侵袭,该市发布了"关于启动红色(Ⅰ级)预警应急响应的通知",要求各中小学、幼儿园停课,不过林州市临淇镇一中似乎并没有当回事	尽管重度雾霾几乎在同一时间内覆盖了全国多省市,但是同样遭受重度雾霾天气的其他省市的学生们,却未同样得到停课这项"待遇"	政府高度重视雾霾危害,并将其纳入空气质量治理目标。各地在污染天气应急预案中,更是将中小学、幼儿园停课措施纳入公众防护措施中	任何时候,学生的健康都和教学同等重要,要把促进学生健康成长作为教育工作的出发点和落脚点
原则	健康至上	"停课不停学"、教育平衡、公平	政府有行动	维护公民举报权、健康权、隐私权

第一,环境正义。因雾霾天气所造成的环境风险和引起的"雾霾天停课"事件中,新闻媒体对各地"雾霾天停课"事件的建构,并没有针对环境冲突直接展开报道。也就是说,大部分媒体只是将其作为普通的新闻框架,而没有纳入核心框架中。"雾霾天停课"事件展现出主要的健康风险,新闻媒体在报道中都有谈及,且作为次级议题进行报道。如《人民日报》的《雾霾之下,每个公民都不该是绿萝》,报道中用"秋冬毒雾杀人刀"的

古语来形容雾霾危害的严重程度。《新华日报》的《雾霾天操场考试，校长何必这么拼？》一文中，将事件发生当天的雾霾的严重程度形容为"浓的化不开"。可见，两家媒体的新闻报道和新闻评论，都是以雾霾的严重性为主要新闻由头，进一步论述新闻事件及所引发的其他议题。同时，媒体在进行雾霾风险论述时，将雾霾造成的健康风险与学生等弱势群体的健康权利结合在一起，一方面架空了政府的风险辩驳和经济利益话语，催生着公众追求环境正义的勇气；另一方面却转移了公众对于治霾议题的关注，催生着公众追求事件正义的热情。

第二，发展主义。在"石家庄雾霾天未停课"和"雾霾天操场考试"议题进入公众视野之前，媒体对"雾霾天停课"报道，更倾向于表达政府福利政策的意义。在媒体的高调宣传性话语中，不仅存在"好政策"的新闻框架，还展示各学校的"停课不停学"的教学政绩，充斥着发展主义的意识形态。媒体将政府利益、学校利益和学生家属的教学需求捆绑在一起，流露了对应试教育高度行动力的赞同。然而，关于这些事件中所包含的环境风险问题，对社会生态环境和公众健康的影响问题，却并未得到人们的关注。随着"石家庄雾霾天未停课"和"雾霾天操场考试"事件的出现，包含有关教育秩序框架的新闻报道频频出现。这些报道纷纷提出对"应试教育""应试考试"的质疑，出现了教育正确的发展主义思路。相关事件的发生以及媒体的报道，对之前存在的"应试教育"的发展主义意识形态进行了反驳。虽然存在质疑，但总体而言也凸显出发展主义不是个别的、地方性的偏误观念，而是一种国家主导意识形态。

第三，威权政府。"雾霾停课"系列事件主要是由重污染天气应急预案红色预警响应通知的启动为事件起始时间点，这也更加说明了环境风险问题始终是与政治治理紧密联系的。自2016年12月中旬开始，严重雾霾侵袭各地区，12月16日北京首先启动红色预警，要求停课或实施弹性教学方式等一系列应急措施，以最大限度地减少雾霾对学生的影响。随后，各地区学校和教育机构也陆续根据各自的空气污染程度相继启动了具体的防霾预案。

随着"未停课"和"霾中考试"事件的曝出，这一和谐被打破。各媒体在获知相关消息时，并未直接进行事件定性，只是以主题式报道框架对事件进行了报道。在随后的报道及评论中，虽没有关于政策权威的大篇幅新闻报道，但相关报道、评论中都阐述了一种说法，即"预案在各地区市级教育局早已启动，然而学校并未立即实施"。同时，媒体不遗余力地对涉事学校进行负面化、污名化报道，不惜为此贴上"忤逆"政府的标签，以维护政府威权。这种威权意识形态在党报的话语实践中微妙地体现出来。《新华日报》的一篇名为《雾霾天还让学生露天考试，学校责任心何在》的报道中写道："发布红色预警和停课通知，正是为了学生的健康考虑，在这种情况下还组织学生露天考试，说明学校没有理解领会上级部门的安排"（马若虎，2016）。

第四，公民社会。市场化专业性媒介对于"雾霾天停课"事件中的"环境受害者"给予同情、理解和支持。"雾霾天停课"议题中石家庄未停课、河南学校露天考试、西安一学生举报学校反被教育等系列事件中，受害人为弱势群体（学生），主要议题为教育。因此，雾霾、学生、教育等字眼都成为媒体报道的关键热词，并将这一系列事件用"公民社会"的政治框架来解读和呈现。媒体不仅着意刻画学生在"霾中考试、霾中上学"的画面，也详尽地表达了学生面对重霾的所思所想。尤其是在"西安"事件中频频使用公民权利、民意、公共参与、民主政治等自由主义政治话语来架构事件议题。

六 结语

从传统意义上来讲，环境抗争事件主要存在"官方"与"民间"这两种不同的力量群体话语分层。然而，在新闻媒体介入事件后，不仅仅对"官方"与"民间"的话语进行客观呈现，也进行了第三方的话语表达。在"民间话语"中，网民从网络造词吐槽到线下举报揭发，最终通过知乎文章并@相关部门，还有在网络新闻媒体报道的评论互动。可见，网民主动参与事件当中，通过线上线下相互结合的多种动员方式和途径，以推动整个事件的发展。在"政治话语"中，政府应对突发事件的途径增加，及时控制突发事件的衍变。无论是应急预案的发布还是通报批评的通知，相关政府都首先通过官方微博进行发布，对网友进行紧急动员。同时，政府在环境治理的深化与常规化发展中出台了一些相关政策和措施进行常规动员。然而，国家紧急政策动员的失效，导致突发事件的不断发生。地方政策、措施的不到位导致民间舆情反弹。在作为第三方的"媒介话语"中，党媒和地方媒体评论有一套自我话语路径。首先，媒体对事件进行"脱敏"处理，使之去环境风险化、去政治化，回归到"责任归因"的思维轨道。同时，强调"雾霾天未停课"是部分地区学校个人行为，目的不是政治对抗，而是对政府政策落实不到位。通过这样的话语置换，凸显威权政府的意识形态。其次，媒体又频频使用"公民权利""公民表达"等自由民主政治价值话语来重新架构"雾霾天停课"事件，将之"再政治化"。在这种"去政治化"和"再政治化"的话语运作中，"雾霾天停课"事件从一种旧有的环境抗争事件被转换为作为现代化建设目标的公民社会的理性政治事件。

有学者指出，雾霾成为新闻话题进入大众关注的视野，这标志着治霾正式进入了"话语治理"的时代，而新闻媒体自我的话语框架则成为中国特色的媒介话语治理模式（蔡志华，2017）。诚然，媒介话语不仅是客观事实的呈现，更作为一种重要的社会话语影响着事件的行进。可以说，新闻评论的动员框架成了社会运动最有力的行动解释框架。从前文可知，在新闻评论中，"公民权利"、"公民表达"、环境正义、发展主义等共意动员剧目成为实现有效动员的重要影响机制。总之，新闻评论的动员框架逐渐形成一套自我话语规律，在突发性公共事件中起到了积极作用。本文认为，掌握好这一规律并使其理性化、常规化，有助于引导良性舆论、重建社会真相并促进理性民主的发展。

尽管本研究试图最大限度地分析新闻评论对雾霾突发事件的动员框架及机制，然而研究中所提出的策略性框架以及共意性动员剧目可能仍然无法代表或者穷尽现阶段环境事件中的媒介话语框架。与此同时，本研究选取的观察场所是以雾霾突发事件的媒介话语场为例，虽然雾霾事件的环境运动具有一定的代表性，但是，近年我国突发环境事件频发，如2013年北京雾霾事件、2014年吉林农村秸秆焚烧、2017年底北方城市煤改气事件等。那么，本研究的成果在多大程度上可以推广到相关案例或其他类型的环境事件中，还有待此后的研究进一步验证。

参考文献

Carvalho, A. & Burgess, J., *Cultural Circuits of Climate Change in U. K. Broadsheet Newspapers*, 1985—2003, Risk Analysis: An Official Publication of the Society for Risk Analysis, 2005, 25 (6): 1457–1469.

Robert D. Benford, David A. Snow, "Framing Processes and Social Movements: An Overview and Assessment", *Annual Review of Sociology*, 2000 (26): 611 – 639.

Salwen, M., B. Setting, the agenda for environmental news: The effects of media and public characteristics, *Communication Research Reports*, 1988.

Tilly, C., *Repertoires of contention in America and Britain*, Cambridge, Mass, Winthrop, 1979.

Vargas, J. A., Egypt, the age of disruption and the me in the media, Retrieved from http://www.Huntington.com/Jose-antonio-vargas/egypt-age-of-disruption-me-in-media_b_819481.html. Feb. 7, 2010.

［美］比尔·科瓦奇、汤姆·罗森斯蒂尔：《新闻的十大基本原则：新闻从业者须知和公众的期待》，刘海龙、连晓冬译，北京大学出版社2011年版。

蔡志华：《雾霾治理遭遇了最大风险》，《新媒体时代》2017年第1期。

［美］查尔斯·蒂利、西德尼·塔罗：《抗争政治》，李义中译，译林出版社2010年版。

戴佳、曾繁旭：《环境传播：议题、风险与行动》，清华大学出版社2016年版。

邓力：《新媒体环境下的集体行动动员机制：组织与个体双层面的分析》，《国际新闻界》2016年第9期。

冯文林：《突发事件概念探析》，《河北公安警察职业学院学报》2004年第4期。

甘泉：《社会动员论》，博士学位论文，武汉大学，2010年。

何艳玲：《后单位制时期街区集体抗争的产生及其逻辑——对一次街区集体抗争事件的实证分析》，《公共管理学报》2005年第3期。

胡沈明：《改革开放40年新闻评论表达转型与个体机遇》，《南昌大学学报》2019年第6期。

靖鸣、潘智琦：《从理论高度审视新闻评论——读〈新闻评论研究引论——功能、品格、思维、发现〉》，《新闻与写作》2015年第8期。

蓝江：《后真相时代意味着客观性的终结吗?》，《探索与争鸣》2017年第4期。

李金铨：《超越西方霸权：传媒与"文化中国"的现代性》，香港牛津出版社2004年版。

李文杰：《纸媒对预警机制的议程设置——以"雾霾"天气报道为例》，《东南传播》2014年第6期。

刘沫潇：《"后真相时代"的媒体与民主——访著名政治学家约翰·基恩教授》，《国际新闻界》2018年第6期。

刘淑姣：《作为话语的新闻——美媒东北雾霾报道的新闻文本框架分析》，《新闻世界》2014年第3期。

卢新宁：《党报评论的历史方位：关于评论竞争的思考兼谈"任仲平"的追求》，《新闻与写作》2009年第8期。

马若虎：《雾霾天还让学生露天考试，学校责任心何在》，新华网，https://health.huanqiu.com/article/9CaKrnlZkhz，2016年12月23日。

聂静虹、王博：《"多元框架整合"：传统媒体都市集体行动报道方式探究——以番禺垃圾焚烧事件为例》，《新闻大学》2012年第5期。

孙玮：《我们是谁：大众媒介对新社会运动的集体认同感构建》，《新闻大学》2007年第3期。

许加彪、韩昭玮：《现实叙事的合法化：雾霾报道的框架策略研究——以〈华商报〉和〈西安晚报〉为例》，《当代传播》2014年第5期。

杨婷婷：《环境风险议题在报纸媒体中的报道框架——以〈人民日报〉和〈南方都市报〉对雾霾事件的报道为例》，硕士学位论文，西北大学，2013年。

易前良、孙淑萍：《共意性运动中的媒介动员——以"南京梧桐树事件"为例》，《新闻与传播研究》2013年第5期。

于德山：《新媒体舆情场域互动与社会共识建构》，《社会科学战线》2017年第11期。

曾繁旭、黄广生：《地方媒介体系：一种都市抗争的政治资源》，《传播与社会学刊》（香港）2013年第24期。

曾建雄：《转型期新闻评论功能的拓展与内容形式创新》，《国际新闻界》2012年第12期。

赵鼎新：《社会与政治运动讲义》，社会科学文献出版社2006年版。

赵振宇：《论新闻评论的根本特性》，《新闻大学》2006年第1期。

周裕琼、齐发鹏：《策略性框架与框架化机制：乌坎事件中抗争性话语的建构与传播》，《新闻与传播研究》2014年第8期。

论大众健康类图书出版的"平衡之道"

胡雨濛[1]，郎霆邦[2]

(1. 浙江理工大学 史量才新闻与传播学院，杭州 310018；
2. 杭州出版社，杭州 310000)

摘 要：大众健康类图书自2002年走俏以来，从风靡一时到乱象丛生，亟待探索一条可持续的发展之路。本文从宗旨、选题、内容和形式四个方面探讨了不同因素之间的"平衡之道"。宗旨方面，要追求"经济效益"和"社会责任"的平衡，自觉担负健康教育和健康传播的重任；选题方面，要做到"大众化"和"针对性"的平衡，适当进行市场细分，挖掘多元化选题；内容方面，要重视"科学性"、"人文性"与"实用性"的平衡，从科学素养、人文关切、日常生活等方面创造更多价值；形式方面，要注意"文字"、"图片"与"媒体融合技术"的平衡，通过多媒体的呈现形式丰富读者的阅读体验。

关键词：健康传播；图书；出版；平衡；社会责任

健康传播是一种"将医学研究成果转化为大众的健康知识，并通过态度和行为的改变，以降低疾病的患病率和死亡率、有效提高一个社区或国家生活质量和健康水准为目的"[①] 的行为。尤其是近年来，"健康的内涵已然超越了传统意义上单一的疾病预防、健康促进、健康政策等层面，更

---

* 基金项目：本文系2018年度教育部人文社会科学研究青年基金项目"新媒体环境下艾滋病人亲社会行为培养机理研究"（项目编号：18YJC860012）的阶段性成果。

① Rogers, E. M., "The field of health communication today", *American Behavioral Scientist*, 1994, 38 (2): 208–214.

被赋予建构新闻出版行业更加完善之生态的崭新内涵"①。在健康传播视域下，大众健康类图书是提升公众健康素养、推进"健康中国"建设的重要渠道。

然而，从火爆一时到风光不再，大众健康类图书的发展之路并不顺畅，曾经显现出的种种乱象亟待规范，目前存在的疲软态势也有待扭转。从选题策划到内容设计，都需要权衡多重因素的利弊，在平衡中找出一条新的出路。

一 大众健康类图书的发展历史与现状

随着人民物质水平的提高和精神文明的富足，大众的自我保健观念开始觉醒，对健康的需求与日俱增，热衷于从各种渠道获取维护个体和亲友健康的信息。在这一背景下，大众健康类图书走入人们视野。与专业医学类书籍不同，大众健康图书以医学知识和健康理念的普及为主要目的，涉及日常生活的求医、问药、保健、作息、饮食、健身等各个方面。

早期的大众健康类图书以对常见病的介绍为主，缺乏包装和营销理念，市场反应普通。2002年，一本记录北京三位著名医学专家健康课堂精华的图书《登上健康快车》出版，作为健康养生类图书史无前例地进入畅销书排行榜，半年内销量约百万册。②受此鼓舞，再加上2003年的"非典事件"对公众健康意识的唤起，此后八年时间，出版商纷纷瞄准这一潜力巨大的市场，大众健康类图书持续走俏，如《无毒一身轻》（2002）、《肠内革命》（2003）、《人体使用手册》（2006）、《求医不如求己》（2007）、《不生病的智慧》、《细节决定健康》（2009）等。

但井喷式爆发之后，受众从对大众养生的狂热崇拜中冷静下来，大众健康类图书受到不同程度的质疑。一方面，一些"伪专家"和"伪知识"鱼目混珠，大大削弱了消费市场的积极性；另一方面，网络健康传播的兴起给传统健康出版业带来巨大冲击。

2010年，原新闻出版总署发布了《关于加强养生保健类出版物管理的

---

① 姜海：《走进"健康传播"新时代》，《中国出版》2018年第3期。
② 汤书昆、秦美婷、朱巧燕：《健康传播类图书的市场特点研究》，《中国出版》2006年第12期。

通知》，限定了具备养生保健类图书出版资格的出版社；2011年，原新闻出版总署又对此类图书进行抽查，撤回并销毁了24种不合格图书。出版市场逐渐回归理性。从"当当网"历年统计的图书畅销榜来看，从2015年到2018年，除了2018年《健康日历2019》登上当年畅销书第86名之外，其他年份均没有养生保健类图书问鼎畅销书前100名。

"养生保健类图书的生产行为、内容形态、传播手段都已发生模式上或体系上的变化，这种调整和变化强化了内容质量，净化了市场，但由于传统出版单位对读者需求的了解和研究还不充分，一时还没有创造出能够满足读者口味的养生保健大餐。"① 事实上，大众健康类图书具备重新繁荣的潜力：从政策导向看，"健康中国"已经成为一项国家战略，健康议题无疑是出版行业必须和值得观照的一个领域；从社会层面看，现代社会生存压力大，"过劳死""亚健康"的阴影挥之不去，"不治已病治未病"的观念深入人心；从媒体层面看，图书可以更系统地传播健康科学知识，权威性高，易于保存，可供反复阅读，是不可取代的健康传播媒介。

曾经风靡一时的大众健康类图书是否能够从"遇冷"的尴尬境遇中走出来，焕发新的活力？近几年，出版商进行了多次有益尝试，打开了健康类图书的多元化格局。如中医保健类《经络穴位按摩大全》（2016）、医学常识类《从头到脚说健康》（2017）、医学科普类《荒诞医学史》（2018）、医学散文类《与病对话：全科医生手记》（2019）、海外译著类《皮肤的秘密》（2019）等。回顾大众健康类图书的发展历史，未来还有必要进一步对其成败得失进行总结研究，探索一条健康有序的发展之路。

二 宗旨："经济效益"与"社会责任"的平衡

随着包括出版行业在内的文化事业体制改革，各出版社纷纷开始集团化建设，非常重视图书出版的经济效益。早期的探索表明，大众健康类图书契合消费者的心理需求，有巨大的市场空间，可以也应该通过各种策划和营销手段追求盈利。如2015年"懒兔子"微信公众号创立，以漫画的形式推广和普及中医基础知识。在自媒体上获得广泛关注之后，"懒兔子"先后出版

---

① 方霞：《养生保健类图书回顾和成功要素分析》，《科技与出版》2016年第11期。

了《说医不二》(2016)、《医本正经》(2017)、《医学就会》(2018)、《医目了然》(2019)，累积品牌效应。

但出版社在重视经济效益的同时，不能放弃对社会责任的坚守。健康类图书担负着健康教育和健康传播的重任，应该"科学地传播公共健康知识，并尽可能地减少疾病对患者和社会造成的损失"①。如果一味追求经济效益，置图书的科学性与专业性于不顾，不仅损害图书质量，而且会给消费者带来实质的困扰和危险。具体来看，当前健康图书容易存在以下三个问题。

第一，作者资质存疑。健康读物的作者应该有专业的医学背景和行医资质。然而一些医学专家往往不愿意参与编写，"一是认为编写该类书与自己的专家身份不符；二是时间不充裕；三是该类书不算科研成果；四是该类书创新不易；五是稿费太低"②。相反，一些没有系统医学知识的"专家"成了健康图书的主力军，经过身份包装，获得了大量读者的信任和崇拜，损坏了医药文化的科学性和权威性。

第二，医学依据不足。部分图书中所持的健康观点缺乏科学性，"以个人经验或体验代替普遍知识，……是否具有普遍有效性，是否可以推而广之，是需要慎重考虑的"③。尤其是一些"包治百病"的疗法，违背了中医理论强调的"因时、因地、因人制宜"④原则，与"根据季节气候特点、所处地区环境、个体体质差异等，选择适宜的养生方法"⑤的养生理念也是大相径庭。

第三，跟风炒作严重。随着部分图书的热销，同类型选题大量复制，从内容到形式都盲目模仿，缺乏新意。而这种雷同的图书一方面挤占了原创图书的市场份额，损坏其"打造精品"的积极性；另一方面因为抄袭严重，也降低了自身的品质，受到读者的诟病。

图书作为一种特殊商品，承担着社会文化建设的使命。因此，"畅销"不应该成为健康类图书出版的唯一目的，否则就容易陷入急功近利、唯利是图

---

① 李法宝：《论医学科普期刊的健康传播》，《编辑学报》2010年第1期。
② 王凤丽：《健康传播视角下大众健康类图书的传播策略探析》，《科技与出版》2014年第5期。
③ 韩绍伟：《医学保健书籍繁荣的隐忧》，《编辑学刊》2007年第6期。
④ 方霞：《养生保健类图书回顾和成功要素分析》，《科技与出版》2016年第11期。
⑤ 张晓昀、黄彦彬：《张琪论养生与防病》，科学出版社2015年版。

的泥潭。作者、编辑和出版社都应该履行应尽的职责，坚守职业道德规范，"杜绝编校质量低劣、违反科学常识，甚至危害群众健康的图书流向市场"①。

三 选题："大众化"与"针对性"的平衡

大众健康类图书往往扮演着"家庭医生"的角色，涵盖"医学常识、疾病控制、保健养生、健身、减肥、美容、孕、产、育、生殖健康等方面"②。如《冀连梅谈：中国人应该这样用药》（2013）从当前国人普遍存在的如滥用抗生素、滥输液等用药误区和国际上的临床用药知识入手，解析了30多种常见病症的用药问题；《吃法决定活法》（2015）以中医理论为依据，提供了有助于健康养生的家常食谱。这类选题的图书受众面广，阅读量大，"一本书全家读"③，能满足普通家庭对健康的基本需求。

但是随着市场的成熟，面向大众的健康图书不胜枚举，进行市场细分和读者定位是在竞争中获得差异化优势的"法宝"。研究者介绍了在大众健康方面不同出版社的优势领域："每家出版社都会有自己的势力范围，……如轻工社的饮食类图书、人口社的育儿类图书，在业界已有较好的口碑。"④

第一，"分众化"策略可以确定有针对性的目标群体，挖掘出更深层次的选题。如对读者的年龄、性别、职业进行划分，开发出亚健康调养、更年期调节、白领保健、青少年生理教育等图书。《非常医患对话：乳房那些事》（2019）通过100例乳腺病人真实案例的医患对话，讲解乳腺疾病的症状、辅助检查的选择、乳腺良恶性疾病的诊断与治疗、各种治疗方法的利弊、中医中药以及饮食保健品的禁忌，读者对象明确，针对性强。

第二，根据受众的特定健康需求，结合社会热点确定选题。2003年"非典"期间，《非典型肺炎防治知识普及手册》《非典型肺炎防治指南》《图说非典型肺炎防治》等科普读物相继出版，及时为受众提供了必要的健康知识。可见，突发事件、社会热点都可以为健康图书的选题提供灵感。研

---

① 方霞：《养生保健类图书回顾和成功要素分析》，《科技与出版》2016年第11期。
② 刘友良：《健康新时代医学科普图书的选题创新》，《科技与出版》2014年第6期。
③ 汤书昆、秦美婷、朱巧燕：《健康传播类图书的市场特点研究》，《中国出版》2006年第12期。
④ 石启武：《大众健康类图书的尴尬现状及其发展趋势》，《科技与出版》2010年第3期。

究者举例说:"狂犬病知识大家都知道,但随着养宠物的人越来越多,就需要反复普及这方面的知识。"① 再如,"疫苗"话题近来受到舆论热议,很多读者对于疫苗的必要性和安全性等方面存疑颇多,如果从"要不要选择进口疫苗""要不要接种 HPV 疫苗"等方面入手进行图书策划,容易吸引读者的兴趣。

第三,重视心理健康,关注心理疾病的防治问题。当前健康传播往往以生理健康的维护为主要目的,长期以来忽略了心理健康,导致国人对"抑郁""焦虑"等心理问题不甚了解,甚至有所误解。随着现代社会生活节奏的加快,心理压力的调适等问题也日益突出。健康类图书应该关注这一领域,让公众充分意识到心理疾病风险,学会促进心理健康的方法。当前在这一领域较多的是译著,如《手写人生:改变焦虑、抑郁和悲观的习惯》(2019)、《如何成为一个抗压的人》(2019),本土原创性的图书较少。

总之,大众健康类图书的选题应该在"大众化"的基础上更多考虑"针对性",明确读者对象,缩小范围,以避免内容的空泛。

四 内容:"科学性"、"人文性"与"实用性"的平衡

"未来健康类图书市场的竞争,……一定是既科学实用又不乏人文色彩,是医学专业和人文图书的'亲密接触'。"② 大众健康类图书连接"医学"、"身体"和"日常生活"三端:"医学"意味着出版物需要有扎实的科学依据和理论支撑,也要以健康素养的提升为目的;"身体"是健康的承载者,健康图书需要关照个体,依赖于身体叙事,富有人文色彩;"日常生活"是健康传播与教育的终端,健康图书要将健康知识落到实处,体现为起居、饮食、用药等方方面面。

(一) 科学性

科学性是大众健康类图书的"灵魂"所在,中医崇尚辨证施治、西医

---

① 刘友良:《健康新时代医学科普图书的选题创新》,《科技与出版》2014 年第 6 期。
② 张慧:《论健康类图书的质量控制》,《中国出版》2008 年第 9 期。

讲究循证医学，但无论何种医学体系，都不能妄下雌黄、信口开河，也不能仅凭缺乏科学依据的一家之言来进行健康科普。因此，在健康图书出版中要尤其注意内容的科学与专业。如《失传的营养学：远离疾病》（2016）在医学论证的基础上，介绍了营养医学的理论与应用，具有较强的逻辑性。

科学性的另一要义在于提高读者的科学素养，引导他们掌握基本医学知识，具备起码的疾病预防意识，学会在众声喧哗中"获取和理解健康信息，并运用这些信息维护和促进自身健康"①。针对健康恐慌、过度医疗、保健品迷信等问题，不仅要告诉读者要怎样处理，还要告诉读者为什么要这样处理。唯其如此，才能"在读者头脑中植入医学基本知识、方法和精神的框架"②。

（二）人文性

健康根植于对人性的体验与关切之中，所以人们从来不局限于生理学和病理学的范畴去讨论它们，"一触碰到健康的话题，很容易激发起关于躯体、情感、社会关系、生存状态的广泛联想"③。包括健康类图书在内的健康传播，应该倾注人文关怀。如胡冰霜教授的《与病对话：全科医生手记》（2019）一书将行医四十年的所思所想娓娓道来，启发人们透过疾病的表象，找寻生命的真谛。

疾病叙事是当前健康传播的范式转向，有些医务工作者开始尝试在冰冷的普通病历之外书写一份温暖的叙事医学病历，将术语堆砌的病例还原成充满生命力的故事。研究认为，如《只有医生知道》（2013）等书，通过讲述自己亲身经历的真实病例，能"唤起公众的情感共鸣和价值认同，……形成作者与读者的精神共同体，消解因专业知识而形成的隔阂"④，从而达到健康促进的目的。

与此相对的，病人的个体叙事也成为健康图书的一个亮点。"人类对身

---

① Simonds, S. K., "Health education as social policy", *Health Education Monographs*, 1974, 2(1): 1-10.
② 韩绍伟：《医学保健书籍繁荣的隐忧》，《编辑学刊》2007年第6期。
③ ［英］布拉克斯特：《健康是什么》，王一方、徐凌云译，当代中国出版社2012年版。
④ 刘双庆、李云帆：《健康传播视阈下健康类图书发展路径探析——以〈只有医生知道〉为例》，《中国出版》2013年第19期。

体、疾病、生死的思考已经深深嵌入我们的文化之中，不断生产出我们用来理解世界、组织经验和意义的框架。"① 随着医学知识的增加，很多人在被健康问题困扰时，都希望在临床医生的"权威医疗科学"叙述之外，能够获得创作和讲述自己故事的权力，以此回溯疾病产生的原因，追踪疾病的发展，预测给自身和家庭带来的影响，重新建立起属于自己的语境和故事线索，重构一度被疾病所摧毁的身份。

患病是一种独特的生命体验和情感体验，疾病所带来的生理上的疼痛与缺陷，以及心理上的焦灼与恐慌，使人们看待和呈现世界的方式发生了改变。"时间和空间发生巨大变化，外部世界以陌生的方式冲击着病患的感官。"② 诸如《此生未完成》（2011）、《当呼吸化为空气》（2016）、《都是好时光》（2018）等作品都是癌症病人在患病后抽绎出的关于病痛、生死的终极情感。

（三）实用性

各种健康理念都需要融入日常生活中才能完成"知信行"的传播链条，获得切实的健康收益。这就要求健康类图书同时兼具实用性，详细介绍具体养生或保健的操作方法，"单刀直入，直达主题，让人'一听就懂、一学就会'"③，便于读者应用。

如《让孩子不发烧、不咳嗽、不积食》（2014）一书，专门教授父母用食疗和心理学方法对症调理孩子的常见病，告诉父母什么时候该自己调理、用什么方法调理、什么时候该送医院、如何让孩子疾病不再复发，同时还附带孩子常见疾病的每个阶段不同疗法速查速用拉页，操作简便。《范志红健康日历2019》和丁香医生《健康日历2019》用日历体的方式，结合季节和节日的变化，每天用一两句话对日常生活中常见的健康问题和注意事项进行提醒和解读，适用于全民健康科普。

其他大部分按摩、食疗、健身等书籍也偏向于实用性，如《捏捏小手百病消》（2012）、《最简易对症按摩》（2013）、《这书能让你戒烟》（2014）、《顾中一说：我们到底应该怎么吃？》（2015）、《胃靠养，肠靠清》（2016）、

---

① 杨晓霖：《医学与叙事的互补：完善当代医学的重要课题》，《医学与哲学》2012年第6期。
② 宫爱玲：《现代中国文学疾病叙事研究》，博士学位论文，山东师范大学，2007年。
③ 方霞：《养生保健类图书回顾和成功要素分析》，《科技与出版》2016年第11期。

《睡眠革命：如何让你的睡眠更高效》（2017）、《图解舌诊：伸伸舌头百病消》（2018）、《泰式按摩》（2019）等。

五　形式："文字"、"图片"与"媒体融合技术"的平衡

大众健康类图书的传播对象是普通读者，很少具备专业的医学知识。因此在科学性的基础上，健康图书还应该增加趣味性和可读性，甚至可以尝试各种创新形式与手段，以吸引读者的眼球。"各学科的医学知识内容早已被各种出版物以各种版本出版过很多次，市场并不需要简单重复的资源浪费，需要的就是对内容的新形式包装。"① 具体来说，文字、图片和媒体融合技术都可以服务于这种包装。

（一）文字

大众健康类读物不同于专业医学书籍，文字应该力求流畅通俗、生动有趣。一方面，作者应该转变说教风格，拉近与读者的心理距离，增加文字的亲和力；另一方面，要将专业术语翻译为浅显易懂的健康知识，深入浅出地进行医学科普。

如《暖暖的女人不生病》（2015）从饮食、穿着、生活习惯和按摩四个方面阐述了寒性体质女性的保健方案，文字清新活泼；再如《皮肤的秘密》（2019）以极强的趣味性讲述了科学养肤方案，将皮肤比喻为"地下停车场"，在序言部分写道："忧愁与快乐都会带来皱纹，伤口愈合后会留下疮疤，……惊吓与开心都会让人泛起鸡皮疙瘩，……皮肤如同一座储藏有无数迹象与信息的大型档案馆"，读来妙趣横生。

（二）图片

随着读图时代的来临，各种形式的图片出现在大众健康读物中。插图的形象逼真，既可以活跃版面，增加视觉冲击力，也能帮助读者加深认知和理解。此外，有部分图书直接以图说、漫画为卖点，"反客为主，取代了大部

---

① 王静雪、孙宇：《浅谈漫画在医学科普图书出版中的重要意义》，《科技与出版》2016年第3期。

分的文字，打破了传统的知识传播方式"①。如《一分钟医学速记：协和医学博士的漫画笔记》（2013）、《漫画脑卒中》（2015）、《说医不二：懒兔子漫话中医》（2017）均采用漫画插图形式帮助读者快速了解医学知识，丰富读者的阅读体验。

（三）媒体融合技术

在媒体融合技术背景下，健康图书的传播形式又有了新的拓展。尤其是在涉及具体操作的时候，文字和图片都无法清晰地表达操作要领和规范，此时就需要借助影音视频。以往此类资料需要刻成光盘随书赠送，保存和观看都十分不便；现在则可借助二维码实现纸质传播与影像传播的弥合。如《从头到脚说健康》（2017）即将作者曲黎敏教授的讲座和操作过程拍摄成视频，制作成二维码附在图书中，读者可以在阅读的过程中扫码观看演示。

另外，原先在少儿科普图书中被尝试使用的增强现实技术（AR）也被创造性地用到了大众健康类图书中。如《取穴图解》（2016）、《3D儿童特效穴位图册》（2016）等开创了数字化的阅读模式，结合AR技术展示穴位取穴和经脉循行，将智能化的呈现形式与书本的阅读有机地结合起来，让出版物更好地服务于广大读者。

六　结语

从星光璀璨中走来，在种种乱象中迷惘，经过几年的"洗牌"和摸索，大众健康类图书如今积累了丰富的创作和出版经验，能够更成熟、更理性地看待市场竞争与社会需求，也初步形成了一个有序、可持续的出版格局。

"平衡之道"是对大众健康类图书的质量评判标准，同时也应该是对作者、编辑和出版方的自我要求。面临新的契机，面对国家对"健康中国"战略的长足规划和国民对健康问题的空前重视，健康图书应该承担起社会责任，创作出更多有血有肉、有滋有味的作品，为促进国民健康素养谱写华彩的篇章。

---

① 王静雪、孙宇：《浅谈漫画在医学科普图书出版中的重要意义》，《科技与出版》2016年第3期。

文化时尚传播

(主持人:唐亚蕾)

创意城市:里昂,一个法国的成功故事

弗朗索瓦·帕安赛奇 黄佶滢译

引 言

"21世纪是城市的世纪"[1],这个世纪的头20年,创意城市成为一种潮流。这种潮流源自两个转型的基本趋势,其中,经济层面的转型与创意经济支持下的创新附加值相关,社会层面的转型关系到一种超现代的生活方式,它伴随着很高的幸福感和自我意识,具有高值的普遍性和直接性,以及良好的用户体验[2]。

创意产业是新数字经济的一部分。所有国家的大小城市都在竞争,他们努力跻身这个新经济中,试图了解什么才是该国最具创造力的城市。事实上,我们很容易注意到,每个城市都可以自诩有创造力,并由此进行自我宣传。如果一个创意城市每次的转型过程都是不同的,那么它就依赖于共同的元素,尤其是那些企图提升城市创造力的国家或地方的公共政策。我们不能仅将这种创造力视为一种个人技能,而是要将它放置在经济水平和战略的高度。这种经济正在全球方兴未艾,它提供了新的工作流程、创造价值的新方法,以及新的生活方式。

发展创意城市离不开坚实的传统、数字经济和品牌形象。"因此,创造

---

[1] Landry, Ch., *The Creative City—A Toolkit for Urban Innovators*, London-Sterling, VA Comedia Earthscan, 2008.

[2] Florida, R., "The new politics of class war point to a frightening future", *The Globe and Mail*, 2008, available here, http://www.creativeclass.com/rfcgdb/articles/The%20new%20politics%20of%20class%20war%20point%20to%20a%20frightening%20future.pdf.

力将成为投资这种新自由主义式的城市资本主义的华丽修辞。"① 这些富有创造力的修辞和词语塑造了新的形象，它们让创意创新成为现实，使人们更好地接受创意城市。别忘了在城市政治的行为框架下，运用语言和行动的力量来改变现实并不是什么新鲜事，这其实是个古老的原理。例如，为了改造城市的一个新区，房地产开发商不会仅仅谈论技术或每平方米的价格，还会通过海报、影片或者公寓模型，向我们展示一个有湖光山色、公园车站的情境。他们给我们提供了一个幻想中的世界，那里有房屋、绿地，当然还有标语，毕竟标语正是被用来改造新区的。由于人们通过观念和图像与场所产生联系，所以场所品牌的适用性取决于城市形象的建设、沟通和管理②。这一古老原理在许多维度上都起作用。创意产业带来了创意城市，使它衡量着城市的遗产，由此，创意城市不仅是一种提升商品和生活方式的手段，同时也是旅游、手工艺、电影、文化遗产等创意经济的品牌、形象和市场。

这就是为什么本文将分析法国里昂的研究案例：里昂案例的成功正是本文想要揭示和解释的问题，它是快速转型为创意城市的典型。在不打破两者之间的连续性的前提下，里昂完成了将城市形象从旧的时尚传统转向现代性和创造性的重要挑战。事实上，里昂是一个很好的学习案例，因为：①里昂在法国三大创意城市中位居第一③；②里昂的城市品牌"ONLYLYON"将被销售和播出；③里昂城市创新的故事已经讲了15年，所有的"故事设想"都获得了成功。

为了全面地理解里昂，首先，我们需要去定义什么是创意城市，理解该过程的最终目标；其次，我们需要分析推动这种转变的主要角色和其联盟"里昂经济发展局Aderly"的力量；最后，我们将揭示里昂在15年转型过程（2004—2018）中的三个战略步骤。

分析和解释里昂，就是讲一个故事。

---

① Keil, R. & Boudreau, J. A., "Le concept de la ville créative: la création réelle ou imaginaire d'une forme d'action politique dominante", *Métropoles*, n°7, 2010.

② Kavaratzis, M., "City Marketing: The Past, the Present and Some Unresolved Issues", *Geography Compass*, Vol. 1, n°3, (March 2007), pp. 695–712.

③ 另外两座城市是Saint-Etienne和Enghien les Bains，三座城市于2013年成为联合国教科文组织（Unesco）认证的创意城市。

一　什么是创意城市？

兰德里认为，创意城市向我们提出了这样一个问题：城市是如何成为创新中心的？[1] 但与此同时，"创意城市的理念是为了提高市政设施的生产力并促进经济增长"[2][3]，里昂的案例就很好地展示了这点。

首先，我们很有必要理解创意城市是一种工具，一种经济工具、政治工具和加工工具。这一概念允许在完全真实的基础上发展出丰富的形象与想象，以维持一种主导政治行动的形态。[4] "城市虽然在不断运动着，但它成为了集体行动、创新、利益聚集机制、谈判和冲突的中心"[5]，也成为"创意城市"这一概念迅速发展的温床。这类城市同时也是新型消费者、市民和年轻工人的居住地，理查德·弗罗里达为此下了定义：创意城市是艺术家、创新者、改革者居住的地方。但事实上，创意阶层并不是一个真正的社会阶层，这些个人、家庭不过是采取了另一种生活方式。2018 年，里昂成为法国创意执行者最宜居的城市[6]。这一社会群体的身上体现着由创意经济建构的价值观，在他们的传播中，这种价值观变得清晰可见。对弗罗里达来说，"创意经济的兴起引发了社会价值观的转变。宽容、多元化和自我表达受到珍视，其中多样性和自我表达成为创造性经济繁荣和运转的必要条件"。这种观点承诺了另一种生活方式，但它同时显示了城市竞争中的新约束：文化和艺术家沦为工具，城市的生活质量通过他们得到提升，城市空间成了吸引企业的框架。联合国教科文组织的规划定义对创意城市给出了完美的解读：

---

[1] Landry, Ch., *The Creative City—A Toolkit for Urban Innovators*, London-Sterling, VA Comedia Earthscan, 2008.

[2] Vivant, Elsa, *What is a Creative City?*, Paris: Presses universitaires de France, 2009, p. 89.

[3] Keil, R. & Boudreau, J. A., "Le concept de la ville créative: la création réelle ou imaginaire d'une forme d'action politique dominante", *Métropoles*, n°7 (2010).

[4] Roger Keil et Julie-Anne Boudreau, "Le concept de la villecréative: la créationréelleouimaginairedˈuneformedˈactionpolitiquedominante", *Métropoles* 7 | 2010, http://journals.openedition.org/metropoles/4339 Translation by the autho.

[5] Le Galès, P., *European Cities: Social Conflicts and Governance*, Oxford University Press, Oxford, 2002.

[6] Vivant, E., *Qu'est-ce qu'une ville créative?*, Paris: Presses Universitaires de France, 2009.

创意城市承诺分享它们的最佳实践，并与公共部门、私营部门和非贸易公司建立伙伴关系，用以：1. 加强活动、商品和文化服务的创作、生产、流通和传播；2. 发展创意和创新的边界，并拓宽文化界创造者和专业人士的机会；3. 改善文化生活的接触参与度，要尤其关注弱势群体；4. 在可持续发展规划中，充分融合文化与创意。①

在这一阶段，我们必须提出并发展创意城市文化的基本方面：数字特征。事实上，这种城市新文化的获取、传播和共享主要是通过网络或社交媒体、网络电视、合作平台等数字工具来实现的。在现代性的困境（当代悖论）中，创意城市的一个特征已显而易见：大多数的城市活动和文化事件都是面对面进行的，他们通常发生在城市的某一现实地点或是历史名胜。但是，关于这些活动的信息和广告只能通过特定的应用程序和社交网络来获取，社交网络放大了社区的概念，形成了创意人群社区。

所言即所行，这一功能性的特征强调了创意城市在多大程度上构建了它自身，通常情况下，这远不是新事物。这就是创意城市回归"文化调度"②的原因，尽管重点关注文化方面，如遗产、传统、历史价值，这种"文化调度"仍是基于公共行动的地缘维度。在创意城市战略和城市政策中，一切都是文化的，因为"文化一词被定义为生活方式，它含义广泛，包括许多活动领域：经济发展，健康，教育，社会行动，赋权，旅游，城市规划，休闲活动，当然还有艺术创作"③。只有强大的修辞语域才能将所有这些城市事实转化为文化事实。为了使自身具有创造性，城市会使用三个互补的行动语域：统治、消费和生产。统治就是把使城市具有吸引力的经济行动者或联盟放在首位（如年轻的行政人员、艺术家、佛罗里达的创意阶层等），至少可以增添城市的经济价值。消费是为了展示城市和居民的繁荣，它首先体现在建筑、住宅和住宅区位上，其次体现在购物中

---

① https://fr.unesco.org/creative-cities/content/à-propos.
② Bianchini, F., Parkinson, J. (eds.), *Cultural Policy and Urban Regeneration*, *The West European Experience*, Manchester, Manchester University Press, 1993.
③ Ambrosino, Ch., Guillon, V., "Les trois approches de la ville créative: gouverner, consommer et produire", *L'Observatoire*, 2010/1 (n°36), pp. 25 – 28.

心、奢侈品商场以及品牌大道上；再次，消费模式都是围绕着城市的工业成功而建立的，比如古老的里昂丝绸工业，或现代的里昂高温烹饪和制药工业。生产就是通过新的城市体验、新的用户体验来产生象征意义，使城市具有创造性。

网络工作者是三个语域建立连接的而关键部分。要想成功关联三个语域，有两种联系似乎是必需的。一种是横向联系，在城市的文化规划中分享所有的文化活动；另一种是纵向的市民与行动的联系，使城市活动变得生机勃勃起来。每个新闻或行动都需要网络工作者，他们围绕与城市遗产（主要是工业遗产）相关的文化，以城市行为的形式和规范来发展城市的创造力。"从这个角度看，支持创意城市的政策重点不再是巩固文化成果，而是使当地的工业技术永久化，并为创意环境的出现提供便利条件。"[1]

至少，这个创意城市是由经济玩家们制定的战略建立起来的，它的居民参与了复杂的管理，丰富的行动事件，动员了乌托邦的另一种生活方式，试图增加城市象征价值的营销概念[2]。在乌托邦和营销之间，创意城市的概念需要通过战略和联盟来构建。在法国，里昂的案例就很好地展示了两个语域之间的关系，城市和话语在行动中变得更具有创造性。

二 如何成为创意城市？

在第二部分中，我们的目标是了解里昂正在如何创新。

事实上，这个过程的核心是品牌城市的行动计划与传播。

"今天，城市不再局限于行政的边界，而是延伸到大都市：城市品牌化是城市融入社会的结果。"[3] 仅仅有巴黎埃菲尔铁塔或北京故宫这样的标志是不够的，一个城市迈向创意城市的第一步，就是建立起带有标语的、且具象征性的名字。它们使城市抽象化，并塑造了城市品牌[4]。举例来说，城市

---

[1] Ambrosino, Ch., Guillon, V., "Les trois approches de la ville créative: gouverner, consommer et produire", *L'Observatoire*, 2010/1（n°36），pp. 25 – 28.

[2] Pignot, L., "Présentation", *L'Observatoire*, Vol. 2, n°52, (May 2018), pp. 7 – 8. https://www.cairn.info/revue-l-observatoire-2018-2-page-7.htm.

[3] http://www.brandingthecity.com.

[4] Maynadier, B., *Branding the city, une étude du marketing des villes*, éditions Universitaires Européennes, 2010.

品牌的概念就应当像"Lond-On"、"I Amsterdam"、"Be Berlin"、"Madrid about you"或者"首都巴黎"这样。我想重申的是，这并不是什么新鲜的做法。纽约是第一个创建起城市品牌的城市，早在1976年米尔顿·格拉塞（Milton Glaser）就为纽约设计了"I♥NY"（我爱纽约）的标志。"这个简易的宣誓'爱'的字符设计，是为了开展积极的城市运动，用来打破犯罪时期纽约旅游业大萧条的困局。"①

但这是不够的，标志和口号只是城市的类象符号，要赋予类象符号意义和象征力就必须利用创意产业。创意产业既为传统的工农业城市，也为更加现代化的城市提供了经济和社会的新未来，使其在服务业经济中的地位得以加强。为了实现这一目标，我们有必要支持创意产业，将创意、盈利生活和新的生活方式融入当地支持新经济的政策之中。这就是创意产业被大众所接受的原因，它吸引了创意阶层、改革者、网络工作者和数字经济的参与者。

里昂的城市战略始于2004年，以"ONLYLYON"为口号。这是一个将旧城改造为创意城市、改善城市形象战略的具体案例。这个有趣的战略工程浩大，并已取得了巨大成功：2017年，里昂被评选为法国最具吸引力的、最宜居的城市②，仅次于首都巴黎。

三 ONLYLYON 的市场定位

里昂城市规划的早期阶段始于2014年。那时的里昂不像现在引人瞩目，因为里昂的两大历史特征看上去并不那么吸引人。像其他的准创意城市一样，里昂做了一个标杆管理研究以了解自己的城市形象。两年的研究结果表明：①里昂的知名度很低；②它的形象和名声很差；③它没有得益于应有的地位和经济价值。有两个原因可以解释这种现象。

首先，这个非常古老的法国城市以其悠久的历史闻名。事实上，里昂源于罗马帝国的杰作"高卢首都"。这座城市浸淫在法国—罗马的历史以及接下来的基督教历史中，在里昂的考古博物馆、有着圆形剧场和神龛的宏伟的罗马遗址，或是强大的基督教文化中，这些历史格外显现。但这些遗产看上

---

① http://www.marketing-territorial.org/article-histoire-du-logo-i-love-ny-80884772.html.
② Economist.com，2017.

去太老了。里昂的遗产把这座城市禁锢在过去，禁锢在古老的历史之中。一些作者指出，所有在转型中的城市都面临经济问题，由于它们的潜力没有被很好地开发，甚至很少被开发，这些城市的经济发展往往不像预期的那么高。正如书名为《文化越来越成为城市的一桩生意》①一书中所言，里昂必须改变过去，将厚重的历史转换为经济的力量。作为一个古镇，历史赋予了里昂厚重的过去，一个具有社会影响的历史血统，而创意城市战略则假定，任何围绕艺术和文化的战略都具有积极的社会影响②。这些战略例如：结合人民、联合新的社会团体、建立共同的参照物和相似的生活经历。

其次，里昂是19世纪中叶非常重要的工业城市。早在16世纪文艺复兴时期，里昂被称作法国的丝绸之城，其丝绸商人在欧洲赫赫有名；到19世纪中叶，丝绸贸易已经拥有865家公司和12.5万台织布机，马克思还就此写了他的首篇文章！但如今，丝绸生产和贸易不再是里昂的首要特征，法国丝绸质量上乘、非常昂贵，但它要与所有新兴纺织品工业和外国纺织工业竞争。曾经的丝绸融入了里昂的历史，却未融入经济。但丝绸文化仍是法国文化的重要组成部分，因为丝绸意味着奢华、高级时尚，丝绸产业已被英国数字、文化、媒体与体育部门（DCMS）在年度报告中定义为创意产业③。这种转变是必要的，也是可能的，因为"创意产业处于艺术、文化、商业和技术的十字路口，在一个由图像、声音、文本和符号主宰的当代世界中"。④第二个千禧年初，一些强大的公众经济行动者决定改变里昂的生活方式。他们通过塑造城市营销的意识形态（将创意产业/创意城市作为管理、生产、生活和消费的新方式）和有计划的具体策略（词语、修辞话语、象征行为）来达成这一目标。这个被称为"ONLY LYON"的伟大计划，用四个步骤讲述了它的故事。

第一步：城市主要参与者的（旧）联盟。

显然，要想改变现实，参与者需要建立并传播一个新的城市形象。在这种情况下，这个战略的重要意义就在于和所有最著名、最强大的行动者进行

---

① Zukin, Sh., *The Cultures of Cities*, Oxford, Blackwell, 1995.
② Belfiore, E., Bennett, O., *The Social Impact of the Arts: an Intellectual History*, Palgrave Macmillan, 2008.
③ "Department for Culture Media and Sport Annual Report 2007", Available at: https://assets.publishing.service.gov.uk/government/uploads/system/uploads/attachment_data/file/243279/7104.pdf.
④ 联合国贸易和发展会议：《创意经济：一个可行的发展选择》2010年报告。

合作，合作不限于地理上的城市范围，更要在辖区内拓展。里昂的成果要归功于两类参与者。首先，自然是政治方面的参与者，如市长、市政人员；其次是经济上的参与者，这其中，我们发现了里昂案例的特殊性。二十多年来，里昂境内的几个经济和公共伙伴始终聚集在一起。里昂与里尔、波尔多和斯特拉斯堡一起，成为法国第一批与周边城市结盟的城市。1966 年 12 月 31 日，第 66—1069 号法律提出了建设城市社区的可能性，1969 年 1 月 1 日，里昂的城市社区 Courly① 就建成了。后来，1991 年的国家领土改革把 Courly 改造成"大里昂"（Grand Lyon）。"大里昂"重新集结了 59 个城市，它的总管通常由里昂市长担任。为了稳定多数，在雷蒙德·巴雷市长（1995—2001）② 和社会党人杰拉德·科洛姆③（2001—2014）的授权下，"大里昂"的行政人员中还包括来自其他政治派别的副总管。1974 年起，随着行动者联盟的发展，地方政府成立了另一个非常特殊的联盟——Aderly。

  在法国，机构参与者和私人参与者首次达成了共同的愿景。在创建 Aderly 的过程中，里昂的工商联合会、城市社区、跨专业协会、法国企业的地方运动、里昂–罗讷雇主联合会（由罗讷省于 1989 年加入）共同服务于当地和企业，创造了一种新的治理和伙伴关系模式。④

这个强强联手的项目名为 Aderly，是里昂的经济发展局。Aderly 的使命是："促进里昂地区发展，确定和建立新的投资、创造价值和工作岗位。"⑤ 为了实现这一目标，Aderly 主要采取了三项行动。①探测：识别、联系和劝说企业在里昂落地；②推广：宣传里昂及其资产，让企业自发地在里昂建设；③业务设置：支持和促进里昂地区的业务设置。

此外，Aderly 几乎聚集了所有与大都市相邻的城市参与者，他们就职于地区级的管理层、国际机场、最大的会议中心、最优秀的学府以及最著名的

---

① "Community Urban of Lyon", https：//fr. wikipedia. org/wiki/Communauté_urbaine_de_Lyon.
② Who was Prime Minister of President Giscard d'Estaing（1981—2002）.
③ Who is the interior Minister of President Macron since May 2017.
④ https：//www. aderly. com/about-investinlyon/1974-2014-40-ans-dimplantation-laderly/.
⑤ https：//www. aderly. com/.

公司。这群参与者已经密切合作长达 30 年，他们曾策划了 2004 年的"大里昂"转型。

Aderly 与"大里昂"（于 2014 年改名"里昂大都会"）一起，发掘了里昂的潜力，在过去的 5 年后他们把里昂变成了一个经济实力更强的、富有创造力的城市。这一非凡的成绩值得称道[1]：2017 年，里昂成为巴黎的第一大竞争城市；在对欧洲投资者最具吸引力的城市中排名第六；是世界第 15 大创新城市、第 19 大最具吸引力的国际投资大都市。

作为经济杠杆的创造力使城市变得引人入胜，也成就了 Aderly，而这一切出现仅仅是因为它允许城市根据标志和排名来宣传自己的创意。但这一过程"不再是建立在唯一的政治唯意志主义的基础上，而是通过集体行动的缓慢建成的，即行动者们通过各种动员和重新辩护的方式来触发过程"[2]。对于 Aderly 和"里昂大都会"来说，ONLYLYON 这个长达 15 年的行动计划成了城市的品牌，但事实上，ONLYLYON 也是负责城市品牌战略和传播的实体。"ONLYLYON 既是国际市场营销计划的品牌，也是它的名称。2007 年，ONLYLYON 由 13 个机构合作伙伴创建，它旨在建立起城市的国际声誉，渴望吸引人才、投资和游客，使里昂在全球城市日益激烈的竞争中确保其竞争力。"[3]

第二步：国际品牌城市化。

长期以来，所有营销人员和设计师都知道，一个品牌需要好的标识和助记口号来象征产品，为消费者提供社会表征。为了使城市富有创意，Aderly 与市场营销机构 NeWorkWork 合作，专门从事区域推广工作。2004 年，ONLYLYON 这个名字凭借三大亮点成功入选：首先，它是城市名字 Lyon 字母变序；其次，音节 LY 一语双关，既代表城市名称（Lyon）又体现了独特性（only）；最后，这个结合了英语（only）和法语（Lyon）的品牌具有国际象征意义。而在英文中，副词都以"ly"结尾，将 ONLYLYON 与副词关

---

[1] "Lyon is the 1st French smart city", http：//www.onlylyon.com/en/discover-lyon/innovation.html.
[2] Saez Guy, "Une (ir) résistible dérive des continents. Recomposition des politiques culturelles ou marketing urbain?", *L'Observatoire*, 2010/1 (n°36), pp. 29 – 33. DOI：10.3917/lobs.036.0029. URL：https：//www.cairn.info/revue-l-observatoire-2010-1-page-29.htm.
[3] https：//placebrandobserver.com/branding-city-region-case-study-onlylyon-france/.

联，它的三大亮点则大大增强，这些语义噱头更加呼之欲出。ONLYLYON 成为里昂在国际舞台的传播策略和区域营销的中心轴，在分析这一步骤时，修辞学在媒介和伴随话语中的地位和作用是非常重要的。

城市品牌首先是一个标志和词语，但在里昂案例中，LYON 也是一个形象。法语里 lyon（里昂）的发音与 lion（狮子）完全相同，都是［ljɔ~］，因此，人们读 LYON 时，内心会立刻想到狮子的形象。在欧洲，狮子是动物之王，它象征着力量。在西方历史上，狮子也成为强大城市的象征，例如威尼斯。

因此，这个城市标语的作用在三个角度上殊途同归：语义上的双关、词尾的妙用以及副词和狮子的视觉形象传播。

图 1　里昂城市标志实景图

但是，达洛的 ATAWAD① 逻辑告诉我们，品牌效率必须与它的传播效果相乘。

根据区域营销原则②，城市品牌需要被使用、被传播、被分享和尽可能地被呈现。对于里昂而言，为了使品牌适应各种用途，城市战略倾向于主要通过两种工具来共享分配：城市雕塑和词汇。

---

① ATAWAD 是 Xavier DALLOZ 在 2002 年注册的商标，它表示：任何时间（Any Time），任何地点（Any where），任何设备（Any Device）。

② Gollain, V., (dir) *Attractivité et compétitivité des territoires*, CNER Editions, 2015.

1. 城市雕塑。图1中这个红白相间的雕塑包含了城市标语和狮子，随着里昂活动事件的地点变化，这些雕塑会被战略性地摆放在城市的不同位置。例如放在历史悠久的贝勒库尔广场，或在节假日期间放在国际机场以及著名的娱乐场所，如奥林匹克体育场或一些博物馆等。这个综合体的本质代表着里昂的灵魂，它成了里昂的象征物。

图2 里昂城市标志语义

2. 词汇。图2是各种各样用来描绘里昂的词形成的一个特定词汇表。这些词大多是副词，比如骄傲地、优雅地、公开地、巧妙地等，它们使里昂成为一个非凡的创新者。有了词尾的"ly"，里昂就拥有了这些副词的所有品质，因为这个城市已经用它的名字来形容自己了。

通过这种文字游戏，ONLYLYON推出了一个精明独创的策略：对关系维度进行深入研究，使品牌生机勃勃。为使城市品牌在词汇和大胆的语义中占有一席之地，里昂付出了巨大的努力。例如：生动地、完美地、普遍地、明亮地、公开地、雅致地、自然地，当然还有创造性地！

但是这些工具还不足以将城市转变成创意城市。因为创意不在于语言，而在于行为，创意的附加价值来自遗产的象征部分，来自实地的体验，这种体验也不只存在于消费和贸易层面。创意是过程的象征部分，它来自记忆、来自氛围、来自友谊、来自感觉、来自人们（和用户）的体验。而新的生活方式，比如在社交网络上与朋友分享经验，则看重每一个人的创意。

第三步：分享和社区。

对于品牌来说，营销人员会从管理的角度把它视作"领先的社区"，类似于俱乐部。对于里昂而言，这是城市品牌战略的关键因素，因为将城市转化为创造力的过程是围绕着大使网络构建的。这些大使可以是机构、公司、贵宾，也可以是任何人。最重要的是，Aderly 随后提出了一个有趣的战略愿景：用关系型的方式来促进城市的发展，使城市呈现出传播计划的两个特点。第一，大使社区发展了"行动中"（in act）这个品牌，使它不局限于演讲和标识中，这点我们会在后文做进一步解释。第二，战略强调分享所有的传播元素，而不是小心翼翼地进行防范。通常情况下，商标、图像、品牌照片都受到版权许可的保护，但在里昂案例中，情况恰恰相反，ONLYLYON 战略提议与各类大使、访客分享战略要素。

事实上，所有人都可以从 ONLYLYON 网站上下载图片、照片、字体、标识、演示文稿，以便于交流讨论。从传播策略的角度来看，它是 ONLYLYON 语篇和大使语篇之间的混合体。这种方法源自两个主要的想法。首先，在所有大使的帮助下，里昂提议增加城市标志的分配，使每个市民尽可能地接触它。城市标志可以是一个在里昂学习的外国学生，也可以是一个组织年会的公司，或者是一个文化国际活动，比如灯节。其次，不论远近，要发掘并展示与里昂有关的创意人士，他们可能来自公司、社区或者城市的某区。这样一来，分享使用 ONLYLYON 战略的视觉元素的人或组织就会发挥自己的创造力。

在这一点上，ONLYLYON 战略似乎非常接近流行的"大众创新"的概念，因为它为每位大使提供了一种象征性的利益。战略用这种与感激和名誉联系在一起的利益换取大使们的创造力，以提升城市形象。

正如自称为"创意先生"的约翰·考[1]所言，这个概念假设"我们现在都是创新者"。因为创造自由是一种强大的力量，ONLYLYON 使用了这个概念的第一主要原则："最好的创新政策可能是做得最少的政策。"[2] 这其中，

---

[1] https://johnkao.com.

[2] https://www.economist.com/special-report/2007/10/11/the-age-of-mass-innovation.

社区带来了大众，自由则带来了服务于城市形象和知名度的创意创新。

第四步：与 ONLYLYON 的大使建立联系。

这个大型社区的主旨是引入一种转移机制，因为每个人的创造力都增加了全球象征性利润。所有这些社会行动都具有社会效应，它们可以成为改变城市生活和城市形象的杠杆。其实，分享是一种声名狼藉的交易。那些大使往往是俱乐部会员，甚至是 VIP 会员，城市则从会员的行动中获益，以提升自己的形象。

这些 ONLYLYON 的大使社区是独一无二的：它聚集了企业和行政人员、协会领导人、文化行动者、公民、里昂居民、外国人和贵宾。他们中的一些人属于文化或艺术团体，但其他人并不从事创意业务，他们只是里昂的业余爱好者、里昂的居民、公司高管。为了激发他们的创造力，ONLYLYON 需要将这些人和机构联合起来，帮助他们制作内容或传播他们的行动，这就是为什么这类群体受到了里昂周边利益社区的欢迎。大使社区通过网络战略发展起来，在共享信息的同时联合周围的人群，以促进城市的发展，这成了一个伟大的转型战略。

图 3　NOLYLYON 大使社区标志

ONLYLYON 会动员那些已经在活动中为城市声誉作出贡献的人，让他们参与地区的国际宣传。他们有的自发地聚集在里昂周围，有的通过联系人活跃于这个圈子内。这些大使，不论是居住在里昂或移居国外的本国人，还是喜爱里昂的国际人士，都会通过专门为他们服务的外联网与他们的同伴取得联系，并永久置身其中。

就像之前说的，ONLYLYON 大使社区是一个"行动中"的品牌，它并没有停止官方的宣传，而是充满活力、不断更新。

要了解这个独特的社交网络,我们首先要了解的因素是成员们的使命:吸引、动员并参与地区的国际推广。每一类大使都有自己的行为方式,比如商业经理与商业经理交谈,艺术家与艺术家交谈,工艺师与工艺师交谈,学生与学生交谈,等等。这个框架一步步宣传和扩大了ONLYLYON策略,吸纳了越来越多的人,变得越来越多元化。这个社交网络把大使们联系起来,建立起专门为他们服务的平台。大使可以在其中发布消息,推广他们所领导的行动。每年,ONLYLYON会支持大约40个大使项目,因数量之多而闻名海外。这些项目里最出名的是一些社会活动,比如"法国周"举行的关于烹饪、生活方式、品位、习语等方面的活动。大使社区的活动之丰富一共要归功于三个因素,最主要是因为它是由一个来自里昂的交流团队监督和陪同的。

其次需要知道的因素是,社区成员也可以通过ONLYLYON免费提供的工具得到帮助。比如外联网平台,Facebook账号,以及地点和展厅。任何大使都可以用这些专业工具来开展活动,这些资源对于创业公司来说是很好的获利机会。例如,从2010年开始,ONLYLYON在上海建立起了自己的空间,专门为法国社区的活动提供便利。这座楼高4层、占地面积3000多平方米的绿色建筑为大使们提供了在上海的办公室和一个叫作Erai的开放实验室。建立开放实验室是创新战略的一部分,因为它"由多元的行动者支持,既是一个地方也是一种渠道,它是通过实施协作、迭代和开放的过程来更新创新和创造的模式"[①]。开放实验室Erai允许ONLYLYON社区的成员分享他们的想法、目标和行动,它成了各种协作想法的发源地。同样地,从2012年起,ONLYLYON还获得了:

  一个独特的国际推广空间:"天窗"。它地处迪欧区和里昂世界贸易中心,位于氧气塔的第二十七层,置身其中可以180°全景观察整个城市。
  该空间被设计成一个久负盛名和富有创新精神的地方,它提供了对该区域资产和抱负的总体介绍,用于接待访问里昂的正式代表团,其中包括与ONLYLYON合作的战略伙伴。创立以来,它已接待近

[①] Mérindol, V., Le livre blanc des Open Lab Quelles pratiques? Quels changements en France? Paris School of Business, NewPIC chair, Paris:ANRT, 2016, http://www.newpic.fr/wbopenlabs/anrt-newpic-livreblancopenlabs-synthese.pdf.

10000 名游客，举办 400 次活动，包括了如昆汀·塔伦蒂诺的新闻发布会，国际新闻发布的灯火的节日，英国的大使的欢迎仪式，以及与国民议会主席会面仪式。2014 年，空间又增加了一个灯光装置，用以向灯光之城和里昂在这一领域的专业知识致敬，同时也增强了这个场馆的独特氛围。①

这类场地成为所有 VIP 会员俱乐部的娱乐、社交或洽谈场所，以及他们的客人们进行商务交流的战略性场所。

此外 ONLYLYON 也提供其他种类的服务。法国商务中心允许 ONLYLYON 记录中国的法律结构，它们提供了一个专门的服务小组，以满足公司发展的需要。在里昂，我们有新的中法协会，帮助中国丝绸公司和工匠与里昂合作。Aderly 的团队每年帮助大约 100 家公司在里昂落地，包括来自美国的 GunZyMe、Mylana 和 McKinsey，来自日本的 JTEKT 和 MNICON，来自中国的华为和英利光伏，来自瑞典的 Alfa Laval 和来自加拿大的 Westport。

最后，因为行动的规则简单，这个社区非常活跃。想成为大使的人必须有持续促进城市发展的愿望，规则规定大使每年必须领导一次行动。迄今为止，社区每天有近 2.5 万名大使在世界各地执行近 66 项行动。他们在世界各地同时出现，不断更新，始终充满活力。这种新的交流方式非常有效，因为它发生了根本的改变，成为网络的社交部分②。现在，人们不再是在不同的时间对不同的目标传播相同的商业信息，而是以不同的方式、不同的主题，和不同的人谈论里昂。分享、执行、合作、公开和自由是社区传播策略的关键字。这是 O'Reilly 在 2004 年基于 Web 2.0 理念开发的应用。这个社交网站"涵盖了网站和软件的设计开发，以支持和促进社交互动"③，它促进了社交网络和社区成员之间的互动。

事实上，这种举措是非常大胆的，因为并非每位大使都精通 ONLYLYON 的传播原则，他们往往可以自由地组织活动，发表言论和观点。不

---

① http：//www.onlylyon.com/en/onlylyon/the-skyroom.html.
② Florence Millerand, Serge Proulx, Julien Rueff, *Web social*, *Mutation de la communication Québec*, *Presses de l'université du Québec*, coll. Communication, 2010, p.374.
③ Porter, Joshua, *Designing for the Social Web*, Berkeley, CA: New Riders, 2008, pp.1 – 32.

过，由于大使从中获益颇丰，这一社交网络运作地井然有序。公司在其中寻找合作伙伴，外籍人士在其中相互结识，新兴的公司和人群被互相激励影响着。我们在这里非常清楚地看到，委托给大使的传播组织有一个目标，就是激发每一个大使的创造力。每个 ONLYLYON 大使会根据自己的目标和经验，以自己的方式利用这个品牌。这正是网络的社交部分[1]。

至此，我们呈现了创意城市的基本要素：自由准入、共享、行动自由、共同目标、发展遗产与体验。它们共同创造了一种象征意义上的附加价值，它通过大使的行动得以传播，使"里昂体验"为世界所知，因此这种附加价值又反哺了这座富有创意的城市。正如主旨所言："做 ONLYLYON 大使，让里昂遍布世界。"

我们很容易理解大使网络能给大使和 ONLYLYON 的联络小组带来好处，但值得强调的是，里昂的居民也可以充分利用这一新组织[2]。城市品牌战略的实施需要在品牌目标和当地社区的广泛支持之间取得良好的平衡。里昂深谙此道，因此一开始，每个行动都是以城市的国际推广为目标，按照国际标准来设计的。最终，转型由三类伙伴组织起来：ONLYLYON 的专业人士、大使和居民，以达到三个目标：名声、经济发展和大规模社会变革。城市推广需要从城市中得到具体的元素来进行推广传播以及利用，继而让城市具有创造性。所以，要做到这一点，城市推广不应仅是一个传播计划或是网络策略。

五 成为一个创意城市

为了成为具有良好的国际排名的创意城市，里昂市制定了基于其地区的重要行动，这是成为创意城市的核心。这些行动表明，创造力也必须"从社会政治环境的角度来理解，在这种环境中，创意创新被当作工业社会和后工业社会的核心要素。如今，创新不再局限于创意阶层，而是成为一种社会范式，它包括我们可能称之为'创新使用'和'自我创造'的东西"。[3] 最

---

[1] Florence Millerand, Serge Proulx, Julien Rueff, *Web social*, *Mutation de la communication Québec*, Presses de l'université du Québec, coll, Communication, 2010, p. 374.

[2] Kavaratzis, M., "Cities and their brands: Lessons from corporate branding", *Place Branding and Public Diplomacy*, 2009, 5 (1): 26-37.

[3] https://clue.vu.nl/en/research-themes/paradigms-of-creativity/index.aspx.

重要的是，将城市变成一个创意城市，是与地区层面的治理过程密切相关的，这种治理过程标志着公共行动[1]。这就是为什么最有名的行动的参与者往往是里昂的公众，他们加入了三种创造性范式：①文化范式；②类似于合作的"全面福祉"范式；③共享范式[2]，他们共同支持"文化规划"[3] 转型。"为了使生产和销售文化的过程更加透明，城市需要制定政策，公开那些得到支持的文化归属谁，在什么时候、为了什么目而获得支持。"[4]

（一）文化与艺术

文化方面，当地的公共政策显示出为著名的文化场所增加价值和发展城市遗产的强烈意愿。近些年，当地新开了两家博物馆。其中一家叫作"合流博物馆"，于 2014 年对外开放，它位于里昂半岛的顶端的河流交汇处，建在城市旧海港区的一幢非常特别的现代建筑内[5]。"合流博物馆坐落在罗讷河和塞纳河的交汇处，是里昂的必去景点。它位于由金属和玻璃构成的纪念性建筑的中心地带，带领着游客们进入一场穿越时空全球之旅。"[6]

另一个博物馆是 2009 年开业的加达涅博物馆，它坐落于建于 16 世纪的古老建筑加达涅宫。这座博物馆给了游客"探索里昂的钥匙。它期待着游客探索到里昂迷人的历史：从昔日的高卢首都到今日的欧洲大都市"[7]。

---

[1] Ambrosino, Ch., Guillon, V., "Les trois approches de la ville créative: gouverner, consommer et produire", *L'Observatoire*, 2010/1（n°36），pp. 25 – 28.

[2] Philippe Bouquillion, *Bernard Miège et Pierre Moeglin: L'industrialisation des biens symboliques: les industries créatives en regard des industries culturelles*, PUG, Grenoble, 2013.

[3] Bianchini, F., Parkinson, J. (eds.), *Cultural Policy and Urban Regeneration*, *The West European Experience*, Manchester, Manchester University Press, 1993.

[4] Garcia, B., "Cultural Policy and Urban Regeneration" in Western European Cities: Lessons from Experience, *Prospects for the Future*, *Local Economy*, Vol. 19, No. 4, November 2004: 312 – 326.

[5] "合流博物馆由 Coop Himmelb (1) au 代理公司设计，它的建筑风格独特，大胆的结构就像大都会南入口的标志。'云'是博物馆的心脏，它容纳了 5000 平方米的永久和临时展览。从 33 米高的玻璃顶向下看，博物馆的纪念堂晶莹剔透。沐浴在阳光下的重力井是参观的起点。从重力井出发，通往各馆的道路被精心设计，行走在其中，人们悠然自得，仿佛进入世外桃源。水池旁的步行道通向一个面积 24400 平方米的花园，在这里，罗讷河与塞纳河汇流。博物馆的屋顶露台则提供了里昂及其周边地区的独特全景，人们可以观赏到阿尔卑斯山和勃朗峰的峰顶。" http://www.musee-desconfluences.fr/fr/visit-museum。

[6] http://www.museedesconfluences.fr.

[7] http://www.gadagne.musees.lyon.fr.

除博物馆外，当地会举办一些大型活动来聚集人们并吸引游客。目前，有两个活动最为出名，一个是"富维耶之夜"（Nights of Fourvière），它在拥有4500个座位的古罗马剧场举行，展现了古代音乐与当代音乐的奇妙魅力。另一个更为国际知名的城市文化盛会是灯光节，与富维耶之夜一样，灯光节也成了古今文化的桥梁，古老的传统在新技术中获得重生。

1852年9月8日，这座城市的人们正准备在富维耶山的小教堂里举行圣母玛利亚雕像的仪式，塞纳河突然洪水泛滥，仪式不得不被推迟到12月8日。但在12月8日的白天，一场猛烈的风暴袭来，仪式再次被取消。夜幕降临，天气好转，（为了庆祝圣母玛利亚的到来给全城人民带来了福音，免于战火）人们都自发地手持烛光走上街头。①

从此，这成了一个传统。而在2015年，灯光节成为一个国际性节日，里昂在三天内接待了来自海内外近300万的游客。对这个城市来说，这是另一种将历史和现在联系在一起的方式，但这个节日也给当地旅游公司提供了一个巨大的商机，让他们从中获益，扩大他们的商业份额。

这些例子说明了里昂的行动具有两面性。一是面向外国人、国际公司或投资者的，这是里昂的第一个目标，但同时，它也面向当地人和当地公司，使他们生活和工作在一个更有吸引力的城市，就像Aderly给出的新名字："投资在里昂"（Invest in Lyon）。

（二）全面福祉

"全面福祉"的主要思想战略是继续振兴并真正地改变小镇，同时对小镇旧区进行彻底改造。这个更大的升级项目提出要改善全面福祉的生活条件。对于从20世纪就进行"棕地开发"的老工业区而言，这是转变为创意城市的传统手段。对部分城镇而言，改造首先意味着联系过去和未来，并改变生活方式，里昂的"新"康菲恩斯区就是如此。这个已被关闭30年的地

---

① http://www.festival-lumiere.org.

区有仓库、港口和海上码头，是个两河两岸的老港口。老港口部分被拆除，部分被保留。比如储藏食物的仓库被保存下来，被改造成了古董市场等艺术市场或艺术展览。而那些被拆除的仓库和码头，则被新的大型购物中心取而代之。如今，该地区所有建筑都是生态建筑，街道多为步行街，它利用现有的能源，遵循碳足迹标准。

当然，生活在这个地区是非常昂贵的，但这是一种新的生活方式的代价。住在这里的人没有私家车，但会有带蔬菜花园的屋顶以及社会责任感。这种新的生活方式设计出了一种城市创造力。对于外国人来说，这里是一个展示厅；对于当地人来说，这是一个改变生活方式的机会；即使对那些没有经济能力住在这个地区的人来说，这里的商业中心、河流和步行街也使他们身心愉悦。这块区域尊重他人和环境，象征着新的生活方式，为了展示这一地区独特的特色，里昂市选择在这一地区进行一项重大的技术创新：在河岸运行无人驾驶的电动车"Navly"。这又是一个以 ly 结尾的词汇，它代表城市中开放的、可视的、自由未来主义的区域。

最终，如创意城市中的"汇合"一样，地方层面城市语域的变化将会对"全面福祉"做出检验。

表1　　　　　　　　　　　　里昂城市汇合区列情况

汇合区					
创造力	创新	可持续发展	文化与艺术	过去	将来
创新阶层	湿地灌溉系统	步行街	展览空间	从前的港口	Navly
开放实验室	能源建设供应	绿色建筑	街道艺术	海上码头	建筑设计
里昂汇合生活实验室[①]	城市的计算优化[②]	电动汽车和共享单车系统	工业遗产展览	河流	新的多元社会

当然，改变整个城市是不可能的，这也不是什么好主意。传统区域是非常重要的，他们保存着过去的时间、城镇的历史和对过去重大事件的回忆。

---

① 里昂 Confluence 生活实验室计划实施一个全球城市服务运营商，为生态区的服务管理提供一个数字化平台，它将特别确保所有资源的消耗和生产数据的收集（如能源、水、运输、供暖、路灯等），使其达到最优效果。

② 此时所需的能源、水、交通、供暖、街道照明。

因此，众所周知，对城市应当部分重建、部分修复，以确保其"连续性的改变"①，这需要从治理行动者和所有的战略行动者身上"发现目标、技术、资源、主权、控制和边界"②。例如法国大型建筑和施工集团 Bouygues 就建造了大量的汇合区。

（三）共享

共享是社会变革的一个非常困难的点，因为共享意味着深刻地改变人们的生活方式和消费模式，而大都市没有足够的力量直接进行改变。③ 然而，公众参与者有很多机会为这种改变做好准备。例如：建造一些汽车共享的专用停车场，以减少汽车带来的污染；提议建立互联性高的公共交通（如公共汽车、地铁、有轨电车、自行车等），以减少换乘公交所浪费的时间以及私家车的使用。

这些都是共享空间和移动性的实地案例。但在所有社交网络上，更大的部分是象征性的和数字的共享。例如，里昂市民可以通过有轨电车和地铁电视与其他人分享照片。他们也可能把自己的照片发给 ONLYLYON 团队让他们印一张街头海报，以获得传统的传播支持。

事实上，自 2007 年以来，ONLYLYON 和"投资在里昂"的策略变得越来越复杂，越来越庞大，越来越多的参与者、地方和工具加入进来。正如城市最后一次大规模改造所证明的那样，它变得越来越有创造性和象征意义。

六　变得有创意吧！

在里昂城市品牌的十周岁生日时，ONLYLYON 选择了一种新的方式来表达这个城镇、居民以及游客们的创造力。为了给那些居住在里昂的人提供一个行为准则，ONLYLYON 提出另一个宣言，它是一个改变生活方式，改变未来的愿景，改变人类的态度的思想主张。正如我们将要读到的，宣言本

---

① Comunian, R., "Rethinking the Creative City: The Role of Complexity, Networks and Interactions in the Urban Creative Economy", *Urban Studies*, Vol. 48, No. 6 (May 2011), pp. 1157 – 1179.

② Meyer, J., "Globalization. Sources and Effects on States and Societies", *International Sociology*, Vol. 15, n°2, (June, 2000), pp. 233 – 248.

③ 但对于自由选择生活的市民来说，这是一个机会，因为创意城市的理想并不一定像南特市的"南特岛区"那样达到预期的社会共识（2014，HATZFELD free paper，阅读链接：https://territoiresthetiques.files.wordpress.com/2014/04/ville-crc3a9ative-h-hatzfeld-2014.pdf）。

身在形式、措辞和结构上显得很特别：

You only live once. Life is about making choices, and not giving up.

Forget the half-ways, the almosts, the in-betweens. Choose not to compromise。

To make your own ways, to fully live your lives, all of them. Choose Lyon, ONLYLYON.

你的人生只有一次。生命的意义在于抉择，而非放弃。

忘掉那些踌躇不前，忘掉那些功败垂成，忘掉那些进退两难。别妥协。

走自己的路，充盈自己人生。选择里昂，ONLYLYON。

首先，创意源自这篇短文的形式，它像一首诗，又像一篇祷告文，甚至像西藏的咒语，词汇在不断地重复中迸发出力量。其次，它使用了特殊的动词语态：祈使句。这是一种建议、一项命令、一个行为目标，它促发了一种行动的力量，敦促人们做出改变，去选择另一种生活方式和另一种对生活的看法。最后，宣言的非传统精神在于，它不是由一个社区或一个特殊的社会群体制作的，而是由一个经济政治行动者群体来制作和传播的，这确立了一个新的目标：变得有创意！

事实上，这份宣言已经解释了如何变得有创意，如何创造未来的日常生活，它一次又一次地推动着这个想法，但为了更好的传播效果，ONLYLYON团队向一些艺术家提议由此创造一场表演。有几次他们在合流博物馆等一些特殊的地方演出，这成了大都市战略的关键部分。而在艺术家之后，公众将越来越浸淫在文化氛围中，创造出未来的创意生活。

总　结

几位作者[1]指出了近二十年来西欧城市所经历的价值观的变化：人们对政治成因和社会观念变得更加敏感，他们越来越关注可持续发展、社会多样

---

[1] Vivant, E., *Qu'est-ce qu'une ville créative?*, Paris: Presses Universitaires de France, 2009.

性、公平贸易、整体福利和共享。至于创新型城市的转型是凸显还是补充了这些社会变化，取决于转型的成功与否。创意城市的意识形态与创新经济和新的价值观是相辅相成的，这就是为什么整个过程需要地方政府、经济网络和当地人民同时参与完成。创意城市的"金三角"是由城市的历史（特色与潜力）、城市的活动（传统事件与特殊事件）和传播策略（社交网络与媒体）所构成的。这三个部分构成了所有城市营销的基础"通过文化活动和特殊事件成功地重新塑造和再生自己"[1]。事实上，"创意城市"并不是一个社会目标，而是一个战略工具箱[2]。这些词汇作为一种行动的、改变的计划，设计着城市生活、社会规则和商业模式的更新，以及"智慧城市"的时尚理念[3]。

参考文献

Ambrosino, Ch., Guillon, V., "Les trois approches de la ville créative: gouverner, consommer et produire", *L'Observatoire*, 2010/1 (n°36), pp. 25–28.

Belfiore, E., Bennett, O., *The social Impact of the Arts: an Intellectual History*, Palgrave Macmillan, 2008.

Bianchini, F., Parkinson, J. (eds.), *Cultural Policy and Urban Regeneration, The West European Experience*, Manchester, Manchester University Press, 1993.

Braun, E., *Putting City branding into Practice*, Paper presented at the 5th International Colloquium-Academy of Marketing: Brand, Identity and Reputation SIG, Cambridge, United Kingdom, 2009.

Comunian, R., "Rethinking the Creative City: The Role of Complexity, Networks and Interactions in the Urban Creative Economy", *Urban Studies*, Vol. 48, No. 6 (May 2011).

Evans, G., *Cultural Planning, An Urban Renaissance?*, London, Routledge, 2001.

Florida, R., *Who's Your City?: How the Creative Economy Is Making Where to Live the Most Important Decision of Your Life*, Canada, Random House, 2008.

---

[1] Garcia, B., "Cultural Policy and Urban Regeneration" in Western European Cities: Lessons from Experience, Prospects for the Future, *Local Economy*, Vol. 19, No. 4, November 2004: 312–326.

[2] Landry, Ch., *The Creative City-A Toolkit for Urban Innovators*, London-Sterling, VA Comedia Earthscan, 2008.

[3] Giffinger, R., Gudrun, H., "Smart cities ranking: an effective instrument for the positioning of cities?", *ACE*, Vol. 4, n°12 (February 2010), pp. 7–25.

Florida, R., "The new politics of class war point to a frightening future", *The Globe and Mail*, 2008, available here, http://www.creativeclass.com/rfcgdb/articles/The%20new%20politics%20of%20class%20war%20point%20to%20a%20frightening%20future.pdf.

Garcia, B., "Cultural Policy and Urban Regeneration", in *Western European Cities: Lessons from Experience, Prospects for the Future*, *Local Economy*, Vol. 19, No. 4, November 2004: 312 – 326.

Giffinger, R., Gudrun, H., "Smart cities ranking: an effective instrument for the positioning of cities?", *ACE*, Vol. 4, n°12 (February 2010).

Gollain, V., (dir) *Attractivité et compétitivité des territoires*, CNER Editions, 2015.

Howkins, J., *Creative Ecologies: Where Thinking Is a Proper Job*, Piscataway, New Jersey, Transaction publishers, 2009.

Howkins, J., *The Creative Economy: How People Make Money from Ideas*, London, Penguin global, 2007.

Kavaratzis, M., "City Marketing: The Past, the Present and Some Unresolved Issues", *Geography Compass*, Vol. 1, n°3, (March 2007).

Keil, R. & Boudreau, J. A., "Le concept de la ville créative: la création réelle ou imaginaire d'une forme d'action politique dominante", *Métropoles*, n°7, 2010.

Landry, Ch., *The Creative City-A Toolkit for Urban Innovators*, London-Sterling, VA Comedia Earthscan, 2008.

Le Galès, P., *European Cities: Social Conflicts and Governance*, Oxford University Press, Oxford, 2002.

Maynadier, B., *Branding the city, une étude du marketing des villes*, éditions Universitaires Européennes, 2010.

Meyer, J., "Globalization. Sources and Effects on States and Societies", *International Sociology*, Vol. 15, n°2, (June, 2000), pp. 233 – 248.

Mérindol, V., *Le livre blanc des Open Lab Quelles pratiques? Quels changements en France?*, Paris School of Business, NewPIC chair, Paris: ANRT, 2016. http://www.newpic.fr/wbopenlabs/anrt-newpic-livreblancopenlabs-synthese.pdf.

Pignot, L., "Présentation", *L'Observatoire*, Vol. 2, n°52, (May 2018). https://www.cairn.info/revue-l-observatoire-2018-2-page-7.htm.

Scott, A.-J., "Beyond the Creative City: Cognitive-Cultural Capitalism and the New Urbanism", *Regional Studies*, Vol. 48, n°4, (October 2014).

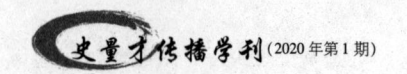

Scott, A. - J., "Creative Cities Conceptual Issues and Policy Questions", *Journal of Urban Affairs*, Vol. 28, n°1, (April 2006).

Vivant, E., *Qu'est-ce qu'une ville créative?*, Paris: Presses Universitaires de France, 2009.

Zukin, Sh., *The Cultures of Cities*, Oxford, Blackwell, 1995.

声像符号在博物馆过渡空间中主题营造的应用研究
——以中国丝绸博物馆为例

杜 月,黄沪杨,董书华

(浙江理工大学 史量才新闻与传播学院,杭州 310018)

摘 要:声像符号作为一种新型信息传播方式的符号,在记录社会实践方面有着生动直观的展现形式。它不仅提供给民众一种新的信息获取方式,还丰富了民众了解信息的渠道。博物馆的过渡空间作为博物馆陈列展示的一部分,起到了塑造氛围以及情感传递的作用。声像符号正潜移默化地改变着博物馆过渡空间的展现形式,在博物馆的信息"单向传播"之余,为观众创造更为高效的信息接收机制。通过年轻化的传播方式为古典、厚重的博物馆装点上现代化色彩。本文将对声像符号在博物馆过渡空间中主题营造的应用现状进行分析,并以中国丝绸博物馆作为研究个例,试图为博物馆过渡空间更好地使用声像符号提出可行性建议。

关键词:博物馆过渡空间;符号学;声像符号;中国丝绸博物馆;传播学

博物馆的过渡空间即"在博物馆中,序厅、展厅与展厅之间、展项与展项之间、尾厅,不仅起到引导、连接的交通功能之外,同时表现或提示建筑主题、帮助参观者休息休整、为参观人群提供更多行为可能和精神体验等功能的公共交通空间"。[1] 过渡空间作为博物馆陈列中的一部分,却时常被人忽略,仅仅作为博物馆的次要组成部分,用简单的大厅或长廊所代替。过

---

[1] 董贤功:《博物馆过渡空间的主题氛围营造研究》,硕士学位论文,上海大学,2019年。

渡空间作为博物馆展示空间的"伴随文本"①,是在展示空间的表意过程中造成的特殊语境,两者相生相伴,不可能摆脱文化制约单独存在。

"符号是被认为携带意义的感知"②,符号与符号一起构成了各类文本。其中用"声、像"的记录方式呈现社会实践活动的符号(文本),即为声像符号。随着时代的发展,技术的发展和受众的扩大使声像超越了文字,成为传播活动中重要的一员。

声像符号是图像符号和声音符号的合称,声像符号也不断在博物馆的过渡空间中发挥作用。博物馆中的传播是博物馆作为一个组织,为研究、教育和欣赏的目的,利用博物馆,同公众进行关于人类和人类环境的见证物的信息交流、共享的传递行为③。在博物馆过渡空间中,"声"是在其中流淌的背景音乐,是展项之间渲染气氛的特殊声效,用声音的手段使博物馆传播提高真实感和现场感,烘托过渡空间气氛;"像"是图像,使用绘图材料和技术制作而呈现一种符号——通过场景布置或是数字技术来呈现,达到视觉艺术效果,直观地冲击观众内心。通过声音与图像两种符号结合,声像符号能更好地利用过渡空间,营造主题氛围。

主题营造是博物馆陈列与传播中极其重要的一环,每个展示空间或展览都需要选择自己的主题,陈列与之相关的展品,塑造氛围。例如中国刀剪剑博物馆之中三角棱锥形状与暗黑色系的建筑设计(如图1),就是为了营造刀剪剑博物馆独有的锋利感,极具冲击力。当人们进入过渡空间时,已经开始接受展示场馆所传递的信息和氛围,不仅能够吸引人们的视线,更是情感传递的体现。

一 过渡空间与声像符号

根据区域,博物馆过渡空间可分为序厅、展馆与展馆之间、展项与展项之间、尾厅四个部分。在作为视觉体制的博物馆中,文字符号长期是最重要的说明依据,但观众必须通过学习才能理解它的象征意义。相较之下,声像

---

① 赵毅衡:《符号学原理与推演》,南京大学出版社2011年版,第141页。
② 赵毅衡:《符号学》,南京大学出版社2012年版。
③ 李文昌:《博物馆的传播学解读——传播学读书笔记》,《中国博物馆》2008年第3期。

图 1 中国刀剪剑博物馆
（图片为笔者自摄）

符号具有更为直观和生动的表现力。本文将从过渡空间的四个分类中，对其中声像符号的产生与传递进行研究。

本文选取了中国丝绸博物馆作为个例研究，中国丝绸博物馆——位于杭州西子湖畔玉皇山下的国家一级博物馆，中国最大的纺织服装类专业博物馆，也是全世界最大的丝绸专业博物馆。中国丝绸博物馆（以下简称丝博馆）作为非常具有代表性的博物馆，其内共设序厅、历史文物厅、蚕丝厅、染织厅、现代成就厅、丝绸厅、丝绸之路连廊、服饰厅、织造坊、新猷资料馆十个展厅。笔者在丝博馆进行了现场采访，采访了7位观众（2男5女），并使用田野观察的方法，根据对丝博馆的个例分析，具体研究声像符号在博物馆过渡空间中主题营造的应用。

二 以符号学的角度分析博物馆过渡空间现状

（一）序厅

序厅作为展示空间的前端，承接着入口，对观众心理的转变至关重要，当序厅营造的主题氛围让观众进入有意识的学习状态，就能够达到传播效果的最大化。例如中国伞博物馆中序厅长廊天花板的设计（如图2），令观众立刻脱离外界因素，进入了伞的世界中。这种设计对于伞博物馆氛围的塑造起着至关重要的作用，一条长廊立即将观众拉进了诗情画意的历史长河中，体悟并感受民间对于伞的执着与眷恋。

图2 中国伞博物馆

序厅中声音符号略有缺失，图像符号正在加大应用，在设计中力图新颖与美观。一般而言，观众在进入序厅时心理预期较大，怀着对博物馆与展品的好奇与期待，在此时利用声像符号打造序厅的主题氛围，有利于增加观众好感，便于观众第一时间对博物馆下定义。令人遗憾的是，大多博物馆忽略了序厅的作用，仅用简单说明文字一笔略过。

序厅作为博物馆展示陈列艺术的"凤头"，对博物馆陈列主题的烘托，起着画龙点睛的作用。[①] 丝博馆的序厅为单独一个区域，每一个声像符号都

---

① 樊灵燕：《博物馆序厅设计初探》，《家具与室内装饰》2007年第1期。

经过精心的设计。丝博馆的序厅造型是一座高耸于大厅中央的宋代提花织机模型，这也是所知最早的提花机型，序厅正中央是蚕茧抽象模型，左右前后四壁则分别展示了丝绸年表、丝绸之路的展示图和中国丝绸成就。这使得观众在进入展厅后对丝绸的概况有了初步的认识，直接的实物展示和介绍让观众迅速感觉到展馆主题，进入参观状态。

但是序厅内的陈列展示方式给观众带来了混乱，受访者 1 表示：

> 那个丝绸馆，中间是楼梯的，展品是环型呈现的，我觉得浏览顺序有点混乱，如果你想展品都看一遍就要绕来绕去。

因此序厅的设计不仅要考虑符号展示，也应当根据观众需求和反馈调整陈列顺序，并可以适当用一些配乐引领情绪，这也是进一步烘托博物馆主题的方法。

（二）展馆与展馆之间

展馆之间的过渡空间有很大余地可发挥。如若每个展馆作为单独空间整体而存在、互相独立，那么作为展馆之间相互连接的外部通道、建筑设计以及庭院等也都属于展馆之间过渡空间的一部分。但大多数博物馆是在一个建筑内进行展馆之间的分割，据笔者实地考察，博物馆并没有对此空间做出足够的重视。中国伞博物馆中油纸伞、油布伞展馆与西湖绸伞展馆之间的过渡仅用简单的长廊带过（如图3），虽有各式各样的伞在墙体上作为装饰，在图像符号的呈现上做到了美观，却并未对接下来西湖绸伞为主题的展馆作出与主题相关的氛围营造，没有对接下来的内容作出提示，降低了观众的心理预期。

展馆与展馆之间的声音符号为轻缓流动的背景音乐，或高或低，若有若无。它面向所有观众，在整个博物馆的内部和展厅之间流淌。音乐具有天然性的安抚作用，在展馆内部设置音乐，有利于缓解观众的"博物馆疲劳"[①]，并且改变了博物馆略显沉闷的氛围。但作为一个文化传递的空间，博物馆必

---

① 严建强：《博物馆疲劳及其对策》，《中国博物馆》1992 年第 2 期。

图3 中国伞博物馆中展馆之间的过渡
（图片为作者自摄）

须保持相对的安静，这也是博物馆区别于其他公共场所的原因所在。因此音乐大小必须维持在一定的分贝之内。

展馆与展馆之间的过渡空间起到连接展馆内容的作用，中国丝绸博物馆中每个展馆之间都设置了一定的过渡空间——连接两个展馆的主题过渡或是提供休息。在这些没有展品内容的空白文本中使用声像符号可以填补其中的缺失，给观众更完整的体验并留下深刻的印象。

> 我最深刻的是他整个博物馆的场馆建筑风格和设计。它真的好大呀，比我去过的博物馆都要大，而且是那种园林式的，有湖有桥，很好看。给人一种就不像在逛博物馆，像在逛那种园林一样的感觉，很舒服。他们的大白鹅好可爱哈哈。（受访者6）

丝博馆的特色之处在于每个展馆都是单独的展馆，可以从内部交通也可以从外部，外部展馆之间的过渡空间主要依托于这种园林式的设计，使用雕塑、咖啡厅、琵琶伴奏等声像符号促使观众在放松之中能够快速进入下一个展馆的主题。例如在桑蚕馆和修复馆之间设置嫘祖雕像，而嫘祖在《山海经》《通鉴纲目》中都有记载：她发明了养蚕，史称嫘祖始蚕。而在桑蚕馆之前修建桑蚕之祖的雕像，不仅是纪念她对桑蚕事业的贡献，也在无形之中利用雕像这个图像符号将观众的思绪拉到桑蚕方面，因而能更好地进行桑蚕馆的主题参观。

展馆之间的过渡空间将展示主题转化为符号元素以通俗易懂的方式传达给观众，观众在展示空间的体验具有延展性，让观众从多角度体验，增强互动体验感。① 在丝博馆中还是有一些过渡空间的填补缺失，类似桥、小雕塑等图像符号可以再赋予其更多意义，由此可以延展展馆的展示空间，更充分地表达展馆主题，让观众有更完整的体验感。

(三) 展项与展项之间

展项之间的过渡空间尽管并不引人瞩目，但也是有文章可做的。辛亥革命武昌起义纪念馆中利用图像符号设置出民国风貌（如图4），让观众身临其境，感受历史还原的年代感。辛亥革命武昌起义纪念馆本身就是民国时期的都督府，在建筑上有先天优势，而内部展项的陈列也尽量还原民国原貌，此图像符号的设置不仅渲染了主题，并且烘托了时代气氛。中国刀剪剑博物馆中击剑装置的设置（如图5）更是作为图像符号生动直观地让观众了解了击剑的形态，弥补了展项的单一，使观众对展品有了更加深刻的理解。

展项之间的声音符号则种类多样，作为展示文物渲染气氛的声效。声效能够辅助展现文物内涵，通常为山水声、鸟鸣声、锣鼓声等，在特定展项内播放，具有特殊性，能够将人们带入情境之中，深入感受文物的历史文化底蕴。并且根据展示风格的不同，声效呈现舒缓、欢快、悲怆等情绪，与陈列的展品和周围景观相得益彰，将所表达的意境不动声色地传达给观众。这在非物质文化遗产的传承之中具有较大意义，遗憾的是此方法并不普及，如何能用声效将非物质文化遗产手艺的精巧绝伦在博物馆陈列中活体展示出来，而不局限于文物，是我们还可以继续思考的。

丝博馆中展项与展项之间的过渡空间将展品自然连接，构成一个整体，

---

① 董贤功：《博物馆过渡空间的主题氛围营造研究》，《汉字文化》2019年第4期。

图 4　辛亥革命武昌起义纪念馆一场景

（图片为作者自摄）

图 5　中国刀剪剑博物馆中击剑装置

从而实现完整的主题呈现。丝博馆通过整个空间建筑的设计或者是巧妙的小物件设计过渡展项,带给观众震撼感,留下深刻的印象。例如在时装馆中利用情景设置和衣柜橱窗将时装馆"装扮"成女人的衣橱(如图6、图7)。

图 6　时装馆服饰摆放
(图片由受访者提供)

图 7　时装馆鞋饰摆放

　　印象最深刻的是时装馆,因为它的空间布局很有美感,灯光运用好。还有很多中西结合的内容,比较让人有看的欲望。(受访者2)

琳琅满目的鞋子、裙子整体设计成衣橱的样式摆放，自然而然地衔接展品，再加上灯光的配合，用图像符号为观众展现了整个时装馆的主题。

图像符号与声效符号结合往往能够将观众进一步带入情景，在丝博馆中对声音符号的建设有所欠缺，有观众提到：

> 大部分都是普通的展柜里的陈列，个人认为还缺少一些其他感官上的东西比如听觉上的音频音乐这些。（受访者2）

声音符号的特殊性可以为展品渲染气氛，听觉上的缺失可能会让观众对于展品的理解不够充分。笔者通过田野观察和访谈建议可以在特定的展区播放一些符合情景的音乐，能更快地带动观众情绪，缓解过多图像符号带来的紧张感。除此之外，场馆内的语音导览和人工讲解也属于展项与展项之间的声音符号。观众在丝博馆中的参观主要依靠文字讲解，对于便捷的语音导览使用也存在很多问题。

> 因为我去中国丝绸博物馆的时候，我不知道他可以租借那个语音导览器。文字说明的话也会看，因为其实扫码听的内容可能跟文字说明非常的相似。然后听的时候可能也会边看文字，就是两者同时都会采用吧。有的会只有文字没有语音。（受访者5）

总体来说，语音导览的问题主要是：内容过于单一和便捷性不够，可以丰富充实语音导览的内容并加强技术手段提高语音导览的性能，比如可以智能识别位置讲解对应的展品。

此外，公共空间作为展项与展项之间很重要的一部分，为观众提供了休息放松的空间。丝博馆的公共空间有很多的设计，不仅仅是在园林中设置了桑庐、咖啡馆供观众休息，还在馆内的公共空间例如楼梯、走廊进行一些改造来烘托博物馆主题。

> 丝绸馆的话，他的整个就是网红楼梯的那里。因为它是像丝绸一样的形状。这个也是中国丝绸博物馆非常著名的一个点。（受访者5）

宛若丝绸的楼梯设计的特别设计（如图8）往往更能引起观众的注意，拍照也是留下深刻印象的一种有效方式。2016年丝博馆完成了改建工作，对整个场馆进行了升级，重新利用了很多空闲的过渡空间。比如丝博馆蜿蜒曲折的游廊小径，建筑师通过增加路径、曲折、放缓路径坡度、沿地势和水面拉扯延长路径、设置可以驻足的亭台座椅与窗洞等一系列操作，在这里建筑师利用路径这个符号延缓了观众前进的速度，延长了对丝博馆的感受时间。

图8 丝博馆中的楼梯设计

公共空间包含的内容很多，但作为观众共同休息、放松的空间，应该更加多媒体化。

丝绸博物馆现在有的数字技术就是，一个是关于他在桑蚕馆那里的一个纪录片的播放。还有一个就是在也是在桑蚕馆里面的一个可以手动触碰的互动装置（如图9），还有一个就是丝绸馆里面的播放图片的一个LED屏幕。我觉得这是远远不够的，而且是相对来说其实有点落伍。（受访者5）

数字技术和互动装置让观众在体验中缺少了新奇感，多媒体化的设计更能充分展示声像符号，通过合理的布置来增强多媒体装置，在诠释博物馆主题的同时也为观众提供放松愉悦的空间，留下更深刻的印象。

图 9 桑蚕馆手动触碰的互动装置

（图片为作者自摄）

（四）尾厅

尾厅作为博物馆收尾的地点，连接内外又聚集了人群。在这时如何能够利用声像符号加深观众记忆、加大传播的效果，是尾厅作为过渡空间所要考虑的。影音一体的声像符号就是数字媒体技术。数字媒体技术不仅能够呈现动态影像，还能够通过触屏交互平台，构建虚拟场景与观众互动，集教育与娱乐功能一体。数字媒体技术的应用与推广极大地扩展了博物馆的功能与内容，同时以极具想象力的方式将声像符号的意义与内涵传达至观众。例如中国伞博物馆中的大型数字技术交互平台（如图10），能够寓教于乐，让观众在声像符号的帮助中，学习新的知识；而影音室的构建（如图11）不仅提供了观众学习、休息的空间，并且有助于观众进一步获取相关文物与技艺的起源与发展。

丝博馆与其他博物馆不同，作为纺织服饰类专题博物馆，在尾厅部分设立特色纪念品商店。

图 10　中国伞博物馆中的数字技术

（图片为笔者自摄）

图 11　中国伞博物馆中影音室

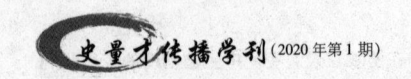

> 纪念品是博物馆文化的一种衍生品，它绝不只是一种简单的文物复制品，是可以带回家珍藏的。（受访者2）

在纪念品商店中有丝巾、荷包、蓝夹缬制品等琳琅满目的商品可以给观众在参观之余选择，这些纪念品也相当于一种富有文化含义的图像符号，使观众在购买之后对于博物馆主题的印象更加深刻。

但是丝织品比较珍贵，丝绸被、丝巾等物品的价格也相对较高，可以适当增加一些丝质小物件或者关于博物馆的文创产品，留给观众更多的选择。

三　总结

过渡空间在主题营造中已经是一股不可阻挡的趋势。过渡空间的使用烘托了整个博物馆的主题，带给观众完整的体验感和深刻的印象。

声像符号的门槛低，能够客观直接地展现文物信息，加深观众印象，有利于传播；具有多功能化的特点，呈现形式多样，用不同的方式实现教育、娱乐等多方面的作用。声像符号的使用利于过渡空间的开发，让过渡空间不再是无用的空间，在衔接、休息以及主题营造方面都起到了不可缺少的作用。

图像符号在过渡空间之中已经得到充分应用，数字技术也开始引进，拓展了观众的空间想象力。但声音符号时常被忽略，背景音乐不被重视，语音导览系统与人工讲解服务有待完善。在种种因素限制下，如何开发声像符号，是亟待解决的问题。

高校"抖肩舞"群体传播现象研究

田 硕

(中国传媒大学 新闻学院,北京 100024)

摘 要:2019年9月下旬,高校"抖肩舞"作品横空出世,引起了持续近三个月的翻拍浪潮。各高校学生通过对"抖肩舞"的个性化再创作和病毒式传播,形成了高校间接力、学生群体积极参与互动的传播现象,造就了一场线上线下的"云狂欢",一定程度上也为各高校进行了个性化的形象塑造和传播。本文即从高校"抖肩舞"的广泛传播入手,探究其背后的传播机制和目的。

关键词:群体传播;高校学生;现象研究

群体传播,即群体进行的非制度性、非中心化、缺乏管理主体的传播行为[①]。互联网时代下,由于互联网平台空间的广泛性和传播信息的低门槛性,本就活跃的群体传播在互联网平台的环境下显得更为活跃、影响力也更广。作为规模最大、用网频率最高的一类网民群体,高校学生更善于利用网络进行群体传播,以传递本群体的价值观,或达到自我展现、情绪发泄等目的。2019年9月,在网上突然火爆的"高校抖肩舞接力",即是一个很好的例证。

一 事件回顾

"抖肩舞",即发布于2017年4月的MV《coincidance》中出现的舞蹈。由于其舞步洗脑性强,且存在很多抖肩动作,因此被称为"抖肩舞"。该舞

---

① 隋岩、曹飞:《论群体传播时代的莅临》,《北京大学学报》(哲学社会科学版)2012年第5期。

蹈在 2017 年开启过一次由医护人员带领的传播热潮。由于该舞步可以活动肩膀，有益身体，许多医护人员开始了一波以健康传播为目的的"抖肩舞"短视频接力，但并未形成广泛传播。

"抖肩舞"在高校中的传播，始于 2019 年 9 月下旬。第一个高校版"抖肩舞"视频，是由来自南昌工学院的 ID 为"臣不是桂圆"的 UP 主制作上传的①。上传后两日，该视频播放量即破十万。随后，该视频引起了各高校大学生的纷纷模仿。各高校的"抖肩舞"视频一经发出即爆红，西南交通大学的"抖肩舞"视频，播放量甚至突破了 120 万。同时，各高校的"抖肩舞"视频也成了学子们的留言板，在弹幕中既能看到本校学子们的留言，也能看到外校学生的"观光打卡"。这种各方的参与和互动，将学子们的"云狂欢"推向了高潮。

二 "抖肩舞"的传播机制分析

（一）群体模仿、暗示和感染

法国社会心理学家塔尔德提出的"模仿"概念指出，社会上的一切事物不是发明就是模仿。模仿行为分为有意识的模仿和无意识的模仿，前者是不自觉的对他人行为的仿效，后者是基于一定目的对他人行为的仿效。

"抖肩舞"视频，本身就是一个具有洗脑特性的短视频作品。该作品在抖音平台投放后，引起了巨大反响和广泛传播。一时间，各种各样的翻拍作品比比皆是。用户起初对"抖肩舞"视频的原样翻拍，或在装扮、动作、表情等细节上进行微小修改后的作品，其目的只是满足自己的好奇心或模仿心理，尚属无意识的模仿阶段。而当部分群体如医护人员、高校学生等，利用抖肩舞再次创作并进行传播时，其作品相对于原作就有了较大的改动，比如将场景更换为日常生活常见场景，如单位、医院、学校等，行为也更贴合演员在作品中的角色，这就带有了强烈的目的性。制作群体希望通过作品的演绎，向观众进行号召、传递群体价值观或自我展示等行为，以期达到传播目的。

---

① 刺猬公社：《抖肩舞，当代大学生的"云联欢"》，https://mp.weixin.qq.com/s/bP2NcF4w-4TLzeUDy-1vE_Q，2017-11-27。

除学生群体对作品的有意识的模仿外，暗示和感染也是"抖肩舞"疯狂传播的重要影响机制。弗洛伊德曾在其著作中提出"一人成功满足其压抑的欲望后，激发群体内部其他人相同欲望。"① 按照其观点可知，群体传播活动源于成员间的暗示和感染，而群体模仿行为是暗示的效果之一②。群体成员会通过模仿，将其收到的暗示继续传播下去。在传者和受者的互相模仿、互相暗示中，信息得到了再加工和继续扩散，因此形成了大规模的传播。

而在高校学生传播"抖肩舞"的过程中，UP主"臣不是桂圆"第一个作品的成功，显然对其他成员起到了强烈的暗示作用。第一个高校"抖肩舞"作品的成功，向群体成员暗示了这类作品是能够用高校学生的视角进行重制，且能够满足受众的好奇与娱乐心理，达到自己的传播目的的。其他高校学生看到了模仿的可行性，因此前赴后继加入"抖肩舞"的模仿大军中，创作出一个个带有本校特色的作品。通过一个个成功案例的暗示与各作品之间的互相模仿，"抖肩舞"在高校学生中得到了大规模扩散，形成了一波模仿浪潮。

（二）学生群体的再创作

再创作，即使用了已存在著作物的文字、图像、影片、音乐或其他艺术作品，对其进行仿作、改编等并加以发展的一种创作行为。其并非单纯的剽窃，而是在原有作品基础上加入创作者对原作品的理解进行再次发展，具有很强的引用或改编意味。时至当下，再创作的方式多样，作品形态也更为丰富，创作者的表达方式也更为新锐。高校生的再创作作品，也呈形式多样、内容丰富的趋势。最典型的作品，为国庆七十周年庆祝活动中，各高校以《歌唱祖国》《我和我的祖国》等红歌为基础，结合学校特色与学生风貌拍摄的MV和举行的各类快闪活动。这类作品为塑造传播高校正能量形象起到了巨大的贡献。

在高校"抖肩舞"的视频再创作中，各高校学生的创作思路、手法和内容一直在不断地丰富和完善。学生们在原作架构不变的情况下，将视频场

---

① ［奥］弗洛伊德：《图腾与禁忌》，文良文化译，中央编译出版社2015年版，第52页。
② 刘瑾璐：《论弗洛伊德的社会群体传播思想》，硕士学位论文，吉林大学，2009年。

景替换为学校地标，角色身份替换为各种面貌的学生，角色的神态、行为等人物特征也努力与角色本身和学校风格保持一致，创作出属于自己的"抖肩舞"。从最开始以短视频形式进行片段的简单仿作，到对原作进行完整的改编和致敬，创作者各出奇招，将学校生活的元素和自己对作品的理解融入作品中，并用丰富的镜头表现形式呈现出来，以扩大传播影响力，增强本校观众的代入感，同时增进校外观众对本校的了解，更好地展现校园和学生的风貌，塑造校园形象。

（三）参与、互动和身份认同

在"抖肩舞"疯狂传播的平台中，B站（哔哩哔哩动画）一直是高校"抖肩舞"视频的传播主阵地和首发平台。B站聚集的大量高校用户是高校"抖肩舞"视频的潜在观众，同时B站自身的功能，如弹幕、实时观众统计、首页推荐等，也是创作者实现精准推送，扩大作品传播辐射面和影响力的重要手段。

作为即时的数据获取和评论功能，实时观众统计和弹幕在消除观众孤独感，增加参与感方面起到巨大的作用。实时观众统计可以告知用户同时有几人在看该视频，无形中将所有同时观看的用户划定在一个类似剧场的虚拟空间中，营造出一种"缺席的在场"，让观众感受到"他不是一个人"，有效地削弱了孤独感，增强了参与感。弹幕这种即时评论形式，消除了时空界限，让用户可以随时随地参与讨论，在观影同时表达自己的观点，与其他观众进行同时或跨时空的交流。受众的积极参与，也在某种程度上对其他潜在观众产生了感染，吸引其他用户观看作品，参与评论互动，无形中扩大了传播范围与影响力。播放量较高的"抖肩舞"作品，实时观众数和弹幕量也居高不下。截至2019年12月11日14时20分，播放量179.7万的中国人民大学"抖肩舞"有29人同时观看，弹幕501条；播放量160.7万的西南交通大学"抖肩舞"有21人同时观看，弹幕500条。

与高校"抖肩舞"视频伴生的大量弹幕中，除了调侃性的评论外，各高校学生自发的"观光打卡"也在弹幕中占据了不小的分量。在西南交大的"抖肩舞"视频弹幕中，频繁出现类似"××大学路过""××大学报到""××大学点赞"的内容，本校生也纷纷在视频下面"报到""打卡"。

类似的互动行为，在增强了校内外观众联系的同时，也强化了观众对自身高校生的标签化身份认知，增强了观众对自己所处的"高校学生"群体的认同感和归属感，从而强化了群体意识，促使成员更积极地参与互动和作品分享。

曼纽尔·卡斯特主张把建构认同的形式分为三种类型：合法性认同、抗拒性认同与规划性认同，"合法性认同产生公民社会，抗拒性认同导致共同体的形成，而规划性认同产生了主体"①。在这种共同互动、共同调侃、共同狂欢的环境下，高校学生以自己的方式，对压力大、有负担的高校生活进行戏说，产生了抗拒性认同②。观众在积极的参与和互动中增强了对自己群体成员身份的认同，从而形成了更加一致的群体意志，群体的结合也变得更加紧密了。

（四）接力形式的"病毒式传播"

关于"病毒式传播"，学界的定义尚不明确。美国学者保罗·莱文森指出，病毒式传播指"传播方式和速度很像生物病毒的感染和复制方式"，因而借用该概念提出"病毒式传播"③。该传播方式具有传播速度快、易于模仿等特点。创作者以某一网络迷因为基础，进行大量模仿，并将其通过人际关系网或社交媒体进行传播，形成迅速的感染、蔓延和扩散。在短视频大行其道的时代，这种传播方式的威力更为显化，也因此衍生出"病毒营销"等多种变体，应用于更多不同的领域。

《coincidance》作为一种篇幅小，易于模仿且洗脑性强的网络迷因，本身很适合作为病毒式传播的"母体"存在。自该作品投放以来，不同的创作者纷纷对其整部作品或片段进行模仿，在短视频平台上传播。高校"抖肩舞"的传播，除作品本身在媒体平台上的发布和学生自发的分享外，还采取了类似于当年"冰桶挑战"的接力模式。自第一个南昌工学院的"抖

---

① ［美］曼纽尔·卡斯特：《认同的力量》，曹荣湘译，社会科学文献出版社2006年版，第5、8、16页。
② 隋岩、常启云：《社会化媒体传播中的主体性崛起与群体性认同》，《新闻记者》2016年第2期。
③ 姚榕：《浅谈短视频的病毒式传播——以抖音红人李佳琦为例》，《新闻传播》2019年第14期。

肩舞"视频发布起,各高校学生自发接棒,进行作品的制作和发布。新一批作品又对其余高校的创作者进行感染,促使他们自发接棒,继续进行创作和传播。同时,每一个观众在进行点赞、评论、发弹幕等与作品相关的互动行为时,不知不觉也受到了"感染",从而成为传播的一环,帮助作品进行更大范围的推广[1]。

三 "抖肩舞"传播目的分析

(一) 高校学生的狂欢与发泄

苏联思想家和文论家巴赫金提出的狂欢理论,可概括为以下两点:一是全民平等的参与,二是俯就颠倒、粗鄙戏谑的广场形式。他认为,狂欢以反体制、反权力、反规范为逻辑,以颠倒、戏耍等方式为策略,与严肃文化进行抗争,"生活本身成了表演,而表演则暂时成了生活本身"[2]。

对于高校学生来说,高校生活是有苦有甜的。他们在享受大学生活的自由快乐时,也面临着课业、考试、考证、就业等各方面的压力,因这种压力而产生的一系列不良情绪也亟待宣泄。"抖肩舞"这一网络迷因的出现,刚好起到了"减压阀"的作用。借助网络平台这一"广场",高校学生参照"抖肩舞"的模式,以表演的形式,将自己在高校生活中的问题夸张化、戏剧化地呈现出来,对高校生活中面临的严肃的问题进行戏谑化的调侃。在"抖肩舞"的世界中,面对一切问题都可以通过跳"抖肩舞"来解决。只要抖起来,一切困难就都不再是困难。这种脱离现实的严肃与压力,"载歌载舞纵情狂欢"的状态,与巴赫金描绘的狂欢节景象不谋而合。在这种狂欢中,高校学生因生活压力而产生的情绪得以合理发泄。作品本身也成为高校学生的欢乐源泉和排解压力的绝佳场所。学生们前赴后继,加入这场热闹的"广场狂欢"中,将其推向高潮。

(二) 学生群体个性化的自我展现

学生群体对"抖肩舞"的再创作,并不是简单的仿作、翻拍,而是在

---

[1] 肖玮颉:《从弹幕看群体传播时代传播主体的心理特征》,《今传媒》2015年第8期。
[2] 刘晓伟:《狂欢理论视阈下的微博狂欢研究——以新浪微博"春晚吐槽"现象为例》,《新闻大学》2014年第5期。

原作的框架上，添加、置换了大量学生群体的个性化元素，让"抖肩舞"打上了属于创作者的个性标签。创作者一般会将场景设定在各高校的地标建筑前，如中国人民大学的"抖肩舞"，就将其中一个场景设置在其"三人同行"的校徽前，三位演员摆成校徽姿势进行舞动，让观众高呼不忍直视。除地标外，学校的教学楼、生活区等学生聚集区也是取景的主要地点。这样的设定，在让角色行为合理的同时，也将作品打上了各高校的烙印，成为相互区分的重要标志。

作品中各角色行为、衣着、神态等也展示着学生群体的特质。在高校"抖肩舞"作品中，出场的角色一般有学霸、学生会成员、老师、辅导员等高校生活中的特定成员。主角也一般会处在学习、考试、运动等学生生活特有的状态下。各高校的创作者用不同的手法，对这些学生群体的个性化元素加以重组，形成了具有学生群体特色的作品，借此展现自身风貌，同时唤起各高校学生的共鸣，以达到自己的传播目的。

（三）高校形象的塑造与传播

对于不了解高校的观众来说，观看高校相关作品是其了解高校的途径之一。作品中呈现的内容会使观众形成先入为主的刻板印象，从而影响观众心中对高校的评定。作为以各高校为背景创作的视频作品，高校"抖肩舞"无一不打着浓厚的校园烙印，具有较强的塑造和传播高校形象的作用。

"抖肩舞"取材于学生和校园生活。学生作为高校的主要组成人员，其精神风貌反映着校园的风气与面貌。校园生活作为高校的一个剪影，其质量反映着高校后勤保障质量，进而从一个侧面体现出学校的实力高低。同时，作品取景于学校内部，会对学校的整体环境进行大概的呈现。部分创作者会在取景时，有选择地以校园的知名景观和地标建筑进行拍摄，以尽量呈现学校最优美、最富有文化气息的一面，给观众校园环境优美、文化气息浓厚的印象，以求传播积极向上、朝气蓬勃的校园风貌，塑造优秀的校园形象。

四 结论

作为长时间触网、善于用网的互联网主体，高校学生对网络热点具有较强的敏感性，同时具有较强的模仿和创作的能力，善于借助热点话题进行大范围的群体传播，以达到既定的传播目的。高校应加强对高校学生群体传播的积极引导，积极回应学生诉求，充分发挥学生群体传播的正面作用，在展现学生精神风貌的同时，塑造和传播良好的高校形象。

迷失的男性
——佩德罗·阿莫多瓦电影中的男人们

沈倩,王鹏,徐华飞

(浙江越秀外国语学院 网络传播学院,绍兴 312000)

摘 要:本文以阿莫多瓦的第一部长电影到最近投放市场的二十一部电影为研究样本,剖析其中的男性角色,他们自身的人物形象、性格特征、与他人的社会关系——特别是与女性之间的互动。

关键词:阿莫多瓦;男性;女性

阿莫多瓦的作品塑造出一个强大的母系社会:女性始终赋有大母神的形象,她们强大而具有吞噬力。男性作为被吞噬的对象,无法抵抗子宫的力量。远离西班牙神话中大男子主义的男性和被动的女性,反叛过去,不论好坏,阿莫多瓦将强壮的女性摆在舞台中央,残酷地摧毁弱小的男性角色。[①] 阿莫多瓦作品中的"英雄"是女性,而非男性,她们面对生活顽强地挣扎和抗争,在混乱的情感世界中奋斗自己的一席之地,女性——真正的力量单位,从象征意上或实体意义上而言。而阿莫多瓦的男性们,却生存在满是限制他们欲望和存在感的强壮女性的世界中,自怨自艾,甘愿缴械投降。"觉醒是角色经历的某种屈服,是进入未知世界的重生。觉醒,对男人来说,是放弃权力和控制,对女人来说,则是获得权力。"[②] 阿莫多瓦的女人为了获

[①] Allinson, Mark, *A spanish Labyrinth: The films of Pedro Almodóvar*, London and New York City: I. B. Tauris & Co., Ltd., 2006, p.5.

[②] [美]维多利亚·林恩·施密特:《经典人物原型45种——创造独特角色的神话模型》,吴振寅译,中国人民大学出版社2014年版,第162页。

得权力而努力生活，为此，他的影片是女性奋斗史。每个男人都是男性社会的体现，他们承载着世界的负担，是被选中的牺牲品。"但一个男人不会不做男人。因此他是不由自主地有罪，并受到他本人没有犯下的过错的压抑。"① 阿莫多瓦的男性们消极地放弃权力，依赖女性的救赎而不是回归自我内心，无法从自身获得能量。男性是被"欲望法则"操控的"激情的迷宫"。他们没有唯一的挑战，只有通过充满无限可能性的冒险中用自我身份的认同，生活在连续不断的矛盾中。

阿莫多瓦电影中的男人们可以是儿子、父亲、祖父、丈夫、同性恋者、变性人、异装癖者等，他们被导演钳制在他的"阿莫多瓦命运"中。此命运没有被解救的可能性，因为悲剧是男人们的最终结局，也是他们生存在生活中的方式。从电影的整体设计中，我们表面上感受到导演对女性的终极关怀，然而，如果我们更深切地去体会，将能意识到阿莫多瓦对男性被注定的命运有着深切的同情。男性和女性可以互相责怪，但是他们双方都拥有过错，因为两者本不该同时存在。

每一个生命都有它自己的轨迹，因为每个生命都有它的一个命运。这不是迷信的表达，而是命运它由家庭社会环境、个体性格以及生活体验所建构。总体而言，这些条件是同时出现并作用于人本身的塑造，并决定他未来一切的人生方向。为此，在分析阿莫多瓦男性时，社会、家庭、个人等元素的相互影响是不可缺失的。他们在阿莫多瓦创造的电影环境中生存、煎熬、折磨和抗争，然而却失败并迷失在其中，永远徘徊于命运的轮回中。

一 迷失的男人：矛盾的身份

阿莫多瓦电影中的男性是边缘角色，他们是绿叶，以衬托女性。只有阿莫多瓦电影中的女性才以主人的身份为自己的人生而不懈奋斗，并终以傲人的胜利者形象伫立于男性世界。可以看出，阿莫多瓦刻意忽视、否定男性，借此关注、提升女性的伟大。然而，导演塑造女性形象的过程中亦为观众呈现一个个生动的男性肖像。排除消极意义——阿莫多瓦男人们生活在女性的阴影下并需要被女性救赎，却在二十一部作品中保持着特殊而不可缺少的作

---

① [法] 西蒙娜·德·波伏瓦：《第二性II》，郑克鲁译，上海译文出版社2018年版，第591页。

用。导演利用女性这一群体符号以代表社会无"权力"者,通过他的影片展现女性对世界的重要性,以此表达他的人生观、世界观,关注以及传播其积极、正面的力量与社会宽容度。

那么,男性在阿莫多瓦电影世界中扮演了什么角色?也就是说,在导演塑造的极端男权的社会中,它的表征是不容忍的、残忍的、混乱的、自私的等,而所谓的男性,作为称呼的一个身份,是世界的追捕者也是被追捕者,他们在遭受或抗争。在诸多复杂的关系和社会环境中,他们被不同的身份保护,也不停地被身份切换自我,而他们也因此被这些复杂而肢解,与此同时,传唤出身份的烙印铭刻在身和心。男人们试图找回自我主体,他们中很多放弃了挣扎并欣然接受;一些人明知不能改变,却也期待有奇迹。

纵观阿莫多瓦的二十一部电影,剧本的故事框架部分地在他不同的作品中重复出现。《崩溃边缘的女人》中的故事被《破碎的拥抱》重复;《我的神秘之花》中移植器官会议的场景亦被《关于我母亲的一切》重复。可以看出,导演的剧本在某种程度上是互相联系,从而构成一个只属于他自己的家族谱。在这其中阿莫多瓦的男人们亦组成队伍,他们是"迷失的男人",牢牢地被局限在阿莫多瓦式命运中而没有出路,男人们投降于此,一切皆徒劳。

第一,阿莫多瓦作品中存在一些掌控着"权"的男人,如同警察和牧师之类的。他们代表父权社会的至高权力。然而,在威严的表象身份下隐藏着一个个懦弱、胆怯、无力的自我。他们在与人的关系中,特别是与女人的密切联系下,是如此需要她们、依赖她们。他们需要女性来展露自我力量和势能,借以女性主体来发展他们的操控,实则在此过程中同时性地被褫夺权力,拥有与失去两相并行。阿莫多瓦避免在影片中如同类似的西班牙影视作品所故意体现的男权显露、拔高男性形象或自我塑造,而是借用男性的社会性身份将被遮蔽的一面从水下浮出:他们如同小男孩般需要女性的呵护和关爱。男性高高在上的形象是虚空的,他们借以权力幻想抵抗女性的力量,然而他们无法逃避向往母亲—大子宫的夙愿。

阿莫多瓦的四部作品,从《烈女传》《我为什么命该如此?》到《活色生香》,其中的角色演变例如大卫、桑秋之类,人物的情感表达和心理呈现通过镜头被更完整、更丰富地传达。《烈女传》中的警察是阿莫多瓦首个展现男权社会中的"坏"形象,他的行为不仅是大男子主义的彰显,如同西班牙电影中"大男子主义型"所具有的特征，而是深度刻画男性强悍表象背后的真实动机，即男性失去女性的飘零感和无能。《我为什么命该如此？》中的警察，面对女性隐瞒自我，惧怕她们发现自己的无能、胆小和无安全感。可以说，阿莫多瓦关注男性内心在社会关系中的沉沉浮浮，特别是通过女性来暗示男性与她们、与自己、与世界的不契合性，他们之间的矛盾一直都存在，而且无回天之力。以上四个警察形象代表着男权，根据每部电影的成熟度，各自展现其在社会现状下的改变和复杂性。男人们需要呈现荣耀而获得权力的出口，也就是在出口处，更多的人意识到了权力，那么它将注定会被瓜分和抢夺，换来格局的重新组合。

牧师作为阿莫多瓦作品的男人中另一类掌握男权的人员，并非具有西班牙电影传统意义上的形象或者如同阿尔弗雷多·兰达和奥索雷斯兄弟作品中的被戏谑者。阿莫多瓦更愿意颠覆他们而揭露人类防不胜防的自然性。从《黑暗的习惯》中的牧师到《不良教育》中的玛诺罗神父，人物的心理、情感建构比早期作品中的更系统、更鲜明和更具立体性。

除了以上权力象征的男性代表形象，《黑暗的习惯》中的公爵，《斗牛士》中的蒂亚戈亦属于此类范畴，隶属于彰显男子气概的男性队伍。他们把自我的标签以象征的特权据为己有，不仅是对内自我安全的身份再确认，同时亦是对外在权力显证的确认。公爵在影片中的肉体不存在性是导演故意以隐藏的权力强化男性以大男子主义精神影响女性、对女性施加压抑。同理，蒂亚戈的斗牛士职业称号亦是其增加权力感的身份。

另外，家庭暴力是大男子主义的极端行为，它以摧残受暴方的肉体、心理而达到的恐吓、压抑以及欺凌以达到操控、摆布的作用。《激情迷宫》中的洗衣店主、《回归》中的伊蕾娜的丈夫以及巴哥，他们皆专横地炫耀自己的男权，并展现对女性的据为己有、蔑视她们的权力施展。当然，阿莫多瓦亦提及乱伦——以一种家庭暴力的方式出现，以此探讨文明、社会与野蛮、自然之间的二重冲突。

第二，阿莫多瓦电影中的一些男人从一开始即以不完整的形象出现，他们的自我身份需从另一个对象体中获得，但却是不可完成的企图，因为对方作为独立的个体同时亦是个不完整体，两者或几者间互相具有重生的关系。例如《烈女传》中的警察的兄弟，《关于我母亲的一切》中的三个埃斯特万,《不良教育》中的胡安、伊格纳西奥以及《吾栖之肤》中的罗伯特医生、泽佳,他们都隶属于此类男人范畴。

阿莫多瓦不将那些兄弟们塑造成一个个独立的完整个体,而是利用他们的同父兄弟如同另一半身份诠释他们失去的那一部分"身体"。一方面,兄弟们亲密地认同自己的兄弟,似乎他们是自己必不可少的组成;另一方面他们又互相"残杀",各自以成为真正的完整独立个体而斗争。《欲望法则》中的蒂娜/蒂诺与巴布罗之间的关系有别于此范畴的男性兄弟,因为蒂娜/蒂诺成为变性人,而巴布罗是同性恋者。也就是说,他们被男权主体排斥,成为边缘人物,因无法是男性社会群体一员而以协作达成共识。

三对兄弟关系中的警察与他的兄弟,胡安和伊格纳西奥,泽佳和罗伯特医生,他们人人都试图成为完整男性,然而两者之间必须要互相撵杀。兄弟间的矛盾是必然,因为共同在家庭的关系圈中,每一人皆企望最大额度地占有权力,特别当男性权力被肆虐诬蔑的时候,如同医生与泽佳的例子。在胡安和伊格纳西奥的关系中亦同样如此,当视兄弟为权力的绊脚石时,需要通过一方的消失来获取最大的利益。

《关于我母亲的一切》中的三个埃斯特万是一个重生的过程,虽然他们的关系是父亲—儿子—兄弟。他们三人之间共享埃斯特万此名字暗示三者之间的传承,特别是在生与死的联系上。三个埃斯特万在命运的圆圈中合并为一个"埃斯特万"符号,以相同的精神努力寻找自我。

第三,阿莫多瓦作品中的男人是权力的牺牲品,他们渴望、向往权力,不可避免地进入权力旋涡,并被它所控制。男人们寻找与它之间的平衡点或者避免被权力控制,但总是失败。他们不同于阿莫多瓦的女人们,她们在最后总是有意识地认识到自我的处境并挖掘出造成自我悲剧的根源,懂得选择为自我抗争并获得人生。而阿莫多瓦的男人们陷入权力的泥沼中被自我及权力本体而陷害,最终沉沦在没有出路的死局中。也是,他们该怪罪自我个性、家庭、社会环境或者其他的各种原因,总而言之,男人们没有能力独立地履行成为男人的过程,需要仰赖外界的能量,特别是女性的拯救。于是,他们以牺牲者的面目出现,实则男人们是咎由自取。《激情迷宫》中的洗衣店主和里沙;《我为什么命该如此?》中的托尼和米格尔;《斗牛士》中的安赫尔;《欲望法则》中的蒂娜/蒂诺、巴布罗和安东尼奥;《崩溃边缘的女人》中的伊万和卡洛斯；《捆着我，绑着我》中的里奇；《情迷高跟鞋》中的多明戈；《基卡》中的拉蒙；《我的神秘之花》中的巴哥；《关于我母亲的一切》中的罗莎的父亲；《对她说》中的贝尼多；《不良教育》中的伊格纳西奥和恩里克；《吾栖之肤》中的泽佳；《破碎的拥抱》中的 X 射线，《胡丽叶塔》中的火车上的男子，他们皆是权力的男性牺牲品，他们被摆布、控制于权力的追求、寻找之下，他们最终目的是成为自己，然而却无法摆脱阿莫多瓦作品中系列男性的命运之轮。此范畴更多建基于家庭关系，特别是父母亲对他们的影响，那是权力源头的产生。原生家庭是一个人定义自我和建构自我的最起始平台。

第四，阿莫多瓦电影中的男人依赖女性，他们如同附属品一样寄存于女性，失去她们则无法生存。这个范畴包含有两种类型。一种是男人们如同孩子，胆小而充满恐惧，有与生俱来的自我不信任感。他们需要女性的陪伴以及肉体、心理的庇护，同时，他们还利用女性满足自己的需要。这些女性被阿莫多瓦电影中的男人所需要的魅力正是他们所无法自给的。然而，女性不断张扬的母权在逐渐地吞噬男性的男子气概，并最终将其阉割。为此，该类男性总是逃脱前女性，寻找下一个完美体来继续自己的生存。但是世界在变，人在变。在变化的过程中努力寻找下家的企图总是显得徒劳，因为内在自我的不饱满性局限了其与外界的对等。《激情迷宫》中的洗衣店主；《黑暗的习惯》中的尤兰达的男朋友；《我为什么命该如此？》中的安东尼奥、卢卡斯和警察；《斗牛士》中的安赫尔；《欲望法则》中的安东尼奥；《崩溃边缘的女人》中的伊万和卡洛斯；《捆着我，绑着我》中的里奇和马克西姆；《情迷高跟鞋》中的阿日维多和玛努尔；《基卡》中的拉蒙、尼古拉斯和巴乌；《我的神秘之花》中的巴哥和安赫尔；《活色生香》中的维克多；《对她说》中的贝尼多和马克；《破碎的拥抱》中的恩斯特；《吾栖之肤》中的罗伯特医生；《胡丽叶塔》中的苏安、胡丽叶塔的父亲；《痛苦与荣耀》中的萨尔瓦多，他们皆属于阿莫多瓦男人中的"被阉割的男性"类别，皆展示自我的胆怯、脆弱、无能，他们需要女性的陪伴，女性作为被依赖而获取能量的主体，这一切皆以女性说了算，男性因女性而被瘫痪和被寄生，囚禁自我于无尽的迷失中。

二　阿莫多瓦作品中男性命运环和家庭：关系建构和冲突

家庭是社会构建的最小单位，是社会关系的最基本元素。阿莫多瓦的家庭没有一个是完整的，它们或支离破碎或缺乏平衡。丈夫与妻子之间的战争总是终结在一方控制另一方、另一方被控制的局面，其中一人一定是掌握"大男子主义"式的权力。"所谓的'情感勒索'也许不会威胁我们的生命，但会夺走我们非常珍贵的一项资产——自我完整性（integrity）。"① 权力的勒索打着爱的旗帜，威胁人成为自我的能力。阿莫多瓦式的家庭不具有完整的人，他们内毁于家庭人际关系中。

在所有的阿莫多瓦式家庭中，女性最终控制丈夫和儿子，或者直接取代懦弱的丈夫之位。"那种认为孩子在爱其他人之前先'爱'自己的父母的想法应当被看成是想当然的幻想。对这个年龄的孩子来说，父母亲更多地是依赖和恐惧的对象，而不是爱的对象。就其性质而言，爱的基础是平等与独立。"② 孩子成为最大的受害者，他们背负家庭的压力，理所当然地被压抑。这些被阉割的对象，最终成为权力的牺牲品。"一个小孩若是成长于一个制造恐惧和憎恨、阻碍他自发性自尊的氛围，就会对他的环境产生强烈的控诉感，然而，他不仅无法表达这些感受，如果他足够害怕，甚至还不敢在意识感觉中察觉到它们。这部分是因为单纯害怕惩罚，部分是因为他害怕失去他想要的爱。"③

阿莫多瓦式家庭关系中的丈夫和妻子、父亲与儿子、母亲与儿子、父亲与女儿，以及兄弟姐妹，可以清晰地呈现阿莫多瓦男人们的"迷失"性，深陷在阿莫多瓦的命运圈中难以自拔。阿莫多瓦作品中的父亲与儿子/女儿间的关系可以有以下几种。

第一，在父亲是大男子主义的家庭中，父亲的强权和蛮横一般会产生一个虚弱、软弱和被压抑的母亲，协同她的儿女们，是被欺凌的对象。然而，这些所谓的强势父亲总是被女性抛弃或以死亡结局，而母亲则成为家庭中集

---

① [美] 苏珊·福沃德：《情感勒索》，杜玉蓉译，四川人民出版社2018年版，第139页。
② [美] 艾里希·弗洛姆：《健全的社会》，孙恺祥译，上海译文出版社2011年版，第27页。
③ [美] 卡伦·霍妮：《我们时代的神经症人格》，屈建伟译，台海出版社2016年版，第176页。

权力于一身的人物，遂变身为"大男子主义者"。这种家庭中的儿子通常希望与父亲认同并继承他的威武，但是却从不会发生，因为父亲视儿子为竞争对手。为此，儿子遂成为叛逆者而对抗父亲或因童年时期的创伤而成为胆小懦弱者。例如，在《黑暗的习惯》中，公爵压抑他的妻子和女儿，然而等他去世后，他的妻子即刻成了家中蛮横无理的女主人。《我为什么命该如此？》中安东尼奥是典型的大男子主义者，但他却被自己软弱的妻子歌莉娅杀害。安东尼奥的儿子们都是叛逆者，他们最终或试图取代父亲，或以新的面貌重新开始人生。《情迷高跟鞋》中的阿日维多同样也是一个男权者，他压抑、控制妻子和继女（身份认同母亲），但却被继女杀害，而妻子成为大母神。《关于我母亲的一切》中的罗拉不管是以男子身份还是以女性肉体出现，他都是大男子主义者，却被妻子抛弃，而其儿子继之被她掌控，亦控制他与儿子的关系。《回归》中伊蕾娜的丈夫压抑妻子并乱伦女儿，他的结局是被妻子杀害。同样的事情发生于巴哥身上。在《破碎的拥抱》中，恩斯特被妻子抛弃，然而，他却拒绝自己的儿子，后者希望身份认同与父亲的心愿从未实现，对于恩斯特，儿子即是另一个雄性竞争对手。

第二，"在母爱中['母爱'的希伯来文为 rachamim，源自 rechem（子宫）]，爱的双方处于一种不平等的关系中；孩子不能自助，依赖母亲"。[①]当母亲是"大男子主义"者，掌控权力时，这个家庭通常不会存在父亲，他的权势被女性褫夺。为此，儿子则成为父亲的替身，母亲借此施展她所有的权势。对于儿子而言，他的男性气概被剥夺、被阉割，而成为一个牺牲品。例如，在《斗牛士》中，安赫尔的家庭不存在父亲，母亲强势而霸道，儿子受到她的压制和掌控。《欲望法则》中安东尼奥的爸爸虽然存在，但是实同缺失。所以安东尼奥的母亲即成为一个权力的形象控制她的儿子。在《崩溃边缘的女人》中，卡洛斯的母亲掌控儿子认识父亲的权力。《情迷高跟鞋》中多明戈的父亲不存在，母亲控制他的一切。《对她说》中贝尼多的父亲亦不存在，母亲抑制和掌控儿子如同他是丈夫的代言人。在《破碎的拥抱》中，蒂亚戈身份认同他父亲的权力被母亲剥夺。《吾栖之肤》中的文森特/薇拉需要母亲的庇护，因为父亲同样以缺失而存在。

[①] [美] 艾里希·弗洛姆：《健全的社会》，孙恺祥译，上海译文出版社 2011 年版，第 25 页。

第三，阿莫多瓦电影中父亲与女儿的关系总是父亲抑制女儿，因为她是母亲的化身；或者犯下乱伦之罪，因为她是母亲的替代品。比如，在《激情迷宫》中洗衣店主与女儿的关系，德拉贝亚医生和他的女儿；《回归》中拉蒙达和她父亲的关系；等等。这两部电影中的父亲视女儿为母亲的替代品。《黑暗的习惯》中的公爵和女儿关系为压抑和被压抑。

第四，同性兄弟间总是引起矛盾和竞争，直到一个"杀死"另一个。例如，在《烈女传》中的警察和他的兄弟。《我为什么命该如此?》中的托尼和米格尔，卢卡斯和佩德罗。在《不良教育》中胡安痛恨兄弟伊格纳西奥直到将他杀死。然而，兄妹间的关系却无任何矛盾，却是和谐、平衡的。例如，《欲望法则》中变性成女人的蒂娜/蒂诺回到兄弟身边后，两人和平相处。这种情况也同样发生在《基卡》中的巴乌和他的姐姐。

阿莫多瓦电影中的男性在不同的关系中，特别是在家庭的几条纵横关系网中，不管扮演父亲、儿子、丈夫还是兄弟，他们因自身的缺陷、创伤而迷失在自我中。罗伯特·勃莱提出男性成人礼的五个阶段是：第一，与母亲的联合与分开；第二，与父亲的联合与分开；第三，男性母亲或精神指导师的到达；第四，做飓风能量的学徒；第五，与圣洁的女人或王后结婚。阿莫多瓦的男性世界不具备完成男性成人礼的条件。他们多数人停滞于第一阶段，或是始终寻找母爱，或是不愿与母亲分离，或是被迫与母亲保持密切关系。导演让破碎的家庭拒绝提供父亲的形象，导致他的男人们无能地成为牺牲品。即使个别男性拥有后几个阶段的补偿，然而他们短暂的幸福弥补不了巨大的人生鸿沟，最终依旧是那个"小男孩"，被大母神吞噬，迷失自我。

阿莫多瓦的男人们自身没有条件替代女性，而阿莫多瓦电影中的女人不管从纵向来看还是横向而言，都能够轻而易举地代替男人，并最终找到自我。阿莫多瓦电影中的女人们从被压抑的状况下努力抗争寻找自我，而男人们却注定被囚禁于权力之下。他们重复自己悲剧人生而没有出路。这些都在阿莫多瓦电影中明晰地一遍又一遍地被重复——他们是"迷失的男人"。

艺展中新媒体交互艺术表意模式探析

周琼怡[1]，刘 莉[2]

（1. 乐山师范学院 文学与新闻学院，乐山 614000；
2. 四川音乐学院 传媒学院，成都 610021）

新媒体艺术诞生于 20 世纪后半叶，它的诞生与发展得益于科技的进步。近些年来技术发展速度迅猛，各种艺术形式都在寻求自身与时代的结合。在这样的时代背景中新媒体艺术迎来了它发展的最佳时期，也成为当今最具时代代表性的艺术形式之一。而新媒体艺术中拥有交互性质的那部分艺术作品则因其交互性、沉浸性等特点成为新媒体艺术中的典型代表。近些年来新媒体艺术的研究开始从本体向外延转换，如今对其研究主要表现在"新媒体艺术文化内涵研究、新媒体艺术媒介与传播的研究、新媒体艺术审美表达的阐释、新媒体艺术评价与批评体系建构"①。本文是对该项艺术表意的一个初步探索，在关注表意模式的同时去探索这项艺术表意模式所带来的艺术传播主体的"自我意识"的变化。

本文对新媒体艺术的研究范围沿用之前笔者对其研究范围的广义概念即"以信息传播科技为基础，以新媒体文化为观念，以'干媒体'技术为媒介材料的艺术"②。并由此延伸出新媒体交互艺术指的是新媒体艺术中拥有交互性质的那部分艺术作品。文章从传播学的视角出发，参考符号学的研究方法。通过对艺展中部分作品的文本分析寻找到新媒体交互艺术表意的特征，谈论影响其表意的因素，得出它的表意模式以及由此模式所展现出来的关于

---

① 马晓翔：《新媒体艺术研究范式的创新与转换》，东南大学出版社 2016 年版，第 4—5 页。
② 周琼怡、刘莉：《"新媒体艺术"概念辨析》，《西部广播电视》2017 年第 12 期。

艺术展览中艺术鉴赏者的主观意识的变化。

一　新媒体交互艺术的表意特征

新媒体交互艺术从诞生之初就与科技密切相关，它的表意特征也与传统艺术的表意不尽相同。它在原有单一感官到复合感官的基础之上加入了参与式的体验，形成了从复合感官到全息式体验的一种全新的表意模式。在此我们讨论新媒体交互艺术表意过程中十分重要的两组概念能指与所指以及艺术场景的创造与表意互动。

（一）多变的能指与流动所指

新媒体交互艺术的诞生既是一种艺术技法上的融合同时也是艺术理念上的深化。很多作品所带来的是感官上的冲击，或是陌生化的体验，指向的则是对艺术意义的反思，它的观赏价值远不及它的表意价值。"与古典时代艺术家对现实和表征及其关系的信赖不同，现代主义艺术家开始怀疑符号表现实在世界的可能性和极限……而后现代主义美学中，与其说是对表征的怀疑不如说是对现实本身的怀疑"[1]　新媒体交互艺术置身于后现代艺术之后，艺术家们继承了现代主义中对符号表现现实世界极限的探索，同时也在探索现实世界与艺术符号的对应关系、意义关联等。当然这种关系与关联应该是持有怀疑态度的，但这并不妨碍意义的产生。在新媒体交互艺术所带来的大量的虚拟现实的交互体验中对真实的怀疑已经被证实，它就是兼有虚拟的而并非现实，甚至在新媒体交互艺术与受众交互的过程中感觉都可能是非真实的，但唯有意义是真实存在并通过交互传达给受众。

既然新媒体交互艺术表意，那么它的能指与所指就是讨论它表意首先面对的问题。新媒体交互艺术本身并没有固定的模式，在艺术作品的组合上形成了能指界定的难度。新媒交互艺术的交互性使得其艺术作品本身大都没有形成一个完整的作品，它需要与参与者进行互动才能完成整个艺术作品。在作品中，不仅有艺术家注入作品的能指，同时也有参与者将不同的能指带入其中。形成了能指的部分不确定性。

---

[1]　周宪：《审美话语的现代表意实践》，《文艺理论研究》2003年第2期。

因此，新媒体艺术的能指包括：所有与新媒体艺术作品组成有关的一切能被人感知的物质组合，包括灯光、音响、气味等以及被纳入作品的鉴赏者。并且同一件作品的艺术符号可能会随着时间、空间、鉴赏者的改变而改变。由于能指的改变新媒体交互艺术的所指也是流动的。它的所指指的是所有这些可感知的组成新媒体艺术的元素组合所表达的意义。由于互动效果的不同，同一件新媒体交互艺术作品所要表达的内容可能截然不同。

在表意上新媒体交互艺术是一个所指优于能指的艺术，其更擅长创造空间，通常是以空间组合的形式完成作品的表意，而空间的出现加大了能指的可操作性。能指的不确定性导致了同一件作品能够产生出多种内容或意义。而观赏者看重的并不是能指上的变化而是能指所产生出来的内容和意义，这才是新媒体交互艺术存在的价值。

（二）场景创造与表意互动

"艺术的创作是循环论证过程中存在之本源及其构造行为。艺术的本质是基于预先设置的规定而诱导真实世界的还原，如同真理的显现一样。"①几乎所有的艺术表意最本质的目的都是勾起艺术鉴赏者真实世界中的感受，新媒体艺术更擅长的是创造场景的叙事方式，这是一种全身心的感受内置于艺术作品的过程，而非传统艺术中单纯的精神内置。鉴赏新媒体交互艺术作品的人并不只是单纯的通过感官感受将精神置于作品之中，而是将自己从身体到精神全部投入作品，通过作品的"预先设置"做引导，重新创造出属于自己的真实世界。很多时候艺术家甚至只提供了部分符号，艺术的叙事部分都由鉴赏者自己完成。赵毅衡教授在提到艺术符号时说"艺术符号把指称对象推开，与实用意义保持距离，也就获得了一定的表现自由度"。②新媒体交互艺术通过场景的创造为鉴赏者提供了一个可意义交互的场所，这个场所标出了其与生活场景完全不同的状态，使艺术场景能够自由地表达意义。

早在1935年本亚明就提到，在机械复制时代到来之后艺术的"独一无二"性逐渐消失，艺术的"光晕"渐渐淡去，"展示价值"提升。如今，数

---

① ［德］马丁·海德格尔：《林中路》，孙周兴译，上海译文出版社2004年版，第139页。
② 赵毅衡：《符号学原理与推演》，南京大学出版社2016年版，第300—301页。

字技术早已不仅仅将艺术停留在机械复制的时代，越来越多的艺术鉴赏者也不再甘于做一名观众。如果说机械复制技术带来了艺术的一次革命，那么数字技术就是又一场艺术的大变革，艺术从叙事层面就发生了本质的变化。

2017年成都"新物种"影像艺术展中，成都本土艺术家李琨创造的作品《凝视》就是这种创造场景的典型代表。艺术家将一个有延迟成像功能的屏幕放置在展馆当中，屏幕前有一把椅子，椅子顶端是一束追光，四周漆黑。参观展览的人在屏幕前停留超过10秒屏幕上就能呈现出该名观众的黑白影像。该作品前期只给出了一个可延迟成像的场景，当鉴赏者在作品前站定，叙事过程由鉴赏者开启。作品的叙事过程即成像过程，至于鉴赏者能看到一个清晰的黑白人像还是模糊带有重影的人像取决于鉴赏者处于装置前时的活动状态，安静等待或是随机移动。最终能否看到人像取决于鉴赏者在作品之前停留的时间以及身体所在的角度。

数字时代淡化了"光晕"，同时也加入了艺术的体验价值。新媒体艺术从诞生到当下几乎没有出现一位标志性的艺术家或是艺术作品，它的"膜拜价值"被不断削弱甚至消失。"展示价值"与"体验价值"则更加引人注意。这种体验价值甚至从本质上改变了艺术的呈现方式，直接指向了当代艺术表意过程中艺术主体的思想变革。

二 影响新媒体交互艺术表意的因素

新媒体交互艺术是一种表意功能强于审美功能的艺术样式。它具备科技、交互、融合、表意等艺术特质。创造新媒体交互艺术作品的物质材料并不是固定的，但新媒体交互艺术作品却是必须通过科学技术才能完成艺术品的组合制作和展出。科技作为作品的物质材料和传媒介质对作品表意起着十分重要的作用。媒介是新媒体交互艺术存在的土壤，媒介对艺术作品的选择也成了影响作品表意的因素。诚然影响一项艺术的表意因素有很多，在此我们只是提对该项艺术影响最具代表性的两个方面。

（一）科技的强依赖性

由于在创造上与科技的紧密联系，在艺展中这项艺术的表意模式受到科技的极大影响，艺术的创作灵感也有一部分来自生活中科技的进步。当今手机越来越成为人们不可或缺的一件生活必需品,据此青年艺术家张阳在他的毕业作品《洗手间》当中就充分利用了手机二维码扫描功能,将一间洗手间的马桶、洗手池、烘手器、镜子、卫生纸上印上二维码,鉴赏者通过手机自带的扫描功能扫描二维码就可以完成与《洗手间》的互动。比如手机扫描马桶,手机界面上就会出现马桶的界面,向手机马桶上投入一张照片,这张照片的投影就会投入艺术空间的马桶之中,按下冲水键照片投影就会在马桶中随着水冲走。

这项艺术对科技有极强的依赖性,科技既是一种局限也是一种素材。从作品创造上科技直接影响了新媒体交互艺术的表意模式,使艺术由单一感官、多重感官到复合沉浸式的感官表意。从作品传播上讲科技为新媒体艺术创造了新的传播样式比如 VR 眼镜的创造使全息影像作品得以完成表意过程。当今社会由于科技的介入,符号与现实之间相互关联的真实性常常被质疑。而新媒体艺术必须依赖这种科技的虚拟性,这就进一步扩大了皮尔斯所说的"对象"的不真实感。至于后现代艺术之后的新媒体艺术已经不再去怀疑现实,因为现实已经是被虚拟化了的。因此科技所带来的虚无感,指代对象的虚无感是新媒体艺术表意中经常被利用的要素。

(二)媒介的选择权

新媒体交互艺术是一种表意侧重于媒介的艺术形式,媒介对于艺术作品来说决定着艺术文本中符号的意义解读。在英国社会学家斯图尔特·霍尔的理论中认为任何一种文化都有一个表征体系。在展览中"他是针对各种物品的,或更特别的是针对通过展出各种物品来生产意义的各种表征体系的"①。近些年来新媒体艺术发展势头良好,各大现当代艺术展不断增加该艺术参展的比重,独立展也越来越多。

> 当代社会之所以出现新媒体艺术,是因为新媒体艺术所由之决定和生成的当代社会本身已然在很大程度上被媒介技术所座架了,传统的物

---

① [法]斯图尔特·霍尔:《表征:文化表征与意指实践》,徐亮、陆兴华译,商务印书馆 2013 年版,第 153 页。

质关系与社会存在已经丧失了那种本真生活的直接性与素朴性，而是被很多新技术建构成为了一种符号性与数字化的对象存在。①

这里提到的"座架"来自海德格尔，他追问现代技术，并把这个词设计为现代技术本质的"建筑物"。从传播学的角度上来讲新媒体艺术的传播方式与途径是可以通过技术虚拟产发的，这种经过大众传播媒介可以成几何倍数传播与体验的艺术形式一旦被公开传播势必会受到话语权的限制和权力的选择。

媒介对各种艺术作品虽然都存在着选择的权力，但对于一个作品本身就是媒介一部分的艺术作品来说媒介的决定权是对作品本身的直接干预。这种直接干预可能会留下某种痕迹甚至成为作品的一部分，而这部分痕迹将会成为作品表意的关键因素。

2018年上海双年展中展出了艺术家张嘉莉及郑怡敏的作品《上海"床下底"艺术常识问答比赛》。艺术家们针对此次艺术展览制作了一套调查问卷，采用知识问答的表演形式将这些关于上海本土艺术语境的问题表演出来。最终将这次表演的录像呈现在一台电视机当中，并将电视机摆放在单人床前，制造出一个单人卧室的场景。进入场景的鉴赏者可以自由地或躺或坐在床上欣赏前面电视中播放的节目。问答中的问题与艺术有关却时时回应着社会以及文化的议题。在影片播放的过程中突然出现一段电视接收不到信号一样的"黑白雪花屏"，而这段"雪花"原本是有内容的。在入展之前的审查中，此段内容并未通过，被要求删除，艺术家们在此特意用"黑白雪花屏"的方式为作品留下了空白，以示他们的态度。

这种来自媒介选择自动去掉了不利于话语权一方的文本内容，艺术家的艺术作品长期得不到传播的机会，艺术作品就没有存在的意义。因此这种限制导致了两种后果，一方面是使艺术不断被"优胜劣汰"式地更新，另一方面则是使艺术作品的能指被不断地陌生化，艺术家们越来越喜欢隐去那些直白的意指，转而对所指讳莫如深。

---

① 李胜清：《新媒体艺术的公共性表意》，《中南大学学报》（社会科学版）2014年第4期。

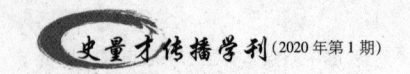

三 新媒体交互艺术的表意模式

根据对该艺术表意特征的探讨与影响其表意模式因素分析,我们发现艺展中新媒体交互艺术的意义是在科学技术与权力允许范围内通过场景的营造与鉴赏者的互动产生的。在此我们将从表意模式的前提、表意模式分析以及艺术展馆中的主观意识的变革中探讨它的表意模式。

(一) 表意模式形成的前提:交互场

对于艺术而言,传播是其与生俱来的趋向,艺术的传播过程是艺术家运用艺术符号以及一定的艺术编码解码规则与鉴赏者之间的一场意义的传递过程。艺术符号既是一种来自创造者的语言,同时也是鉴赏者感受、鉴赏作品的感知介质。在艺术传播过程中对于交互性这个词语的含义的含混来自两种情况。第一,作为传统非现场性成品艺术而言,留白类的艺术鉴赏过程是否算作一种交互?第二,对于现场表演型艺术而言其交互性与新媒体时代所说的交互性究竟有何区别?例如我们鉴赏一幅油画,艺术鉴赏者势必会带着个人的情感以及对符号的认知去鉴赏这幅画,此时艺术家所运用的一切艺术符号在这位艺术鉴赏者的眼中都充满了新的意味。此时艺术鉴赏者对这幅画所产生的感知无论为何,它都不会影响他正在鉴赏的这副油画作品的传播客体,不能否认这一过程具备反馈机制,但这种交互具有较长的延时性。而对于新媒介而言,交互后对于传播客体的改变几乎是必然的,这就涉及了现场表演型艺术的交互性。这种交互艺术交互的本质在于改变作品本身的艺术符号,当艺术符号发生变化,艺术客体也就出现偏差。

以前,在众多的艺术形式中,最具有现在意义层面的交互特性的艺术便是现场性的表演艺术或是互动艺术。而它们之间交互的特性的本质区别就在于在艺术符号表达过程中由于技术的加入致使艺术的符号改变成了一种随时可恢复的形式。在交互艺术表意过程中是不存在二进制数码符号存储的,而后者存在,这就在本质上将二者区分开。这些数码符号从艺术作品文本层面来讲既是质料介质,又是工具介质。从艺术传播的视角看又充当着作品本身的储存介质和传播介质。它是需要解码器解码才能呈现出来的艺术形式,因此它的表意过程就受到了这一过程的影响。"数字媒介最大程度的提升了数据的可操作性,因此此类媒介的运作是通过基础编码的方式、以信息为表征得以实现的,只要编码没有加密,那他就可以轻易被修改。"① 新媒体交互艺术的文本媒介是其意义表达最直接的介质,与他的交互不会改变创作者所提供的表达系统,但却改变了艺术传播客体,这同时也使得艺术家创作的艺术半成品沦为了一种交互的"场所"。

（二）场景交互式的表意模型

技术导致了艺术创作权力的下放,同时它也承载了艺术,成为艺术的介质。艺术创作过程中的工具介质本是一件不必须呈现出来的文本媒介,但在新媒体交互艺术中它却成了一件至关重要的传播介质。这样一来艺术家的技法型素材变得不再那么重要,而概念性指向便成了观众参与符号"再现体"生成或加入的关键因素。这也使得本来只能作为艺术鉴赏者的人们参与创作艺术作品成为可能。"作为艺术作品中的艺术符号,艺术符号的记号总是处于作品的具体语境之中,并指向艺术接收者的文本间解读活动。"② 这是所有艺术都具备的传播特性,而对于新媒体交互艺术而言艺术符号的互动性显得尤为重要,新媒体交互艺术的艺术符号在与鉴赏者互动之前是不完整或不完全的,鉴赏者参与互动实际上就是对作品中符号的接收并且再创造。在鉴赏者的参与互动过程中完成整个作品,通过互动收集"符号再现体",这一点是之前传统艺术形式中所不具备的。

"被符号代替的那部分"在皮尔斯符号学理论当中被称为"对象","它（皮尔斯的三元理论）打开了符号表意展开延续的潜在力:'对象'比较固定,几乎在符号的文本意义中就确定了,不太依据解释而变动,它是符号文本直接指明,意指过程可以立即见效的部分,而解释项是需要再次解释,从而不断延展的部分"。③ 在含蓄意指中找到被符号替代的那部分内容需要的就是通过想象的共享来创造新的意义空间。这种想象来自艺术家们利用已有元素进行的空间创作。这种空间创作会给意义接收者一个大致的方向,最终

---

① ［英］尼古拉斯·盖恩、［英］戴维·比尔:《新媒介:关键概念》,刘君、周竞男译,复旦大学出版社2015年版,第7页。
② 陈鸣:《艺术传播原理》,上海交通大学出版社2009年版,第20页。
③ 陆正兰:《音乐表意的符号学分析》,《南京社会科学》2014年第1期。

意义接受者接收到的信息，找到所指对象完成意义生产过程。对于"对象"在艺术的发展过程中似乎在被不断的"吞噬"，甚至有些艺术家试图舍弃它，让"再现体"直达"解释项"。试图不存在再现过程直接达到表意的目的，这也是新媒体交互艺术的独特性质决定的。

2018年成都第二届新物种跨媒介艺术邀请展上展出了BurnLab新媒体实验室的一件新媒体交互艺术作品《定格的碎片》，作品是将很多不规则的模板吊挂于展厅中间，不规则形状的模板经编程有规律的上下移动，最终各个残片将定格在一个固定的位置，此时在顶端光线的照射下，地面出现的影子会形成一个二维码的图案。鉴赏者扫描二维码，获得内容。这里的二维码是移动互联生活的标志和象征，它本身就是符号，没有替代任何事物，作品中"对象"被完全消解吞噬。新媒体交互艺术中通过符号聚合寻找"对象"而这种对象也可能被完全消解。由于媒介环境等因素的干扰，新媒体交互艺术的"对象"可能是被刻意陌生化或者"杀死"的，但这并不意味着该新媒体交互艺术作品表意过程断裂，相反他可以通过产生"解释项"产生意义，并且这种意义还具有无限衍义的能力。这项艺术的存在并不是为了突出对象所产生的对应的意义关系，而是为了产生"解释项"。"接受美学更是将艺术解释的主导权交给了观者，这一思潮的核心观点是，一个未获得欣赏的艺术只能是半成品。这样，艺术意指的重心相应的由'再现体'又转移到了'解释项'。"[①] 这便涉及了一个艺术传播学上的问题，此时供意义生成的"再现体"不再单纯的由艺术家端掌握，意义的生成来自鉴赏者的参与互动。"解释项"才是艺术家们最终想要达到的目的，这才是表意过程的终极要义。综上我们得出新媒体交互艺术的表意模式。

鉴赏者对作品的互动鉴赏过程实际上完成了至少两次传播过程，它包括鉴赏者初次进入作品场景时所接收到的艺术符号再现体所产生的对应的对象，或者是跳过对象直接指向的解释项。以及当产生了这个解释项之后连同原有符号再现体一起形成的新的解释项。这就像是一个回声，会因为时间和空间而不断放大或是不断衰减，最终形成每位鉴赏者所接收到的属于自己的

---

① 胡易容：《论原物：艺术符号意指对象的多重分解》，《四川大学学报》（哲学社会科学版）2015年第6期。

关于该件作品的"解释项"。

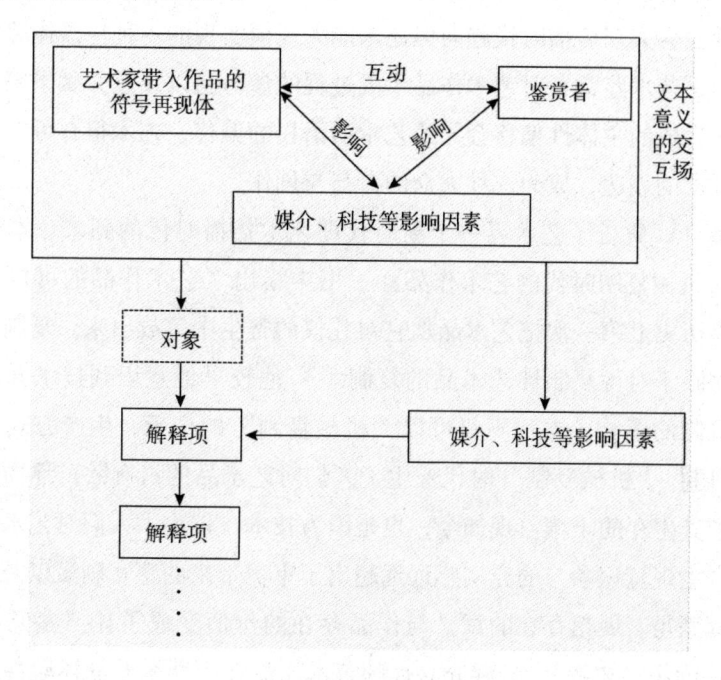

图 1　互动鉴赏过程

（三）艺术展馆中传播主体主观意识的觉醒

艺展中新媒体交互艺术的表意模式在一定程度上改变了艺术展馆中那种跟随策展人的想法去探索艺术作品的思路。在一个具有主观规定性的艺术传播介质中艺术鉴赏者开始改变了他们对艺术作品原有的意义接收方式和艺术作品认知方式。不得不承认，技术带来的不仅仅是一种新的艺术形式，更重要的是技术的介入给整个艺术传播过程带来了一场"艺术主体意识的觉醒"。这场觉醒所带来的不仅仅是艺术家的意识改变，更重要的是艺术鉴赏者对艺术作品的认知出现了本质变化。

"博物馆并不只是处置物品，更重要的是处理我们暂时可以被称为观念的东西，即世界是什么或应当是什么的看法。"[①] 作为艺术展览馆来说，它

---

① ［英］斯图尔特·霍尔：《表征：文化表征与意指实践》，徐亮、陆兴华译，商务印书馆2013年版，第160页。

不仅仅承载着艺术作品,更承载着一种观念。而展览馆中的艺术总是能率先实现一种社会大众传播时代趋向但还未能大规模实现的一种传播体验。科技所带来的是艺术鉴赏者对艺术作品生成过程的参与感以及意义赋予感。这种艺术意义生成的主体性偏移会导致艺术话语权的偏移,艺术很有可能成为一种大众诉求的表达,成为一种大众的参与与创作。

  1936 年,宣告了艺术界一个新时代即艺术传播时代的到来。本雅明在自己的《机械复制时代的艺术作品》一书中指出"艺术作品的可机械复制性在世界历史上第一次把艺术品从它对礼仪的寄生中解放出来。复制艺术品越来越着眼于对可复制性艺术品的复制。"[①] 他较早地意识到技术介入对艺术生产机制的影响。在远不只可以"机械复制"的今天,生产方式早已有了新的机制。"机械复制"时代催生了人们对艺术品的占有欲,拜物性、世俗化成了其生存的土壤。现如今,也是因为技术,催生了人们对艺术作品新的渴求,主观意识参与的充实感远远超出了审美带来的感官刺激以及占有带来的心理满足。展馆存在的意义与作品存在的价值变成了让"鉴赏者"成为"艺术创作参与者"。新媒介时代的艺术作品在不断攀升的体验性中创造了对展馆的膜拜价值。这种场景交互式的表意模式也开始不断地移植到各种艺术形式之中从而催生了诸如新媒体舞蹈、互动话剧、互动画展等。各类艺术展出不断地采取可参与的展览方式让鉴赏者得到某种艺术体验,这个时代最具代表性的艺术正在改变着整个时代的艺术的发展方向。

---

  ① [德] 瓦尔特·本雅明:《机械复制时代的艺术作品》,王才勇译,中国城市出版社 2002 年版,第 93 页。

老字号品牌时尚延伸的品牌权益获得机制研究

唐承鲲,梁丹宁,陆 阳

(东华大学 人文学院,上海 201620)

摘 要:近年来,老字号品牌的时尚化延伸行为引发大众关注,带动年轻人消费热潮。基于合法性理论,本书运用实证研究方法,探讨影响老字号品牌时尚化延伸的因素,及其对品牌权益的作用。通过问卷收集和分析研究发现,顾客感知价值及时尚涉入对品牌时尚化延伸有正向影响;品牌时尚化延伸对品牌权益有正向影响,且顾客感知价值对品牌权益有显著的正向影响。

本书意在丰富老字号品牌焕新的研究视角,同时拓展品牌领域时尚化延伸的合法性研究,亦可应用于老字号品牌营销策略创新的领域。

关键词:老字号品牌时尚延伸;品牌延伸合法性;时尚涉入;品牌权益

前 言

中华老字号品牌是我国传统文化特色的凝聚,是我们民族的宝贵财富,

---

* 基金项目:国家社科基金项目基金项目;上海市人民政府发展研究中心——东华大学"城市创意经济与创新服务"基地课题提升上海"时尚之都"品牌国际影响力及竞争力研究(2019 - YJM03);东华大学文科繁荣计划预研究"互联网+"与上海老字号服务创新研究(2018Y001);东华大学时尚传播研究中心专项课题(六)奢侈品品牌真实性对品牌权益的实现机制研究(232 - 08 - 0001/007);东华大学核心课程建设项目广告设计(110 - 20 - 0007027);2020年东华本科教学教改项目创新创业教育带入广告设计课程的教改与实践研究(110 - 03 - 0007030);东华大学新工科、新文科、新理科项目融媒体演播与实践(项目编号:TG202006)(项目编号:16BXW090)东华大学文科繁荣计划预研究(110 - 10 - 0108019);东华大学时尚传播研究中心专项课题(六)(232 - 08 - 0001/007);东华大学新工科、新文科、新理科项目。

但目前中华老字号品牌的整体运营不佳，商务部认定的老字号品牌中，大部分濒临倒闭和消亡，有一定规模且经营情况较好的只占到总体的2—3成[①]。这背后重要的影响因素即为对新一代年轻消费者的关注不足，导致市场份额急剧下降。有学者提出老字号品牌应该结合时尚化延伸拉近与年轻消费者的关系，以期获得品牌焕新[②]。在具体的品牌营销实践中，多个老字号品牌进行了时尚化探索，有些获得了广大年轻消费者的青睐，如大白兔推出"来点孩子气"奶糖味香氛、百雀羚结合手绘风格推出植物系列"小雀幸"和"三生花"品牌产品、凤凰自行车联名太平鸟推出国潮系列服装；云南白药推出药妆品牌采之汲面膜。放眼世界，可口可乐、奔驰、通用等，都是百年以上的老字号品牌，非但不老朽，反而是年轻时尚的代名词。"世界五百强"中接近一半的品牌也都是百岁以上的老字号。老字号品牌有着深厚的"文化内涵"和"文化属性"，有很强的文化象征意义。因此如何在时尚化延伸的过程中使消费者乐于接受？老字号时尚化延伸又是通过何种机制使品牌资产得到提升的？本文将基于组织合法性理论和顾客价值理论思考以上问题，解释老字号品牌通过品牌时尚化延伸来提升顾客价值并对品牌资产造成影响的机制。

一 老字号品牌时尚化延伸相关研究综述

（一）老字号品牌时尚化延伸

品牌延伸指将母品牌的品牌地位和影响运用到现有产品或新产品上。品牌延伸可以利用消费者长期积累形成的品牌认同和品牌偏好，通过新产品来使得品牌生命延续，从而开辟和占领市场，同时提高原品牌的影响和声誉[③][④]，是品牌资产利用的重要方式和策略。不少学者提出，中国的老字号

[①] Kapferer, J. N., *The New Strategic Brand Management: Creating and Sustaining Brand Equity Long Tern*, London: Kogan Page Publishers, 2008: 92 - 101.

[②] 周懿瑾:《当传统遇到现代：文化排斥效应对老字号现代化的影响》,《中国社会心理学评论》2017年第1期。

[③] 孔清溪、陈宗楠、朱斌杰:《品牌重塑——老字号品牌突围路径与传播策略》,中国市场出版社2012年版。

[④] Miniard, P. W., Jayanti, R. K., Alvarez, C. M. O., et al., "What brand extensions need to fully benefit from their parental heritage", *Journal of the Academy of Marketing Science*, 2018, 46 (5): 948 - 963.

品牌凝练了历史记忆和民族特色[1]，包含传统文化价值观[2]，属于文化象征性的品牌[3]，而进入有现代特征的品类，传统文化混搭现代文化，容易导致顾客的文化排斥效应[4]，所以在进行品牌延伸时需要考虑子品牌与母品牌的契合度[5]。

时尚是最有象征性的符号，这种符号包含文化象征意义，以此区分于他人。也有学者认为时尚是一种文化理念和社会思潮[6]，可以外化为物质样式和行为模式，是在一个时段内的生活方式和生活态度。品牌时尚化延伸，是以母品牌为载体，进行时尚营销及新产品开发，带给消费者美观、新奇、前卫的综合体验，实现群体归属与个性表达，社会认同和自我认同相统一的组织行为[7]。

近年来，清新简洁的审美、自然健康的生活方式，及蕴含中国传统元素的国风成为时尚。故本文所选择的几个品牌皆为中国商务部认定的"中华老字号品牌"，且其延伸产品和延伸行为有明确的时尚化定位，同时包括了食品、美妆、服饰等不同品类——百雀羚的"三生花"品牌，主打天然花酿护肤与海派文艺养心的品牌理念（见图1），以清新手绘的海派女性和东方天养地成的哲学设计产品包装（见图2）；冠生园的大白兔品牌与气味图书馆联名出品的"来点孩子气"香氛，以童年味道记忆为线索，跨界新品类，强调怀旧时尚，并在包装上开发轻时尚的随心瓶和迷你瓶（见图3）；沈大成的四季节气礼盒，结合中国传统节气，精选时令食材，进行工笔插画风格的视觉包装，打造时尚礼赠品（见图4）；内联升的大鱼海棠手工绣花布鞋，将传统手工刺绣工艺，与时尚国漫IP进行结合，并借势营销（见图5）。

---

[1] 姬志恒、王兴元：《老字号品牌文化属性与企业价值关联性研究——以我国51家老字号上市公司为样本》，《山东社会科学》2014年第8期。

[2] 何佳讯、吴漪：《品牌价值观：中国国家品牌与企业品牌的联系及战略含义》，《华东师范大学学报》（哲学社会科学版）2015年第5期。

[3] 简予繁、周志民、周南：《老字号品牌采用流行文化的合法性获得与影响》，《华东经济管理》2019年第9期。

[4] 周懿瑾：《当传统遇到现代：文化排斥效应对老字号现代化的影响》，《中国社会心理学评论》2017年第1期。

[5] 许衍凤、赵晓康：《感知契合度对老字号品牌延伸态度的影响——消费者创新性的调节效应研究》，《北京工商大学学报》（社会科学版）2014年第2期。

[6] Tsai, Y., Dev, C. S., Chintagunta, P., What's in a brand name? Assessing the impact of rebranding in the hospitality industry, *Journal of Marketing Research*, 2015（12）：865 – 878.

[7] 田超杰：《市场营销领域的时尚研究缘起、内容及展望》，《中国流通经济》2012年第8期。

图1　百雀羚"三生花"品牌理念

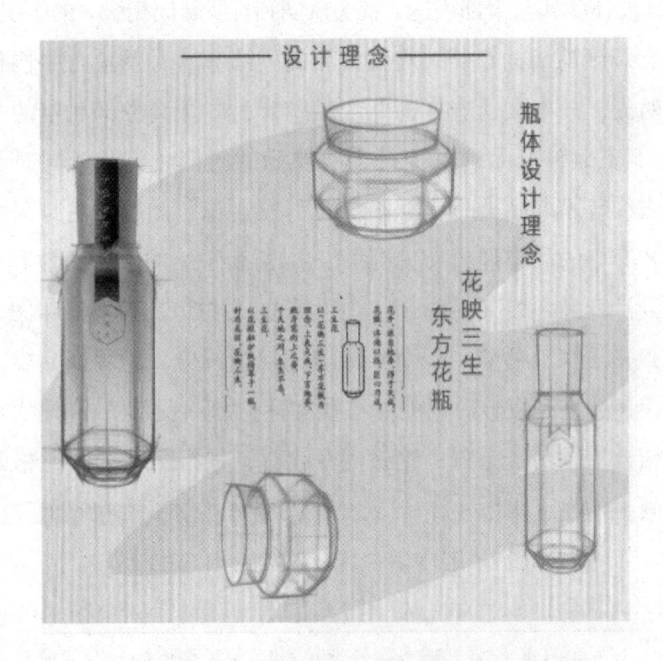

图2　百雀羚"三生花"花酿水包装设计理念

学者们普遍认为品牌合法性是多维度的概念，且多将品牌合法性分为务实合法性、道德合法性、认知合法性[1][2]。学者简予繁等人通过进一步归纳

---

[1] Rui, G., Lan, T., "A Path analysis of greenwashing in a trust crisis among Chinese energy companies: The role of brand legitimacy and brand loyalty", *Journal Business Ethics*, 2017, 140 (2): 523 – 536.

[2] Coskuner-Ball, G., Ertimur, B., "Legitimation of hybrid cultural products: The case of American yoga", *Marketing Theory*, 2017, 17 (2): 127 – 147.

图3　大白兔与气味图书馆联名香氛的海报

图4　沈大成"秋收"节气包装礼盒

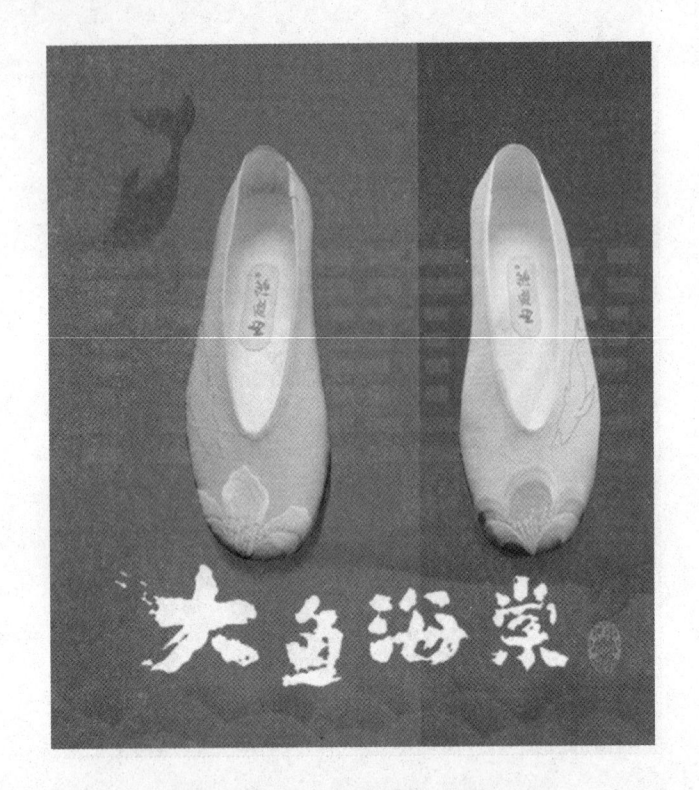

图 5　内联升大鱼海棠手工绣花布鞋

整合，将老字号品牌采用流行文化的合法性分为品牌、产品、品牌主构成的品牌产品合法性和品牌企业行为合法性，分别判断延伸行为的合理、合适和有无违和感，及产品是否符合消费者的价值观、文化观和道德规范①。消费者在消费品牌时尚延伸产品的过程中，需要与延伸行为所激发的时尚品牌联想有一致性②。同时老字号品牌本身的文化属性，时尚延伸产品也要与老字号品牌所蕴含的文化、价值观相契合。

（二）顾客价值、品牌权益、顾客时尚涉入的研究

20 世纪 80 年代，消费者作为市场主导力量越发显现，顾客价值作为企

---

① 简予繁、周志民、周南：《老字号品牌采用流行文化的合法性获得与影响》，《华东经济管理》2019 年第 9 期。

② Rangaswamy, A., Burke, R. R., Oliva, T. A., "Brand equity and the extendibility of brand names", *International Journal of Research in Marketing*, 1993, 10 (1): 61 – 75.

业竞争力的来源开始成为理论界和产业界关注的热点。老字号品牌时尚化延伸就是一种基于顾客导向的、价值创新和共创动态的过程，顾客与老字号品牌的关系、对品牌延伸产品和行为合法性的判断就是顾客人力资本、心理资本及社会资本的投入[1]。故本文将顾客价值理论与合法性理论进行结合存在契合性。

企业竞争的重要优势在于品牌权益，优质的品牌权益提高了企业的品牌形象，是企业长期利益的保证[2]。在不同的语境和条件下，品牌权益存在诸多不同的界定和测评方法，如分别从企业视角、消费者视角、消费者—品牌关系和心理学展开[3]。老字号品牌对于拥有品牌知识的忠实用户来说，有着深厚的品牌情感记忆，同时老字号的文化内涵饱含着厚重的历史凝练，品牌时尚化延伸首先要构建与原有品牌形象不冲突且相容的联想，其次要找寻能够真正构建起与消费者连接的感知维度。

顾客的时尚涉入是一种基于自身内在需求、价值观和兴趣，对时尚品牌、产品、品牌主及时尚行为、事件的持续关注和自我相关性连接。对前人研究的梳理发现，有些学者认为时尚涉入是顾客和产品重要的连接纽带[4]。Evrard、Aurier 和 Martin 则认为时尚涉入是购买行为一种重要的归因。为提高老字号时尚化延伸的有效性和成果，有必要将时尚涉入引入研究框架进行探讨。

二 研究假设

（一）顾客感知价值与老字号品牌时尚延伸合法性

消费者在销售商所提供的信息中获取信息，了解品牌优势，满足何种需求的感知，比较权衡，进而做出合法性的判定[5]，这种处理数据的信息加工

---

[1] 唐承鲲、徐明：《顾客参与互联网企业服务创新影响机制研究》，《湖南社会科学》2016 年第 3 期。

[2] Barwise, P., "Brand Equity: Snark or Boojum", *International Journal of Research in Marketing*, 1993 (10).

[3] 蔺全录、胡春梅：《品牌权益及其测评模型研究述评》，《商业时代》2013 年第 6 期。

[4] O'Cass, A., Mcewen, H., "Eoploring consumer status and conspicuous consumption", *Journal of Consumor Behaviour*, 2004 (4).

[5] Chaney, D., Lunardo, R., "In-store quality in congruency as a driver of perceived legitimacy and shopping behavior", *Journal of Retailing and Consumer Services*, 2015 (24): 51–59.

过程，包含多维度的感知价值的评价、判断。消费者通过追求时尚，实现个性表达、理想自我①，追求新颖、奇特的刺激感、愉悦感；同时也希望能够隶属于某一群体以消除孤独感，期待成为时尚一族，构建人际关系、沟通信息、交流情感，获得社会认同②。企业进行品牌时尚化延伸是为满足消费者的社会和情感的期望及偏好，有助于消费者对品牌做出合法性判断。老字号品牌本身带有优质诚信的品牌内涵真实性，而合理合法的品牌延伸，同样增加了顾客感知利得，帮助降低消费者甄选优质产品的机会成本，减少了感知利失③。综上，提出假设 H1。

H1a：顾客情感感知价值显著正向影响老字号品牌时尚延伸合法性

H1b：顾客社会感知价值显著正向影响老字号品牌时尚延伸合法性

H1c：顾客实用感知价值显著正向影响老字号品牌时尚延伸合法性

(二) 顾客时尚涉入与老字号品牌时尚延伸合法性

涉入是在某种情境下，个体对特定事物的兴趣、偏好的唤起④。对时尚的涉入会激励和引导顾客对品牌认知和品牌形象及购买行为的价值观和信念。这种对特定事物的涉入度决定了个体采用何种路径加工信息⑤。王正方等⑥⑦认为高产品涉入度的顾客会更积极地搜索相关信息，对感知价值和渠道选择产生影响。多项研究表明高广告涉入，能够减弱广告代言人特征、广告内容和形式对顾客态度的影响。马向阳等⑧认为产品涉入能够对调节文化认同和品牌共鸣产生直接关系。消费者对特定文化的态度偏好是影响其对文

---

① 田超杰：《市场营销领域的时尚研究缘起、内容及展望》，《中国流通经济》2012 年第 26 卷第 8 期。

② 田超杰：《时尚消费价值的维度分析与实证研究》，《现代管理科学》2013 年第 6 期。

③ 杨龙、王永贵：《顾客价值及其驱动因素剖析》，《管理世界》2002 年第 6 期。

④ Petty, R. E., Cacioppo, T. T., "The elaboration likelihood model of persuasion", *Advances in Experimental Social Psychology*, 1986 (19): 123–205.

⑤ 王晓玉：《负面营销事件中品牌资产的作用研究综述》，《外国经济与管理》2010 年第 2 期。

⑥ 王正方、杜碧升、屈佳英：《基于感知价值的消费者网络购物渠道选择研究——产品涉入度的调节作用》，《消费经济》2016 年第 4 期。

⑦ 王正方、屈佳英：《多渠道环境下消费者网购渠道选择研究》，《特区经济》2016 年第 7 期。

⑧ 驹阳、辛已漫、汪波、孙颖：《文化认同与区域品牌共鸣对消费者购买意愿影响研究——产品涉入度的调节作用》，《天津大学学报》(社会科学版) 2016 年第 3 期。

化混搭态度的重要因素。桑辉和郭晓薇[1]通过研究发现，高产品涉入能够降低品牌转换中的负向影响。彭艳君、景奉杰[2]认为由于顾客涉入，使得消费过程中情感、控制感等影响了消费经历的评估。简予繁等[3]通过实证研究，提出流行文化—消费者持续涉入能够正向影响品牌行为合法性和品牌延伸产品合法性。顾客的高涉入也能使新产品开发更容易接受，继而提高创新成功的概率[4]。综上，本文提出假设 H2。

H2：顾客时尚涉入能够正向影响老字号品牌时尚延伸合法性

（三）顾客价值与品牌权益

老字号品牌是历史的代表，凝聚着几代人的心血才得以传承，老字号具有良好的顾客基础和口碑，在产品、服务上都是优质的代名词，包含着无形的价值。不少老品牌伴随着老一代人成长，深深留在他们的记忆中，有着深深的品牌情感。顾客对老字号品牌功能的信赖和怀旧的价值都是品牌权益的重要影响因素[5]。孙永波等[6]学者认为，品牌权益来自企业与顾客的知识分享及与品牌关系的互动价值共创过程。老字号品牌融入时尚元素，对品牌进行时尚化延伸，这种"复古时尚"能够唤起人们熟悉的安全感；时尚潮流的元素和复古元素的混搭，带给消费者强烈的新奇感，增加了形象价值感知，实现了社会认同和个人认同的一致性[7]。顾客感知到品牌所带来的价值越高，对于品牌满意度、品牌口碑、品牌形象等的品牌权益就会有更高的评价。所以，提出假设 H3。

---

[1] 桑辉、郭晓薇：《消费者产品涉入品牌转换的影响——产品类别的调节作用》，《消费经济》2013 年第 4 期。

[2] 彭艳君、景奉杰：《服务中的顾客参与及其对顾客满意的影响研究》，《经济管理》2008 年第 10 期。

[3] 简予繁、周志民、周南：《老字号品牌采用流行文化的合法性获得与影响》，《华东经济管理》2019 年第 9 期。

[4] Olaon, E. L., Bakke, G., "Implementing the LeadUser Method in a High Technology Firm: ALongitudinal Study of Intentions versus Actions", *The Journal of Product Innovation Management*, 2001, 18 (6): 388–395.

[5] 吴慧思：《基于营销学与传播学视角的中华老字号品牌激活研究——以全聚德为例》，《传播与版权》2019 年第 7 期。

[6] 孙永波、袁月：《互联网企业品牌延伸述评与展望》，《商业经济研究》2017 年第 12 期。

[7] 田超杰、郝程伟：《国货品牌的时尚创新问题研究——以回力品牌为例》，《河南工程学院学报》（社会科学版）2018 年第 2 期。

H3a：顾客社会感知价值显著正向影响品牌权益

H3b：顾客情感感知价值显著正向影响品牌权益

H3c：顾客实用感知价值显著正向影响品牌权益

（四）老字号品牌时尚延伸合法性与品牌权益

老字号品牌时尚延伸属于独特的创新行为，存在合法性获得问题。老字号品牌本身年代久远，与时尚化元素结合塑造产品，消费者难免会更多关注所延伸的产品合法性。老字号品牌形象会受到延伸产品和延伸行为合法性的正向影响[1]。不少研究表明，品牌领域的合法性对消费者积极的品牌行为[2]和帮助社会事件[3]有显著影响。G. Rui 等[4]的研究表明绿色能源品牌合法性会提高顾客的品牌信任。Martin 和 Capelli[5]也提出广告合法性会正向影响广告效果。由此本文认为，老字号品牌时尚延伸也会对顾客满意、口碑、品牌忠诚行为产生正向影响。故提出假设 H4。

H4：老字号品牌时尚延伸合法性正向影响品牌权益

至此，本文将合法性理论和价值共创理论结合，探讨并实证顾客感知价值与品牌权益，在老字号品牌时尚延伸合法性的中介作用下的路径关系，本文所构建的研究模型如图 6 所示。

三 研究设计与实证分析

（一）研究背景与样本特征

根据研究设定，本文的样本选择遵循以下几点：首先所选品牌需属于中华老字号品牌，并有明确的时尚延伸行为和实体产品；其次所选品牌及其产品需

---

[1] 简予繁、周志民、周南：《老字号品牌采用流行文化的合法性获得与影响》，《华东经济管理》2019 年第 9 期。

[2] Chaney, D., Lunardo, R., "In-store quality in congruency as a driver of perceived legitimacy and shopping behavior", *Journal of Retailing and Consumer Services*, 2015 (24): 51–59.

[3] Capelli, S., Sabadie, W., Advertiser legitimacy for societal communication, Paper presented at the 5th International Congress on Marketing Trends, *Venice*, 2006.

[4] Rui, G., Lan, T., "A Path analysis of greenwashing in a trust crisis among Chinese energy companies: The role of brand legitimacy and brand loyalty", *Journal Business Ethics*, 2017, 140 (2): 523–536.

[5] Martin, E., Capelli, S., "Region brand legitimacy: towards", *Public Management Review*, 2017, 19 (6): 820–844.

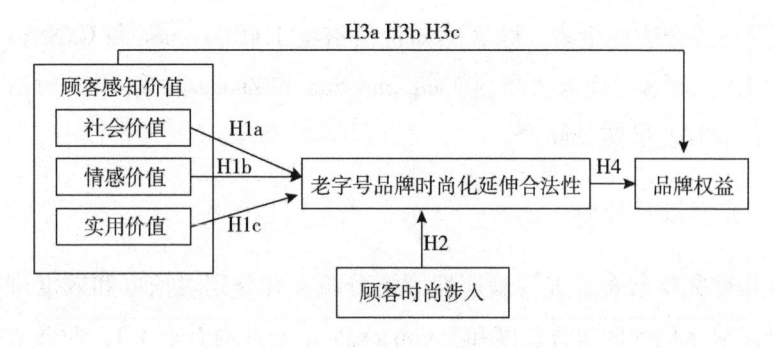

图 6　路径关系模型

具有一定的知名度和市场销量，以便最大化数据收集效率；最后为减少产品类型相似而产生的研究偏差，所选择的品牌及延伸产品来自不同行业。最后本研究聚焦于四个品牌的延伸产品作为研究样本，分别为百雀羚的"三生花"系列产品；大白兔与气味图书馆联名香氛；沈大成四季节气礼盒；内联升大鱼海棠手工绣花布鞋。所以，本文所选取的品牌适用于本研究的目的和情境。

在问卷设计上，本文分别设计了三个题目递进的项目，以保证研究的效度。第一个问题为让测试者选择出品牌群中最为熟悉的品牌产品，如果三个品牌都不熟悉，则停止答题。第二个问题是测试者是否能感受到所选品牌的文化象征性，如果无法感受到，则停止作答。第三个问题是让测试者确认是否感知到该品牌的时尚化塑造行为和时尚特征，若无法感知，则停止答题。问卷通过"问卷星"进行发布，问卷采用随机抽样方法收集，于 2019 年 10 月 25 日至 11 月 12 日截止，共收集问卷 500 份，剔除不完整、回答逻辑矛盾等不合理试卷，最终有效的样本量为 457 份，有效率达到 91.4%。

（二）变量测量

本研究包含老字号时尚延伸合法性、顾客感知价值、顾客时尚涉入、品牌权益 4 个构念，所有构念的测量皆采用或借鉴已有成熟量表，并采用李克特 5 级量表进行测量，1 表示很不赞同，5 表示很赞同。即老字号品牌时尚延伸合法性测量借鉴 Martin 和 Capelli[1] 广告合法性量表、

---

[1] Martin, E., Capelli, S., "Region brand legitimacy: Towards a participatory approach involving residents of a place", *Public Management Review*, 2017, 19 (6): 820 - 844.

Fritz 等[1]品牌合法性量表。顾客感知价值借鉴 J. C. Sweeney 和 G. N. Soutar[2] 及田超杰[3]。顾客时尚涉入借鉴 Yang-Shu Sun 和 Zhongshi Guo[4]的时尚涉入量表。品牌权益借鉴 zhang[5]。

（三）信效度检验

在构建完整量表后进行验证性因子分析，并分别对信度和效度进行检验，结果显示构念的组合信度和 Cronbacha's α 系数均大于 0.7；收敛效度显示的每项因子载荷也都大于 0.5，见表 1。说明本量表具有较好的信效度，能够进行下一步假设检验。

表1   验证性因子分析结果

变量	来源	题项编码	题项	因子载荷
顾客社会感知价值 Cronbacha's α = 0.97	Sweeney 和 Soutar 田超杰	它有助于凸显我的形象 它体现出了我的自我价值 它体现了我的品位 它使我结交一些志趣相投的朋友 它使我感到更容易被人接受 它使我更容易给人留下深刻印象	SPV1 SPV2 SPV3 SPV4 SPV5 SPV6	0.92 0.93 0.91 0.93 0.94 0.94
顾客情感感知价值 Cronbacha's α = 0.95	Sweeney 和 Soutar 何佳讯 田超杰	它很酷，很有品位 它和别的产品不一样 它使人兴奋 拥有它让我感到愉悦与快乐 它使我想起小时候难忘的往事 它使我想起过去生活过的地方	MPV1 MPV2 MPV3 MPV4 MPV5 MPV6	0.89 0.90 0.91 0.91 0.87 0.89

---

[1] Fritz, K., Schoenmueller, V., "Authenticity in branding-exploring antecedents and consequences of brand authenticity", *European Journal of Marketing*, 2017, 2 (51): 323–349.

[2] Sweeney, J. C., Soutar, G. N., Consumer perceived value: The development of a multiple item scale, *Journal of Retailing*, 2001, 77 (2): 203–220.

[3] 田超杰:《市场营销领域的时尚研究缘起、内容及展望》，《中国流通经济》2012 年第 8 期。

[4] un, Yan-Shu, and Steve Guo, "Media Use, Social Comparison, Cognitive Dissonance and Peer Pressure as Antecedents of Fashion Involvement", *Intercultural Communication Studies*, 2013, 22 (1): 117–139.

[5] Zhang, J., Jiang, Y., Shabbir, R., et al., "Building industrial brand equity by leveraging firm capabilities and co-creating value with customers", *Industrial Marketing Management*, 2015, 51: S0019850115001856.

续表

变量	来源	题项编码	题项	因子载荷
顾客实用价值 Cronbacha's α = 0.96	Sweeney 和 Soutar	我感觉这个产品质量很好 我感觉这个产品很有用 我觉得它是物有所值	FPV1 FPV2 FPV3	0.97 0.95 0.95
顾客时尚涉入 Cronbacha's α = 0.95	O'Cass	时尚是我生活的重要一部分 我非常热衷投身于时尚 时尚是我的个人符号 我很关注时尚信息	CFI1 CFI2 CFI3 CFI4	0.93 0.95 0.94 0.93
老字号品牌时尚化延伸合法性 Cronbacha's α = 0.97	Fritz 等 Martin 和 Capelli	它与我熟悉的时尚文化道德准则是一致的 它很符合我的文化观念 它与我所在的群体价值观与规范一致 它采用这种时尚化手段塑造延伸产品是有逻辑的 它与我对时尚化的感觉一致 它采用这种时尚化手段塑造延伸产品是可接受的	BEL1 BEL2 BEL3 BEL4 BEL5 BEL6	0.91 0.93 0.93 0.93 0.91 0.93
品牌权益 Cronbacha's α = 0.94	Zhang 等	相比其他品牌产品它更容易让我记住 我对这个品牌有更好好感，打算购买该品牌产品 我会给其他朋友推荐这个品牌 我觉得它比其他品牌有更好的品质	BR1 BR2 BR3 BR4	0.90 0.93 0.93 0.92

（四）数据同源偏差检验

为避免调查问卷中潜在的共同方法偏差问题，本研究采用 Harman 单因素检验和偏相关分析对样本数据进行检验。首先，进行主成分因子分析，得到未旋转的因子方差解释率均低于50%，未见有单一因子解释绝大多数变量。其次，观测各变量相关系数，平均值、标准差，本研究变量间最大相关系数为88%，未超过0.90的标准[1]。故本研究数据不存在显著共同方差偏差问题，可用于后续假设检验。

---

[1] Bagozzi, R. P., Yi, Y., "Assessing construct validity in organizational research", *Administrative Science Quarterly*, 1991, 36 (3): 421–458.

（五）假设检验

1. 主效应

通过使用结构方程模型软件对本研究中的主效应进行路径分析，模型的拟合指数较理想，如图 7 所示。第一，在老字号品牌时尚延伸参与对品牌行为合法性和产品合法性影响方面，数据分析结果为老字号品牌时尚化延伸行为合法性正向影响顾客感知价值（β 值均大于 0.7，$p<0.001$），故 H1 得到支持。第二，研究表明老字号品牌可以通过运用时尚延伸策略提升顾客感知价值，但前提是所采用的营销行为和塑造的产品与原品牌文化内涵以及与消费者的价值观和信念没有冲突。另外，顾客感知价值正向影响品牌权益（β 值均大于 0.7，$p<0.001$），H3 得到验证，即顾客能够感知到产品和营销所带来的价值，才会有积极的品牌行为，提升品牌权益。第三，老字号品牌时尚化延伸合法性正向影响品牌权益（β = 0.87，$p<0.001$），H4 得到验证。这是因为顾客对老字号品牌所采用的时尚营销行为和塑造的时尚产品越是在价值观、道德规范方面认可度高，越是可能对产品表现出更高的品牌满意度，做出更多的品牌积极行为。

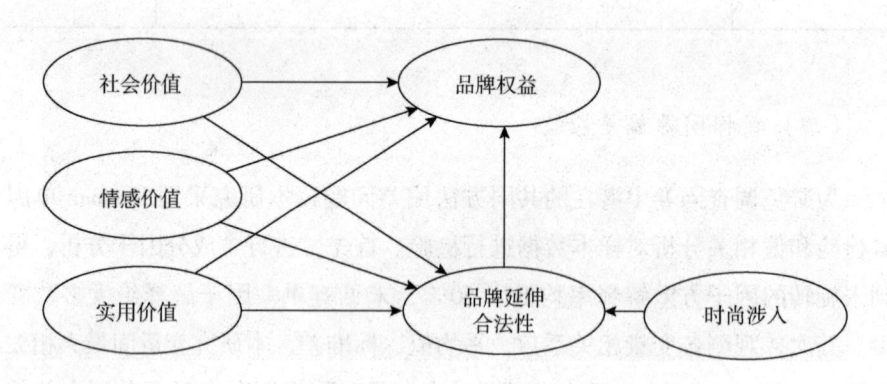

图 7　路径系数检验结果

2. 中介效应

为了检验顾客价值以及顾客时尚涉入在老字号品牌时尚延伸合法性与品

牌权益中的中介作用，本研究采用 Bootstrap 方法进行中介效应检验①。本研究在样本量5000，置信区间95%进行模型估计。研究采用组合测量的方式将各个构念进行数据处理。

结果显示，第一，中介检验的结果没有包含0（LLCI = 0.5039，ULCI = 0.6310），表明在老字号品牌合法性在顾客情感感知价值对品牌权益的中介作用显著，中介效应大小为0.44（$p = 0.0000$）因此证明老字号品牌合法性是顾客情感感知价值对品牌权益影响的部分中介作用。第二，品牌合法性在顾客社会感知价值对品牌权益的中介作用显著，区间没有包含0（LLCI = 0.5873，ULCI = 0.7034），$p = 0.000$。因此证明了老字号品牌合法性是顾客情感感知价值对品牌权益影响的部分中介作用。

四 研究结论和讨论

本文基于合法性理论，探讨老字号品牌时尚延伸合法性的影响因素，即顾客情感、社会、实用的感知价值，以及顾客的时尚涉入，并检验了对品牌时尚延伸的影响及对品牌权益的作用。研究发现顾客的情感感知价值、社会感知价值、实用感知价值及顾客的时尚涉入对品牌时尚延伸有正向影响；品牌时尚延伸对品牌权益有正向影响，且情感感知价值、社会感知价值、实用感知价值对品牌权益有显著正向影响。

本研究的理论贡献在于，丰富了老字号品牌焕新的研究视角。在结合社会心理学和认知心理学的基础上，立足顾客感知价值和组织合法性理论，从顾客价值角度研究老字号品牌时尚延伸策略及对品牌权益的作用机制。也进一步拓展了品牌领域合法性研究，可应用于老字号品牌营销策略创新领域。

本研究对老字号品牌激活和品牌焕新也有一定的实践意义。一些现有的老字号品牌在营销过程中，采用夸张夺目、具有话题性的、当下时尚潮流元素，融入品牌营销活动和产品开发中，然而并未从消费者多元的价值感知需求出发，导致消费者对时尚延伸的实体和行为的不适或反感。

---

① Preacher, Kristopher J., and Andrew F. Hayes., "SPSS and SAS procedures for estimating indirect effects in simple mediation models", *Behavior Research Methods, Instruments & Computers*, 2004, 36 (4): 717 – 731.

本研究表明，老字号时尚化延伸可以从两个方面开展时尚延伸，以获得较高的合法性和较好的品牌权益。首先，老字号在品牌塑造上要关注顾客消费的社会价值，不能生硬地使用夺人眼球的时尚潮流元素进行品牌营销和产品包装，而是要提供真正能为顾客所在群体崇尚和认可的品牌延伸，如老干妈形象 IP 被生硬用在纽约时尚秀场的服饰上，短期的确吸睛，但并不具有品牌权益的提升和可持续性。其次，要考虑顾客怀旧、新奇、愉悦的多种情感需求，以提升对老字号品牌时尚延伸合法性的认可。

参考文献

Jackson, Barbara B., *Winning and keeping industrial customers: the dynamics of customer relationships*, 1985.

Martin, Emeline, and Sonia Capelli, "Region brand legitimacy: towards a participatory approach involving residents of a place", Public Management Review, 2016 (8): 1-25.

O'cass, Aron, and Hmily McEwen, "Exploring consumer status and conspicuous consumption", *Journal of consumer behaviour: an international research review*, 2004, 4 (1): 25-39.

Philip Kotler M. M., *Business, Management, Economics, Business ethics, Business mediator*, KinhDoanhMarketing, Quantrikinhdoanh, Philip Kotler MM, 2001, tailieuvn.

Rothschild, M. L., "Advertising strategies for high and low involvement situations", In Maloney, J. C., Silverman, B., Association, A. M., *Attitude Research Plays for High Stakes*, Chicago: American Marketing Association, 1979.

Zeithaml, V. A., "Consumer Perceptions of Price, Quality, and Value: A Means-End Model and Synthesis of Evidence", *Journal of Marketing*, 1988, 52 (3): 2-22.

范秀成：《品牌权益及其测评体系分析》，《南开管理评论》2000 年第 1 期。

何佳讯：《品牌资产测量的社会心理学视角研究评介》，《外国经济与管理》2006 年第 4 期。

马玉波、陈荣秋：《价值创造领域内的产品/服务价值的内涵研究》，《价值工程》2003 年第 3 期。

杨龙、王永贵：《顾客价值及其驱动因素剖析》，《管理世界》2002 年第 6 期。

从"快看漫画"看中国条漫的现状及其发展着力点[*]

易图强[1]，钟贞慧[2]

（1. 湖南师范大学　新闻与传播学院，长沙　410006；
2. 海南大宗商品交易中心有限公司，海口　570000）

摘　要：在移动端的滑屏和碎片化阅读的新媒体时代，条漫这种最新的漫画形式已渗入广大漫画爱好者的日常生活。本文以中国原创条漫平台"快看漫画"为窗口，考察条漫在中国迅速崛起的原因、中国条漫的盈利方式，并探讨中国条漫保持可持续发展的着力点。

关键词：条漫；快看漫画；网络漫画；漫画业

"条漫"，全称为"长条形漫画"，是指依托手机、平板电脑等移动设备而形成的自上而下滑动阅读的长条形状的漫画。条漫是网络漫画的新发展，既突破了传统纸质漫画的镜头叙事方法，融合了电影分镜，简化了分镜安排，也不同于早期电脑上网络漫画的自左至右翻页阅读形式，更加契合了当下使用移动设备进行碎片化阅读的需求。"快看漫画"是专注于国产原创条漫的 App。截止到 2019 年 7 月，该平台总用户量超过 2 亿，月活跃用户超过 4000 万，在中国漫画市场的占有率超过一半。[①] 拙文以"快看漫画"平台为视角，考察条漫在中国崛起的原因和中国条漫盈利的方式，并提出推动其可持续发展的对策。

---

[*] 本文是湖南省教育厅重点项目"媒介融合视野下选题资源全媒体开发利用研究"（项目编号：17A134）的结项成果。

[①] 《认识快看世界》，https：//www.kuaikanmanhua.com/webs/about/us，2020 - 07 - 22。

一　条漫在中国迅速崛起的原因

追根溯源，条漫肇始于日本现代漫画大师手冢治虫于 1947 年出版的《新宝岛》。该作品打破了传统漫画固定镜头的叙事形式，创造性地融入电影中的镜头语言，并以长条形方式排版。这种长条形漫画在此后 60 多年中并未得到传播、普及。从 2010 年起，特别是 2015 年以来，条漫在中国迅速崛起，原因何在？

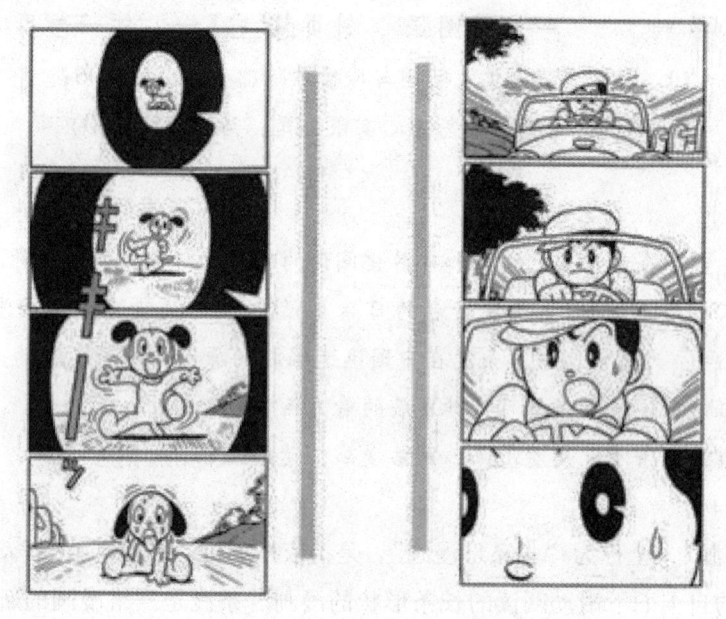

1947 年的《新宝岛》（片段）

（一）漫画载体与创作手段的变化

计算机与互联网技术的发展是网络漫画当然也是条漫产生的前提条件。诚如论者所说，数字媒体传播时代的漫画在构图方式、分格方式、表达方式以及线条、色彩方面都有重大创新，如表达方式呈现出多元化的形态，也就是说，一方面充分利用数字媒体的特性，将超文本、动态漫画这一视觉形式应用于漫画创作；另一方面，将交互性充分运用在漫画视觉形态中。[①] 2010

[①] 李月、李珵：《浅谈数字媒体视域下漫画的视觉形态》，《艺术评论》2016 年第 11 期。

年前后，中国漫画作者开始在微博上发布条漫作品。"快看漫画"创始人陈安妮在 2011 年下半年开始以"伟大的安妮"为名在微博上连载条漫《广外班导使用手册》，从而进入网友视线。2013—2015 年是中国智能手机换代高峰期。借此东风，快看漫画 App 于 2014 年 12 月正式上线。

许多条漫作者只是漫画爱好者，这直接得益于绘图软件和新型绘图工具。绘图软件如 Photoshop、Sai、Comic Studio、Paniter 为漫画创作带来很大方便。新型绘图工具数位板（也叫手绘板）极大地提高了漫画创作的效率，并避免了材料浪费。甚至还有傻瓜式动漫设计制作软件 ComiPo。这样，只要稍有绘画基础，会使用绘图软件，就可以创作漫画。攻读国际贸易的陈安妮在大二时重新燃起漫画梦想，遂向同学借钱购买数位板，开始画手绘漫画。

在互联网发展的早期阶段，手机流量费用高，用户阅读时间也相对集中，所以，漫画只是作为二次元和低龄阅读的小众文化而存在。随着智能手机、平板电脑等移动端与 wifi 的普及和快节奏的读图时代的到来，漫画开始演变为大众文化，并且适应移动设备自上而下的浏览习惯和日益碎片化的时间，网络漫画形成了一种新的形式——条漫。

（二）漫画阅读方式与读者的转变

条漫，不仅是新媒体环境中漫画创作的优先选择，而且是移动互联网时代漫画阅读的最佳形态。有研究者选择不同的高校对条漫的受众进行调查之后发现：在阅读工具的选择方面，69.62% 的受众选择移动设备，26.37% 的受众选择使用计算机登录漫画网站，选择漫画杂志、漫画书的受众分别只有 16.42%、15.42%（注：均可选择多项）[1]。可见，网络是读者获得条漫信息的主要渠道，手机更是读者阅读条漫占绝对优势的工具。

从 2016 年前后的一系列相关调查、统计数据来看，阅读条漫的人主要是 15—24 岁的女中学生、女大学生和毕业不久的女白领。换句话说，条漫的主要读者群体是"95 后"与"00 后"的女性。[2] "95 后"与"00 后"青

---

[1] 刘晓岑：《基于移动互联媒体传播方式的条漫创作研究》，硕士学位论文，郑州轻工业学院，2017 年，第 24—25 页。

[2] 夏兴姗：《自媒体时代我国原创"条漫"出版研究》，硕士学位论文，南京大学，2017 年，第 24—25 页。

睐条漫绝非偶然。他们对移动设备司空见惯，从小养成了读屏习惯，天性偏好碎片化阅读，又喜欢互动、爱好分享。就漫画阅读而言，网络漫画特别是条漫成为他们的首选。条漫"弱化了纸媒漫画空白左和右的方向性，更注重上下的移动感和连贯性"①，条漫简单的分镜设计让读者能够轻松领会漫画中的视听语言，使读者无须考虑漫画格前后、上下的位置关系；条漫的分镜格简单，既使读者产生观看电影场景的畅快感，又使读者不需过多探究故事背后的深意。这样就降低了阅读门槛，扩大了读者范围。于是，条漫的读者中有相当一部分是曾经没有阅读漫画的习惯。"快看漫画"不仅每一幅漫画是以长漫为主，而且每日更新漫画的页面也是自上而下滑动，还注重与读者互动，除了专门设置的评论区，读者与作者互动区更是将视频弹幕转变成漫画弹幕，读者可以边看边在漫画页面上留下自己的感受。因而，读者无论乘坐公交，还是办事时停留等待，都可以很方便地上下滑动手机阅览，在滑动阅读过程中的互动阅读体验更是使读者产生随时随地有人共同观漫的愉悦感。

（三）漫画题材与作者的改变

条漫的读者中女性远多于男性，据易观千帆在 2017 年 4 月的统计，"快看漫画"的女性用户占比高达 72.52%。② 这是因为，条漫的题材和叙事方法更符合女性的阅读需要与审美需求。少女、恋爱、治愈、百合题材的作品吸引了众多女性读者。较之于传统漫画，条漫的题材、内容更加贴近日常生活，更加关注网络热点，拥有轻松幽默的故事情节，拥有易于引起共鸣的"鸡汤"图文，拥有可爱的人物形象。接地气的题材、有趣的内容、简易的叙事方法，拉近了青少年尤其是青少年女性读者与漫画之间的距离。陈安妮创作的《广外班导使用手册》、《2 在广外》、《安妮和王小明》（也叫《妮玛和王小明》）与《妮玛的唠嗑馆》等条漫作品，题材、内容是大学生活，作品中的原型是她自己、自己的舍友、自己的男朋友以及其他身边的人。"自

---

① 张鑫：《数字媒体环境下条漫的视觉艺术特性研究》，《艺术评鉴》2017 年第 7 期。
② 《竞争 2018 年漫画行业优秀企业快看漫画行业竞争优势分析》，观研天下，http://jingzheng. chinabaogao. com/chuanmei/01S1210R018. html，2018 – 01 – 08。

己亲身经历过才能画得好",这是她的信念。①

"快看漫画"的用户以"95后"为主,其创始人与签约作者大多是"85后"或"90后"。换言之,条漫的作者与读者年龄接近或者同龄。这就使条漫作者能与读者感同身受。陈安妮的条漫《对不起,我只过1%的生活》之所以爆棚,是因为她针对"90后"同龄人讲述了自己不懈追求梦想的故事,触发了同龄人的心弦。有研究者对新浪微博上"粉丝"最多的前100名条漫作者的性别进行分析后发现,女性作者至少占52%。② 女作者心思细腻,画风可爱,在爱情题材上有其所长,故其创作的条漫深受女读者喜爱。在自媒体平台上画漫画的人,起码有28.5%只是漫画爱好者,③ 如陈安妮、使徒子等皆非美术专业出身。这与条漫读者中许多人只是普通的漫画爱好者是相一致的。总之,条漫的作者与其读者之间,存在很高或相当高的一致性或相似性。所以,他们能够真正站在读者的立场上想读者之所想、急读者之所急。因此,读者理解他们的作品没有隔阂、代沟。满足了目标读者的需求,是条漫迅速崛起的根本原因。

二 中国条漫的盈利方式

条漫的阅读者与一部分创作者可以自娱自乐,但对于大部分条漫创作者、条漫运营商和整个漫画行业来说,最大限度地盈利才是支撑条漫生存并推进其发展、繁荣的长久之策。从"快看漫画"平台来看,条漫的盈利方式有以下六种。

(一)付费阅读

目前大多数条漫实行免费连载制度,读者下载漫画平台(如"有妖气"、腾讯动漫、网易漫画等)的客户端后,可以随时随地免费观看。随着用户数量的增长及其付费意识的增强,条漫读者也愿意付费阅读。2017年

---

① 嵇沈玲、郑育杰:《校园漫画捧红宅女 新生虐班导催生佳作》,http://edu.sina.com.cn/l/2012-01-03/1112211088.shtml,2012-01-03。
② 夏兴姗:《自媒体时代我国原创"条漫"出版研究》,硕士学位论文,南京大学,2017年,第24—25页。
③ 黄晏:《中国自媒体漫画的艺术传播》,硕士学位论文,清华大学,2015年,第23页。

五一假期档,"快看漫画"试水付费阅读。它以相对较低的单话价格、逐话更新的形式吸引用户付费。它每日进行更新,一般一周更新一个章节,需要等待更新的章节是给读者免费观看的。部分作品则一次性放出多个章节,其中一些章节需要付费才能优先观看。读者可以通过充值虚拟 KK 币来购买优先观看的章节。截止到 2017 年 11 月,"快看漫画"平台上总热度上亿的作品有近 300 部,其中,17 部作品总热度均超 50 亿,包括《密会情人——出轨俱乐部》《甜美的咬痕》《怪奇实录》《零分偶像》《整容游戏》《你的血很甜》《朝花惜时》等。①

《2 在广外》(部分)

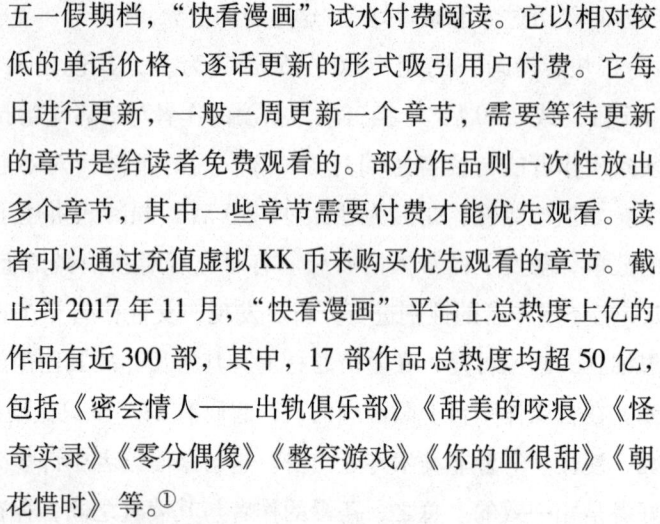

(二) 广告

与传统漫画通过书刊售卖获利不同,获得广告费是高人气条漫作者和条漫平台最主要的收入来源。中国条漫作者尤其是著名条漫作家往往同时具有漫画家与网红的双重身份,在网红排行榜上的人气指数甚至不亚于影视明星,例如,在 2014 年 12 月"快看漫画"正式上线时,陈安妮拥有微博"粉丝"838 万,郭斯特拥有 707 万,使徒子拥有 328 万。② 商家自然看重著名条漫作家的庞大流量与巨大人气,遂与其合作推出条漫广告,或者与其所在的漫画平台合作推出广告。"快看漫画"经常为广告主定制漫画,将广告内容以生动有趣的故事的形式呈现出来,使生硬的广告变成软性的植入广告,如将手游《恋与制作人》以番外的形式融入连载漫画《与爱有关》之中,上线仅一周,点赞超过 17 万,评论近 3000 条,收获了超大定向曝光率。③

---

① 《竞争 2018 漫画行业优秀企业快看漫画行业竞争优势分析》,观研天下,http://jingzheng.chinabaogao.com/chuanmei/01S1210R018.html,2018 - 01 - 08。
② 《2018 年我国漫画行业优秀企业快看漫画行业竞争优势分析》,观研天下,http://jingzheng.chinabaogao.com/chuanmei/01163140N2018.html,2018 - 01 - 16。
③ 《快看漫画:女性向游戏崛起带来新想象空间》,http://comic.people.com.cn/n1/2018/0202/c122418 - 29803329.html,2018 - 02 - 02。

(三) 直播打赏

"互动性是新媒体传播的本质特征。"[①] 作为网络漫画的新形态，条漫更加注重与读者、作者的互动交流。"快看漫画"以网红运营方式打造明星画师。它设有 V 社区栏目，借助 V 社区互动区与漫画底部评论互动区，作者与读者连接起来，形成偶像与"粉丝"的关系。2017 年 7 月，V 社区开通直播功能，作者与"粉丝"可直接互动交流。在观看直播的同时，"粉丝"可用 KK 币为作者打赏。直播结束后可以点击回看，回看中仍有"粉丝"为作者打赏。通过造星的方式，"快看漫画"迅速累积"粉丝"人数，凝聚作者人气，其签约作者雪梨就是在该平台上增加了曝光度，逐渐被读者认可的。商业时代、娱乐时代、网络时代，是生产明星、制造"粉丝"的时代，名人效应、"粉丝"规模是立竿见影式的生产力。

(四) 周边衍生品

正如一个受人喜爱的音乐家一样，人们会因为喜欢他而去买他的唱片、音乐会门票一样，当漫画作家的人气达到一定程度时，读者会因喜爱他而将注意力转移到与他有关的衍生品上，并为之买单。中国原创条漫出现了不少漫画人物形象，如郭斯特、丁小点、肥志等，其周边产品开发大有"钱途"。例如，针对蓝色小精灵郭斯特形象，不仅开发了 QQ 表情、QQ 头像、微信表情、手机与电脑壁纸、输入法皮肤、手机与新浪微博主题模板等，还开发了毛绒玩具、马克杯、手机壳、造型 U 盘、T 恤、头盔伞、钥匙扣、笔记本、床品四件套、箱包等，甚至郭斯特主题咖啡店"郭斯特梦想特供屋"也在福州开业了。在"快看商城"上售卖的周边衍生品分为漫画周边、手帐专区、学生党必备、创意礼品四个类别，具体包括抱枕、台历、挂件摆件、服饰配饰等。快看漫画在 OPPO、vivo、三星等平台尝试衍生《怦然心动》壁纸，月销售额突破了百万元。[②] 线上与线下周边衍生产品的开发，让条漫增值，使条漫的产业链得以延伸。

[①] 匡文波：《"新媒体"概念辨析》，《国际新闻界》2008 年第 6 期。
[②] 李润超：《漫画平台的数据与智能》，https://www.sohu.com/a/281344093_399033，2018 - 12 - 12。

(五) 图书出版

实体书出版是条漫实现盈利不可忽视的方式。条漫图书的阅读与收藏价值是网络漫画不能替代的，条漫作品汇集成书也是对作者的一种肯定，著名条漫作家的巨大人气则为图书的销售提供了庞大的读者群。截至 2017 年 1 月，"快看漫画"旗下作者出版的实体书的总印数超过 100 万册，码洋 4000 余万元，其中，《河神大人求收养》销售突破 20 万册，《蔷薇 X》首印 20 万册，《相爱的人会在一起》首印 15 万册，《关于我最喜欢的他》首印 12 万册。[①] 条漫实体书丰富了漫画类图书出版的选题，为作者和平台带来了可观的收益。不过，将条漫转化为实体图书存在排版困难。条漫的不规则长条形不适应实体书的出版，故条漫图书很多采用异形开本，如《大理寺日志》图书采用 10 * 29 厘米的直长条形样式。

(六) 影视与游戏开发

将漫画改编成影视是漫画商业化的常态。"快看漫画"旗下的条漫作品《快把我哥带走》被制作成动画、电视剧、电影，光是电影就取得了近 4 亿元票房的优异成绩，《单恋大作战》和《零分偶像》被拍摄成电视剧。"快看漫画"的"游戏中心"已上线，目前主要是与其他游戏开发商进行游戏联运、合作开发，已与腾讯游戏、爱奇艺、新浪游戏等大型游戏开发厂商达成合作意向。热门条漫作品的内容大多来自生活，属于现象级热点话题，如整容、出轨、二胎、援交女等，其动画、影视与游戏开发值得特别期待。陈安妮表示，真人影视剧是"快看漫画"未来业务发展的重点。

三 促进中国条漫可持续发展的着力点

条漫的商业价值有目共睹。2011 年 8 月，第八届金龙奖将最佳漫画造型颁给《无知熊猫漫画日志》，这是金龙奖历史上第一部获奖的条漫作品。

---

① 《【新物种】快看漫画：专注 PGC 内容开发及优质漫画聚合，积累超 1 亿用户，签约 500 + 作者，合作 60 + 漫画公司，IP 影视化蓄势待发》，六合咨询，https://www.sohu.com/a/196869025_609541，2017 - 10 - 09。

此后有大批条漫作品荣获金龙奖。这意味着条漫的艺术性和美学价值也得到了中国学术界的肯定。但中国条漫的历史毕竟短暂，发展尚处于成长期。下一步努力的重点何在？我们认为有四大着力点。

（一）高度关注新技术的变革及其对漫画的影响

条漫是技术发展的产物。技术的进步造就了条漫，技术的进一步发展也很有可能决定着条漫的前途。相较于纸质漫画与早期网络漫画，依赖于手机设备而崛起的条漫，一方面具有上下滑动浏览的优势，另一方面又形成了固有的劣势。这个劣势就是论者所说的"'竖'与'横'的视觉矛盾"。这就是说，条漫如果想表现大场景，除了拉长分镜加大画格外，就只能改变读者的观看方式，即读者必须旋转90度横屏来观看。这样，横向的图线表示与条漫惯用的竖排构图形成视觉矛盾，读者在观看时需要多次转换屏幕。可见，"手机屏幕矩形竖构图的设定虽然促使条漫成为读者使用手机观看漫画的优先选择，但从另一方面来看它也限制了条漫对大场景的自然表现"。[①]

条漫的崛起直接受益于移动阅读设备的发展，其固有的缺陷也有待于移动阅读设备的进一步发展。索尼公司已研发出 Xperia Touch。这是一款能够让任何地方（桌上、墙上、地板上等）随时变身为触控屏幕的智能投影机。国内也已研发出类似的触控操作设备——神画 F1。该技术的问世打破了移动设备触摸纵向浏览的单调性，削弱了条漫在手机上的阅读优势，这种新的移动终端技术昭示着未来阅读的发展趋势。条漫是基于新技术而产生的，对新技术的变革可能带来的新的影响与应用价值，条漫创作者与条漫平台没有理由不密切跟踪。

（二）大力培养并充分发挥漫画编辑的作用

缺乏漫画编辑是中国漫画行业的一个明显不足。在日本，漫画编辑可以左右漫画行业的格局。曾打造出《圣斗士星矢》的日本资深漫画编辑松井

---

① 刘晓岑：《基于移动互联媒体传播方式的条漫创作研究》，硕士学位论文，郑州轻工业学院，2017年，第24—25页。

荣元指出，编辑能够平衡创作与商业之间的矛盾，在漫画 IP 孵化过程中扮演着重要的中间人的角色。① 在中国，漫画编辑尤其是网络漫画编辑的作用显然没有被充分认识。漫画编辑的职责绝非只是收稿和排版，也不只是审读、加工和营销，还包括挖掘、培育漫画作者。条漫作者日益增多，许多又非专业作者，网络上的海量漫画作品参差不齐。在这样的背景下，漫画编辑不仅不能缺席，反而必须加强。

重视发挥自身创作、编辑团队的作用是"快看漫画"成功的重要原因。在内容生产方面，该平台没有开通 UGC（用户生产内容）通道，而是推行 PGC（专业生产内容）模式。在平台前 20 名作品中，由团队人员全程参与故事人设、脚本等内容策划的占到 40%以上。② 在作品采编方面，设立专门的作品评估小组，严格把控作品内容。平台有一支大约 40 人的编辑团队，从数据、画风、故事乃至社会价值等不同维度精挑细选优秀条漫作品。究其实质，"快看漫画"的 PGC 模式相当于传统漫画书刊的责任编辑制度。漫画编辑还应该担负起挖掘、培育漫画新人的职责。漫画平台应该加强对漫画编辑综合能力的考察。中国漫画编辑应该加强与韩国网络漫画编辑、日本书刊漫画编辑的交流合作，国家政策方面应该加大扶持漫画编辑，高校应该注重培养漫画编辑。

（三）全方位强化条漫 IP 运营

条漫的盈利方式虽然多样，但整体上盈利水平偏低。2015 年以来，IP 运营成为文化产业热点。"相较于传统漫画运用稿费的盈利模式，新媒体下的条漫具有 IP 效应，盈利渠道大为扩展。"③ 遗憾的是，条漫 IP 运营目前仍处于探索阶段。

中国原创条漫的 IP 价值不容小觑。清华大学《传媒蓝皮书》课题组编撰的《2016 中国 IP 产业报告》推出"中国超级 IP-TOP100 影响力榜单"。

---

① 《继 CP 和平台之后，编辑资源能否成为漫画布局的新风口？》，数娱梦工厂，http：//www.sohu.com/a/118758657_502878，2016 - 11 - 11。
② 《2018 年我国漫画行业优秀企业快看漫画行业竞争优势分析》，观研天下，http：//jingzheng.chinabaogao.com/chuanmei/01163140N2018.html，2018 - 01 - 16。
③ 汪豪：《新媒体对条漫创作的影响》，《新媒体研究》2018 年第 10 期。

该榜显示，有9部漫画作品名列榜中，其中8部是中国漫画。这8部作品中，中国原创条漫作品3部：《19天》位居榜首，《一条狗》是第六名，《快把我哥带走》是第三十三名。[①] 截止到2019年1月，快看漫画签约作品近2000部，其中属于平台原创作品起码100部;[②] 旗下作品屡次斩获"金龙奖""金猴奖"等动漫大奖。如此雄厚的内容资源是IP运营的富矿。然而，中国条漫IP开发目前整体停留在图书出版和周边衍生品层面，动画、影视和游戏的开发仍处在布局阶段，成品很少，这方面的IP运营空间巨大。

（四）积极推动中国条漫"走出去"

日本和美国对条漫的态度不如中国积极，已经取得的成绩也不如中国，中国条漫兴起的时间和实力比不上韩国，但发展势头并不亚于韩国。中国条漫有理由努力借势"走出去"。"快看漫画"作出了积极探索，其独家作品《我弟弟是外星人》和《复仇高中》已登陆韩国最大收费漫画平台Bomtoon，并参与釜山国际漫画节；《快把我哥带走》已输出日本集英社的《周刊少年JUMP》，中日合作改编的动画也在日本电视台播出，都受到了日本读者和观众的好评。

但中国条漫的海外输出总体上还相当差。"民族的往往就是世界的"。中国漫画界应该努力打造富有中华民族特色的原创条漫。作者在创作时应设法挖掘、利用中国传统文化素材，应减少乃至摆脱对日、韩漫画的模仿，力争在分镜手法、叙事技巧、画风和题材方面形成中国特色、中国气派。条漫《非人哉》将中国神话人物与当今现实生活结合起来，搞笑效果十足。《本草孤虚录》是中草药拟人科普条漫，即把每一味本草都拟成一个有着鲜明性格特点、外貌特征的人，各个本草之间上演着爱恨情仇，让人感受到中草药的七情，进而让更多的人认识、关注中草药，达到弘扬中华文化的目的。依托源远流长、博大精深、独具特色的中华文化，推动中国原创条漫"走出去"大有可为。

---

① 《漫画〈19天〉IP影响力超越〈盗墓笔记〉〈西游记〉》，《传媒蓝皮书》课题组，http://news.mtime.com/2016/09/14/1559650.html，2016-09-14。

② 《竞争2018漫画行业优秀企业快看漫画行业竞争优势分析》，观研天下，http://jingzheng.chinabaogao.com/chuanmei/01S1210R018.html，2018-01-08。

对外传播

（主持人：吴昶学）

视觉传播视角下的国家形象建构*
——基于 YouTube 中国相关热门频道数据分析

向安玲,沈 阳

(清华大学 新闻与传播学院,北京 100083)

摘 要:视觉符号作为国家形象建构与全球传播的重要载体,伴随着5G快速迭代与短视频出海浪潮不断拓展内涵与外延。本文针对国家形象传播的核心维度和关键要素进行梳理,从政治、经济、历史文化、社会民生等维度提炼相关视觉要素,在此基础上选取YouTube平台中国相关热门频道进行内容编码,基于受众情绪反馈和传播效果数据为国家形象建构的议题选择、视觉符号应用、传播主体联动提供理论支撑。本文研究发现,热门视频整体呈现去政治化、娱乐化、年轻化趋势,其中侧重原生体验的传统文化符号(美食、手工艺、自然资源等)与侧重感官刺激的流行文化(影视剧、偶像)符号更容易获取全球受众关注;相比于官方宣传,垂直细分领域的自媒体内容输出和外籍账号的他者叙事更容易建立情感共鸣,多主体联动成为国家形象建构的主要路径。

关键词:视觉传播;国家形象;全球传播;符号学;内容分析

视觉是人类感知世界的主要媒介,我们对世界的理解更多是通过视觉信息的媒介传达与消费(Lester,2003)。除了信息传达,图像信息和语言一样,是一种蕴藏着权力和力量的传播形式,对于个体身份塑造与传播也具备

---

* 基金项目:本文系国家社会科学基金重大项目"基于机器博弈的网络信息传播安全多准则动态管控策略研究"(项目编号:19ZDA329)的阶段性研究成果。

重要作用（Dijck，2008）。尤其是在全球传播视域下，视觉叙事作为一种具象传播和隐性编码，突破了语言文字障碍、诉诸修辞与情感交互、让理念传播寓于潜移默化，是"讲好中国故事"的重要抓手（罗自文，2018）。融媒体时代一方面多元化视觉表征形态和媒介渠道为中国形象建构与故事输出奠定了基础，另一方面不同媒介渠道限于整合缺失往往会出现视觉信息传达的偏差与分歧（Griffin，1991）。如何在充分整合媒介资源的基础上运用视觉符号实现国家形象的多维建构与全球传播，是"讲好中国故事，传播好中国声音"需要探讨的重要议题。

一 视觉符号与国家形象

（一）视觉传播与符号学

法国结构主义代表人物罗兰·巴特（Roland Barthes）是将符号学理论用于视觉传播领域的先驱，他将服装、戏剧、仪式、舞蹈、音乐、城市等多种视觉符号的意义构造方式，使符号学逐渐成为一种利用视觉形象的知觉理论（张静，2013）。视觉符号不仅仅是一种艺术美学或抽象哲学，其最核心的目的是通过观念传达和态度呈现，以明示或暗喻的形式塑造和影响受众的态度和情感（徐开彬、段永杰，2019）。也就是说，视觉符号的核心是其内含的观念和态度，也即"所指"（signified），而其表征层面的"能指"（signifier）更多屈从于大众审美和认知思维习惯。

符号作为一种重要的视觉信息，通过修辞性的表达来传递其真实意义，相比于语言文字，往往能以一种更自然和直观的方式为大众所接受。从某种程度上而言，以视觉为中心的视觉文化符号传播系统正向传统的语言文化符号传播系统发起挑战，特别是影像为中心的感性主义形态已经在生产、流通和消费各个环节显现出强劲势头（孟建，2002）。实证研究发现，影像传播相比于文字更能刺激受众感官通道、激活用户兴趣、取得较好传播效果（彭伟步，2002）。而且视频中符号文本的意义建构是文字语言符号、音效符号及影像符号之间的有机整合，是一种渐进式、综合式、立体化的建构过程（薛晨，2015），使得意义建构与传达更具开放性和交互性。

（二）全球传播中的视觉符号

交流符号的"异质性"是全球传播过程中的一道天然屏障，建构具有最大通约性的文化符号，是克服跨文化交流中的理解偏差、促进不同文化间相互认同的必要桥梁（贾磊磊，2011）。而视觉符号在感知层面直观形象化，能让受众对承载信息的表征产生同构联想，对符号意义产生更加直接和具象化的解读，已成为全球传播中最为流行的、占主导地位的文化表征（英明、罗忆，2007）。把握不同国家、民族和种族间共通性、普适性文化，是保证视觉符号全球传播的必要条件（陈祁岩，2009）。尤其是在新媒体环境下，包含文字、图像、声音、视频、动画、图表和色彩等的多模态视觉符号成为全球传播中的主流信息载体，在把握全球受众的文化语境和阅听习惯的基础上，从整体的角度分析各类符号所组成的表意系统和话语意义，对于全球传播的效果提升至关重要（肖珺，2017）。

然而在全球传播过程中，刻板印象、文化冰山、文化语境差异等因素往往使受众对同一视觉符号呈现不同的认知与解读。尤其是在国家形象相关视觉符号传播过程中，对于相关视觉符号的误读和曲解往往会进一步强化对国家的负面刻板印象。通过强化不同受众群体的共同诉求、激发情感共鸣，结合其历史背景、风俗习惯、思维方式实现视觉符号的本土化转换，是弥合全球传播过程中文化冲突的关键（张亚敏，2015）。

（三）国家形象的符号建构

国家形象（national image）是国家身份（national identity）在受众层面的感知和印象建构，它是国际舆论和国内民众对一个国家物质基础、国家政策、民族精神、国家行为、国务活动及其成果等各方面的总体评价和认定（张昆、徐琼，2007）。国家形象的建构需要从"认知体系""话语体系""符号体系"等层面去做系统布局，采取面向"他者"、开放式对话的对外传播策略（李成，2017）。国家形象的视觉符号构建涉及政治、经济、文化、社会民生等各个领域的资源梳理和设计呈现，需要在明晰国家身份定位的基础上去挖掘相关领域的差异化优势资源，进一步通过对优势资源的抽象化、立体化、可视化塑造，将现实资源转化为符号资源，打造国家形象塑造和全球传播的有效载体。

关于中国国家形象的符号建构,学者从传统文化、政治领袖、企业品牌、媒介事件、公共外交活动等多维度进行了研究。从政治符号来看,国家领导人作为国家形象和声望的重要组成部分和代言人,通过新媒体可实现从"表现个人化"到"去除个人化"的国家符号建构与意义传达过程(周亭,2013)。从经济符号而言,企业品牌形象、社会责任感及其所衍生的"光环效应"和"连带效应"对于国家形象塑造产生直接影响(林锡俊、乔·菲利浦斯等,2007)。就文化符号而言,中国传统文化作为国家全球传播与软实力构建的关键资源,从"符号"到"意象"的转化过程准确与否决定了对文化根基、文化语境乃至国家形象的强化或颠覆(吴剑锋,2016)。此外,包括奥运会在内的公共外交活动和各类节庆活动中的整合性视觉符号呈现,对于增强文化身份认同、实现文化传承与国家形象建构也具有重要意义(刘停停,2018;杨航、张冉雨,2016)。

二 国家形象的核心轴线与符号呈现

国家形象的构建、传播、维系、调整与评估是一个涉及多环节要素和多方利益主体的系统性问题。Anholt(2000)设计的国家品牌指数 NBI(Nation Brands Index)从人民、文化与遗产、投资与移民、政府治理、出口、旅游六大维度来评估国家整体形象,经过多年的迭代与实践应用获得学界和业界普遍认可。Gudjonsson(2005)将国家品牌划分为人民、地理、政策和经济四大维度共 16 个细分因子(历史、教育、文化、礼仪、性格特质、自然资源、城市、政治体制、政策、法律、产业发展、经济实力等)。Dinnie(2008:68)将国家品牌资产划分为内部资产(Internal assets)和外部资产(External assets),具体又细分为固有资源(Innate)、培育资源(Nurtured)、品牌输出和舆论形象等。国内学者主要基于国外相关成果进行补充延伸和验证,李卫东等(2013)从领土、主权、政府、企业、公民五个维度构建国家形象评估体系,范红和胡钰(2016)将国家形象和传播战略划分为政府维度、企业维度、文化维度、景观维度、国民维度和舆论维度。本文综合国内外相关研究,结合视觉传播相关要素,将国家形象的核心维度及相关符号呈现要素梳理如表 1 所示。

表1   国家形象的核心轴线与符号示例

核心维度	因子	符号及元素
政治轴线	政党形象	政党精神面貌、风格特征等
	政府形象	政府部门官网官微设计等
	政治领袖	领导人着装、言行举止、周边产物等
	政策传播	政策媒介呈现与解读
	外交活动	外交活动中的仪式、装饰等
经济轴线	综合国力	经济数据等
	特色产业	产业技术、产业成果等
	品牌企业	品牌、产品等
	经济人物	企业家等
历史文化轴线	历史典故	历史人物、历史事件等
	传统文化	饮食、服装、节庆仪式、民族文化等
	精神文化	宗教、价值观等
	流行文化	影视剧、综艺节目、偶像等
	地标建筑	建筑物、景观等
	自然资源	自然风光、动物等
社会民生轴线	国民形象	言行举止、表情、礼仪、职业等
	生活方式	吃穿住行等
其他视觉要素	颜色	主体色调等

其中，政治轴线主要包括政党形象的战略性传播、政府形象的塑造、政策解读性传播、政治领袖的公共形象、外交活动的整体策划与媒介呈现。从视觉传播层面而言，政治领导人着装、言语、行为、表情等在全球传播过程中往往是最适合做多渠道媒介呈现和多元符号解构的抓手。外交活动中的仪式设计也是展现国家形象的一个有效窗口。

国家经济形象的对外传播主要体现在综合国力、优势产业、全球品牌企业和知名经济人物等方面。其中各种经济指标数据往往是最直接的视觉符号，包括互联网科技、制造业等在内的优势产业也成为国家经济形象的代表名片。此外，全球知名企业品牌和企业家形象与国家形象也密切相关，通过原产国效应（Country of Origin，COO）实现了相互品牌赋能。

历史文化资源是国家形象建构的一个强力支撑点，尤其对于中国国家形象塑造而言，对历史文化资源的深度挖掘和全球化编码是国家软实力构建的重要环节。包括历史典故、传统文化、流行文化、地标建筑、自然资源等在内的文化要素在视觉传播上具备天然优势，如何在整合文化符号资源的基础上结合时代特征、全球文化语境、受众偏好进行符号的解构与再构，是当下中国国家形象传播中的痛点与要点。

社会民生的媒介呈现对于弱化负面刻板印象、引发情感共鸣、促进跨文化交流具有显著影响。其中国民形象的正面展现是关键环节，通过对表情、动作、语言等视觉信息的捕捉呈现国民礼仪、态度、精神面貌等正面形象，有利于国家形象塑造和外部吸引力提升。诚然，当下部分负面民生危机事件和群体行为成了中国国家形象对外传播的不利因素，大量风险性信息裹挟着自由、民主、人道、人权等普世性价值观念符号通过社交网络跨边界流动，加剧了国际传播场域以西方为主导的"失衡螺旋"，由此导致的客观上的"妖魔化中国"严重侵犯了国家形象和民族利益（赵心树，2012）。

此外，包括颜色、空间等在内的全局性视觉要素通过影响受众感官认知、激发受众联想也能影响国家形象的塑造与传播效果。总而言之，国家形象的塑造与视觉传播是一个系统性工程，涉及多维度资源整合、多渠道统筹规划、多视角选材设计和多层级协调融合。

基于上述概念和理论框架，本文针对 YouTube 视频平台上中国相关热门频道进行传播数据采集与内容编码，对相关主题维度和视觉符号要素进行聚合分析，进一步探索中国国家形象在全球传播过程中的视觉符号选择及其传播效果。

三　研究设计与发现

（一）研究对象

YouTube（www.youtube.com）是创建于美国的一家视频网站，也是目前全球用户规模最大、视频内容资源最丰富的在线视频服务提供商，支持视频上传、展示、浏览、下载、分享、评论等交互服务。本研究以 2019 年 1 月 1 日至 2020 年 1 月 6 日（截至研究日期）为采集时间区间，以"China"和"Chinese"为关键词在 YouTube 平台上进行频道检索，按总播放量降序采集头部 200 个频道信息（含频道认证主体、国籍、总播放量、订阅人数、发布视频数、内容简介），并进一步基于人工编码去除时事新闻类频道及低关联度内容（仅少比例内容涉及中国），最终筛选整合得到样本频道 192 个。其中，按总订阅数降序头部十个样本频道及主要字段信息如表 2 所示。

表 2　　　　　　　总订阅量前十的中国相关 YouTube 频道

序号	频道	地区	总订阅数	总播放量	发布视频数	内容领域
1	李子柒 Liziqi	中国	815 万	1028163371	104	历史文化、社会民生
2	办公室小野官方频道 Ms Yeah Official Channel	香港	814 万	1876075197	161	社会民生
3	滇西小哥 Dianxi Xiaoge	中国	376 万	803214105	153	历史文化、社会民生
4	湖南卫视芒果 TV 官方频道 China HunanTV Official Channel	中国	350 万	3178642321	46063	流行文化
5	Strange Parts	美国	157 万	87278785	49	电子产品测评
6	Taste，The Chinese Recipes Show	美国	135 万	213929672	196	传统文化
7	科林领域	美国	126 万	123482744	88	社会民生
8	CGTN	中国	105 万	827580280	78193	政治、社会民生
9	江苏卫视官方频道 China JiangsuTV Official Channel	中国	97.8 万	775563253	10069	流行文化
10	Chinese TV Series Exclusive——Powered by YOYO	中国	82.1 万	195124955	2345	流行文化

（二）研究方法

本文基于内容分析法（Content Analysis），结合表 1 中对国家形象的维度划分和符号梳理（编码表），针对样本视频内容进行人工编码。共采用两名编码员，在200个样本频道中抽取10%（20个）进行信度（reliability）检验，计算出编码者间的信度为0.95（Hays & Krippendorff，2007）。进一步让两位编码者平均分配总样本，依据编码表完成了所有取样频道编码（部分频道包含多个主题标签）。对编码后的数据进行描述性统计，并对其中涉及的视觉符号进行归类汇总，进一步对不同发布主体、不同主题内容、不同视觉符号所对应的传播效果数据（订阅人数、播放量、用户评价）进行对比分析，探讨不同视觉传播策略在国家形象传播中的效果发挥。

（三）研究问题

本文基于以上理论框架和研究方法，结合中国国家形象建构与传播的主体、客体、效果与反馈，提出以下研究问题。

RQ1：YouTube 平台上哪些主题内容（政治、经济、文化、民生）传播量更高、更容易被全球受众接受？

RQ2：哪些视觉符号在传播过程中更容易引发关注、传播效果更好？

RQ3：从传播主体来看，本土和外籍、官方与民间、个体与机构谁的传播影响力更强？在传播声量上谁更占优势？

RQ4：用户评价反馈角度来看，什么主题内容及视觉呈现形式口碑更好？什么主题和符号更易引发负面评价？

（四）研究发现

针对以上问题，根据编码数据结果进行归类对比，可发现以下结果。

1. 主题分布

相比于传统国家形象宣传片的高远立意和宏大叙事，UGC（User Generated Content，用户生成内容）驱动的 YouTube 视频内容更加注重个性化视角切入、多元价值观表达、碎片化元素整合与个体情感抒发。更多的是从普通人视角出发去寻找个性化的叙事方式和大众喜闻乐见的议题，侧重于在小窗口中窥探大世界。本文对 YouTube 平台上播放量排前100的中国相关频道进行主题编码发现，历史文化议题无论是在发布总量还是在覆盖受众规模层面均处于首位（55.17%），相关视频内容总播放量接近政治议题视频的9

倍、经济议题的 9 倍，尤其是中国传统风俗习惯和美食文化在传播效果上具备明显优势；其次热门频道中 20% 侧重于社会民生议题，其中基于 Vlog（Video Blog，视频博客）展现中国老百姓日常生活方式的叙事关注度颇高；相比之下，政治和经济议题虽然总体关注热度高，但限于叙事视角与呈现风格的单一化，在国家形象宣传层面仍显乏力。具体主题分布如表 3 所示。

表 3　　　　　　　　　TOP 100 频道主题内容分布

主题内容	具体议题	频道数量	总播放量	总订阅人数
政治议题 （2.87%）	政党形象	4	2.3 亿	67.78 万
	政府形象	2	8046 万	26.27 万
	政治领袖	2	8.6 亿	112.79 万
	政策传播	3	1.6 亿	30.68 万
	外交活动	4	2.9 亿	65.68 万
经济议题 （16.09%）	综合国力	5	2.0 亿	40.72 万
	特色产业	17	13.3 亿	986.57 万
	品牌企业	3	1.0 亿	66.82 万
	经济人物	3	12.5 亿	187.89 万
历史文化议题 （55.17%）	历史典故	4	8387.9 万	15.1 万
	传统文化	19	30.9 亿	1531.91 万
	精神文化	12	5.7 亿	190.61 万
	流行文化	50	74.0 亿	1320.31 万
	地标建筑	3	8.2 亿	380.96 万
	自然资源	8	24.8 亿	1308.42 万
社会民生议题 （20.11%）	国民形象	4	15.5 亿	894.05 万
	生活方式	25	58.8 亿	2511.85 万
	社会现象	6	6.2 亿	151.6 万

2. 视觉符号呈现

新媒体时代视频符号成为快速抓住用户眼球、建立情感共鸣、抢占用户心智的信息载体。视频相比于其他媒体形态在视觉符号的组合应用上具备天然优势，通过对各种细节信息的捕捉、组合和符号化、艺术化呈现，能穿透语言表达本身传达更深层次的价值思考与人文关怀。本文针对

YouTube 平台热门频道内容中的视觉符号应用进行人工编码,将不同议题中常用视觉元素归类为表 4。可以发现在政治议题内容中,包括习近平等领导人等人物,以及……建筑频繁出现,相关内容以红色(21%)为主色调,"中国红"也成为我国对外传播过程中的核心视觉元素;其次为黄色(17%)和蓝色(15%)。经济议题中,除了包括 GDP 等在内的经济数据,包括马云、马化腾、李彦宏等在内的企业品牌和企业家关注度颇高,尤其是随着中国互联网科技巨头的出海布局加速,对中国科技形象建构起到了直接带动作用。在历史文化形象塑造层面,美食、传统艺术、自然资源都是常见符号,其中具备民族特色、强调陌生感与距离感的符号内容更容易引发全球受众的关注;影视剧节目和偶像人物等流行文化元素也成为我国对外传播的一股强势力量,出现频次高达 16 次。此外,在社会民生相关内容中,对人物和街景的刻画成为大部分内容的聚焦重点,折射出中国国民热情、朴实、勤劳的传统形象与中国社会的家庭观念、人际交往等多维文化内涵。鉴于 YouTube 平台普遍年轻化的受众群体,目前热门内容中所呈现出来的中国相关视觉元素趋于年轻化、轻悦化、娱乐化、去政治化,这对于弱化中国长期以来保守、落后、死板、土气等刻板印象作用明显。

表 4　　　　　　　　TOP 100 频道内容视觉符号应用

	符号类型	代表性元素及频次
政治	人物	习近平(1)、蔡英文(1)、郭台铭(1)、洪秀柱(1)
	建筑	长城(1)
	标识	国徽(1)、党徽(1)
	颜色	红色(3)、蓝(1)、鲜艳(2)
经济	数字符号	1466 倍(自 1949 年增长)、6.1 万亿美元(1)
	人物	马云(1)、马化腾(1)、李彦宏(1)
	品牌	小米(3)、OPPO(1)、华为(1)
	产业	手机零件市场(1)、手环(1)、手机产业(1)、织布(1)、养蚕缫丝(1)、玩具(1)
	颜色	红(2)、蓝(5)、鲜艳(1)

续表

符号类型		代表性元素及频次
历史文化	美食	传统美食（5）、地方美食（1）、川菜（1）、八大菜系（1）、广州早茶（1）
	服饰	汉服（1）
	景观	天安门（1）
	人物	美猴王（1）、张果老（1）、杨紫（1）、邓伦（1）、岳云鹏（1）、费玉清（1）、杨洋（1）、郑爽（1）
	作品	西游记（1）、我是歌手（1）、爸爸去哪儿（1）、快乐大本营（1）、香蜜沉沉烬如霜（1）、盛唐幻夜（1）、欢乐喜剧人（1）、微微一笑很倾城（1）
	民族	云南少数民族（1）
	动物	熊猫（1）、金鼻（1）猴
	艺术	国画（1）、国学（1）、京剧（1）、汉字（1）、曲艺（1）、古筝（1）、太极（2）、少林功夫（2）、佛教（1）、传统木雕（1）、舞龙功夫茶（1）
	自然资源	毛豆（1）、土豆（1）、笋（1）、云南山区（1）、野菜（1）、辛夷花（1）
	颜色	黄（14）、红（8）、蓝（6）、白（1）、粉（1）、灰（1）、绿（1）、鲜艳（1）、明亮（1）
社会民生	品质	勤劳（5）、人美心善（1）、乐于助人（1）
	职业	白领（1）
	场景	传统村落生活（1）、相亲（1）、民宿（1）、逛超市（1）
	城市	云南（1）、深圳（1）、中国台湾（1）、中国香港（1）
	颜色	红（8）、蓝（3）、黄（3）、白、灰（2）、鲜艳（2）

3. 传播主体分布

不同传播主体限于自身所处文化语境、专业能力和不同利益诉求，在叙事风格、叙事视角、价值观念和传播诉求等方面存在一定差异。传统官方叙事的强制性信息输出、高语境信息和高位姿态在传播层面往往会形成反效果，引起海外受众的不解甚至反感。社交媒体时代大量 KOL（Key Of Opinion Leader）账号以草根化视角去呈现生活化内容，通过对细节的刻画与第一人称情感表达拉近与受众距离。包括部分海外账号通过体验式、沉浸式叙事方式去观察与传播中国文化，以他者视角展现出中国鲜活、年轻、时尚、多元的一面，更容易快速连接海外受众、引起情感共鸣。从 YouTube 平台上热门频道播主认证情况来看，中国内地账号占比 31%，本土频道为主要传播阵地；就个人账号性别来看，男女账号相对平均；就组织性质来看，个体账号（包含专业机构孵化的个人风格类账号）占比 46%，相比于机构类账号，个人账号更容易让受众产生亲近感和信任感；此外，就内容性质来看，个体用户创作的 UGC 占比仅 31%，相比之下 PGC（Professional Generated Content，专业生产内容，含团队包装的个人风格类内容）由于对受众偏好的把握和视觉呈现上更具专业性，在传播效果上更具优势。

表5　　　　　　　　　TOP 100 频道发布主体分布

类别	属性
国籍	中国（31），美国（19），中国台湾（10），英国（3），西班牙（3），德国（2），俄罗斯（1），法国（1），韩国（1），日本（1），马来西亚（1），墨西哥（1），意大利（1）
性别	男（13），女（12）
职业	外语教育（4），卫视（10），新闻媒体（11），影视集团（2）
组织性质	个体（46），机构（54）
内容性质	UGC（31），PGC（67）

4. 用户评价反馈

国家形象是一个国家对自己的认知及国际体系中其他行为体对它的认知的结合，是一系列信息输入和输出产生的结果（Boulding, 1969）。国家形象的建构与传播效果取决于全球受众的认知与态度、行为反馈，尤其是对于国家形象的视觉传播而言，用户评价反馈是评价传播内容质量的核心标准。本文抽取了 100 个热门视频共 925 条热门评论进行情感倾向分析，分析结果如表6所示。可以发现，整体上受众反馈以积极情绪为主（78.82%），其中羡慕、喜爱、支持情绪表达较多，尤其是传统地方美食、刺绣、曲艺等中国传统文化和以影视剧、综艺节目为主的流行文化对海外受众产生了较强吸引力。而负面情绪主要为轻蔑、厌恶和讽刺，包括对节目作假、主旋律宣传等问题。其中不免存在视角局限和信息缺失所带来的认知偏差和非理性抵触。

表 6　　　　　　　　　　TOP 100 频道热门评论情绪倾向

	情绪类型	高频词
积极情绪 （78.82%）	兴趣（2.80%）	有意思，interesting，enjoy，interested，回味
	愉快（6.54%）	开心，快乐，高兴，happy，relaxing，peace
	羡慕（10.28%）	羡慕，加油，骄傲，inspire，inspiration，博大精深，brave，hero
	喜爱（36.14%）	喜欢，可爱，love，like，perfect，爱，心动，great，beautiful，funny，good，romance，best，cute，adorable
	支持/鼓励（17.45%）	Support
	惊奇/好奇（5.61%）	天哪，真的吗，wow，omg，厉害，不同凡响，amazed，astonished，amazing，curious，threatened
消极情绪 （21.19%）	厌恶（4.67%）	讨厌，恶心，gangster，damn，bad
	轻蔑（7.48%）	呵呵
	悲伤（3.43%）	难过，可惜，sad，sorry，frustrating
	害怕（1.25%）	dread，horror，cruel，feared，害怕，fear
	讽刺（4.36%）	—

进一步针对不同频道发布内容的受众情感反馈进行分类编码，发现自媒体频道正向情感反馈占比相对最多（97.29%），包括喜爱、羡慕、好奇等在内的正面评价内容占据主导地位；相比之下，官方娱乐频道（以各大卫视的影视娱乐作品内容为主，如芒果 TV 等）的正面评价占比次之（78.10%），官方时政频道（以 CGTN 等主流外宣媒体为主）的正面评价（74.58%）相对最低，包括轻蔑（7.36%）、悲伤（6.69%）、讽刺（6.02%）等在内的负面情绪仍普遍存在，尤其是对于政治宣传色彩较重的视频内容海外受众的抵触情绪相对最强。

四　结果与讨论

5G 的普及应用和国内短视频平台的出海将进一步释放视频传播红利，视觉信息作为国家形象建构与传播载体的重要性越发凸显。如何把握官方表达与草根叙事的层次差异、如何平衡中国传统文化符号的历史性与现代性、如何协调虚拟形象与现实环境之间的偏离、如何融合"他者"叙事和本土化叙事的多元视角、如何克服文化语境差异带来的编码解码偏差、如何在去

图 1 不同频道受众情感反馈

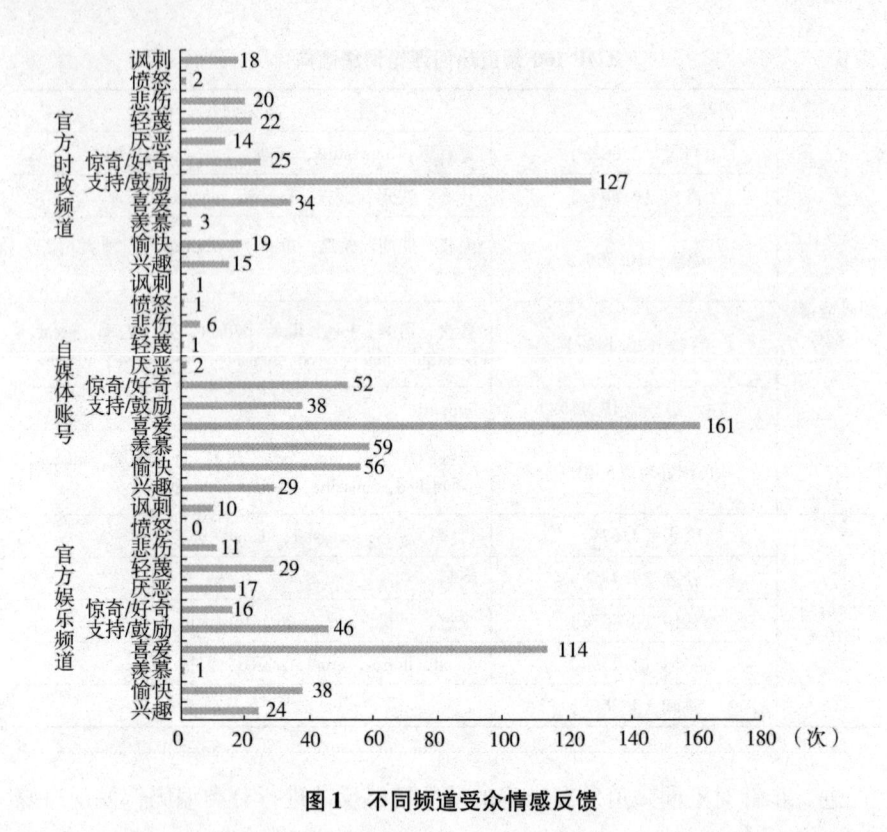

政治化传播趋势中找到感性与理性的均衡点……这些都是国家形象全球传播过程中需要进一步探索的问题,涉及宏观层面的国家形象定位和传播目标设定,中观层面的传播策略制定和传播资源整合,微观层面的视觉符号选择和叙事技巧应用。本文从宏观层面对国家形象传播的核心维度和关键要素进行梳理,从政治、经济、历史文化、社会民生等不同维度提炼出国家形象传播过程中的视觉要素,在此基础上选取 YouTube 平台中国相关热门频道进行内容编码,从微观层面对国家形象传播的核心主题及关键视觉要素进行分析,基于受众反馈和传播效果为国家形象建构的议题选择、视觉符号应用、传播主体联动等多个环节提供策略参考和理论支撑。

本文研究发现,文化仍是中国国家形象塑造的柔性手段,立足于原生态的传统文化所塑造的"距离感"和倡导娱乐精神的流行文化所带来的"感官刺激",突破了文化异质性在全球受众中取得了情感共鸣。相比于官方宣传的话语视角,包括李子柒、办公室小野、滇西小哥等在内的自媒体通过垂直细分领域的内容输出，以更个性化、生活化、艺术化的叙事方式拓展了文化输出渠道与国家形象的多面性。部分外籍账号通过第三视角的记录和观察展现的中国形象也拉近了全球受众对中国的感知距离，多维传播矩阵的联动与交互有利于呈现出一个更加全面、立体、真实的中国。此外，针对用户反馈挖掘不同受众群体的差异化需求和内容偏好，通过差异化传播策略满足受众细分化、多元化、个性化需求，这也是实现国家形象精准化定位、精细化传播、精确化协调的基础。

诚然，本文仍存在诸多局限有待进一步完善。首先，本文基于桌面研究（desk research）梳理国家形象建构的核心维度与视觉要素，在文献样本选取上未免存在选择性缺失，涉及维度和相关元素还有待进一步完善；同时缺少一手资料的调研与挖掘，所构建理论框架的科学性和有效性还有待进一步被理论和实践验证。其次，本文基于关键词检索采集 YouTube 热门频道作为分析样本，并非基于视频内容语义分析择取中国国家形象关联视频，限于关键词匹配规则可能遗漏部分相关视频，分析样本还有待进一步扩充和细化。此外，本研究侧重于对视觉符号的主题关联与传播效果进行分析，并未对符号所反映的内在意义与价值观进行深度挖掘，忽略了作为"外壳"的符号与作为"内核"的价值观之间的关联性与一致性。而就现实情况而言，在全球传播过程中国家形象符号的表征和意义传达往往会出现偏差，尤其是部分西方媒介对中国符号资源的"滥用"和"误用"对于中国国际形象传播负面效应凸显。全球市场经济与资本利益催生了大量带着中国式符号"外壳"、反映着西方价值观的影视剧作品。关于中国文化符号表征与内核意义的一致性与协调性有待做进一步的学理探讨。

参考文献

Boulding, K. E., "public choice and the grants economy: the intersecting set", *Public Choice*, Vol. 7, No. 1, 1969: 1-2.

Dijck, V. J., "Digital photography: communication, identity, memory", *Visual Communication*, Vol. 7, No. 1, 2008.

Griffin, M., "Defining Visual Communication for a Multi-Media World", *Journalism Educator*, No. 46, 1991.

Gudjonsson, Hlynur, "Nation branding", *Place Branding and Public Diplomacy*, Vol. 1, No. 3, 2005.

Hayes, A. F. & Krippendorff, K., "Answering the call for a standard reliability measure for coding data", *Communication Methods and Measures*, Vol. 1, No. 1, 2007: 77 - 89.

Keith Dinnie, *Nation Branding——Concepts, Issues, Practice*, London: Elsevier Ltd., 2008.

Simon Anholt, "Anholt Nation Brands Index: How Does the World See America?", *Journal of Advertising Research*, Vol. 45, No. 3, 2006.

［美］保罗·M.莱斯特：《视觉传播：形象载动信息》，吴三军编，霍文利译，北京广播学院出版社2003年版。

陈祁岩：《视觉传播符号在跨文化广告传播中的解读》，《武汉大学学报》（人文科学版）2009年第1期。

范红、胡钰：《国家形象与传播战略》，《新闻战线》2016年第1期。

贾磊磊：《全球化语境中的跨文化表达——论非文字类文化符号的传播效应》，《现代传播》2011年第12期。

李成：《认知·话语·符号——"讲好中国故事"的阐释体系初探》，《国际传播》2017年第4期。

李卫东、王庆华、张昆：《要素视角下的国家形象评估模型及实证研究》，"第六届公关与广告国际学术论坛：国家品牌·社会资本与文化软实力"会议论文，武汉，2013年。

［韩］林锡俊、［美］乔·菲利浦斯、叶克林：《CSR"品牌"：以企业社会责任提升国家形象》，《学海》2007年第3期。

刘停停：《新媒介语境下的视听传播与国家形象建构——以2017年全球祭孔大典为例》，《新闻爱好者》2018年第4期。

罗自文：《新时代视觉传播研究的使命与担当——从"讲好中国故事"说起》，《新闻与传播研究》2018年第1期。

孟建：《视觉文化传播：对一种文化形态和传播理念的诠释》，《现代传播》2002年第3期。

彭慧、潘国政：《国家形象建构的文化视角初探》，《福建省社会主义学院学报》2013年第1期。

彭伟步：《网络不同媒体组合的传播效果检测分析》，《国际新闻界》2002年第2期。

吴剑锋：《从"符号"到"意象"——传统文化在中国当代设计艺术中的诗性表达》，《浙江社会科学》2016年第11期。

肖珺：《多模态话语分析：理论模型及其对新媒体跨文化传播研究的方法论意义》，《武汉大学学报》（人文科学版）2017年第5期。

徐开彬、段永杰：《西方视觉传播研究的焦点问题与趋势展望》，《西安交通大学学报》（社会科学版）2019年第1期。

薛晨：《公民视频符号文本的意义建构机制探究》，《重庆广播电视大学学报》2015年第3期。

杨航、张冉雨：《国家形象与符号方略：基于DIMT体系的奥运会开幕式研究》，《东南传播》2016年第10期。

英明、罗忆：《视觉符号语境下的跨文化传播》，《当代传播》2007年第6期。

张静：《论罗兰·巴特符号学与视觉传播理论》，《人文杂志》2013年第9期。

张昆、徐琼：《国家形象刍议》，《国际新闻界》2007年第3期。

张亚敏：《跨文化传播中视觉符号的差异性分析》，《包装工程》2015年第16期。

赵心树：《中西奥运传播中的"失衡螺旋"与中华民族"成长的烦恼"》，史安斌、郭云强、李宏刚编：《清华新闻传播学前沿讲座录（续编）》，清华大学出版社2012年版。

周亭：《作为国家形象符号的领导人形象传播——以白宫网对奥巴马的形象塑造为例》，《现代传播》2013年第6期。

建构全球化语境中的本土化身份认同*
——浅析"港式"主旋律电影讲好中国故事的传播策略

滕 乐

(中国政法大学 光明新闻传播学院,北京 100088)

摘 要:作为中国电影市场独有的类型,"主旋律"题材自1987年诞生起,已经走过了三十多个年头。在这三十多年的成长历程中,主旋律题材从最初单纯完成宣传任务的"献礼片",已经演化成为兼具艺术性、商业性,并能够准确传达主流意识形态的优质IP。在主旋律电影的发展过程中,"北上"大陆的香港电影人功不可没。本研究认为港式"主旋律"电影是在标准的类型化叙事的基础上,通过特定意识形态符号的系统性植入,成功实现了传统"献礼片"的市场化转型。同时,港式"主旋律"题材也为内地受众在全球化时代,合理化表达政治诉求提供了一套逻辑自洽的话语体系。通过这样一种表达方式,香港电影人也进一步明确了自己作为"中国人"的政治身份。这使香港电影人在引领内地的电影工业走向成熟的过程中,扮演了一种特殊的中介性作用。通过平衡电影的艺术水准、商业价值和宣传功能三者之间的关系,港式"主旋律"电影成为全球化语境下讲好中国故事的新型典范。

关键词:主旋律;香港;文化产业

---

* 基金项目:本文系中国政法大学研究生教育教学改革项目"马克思主义新闻观视野下的传播学前沿理论读书会研究"(项目编号:YJLX1932)的阶段性成果。

一　导论：问题的提出

在中国电影史上，"主旋律"一词作为一种类型片的定义被提出，还是在 1987 年 2 月召开的全国故事片厂长会议上[①]。经过三十多年的不断成长，主旋律电影已经成为中国电影市场上一个不可或缺的本土化类型。如果说 20 世纪八九十年代的主旋律影片还是以《开国大典》或是"三大战役"为代表的"献礼片"，那么，进入 21 世纪的近二十年来，主旋律影片，则经历了从政治宣传品发展为文艺作品，由文艺作品升级为文化产品的历程，时至今日，"主旋律"题材已经成为文化产业内最优质题材类型之一。在主旋律题材不断进行自我迭代的过程中，近十几年来，有一股力量的注入功不可没，这就是"北上"内地的香港电影人。那么，港式主旋律的成功之道何在？这与香港电影人在 1997 回归之后的重新进行自我定位有怎样的关系？又是怎样一群受众，怀着一种什么样的观影心理，铸就了港式主旋律在内地电影市场的奇迹？本研究将结合传播心理学的研究成果，从媒介市场的角度出发，试图针对以上问题作出解答。本研究认为，港式主旋律电影成功的核心因素，是将主旋律元素注入了传统的类型电影，在文化全球化的时代，为中国内地的受众提供了一种带有"东方主义"的观影体验，进而从意识形态的视角，为大陆青年群体的爱国主义情绪进行了主流化背书。在此基础上，确立了全球化时代，中国故事的全新讲述方法，重构了传播者、受众和主流意识形态之间的身份认同。

二　创造类型：从主旋律电影的商业元素到商业电影的主旋律元素

长期以来，不论是制作方还是受众，似乎对于"主旋律"存在一种错觉，认为主旋律影片的诞生是伴随着中华人民共和国的诞生一同出现并成长的。从中国电影发展史的角度来看，实际上，这是一种错觉。作为一种本土化的类型，主旋律题材的诞生，实则与 20 世纪 80 年代末的苏东剧变和冷战结束有关。"主旋律"这一提法的首次出现是在 1987 年 2 月，时任广电部

[①] 章柏青、贾磊磊：《中国当代电影发展史》下册，文化艺术出版社 2006 年版，第 527—528 页。

电影局局长的滕进贤在全国故事片厂长会议上正式提出"突出主旋律,坚持多样化"的要求,自此"主旋律"一词,正式进入中国电影史①。同年7月,广电部成立"革命历史题材影视创作领导小组",后来更名为"重大革命历史题材影视创作领导小组"。第二年1月,当时的广电部和财政部联合设立重大历史题材故事片资助基金,自此,"主旋律"作为中国大陆电影市场所独有的题材正式诞生。迄今为止,该题材已经在这个市场生存了30余年,生生不息,日渐壮大。

在电视产业的研究中,胡智锋教授对于电视产业的发展进行过历史阶段的宏观划分,即"宣传品—作品—产品"三个时代②。与之类似,电影的生产也有类似的历史进程。在80年代末的历史背景下诞生的主旋律题材,最初是以"献礼片"的形式出现。例如,1989年为了庆祝建国40周年而拍摄的《开国大典》《百色起义》,以及1991年为了纪念建党70周年所摄制的《辽沈战役》《淮海战役》等。而进入90年代中后期至21世纪初的十几年间,主旋律题材,也在艺术表达与市场关注层面进行了不同程度的尝试。例如,以《红樱桃》、《红河谷》和《离开雷锋的日子》为代表的影片,在收获了业界专家认可的同时,也收获了市场的青睐。但是,直到2009年之前,主旋律题材的创作仍然并未把受众的娱乐需求作为核心的满足对象。变化出现在2009年,中华人民共和国成立60周年之际,众星云集的《建国大业》第一次实现了以大明星、高概念的制作方式而成功获得了市场青睐。从此,在电影市场内,也扭转了主旋律题材与市场需求不相容的传统观念。

然而,直到主旋律电影类型化创作进行了20多年之时,中国内地的电影人对于主旋律题材的创作,仍然存在基本操作方法的困惑。饶曙光曾经对这种困惑进行了清晰的表达,他认为"应当在主旋律/主流电影和新人文/艺术电影的基础上,尽可能多地融入被各国电影实践所证明是行之有效的商业性元素,从而创造出一种能激发、抓住并满足当代中国电影观众的观赏兴趣和快感的主流商业电影类型"③。而对于这一困惑的最终突破,并未由内

---

① 孙佳山:《三十年"主旋律"的历史临界及其未来》,《电影艺术》2017年第6期。
② 胡智锋、周建新:《从"宣传品"、"作品"到"产品"——中国电视50年创新发展的三个阶段》,《现代传播》2008年第4期。
③ 饶曙光:《用主流大片体现核心价值观》,《中国电影报》2017年8月23日。

地的电影人实现，而是由"北上"大陆的香港电影人进行了革命性创新。香港电影人的到来不但为大陆电影市场注入了新鲜血液和全新的制作理念，更是创造了多次票房奇迹的"港式"主旋律。

"港式"主旋律的成功之处在于，从一开始，香港导演的目光没有局限于加入什么样的商业元素，加入多少，以及怎样加入等细节性问题。而是彻底打破之前的框架，反其道而行之，在典型的商业类型片之中，加入了特定的主旋律元素。比起在主旋律叙事中加入商业元素，在商业类型片中加入主旋律元素的做法，使受众对于电影的预期更为明确，电影的观赏性也更强。主旋律元素的展现，具体而言，可以分为在类型片中加入主旋律符号、主旋律人物设定，以及进行主旋律的时空重构。

传播学研究认为特定内容的表意，主要由三种元素构成。首先是一段文本所包含的信息，其次是组成该信息的符号，最后是信息和符号通过不同方式进行组合，传达出特定的意义[1]。从这个意义上讲，主旋律影片在叙事过程中，也存在这种主旋律符号、主旋律信息和主旋律的意义附加于类型片的做法。笔者认为，主旋律的符号主要包括特定画面、影像、服装、道具、历史人文类遗迹和非物质文化遗产；主旋律的信息主要包括故事主人公的人物设定，某些特定人物、职业或身份，一旦"人设"确定，叙事自带主旋律属性；另外，主旋律的意义，往往经由影片的故事呈现，针对某个具备争议性的时代，进行明确的正面定义，使故事发生的具体时代，成为某种政治话语的正面诠释。

首先，在受众喜闻乐见的商业类型片中加入主旋律符号是一种最为简单易行的操作方式。其中最典型的成功案例是创造56.8亿人民币的电影《战狼Ⅱ》。虽然，电影的导演兼男主角吴京是出身于北京的大陆演员，但是吴京自2003年在香港发展演艺事业的经历，让他熟悉了典型的香港电影的制作方式。在香港电影中，最为内地观众所熟悉的类型，恐怕非武侠电影莫属。所谓"千古文人侠客梦"，武侠的幻想一直是中国人民对于自由生活的美好寄托。《战狼》系列的制作方虽然表示电影是一部军事题材主旋律影片，事实上，当我们抽离具体的故事细节，单纯从影片结构和叙事任务的角

---

[1] 郭庆光：《传播学教程》，中国人民大学出版社2011年版，第2—5页。

度进行分析，我们会发现，电影《战狼Ⅱ》实际上是包裹着军事重金属外衣的传统武侠电影。影片中，由吴京饰演的主人公冷锋也与传统主旋律电影中的高大全式的中国军人不同，是一个由于打死强拆地产商而被开除军籍，在非洲做生意的小商人。因为一次偶然的因素，主人公参与了祖国的撤侨行动，并且有出色表现，为保卫中国和当地百姓做出贡献，最终重新恢复军人身份回归主流社会。在现实生活中很难有这样一名军人的存在，而这样一个人设反而更类似于吴京以往出演的各种类型的武侠片。而在这样一个包裹着军事片外衣的武侠片中，最经典的影像是片中不断出现的各种主旋律符号。例如，电影最经典的一幕是吴京在越野汽车上，手持国旗穿越交战区的形象，令人尤为难忘，而该经典画面，也成为该片的宣传海报之一。再如，电影结尾处出现的中国护照及字幕："中华人民共和国公民，当你在海外遭遇危险，不要放弃！请记住，在你身后，有一个强大的祖国！"又如，电影中出现的各种经典中国品牌，如茅台酒、北京越野车、麦吉士小食品等，而且，这些产品的出现不是以植入广告的形式，而是无偿出现在电影中，这就更让观众为制作方的诚意而感动。因此，该片刚一上映，就势不可当地不断刷新着中国电影的票房纪录，时至今日，在中国电影市场上，仍旧没有能够超越该片票房的影片出现。

其次，主旋律元素与类型片的结合，还表现在主旋律的人物设定与特定类型片的结合。"人设"这样一个词语，已经成为时下经常出现的网络流行语。事实上，该词诞生之初是动漫制作的一个术语，后来被引入戏剧文学的创作领域，专指剧本中人物在性格、年龄、身份、人物前史等一系列的具体设定，配合剧本的人物小传使用，是编剧为了具体故事的拍摄而写给演员的提示信息，可能会在故事的行进过程中透露出来，但一般不单独做交代。在主旋律影片的制作过程中，很多情况下，只需要将主要人物进行主旋律化的人物设定，整个故事就可以立即被建构成主旋律题材。在这类影片中，最典型的代表作当属高群书导演执导，著名香港制作人陈国富监制的电影《风声》。该电影讲述了抗战进入僵持时期，国共双方情报人员进行通力合作，为地下抗战活动传递情报，并壮烈牺牲的故事。该影片改编自作家麦家的小说《风声》，但电影跟原著小说已经有了非常大的差别。在电影的制作过程中，制作方实际上希望利用这样一个知名IP讲述一个类似于"杀人游戏"

的悬疑故事。事实上，我们会发现，如果剥离了电影中主人公作为情报人员的人物设定，电影的故事可以放置到任何一个主人公身处封闭环境的场景中，让他们与三方势力展开博弈。这样一种封闭空间中的多方博弈，并且，主人公和盟友之间处于双盲身份，在竞争中合作，在博弈中竞争的叙事结构，是多数经典悬疑题材的基本戏剧结构。而影片对于主人公身份的最终揭秘，仅集中于影片的最后15分钟，而且，让实际上已经牺牲了的主人公用内心独白的形式做了最终的交代。电影结束于由周迅饰演的主人公"老鬼"顾晓梦最终的独白中："民族已到存亡之际，我辈只能奋不顾身，挽救于万一。我的肉体即将陨灭，灵魂却将与你们同在。敌人不会了解，老鬼老枪不是个人，而是一种精神，一种信仰。"在观众情绪被推向高潮之时，故事也在悲壮的背景音乐中结束。由于该独白极其精彩，多年以来为诸多媒体人所称道，以至于经过罗振宇在2020年跨年演讲时一番引用，"我辈"的概念已经成为互联网上标识身份认同的重要文化符号。事实上，整部影片也仅仅在这极短的一部分对于主人公的人物设定进行交代，而抽离这部分的内容，影片就是一部单纯的悬疑电影。但是，影片一经推出，在2009年国庆档便与《建国大业》一道，收获了票房与口碑，成为商业类主旋律电影的典型代表作。

如果说主旋律的符号和主旋律的人物设定需要制作方在故事中单独附加元素，那么，主旋律的时空重构则是忽略了琐碎的附加性细节，用故事情节对于特定时空重新赋予主流意识形态认可的政治意义，即用叙事技巧进行时空定义。这类影片的代表作是陈可辛的电影《中国合伙人》。作为香港著名导演，陈可辛的北上之路，其实早在2005年就已经开启。当年，他凭借电影《如果·爱》一举收获25项大奖，并且首次在电影中启用了大陆知名艺人周迅担当女主角。但是，在之后的近十年中，陈可辛的电影尝试虽然都取得了较好的口碑，但始终未能在票房上进行巨大突破。转机出现在2013年，当年5月中旬电影《中国合伙人》正式上映，影片以现实中真实存在的人物新东方"三驾马车"（俞敏洪、徐小平、王强）的创业故事为原型，讲述了在20世纪80年代以来，三人齐心协力创办英语培训学校，在各种波折中不断前行，最终实现企业成功上市的故事。如果该影片仅仅停留在讲述一个创业故事或者是简单的兄弟情义，未必会从竞争异常激烈的电影市场中脱颖而出。该电影之所以一上映就能够获得"零差评"的口碑，并揽收 5 亿人民币的票房，其最重要的原因之一，在于电影通过对创业故事的展现，带领观众重温了改革开放以来中国社会的迅速变迁，以及每一个人在社会的巨大变迁之中，所切身体会到的进步。尤其是片尾一系列民营企业家形象的展现，并打出字幕"他们的故事，或许也是你们的故事"更是将整部影片的故事，与人们对现实的认知紧密地联系在了一起。影片通过对三位主人公成长历程的描写，以主题先行的方式重构了那个在今天看来有一定争议性的时代，并且通过对这段历史的正面描述，直接向受众传递了对大陆社会历史的政治认同。与其说该片是一部青年创业史，不如说该片是一部改革开放成就展。而该片的特殊性在于，它是由一位香港导演所制作，对中国改革开放成就进行正面歌颂的影片。因此在大陆电影市场更加意义非凡。从这个意义上说，即便影片没有出现任何带有政治意义的符号、形象或者台词，事实上，影片已经拥有了典型的政治宣传意味，是一部带有史诗色彩的现实主义主旋律影片。

三　寻找受众：精准定位社会心理巧妙表达受众诉求

在主旋律电影崛起的过程中，有一个不容忽视的变量，那就是电影的主流受众群体。这些受众是一些什么样的人？他们的消费模式是怎样的？他们的观影诉求是什么？一直是近年来电影产业关注的核心问题。如果把电影产业和电视剧产业进行横向对比，我们会发现，同为文化产业的组成部分，两个市场呈现"冰火两重天"的状况。与电影产业连续十几年的井喷式爆发相比，电视剧产业则呈现不断缩水、濒临淘汰的现状，以至于时至今日，年轻受众提到观剧行为时，会默认是在观看网剧，不论消费终端是在电脑、手机或平板电脑上。通过电视银屏观剧，已经是"90 后"和"00 后"青年群体很少参与的媒介消费行为，即便选择用电视机进行观剧，多数情况下，青少年群体会选择互联网电视盒子，而非通过有线电视进行观剧。那么，在同一批主创，同一个市场内，为何会出现这样的两极分化，一个关键因素，还在于产业逻辑与技术变迁之间的关系。

2012 年，被定义为中国的"移动互联网元年"。而电影产业的营销、推广和购票的全面发展，也是跟随移动互联网的发展而诞生的。也就是说，电影产业的发展逻辑是借力了移动互联网的东风，而电影的核心消费人群，正是移动互联网的主宰者，即"90后""00后"的"网络原住民"。当我们发现电影产业的核心消费群体是来自移动互联网用户时，则会产生一个疑问，这些被默认为对国家和政治漠不关心的年轻人，他们为什么会对主旋律题材产生极大的热情？恐怕，这样一个问题，还需要从香港导演对于影片的定位中寻找答案。

1997年香港回归之后，香港的电影产业出现了相当长一段时间的沉寂。一方面，即将离去的港英政府对于香港的电影产业不闻不问任其自生自灭；另一方面，香港电影人面对回归之后电影产业应当何去何从，自身也没有明确的方向。情况的转机出现在2003年，这一年，中央政府与香港特区政府签署了《内地与香港关于建立更紧密经贸关系的安排》（简称CEPA），协议的签署为香港电影人进入内地进行电影摄制开辟了一条绿色通道，从此以后，香港与内地的合作进入了全面发展期。"北上"伊始，香港电影人还没有明确电影的制作方向，这与香港人在殖民政府的统治之下形成的社会心理有关。

正如倪震所言，香港文化处于一种表面看似东西融合，实则内部结构混乱的状态之中，他认为"（香港文化）既求助于中华文化传统，又轻视和嘲篾这个传统，这是一种殖民文化的矛盾心态"[①]。与香港电影人恰恰相反，中国青年一代的观影群体，一方面自幼接受正统的思想政治教育，深谙主流意识形态的各种表述；另一方面不断受到西方文化熏陶，非常欢迎以美国流行文化为代表的西方文化产品。在这样一种复杂的文化环境下，双方都需要一种能够为对方所理解的沟通语言，而这时主旋律"港式"应运而生，成为双方共同的选择。

事实上，对于主旋律题材类型化叙事，一方面出于大陆制作方的实际需要，例如，博纳影业集团总裁于冬曾经回忆，筹拍《湄公河行动》时，首先选择了内地导演，发现他们对于主旋律影片这样一种"命题作文"有太多自己的想法，自我表达欲望过强，不适合项目的运作[②]。在这种情况下，

---

① 倪震：《改革与中国电影》，中国电影出版社1994年版，第259—260页。
② 孙佳山：《三十年"主旋律"的历史临界及其未来》，《电影艺术》2017年第6期。

制作方才找来了香港导演林超贤。而另一方面,作为香港导演的林超贤,则一开始就放弃了宏大叙事的表达方法,将电影作为一个特定的战争类型片来做,并充分发挥了自己在技术领域作为"火器专家"的优势,使影片呈现出充满重工业特效的视觉奇观。而在主旋律叙事中融入大量视觉奇观的电影语言,又恰恰暗合了"90 后"和"00 后"的受众群体,自幼养成的追求视觉刺激和感官享受的观影需求。

另一个值得注意的问题是,青年群体在选择主旋律题材进行观影时,他们的核心诉求到底是什么?也就是说,主旋律题材到底满足了受众怎样的心理需求。单纯地理解为朴素的爱国主义精神是失之偏颇的,否则受众群体应当会无差别地选择传统主流媒体,如新华社、《人民日报》和中央电视台的主旋律内容进行消费,但事实上,青年受众并非如此。笔者认为,青年受众群体在消费主旋律题材时,是在建构全球化时代对于"自我"的身份认同。互联网时代的爱国热情,经常出现被曲解或者是过度消费的现象,而青年群体带有爱国主义色彩的维权行为,往往会被西方媒体误读为中国的网络民族主义,或者被国内的媒体妖魔化为网络"小粉红",因此全球化时代的青年群体急需一种正面化声音,对于其特定的身份认同进行有效表达。在这种情况下,主旋律影片恰恰提供了这样一种途径。

以《湄公河行动》、《红海行动》和《战狼Ⅱ》为例,这些主旋律影片有力展现了中国军人全心全意保护海外华侨,以及同国外恐怖势力搏斗时的英勇无畏,也通过一些具有典型的本质主义的画面和细节,向中国受众展示了中国和西方之外的异国景观。例如,《湄公河行动》中充满毒品和色情交易的金三角,《红海行动》中遍布宗教极端势力的中东,以及《战狼Ⅱ》中遍布疾病、战争和贫穷的非洲国家。事实上,当地确实存在影片中描述的一些问题,正如施展教授指出的,多数和中国存在密切经贸往来的非洲国家,从来不曾发生像《战狼Ⅱ》中描绘的那样大规模的战争[①]。红海行动的原型为 2015 年的也门撤侨事件,在该事件中,我国军队也并未和当地任何武装势力进行交火,而是以最快速度保证了撤侨的安全进行。也就是说,主旋律电影中创造视觉奇观的种种特效在实际事件中并不存在,但是电影为受众描

---

① 施展:《枢纽——3000 年的中国》,广西师范大学出版社 2018 年版,第 547—574 页。

述了一幅充满危险的异域景观。通过这样一幅景象的描绘，香港电影人不但在受众心中，为中国政府建立了一个全球化时代负责任的大国形象。更重要的是，在此过程中，香港制作方也面向大陆主管部门树立了自己的形象，也就是作为"中国人"的身份认同，而这样一种身份表达则大大提高了制作方在主管部门心中的分量。

四 传播启示：主旋律题材的传播效果与文化产业的核心逻辑

通过以上对港式主旋律影片所展示的内容、受众定位和主创人员身份定位的分析，可以发现，香港电影人在"北上"发展的过程中，正是由于首先厘清了对于自身的身份定位，因此，在面对大陆市场时，才明确了选材的视角、展示的内容和叙事的手法。那么，这就引起一个传播意义上的悖论，传统上，被认为是没有市场的主旋律题材，为何会在类型化叙事时，出现了化腐朽为神奇的传播效果，笔者认为，这与中国大陆的特殊国情与文化心理有关。

认知心理学发现，人类面对一个外来信息的刺激，在进行相关记忆提取的时候，往往不会提取最重要的信息，而会提取最相关的信息，即认知的相关性理论（Relevance Theory）[1]。而在这样一种记忆提取中，最先被唤起的记忆不是理性的认知，而是感性的联觉，那些会唤起具体情感和肢体感触的认知，最容易被唤起，即具身性认知（Embodied Cognition）[2]。政治宣传虽然在西方被认为是有争议的信息，但是在中国大陆的文化环境内社会化的人群，尤其是出生在 20 世纪 80 年代以后，接受过系统性完整教育的青年群体，在形成客观理想的认知结构之前，就将有独特政治寓意的文化符号便已经内化为集体记忆的一部分。具备政治意义的"强符号"[3]，一旦出现在电影叙事中，会自动唤起受众感性层面的正面认知。对于成长于大陆的青年群体而言，由于这些符号，例如，国旗、国歌、解放军等形象在每一个个体

---

[1] Wilson, D. & Sperber, D., "Relevance theory", In G. Ward & L. Horn (Eds.), *Handbook of Pragmatics*, Oxford: Blackwell, 2002.

[2] Franks, Bradley and Dhesi, Japinder, "Evolution and communication", In: Hook, Derek and Franks, Bradley and Bauer, Martin W., (eds.) *The Social Psychology of Communication*, Palgrave Macmillan, Basingstoke, UK, 2011, p. 234.

[3] 隋岩：《强符号的国际传播途径研究》，《现代传播》2012 年第 5 期。

成长中，几乎全部是与青春记忆、集体记忆和正面记忆相联系的。因此当受众看到这些文化符号出现在电影中时，会直接联想起自己的正面经历，甚至会不假思索地将这种正面情绪带到观影体验中。因此受众对于主旋律影片的正面观影体验，实际上是影片有效地调动起了受众自身的集体记忆的结果。

大众传播学效果研究认为，受众在进行媒介消费时，并非单纯地消费某种信息，而是通过对于特定信息的消费满足日常生活中无法被满足的心理需求。"使用与满足"理论指出，受众在进行媒介消费时，主要期待满足三种心理需求，即愿望的想象、情绪的发泄或寻找建议[1]。当我们利用"使用与满足"理论框架对于受众的观影需求进行分析时，则会发现，港式主旋律影片为受众提供了一个全球化时代的本土身份。一方面，近年随着中国经济的发展，青年一代受众对于中国在国际社会上的地位有了切实的认同；另一方面，更重要的是，随着中国人民接触世界各国的次数增多，大家对西方国家对中国人普遍存在的种族歧视心理产生了强烈的不满，却并未找到适合的表达语境，两种矛盾心理结合在一起，恰好为港式主旋律以精准的打击对象，使电影高度契合了青年受众的心理诉求，因此双方在大陆市场上产生了一拍即合的传播效果。

从这个意义上讲，回到本文最初讨论的一个核心问题，那就是主旋律题材与商业诉求是否真的属于鱼与熊掌不可兼得？笔者认为，答案是否定的。传媒经济学理论认为，文化产业的本质属性是一套有产业功能的宣传系统。也就是说，宣传系统的功能需要依赖高度产业化的运作来实现，而产业化的诉求则需要宣传功能的完成为依托。事实上，正是由于电影产业的高度产业化特征，在电影市场化的过程中，才有效避免了经常出现在电视产业内的"搏出位、撞底线、收视率造假"等现象。港式主旋律电影的热映，并非由于电影主管部门对制作方在意识形态领域的管控，恰恰相反是中国电影产业高度市场化带来的必然结果。主旋律叙事是一种纯粹商业化运作之下，资本对于传统意识形态领域的收编。因为在文化产业内，一个盈利模式的产业化程

---

[1] Herzog, Herta, "What do we really know about daytime serial listeners", in Lazarsfels, P. and Stanton, F., eds. *Radio Research*, New York: Duell, Sloan & Pearce, 1944, pp. 3 – 33.

度越高，其传播内容会越保守，在此基础上，对于宣传任务的完成则会越发有效。同时与电视产业内"宣传品—作品—产品"三种类型的内容呈现出泾渭分明的状况不同，港式主旋律电影的传播则实现了将宣传功能、艺术水准和票房收益三者相统一的效果，不能不说这种效果得益于三大因素，即香港电影人对内容的把握、全球化时代背景下大陆受众的诉求，以及电影主管部门的正确舆论引导。港式主旋律题材的成功，可谓占尽天时、地利、人和。

五　结语

从 1987 年以来，"主旋律"电影作为诞生于中国大陆的原创类型电影，已经走过了三十多年的发展历程。在发展历程中，该类型片从早期纯粹的献礼片，走向了兼具商业性、艺术性与宣传功能的本土化类型片，而主旋律影片的迅速成长，则源自香港导演"北上"内地近二十年间对于大陆电影制作带来的革命性突破。本研究认为，港式主旋律的成功之道，在于有效地将主旋律元素融入了成熟的类型片体系，同时在社会心理层面满足了全球化时代青年受众的心理诉求，最终满足了受众需求与宣传效果之间的最大公约数。主旋律题材，本质上作为一种"非虚构"叙事，能够实现虚构类作品的传播效果，其核心因素是这类影片在使用全人类共通叙事技巧的同时，有效地融入了独特的中国元素、中国精神和中国梦。使这样一种纯粹诞生于本土的类型片，成为全球化背景下讲好中国故事的典范。不忘初心，方得始终。对于文化产业而言，任何一部作品，其宣传任务的完成，都将是票房的基本保障，而主旋律电影的高票房，也会不断激励中国电影人创作出讴歌伟大时代的精彩华章。港式主旋律电影的成功，一方面标志着中国电影工业在市场化改革过程中的不断成熟，另一方面也提示了电影产业从业者需要从产业的核心逻辑层面把握内容的创作，唯其如此，才能实现艺术、市场与宣传功能的全方位满足，创造能够为百姓欢迎、专家认可、领导满意的优秀作品。

应用传播

(主持人:陆高峰)

新闻如此发声,何以"瞭望""导引"?

李建新,陈李龙

(上海大学 新闻传播学院,上海 200444)

摘 要:武汉新冠肺炎疫情,是媒体的一道严苛的考卷!在人命关天、家国雁难的危情时刻,特别需要信息和舆论的抗疫补给。这是最能发挥新闻"瞭望""导引"功能的最好机会,也是对新闻媒体和新闻人的实战检验。

在武汉疫情暴发之际和暴发之后,一些媒体两耳不闻窗外哨,聚焦报道"万家宴"、主业不强忙辅业,传媒工作丢初心、舆论监督欠力度,一心揣摩官僚心等难如人意的表现,暴露了部分新闻人和媒体的不足,甚至是短板。

这是新闻媒体要成为记录时代和社会发展的"瞭望者""导引者"所必须改进的地方,也是媒体在这次新冠疫情中实现涅槃的一次很好的计划。

关键词:新冠肺炎疫情;瞭望;导引;涅槃;责任

媒体并非永远扮演正面角色,他们偶尔也会作恶。

——安东尼·刘易斯《批评官员的尺度》

雪崩发生时,没有一片雪花是无辜的。许多个人和机构都需要为疫情的蔓延而负责。其中,武汉的省市两级媒体吹落的雪花尤其大,片片吹落于武汉市民之身。

---

* 基金项目:本文系2017年度国家社会科学基金项目:"中国新闻传播教育100年的文献资料整理与史论理析"(项目批准号:17BXW003)的研究成果之一。

新闻人的天职之一就是站在社会的航船上瞭望，帮助我们发现冰川和暗礁，帮助社会避开危险。然而武汉媒体却唯唯诺诺，颇似北洋时期的"臣记者"，只懂得唱赞歌，在官僚面前诚惶诚恐，对人民群众不以为意。诚然，武汉媒体的作为，可能存在诸多行政因素干预，我们不得而知。在这里，所能够分析和反思的只有公开的表现，通过表面现象，或许也能触摸事物的本质。

一　两耳不闻窗外哨，聚焦报道"万家宴"

疫情蔓延最严重之际，"哨声"已经在社交媒体吹响，作为武汉人民喉舌的武汉媒体却变成了聋子和哑巴。

12月中下旬，新冠肺炎疫情初步蔓延，卫生部门的通报在内部通信渠道流传，"吹哨人"李文亮医生的网络聊天截图在社交媒体疯传，但武汉媒体装作没看见，在冒头的病毒面前选择性失语。

媒体的选择性失语是可怕的，因为这让原本应该主动防御的人民群众产生"疫情并不严重"的错觉。在现代社会，个人的活动范围是极其有限的，人们常常依赖媒介认识世界。媒介对社会的全景呈现与深度透视，让人类置身于各种各样的"拟态环境"。这种环境不是真实的环境，而是媒体为人们塑造的环境，是经过图像、声音、文字加工剪辑的世界。很多时候，人们的行为看似是对现实世界的反应，实际上是对媒体报道所建构的拟态环境的反应。当拟态环境趋近真实时，信息自然可以正确地指导人们的行为。反之，就会误导公众。

疫情蔓延之初，武汉媒体对疫情蔓延的态势装聋作哑。在病毒的硝烟已经弥漫于城市上空之时，媒体还在营造一片祥和的舆论氛围。"万家宴""团拜会"的如期举行制造了疫情轻微的错觉，媒体大篇幅地报道这些活动则将错误的提示广为传播。从统计数据上看，疫情最主要的攻击对象是老年人，而在疫情中，恰恰是老年人最迟戴上口罩。社交媒体上，不乏为劝父母戴口罩而精疲力竭的年轻人，指责老年人防范意识不强，根本没有认识到病毒的危险性。拐点出现在主流媒体大规模报道、电视台主持人戴上口罩直播之时，老年人才如梦初醒。年轻人是互联网的原住民，善于接收互联网中的信息并加以判断，而老年人则认为传统媒体才有公信力，认为网上很多虚假消息，不太可信。主流媒体没有发声，老人也就不愿相信疫情已经严重。因此，老年人迟迟没有戴上口罩，与主流媒体尤其是位于武汉的主流媒体错误建构现实紧密相关。

当狼来了的时候，媒体一个劲儿地喊"狼没来，狼没来"，最终给人民群众带来的教训是惨痛的，许多原本不应该逝去的人因为媒体错误建构的现实而失去了生命。主流媒体最引以为豪、成天叫嚣的就是自己的公信力。当大事发生时，人们总是指望主流媒体能够澄清事实、明辨是非，但如果主流媒体每次都跟随"宣传提示"亦步亦趋，缺乏判断的能力，不管提示正确与否、荒谬与否，都坚决予以执行，那么主流媒体的公信力迟早会丢失殆尽。

与2003年非典型肺炎时期的广州媒体相比，武汉媒体对人民群众的生命健康极不负责。在非典蔓延的过程中，广州一些媒体在报道口径收窄之前，抢先报道了广东地区出现不明原因肺炎的情况，流传于短信、电邮中的"哨声"为新闻媒体印证。之后，又在新华社通稿表示"SARS元凶"为衣原体时，发表了钟南山的质疑之声。专业精神、敢于质疑、敢讲真话，让钟南山成为人民群众心目中的英雄。具有同样素质的广州媒体，也在非典疫情中给大家留下了好的印象，真相就是在媒体不断"摸高"的过程中，逐渐浮出水面。

《芝加哥论坛报》总部大厅内的大理石上，镌刻着这样一句话："对勇敢、警觉的媒体之需要，显得尤为迫切，在大都市里更是如此。"武汉是一个拥有1100万常住人口的大都市，主流媒体的失聪失语，等于为病毒敞开了城市的大门。从人民群众的根本利益出发，媒体无论面临什么样的困难，遭受什么样的干扰，都不能把拿1100万人的生命和全国人民的生命健康当赌注。如果一家新闻媒体"手中无斧钺，眼中尽王侯"缺乏明辨是非的能力，怎么能担当得起耳目喉舌的重任呢？

二 主业不强忙辅业，传媒工作丢初心

新闻的初心是什么？是对时代的记录和对真相的追寻。这次疫情中，新闻初心的丢失是某些主流媒体不能及时吹响警哨的深层次原因。

在传媒集团转型升级的过程中，"传媒"二字的含义越来越少，"集

团"的成分越来越多。以《湖北日报》传媒集团为例，旗下拥有酒业公司、酒店产业、激光主题公园等多种与新闻主业关联不大的产业。并且这些产业在发展过程中，常常借助集团内媒体进行宣传策划，用公共的传媒资源谋取利益。

过去，新闻是传媒集团的主营业务。传媒集团最初的含义是拥有多种传播媒介的集团。彼时，媒体通过创办市场化的报刊、频道、频率作为主要的盈利点。在这种背景下，新闻媒体把受众当成衣食父母，把人民群众的冷暖时刻记挂在心，对于侵害人民利益的行为，经常予以揭露。伴随中国经济的高速增长，传媒发挥了啄木鸟的作用，为快速成长的经济体捕捉害虫，保障了国家的健康发展。

如今，新闻不再能成为传媒集团的主要盈利点。当传统媒体业务走向下坡路、商业新媒体接管大多数受众之后，新闻报道与传媒集团盈利逐渐分离，好新闻不会带来更多的订阅或广告。在经济下行的压力下，传媒集团纷纷跳出新闻主业寻找活路。毕竟，由于拥有主流媒体的身份，所以传媒集团并不担心在媒体融合中被淘汰。主流媒体借助与政府部门的紧密联系，获得了一系列的政策支持，从而在融合转型过程中相对平稳。传统主流媒体向新媒体融合发展的过程中，追逐"两微一端"、虚拟现实、大数据、云媒体、人工智能、无人机、3D 打印、区块链，往往都伴有财政输血或政策扶持。不论这种追逐失败与否，都不会影响传媒集团的整体发展。在新闻业务转型有了资金和政策保障的前提下，传媒集团将盈利点和工作重心放在了与新闻主业关联不大的其他产业上。如今，房产、金融、游戏等产业成为传媒集团重要的甚至主要的经济造血点。

俗话说，吃人家的嘴短。经济上过于依附行政机构，那么当行政机构即使出现明显错误，传媒集团也没有伸张正义的底气。新闻的初心、对时代的记录和对真相的追寻，就这样被利益所腐蚀。

三 舆论监督欠力度，一心揣摩官僚心

传媒集团在上述经济结构下，能动性受到很大限制。当地方政府患有"舆论监督敏感症"时，新闻机构自然不敢触碰那一条敏感的神经。及至新冠肺炎疫情发生，新闻媒体考虑更多的不是人民群众的感情，而是某些官僚

高不高兴。

1月中下旬，新冠肺炎疫情严重扩散，武汉市政府部门救治不力，人为地设置障碍阻挠病例确诊，群众对这种做法充满怨气。1月24日，湖北日报传媒集团记者张欧亚站在个人微博发声，要求武汉换帅。这一微博被广为转发，说明人民群众对武汉市的作为非常不满。此类批评表达了社会对信息透明度和救治措施的关切，是一种善意的批评，理应认真听取，谦虚回应。然而，事情的发展却出乎情理，却也在意料之中——湖北日报传媒集团诚惶诚恐地向上级部门道歉。网上流传的道歉函称，"今天上午，我集团员工张欧亚在其个人微博上发表错误言论，给当前防控工作添了乱，给各级领导添了堵"。并且要求"所有员工个人微博、微信等自媒体和朋友圈一律不得刊发、转发不良信息和未经媒体报道、核实的信息，只能传播正能量，汇成众志成城的大合唱"。在救治措施不力，患病人员迟迟无法确诊入院，不断有生命陨落的情况下，传媒仍不允许发出多种声音。这般表态，化用一篇"著名"评论中的语句来评价，那就是"奥斯威辛之后，大合唱是残忍的"。

位于武汉的另一家主流媒体长江日报报业集团，因为疫情报道中种种低劣表现，而被业内人士当作"低级红"的典型代表。例如，在社会上要求"武汉换帅"的呼声日益增高时，作为集团旗下的媒体汉网发表评论《"疫"流而上，何不多给武汉市长暖暖心》，文中说，武汉市长"身居高位都能'疫'流而上，我们又为何不能停止口诛笔伐，多给武汉市长暖暖心呢？"疫情暴发的特殊时期，群众对公共事务的讨论（包括对责任官员的口诛笔伐）既是为政府部门建言献策，也是一种情绪的宣泄。作为武汉市市长，守护人民群众的生命健康是职责所系，在疫情失控责任人尚不明晰的情况下，成为群众情绪的宣泄口也是一名市长应当背负的责任，此时即便媒体深知责任分割的内情，也不应写出给市长暖心的评论。如此作为，实际上起了相反的效果，反而把武汉市长往火坑里推。透过这篇评论，我们不得不承认，有时候主流媒体对领导干部多少有些谄媚。而另一篇人尽皆知的《相比"风月同天"，我更想听到"武汉加油"》评论员文章，则显示了主流媒体在人民群众面前傲慢的一面。"风月同天"的援助物资漂洋过海而来，表达了异域对中国新冠肺炎疫情的关切。群众赞赏文雅的辞章，表达的也是一种感激之情。此时，"风月同天"与"武汉加油"都是共克时艰、凝聚人心的响亮口号。可这篇评论员文章非要逆群众情感而上，不许别人"同天"，唯"加油"独尊，这就显得过于自信了。有时候，主流媒体的确高估了自己的公信力，不顾舆情发表新闻，仿佛自己发布的不是新闻，而是真理。

新闻媒体对侵害人民利益的行为的揭露程度，标志着新闻界的健康程度。与2003年非典时期的广州媒体相比，武汉媒体还是缺少了一份为人民服务的精神。非典型肺炎暴发于广东，广州媒体却在窄小的宣传口径将报道的范围最大化，在相关部门下发"禁言"通知前迅速介入了非典疫情的报道。《广州日报》虽然是市委机关报，却并不唯唯诺诺，在非典报道中显示了报纸应有的"报格"。新冠肺炎暴发于武汉，武汉媒体先是装"哑巴"后又忙于"大合唱"。合唱的过程中，有的媒体还用力过度，出现赞美"哭完还是好汉：流产十天后她重回一线"的旋律。当医院让怀孕9个月以及流产10天的医护人员上抗疫一线时，护士本人的决心与态度固然值得钦佩，但媒体不能为塑造英雄而一味赞美，更要对医院的管理水平提出质疑：疫情蔓延之际，最宝贵的就是医生和护士，对于他们的生命健康，我们应倍加呵护，难道医院不能让个别存在特殊情况的医护人员稍事休整再上"战场"吗？缺乏怀疑精神的头脑，终于在唱赞歌之时露出了马脚……

当然，武汉媒体经历的"至暗时刻"，更与当前新闻舆论的大环境相关。武汉媒体之所以畏畏缩缩，未必是不想说，而是不敢说。媒体只是端着碗的人，碗里要有饭还得靠锅。吃饭不能砸锅，是很多人都明白的道理，所以正常人绝不会去砸锅。但是，锅漏了的时候还是需要及时发现和修补。因此，要让社会在良好的秩序下运转，就必须看到舆论监督的建设性功能。一个社会对批评之声的容忍限度，往往标志着这个社会的健康程度。尤其在涉及人民群众生命健康的领域，允许多元的声音，并不会对发展有所损害。清除新冠病毒不易，治疗"舆论监督敏感症"更难。对言论进行适当限制当然大有必要，但限制到什么程度应当拿捏恰当，像"影响发展大局"这样的标签不能乱贴。

诚然，包容一个不那么听话的新闻界不是那么容易，但只有允许啄木鸟清除树木中的虫害，大树才会遒劲挺拔。

框架生产理论视域下疫情事件的媒体呈现

原平方,孙姝怡

(北京城市学院,北京 100094)

摘　要:新闻媒介作为疫情事件传播中的核心要素,一方面在其框架理论中潜移默化地植入新闻叙事的特点,在文本中构建媒介呈现规律;另一方面由于权力与资本力量的牵引,媒介角色也在公众与官方组织之间赋予了其"媒介角色"的功能。本文将采用《青年记者》微信平台"青记观察"疫情特别报道中 2020 年 2 月 2 日到 2020 年 4 月 21 日的 78 篇疫情研究性报道为样本,考察疫情事件报道在框架生产下的媒体呈现特点,探寻其呈现规律,进而从宏观视角解构其群体性的社会价值与特殊时期的社会现实意义。

关键词:媒介呈现;框架生产;场域博弈

一　表征审视:框架生产理论下的媒体呈现路径

媒体选择如何呈现疫情事件,如何建构和阐释事件,影响公众对事件的感知,代表着传播者对新闻的认知框架和主观意图,而受众正是基于现实的选择与媒体的呈现潜移默化地接受新闻的叙事文本。台湾学者钟蔚文和臧国仁等人认为:"在每一种已经形成的事实的框架中,都有类似的结构,分别由高层、中层以及低层环节组成。"框架的高层次结构是指在各种事实的内在结构中,均有高层次的意义,这一意义在某种程度上决定了对某一事物的界定。而框架的中层次结构系由包括主要事件、先前事件、历史、结果、影响、归因、评估等几个环节组成。框架的低层次结构指的是框架的表现形式,系由语言或符号组成,包括字、词、句,以及由这些基础语言所形成的

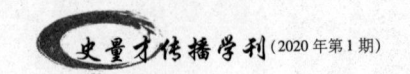

修辞或比喻。

通过对截止到 4 月 12 日"青记观察"特别报道的主题归类中，可呈现如表 1 的类目。

表 1 "青记观察"特别报道主题类目

内容	分类	释义	篇数	占比（%）
类目一	关于媒体应对疫情事件实践的完善报道机制的研究	该类研究以某个具体的疫情事件为切入点，从报道特点、报道差异、报道原则、报道机制等报道实践的层面总结报道经验，探讨完善媒体报道机制在实践中的可操作性	22	28.2
类目二	关于网络媒体应对疫情事件传播引导的研究	随着网络媒体大环境发展，疫情事件的发酵以传播速度的特点显现传播的影响力。该类文章将目光聚焦于网络媒体应对疫情事件的优势上，强调网络媒体处理对疫情事件更有效、更科学、更有针对性	15	19.2
类目三	关于疫情事件的媒体角色、功能与责任的研究	强调为实现疫情事件信息公开与信息调控的平衡，政府、传媒和新闻工作者要抓紧制定传媒应对疫情事件的规制和行为准则；从传播体制改革、传播观念演变和传播文化嬗变的角度阐述了疫情事件新闻报道中传媒角色调适的基础	12	15.4
类目四	关于疫情事件的媒体与政府关系批判审视的研究	类型多为政府治理能力与疫情事件报道的关系探究，多以疫情事件为案例，关注媒体报道产生的政策效应，如媒介缺位与政府应对之间的关系等。涉及多个学科如公共政策学、公共管理学、危机应对管理学等交叉的理论研究	7	9
类目五	关于疫情事件报道与大众情绪调节的研究	疫情事件报道与大众情绪调节研究强调，疫情事件传播对大众情绪的影响和社会记忆。从心理学、社会学、传播学等多学科角度，分析疫情事件对受众情绪与认知对受众情绪与认知的重构作用	15	19.2
其他	其他		7	9

类目一，关于媒体应对疫情事件实践的完善报道机制的研究。该类研究

以某个具体的疫情事件为切入点，从报道特点、报道差异、报道原则、报道机制等报道实践的层面总结报道经验，探讨完善媒体报道机制在实践中的可操作性。在 78 篇研究性文章中，此类目占据第一位。具体而言，在高层框架中，大致包含四个维度：新闻消息源的供给把关（政府特定部门的经济信息发布，一些社会经济组织，智库人员等），记者的新闻选择与加工（记者对信息的选择、判断、分析与凸显），编辑的选择与把关（编辑部根据媒体定位、编辑方针和自身判断对信息重要性作出评判），媒介和群体组织把关（党报平台的特殊性，媒介文化等的"潜网"影响等）。从中层框架审视，此类报道的主要事件围绕疫情期间一线新闻记者、县级融媒体记者展开，在疫情大环境的先前实践中，将媒体人与疫情事件的互动过程进行"重塑构建"；尤其突出媒介人利用自我技能与疫情先前事件的共识与共建。从方法论上讲，其影响是一种媒介新闻人对自我流程的超越性与创造性活动。从框架的低层结构探寻，此类文章多围绕"口述体的功课""正面报道""话语空间转向"等词语，着重对"操作""建议"等方面进行不断重建，突出疫情期间的特殊性。

类目二，关于网络媒体应对疫情事件传播引导的研究。随着网络媒体大环境发展，疫情事件的发酵以传播速度的特点显现传播的影响力。该类文章将目光聚焦于网络媒体应对疫情事件优势上，强调网络媒体处理疫情事件更有效、更科学、更有针对性。在 78 篇研究性文章中，此类目占据 19.2%。作为传统学术类期刊向新媒体进军的《青年记者》而言，疫情期间的"青记观察"与传统渠道所传播的内容与形式是不同的，其类目深耕于疫情期间新媒体与大数据的传播意识。在高层框架中，这类学术研究将媒介的传播形态与新闻的信源扩展为多方面的，其传播者不再是"人形"化的记者而是大数据与智能云端。在中层框架中，研究的主要重点对象既有科技感的信源体也有人工智能背后的幕后操纵者，基于疫情期间的创造性重组组织不仅由主流媒体构成，反而转向流媒体与新媒体，同时还有央视与地方媒体之分。从归因论上讲，这种媒介研究的迁移过程，成为该类框架转移的重要因素。从框架的低层结构探索，此类研究多以"大数据""技术""融媒体"等字眼为主角，在舆论引导上将人工智能对于社会报道的舆论引导作用偏向于正值，尤其是网络新闻中利用人工智能的可视化便利。

类目三，关于疫情事件的媒体角色、功能与责任的研究。该类目强调为实现疫情事件信息公开与信息调控的平衡，政府、传媒和新闻工作者要抓紧制定传媒应对疫情事件的规制和行为准则；从传播体制改革、传播观念演变和传播文化嬗变的角度阐述了疫情事件新闻报道中传媒角色调适的基础。在 78 篇研究性报告中，该类目占比 15.4%。从高层框架分析，该类目包含了记者个人的认知框架、媒体组织的文化框架、消息来源框架和政府的政策框架。在中层框架中，该类目在疫情的背景下，以找到确凿的证据勾勒出媒体从业人员在事实选择、话语表达、把关审核中做出的思考模式，将新闻记者的报道偏向性直指"把关人理论"，并且将这套理论中记者的角色功能影响归因于记者内在报道组织构架与政府的政策框架。从底层框架分析，该类目中多包含"新闻专业精神""文明底线""责任与担当"等词，这类话语体系在情感偏向中处于正值，而通过这类对媒体人本身的叙事、访谈和故事组织并维持的话语体系，背后则隐藏着对媒体人的社会建构与政府权力关系的内在逻辑。

类目四，关于疫情事件的媒体与政府关系批判审视的研究。该类目多为政府治理能力与疫情事件报道的关系探究，多以疫情事件为案例，关注媒体报道产生的政策效应，如媒介缺位与政府应对之间的关系等。涉及多个学科如公共政策学、公共管理学、危机应对管理学等交叉的理论研究。该类目在 78 篇研究性报告中，占比 9%。从高层框架理论分析，该类目侧重疫情期间政府特殊的政策与新变化上，突出表现媒体的"喉舌作用"，尤其体现在解读与缓解、提振信心与抗疫过程的建构中，媒体承担着主要的"社会公器"作用。从中层框架分析，该类目在疫情期间的特殊框架报道中，为媒体的传播作用打开危机应对时间的新视角，尤其是在政府政策与社会建设处于突发期与转折期的前史中，这一命题将媒介外部的受众与政府组织间的互动联系转化为热点。在底层框架中，此类目中多以"政务传播""舆论引导""新政策""官员形象"等作为研究热点，此时新闻框架可视为一只隐形的手，新闻时时刻刻受其在幕后管控，新闻框架在一定程度上可理解为概念框架、意识形态框架和知识框架的翻版。

类目五，关于疫情事件报道与大众情绪调节的研究。该类目对疫情事件报道与大众情绪调节研究强调，疫情事件传播对大众情绪的影响和社会记忆。从心理学、社会学、传播学等多学科角度，分析疫情事件对受众情绪与认知的重构作用。该类目在 78 篇研究报道中，占比 19.2%。在框架的高层结构中，该类目以建构视角研究媒体对于社会大众情绪的形成与转移，就是突破经济新闻研究过程中单一现象梳理、建言献策类的研究模式。该类目中以新闻记者对抗战一线英雄的赞扬为主。从中层框架看，在社会建构理论的视角下，人们对于世界的认知是通过主观现实和客观现实来建构的，在该类目中研究的趋向在议题设置、框架、话语体系的运用中饱含"煽情"与正向情感构建作用。从社会学角度分析，在归因于正向情感与情绪正向值的文章中，人们所认知的社会现实不是纯粹意义的客观事实本身，它是被加工阐释过的事实。因此，该类目无形中架构了附加于人们主观意识中的客观事实，完成社会群体性对疫情事件的共同构建。而从底层框架角度分析，该类目以"医生""精神""升华"等词语为主，使人们所经历的日常事件与凡人英雄挂钩，当这种精神内化为主观意识后，人们对于未来以及疫情期间的特殊感知会再次受到引导，形成客观现实，定格于疫情中的特殊回忆。

二 规律窥探：媒体呈现的价值趋向与议程选择

通过对《青年记者》中疫情特别报道"青记观察"的 78 篇媒体呈现报道框架分析，得出以下规律。

第一，谙熟于大众议程设置的媒介研究者在疫情事件的突发性环境中构建了拟态图景。其一，从类目框架看，即使框架从归因论的角度仅对媒体工作者的权责以及社会责任、政府与公众关系之间进行探索，但疫情本身事件与公众密切相关，且媒体报道事件距离公众心理距离较近。其二，研究议程与大众已基本构成互动趋势。疫情特别报道"青记观察"虽以研究性报道居多，但在题目与内容上都以"亲民"的姿态展现"角色的重量"使其在新媒体平台获得一定的影响力。其三，在媒体呈现中，媒介角色作为中介关系在研究框架中构成公众、政府与社会之间多向度的传递与沟通，将疫情突发性危机传播贯穿于多类目的框架中。

第二，新闻价值的选择不断向群体的价值诉求趋近。随着公众权利意识的增强，公众在个人心理与道德层面对突发性疫情承受度的门槛降低，由过去的被动"听众"角色转而向主动化的监督进程迈进。在这一背景下，"青记观察"虽作为研究性文章但从标题到内容始终集中于从社会化精英集团的高度整合向不同社会阶层的利益表达框架转变。从类目四媒体与政府关系的审视研究中，公众可通过下方留言发表见解。而媒体研究者则更加有效地扮演预警者与沟通者的角色；而在类目五关于疫情事件报道与大众情绪调节的研究中，媒体研究者则通过对于身处武汉的一线医护工作者进行深访或者从所在地群众的"口述体"中得到一手信息，从而进行跟进报道，而此媒体研究者则隶属于信息筛选监督者角色。媒体对符合新闻价值标准和大众利益的突发公共事件的关注是理所应当、情理之中的。但随着阶层场域的下沉，在疫情的突发公共事件媒体呈现中，媒体由形式单一的报道框架向多元的媒体结构过渡。

第三，媒体平台影响媒体框架的使用。《青年记者》以前沿的新闻学术期刊著称，但在不同的媒体平台下，媒体框架的呈现存在明显差异。"青记观察"作为疫情期间的特别报道，虽学理气息浓厚，但仍在行文上具备鲜明的公众话语立场。比如标题中多出现网络词语"众生相""大喇叭""尬暖"，这已显示，媒体不仅仅是客观事实的传播者，更具有自身的选择性与平台的倾向性。在疫情的框架报道中，亲民化的文本特征以及"口述体"的一线叙事章节与新闻情节化叙述语境，潜移默化地拉近大众化的公众品位。同时，学理性论文的短小化篇幅，适合在新媒体平台碎片化传播，为舆论口径造势。

第四，如果把主导框架比喻为"主角"的话，辅助框架则可以看作"配角"。在 78 篇研究性报道中，主导框架关于媒体应对疫情事件实践的完整报道机制研究与关于疫情事件的媒体与政府关系批判审视的研究相辅相成。其一，关于媒体应对疫情事件实践的完善报道机制的研究是媒体框架的常客。在对疫情事件实践机制的完善报道中，媒体责任的审视研究也会以辅助化的形式呈现。这归因于作为媒体研究性的行文，媒体对于疫情事件的"技术性"关注与报道始终作为聚焦点，这是刊物的总体宗旨。而在媒体报道研究技术层面之外的对一线媒体工作者以及地方融媒体的褒扬，只是在稳定的媒体呈现层面进行高度的国家意识融合。这表明媒体在事件呈现中采取政治话语与道德话语紧密融合的策略。其二，作为主导框架的媒体应对疫情事件的实践完整报道与媒体角色责任研究的搭配最多，这显示出在媒体的研究报道中，媒体有意将疫情事件的媒体呈现脱离个体、道德以及官方视角，以职业化的媒体技术水准和专业的角度去归因媒体报道的策略，符合《青年记者》对新媒体平台的潜在预期。

三　意蕴解读：媒体呈现中的场域博弈与价值融合

安德森在《想象的共同体》中提到："小说与报纸给表现民族这一想象的共同体的性质提供了技术手段。""青记观察"作为学理性较强的疫情新媒体观察实录为社会公众提供了媒体界的想象共同体。这种"共同体"的架构界定从集体的共同性出发，公开透明媒体本身的报道服务性与策略性，从而满足疫情期间公众对于媒体报道的真实性与准确性的情感认同。而78篇特别报道并非采用论文化的行文色彩，而是通过平民化的用语将媒介在疫情中的作用渗透到现实情境中为公众营造拟态的环境，从而架构疫情期间对媒体较为稳定的文化情感认同。而当下，公众群体并非被动的接受者，而是源自新媒体平台与大众文化冲击下的自我新闻价值判断。因此，公众对于疫情期间媒体的报道策略、媒体社会责任感的认同从根本上是对媒体本身的认同，而这种认同辐射到媒体与政府的博弈关系中，将赖于互联网的虚拟交流，实现公众、政府与媒介共同的"想象体"。

（一）场域博弈：众生喧哗里的民意表达 VS 政治权力的理性参与

法国社会学家布迪厄将场域理论考察社会因素关系，对参与者、制度、环境放置在社会空间中考察支配、屈从或者对等关系。媒体呈现疫情事件的过程则是政治权利场域与民间场域的博弈过程。

疫情事件本身具有公共性特征。其一，在媒体呈现过程中它涉及全民的公众利益，而作为负效应的事件，媒体事实框架的理论依据需要被证实，而"青记观察"占比最多的则为对媒体疫情报道策略的研究，担当起公众与政府组织沟通的桥梁。其二，疫情事件是涉及全民性的，是需要社会力量动员与整合总体社会资源的公共性卫生事件。政府利用公共权力发挥实用而公众在众声喧哗中涉及民意表达，当两者放入同一天平中，二者的合作性博弈将不得不借助媒体进行认知、沟通与决策，而博弈的重点在于采取何种决策能够有效地使事件得到正负效应的均衡处理。而"青记观察"中占用9%的篇幅去从理性角度对政府政策的传达与社会"尬暧"新闻的报道进展进行全方位的跟进，达到舆论引导的正向作用。基于同一场域的公共性特征，政府组织与民间场域将通过媒体呈现得到博弈和解。双方在媒体透明化的报道进展中主动发生，而媒介此时构建了互通互融的舆论传播空间。

良好的媒介呈现效果是公众与政府组织沟通的基础。疫情事件不仅具有其公众性且具有一定的突发性特征。其不可预测性与高风险性在民间场域并存，而公众对于信息知识沟的了解与政府信息时常会产生不对等现象。因此，"青记报道"在以下三个维度进行和解性博弈：其一，构建公众认知体系，在疫情报道与大众情绪调节的类目中，筛选公众素养的相关话题，从谣言与不实信息的根源出发，采用学术专家的"口述"增强其认知的权威性，弥补知识鸿沟；其二，在关于网络媒体应对疫情事件传播引导的研究类目中，侧重于云端数据与智能收集功能，用数字引导公众对于危机意识的普遍认同，重构受众对疫情事件的危机认知，从而使政府的维稳措施发挥效力；其三，在关于疫情事件的媒体与政府关系批判审视的研究类目中，作为信息的守望者，疫情特别报道中不仅用亲民化的语言对疫情措施进行理性化解读，更加偏重于从受众的话语权力中心出发解读政府策略。话语权力的下移，构建政府、媒体、大众三者的共同危机意识社会认同。

（二）价值融合：生命仪式的群体意识与集体记忆的社会认同

社会学家莫里斯·哈布瓦赫认为："集体记忆是社会交往及群体意识需要提取该记忆的延续性"通过媒体呈现构建的价值认同，公众的敬畏的社会记忆被唤醒。在疫情时代公众极易唤起敬畏的社会记忆，而日常中社会事件的报道框架侧重于归因结构，英雄的缺位使公众对褒奖性的社会记忆渐行渐远。而疫情特殊时期的一线英雄聚焦唤起了公众对崇高、悲愤的情感体验从而获得与社会记忆一致的价值认知。

"青记观察"在媒介呈现中实现了英雄式与生命式的双重价值构建。在类目五关于疫情事件报道与大众情绪调节的研究中，其媒介的聚焦对象为在公众普遍价值认知里的素人——一线医护工作者、武警与一线记者，而这种社会普通形象与疫情突发事件中特殊的职业形象形成认知反差，公众的敬畏性与震撼性也远比归因框架内的战斗英雄更具有现实情景化的深刻对照。而这类与大众情绪调节类媒体研究性文章一方面使公众从疫情危机的焦虑中得到暂时的缓解，同时对于普通职业者的敬畏心激增也有助于疫情期间心态的及时舒缓；另一方面，"青记观察"不仅聚焦于一线医护工作者等群体，更甚加之对一线记者的报道，这类主题再一次印证了媒体作为事件观察者的角色担当，同时对于疫情谣言的质疑与非理性的误判信息，将不再成为受众的归因论的爆发点。普通英雄化的敬畏角色反转与生命价值的双重融合，使新闻价值更具有集体性的社会意识。

与其他相关类目对比，类目五关于疫情报道与大众情绪调节的研究更加能够影响公众舆论，由于疫情的蔓延，公众对于感染人数的关注远大于其他新闻内容，而救援的主力军则在于公共卫生事件中的官方救援。处于道德场中的英雄式褒扬既处于舆论旋涡的责任方救援者又处于服务性救援的公众方，而二者的博弈已成为新媒体平台的焦点。因此，与疫情相关的大众情绪调节类研究作为第三方，从公众的底层敬畏出发，使英雄在普通职业化的转变中参与生命仪式化的传播，从而动员社会力量、聚焦社会舆论，凸显个人情绪，唤醒敬畏的社会记忆。

四　结语

本研究着重选取疫情期间"青记观察"的特别报道为文本，契合当下公众关注热点。从框架理论建构媒体呈现的表征与规律，并通过新闻价值的趋向选择、主体框架的重构与大众媒介的议程设置勾画其疫情期间的媒体呈现的思维与策略。进而，利用社会群像话语权与官方话语权的博弈，体现媒介与社会的互动性关系，在英雄式与生命式双重价值融合的过程中，提高社会"共同体"的凝聚性。

参考文献

曹珊：《传统媒体与网络新媒体对突发公共事件报道的框架分析——以2016年山东疫苗事件为例》，《新媒体研究》2016年第20期。

贾存真、彭芬：《新闻网站在突发公共事件报道中如何发挥积极作用——以西部网"陕西山阳8·12突发山体滑坡事件"报道为例》，《新媒体研究》2017年第3期。

雷健、张萍：《突发公共事件的新闻应对及原则——以四川日报"人感染猪链球菌病报道"为例》,《新闻界》2005年第4期。

秦煜人:《突发公共事件的数据新闻实践研究——以"12·31"上海外滩踩踏事件为例》,《新媒体与社会》2015年第3期。

沈正赋、胡群:《突发公共事件中的新闻媒体——以拉萨"3·14"事件、"5·12"汶川地震和"三鹿奶粉"事件报道为视阈》,《对外传播》2008年第12期。

王剑竹:《突发公共事件中的媒体角色——从"长春婴儿丢失案"说起》,《新闻世界》2013年第4期。

吴鹏:《传统媒体与新媒体在突发事件报道中的差异——以地震灾难报道为例》,《新闻战线》2015年第20期。

张雯婷:《省级网络媒体的突发公共事件报道分析·以齐鲁网芦山地震报道为例》,《中国报业》2010年第10期。

面向防疫应急的媒体大数据信息基础设施研究*

何 静[1]，陈浩男[2]

(1. 清华大学 新闻与传播学院，北京 100083；
2. 中国矿业大学 地球科学与测绘工程学院，北京 100083)

摘 要：媒体大数据面临着体量巨大、增量迅速、种类繁多的诸多挑战，并且，在全球新冠肺炎疫情防控阻击战的背景下，媒体大数据具备了不同的特征和使命，急需新的研究思路和技术手段，实现数据的有效管理和分析，提高科学发现的效率。本文建议围绕科学数据、平台及工具构建、科研过程、国际国内合作四条主线开展面向防疫应急的媒体大数据科学领域的信息基础设施研究，该项研究需要构建数字化、数据化、智能化的信息基础设施框架和病情救治、心理安抚、物资保障的防疫应急措施预案，在"数据—方法—模型—系统—标准"五个层面开展国际国内、学科交叉之间的共享和集成。基于这一理念，生成研究总体设计框架 MEP (Media Big Data For Epidemic Prevention)，研究成果拟助于媒体大数据的防疫应急生态布局，建成全球共享的一体化基础信息平台。

关键字：媒体大数据；疫情防控；MEP；信息基础平台

一 引言

毫无疑问，由于社交媒体的切实影响，世界正在缩小为一个小村

---

* 科研项目："文化名家暨四个一批人才工程项目"（项目编号：20185660160）。

庄。它连接来自不同地区、年龄、职业甚至不同网络行为习惯的用户，并允许他们分享历经事件的文字、图片和视频。这为来自所有学科领域的组织和个人打开了大门，以根据社交媒体中提供的数据信息进行学习和交流。

新冠肺炎疫情从2020年1月底成为国际关注的突发公共卫生事件，到如今宣布构成全球"大流行"，意味着病毒在全球蔓延的严重程度与应对难度皆与日俱增。媒体，尤其是新媒体，以其更新快、创新多、平民化、互动性强等特点成为疫情时期人们参与舆论表达的最佳方式。大规模媒体数据的可用性、不断增长的计算能力和精准的可视化工具显著提高了病毒传播的预测水平和预警能力，并且可以作为强大的解决方案辅助决策者更好地实施人道主义关怀。

当疫情进展、全网舆论、政策资讯、复工复产等领域相关媒体大数据成为生产资料；神经计算、进化计算和模糊计算等智能计算成为生产力；智能数据工坊、智能媒资平台、智能生产引擎、智能主题集市等智能系统成为生产工具时，善于利用各类媒体大数据进行病情救治、心理安抚、物资保障等分析挖掘，并在此基础上更准确地把握网民社会心态，对于疫情防控的科学化、专业化和精准化大有裨益。因此，我们需要新的研究思路寻找、转变、分析和可视化媒体大数据。

然而，随着疫情进展，相关数据以难以想象的速度扩张，数据类型也越发复杂。并且，确定用于部署面向防疫应急的媒体大数据信息基础设施的生态版图的最多领域覆盖和最佳数据集合是有挑战性的。在信息技术领域，有效处理海量数据集的能力已成为科学分析的组成部分，支持媒体大数据所需的信息基础设施必须在捕获数据、执行检索、运算模拟时提供较低的、可预测的延迟，通常在分布式环境中能够处理非常高的事务量，并支持灵活、动态的数据结构。

本文提出了一个新颖的面向防疫应急的媒体大数据信息基础设施框架，该框架将疫情动态和疫情控制集成到了决策支持平台中，以在疫情暴发时通过数据引导决策减轻传染病的流行，有效提高防灾、减灾、救灾科技支撑能力和水平。

二 概念框架

媒体大数据通常是数量庞大的结构化数据、非结构化数据或半结构化数据，由平台和属性两部分组成。其中，平台数据用来描述数据来源的媒体类型，属性数据则用来描述平台来源数据要素的特征。两者之间对应方式的不同决定着不同媒体类型数据的不同数据结构和存储方式。在面向防疫应急的媒体大数据表达上，我们重新审视了多维度、多变量、多值、多模态、多通道等概念和术语。

事实上，多维度用于表达疫情关注的媒体平台种类；多变量则用于表达某媒体平台下数据属性的数目；多值亦可表示数据所含信息，但和多变量属于不同的概念，其重点在描述"值"的个数，而不是数据属性的个数；多源强调获取数据的方法不同；多模态是各自对应的数据组织结构不同；多尺度是在不同层次上对防疫事件进行观察，所看到的疫情可视化结果有所差异；多特征是媒体数据由于其丰富的数据来源与多样化结构符合大数据的多类特征。

例如，面向防疫应急的媒体数据若包括抖音、微博、微信三类平台信息和疫情发展情况、病毒传播机制、病毒传播路径、疫苗研究进展四类变量数据，可称为三维四变量面向防疫应急的媒体数据。其中，某一平台的疫情发布信息共1亿用户关注，该数据为多值信息；若源数据通过医院统计、防疫站点监测和数值模拟等多种方式获得，则称为多源或多模态的三维四变量面向防疫应急的媒体数据；多尺度包含各国对同一防疫事件的不同观察角度以获得的不同报道结论；多特征是多源或多模态的三维四变量面向防疫应急的媒体数据具有一般大数据的特点，包括量大、实时、多样、有价等。

三 MEP方法

面向防疫应急的媒体大数据信息基础设施反映了防疫事件的基本维度信息及附属的变量信息，并且提供了数据融合的表达方式和与变量信息有关的可视化环境。

（一）数据挑战

从 2009 年 H1N1 流感大流行到 2019 年 COVID-19 病毒大流行，重大突发公共卫生事件的研究进入一个新时代，移动计算设备和社交媒体平台等新技术的激增正改变着防疫应急研究人员运作的社会格局。人们即时地、公开地获取和分享信息的方式为研究人员提供了新的数据收集工具和定性、定量信息的替代来源。为了适应这种技术的扩展，我们必须以系统的方式应对新媒体大数据在疫情期间带来的诸多挑战。

1. 数据公开

目前，全球承受疫情冲击的国家信息透明在媒体大数据科学中变得普遍和有用，数据公开和分享关系到国家的公共卫生安全，将为世界贡献宝贵的知识和经验。但在疫情期间，可能存在病例数据、物资数据等统计数据虚报瞒报、拒报迟报、漏报重报、代填代报的状况，并且目前几乎不存在（或者效率极低）数据共享机制，影响了病患的高效救治和疫情的科学防控。

2. 连贯获取知识

疫情的研究通常具有多个学科的高度相关性，医学、计算机、数学、统计学等共同为公共卫生安全保驾护航，媒体平台则是疫情研究成果有效信息的传播途径。但嵌入疫情研究领域的文化区域可能会成为将新闻、研究成果融合为一个综合系统的障碍。一个复杂因素是，并非所有交叉学科领域都采用相同水平的类别技术，这直接或间接地影响了数据可用性。这些有价值的数据集如何通过媒体平台进行共享和集成，将决定研究人员在信息访问方面的高效性。

3. 技术与价值观的悖论

得益于 LBS（基于地理位置的服务）的发展，移动互联网在任何空间都能实现信息与服务的到达。地图可以成为空间信息流的入口，后期的数据挖掘可以借助地图制图学分析面向防疫应急的媒体大数据的时空演变规律。值得注意的是，定位技术的普及一方面促进了疫情防控中的人员追踪，另一方面扩大了个人隐私风险。同时，隔离期间居民普遍面临信息茧房的困境，加剧网络群体极化和导致社会黏性的丧失。

（二）解决方案

掌握防疫信息的基本任务是掌握数据。在媒体大数据的挑战下，急需新的可持续可扩展的解决方案，不仅要满足媒体大数据的有效管理、分析和可视化、共享集成的需求，还要满足不同学科领域和不同类型用户的科学发现、应用研究、学科交叉的需求，最终实现疫情的智能预测预警、动态跟踪响应和科学决策处置，极大提高相关部门应急协同治理能力，并减少可能引发的城市公共危机。

信息基础设施（Cyber-infrastructure）的概念是2003年由美国NSF在一系列研究报告中提出的，利用高速的计算机网络和软件系统，集成多个物理分散的组织或机构，形成逻辑集中的科研环境，提供先进高效的计算和处理服务，支持科研数据的获取、存储、管理、集成、挖掘、可视化、分析等研究任务。信息基础设施将硬件设备、软件资源、数据资源和研究人员四者有效地联系起来，实现资源的互联互通，提供协同的工作环境，以促进研究者之间跨地域、跨学科的对话与合作，促进科研活动中的信息共享与交流，提高科学发现的效率和决策支持的能力。因此，信息基础设施是一个新的研究思路，顺应科学研究走向数据密集型的发展趋势。

基于媒体大数据构建面向防疫应急的信息预案，建议将信息基础设施作为该领域的研究主线，围绕科学数据、平台及工具构建、科研过程、国际国内合作这四条主线开展医学、传播学、公共卫生等相关学科领域的信息基础设施研究。

第1条主线，是从"科学数据"入手。这里列举常用的防疫应急相关数据共享网，例如基础科学数据共享网（http：//www.nsdc.cn）、政府反应追踪统计平台（https：//www.bsg.ox.ac.uk/research/research-projects/oxford-covid-19-government-response-tracke）、百度地图迁徙大数据（http：//qianxi.baidu.com/）、公开算法决策平台（https：//covidactnow.org/）、医疗用品和个人防护装备协调平台（https：//www.projectn95.org/）、疫情大数据报告（https：//voice.baidu.com/act/newpneumonia/newpneumonia/？from=osari_pc_1）、Elsevier COVID-19健康与医学研究数据接口中心（https：//www.elsevier.com/connect/coronavirus-information-center）、全球冠状病毒研究

机构分布（http：//47.94.85.24：3000/）、Situation reports-WHO 每日疫情报告（https：//www.who.int/emergencies/diseases/novel-coronavirus-2019/situation-reports/）等。通常以"抗疫、疫情、肺炎"等关键词进行搜索，面向疫情进展、全网舆论、政策资讯、复工复产等领域相关的结构化和非结构化媒体大数据均有呈现，包括自媒体平台自主分享与即时披露为主的信息呈现、主流媒体平台专业化重磅报道与知识传播为主的信息呈现、商业媒体平台的数据监测与即时辟谣为主的信息呈现。分析它们在概念、空间、时间、量纲、格式、编码等方面的关联关系，将面向防疫应急各个环节中涉及的求助量化、心理疏导、物资供需、患者行踪、谣言风险等进行数据归类统计和整合分析，建立媒体大数据科学领域的统一数据概念模型，以助于对求助人员数量、心理问题风险等级、物资消耗和缺口规模、舆论热度和疫情拐点等进行提前预警、预防和预测奠定数据基础。不可避免的是，媒体数据被认为是稀疏的、不完整的并且包含大量噪声。例如，在收集用于疫情评估的 Twitter 数据跟踪中，超过 80% 的用户针对疫情防控措施的态度中表明仅发布两条以内的推文，或者 8% 的用户存在转发推文不属实的情况，这些不完整的数据或者谣言数据往往提供的证据不足以解决甚至错误引导社交媒体感知中的动态真相发现问题。因此，原始数据进行分析之前，首要进行预处理工作。

第 2 条主线，是注重"平台及工具构建"，建立各个平台面向防疫应急媒体大数据的统一研究过程模型，作为流行病的时空传播模式和评估疾病控制策略的有用工具，其分析引擎通常由数据模型库管理模块和子引擎构成，其中，数据模型库实现引入和相互无缝引用，子引擎的结果集作为方法库的知识子库特定类的元素，实现数据挖掘、迭代优化和人机交互，用于从数据库中提取和应用所需知识。面向科学数据构建系列防疫应急策略模型和应用工具的整个过程要求数据结构和语义的差异以计算机可理解的形式表示以实现智能解析：为应急响应提供充足的时间和战略协调的空间，包括探索疫情的时空传播模式、疫情传播过程的异质性、疫情的到达时间和到达空间、疫情暴发时间点和波及范围、疫情发酵周期和发展趋势、疫情预警机制、疫情市场服务供需等，对各个环节中涉及的病毒病理、传播模式、求助量化、心理疏导、物资供需、患者行踪、谣言风险等领域媒体信息进行整合分析，同时利用该信息对交通流动和时空扩散、求助数量和心理风险、物资消耗和缺口规模、舆论热度和疫情拐点等进行提前预警、预防和预测，实现疫情的智能预测预警、动态跟踪响应和科学决策处置。

第3条主线，是着眼于"科研过程"。分析涉及该领域不同学科方向的研究全过程及各个过程阶段之间的共性，明确各自在数据获取、存储、分析、集成、挖掘、可视化、发表等不同方面存在的功能需求，实现高效和有效的互操作性。科研过程往往涉及学科交叉的过程，各个领域的研究人员已经采用了各种数学方法和计算技术来研究公共突发卫生事件中的流行病扩散，例如相关分析、回归分析、因子分析、趋势分析、聚类分析、决策分析、时序分析、尺寸转换、微分方程、随机过程、统计分析、人工智能、计算机模拟、地理信息系统和高性能计算等，对媒体大数据进行客观、系统和定量描述，建立有意义的类目分解内容，提炼全球疫情线上线下环境的当前特征，测度网络信息反映用户的关注疫情事实和关注疫情倾向。同时，挖掘分析研究过程大量数据集合之间有趣的关联关系。数据分类是数据挖掘的基础性工作，通常用于数据分类的不同方法包括：特征选择方法、概率方法、数据流决策树模型、基于规则的方法、基于实例的学习和神经网络，例如：通过参数模型建立防疫干预措施与空中交通流量之间的关联规则。多个学科的交叉促进了流行病建模的数学和计算方法的发展，并支持"数据—方法—模型—系统—标准"五个层次的递进。在提供解决方案、满足不同学科方向的功能需求的同时，MEP将实现多学科间的数据共享和集成，逐步建立统一的数据逻辑模型和物理模型、方法库、模型库、集成系统和标准体系。

第4条主线，是促进"国际国内合作"。疫情带来了全球性危机，需要多国参与才能得到有效控制和解决。例如开展疫苗研究计划技术资金消耗巨大，已经超出了一国及一国科学家的能力，开展双边或多边的国际科技合作就成为必然选择。国际国内的交流与协作，是团队内部与团队外部之间信息转化和共享的协同作战方式，基于系统的互操作性（依据IEEE关于互操作的定义，从数据规范、接口规范、服务规范的角度构建理论基础框架，推进媒体信息系统互操作的方案和实践），促进全球各国秉持人类命运共同体理念和科技、经济、决策等多方面资源支持，表现在：鼓励各国共享疫情研究数据及成果；共同组建互援的科研队伍和医疗专家；支持多国合作开展药物及疫苗研究；及时维稳全球价值链、供应链和产业链；鼓励地方政府和社会力量开展不同形式的捐赠援助等。它既能避免公共卫生基础设施、防疫物资生产能力及社会管理能力等方面相对薄弱的国家在数据、技术、人员、资金及物资等方面的局限性，又能促进全球实现大规模、大跨度、高水平的抗疫协作。媒体平台作为国际国内合作的见证，在共同抗疫中不仅有着宣扬同舟共济、守望相助的正能量的重要作用，也充当着数据造假、时序造假、谣言甄别、报告伪造等鉴别方，为全球疫情防控提供防疫政策落实、战"疫"经验分享、资金物资支援、地区安全维护、非药物干预措施管控、监测及诊疗方案合作等有效渠道。

图1展示了实践这一设想的MEP信息基础设施研究主线。该项研究基于全球疫情科学数据构建防疫平台及工具，以科研过程和国际国内合作作为防疫手段的补充形式，需要理解不同学科方向的科学数据在概念、空间、时间、量纲、格式、编码等方面的联系，建立统一的数据概念模型；需要在"数据—方法—模型—系统—标准"五个层面开展平台及工具之间的共享和集成，建立统一的数据逻辑模型和物理模型、方法库、模型库、集成系统和标准体系；需要分析该领域不同学科方向的研究全过程，制定其通信和集成的技术规范，逐步实现滚动式的发展和完善；需要发展国内外的合作伙伴，践行开放共享的共建方案，最终建成多维多变量面向防疫应急的媒体大数据生态架构共享的一体化基础平台。

MEP涉及了包括流行病传播、网络与新媒体、生物统计学、公共卫生政策管理、复杂性科学和计算机科学等在内的多个行业领域，拟需设计四个层次的系统结构对海量的网络媒体信息实现疫情监测、疫情决策的自动化和智能化。遵循上述基于媒体大数据的面向防疫应急的信息基础设施主体框架，可以将媒体大数据、智能计算及智能系统的全方位构建过程比作超级信息工厂实现数据产业化的全过程，涉及每个抽象级别的性能分析，需要具备高效性、实时性和可扩展性，这些依赖的基础是计算和存储设备。云计算已经成为提供硬件和数据分析软件资源作为支持虚拟化的服务。云计算提供商（如亚马逊网络服务和Microsoft Azure）目前为应用程序所有者提供了在几乎无限的资源池网络上部署其应用程序的选项，几乎没有前期资本投资，并

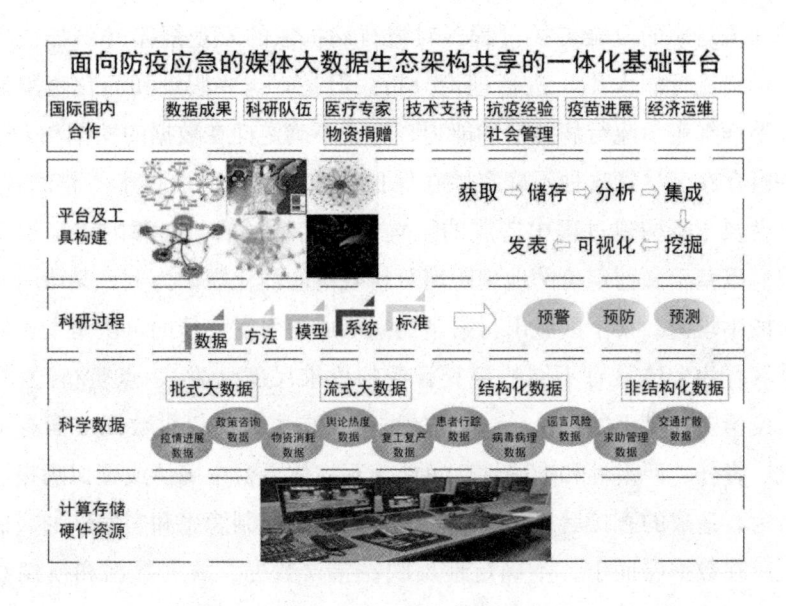

图 1　MEP 信息基础设施研究主线

且运营成本与实际使用成比例（即实施按需付费模式）。越来越多的云供应商提供硬件（CPU、GPU、存储和网络、用于数据管理和分析的软件基础设施（例如数据库、网络服务器、流处理系统和数据挖掘包）以及作为服务的基础设施（IAAS）、平台即服务（PAAS）等资源。另外，5G 将带来无法预料的网络能力和数据传输速率，需要重新思考和设计即将捕获、处理和保存的数据。在数据层面，5G 推动面向防疫应急的媒体大数据的产生；在算力层面，5G 使面向防疫应急的媒体大数据的实时分析处理能力和大量云端应用能力得到进一步解放。MEP 作为计算和存储融合的产物，分层突破数据融合、数据分析处理、基础性支撑技术，制定结合云计算、5G 的整合方案，实现信息到数据、数据到知识、知识到决策、决策到防控的快速转化。

（三）数据影响

MEP 结构框架中的评估、预测往往需要考虑大量的数据不确定性因素，并借助流行病建模中数学和计算方法，分析流行病传播模式和评估疾病控制策略。通常，数学模型关注流行病传播的宏观规律，将以一些合理的假设或简化推演流行病的复杂传播过程，对流行病扩散的宏观规律（例如流行病阈值和最终流行病大小）进行理论分析。但是，这些假设和简化也限制了数学模型详细表示流行病传播的能力，毕竟不确定性在数据的挖掘和表达过程中一直存在。尽管这种不确定性在保护用户隐私方面取得了不错的效果，但在平台及工具构建过程中造成的影响是不容忽视的，起源因素也复杂多样。我们以基于微博定位的地理距离分析疫情的演化规律为例，某段时间出行分布的不均衡、某个区域出行数量的高峰可能引发疫情的再次暴发，同时每个乘客行为个体具有不同的接受管控的思维尺度（发表/点赞/转发赞成或反对疫情防控措施的言论），不同的网络用户主体在提供数据方面有不同的动机、责任、严肃性和准确性。可能出现媒体平台中确诊或疑似瞒报、谎报的行为，造成的直接后果是出现短时性的病例压制隐患和突发性的病例暴发混乱。在数据层面上，不确定性反映在错误数据、缺失数据和模糊数据中，这类不确定媒体数据具有复杂性、随机性、周期性等特征；在表达层面上，数据获取、储存、分析、集成、挖掘、可视化所采用的参数、模型、技术等都可能会引起预警、预防、预测结果的差异性，表现在研究过程模型中的不确定性。庞大的多维多变量面向防疫应急的媒体数据资源使各个领域开始了量化进程，计算方法利用各种各样的模拟方案来提供对现实疫情防控的更详细表示。计算方法通常在个体级别上构建流行病模型，例如复杂的网络模型和基于 Agent 的模型。但是，计算模型的较高粒度要求较大的数据可用性和较高的计算复杂度，以及较高的计算能力。随着数据可用性和出色的高性能计算的发展，将越来越多地使用计算方法研究流行病的传播。这对 MEP 中更精准的数据平台及系统工具构建提出了更高的要求。

四　总结

面向防疫应急的媒体大数据信息基础设施构建所面临的挑战既体现在充分挖掘突发公共卫生事件中复杂流行病传播现象和规律的科学认知上，也体现在需要有效地管理和分析多学科交叉体系的科学数据、建模方法、系统标准，还需要基于不同时间、空间的传播情况模拟与最佳支持的决策之间的直接映射。我们目前正处于后疫情时代的一场信息革命之中，这将彻底改变组织以及个人疫情防控运作和决策的方式。文中介绍了面向全球防疫应急的媒体大数据生态架构共享的一体化基础平台构建方式，以综合设计、事件前瞻的特点监测和把握突发公共卫生事件动态，帮助决策人员找到新的疫情防控解决方案、实施相应的科学决策。过去几周，新冠肺炎大流行已导致全球新增确诊病例呈次指数级增长，尽管中国面向防疫应急的媒体大数据研究已经开始具备自己的特色，但整体而言，对全球卫生治理体系和治理能力都是一次重要考验。因此，开展面向防疫应急的媒体大数据研究，既要考虑数据源的质量，也要考虑数据在所需的可扩展性、可用性之间进行的多次权衡，以在探索数据之间复杂和不断发展的关系中发现有用知识。这正是本文建议开展多维多变量面向防疫应急的媒体大数据科学领域的信息基础设施研究的目的。

参考文献

Chowell, G., Sattenspiel, L., Bansal, S., et al., Mathematical models to characterize early epidemic growth: A Review, *Physics of Life Reviews*, 2016: S1571064516300641.

Gawwad, M. A., Ahmed, M. F., Fayek, M. B., "Frequent Itemset Mining for Big Data Using Greatest Common Divisor Technique", *Data Science Journal*, 2017, 16: 25.

Jesan, T., Kuyyamudi, C., Sinha, S., Modularity promotes epidemic recurrence, https://arxiv.org/abs/1611.02412, 2016 - 11 - 08.

Jiang, D., Luo, X., Xuan, J., et al., "Sentiment Computing for the News Event Based on the Social Media Big Data", *IEEE Access*, 2017, 5: 2373 - 2382.

Jiang, Y., Liu, J., Lu, H., "Chat with illustration", *Multimedia Systems*, 2016, 22 (1): 5 - 16.

Liu, T., Zhang, W-N, Zhang, Y., Social Robot: a big data-driven humanoid intelligent system in social media services, *Multimedia Systems*, 2016, 22 (1): 17 - 27.

Oliverio, J., "A Survey of Social Media, Big Data, Data Mining, and Analytics", *Journal of Industrial Integration and Management*, 2018, 3 (3): 1850003.

Xiong, Y., Cheng, Z., Liang, E., et al., "Accumulation mechanism of opinion leaders' social interaction ties in virtual communities: Empirical evidence from China", *Computers in Human Behavior*, 2018, 82: 81 - 93.

白玉琪：《全球变化科学领域的信息基础设施研究》，《地球信息科学学报》2013年第6期。

阿联酋主流英文报刊媒介融合现状探析
——以《国民报》和《海湾新闻》为例

李如冰

(浙江大学 传媒与国际文化学院广播电视研究所,杭州 310012)

摘 要：在阿联酋发行的英文报刊，一方面是面向本国的精英群体，一方面是针对人口众多的非阿拉伯裔的外籍人士。通过对 The national (《国民报》)、Gulf News (《海湾新闻》) 两家阿联酋主流英文媒体中编辑记者的深度访谈以及对媒体报道个案的分析，多角度多层面地探究这两家主流英文媒体媒介融合发展的状况、呈现方式。

关键词：媒介融合；《国民报》；《海湾新闻》；社交媒体

一 融合进行时下的"忠实型"报刊

(一) 媒介融合是一个过程

近年来，我国政府高度重视媒体融合的发展。2013年，十八届三中全会上，我党就提出要推动传统媒体与新兴媒体融合发展。2014年，中央全面深化改革领导小组第四次会议审议通过了《关于推动传统媒体和新兴媒体融合发展的指导意见》，将媒体融合提升到了国家战略的层面，作为顶层设计给予了重点关注。在移动互联网助推下，从央视的"中央厨房"到"两微一端"的建设再到社交平台中涌现出的新型媒体形式，媒介融合呈现多样化多层面的发展趋势。全球化、数字化进程深入发展，传统媒体面临来自新媒体巨大的冲击与挑战，新旧媒介融合在全球传媒行业中是大势所趋，我们需要超越国家和民族边界，以更加开放的视角去理解传播的过程和媒介的发展。① 在深入推进媒介融合的大背景下，我们既要不断地摸索自身的经验，同时也应该放眼世界，进一步了解全球媒介融合发展的规律以及不同国家或地区可供借鉴学习的经验教训，为我国的顶层设计出谋划策，不断满足新时代下党和国家融合多元文化、讲好中国故事、塑造大国形象、传递中国声音的基本诉求。

作为一个移民占总人口绝大多数的国家，阿联酋外籍人口占 88.5%，其中 50% 的移民来自印度、巴基斯坦、孟加拉国等南亚国家，除了阿拉伯语，英语是另一广泛使用的官方语言。在阿联酋发行的英文报刊，一方面是面向本国的精英群体，一方面是针对人口众多的非阿拉伯裔的外籍人士。本文旨在通过对这几家媒体机构中编辑记者的深度访谈，以及对媒体报道个案的分析，多角度多层面地探究这几家主流英文媒体媒介融合发展的状况、呈现方式，增进中阿两国媒体跨区域交流合作，用更丰富更具影响力的媒介表达，讲述一带一路上中阿两国政府、人民共同构筑人类命运共同体的精彩故事。

融合（Convergence）这一概念最早是美国麻省理工学院的尼古拉·尼葛洛庞蒂（Nicholas Negroponte）提出的，他认为不同工业"即将和正在趋于融合"。② 学者 Muhammad 认为融合强调一种创造性协同效应的概念，产业边界的消失、整合和市场的重叠。根据国际电信联盟的说法，"融合"意味着"许多不断变化趋势如技术、市场条件、政府政策都将对融合其中的各行各业产生影响。"③ 尤其是信息技术和数字革命，作为媒介融合的主要驱动力，加速了多种媒介形式融合的进程，并进一步拓宽了全球媒介传播市场。

媒介融合（Media Convergence）贯通了各媒体平台，它呼唤媒体业的新型合作，把原先彼此间很少交流互动的各种不同受众汇聚在一起，使媒体跨越国家边界进行传播。④ 媒介融合预示着现代技术下传播范式的革命性转

---

① Carola Richter, *Anna Antonakis & Cilja Harders Editors*, Digital media and the politics of transformation in the arab world and Asia, 2018：3.
② 刘颖悟、汪丽：《媒介融合的概念与内涵解析》，《传媒》2012 年第 1 期。
③ Muhammad, I., *Ayish*：Media convergence in the United Arab, Emirates：A survey of evolving patterns, p. 78.
④ ［美］亨利·詹金斯：《融合文化：新媒体和旧媒体的冲突地带》，杜永明译，商务印书馆 2012 年版，第 1 页。

变。学界对媒介融合的话题保持着很高的热情,国内外的专家学者都试图从不同的角度阐发媒介融合的概念。

一般认为媒介融合就是诸如报纸、杂志、广播、电视等传统媒体与电脑、网络、移动手机、社交媒体等新兴媒体的结合。MIT 政治学家伊锡尔·德索拉·普尔在其著作《自由的技术》(Technologies of Freedom, 1983)一书中可能首次提到了将"融合"作为变革媒体行业力量的概念:"一种可以称为'形态融合'的过程正在模糊媒体之间,甚至是点对点传播和大众传播的界限,前者诸如邮政、电话和电报,后者如报纸、广播和电视。"[1] 詹金斯反对将媒介融合看作单纯的技术方面的变革,媒介融合不仅改变了媒体产业的运营模式、媒体内容的消费逻辑,也逐渐建构起新兴的融合媒介文化环境,加速了媒介所有权形式的转变。还有学者如 Andrew Nachison 将融合定义为印刷品、音频、视频和交互数字信息服务和组织的媒体战略、媒体运营、媒体产品和媒体文化的联合。[2] 韦路将媒介融合定义为人类传播活动诸要素内部界限模糊的一种状态,这些要素包括技术、经济、主体、内容、规范等。[3] 刘颖悟和汪丽认为媒介融合是源于数字化、网络化技术的推动而导致的不同媒介的边界模糊甚至消失的现象和过程。从这些对媒介融合的各式各样的定义中,可以总结出一些共同的认知:媒介融合模糊了行业的边界,另外,媒介融合并非新旧媒体的此消彼长的简单更替或是"换汤不换药"的"表面功夫",媒介融合是在技术的推动下,进行的多方面、多角度、多领域、深层次的融合。

此外,詹金斯还提到媒介融合的产生既可以是自上而下的企业驱动的过程,也可以是自下而上的消费者驱动型的过程。[4] 融合模糊了媒介生产者、消费者之间的边界,融合并不单单依靠媒体自身的力量,受众参与的媒介内容生产也加速了融合文化在不同媒介体系、不同产业领域内的流

---

[1] 转引自 [美] 亨利·詹金斯《融合文化:新媒体和旧媒体的冲突地带》,杜永明译,商务印书馆 2012 年版,第 40 页。

[2] Gracie Lawson-Borders, "Integrating new media and old media: Seven observations of convergence as a strategy for best practices in media organizations", *International Journal on Media Management*, 2003, 5, p. 2.

[3] 韦路:《媒融合的定义、层面与研究议题》,《新闻大学》2019 年第 3 期。

[4] Jenkins, H., The cultural logic of media convergence, *International Journal of Cultural Studies*, 2004, 7 (1), p. 37.

通。媒体融合既是我们当前不得不应对的现实，也是一个指向未来的流动性的过程。

综上所述，本文希望从媒体技术发展、媒体产业运营、媒体内容生产制作、媒介制度与所有权以及媒介法律法规这几个方面探究阿联酋英文媒体融合的基本状况，采用田野调查的研究方法，通过一系列深度访谈和参与实践活动获得一手资料信息，再结合具体案例进行比较研究。

（二）"忠实"之下的新闻媒体

在阿拉伯社会，媒介体系与本国各方环境紧密相连，反映着本国的政治、经济、文化与社会现实。长期以来，报纸新闻内容的采编和分发有着向大众广而告之、迅速扩大政治影响力的重要政治功能。[1] 阿拉伯主流媒体上的新闻信息更是密切关注当前的政治局势。出现在阿拉伯世界的第一份报纸不是私人创办的而是官方政府发行的，旨在告诉政府官员和广大群众，政府想让他们听到的内容。在阿拉伯世界的历次革命中，媒介权力甚至一度成为政治斗争中的重要武器。从某种程度上说阿拉伯主流媒体在履行媒介基本职能方面仍然受到来自政府、宗教、习俗等严格的限制。

William A. Rugh 在其著作《阿拉伯大众媒介》一书中，将阿联酋的大众媒介归类为"忠实型模式"，即在发布新闻、发表言论意见、重大问题的表态要与政府保持统一口径，忠于政府。但是这种模式下的政府，不同于传统意义上的威权主义模式，他们会让新闻媒体在他们设定的"禁止法令"之外，尽可能多地发展"现代自由的新闻业"。阿联酋日报都是私人所有，媒介的所有权掌握在一些大家族和组织的手中。政府的力量虽然没有直接干预媒介的发展，但还是可以通过经济资助、法律条文等非直接的手段来操纵媒体。

阿联酋所有的新闻报刊最大的广告主就是政府，这是媒体营收的主要来源。

从媒介法律法规的层面看，阿联酋设置了专门管理各类媒体的政府机构。阿联酋国家媒体委员会（NMC）作为联邦政府机构，负责监督和承担

---

[1] William A. Rugh, *Arab Mass Media: Newspapers, Radio, and Television in Arab Politics*, Praeger, 2004, p. xiv.

本土和媒体自由区的一切媒体事务。NMC 向媒体机构颁发许可证，并追踪该国所有印刷、出版和广播媒体内容以及进口媒体产品。[①] NMC 掌握报纸发行许可的特权，可以随时关停违禁的媒体机构，笔者调查采访阶段，曾经想采访阿联酋自由媒体机构 7 Days，但是在网上搜到了网站关停不久的信息。

此外，阿联酋针对媒体行业制定了详细的法律法规。1980 年颁布的《新闻出版法案》和其他法律法规一起，为阿联酋媒体圈定了一个不能逾越的界线：新闻媒体不能批评统治家族，不能冒犯伊斯兰宗教信仰，不能冒犯阿联酋政权统治，不能报道罪犯的姓名，不能诽谤公职人员，不得报道带有酒精、性、色情的信息……

融合媒体时代，阿联酋的法律也与时俱进，事无巨细制定了很多与新兴媒体相关的法律条文，尤其是面对新兴的社交媒体及数字化的生产方式，做出了详细的规定。

比如在 2018 年 10 月颁布的官方广告规范指南中，就明确规定了社交媒体中的电子广告一方面需要遵守在其他传统媒体平台投放的商业广告一样的法律法规，另一方面对社交媒体上投放的电子广告在获得批准的同时，还需要遵守一些特殊的要求，比如严格规定了广告内容与新闻内容在视觉图像、语言表达、投放位置上的区分等。[②]

阿联酋有 14 家日报，其中英文日报为 5 家，分别是 *Khaleej Times*、*Gulf News*、*Emirates Business 24/7*、*Gulf Today*、*The National*。其根据一家网站数据的总结，目前阿联酋国内发行量最大的几大报纸如表 1 所示。

表 1　　　　　　　　UAE 最流行的报纸 2015 年预估发行量

报纸	估计日发行量（份）
AL-Bayan	105000
Gulf News	104000
Khaleej Times	90000
The National	80000—90000

[①] Regulator of media in the UAE National Media Council, https://www.government.ae/en/media/media.

[②] Advertising Guide National Media Council, https://www.government.ae/en/media/media.

续表

报纸	估计日发行量（份）
Emarat al-Youm	80000
Al-Khaleej	37000—60000

数据来源：Oxford Business Group：UAE's Media Landscape：An Overview，https：//fanack.com/united-arab-emirates/society-media-culture/uae-media/? gclid = CjwKCAjwqZPrBRBnEiwAmNJsNnn-4tYlP8ydaNxdtmbKOytYzd7aEY380wa-bIHUnAGw2I9HX8GewhoCwRAQAvD_ BwE.

该国严苛的新闻出版法律，意味着阿联酋的新闻出版业，在政治相关的敏感问题上要忠实于政府以及掌握统治权力的皇亲贵族，但海湾战争后，统治阶层内部也注意到了世界大环境下，严密把控媒介有时候是徒劳无功的，于是开始自上而下推进媒体自由化的改革，致力于媒体在"忠于"阿联酋政府的情况下最大限度地向现代化、专业化的方向发展。

在全球化的助推下，阿布扎比、迪拜、沙迦先后建立了媒体自由区。这些媒体城或媒体自由区主要是当地政府为国际的、区域的或当地的各类媒体机构、娱乐公司创造的一个免税的媒介生态环境。媒体公司登记注册、获得审批的营业执照，可在其中设立办公室，生产富有创造性、创新形式的视音频、出版物以及数字化媒介产品。① 但是这些自由区的媒体也必须同区域外的本土媒体一样遵守联邦法律，尤其是要遵守那些坚决不能触碰的禁忌。

二 因"台"（Platform）制宜的《国民报》（*The National*）

（一）政府资助的"异类"

《国民报》是一家私人所有的英文日报，所在地在阿联酋的首都阿布扎比。《国民报》（*The National*）是阿联酋最年轻的英文报刊。它最开始是为一家政府资助的传媒公司——阿布扎比传媒所有。在阿布扎比王储谢赫穆罕默德·本·扎耶德·阿勒纳希扬的赞助下，该报既享有国家保护，又享有慷慨的资金，可以报道很多其他媒体接触不到的一手政治新闻。2016年，《国民报》所有权转移到了阿布扎比传媒投资公司的子公司国际传媒投资公司（International media Investments）名下，从国家政府所有的企业转变成了

---

① "Regulator of media in the UAE"，https：//www.government.ae/en/media/media.

阿布扎比皇室私人所有的公司。在媒介受到政府部门严密管制的阿拉伯世界，《国民报》算是中东新闻媒体的"异类"，它以西方新闻专业主义的原则为依归，希望可以充分发挥媒介第四种权力的积极作用，助力阿联酋公民的社会参与。副主编 Nicholas March 向成员介绍说他们大约有 300 名全职员工，其中约 80% 的工作人员来自西方国家且谙熟西方新闻专业传播方式、西方传媒报刊业发展的知识精英，该报主要受众群体也是国内的精英阶层或使用英语的外籍人士。学者 Pejman 在一项研究中提到，The National 只有大约 30% 的收入来自广告，不像大多数阿联酋的报纸依赖"高达 60% 收入的广告"才可以维持运转。因为有充足的政府资助作为后盾，《国民报》没有来自广告、广告商的营收压力[①]。笔者发现无论是在《国民报》的官方网站还是移动客户端，所有的内容都是免费向公众开放，不像一些知名的西方新闻报刊对优质内容设置付费墙，看不见广告的身影。即使在 Twitter、Facebook 等社交网站上发布的广告也都是一些公益广告或正规高端的品牌推广。The National 官网上"关于我们"页面上没有提及流通或广告，主要关注 The National 服务阿联酋社会的政治使命、为广大读者提供国际化的视野、也为世界开启了一扇了解中东之窗。前主编 Martin Newland 认为 The National 承担的角色有重要的意义，它要反映社会现实，促进社会发展，即使身处时代变革的浪潮中也要始终坚守基本传统和美德。[②] 虽然从目前来看，在某些主题上的报道偏离了他们追求的目标，对真正敏感的社会议题如印巴外籍劳工人身权利的报道上，The National 还需要为在政府喉舌与新闻自由之间寻找平衡做出更多的努力。未来在争取新闻自由和保障记者权力的路途将十分艰辛。

　　大致了解《国民报》基本情况后，笔者发现虽然目前《国民报》为阿布扎比掌权家族所有属于私人性质，但其享受到来自权力核心的大力支持的事实是不变的。作为阿联酋最重要的英文日报之一，《国民报》半官方的性

[①] Pejman, P., "English newspapers in the United Arab Emirates: Navigating the crowded market", Arab Media and Society, 2009, https://www.arabmediasociety.com/english-newspapers-in-the-united-arab-emirates-navigating-the-crowded-market/.

[②] Andrew Mills, A Vision in the Desert: The National tries to lift journalism in Abu Dhabi, 2009, https://archives.cjr.org/feature/a_vision_in_the_desert.php.

质显而易见，其媒介融合的道路一方面可能会享受比其他媒体更为优质的资源，另一方面可能也会为政府更加严格的新闻审查制度所掣肘。

（二）多渠道内容分发

The National 在阿布扎比的办公驻地，宽敞的会议室背景墙上是一块巨型显示屏，屏幕上根据网络实时收集的大数据显示着每个时间点浏览量最高的新闻条目，还有其他几家报刊相关新闻话题的浏览量排行，主编可以随时监控热搜新闻排行榜，以便针对不同媒体的平台施行最优化的议程设置。在大数据、云计算等数字信息技术的辅助下，新闻报刊传统最终定版的议程设置，可以在一天之内随时发生变化；从前议程如何设置全凭有经验的编辑根据新闻价值原则和对用户心意的揣度对新闻内容版面进行配置，如今根据相对客观的大数据计算可以更加精准地对热点新闻进行编排。The National 除了纸质报刊的印刷发行，不同的新媒体平台上也要根据各异的平台特性，"因地制宜"进行数字化网络化的议程设置。在新兴技术的带动下，The National 出现了新旧媒体文化逻辑融合的趋势，其社交媒体议程设置的思维、针对新闻内容做出的取舍选择，就体现了新旧媒体时代交融的新闻价值判断。

The National 在数字新闻内容的生产、多渠道跨平台的新闻分发上也取得了不小的成果。副主编 Nicholas March 介绍说 The National 所有的新闻内容都已实现数字化生产。该报利用最时新的多媒体工具每月在所有数字平台上发布的消息超过 1000 万的综合浏览量，同时继续保持每周六天印刷纸版报刊。[1] 阿联酋最新的社交媒体使用的统计数据显示，2019 年，有 99.06% 的人在社交媒体中处于活跃状态，880 万的用户在智能手机上使用社交媒体。[2]

如图 1 所示，在众多的平台中，Facebook（82%，7.88 Million）、YouTube（82%，7.88 Million）、Instagram（61%，5.86 Million）、Twitter

---

[1] "The National about US"，https：//www.thenational.ae/about-us.
[2] UAE SOCIAL MEDIA USAGE STATISTICS, 2019，https：//www.globalmediainsight.com/blog/uae-social-media-statistics/其中 LinkedIn（43%，4.13 million），Pinterest（25%，2.40 million）Tumblr（16%，1.54 million）.

(48%，4.61 Million）这几家社交媒体的用户数量占很大比重。The National 有自己独立的新闻客户端 The National App，也有专门电子版报纸阅读客户端 The National E-Reader，可以通过电子邮件订阅实时新闻推送 Newsletter，分别在 Whats App，Twitter，Facebook，Instagram，YouTube，LinkedIn 等这些社交媒体平台中开设公开账号，实时推送每日新闻内容。笔者在不同的社交媒体上观察发现，The National 在 Twitter 中的新闻发布相较其他社交平台来说是最频繁的，平均一天有 60—70 条，Facebook 一天的新闻发布有 50 条左右，从其发布内容的具体形式来看还是比较单一的，直接将官方网站的新闻链接配以一句话导语的模式进行推送，发布的内容以时事政治、国际局势相关的硬新闻为主，粉丝点赞量和评论回复量都比较少；对于重大新闻事件的报道，会根据新闻的重要程度，在早中晚不同时段或者同一时段内循环重复发送，提升该条新闻在用户刷新社交媒体页面时的可见度与曝光量。在 Instagram 上，发布的内容频率就大大减少，一天最多不超过 5 条，主要发布报道中优质的新闻图片，配文通常是结合图片对新闻事件的简单叙述；YouTube 上发布的新闻多为 3 分钟以内的短视频为主，很多视频也同时发布于 Facebook 和 Twitter；LinkedIn 上发布的新闻以商业新闻和广告为主。融合媒体的新闻内容需要结合社交媒体平台公共账号的粉丝数量，受众的消费结构、使用习惯、喜爱偏好，平台信息发布的形式以及媒体定位等因素，选择适合的新闻内容在不同的平台、渠道进行分发。

图 1 UAE 最受欢迎的社交媒体及使用人数[①]

---

① "Uae Social Media Usage Statistics"，2019，https：//www.globalmediainsight.com/blog/uae-social-media-statistics/.

（三）融合媒体报道案例分析：Oil & Gas 4.0

下面笔者将通过具体的案例来分析 *The National* 如何进行融合新闻报道。2018 年阿布扎比国际石油博览会（Abu Dhabi International Petroleum Exhibition & Conference，ADIPEC）期间，*The National* 推出了一则融合媒体报道。

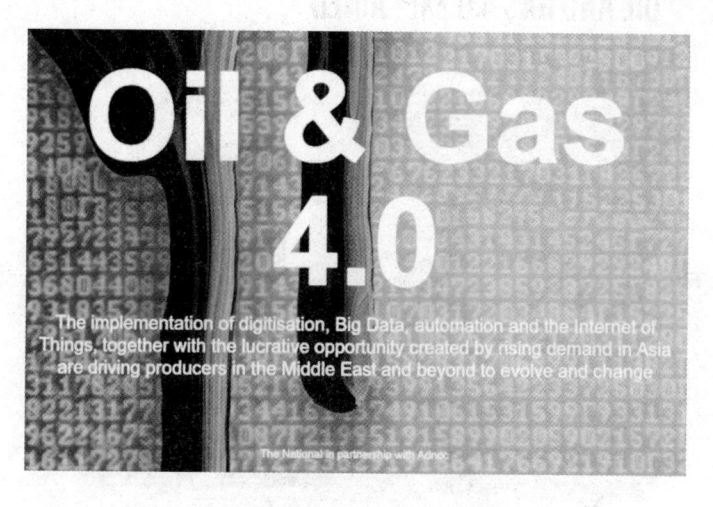

图2　Oil & Gas 4.0 新闻首页[①]

这则精心策划的系列报道分为八个版块，分别是"数字时代、油 & 气 4.0、两则领导专家的人物访谈，三篇关于新技术（机器人、AI、区块链）在石油开发产业上的应用，还有最后一部分是对未来石油产业发展的展望。""Oil & Gas 4.0"是这则新闻报道的标题，紧接的导语也让受众初步了解这个展会以及本次新闻策划的主题；互动新闻背景的设计也颇具匠心，密密麻麻的绿色数字的背景下，是几欲流动的石油，简洁明了的符号与色彩传达出最为直观的视觉信息；本则报道用一个卡通短视频让人迅速进入主题了解新闻背景的来龙去脉；可视化的数据新闻用图、数、文的生动结合，解释了油 & 气 4.0 时代，石油输出国面临的供求模式的转型，石油天然气市场的重组以及全球化带来的机遇与挑战；下面一部分是为主题的深度采访和新闻报道，分别采访了阿布扎比国家石油公司（Adnoc）的 CEO 苏尔坦·贾比尔（Sultan Al

---

① "Oil & Gas 4.0"，2018，https：//oilandgas4.thenational.ae/#group-daniel-yergin-interview-XhplbjFa5o.

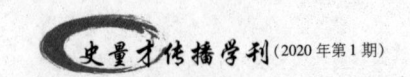

Jaber），全球石油天然气产业的顶尖能源专家丹尼尔·耶金（Daniel Yergin），这些采访不论是在手机屏幕还是电脑屏幕上，都可以无差别地实现单侧滑动页面的交互效果。在 Facebook 平台上，*The National* 上还专门开设了线下的活动，编辑记者深入会场在社交媒体平台上进行现场直播采访。

图3　Oil & Gas 4.0 可视化数据新闻部分[①]

[①] "Oil & Gas 4.0", 2018, https：//oilandgas4.thenational.ae/#group-daniel-yergin-interview-XhplbjFa5o.

总体来说，The National 可以多方兼顾利用不同的社交媒体平台进行内容分发，官方网站和 Facebook、Twitter 一天 24 小时不间断更新新闻内容，但报道在平台发布的呈现方式比较单一，多以网站链接发布，较少有像上文提到的专题系列融合媒体的新闻报道；纸版报刊的新闻编辑和网络上的即时更新的新闻作品有时间差，而且考虑到不同的受众群体和政治立场，同一篇新闻报道的标题、内容、叙述角度都会不同；但是在社交媒体账户上，不论是活跃用户的反馈还是 The Nation 的反馈都较少，难以实现真正的线上公共参与和讨论。

三 媒介融合集大成者：《海湾新闻》（Gulf News）

（一）私有日报的融合发展

《海湾新闻》（Gulf News）成立于 1979 年，是阿联酋一家私人所有的英文日报，每周发行七天，根据 2016 年《海湾新闻》日报品牌报告的数据显示，周六到周四平均每天发行量为 97985 份，周五平均每天发行量为 97794 份。[1] 1984 年被阿联酋三大商业家族接手后，进行了一系列重组和改革，将原先报道八卦逸闻的小报版式，整改为全版大幅报纸，从形式上向严肃新闻迈进了一大步；以前的小报向公众免费发放，直到 1986 年 2 月才开始收取每份 1 迪拉姆的费用；报社从原来的所在地搬迁到了新地址，引进了大量先进的印刷设备和优秀的专业人才。与 The National 员工构成类似，《海湾新闻》记者编辑部门有 280 名员工，来自 30 个不同的国家，其中本地人只占很少的一部分。[2] 阿联酋有 5 家英文日报，因为国土面积狭小，人口不过千万，日报的市场竞争十分激烈。1986 年以后，《海湾新闻》在国内发行的同时也开始面向海湾和南亚国家发行报纸、开拓国际市场。为了更好地适应媒体本土化的报道需求，《海湾新闻》在阿曼、卡塔尔、巴基斯坦、沙特阿拉伯、印度、巴林以及阿联酋本土的沙迦、艾因等国家和地区开设了

---

[1] "Gulf News Daily Newspaper Brand Report for the 6 Month Period Ended December", 2016, p. 1. http://www.tursab.org.tr/dosya/16047/bpa-audit-gulf-news-2016-jul-to-dec_16047_4171527.pdf.

[2] Pejman, P., "English newspapers in the United Arab Emirates: Navigating the crowded market", Arab Media and Society, 2009, https://www.arabmediasociety.com/english-newspapers-in-the-united-arab-emirates-navigating-the-crowded-market/.

分部①，在相近的语言、文化、宗教背景下，辐射更多受众人群。

阿联酋优越的地理位置、便捷的交通条件，稳定的国内政治环境和石油输出国优越的经济条件，为国内媒体的发展提供了稳定的物质环境以及处于"世界窗口"的全球视野。早在1996年，《海湾新闻》成为该地区第一个拥有线上电子报刊的媒体；20世纪下半叶，出现线上视频新闻，开了地区数字化媒体融合之先河。2011年，福布斯中东版颁布的数据显示，《海湾新闻》是阿联酋英文电子报刊排名第一的报纸，同时也在一众中东、北非地区最优秀的线上英文和阿文媒体，从名列第十二跃升至第三。②《海湾新闻》的数字化媒体融合，起步早、范围广、程度深，融合媒体的思想全方位多角度地渗透到产业发展的各个领域，堪称阿联酋纸媒融合的集大成者。

（二）全方面多角度的媒体融合

1996年，《海湾新闻》电子报刊、视频新闻上线标志着它开始迈入了数字化多媒体内容生产的大门。媒体数字化平台的建设是随着技术条件和经济基础提升的一个循序渐进的过程。初期阶段，主要集中在日报自身板块的完善，逐步增加了商业体育版、世界和区域的版块，其次是围绕着《海湾新闻》的系列出版物的开发，除了报纸的周末版，周刊季刊的杂志主题丰富多彩、针对性强、覆盖的受众面广，包括女性美丽健康、名人采访、男性运动健身、汽车名表、财富房产、时尚生活、室内装修、母婴等。具体关注当地和国际社会名流娱乐刊物 *Scene*，关注女性魅力健康的杂志 *Aquarius*，阿联酋唯一的英文汽车杂志 *Wheels*，周五发行的季刊杂志 *FM*（Friday For Men），*XPRESS* 聚焦迪拜和阿布扎比的新闻周刊，阿联酋国内领先的母婴杂志 *Baby & Child*……它们既拥有自己独立的媒体品牌影响力，同时也是《海湾新闻》媒体品牌不可或缺的重要组成部分。

在融合媒体的道路上，《海湾新闻》善于引领时代潮流，拥抱最先进的媒体技术，呈现最好最优质的内容，促进媒体的多元融合发展。2006年，

---

① "Gulf News Daily Newspaper Brand Report for the 6 Month Period Ended December", 2016, 2, http://www.tursab.org.tr/dosya/16047/bpa-audit-gulf-news-2016-jul-to-dec_16047_4171527.pdf.

② "Gulf News tops Forbes ranking of the most popular online English media", http://www.abateratourism.com/news/2929-gulf-news-tops-forbes-ranking-of-the-most-popular-online-english-media.html.

图4 《海湾新闻》出版的刊物封面

《海湾新闻》开设了两个英文广播频道，2007 年，《海湾新闻》广播成立了艺术广播工作室；2012 年，开设了阿语调频广播电台。社交媒体时代，用户接收新闻信息的习惯发生了翻天覆地的改变，从"坐在桌旁读报"到"捧着智能手机刷社交媒体和手机新闻客户端"。《海湾新闻》从 2009 年开始，就逐步开通了 Twitter（2006 年成立）、Facebook（2004 年成立）等社交媒的公共账号；媒体内容在多屏互动的环境下有不同的呈现方式，《海湾新闻》有手机新闻客户端、e-paper 阅读、官方新闻网站，从电脑显示屏，到 iPad 平板，再到移动手机的小屏，无论是安卓还是苹果系统，都有专门适配各类屏幕的数字媒体客户端的设计版式。《海湾新闻》数字化媒体平台的核心其实是 Gulfnews.com，它是中东地区最大的英语新闻品牌，编辑、记者、栏目撰稿人生产的数字化的媒体内容，会最先投放在这个平台，运用大数据分析用户的使用行为、个人兴趣、为网络用户画像，更精准地针对用户的偏好，实现内容的精准化分众化投放，帮助读者量身定制各类即时新闻信息、意见观点、评论分析、音频视频等内容。

《海湾新闻》不仅实现了多媒体内部融合，在媒体生产者、消费者之间也有良好的互动反馈机制。本报的资深编辑 Francis Matthew 就强调《海湾新闻》始终以读者为中心，详细报道与读者切近相关的新闻故事并以读者喜闻乐见的方式传递给他们。[①] 与读者的互动联系已成为融合媒体时代《海湾新闻》革新的中心环节。2006 年，《海湾新闻》开设读者台（Reader Desk）这个独立的部门，该部门编辑 Anupa Kurian 说："《海湾新闻》三十多年来

---

① Pejman, P., "English newspapers in the United Arab Emirates: Navigating the crowded market", Arab Media and Society, 2009, https://www.arabmediasociety.com/english-newspapers-in-the-united-arab-emirates-navigating-the-crowded-market/.

一直专注于读者和读者群体。我们相信不公平、不透明、不道德的报纸永远不会流行，更加不会长久。通过'致编辑的信'，'求是'专栏，论辩，在线讨论，互动问答，社区报告，热线电话，社交媒体如 Twitter，Facebook，Google +，以及草根新闻（grass-routs Journalism）等渠道，我们与读者合作完成了这一良性互动交流的过程。读者服务台的成立是为了将所有这些与读者沟通的渠道融合集中成一个独立的组织，在传媒业界创立起全球独一份的读者服务部。"①

这个特殊的部门在 *Gulf News* 官网上，在 Opinion 栏目下 letter 子栏目有具体体现，页面左侧一栏是读者根据新闻报道的各种社会议题"致编辑的信"，右侧一栏是编辑对读者疑问的回应。这种设立专属部门、集合各方渠道，整合读者反馈，积极处理读者意见的传播理念，也是融合媒体思维方式的表现，媒体主客体的界限不再泾渭分明，读者的参与性与主体地位得到真正的重视。"与读者沟通，为读者服务，以读者为中心"的融合媒体互动理念值得众多媒体同行的学习。

《海湾新闻》向来十分重视媒体视觉文化的表达。在制版印刷时期，《海湾新闻》十分注重报纸的新闻版式的设计，尤其是报纸纸张大小，报纸版面的视觉设计，几十年间历经多次变更。《海湾新闻》从小报（Tabloid）到大报版式（Broadsheet），在 2012 年调整为处于二者中间的柏林版式（315×470 毫米），成为阿拉伯地区使用柏林版式的第一家报刊媒体。

报纸版面设计也在三大家族接手该报后，经历了优化设计。在数字媒体时代，设计呈现的视觉效果也是一种视觉传播，设计师从某种程度上说就是视觉故事的讲述者。2003 年，《海湾新闻》聘请全球顶尖的数字媒体设计公司 Garcia Media 对报刊的编排以及 *Gulf News* 品牌下的数字媒体平台、数字出版物进行全新的包装设计。

（三）媒介运营管理

《海湾新闻》是一家私有新闻媒体，和 *The National* 半官方的性质不同，

---

① "Readers write in gulf news Focus Report"，2013. 9. 30，https：//gulfnews. com/general/readers-write-in-1. 1236864.

图 5　*Gulf News* 头版设计

图 6　*Gulf News* 及其杂志设计风格

Gulf News 十分重视广告的收入，在它的纸版、网站、客户端，或是社交媒体平台的公众账号上，广告随处可见，纸版报纸内部，还会有专门的登载广告的小报 tabloid。此外，*Gulf News* 旗下的各类杂志，承担了很多中高端品牌的广告业务。杂志主要面向一些特定的高收入受众群体，因此十分受广告商的青睐，商业性的广告是杂志内容的重要部分。

增加广告收入的方法，一是通过增加商业友好型的报道来维持或提升广告收入，另一个可以提高发行量的方法是通过改变纸张的设计和款式。所有的编辑对报纸版面布局和图标设计都非常重视。因为这是吸引广告商投入资金的最直接最便捷的方法，也是 *Gulf News* 如此重视新闻视觉设计的重要原因。该报的经营者对媒介融合的理解十分透彻，这不单单是媒介自身的融合，其实也包括媒介产业内部的融合、媒介产业与其他产业的融合，转变传统思维，用数字化媒体的思维来对产业各个维度进行思考的媒介文化的融合。

《海湾新闻》不仅在媒体产业内部进行融合，也对媒体机构外部的产业进行融合。该报在发展媒体业务向更广泛的人群传递信息的同时，不忘发挥媒体服务社会的功能，积极资助文化、体育、比赛、公益等事业。它是本地区第一家向艺术、文化、音乐、体育等各类赛事、活动——如迪拜传统沙漠高尔夫锦标赛、海湾新闻 Fun Drive 比赛等——提供经济资助的媒体机构。

作为阿联酋最大的新闻品牌，*Gulf News* 下辖的 Getthat.com 网站，就是一个聚合分类网站，在该网站上可以租房、卖货、买车、购物、找工作，以媒体品牌为核心辐射多种产业融合发展。

《海湾新闻》可以保持行业领先的要旨就在于不断的创新和变革，无论是新闻内容、版面设计还是出版发行，都不断向前推动着行业基准线，成为时代潮流下行业领军者。

四 小结

阿联酋本国的新闻体制是由特定的历史、文化、环境共同形成的。全球化、数字化媒介发展的驱动，使阿联酋本国媒体融合和自由新闻业的发展，有了更大的发展空间。虽然这是一场由政府领导人发动的自上而下的变革，政府的影响力占主导，但在社交媒体大发展的时代，来自底层民众自下而上的助推也产生了显著的影响。正如阿卜杜拉·本·扎耶德·阿勒纳哈扬任阿联酋信息部部长时曾感叹的:"公众不再能接受媒体由政府控制,那将会让人们只能以局限、片面的眼光看待事物。"移动互联网等高新技术,极大地便利了人们获取海量信息的途径;社交媒体的发展,也让人们可以在虚拟的网络空间,发表自己的意见,发出不一样的声音;受众越来越不满足于让千篇一律官方样式领导人"出访—会见"的政治新闻报道占据各大主流媒体的头条;年轻受众一方面很少关注严肃新闻,一方面媒介使用习惯的改变,带动了通过社交媒体平台来获取新闻的全新消费模式的转变。

《国民报》(*The National*)和《海湾新闻》作为阿联酋最具知名度、最有群众基础的两家英文日报,更应该起到先锋模范的带头作用,不断推进数字化新闻生产及数字化媒体平台的建设,运用全媒体手段进行新闻报道;多渠道多平台进行新闻内容分发,根据不同的平台特性进行精准的议程设置;重视媒体广告收入与媒介融合各个产业间的关系;注重打造具有地区、国际影响力融合全产业发展的新闻品牌;新媒体时代,更要注重媒体的责任,在自媒体、草根媒体、UGC 涌现的媒体环境中,要不忘初心始终坚持新闻专业主义的基本原则与媒体的社会责任。

媒介融合不是单一、片面的,是模糊了边界的全产业链的大变革,这个变革并非一蹴而就,是一个不断推进的过程,需要专业的媒体人上下求索,不懈奋斗。

参考文献

"Advertising Guide National Media Council", https://www.government.ae/en/media/media.

Andrew Mills A., "Vision in the Desert: The National tries to lift journalism in Abu Dhabi", 2009, https://archives.cjr.org/feature/a_vision_in_the_desert.php.

Ayish, M. I., "Media convergence in the United Arab Emirates: A survey of evolving patterns", *Convergence*, 2003, 9 (3): 78 – 86.

Borders, G. L., "Integrating new media and old media: Seven observations of convergence as a strategy for best practices in media organizations", *International Journal on Media Management*, 2003, 5 (2): 91 – 99.

Guidelines for E-Participation and Social Media for Government Entities of the United Arab Emirates, The UAE Government, 2016.

"Gulf News Daily Newspaper Brand Report for the 6 Month Period Ended December", 2016, http：//www. tursab. org. tr/dosya/16047/bpa-audit-gulf-news-2016-jul-to-dec_ 16047_ 4171527. pdf.

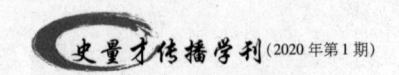

"Gulf News tops Forbes ranking of the most popular online English media"，http：//www. abateratourism. com/news/2929-gulf-news-tops-forbes-ranking-of-the-most-popular-online-english-media. html.

Jenkins，H.，"The cultural logic of media convergence"，*International Journal of Cultural Studies*，2004，7（1）：33 – 43.

"Oil & Gas 4. 0"，2018，https：//oilandgas4. thenational. ae/#group-daniel-yergin-interview-XhplbjFa5o.

Pejman，P.，"English newspapers in the United Arab Emirates：Navigating the crowded market"，2009，https：//www. arabmediasociety. com/english-newspapers-in-the-united-arab-emirates-navigating-the-crowded-market/.

"Readers write in gulf news Focus Report"，2013. 9. 30，https：//gulfnews. com/general/readers-write-in-1. 1236864.

"Regulator of media in the UAE National Media Council"，https：//www. government. ae/en/media/media.

Reinisch，L.，"Environmental Journalism in the UAE"，section 1. 2，https：//www. arabmediasociety. com/environmental-journalism-in-the-uae/.

Richter，C.，Antonakis，A. & Harders，C.，*Editors*，Digital media and the politics of transformation in the arab world and Asia，2018.

Rugh，A. W.，*Arab Mass Media*：*Newspapers*，*Radio*，*and Television in Arab Politics*，Praeger，2004.

The National About us，https：//www. thenational. ae/about-us.

"Uae Social Media Usage Statistics（2019）"，https：//www. globalmediainsight. com/blog/uae-social-media-statistics/.

"UAE's Media Landscape：An Overview"，https：//fanack. com/united-arab-emirates/society-media-culture/uae-media/? gclid = CjwKCAjwqZPrBRBnEiwAmNJsNnn-4tYlP8yda-NxdtmbKOytYzd7aEY380wa-bIHUnAGw2I9HX8GewhoCwRAQAvD_ BwE.

[美] 亨利·詹金斯：《融合文化：新媒体和旧媒体的冲突地带》，杜永明译，商务印书馆 2012 年版。

刘颖悟、汪丽：《媒介融合的概念与内涵解析》，《传媒》2012 年第 1 期。

韦路：《媒融合的定义、层面与研究议题》，《新闻大学》2019 年第 3 期。

马克思新闻观与新闻史

（主持人：董书华）

国内马克思主义新闻观研究的学术脉络与前沿热点[*]
——基于知识图谱的可视化分析

陈维超,曾小晋

(湖南师范大学 新闻与传播学院,长沙 410006)

摘 要:本文以CNKI数据库中的有关马克思主义新闻观的核心文献作为研究对象,借助因子分析、聚类分析与多维尺度分析功能,研究各关键词之间的关系,探讨了国内马克思主义新闻观领域的知识结构与热点,研究表明,国内马克思主义新闻观研究热点集中在四个方面:马克思主义新闻观理论与实践、新闻队伍与马克思主义新闻观教育、习近平新闻舆论思想、马克思主义新闻思想中国化与创新等。

关键词:马克思主义新闻观;共词分析;聚类分析;研究热点

"马克思主义新闻观"不仅是中国特色社会主义新闻理论的核心部分,而且已成为培养中国新闻工作者队伍的理论基础。基于文献计量的视角对马克思主义新闻观领域的知识结构及研究热点进行分析,有助于我们了解国内马克思主义新闻观关注热点,为今后的学术研究指明了方向。

---

[*] 基金项目:国家社会科学基金重大招标项目子课题"新时代新闻传播的社会责任与时度效研究"(项目编号:18VXK008Z03);湖南省教育厅科研项目:"区块链技术下算法新闻的伦理失范研究"(项目编号:19C1132)。

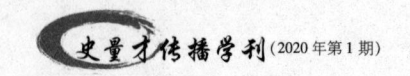

一 数据获取与研究方法

本文试图通过选取 CNKI 的中国学术期刊全文数据库，检索式为主题＝马克思主义新闻观（精确），来源类别为核心期刊，以 2019 年 12 月 10 日为时间节点，得到 971 条数据，剔除会议通知、报告等不合格的数据，整理后得到 875 条有效文献。

本文采用的研究方法主要包括文献计量法、共词分析法、聚类分析法和多维尺度分析法，用到的软件包括 SPSS 19.0、BICOMB 以及 Ucinet。通过文献统计软件 BICOMB 挖掘、筛选、分析关键词并生成共词矩阵，再利用 R 语言将共词矩阵转化为斯皮尔曼相异矩阵，最后利用 SPSS 相关分析方法进行马克思主义新闻观研究热点分析。

二 国内马克思主义新闻观研究趋势总体分析

（一）研究文献概况

从 2007 年开始国内马克思主义新闻观研究热度急剧提升，在 2018 年达到顶峰，发文量为 142 篇。根据图 1，从 2016 年开始，文献开始增多，2016 年 2 月 19 日，习近平总书记主持召开党的新闻舆论工作座谈会并发表重要讲话，强调党的新闻舆论工作要"坚持党的领导，坚持正确政治方向，坚持以人民为中心的工作导向，尊重新闻传播规律，创新方法手段，切实提高党的新闻舆论传播力、引导力、影响力、公信力"。新闻观是新闻舆论工作的灵魂，马克思主义新闻观是中国的社会主义新闻舆论工作的灵魂。[①] 此后，关于马克思主义新闻观研究文献逐渐增多，这一时期关于马克思主义新闻观的研究主要集中在时代内涵、教育模式，以及马克思主义新闻观与新闻理论的关系探讨方面。

根据比利时情报学家埃格黑的布拉德福核心区数量计算法，计算出核心区域期刊数量，即 $r_0 = 2 * (\ln Y + E)$，式中，r_0 为核心区域期刊数量，E 为欧拉系数，E＝0.5772，Y 为最大载文量期刊的载文数量，本研究中 Y＝93，因此：$r_0 \approx 10$，因此，本研究处于核心区域的期刊共有 18 种。这 18 种期刊文献占总量的 77.82%。

---

① 胡钰：《论马克思主义新闻观的时代内涵》，《思想教育研究》2016 年第 3 期。

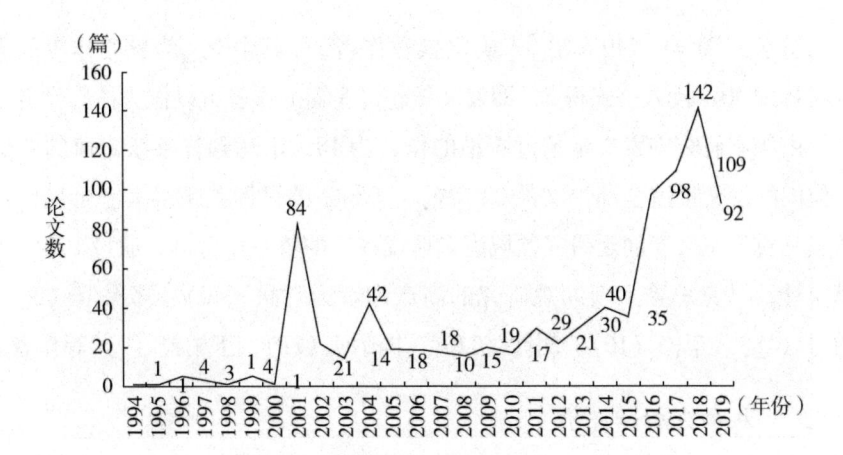

图 1 国内马克思主义新闻观发文量年代分布（1994—2019 年）

表 1　　　　　　国内马克思主义新闻观来源期刊分类统计

序号	期刊名称	发文数量	序号	期刊名称	发文数量
1	青年记者	93	11	新闻界	24
2	新闻战线	79	12	新闻知识	23
3	新闻与写作	64	13	新闻实践	23
4	中国记者	62	14	传媒	19
5	新闻爱好者	58	15	国际新闻界	18
6	当代传播	47	16	新闻大学	18
7	中国广播电视学刊	44	17	编辑之友	11
8	新闻与传播研究	38	18	中国出版	10
9	现代传播（中国传媒大学学报）	26			
10	新闻记者	24			

（二）作者分析

高产第一作者分析。将题录导入 BICOMB 按照第一作者进行统计，笔者发现共有 712 位不同作者，其中发表 1 篇论文的作者有 572 位，占 80%；发表 4 篇以上的作者有 27 位（见表 2）。显而易见，发表 1 篇论文的作者占了极大比例，可以看出他们大都是偶尔涉及，属于瞬间性研究发表，对马克思主义新闻观研究缺乏持续深入的研究。

根据普莱斯定律，依据文献计量学中著名学者普赖斯（PRICED）所提

出的计算公式 $M = 0.749 \times N_{max}^{1/2}$ 来确定核心作者,[①] 其中 N_{max} 为核心作者的最高发文量即40,代入公式得5,即发文量超过5篇的作者可以作为核心作者候选人,由于本研究中发文量超过5篇的作者为18,未达到普莱斯定律的数值25;他们的发文量占全部论文的23.2%,与50%的目标差距很大。可见,目前我国马克思主义新闻观研究领域尚未形成稳定的核心作者群。通过 BICOMB 文献统计,马克思主义新闻观研究的高产作者为童兵(40)、郑保卫(34)、陈力丹(18)、李彬(16)、胡钰(11)、朱清河(11)、丁柏铨(9)等作者。

(三)机构分析和评价

根据表2,我国马克思主义新闻观研究的机构中,中国人民大学新闻学院、复旦大学新闻学院、清华大学新闻与传播学院、中国社会科学院新闻与传播研究所、陕西师范大学新闻与传播学院等高校发文量排在前列。原因在于这些机构有着马克思主义新闻观研究的核心作者群,如高产作者中的童兵为复旦大学教授,郑保卫为广西大学教授,陈力丹、杨保军为中国人民大学新闻学院学者,李彬、胡钰、刘建明为清华大学新闻传播学院学者。此外,这些研究机构还成立了一批马克思主义新闻观研究中心。2007年,清华大学新闻与传播学院成立了马克思主义新闻学研究中心;2016年10月,"中国人民大学马克思主义新闻观研究中心"成立;2017年6月,陕西师范大学成立马克思主义新闻观中国化研究中心。

表2　　　　我国马克思主义新闻观研究相关学者的单位分布

序号	机构	发文量	序号	机构	发文量
1	复旦大学新闻学院	69	6	中国社会科学院新闻与传播研究所	14
2	中国人民大学新闻学院	67	7	陕西师范大学新闻与传播学院传播学院	7
3	清华大学新闻与传播学院	34	8	广西大学马克思主义新闻观研究中心	7
4	暨南大学新闻与传播学院	18	9	南京大学新闻传播学院	9
5	中国传媒大学	17	10	安徽师范大学新闻与传播学院	9

[①] 王崇德:《图书馆学·文献计量学引论》,广西师范大学出版社1997年版,第60—65页。

续表

序号	机构	发文量	序号	机构	发文量
11	天津师范大学新闻	14	16	兰州大学新闻与传播学院	5
12	新华社新闻研究所	12	17	南京师范大学新闻与传播学院	5
13	南昌大学新闻与传播学院	6	18	中国记协	5
14	中央电视台	6	19	人民日报社	5
15	湖南师范大学新闻与传播学院	5	20	上海大学	4

（四）合作网络知识图谱

1. 作者合作图谱

将作者形成的关系矩阵图导入 NetDraw 中，得到国内马克思主义新闻观研究作者合作图谱。由图 2 可见，图谱整体非常松散，没有形成联系紧密的合作网络，但局部合作较多，主要以 2—3 人间的合作规模为主。总的来说，马克思主义新闻观研究论文作者之间的合作较少。此外，这些合作团队大多来自同一机构、同一导师间的合作，跨区域合作较少。

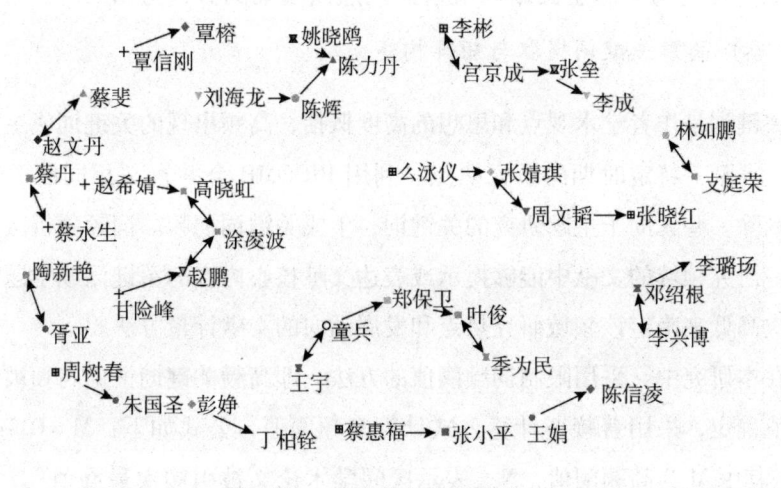

图 2 研究作者合作图谱

2. 机构合作图谱

根据图 3 可见，我国马克思主义新闻观研究同一院校、同一导师的小团体合作较多，整体上没有形成密切互动的合作网络和跨区域研究平台。且研

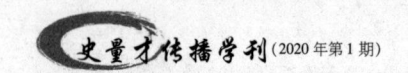

究机构间的联系以研究者所在单位的变动为转移,如郑保卫教授从中国人民大学调任广西大学新闻与传播学院院长后,广西大学在图谱中便成为马克思主义新闻观研究的中心,且与中国人民大学存在较高的合作频次。

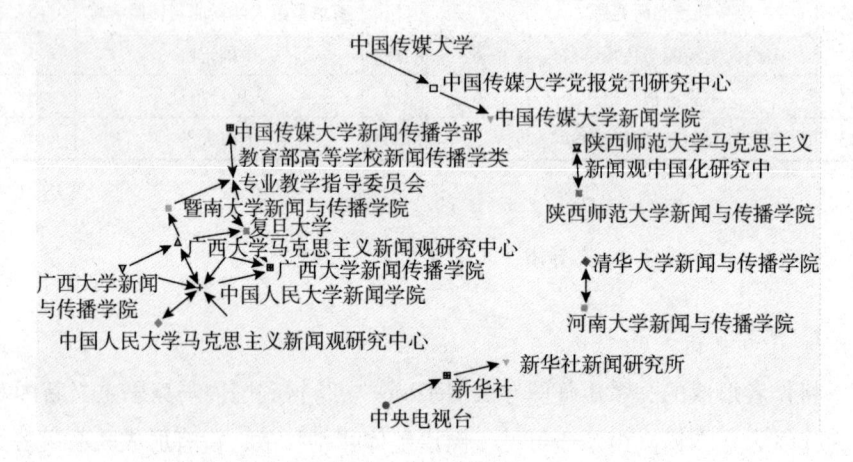

图 3 国内马克思主义新闻观研究机构合作图谱

三 国内马克思主义新闻观研究热点高频词的共词分析

(一) 高频关键词提取与矩阵构建

关键词是作者学术观点和思想的高度概括,高频出现的关键词或主题词能够表征某一特定时期的研究热点。利用 BICOMB 合并含义相同的关键词以及剔除一些无助于主题研究的关键词,生成关键词词频。词频分析法是根据某一研究领域的文献中能够揭示或表达文献核心内容的关键词或主题词出现频次高低来确定该领域研究热点和发展动向的文献计量方法。[①]

在本研究中,采用限制词频阈值的方法,即高频关键词根据高频被引频次阈值确定,采用普赖斯计算公式计算高频阈值,公式如下:$M = 0.749 \times N_{max}^{1/2}$,其中 M 为高频阈值,$N_{max}$ 表示区间学术论文被引频次最高值[②]。本研究中,N_{max} 为 460,根据计算结果,选取词频大于 16 的 35 个关键词为主要

---

① 李军:《基于词频分析法的国内教育技术学研究热点的研究》,《现代情报》2010 年第 8 期。
② 王佑镁、伍海燕:《中国高教研究领域高频被引论文的学术特征分析》,《中国高教研究》2012 年第 1 期。

关键词（见表3）。其总的出现频次为1728次，累积百分比为37.5%，超过知识图谱中规定的27%，符合分析标准，可以基本反映我国"马克思主义新闻观"研究的热点。

表3　　　　　　　　　　高频词关键统计（部分）

关键词	词频	关键词	词频	关键词	词频	关键词	词频
马克思主义新闻观	460	习近平总书记	61	党报	35	马克思主义新闻思想	24
新闻	129	马克思主义	58	政治家办报	31	社会主义	23
新闻工作者	75	新闻宣传工作	47	中华人民共和国	26	新闻传播	22
党性原则	75	思想体系	46	三项学习教育	25	媒体融合	22
新闻舆论	62	新闻观	43	马克思主义新闻学	25	中国化	21
舆论导向	62	报纸	41	新闻学	25	舆论监督	20
党的出版物的原则	61	媒体	41	新闻自由	24	报刊	20

表4是根据上述35个高频词构建的关键词共词矩阵（由于篇幅受限，只列出部分）。其中的行列交叉点数据代表了两两关键词同时出现的频次。以"党性原则"为例，对角线上的数据为该词出现的频次，共出现了75次，"党性原则"与"马克思主义新闻观"同时作为一篇论文的关键词频次高达52次，也就是说，有52篇论文的关键词中同时含有上述两个关键词。

表4　　　国内马克思主义思想观研究关键词的共词矩阵（部分）

	马克思主义新闻观	新闻	新闻工作者	党性原则	舆论导向	新闻舆论	党的出版物的原则
马克思主义新闻观	460	61	60	52	45	36	43
新闻	61	129	8	17	10	6	17
新闻工作者	60	8	75	15	9	1	15
党性原则	52	17	15	75	20	10	61
舆论导向	45	10	9	20	62	8	16
新闻舆论	36	6	1	10	8	62	8
党的出版物的原则	43	17	15	61	16	8	61

（二）因子分析

因子分析就是将共词矩阵进行降维处理后将相应的变量进行分组，"使得在同一组内的变量之间相关性较高，不同组的变量之间的相关性较低"①，聚合的几个公共因子基本能反映原始资料的大部分信息。因子分析中，利用统计分析软件 R 语言编程算法，将 35×35 的共词矩阵转化为斯皮尔曼相关矩阵，借此消除由共词频次差异所带来的影响。进而将斯皮尔曼相关矩阵导入 SPSS，利用主成分法进行因子分析，并采用最大平均值法（Equamax）对初始公共因子进行方差最大正交旋转。②

在总方差解释表的基础上，结合因子碎石图（见图4），可以看出，因子分析的前 5 个因子类别比较明晰，从第 6 个因子开始，曲线逐渐变得平缓，表明对原有变量的解释贡献力变小，可以忽略。这说明将马克思主义新闻观研究划分为 5 类左右较合理。这些因子的累计方差解释贡献率为92.83%。换言之，将 35 个高频关键词分为 5 个类别，就能够解释马克思主义新闻观研究领域研究热点 92.83% 的信息（见表5）。

表 5　　　　　　　　　因子数与涵盖的信息量

成分	初始特征值[a] 合计	方差的(%)	累计百分比(%)	提取平方和载入 合计	方差的(%)	累计百分比(%)	旋转平方和载入 合计	方差的(%)	累计百分比(%)
1	1.279	53.786	53.786	1.279	53.786	53.786	0.517	21.756	21.756
2	0.541	22.759	76.545	0.541	22.759	76.545	0.472	19.830	41.587
3	0.196	8.244	84.789	0.196	8.244	84.789	0.438	18.405	59.991
4	0.120	5.041	89.830	0.120	5.041	89.830	0.462	19.423	79.415
5	0.071	3.000	92.830	0.071	3.000	92.830	0.319	13.416	92.830
6	0.057	2.377	95.207						

本研究只选取因子得分大于 1 的关键词，最终萃取 5 个公共因子，表 6

---

① 张艳芳：《国内 LibQUAL+研究述评》，《情报探索》2011 年第 3 期。
② 陈维超：《基于共词分析的网络版权研究热点分析》，《科技与出版》2018 年第 11 期。

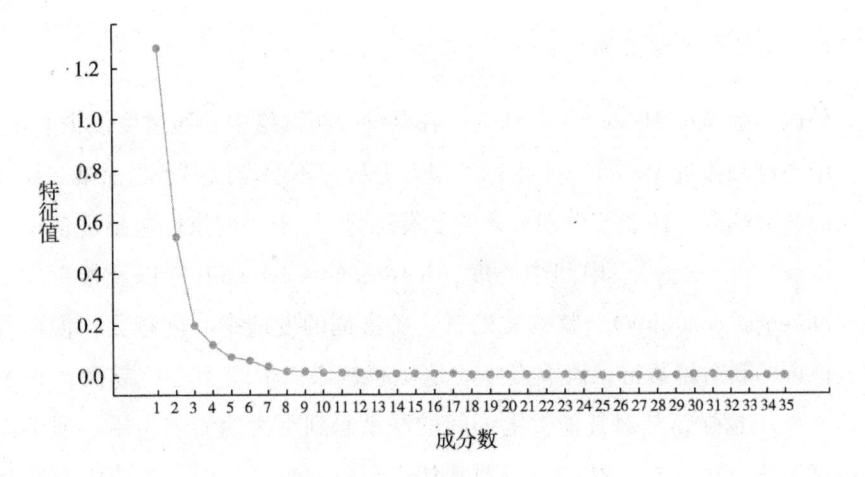

图 4　碎石图

为因子分析确定的马克思主义新闻观研究结构，通过关键词进行因子划分，分别为：马克思主义新闻观内涵、马克思主义新闻思想、马克思主义新闻学在报刊的实践、新闻队伍与马克思主义新闻观学习、马克思主义新闻中国化等五类。其中公共因子1和3可分为一类。

表 6　因子分析确定的马克思主义新闻观研究结构

1	马克思主义新闻观内涵	新闻观（0.809）、政治家办报（0.759）、新闻自由（0.727）、新闻（0.712）、新闻宣传工作（0.704）、党性原则（0.691）、党的出版物的原则（0.677）、舆论导向（0.652）、思想体系（0.651）、新闻舆论（0.523）、舆论监督（0.517）、新闻工作者（0.490）、政治（0.459）、习近平总书记（0.409）
2	马克思主义新闻思想	思想体系（0.639）、中华人民共和国（0.86）、马克思主义新闻思想（0.831）、报刊（0.624）
3	马克思主义新闻学在报刊的实践	马克思主义新闻学（0.829）、报纸（0.66）、报刊（0.656）、新闻自由（0.542）、党的出版物的原则（0.482）、舆论导向（0.483）、党性原则（0.470）
4	新闻队伍与马克思主义新闻观学习	走转改（0.82）、新闻队伍（0.763）、三项学习教育（0.761）、新闻工作者（0.742）、媒体（0.737）、政治（0.642）、马克思主义新闻观（0.602）
5	马克思主义新闻中国化	创新（-0.867）、中国化（-0.763）、新闻学（-0.637）、马克思主义（-0.504）

(三) 社会网络分析

外国学者 Woo Hyoung Lee 认为，在共词分析网络中，通过度值中心度、中间中心度和接近中心度三个指标的组合分析，不但可以揭示当前某一研究领域的研究热点，还能够识别未来的发展态势。[①] 中心度指标包括度值中心度（degree centrality）、中间中心度（betweenness centrality）以及接近中心度（closeness centrality）。就本文而言，关键词的度值中心度越大，说明其和其他词的联系越紧密，该节点中心地位越核心；中间中心度越高，该节点纽带作用越强，其对其他关键词间的联系起到更大的促进作用。通常而言，度值中心度指标较高的节点通常代表当前的研究热点；度值中心度和接近中心度两项指标较低，而中间中心度指标较高的节点则代表着新兴的发展趋势。[②]

表7中，度值中心度较高的节点有"马克思主义新闻观""新闻""党性原则""党的出版物的原则""舆论导向""新闻工作者"等，说明新闻的党性原则以及新闻工作者的马克思主义新闻观研究是关注热点；度值中心度与接近中心度较低而中间中心度较高的节点不太明显，只有"媒体""新闻舆论"略有显现（见图5、图6、图7），综上所述，未来我国马克思主义新闻观研究前沿领域集中在媒体的新闻舆论导向方面。

表7　　　　　　　　高频词关键词中心度（部分）

序号	关键词	度值中心度	中间中心度	接近中心度
1	马克思主义新闻观	671	4.142	97.143
2	新闻	296	3.918	97.143
3	党性原则	289	2.431	91.892
4	党的出版物的原则	267	2.202	89.474
5	媒体	101	1.981	80.952

---

① Lee, W. H., "How to identify emerging research fields using scientometrics: An example in the field of Information Security", *Scientometrics*, 2008, 76 (3): 503–525.
② 陈巧云、李艺：《中国教育技术学三十年研究热点与趋势——基于共词分析和文献计量方法》，《开放教育研究》2013 年第 5 期。

续表

序号	关键词	度值中心度	中间中心度	接近中心度
6	思想体系	159	1.96	89.474
7	新闻舆论	141	1.957	80.952
8	新闻宣传工作	150	1.944	87.179
9	新闻工作者	190	1.586	85.000
10	舆论导向	206	1.551	87.179
11	社会主义	91	1.176	80.952
12	报纸	161	1.021	80.952
13	党报	133	1.021	80.952
14	习近平总书记	130	0.874	73.913
15	政治家办报	121	0.843	79.070

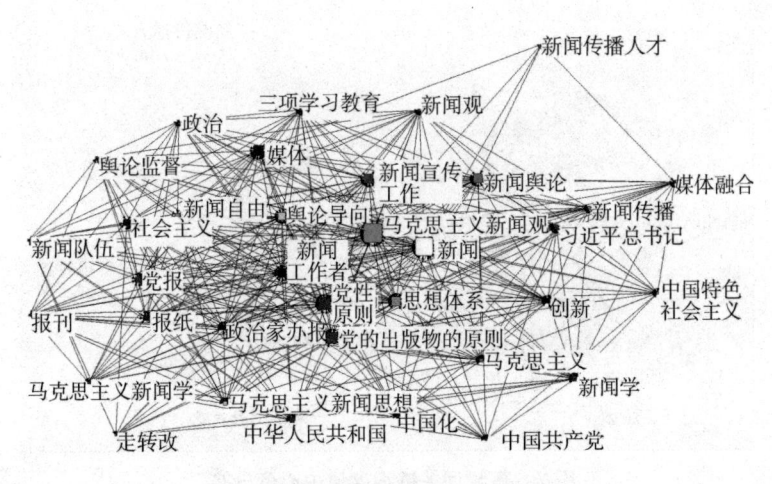

图5 高频词关键词中间中心度分布

四 国内马克思主义新闻观研究热点及主题探讨

通过对比发现，因子分析、分层聚类、多维尺度分析的结果极为相似，最终，本研究将国内马克思主义新闻观研究热点提炼为以下四类：马克思主义新闻观理论与实践、新闻队伍与马克思主义新闻观教育、习近平新闻舆论思想、马克思主义新闻思想中国化与创新等。

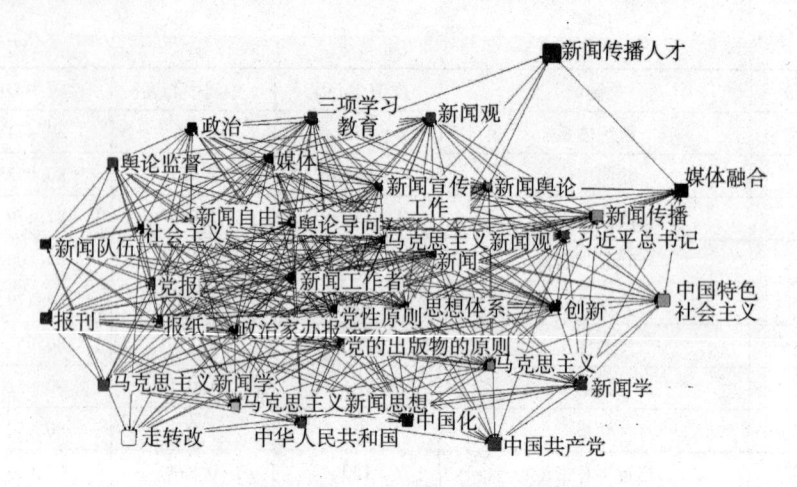

图 6　高频词关键词接近中心度分布

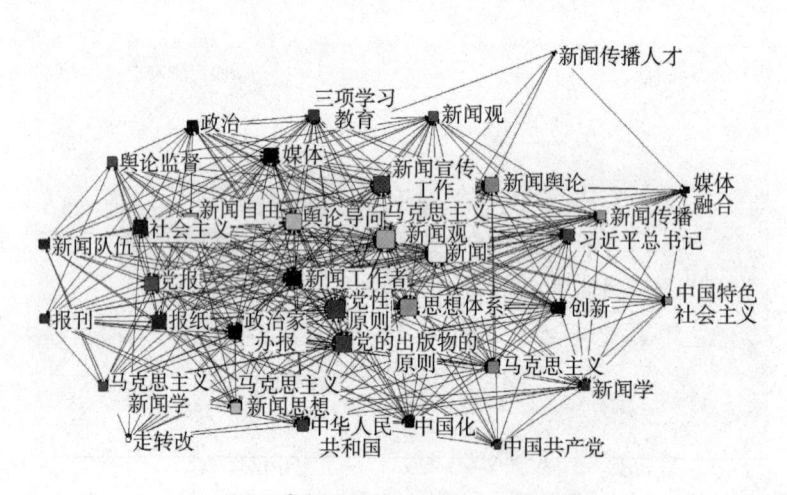

图 7　高频词关键词度值中心度分布

（一）研究热点一：马克思主义新闻学的理论与实践

通常处于第一象限的主题间联系密切并处于研究网络的中心地位，该主题包含关键词马克思主义新闻学、党性原则、新闻自由、政治家办报、思想体系、党的出版物的原则、报刊、报纸、党报、政治、舆论导向、舆论监督等。

"马克思主义新闻学"是指运用马克思主义的立场、观点和方法研究新闻规律，是中国特色新闻理论研究的组成部分，从 2003 年开展"三项学习教育活动"开始,我国马克思主义新闻学研究就聚焦在马克思主义新闻观领域。① 20世纪80年代,针对当时中国社会的资产阶级自由化思潮,主管部门和学界提出"马克思主义新闻观"概念,目的在于加强新闻工作队伍的政治意识。马克思主义新闻观,是指马克思主义对于新闻现象和新闻传播活动的总的看法,它涉及诸如新闻本源、新闻本质及新闻传播规律等许多根本性问题。其中,坚持新闻宣传的党性原则是马克思主义新闻观的根本原则。

考察"马克思主义新闻观"历史脉络可以发现,这一概念的出现与政治是密切相关的,20世纪80年代后期到90年代初,新闻工作的"党性"原则得到了反复的强调。② 马克思主义新闻观的根本原则是党性原则,它可以帮助我们更好地认清西方新闻界新闻自由的虚伪性,进而实现新闻宣传为无产阶级事业服务的根本目标。李广增认为坚持党性原则是马克思主义新闻观的关键,原因在于,党性是新闻真实性的基础、党性强才能更好地体现新闻事业的群众性、党性强才能正确运作新闻自由。③ 当前,新情况新问题不断出现,国际形势纷繁复杂,在深化改革的进程中,国内矛盾十分突出,广大人民群众也有着新的诉求。在这种形势下,要更加坚定马克思主义新闻观、要更加坚定党性原则。

马克思主义新闻观的形成是一个长期的过程,不同时代的领导人根据特定时期的中心任务而赋予其新的内涵,使其具有鲜明的时代特色。其中,毛泽东对马克思主义新闻观的重要贡献表现在他提出"政治家办报"的重要思想。"政治家办报"作为毛泽东新闻思想的重要组成部分,是中华人民共和国当代新闻思想史上的一个重要概念,也是新闻学者研究的一个重要课题。④ 学者对于"政治家办报"的研究主要集中在其提出的时代背景、具体内涵、历史源流、现实意义等方面。魏丽宏认为毛泽东提出"政治家"办报主张的目的是:"确保新闻坚持和增强党性",毛泽东认为所有的新

---

① 周俊:《马克思主义新闻学研究70年(1949—2019)》,《新闻与传播研究》2019年第8期。
② 叶俊:《"马克思主义新闻观"的概念起源及其话语变迁》,《现代传播》(中国传媒大学学报)2018年第4期。
③ 李广增:《坚持党性原则是马克思主义新闻观的关键》,《中国广播电视学刊》2002年第5期。
④ 吴廷俊:《"政治家办报"——研究二十世纪五六十年代中国新闻史的一个关键词》,《国际新闻界》2010年第3期。

闻工作者都是党的宣传员和组织者,他甚至提出"党委第一书记亲自抓社论,把握党报宣传的基调。尤其是党报作为党的喉舌,要无条件地服从党的政策"。①

舆论导向是指存在于新闻舆论中的引导方向,其具有天然的客观属性,而舆论引导则包含更多的主观能动性成分,旨在倡导舆论的正面思想,摒弃负面因素。可以说,舆论导向为舆论引导概念的生成提供了前提和基础。舆论导向是否合目的性、合规律性,对于我国社会主义事业建设影响巨大,舆论导向正确则有利于社会主义事业建设,反之,则给社会主义事业建设带来负面影响。具体而言,舆论引导主要是通过榜样力量或者正面典型进行引导。

坚持正面宣传是我国长期以来的舆论宣传方针,而舆论监督与正面宣传之间存在内在的一致性,习近平强调:"舆论监督和正面宣传是统一的,而不是对立的。"在中国,舆论监督这个词最初出现在20世纪80年代中后期,此前一直沿用的是"批评与自我批评"或"批评报道"。② 中国共产党第十三次全国代表大会首次将"舆论监督"写入报告之中,从此,"舆论监督"正式成为中共的政治理论话语。③

(二)研究热点二:新闻队伍与马克思主义新闻观教育

包含新闻队伍、新闻工作者、新闻观、马克思主义新闻观、三项学习教育、走转改、媒体等关键词。

马克思主义新闻观在我国的出现及运用,主要是为了加强新闻工作者的思想政治教育和理论学习。新闻队伍建设方面,当前我国新闻工作队伍建设存在虚假报道、不良广告与以稿谋私等问题,究其原因,除了经济因素和思想因素,大批没有经过马克思主义新闻观的系统学习和专业训练的人员进入新闻界,导致了新闻队伍结构的复杂化和新闻专业理念和职业精神平均水准

---

① 魏丽宏:《毛泽东、邓小平、江泽民、胡锦涛的新闻思想比较》,《新闻与传播研究》2010年第6期。
② 沈正赋:《舆论宣传·舆论监督·舆论引导中国共产党舆论思想发展进路研究》,《新闻与传播评论》2019年第2期。
③ 邓绍根:《"舆论监督"的历史解读》,《新闻与写作》2009年第3期。

的降低。① 对此应该强化新闻工作者对马克思主义新闻观的学习。随着"马克思主义新闻观"的实践和教育的推进,"马克思主义新闻观"已成为培养中国新闻工作者队伍的理论基础。

从 2001 年的"马克思主义新闻观"教育活动,到"三项教育"再提"马克思主义新闻观",一个显著的特点是加强新闻工作者队伍建设。② "三项学习教育"是指在新闻战线深入开展"三个代表"重要思想、马克思主义新闻观、职业精神职业道德学习教育活动。深入开展"三项学习教育"活动,既是切实加强党对新闻宣传工作的领导,加强队伍建设的重大举措,也是新闻媒体坚持正确舆论导向,提高舆论引导水平,发展和壮大自身的迫切需要。③

根据时代发展的实际需求,2011 年 8 月 9 日,中宣部等五部门在胡锦涛同志"七一"讲话精神指导下,部署了新闻战线的"走基层、转作风、改文风"(以下简称"走转改")活动。④ 相关研究主要集中在"走转改"的内涵与实质、遵循的原则、活动的意义与价值、存在的问题与对策、如何保持常态化等方面。理论学习的目的在于应用,"走转改"活动有助于进一步践行马克思主义新闻观。在"走转改"中,"走"是前提,是基础,而"转"才是核心,是重点,"改"则是结果,是最后要实现的效果;只有在实践中以马克思主义新闻观为指导,才能切实做到转变新闻队伍的作风以及改进新闻报道和舆论宣传的文风。⑤

(三)研究热点三:习近平新闻舆论思想

该主题对应公共因子 4,包含习近平总书记、媒体融合、新闻舆论、新闻传播、新闻传播人才、中国特色社会主义等关键词。

以党的十八大为标志,中国社会进入了实现中华民族伟大复兴的新时

---

① 郭庆光:《"三项学习教育"与我国新闻队伍素质建设》,《新闻与写作》2004 年第 2 期。
② 叶俊:《"马克思主义新闻观"的概念起源及其话语变迁》,《现代传播》(中国传媒大学学报)2018 年第 4 期。
③ 王晨:《努力建设一支让党和人民放心的党报编采队伍》,《新闻战线》2007 年第 9 期。
④ 强月新、刘莲莲:《理论阐释、实践拓展与机制保障——推进"走转改"常态化的三个向度》,《新闻与传播研究》2013 年第 2 期。
⑤ 郑保卫:《在深入"走转改"中践行马克思主义新闻观》,《新闻与写作》2014 年第 3 期。

代。新的媒体技术冲击下，习近平总书记围绕新闻舆论工作历史经验和现实状况形成的理论观念，形成了习近平新闻舆论观。① 习近平新闻思想继承和发展了马克思主义新闻思想，不仅丰富了党性原则和党管媒体、党性和人民性统一、舆论监督与正面宣传统一等科学论断，② 还创新性提出"媒体融合"这一全新命题，以及提出培养"全媒型""专家型"新闻人才等。

新媒体技术对传统媒体格局造成冲击，具体表现在传统媒体的渠道和内容优势受到挤压，习近平直陈问题的严重性："很多人特别是年轻人基本不看主流媒体，大部分信息都从网上获取。"在此背景下，习近平提出了实现媒体融合发展的战略构想，以此实现壮大主流舆论阵地的目的。③ 当前，我国的媒体融合已经进入以中央媒体先行步入县级媒体融合发展阶段。

在马克思主义新闻思想脉络中，新闻舆论工作一直处于十分重要的地位。随着互联网时代的到来，我国新闻舆论工作面临新的时代背景，由互联网形塑的新闻舆论传播的新形态逐渐取代了传统的新闻宣传模式。习近平同志正是站在时代发展的前沿，审视新闻工作的新变化、新趋势，系统地提出了开展新闻舆论工作的方式方法：大力弘扬和宣传先进典型、实事求是的调查研究方法，正面宣传为主与舆论监督相结合的方法，媒体融合背景下的新闻舆论工作协同创新的方法。④ 习近平新闻舆论思想源于中国共产党人的长期新闻工作实践，为新时代党的新闻舆论工作提供了实践指引。⑤ 特别是针对互联网的舆论工作，习近平从维护国家信息、文化和意识形态安全，促进互联网健康发展角度论述了网上舆论工作的重要性。

习近平十分重视新闻队伍建设问题。他认为，"媒体竞争关键是人才竞争，媒体优势核心是人才优势"。习近平根据时代发展的实际需求，提出要加强新闻队伍建设和新闻人才培养，其中主要表现为掌握先进传播技术的

---

① 丁柏铨：《习近平对中国共产党新闻舆论观的继承与发展》，《福建师范大学学报》（哲学社会科学版）2019年第6期。

② 季为民、叶俊：《论习近平新闻思想》，《新闻与传播研究》2018年第4期。

③ 郑保卫、张喆喆：《习近平新闻舆论观的思想精髓、理论来源与实践价值》，《新闻与写作》2019年第10期。

④ 雷跃捷：《习近平新闻舆论观的四个基本特征》，《现代传播》（中国传媒大学学报）2017年第10期。

⑤ 颜隆忠、潘玉腾：《习近平新闻舆论思想的形成、特征与实践价值》，《东南学术》2018年第3期。

"全媒型人才"以及具有专业知识的"专家型人才"。①

（四）研究热点四：马克思主义新闻思想中国化与创新

该主题包含马克思主义、新闻学、马克思主义新闻思想、中国共产党、中国化、中国、创新等关键词。

马克思主义新闻观概念一直到 20 世纪 80 年代才提出，然而，关于马克思主义新闻思想的研究很早就已存在。马克思主义新闻思想，是指自科学社会主义理论形成以来马克思主义经典作家关于新闻传播、宣传工作的论述所体现的思想。革命年代，马克思主义新闻思想为半殖民地半封建社会的中国革命提供了理论指导。程曼丽认为马克思主义思想是作为先进经验的"他者"被引入中国的，这决定了必须将其中国化，使之与中国社会实践进行有机结合，可以说，马克思主义新闻观即是马克思主义新闻思想中国化的具体成果。② 因此，随着马克思主义新闻观的概念在新闻学界和业界的普及，以马克思主义新闻观为题的学术研究逐渐替代了以马克思主义新闻思想为题的文献。

丁柏铨以改革开放为时间节点，认为改革开放前，受到我国经济社会的发展影响，马克思主义新闻思想的研究工作开展得不甚理想；而改革开放后，马克思主义新闻思想经历了"回归科学、拓展视域、趋于深化"三个阶段。③

五　结论与探讨

通过对已有研究成果进行梳理，有助于研究者从整体上把握学科研究动向。本文利用共词分析法从定量的角度客观反映了马克思主义新闻观领域的知识结构及研究热点，有助于我们了解国内马克思主义新闻观关注热点，为今后的学术研究指明了方向，包括加强某一现有研究领域和开拓某一新的研究领域。然而，笔者对关键词的规范化处理存在一定的主观性，可能导致数据本身存在偏差，这在本文中无法体现，在以后的研究中尚需进一步完善。

---

① 叶俊、赵云泽：《习近平对新闻人才培养的重要论述》，《编辑之友》2018 年第 11 期。
② 程曼丽、赵晓航：《马克思主义在中国的早期传播及其新闻思想的形成》，《兰州大学学报》（社会科学版）2018 年第 5 期。
③ 丁柏铨：《简论新中国 70 年来新闻理论研究主题的演变》，《新闻大学》2019 年第 10 期。

近代海外华商的公关广告研究
——以《申报》陈嘉庚公司广告为考察中心

罗志超

(福建省漳州市县前直街36号闽南师范大学新闻传播学院，363000)

摘　要：陈嘉庚是著名的爱国侨领和杰出的海外华商。公关广告是陈嘉庚公司在中国市场经营活动的重要一环，然而在这方面少有研究。通过考察陈嘉庚公司在《申报》刊登的公关广告，可以发现实力广告、信誉广告和观念广告是三种主要类型，这些公关广告为陈嘉庚公司塑造了心系祖国、回馈社会的企业形象，打造了振兴国货、创新质优的产品形象，传递了积极进取、自强不息的企业精神，宣扬了赤诚相待、诚实守信的经营理念，以及进行了自觉维权、主动辩诬的声誉保护，有利于陈嘉庚公司的形象塑造和声誉日隆。

关键词：陈嘉庚；陈嘉庚公司；《申报》；公关广告；海外华商

一　引言

陈嘉庚是名扬海内外的爱国侨领。他耗尽毕生心血财力，倾资兴学造福桑梓，无私奉献于祖国和马来亚的教育事业。他团结领导海外侨胞，勠力同心报效祖国，积极投身于祖国的革命和建设事业。他以其为国为民的光辉一生树立了爱国主义的杰出典范，被誉为"华侨旗帜，民族光辉"。

陈嘉庚也是蜚声东南亚的橡胶大王。他年少出洋从商，奋力兴办实业，赤手空拳地建立起一个庞大的多元化家族跨国企业集团，在新加坡经济史上留下浓墨重彩的一笔，"其经营理念、企业管理以及所表现的企业家精神对新马华商的影响既深且巨"①,被视为"马来亚的亨利·福特"。

在陈嘉庚多彩的人生轨迹中,实业的成功是其为国为民的重要前提。正如他本人所言,"先有营业而后能服务社会,继而后得领导南侨襄助抗战工作也"②。因此,不少研究者从企业角度入手,以期对陈嘉庚的研究更加全面立体,研究成果主要见于陈嘉庚传记中对其企业活动的论述和围绕陈嘉庚企业经营的专论。这些研究对陈嘉庚企业的发展历程③、实业思想④、经营管理⑤、成败经验⑥、企业家精神⑦等多个方面做了较为充分的考察,拓展了陈嘉庚研究的多维视角,扩展了陈嘉庚研究的多元内容。遗憾的是,这些研究对陈嘉庚公司的广告活动着墨不多,只有戴渊⑧和陈少斌⑨做过专辟小节的阐述。前者将"广告与宣传"作为陈嘉庚企业成功的原因之一,后者将"宣传广告特色鲜明"作为陈嘉庚文明经商的体现之一,两者主要立足于对陈嘉庚公司广告的宏观考察,尚缺少对广告内容的深入挖掘。

广告是近代中外商战的推销利器,而制造和推销是陈嘉庚实业成功的法宝,"一方讲求制造,抵抗外货之侵入。一方锐意推销,吸收国外之利益。制造推销,兼行并进,胜利自可握诸掌中"⑩。此外,中国市场是陈嘉庚实业成功的关键,"中国是陈嘉庚的整个商业战略的重点所在"⑪,从 1920 年进入中国市场到 1934 年结束营业退出,陈嘉庚公司在《申报》上刊登了大量广告,这些广告伴随了陈嘉庚公司的兴衰起落。其中为数不少的公关广告

---

① 林孝胜:《陈嘉庚的经营理念与企业管理》,载林孝胜《新加坡华社与华商》,新加坡亚洲研究学会 1995 年版,第 148 页。
② 陈嘉庚:《南桥回忆录》,新加坡:南洋印刷社 1946 年版,弁言第 1 页。
③ Yong, C. F., Tan Kah-Kee, "The Making of an Overseas Chinese Legend" (Revised Edition), Singapore: World Scientific Publishing Company, 2013, pp. 39 – 81.
④ 孙谦:《试论 1890—1934 年陈嘉庚的实业思想》,《南洋问题研究》1993 年第 2 期。
⑤ 林孝胜:《陈嘉庚的经营理念与企业管理》,载林孝胜《新加坡华社与华商》,新加坡亚洲研究学会 1995 年版,第 148—182 页。
⑥ 戴渊:《陈嘉庚企业兴亡的历史经验》,新加坡南大教育与研究基金 2012 年版。
⑦ 颜清湟:《陈嘉庚与海外华人企业家精神》,载颜清湟《东南亚华人之研究》,香港社会科学出版社有限公司 2008 年版,第 293—314 页。
⑧ 戴渊:《陈嘉庚企业兴亡的历史经验》,新加坡南大教育与研究基金 2012 年版,第 18—20 页。
⑨ 陈少斌:《略述陈嘉庚的文明经商》,载陈少斌《陈嘉庚研究文集》,厦门市集美陈嘉庚研究会 2003 年版,第 55—56 页。
⑩ 陈嘉庚:《陈嘉庚公司分行章程》(1929), https: //ctext. org/library. pl? if = gb&file = 123493&page = 5,2020 年 4 月 6 日。
⑪ 戴渊:《陈嘉庚企业兴亡的历史经验》,新加坡南大教育与研究基金 2012 年版,第 27 页。

也从侧面体现出陈嘉庚经营实业的独特价值取向,即"陈嘉庚的理念来自他关怀大众、献身社会、忧国忧民、兼善天下的精神。这个理念引导着陈嘉庚的整个企业发展和人生方向"①。这些广告不仅为其推销各种商品和布局销售网点发挥了重要作用,而且对其树立企业形象和密切公众感情做出了重要贡献。

有鉴于此,本文将以《申报》的陈嘉庚公司广告为研究对象,结合陈嘉庚所处时代背景和企业经营活动,通过内容分析法和文本研究法,在定量分析的基础上对文本进行定性分析,重点考察其中公关广告的整体概况和主要特征。

二 基本说明

(一)样本选取

本研究以《申报》刊载的陈嘉庚公司广告为基本史料,理由如下几点。一是《申报》为民国发行量最大的一份商业报纸,有"中国近代第一大报"之称。加之《申报》的发行地区主要在上海,上海不仅是中国近代广告的发源地,也是陈嘉庚公司率先成立分行的大都市。二是根据《陈嘉庚公司分行章程》第十一章"广告"第二条规定,"新闻类第一项之报纸广告,由总行发稿交分行刊登当地之日报三日刊周刊旬刊等,其广告之地位及费用,由分行与报馆接洽"②,由此可见,陈嘉庚公司在华所刊广告是其公司意志的直接体现。因此,从《申报》广告可以了解陈嘉庚公司的经营理念和广告观念。

以"陈嘉庚公司"和"陈嘉庚"为关键词,检索爱如生《申报》数据库的广告库,选出全文包含此两个关键词的广告作为分析样本,同时结合广告内容的阅读进行筛选,综合确定研究样本,共计806则③。其中陈嘉庚公司的第一则《申报》广告刊登于1920年11月25日,最后一则《申报》广告刊登于1934年6月13日。因此,本研究所涉及的陈嘉庚公司广告,其时

---

① 戴渊:《陈嘉庚企业兴亡的历史经验》,新加坡南大教育与研究基金2012年版,第3页。
② 陈嘉庚:《陈嘉庚公司分行章程》(1929),https://ctext.org/library.pl?if=gb&file=123493&page=55,2020年4月6日。
③ 为了全面反映陈嘉庚公司广告投放量的变化,相同内容的广告在不同日期刊登,则重复计算。

间跨度为 1920—1934 年，即陈嘉庚公司进入中国市场到自动收盘结束营业的这一时期。

（二）研究内容

本研究主要对《申报》陈嘉庚公司广告中的公关广告进行分析，包括公关广告的数量和内容。"公关广告是指社会组织，主要是企业组织为增进公众对其的总体性了解，同时提高组织的知名度与美誉度，塑造良好组织形象的一种广告宣传活动。"[①] 因此，本研究主要根据广告内容的意图来筛选《申报》陈嘉庚公司广告中的公关广告，即是否用于塑造和传播企业的良好形象。而公关广告内容的分类，则主要参考费明胜的分类标准[②]，在此基础上，依据每则广告的标题进行初次归类，如无法确定类别归属，再阅读广告正文以判断主旨。如无法归入既有类目，则增加新的类目。经过增删和修改，最终确定的九个类型是：实力广告、信誉广告、声势广告、祝贺广告、观念广告、倡议广告、响应广告、解释广告和致歉广告（见表1）。为了检验研究信度，笔者对公关广告类型进行了两次独立编码，时间分别在 2020 年的 3 月和 4 月，结果显示两次编码的一致性超过 90%，在可接受的范围内。

表1　　　　　　　　　　公关广告的类目及释义

类目	释义
实力广告	向公众展示组织机构的实力（生产、技术、设备和人才等方面）
信誉广告	通过公众对其优质产品、优质服务的良好信誉以及在国内外评优获奖情况进行宣传
声势广告	借助开业落成、周年纪念等庆典性大型活动创造声势，以唤起公众的注意，扩大组织的知名度
观念广告	通过提倡或灌输某种观念和意见，试图引导或转变公众的看法，影响公众的态度和行为
祝贺广告	在节日和纪念日之际向公众贺喜，或在兄弟单位开业庆典之际表示祝贺

---

① 程曼丽、乔云霞：《新闻传播学辞典》，新华出版社 2012 年版，第 253 页。
② 费明胜：《公共关系学》（第二版），中山大学出版社 2015 年版，第 186—198 页。

续表

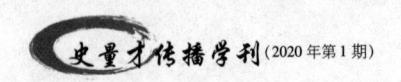

类目	释义
倡议广告	以组织的名义率先发起某种有重要意义和影响的社会活动或新观念，动员大众关心与参与，树立推动社会进步的形象
响应广告	响应社会生活中的某一重大主题，响应政府或社会团体有意义的社会活动，表示组织与社会生活的关联性和公共性，以求得各方公众的理解和支持
解释广告	在组织形象被歪曲、造成公众误解时，及时向公众解释事实真相，澄清混淆视听的传言
致歉广告	组织就自身工作不足或过错向公众致歉，表示诚意，或以退为进地表达已获得的进展和进一步发展

（三）研究问题

在分析时将围绕以下两个关键问题：①就广告本身而言，其刊登数量有多少？在不同年份呈现何种变化？其中公关广告包括哪些类型，具体如何分布？②就广告内容而言，这些公关广告反映了陈嘉庚公司的何种看法？向当时的社会民众倡导了什么样的观念？体现出哪些共性且鲜明的特征？

三 总体概况

（一）整体广告数量分析

从图 1 可以看出，这一时期的广告数量分布并不平衡。1921 年和 1926 年较多，形成两个峰值；而 1924 年、1931 年和 1934 年较少，每年的广告发布量不超过 10 则；1922 年则没有发布广告。

结合陈嘉庚公司的发展历程，可以更好把握不同年份广告发布量的此消彼长。1920 年 11 月底，陈嘉庚公司开始在《申报》刊登广告，为了迅速打开市场，从 1920 年 11 月 25 日到 1921 年 5 月 25 日，陈嘉庚公司以几乎每天一则的频率在《申报》上密集刊登广告。1926 年的广告发布量达到本期的最高峰值，主要原因是陈嘉庚公司从这一年起开始投放分类广告，其分类广告数量高达 241 则，占到该年广告总数的 92%。

1922 年，鉴于新加坡树胶同业竞争激烈，陈嘉庚把主要精力放在创设马来亚的九处分厂上。1924 年，陈嘉庚公司开始刊登贺年广告，虽然本年

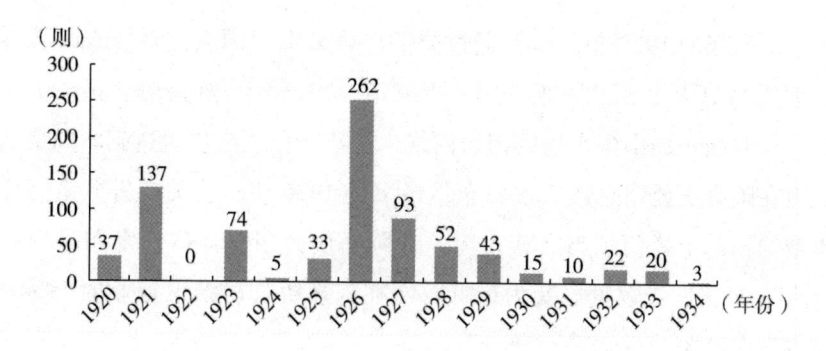

(则)
300
250 — 262
200
150
100 — 137
50 — 37 0 74 5 33   93 52 43 15 10 22 20 3
  1920 1921 1922 1923 1924 1925 1926 1927 1928 1929 1930 1931 1932 1933 1934 (年份)

图1　陈嘉庚公司广告发布量的时间分布

度的广告数量骤降，但是该公司从1月25日起推出了持续全年的"奉赠月份牌"活动。1934年2月，陈嘉庚公司董事会议决议自动清盘，该公司本年度也只有6月份发布了三则降价一星期的促销广告，并于年底全面停业。事实上，在内外经营环境持续恶化的30年代，陈嘉庚公司的广告发布量都远远低于20年代的多数年份。

（二）公关广告数量分析

从图2可以看出，从1920年到1934年，共有335则陈嘉庚公司的公关广告刊登在《申报》上，占总体比例的41.6%。这一时期的公关广告数量分布同样不平衡。1921年、1923年和1926年较多，形成两个峰值；而1924年最少，1922年和1934年则没有发布公关广告。

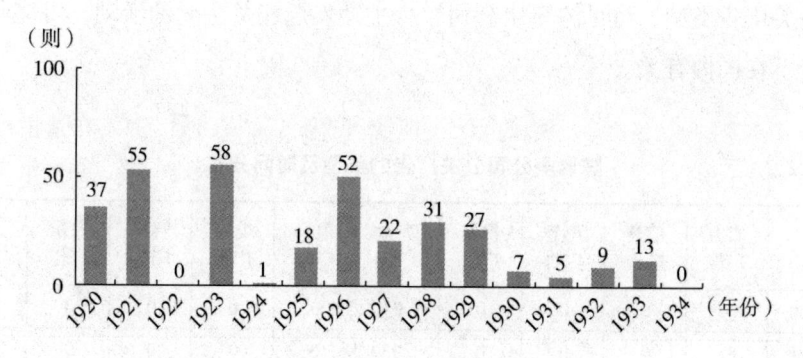

(则)
100

50 — 37 55 0 58 1 18 52 22 31 27 7 5 9 13 0
  1920 1921 1922 1923 1924 1925 1926 1927 1928 1929 1930 1931 1932 1933 1934 (年份)

图2　陈嘉庚公司公关广告发布量的时间分布

结合上文对《申报》陈嘉庚广告总量的分析可以发现，陈嘉庚公司刚进入中国市场的 1920 年，全部通过公关广告来向祖国人民宣传自身，并一直延续到 1921 年，形成本期的第一个峰值。1923 年，陈嘉庚公司在上海设立分行，开始布局中国市场的销售网络，是年的公关广告也达到本期最高峰值。而在陈嘉庚公司总体广告发布量最多的 1926 年，公关广告数量同样达到本期的第三个峰值。与之相对应，在陈嘉庚公司总体广告发布量很少的 1924 年，公关广告数量也变为最低。而在陈嘉庚公司结束营业的 1934 年，则不再发布公关广告。

（三）公关广告内容分析

从表 2 可以看出，实力广告是陈嘉庚公司使用最多的公关广告类型，信誉广告和观念广告分列二、三位，三者占比多达总数的 60%。结合三者在不同年份的数量可以发现，陈嘉庚公司刚进入中国市场的前两年，主要围绕自身实力的介绍，以便能迅速打开市场。在 1923 年陈嘉庚公司上海分行成立之后，转而重视信誉广告和观念广告的使用，以便使其分行更好在国内落地生根。紧随其后的解释广告和致歉广告在数量上与前三者差距较大，但是对于增进该公司的信息透明度和公众好感度必不可少。声势广告和响应广告的数量分别受限于陈嘉庚公司各地分行的开办速度和相关活动与该公司的匹配程度，因此也不是很多。从 1924 年开始发布的祝贺广告，数量更少的原因是每年的发布时间节点只有元旦和国庆。倡议广告是陈嘉庚公司使用最少的公关广告类型，可见陈嘉庚公司较少主动发起相关主题的活动，可能与其总行不在国内有关。

表 2　　　　　陈嘉庚公司公关广告的类型及时间分布

	实力广告	信誉广告	声势广告	祝贺广告	观念广告	倡议广告	响应广告	解释广告	致歉广告	合计
1920	37	0	0	0	0	0	0	0	0	37
1921	55	0	0	0	0	0	0	0	0	55
1922	0	0	0	0	0	0	0	0	0	0
1923	0	15	8	0	32	0	0	3	0	58
1924	0	0	0	1	0	0	0	0	0	1

续表

	实力广告	信誉广告	声势广告	祝贺广告	观念广告	倡议广告	响应广告	解释广告	致歉广告	合计
1925	0	0	0	1	8	0	0	0	9	18
1926	1	36	0	2	3	0	2	5	3	52
1927	1	11	5	1	0	0	0	4	0	22
1928	7	0	2	1	9	0	3	7	1	31
1929	3	12	1	2	6	0	1	2	0	27
1930	0	0	0	0	2	1	0	0	4	7
1931	0	0	0	0	1	0	0	0	4	5
1932	0	1	0	0	0	0	1	7	0	9
1933	2	4	0	0	0	2	5	0	0	13
1934	0	0	0	0	0	0	0	0	0	0
合计	106	79	16	8	61	4	12	28	21	335

四　主要特征

通过上文广告发布的考察，有助于我们了解《申报》陈嘉庚公司广告及公关广告的基本面貌，而通过具体广告内容的解读，则有助于我们把握《申报》陈嘉庚公司公关广告的主要特征。

（一）塑造心系祖国、回馈社会的企业形象

企业形象是影响企业产品销售的重要因素之一，陈嘉庚公司的公关广告着力塑造了自身心系祖国、回馈社会的企业形象。首先，注册商标体现鲜明的爱国情怀。陈嘉庚公司刚进入中国市场时，就使用了钟形商标，随后又增加了盾形内钟形联合商标（见图3）。两个商标不但出现在许多广告中的醒目位置或是产品图案上，而且在农商部商标局注册并有专用权利证书。两个商标的中间位置都有一醒目的粗体毛笔字"中"，"中"字外围都有一口钟的形状。"中"是中华民族对外的简称，"钟"与"中"谐音，具有报时、报警等多重含义。结合时代背景，可以看出陈嘉庚公司既不忘炎黄子孙身份，又具有警钟长鸣意识，希冀通过实业来救亡图存报效祖国。其次，办厂初衷体现清醒的忧患意识，陈嘉庚自陈，"橡皮用品产自欧洲销行中国，国

人每年消耗为数甚巨，嘉庚惧大利之外溢致国弱而民贫"①，因此他在新加坡种植橡胶园的同时，又设立了橡胶制造厂，形成从原料生产到加工制造的垂直整合工业体系。最后，企业愿景体现自觉的救国之志，陈嘉庚公司回顾其实业之路时曾表示"区区志愿，在以工商业优裕民生，振兴教育，藉使民智国力，同时进展。挽利权之外益，并欧美而齐驱。所以分救国之仔肩，尽国民之天职也"②。而陈嘉庚开办橡胶制造厂正是"一种理想之提倡"③，其理想是为侨胞就地提供训练机会，以便他们将来回国可以服务祖国橡胶工业。诚如陈嘉庚自己所言，"惟有真骨性方能爱国，惟有真事业方能救国"④，因此，心系祖国正是其企业形象的应有之义。

图 3　陈嘉庚公司商标

陈嘉庚在艰苦创业、事业有成后，也不忘饮水思源，积极回馈社会。一是为了增补药书而征集良方。陈嘉庚 20 余岁时，曾托友人汇款定印日本横滨中华会馆出版的药书《验方新编》，并在闽南各乡免费分发。后因药书被转运公司所误而与该会馆断绝来往。陈嘉庚"数年来切念是书之良，又抱供不应求之歉"⑤，便在 1925 年登报向社会各界广泛征集经验良方，以增补《验方新

---

① 《上海陈嘉庚橡皮公司分行定于三月十七日先行交易》，《申报》1923 年 3 月 16 日第 1 版。
② 《为国货建筑万里长城》，《申报》1929 年 9 月 7 日第 8 版。
③ 陈嘉庚：《畏惧失败才是可耻》，《东方杂志》1934 年第 31 卷第 7 期。
④ 陈嘉庚：《陈嘉庚公司分行章程》（1929），https://ctext.org/library.pl?if=gb&file=123493&page=16，2020 年 4 月 6 日。
⑤ 陈嘉庚：《各界注意》，《申报》1925 年 7 月 29 日第 13 版。

编》并重新出版。1928年该药书编订成册后,又拿出两千本,"在沪登报赠送一月为期,济急扶危冀广流传,如承函索限定一册"①,结果民众对其善举反响热烈,"讵于三日内本埠函索供不应求,仅存几百本留赠外埠"②。二是响应各种活动而降价促销。如在1928年的国货运动周期间,陈嘉庚公司上海两家分行就以正价商品九折销售作为提倡,"愿我同胞深明此义,争一口懦弱之气"③,并在1933年的国货年中,同样将其各种胶鞋降价出售。1932年一·二八淞沪抗战后,因对抗日战士"忠勇为国钦敬无已"④,陈嘉庚公司又降价出售其各种平价鞋,以配合上海市征集慰劳物品的活动。陈嘉庚本人及其公司的种种善心义举,很好地体现了他的个人志向,"愿为公众服务,却为一生不移之宗旨。又念社会事业,当随时随力,积渐做去。"⑤

(二)打造振兴国货、创新质优的产品形象

通过公关广告树立良好的产品形象,同样有助于企业销售产品和占领市场。"振兴国货,创新质优"便是陈嘉庚公司公关广告极力打造的产品形象。首先,以"国货"为产品定性并以"振兴国货"为己任。陈嘉庚公司在《申报》所登的第一则广告就开宗明义地表明其国货身份:"本制造厂设在新加坡,用本橡树园所产之橡胶制造各种用品,职工皆聘用华人,其药料凡我国所有者,多采自国内,故出品虽造自海外,而工料仍属自华产,用以振兴国货挽回利权。"⑥ 在该公司看来,"资本中国,工人中国,原料亦是中国,此为纯粹国货。资本外国,原料外国,虽在中国设厂制造,应列为非国货"⑦,即资本和原料的来源是辨别国货与否的标准。"国货"身份作为其产品宣传的核心话语,常常以"国货明星""完全国货""国货橡皮品"等类似表述出现在广告中。而陈嘉庚公司对国货的振兴既体现在实际行动中,如该公司设立上海分行的目的,就是"供吾爱国同袍随时参观,采用国货以

---

① 《赠书展限》,《申报》1928年4月1日第1版。
② 《陈嘉庚公司第一分行启事》,《申报》1928年4月3日第13版。
③ 《争气》,《申报》1928年7月7日第4版。
④ 《陈嘉庚公司胶鞋减价广告》,《申报》1932年2月4日第4版。
⑤ 杨进发:《战前的陈嘉庚言论史料与分析》,新加坡南洋学会1980年版,第39页。
⑥ 《请购上等之橡胶鞋底》,《申报》1920年11月25日第9版。
⑦ 《国货与非国货之分别》,《申报》1931年10月22日第1版。

塞漏卮"[1]，而该公司开展降价促销的目的，同样是"为报答诸君提倡国货之热心"[2]，也体现在观念引导上，该公司将"巩固国家经济的基础"[3]视为提倡国货最大的使命，以此高度来阐述提倡国货的重要性，"国货日兴，民生日裕，国力日振，四万万人皆利赖之矣"。[4]

其次，陈嘉庚公司的国货产品还具有创新质优的突出特点。作为当时海外华人橡胶工业的先驱者，陈嘉庚基本是从零开始进行产品制造，因此他高度重视技术创新，经过长期不懈努力，使得技术创新成为其产品质量的根本保障。浅黄色熟胶底平底鞋和汽车内外胎是陈嘉庚公司独家首创的两大拳头产品，前者"比较白胶底鞋一双可抵两双之耐用"[5]，后者在1927年研制成功后，1929年参加工商部中华国货展览会时勇夺特等奖（见图4），而该公司的两大发明"粘皮靴鞋及一面硬化一面不硬化之橡皮"[6]也在1929年由工商部核准技术专利。可以说，"陈嘉庚企业的技术创新更是华人工业的典范"。[7] 此外，选配优良原料和特聘专家监制也是陈嘉庚公司产品质量的重要保障，其各种橡皮鞋"选质既精制工尤美，每出一种用者好之"[8]，具有较好的口碑。由于质量过硬，陈嘉庚公司敢于承诺，"如用钟标黄包车胎，在包用户期内，倘有破坏发现，按照卖价日期扣算，可向本公司取换新胎"[9]。陈嘉庚公司曾表示，"对于选料、构造等等，以有专门人才，充足资本，是以确能特别优异。谓为出类拔萃，诚足当之无愧"。[10] 根据其产品质量的突出表现，如此自信的表述并非虚言。

（三）传递积极进取、自强不息的企业精神

企业文化是企业的灵魂，其核心是企业精神。而公关广告也能将企业精

---

[1]《星加坡陈嘉庚橡皮公司添设上海分行广告》，《申报》1923年2月19日第13版。
[2]《陈嘉庚公司大减价二十一天》，《申报》1930年12月11日第1版。
[3]《提倡国货最大的使命是巩固国家经济的基础》，《申报》1928年1月1日第27版。
[4]《为国货建筑万里长城》，《申报》1929年9月7日第8版。
[5]《黄白争战》，《申报》1929年4月9日第1版。
[6]《倪絅律师王梓康会计师代理陈嘉庚公司呈准发明品专利暨商标专用权公告》，《申报》1929年10月4日第4版。
[7] 戴渊：《陈嘉庚企业兴亡的历史经验》，新加坡南大教育与研究基金2012年版，第13页。
[8]《出售国货》，《申报》1926年3月6日第21版。
[9]《陈嘉庚公司钟标黄包车胎》，《申报》1932年9月23日第2版。
[10]《出类拔萃》，《申报》1926年12月16日第22版。

图 4　陈嘉庚公司广告

(《申报》1929 年 7 月 4 日第 7 版)

神传递给外部公众,营造良好的企业生态环境。"陈嘉庚的领导作风在于以身作则、坚忍不拔、贯彻始终"[1],其领导作风注入公司文化,便形成了"积极进取,自强不息"的企业精神,并在《申报》陈嘉庚公司的公关广告中得以体现。

首先,陈嘉庚在发展决策上具有强毅果敢的奋进气魄。橡胶制品是陈嘉庚公司的中流砥柱。早在 1906 年,当不少人对橡胶前景持观望态度时,陈嘉庚就当机立断大力开展橡胶种植,随后又设厂进行加工制造。而他选择在上海设立分行,也是出于"环顾祖国橡皮物件,殊多泊(舶——编者注)来之品,欲求国货实不多见"[2] 的市场敏锐性,以此号召爱国同胞转用国货以防利权外溢。"这种洞烛先机的精明商业眼光,为他的企业打下坚实的基

---

[1] 杨进发:《战前的陈嘉庚言论史料与分析》,新加坡南洋学会 1980 年版,第 4 页。
[2] 《星加坡陈嘉庚橡皮公司添设上海分行广告》,《申报》1923 年 2 月 19 日第 13 版。

础"①。其次，陈嘉庚公司在产品开发上具有挽回利权的自强气节。鉴于运动靴鞋"吾国素未出品，若购诸舶来，则价值昂贵，经济不堪亦一原因"②，该公司便悉心研制出适足耐用的胶底运动靴鞋。鉴于套鞋"市上所见，大多来自东洋与美国两地，利权丧失，不可胜计"③，该公司又费时三年苦心研发出这一雨天必需品。最后，陈嘉庚公司在产品改良上具有精益求精的进取气概。如其制造的各种车辆轮胎，"前因手法不熟，或有爆裂崩坏之虞"④，该公司便通过悉心研究不断改良，排除了这一安全隐患。运动靴是该公司的热销商品之一，该公司仍不断对其加以改良，动因来自"工厂制造事业，尤当观察社会所需，力求改良以适于用。不应故步自封，自跻落伍"⑤。正是秉持了"世界万物，随时进化"的格局和高度，保证了该公司改良产品的积极性和自觉性。

（四）宣扬赤诚相待、诚实守信的经营理念

企业在公众心目中树立良好形象的关键在于诚信，而以事实为基础的公关广告，可以帮助企业真实、客观、公正、全面地传递和沟通信息。"诚信"既是陈嘉庚道德修养的重要体现，也是陈嘉庚公司经营成功的重要保证。陈嘉庚独立经营始于其父米店负债20多万元宣布破产之后。根据当时新加坡的法律和习惯，陈嘉庚不负连带清偿责任，但他仍在创业四年后清偿了父债，这种重仁义讲信用的高风亮节使其商誉日隆。而陈嘉庚公司在《申报》刊登的不少致歉型公关广告同样体现了其诚信品格。

首先，针对供货环节存在的不足，真诚致歉并寻求改进。由于新加坡总厂到货延误，以至于顾客无法畅用其产品，陈嘉庚公司在"抱憾之至"的同时积极加以解决"日后之货遂日运申，可无缺货之虑"⑥。由于网球鞋供货不足，使得想买的顾客无功而返，该公司在"殊深歉仄"的同时也继续

---

① 戴渊：《陈嘉庚企业兴亡的历史经验》，新加坡南大教育与研究基金2012年版，第22页。
② 《注意远东运动会》，《申报》1926年10月21日第13版。
③ 《套鞋大减价》，《申报》1929年7月19日第1版。
④ 《破天荒中国汽车内外胎出世》，《申报》1927年9月14日第13版。
⑤ 《运动靴之进化史》，《申报》1929年7月27日第1版。
⑥ 《国货明星》，《申报》1925年5月21日第19版。

做出改善，"由总厂运到大批质料，颜色较前尤佳"①。其次，针对顾客购物的顾虑，坦诚沟通并积极回应。如顾客担心生橡皮鞋底在夏天会有湿气，陈嘉庚公司就加以区分和对比，"苟其人平日汗湿多者，无论穿何鞋底，均有湿气，生橡皮底不传热能，护足比这熟橡皮底利益更大"②，而陈嘉庚公司新出黄胶绉底鞋后，就请工商部上海商品检验局进行化验，证明"黄胶底无毒质，不致妨碍穿者"③，通过权威机构出具证明的方式，来对其产品原料的安全性进行佐证。最后，针对产品价格的变动，耐心解释并灵活调整。1926年，当陈嘉庚公司对网球鞋首次提价时，就解释其提价苦衷：根据汇率上涨幅度，原本每双鞋一元半的售价需加银三角，"余今仅加一角，实仍亏血本出售"④。在对顾客开诚布公的同时，也不忘给予消费者最大限度的实惠。从1930年起，因为"金价暴涨关税继增"，陈嘉庚先后上调其各种胶底鞋和波罗蜜的价格，每次涨价都会刊登致歉广告说明不得已的原因，"尚祈惠顾诸君统希鉴谅为荷"⑤。难能可贵的是，一旦需要响应慰劳抗日战士、国货年和全国运动大会等重要活动，陈嘉庚公司就会随之降价，让利顾客。总之，无论为人处世或是经营企业，陈嘉庚都能坚持诚信为本和信义为先，从而实现了利从务实中得，誉从诚信中来。

（五）进行自觉维权、主动辩诬的声誉保护

企业在发展过程中，不可避免地要遭遇一些突发性、意外性和破坏性的事件，不断考验着企业的危机公关能力。陈嘉庚公司善于借助公关广告认真对待、及时处理和努力化解无情商战中的各种危机，从而扭转不利局面，矫正不良印象，挽回自身声誉。

首先，震慑假冒其产品和商标的不法商人。陈嘉庚公司上海分行刚成立不久，其他地区就出现了假冒其产品的经销点，该分行随即发布紧要通告，强调"各外埠尚未开设分售处，贵客买货请认明中字钟标以防假冒为要"⑥。

---

① 《各校男女学生公鉴》，《申报》1926年5月23日第13版。
② 《生橡皮底之利益说》，《申报》1926年7月5日第6版。
③ 《工商部上海商品检验局证明黄胶绉底鞋为优良商品》，《申报》1929年10月23日第4版。
④ 《陈嘉庚橡皮公司沪行启事》，《申报》1926年10月22日第1版。
⑤ 《陈嘉庚公司钟标波罗蜜增加批价广告》，《申报》1930年1月22日第1版。
⑥ 《上海陈嘉庚橡皮公司分行紧要通告》，《申报》1923年5月19日第1版。

当市场上出现假冒其商标的无耻行径后,该公司又通过代理律师提出警告"一经查悉,本律师当尽保障之责,依法控诉决不宽贷"[①]。在不同年份,该公司都会发布以"敬告爱国同胞"等为题的解释广告,既防止了顾客的中奸受愚,也保持了震慑的高压态势。其次,澄清诬陷其非国货身份的不实报道。1928年,鸳派作家组织"骆驼同乡会"的同人刊《骆驼画报》登出《陈嘉庚橡皮鞋并非国货之骇闻》,未经实地调查求证就表示其橡皮鞋是在日本制作,指出"将此冒牌国货厂之内容,宣诸公众,使国人不再受欺,则抵制前途,庶有豸焉"[②],抹黑了陈嘉庚公司业已经树立的国货形象。陈嘉庚公司第一时间就委托其代理律师向该报致函问责,并取得该报主笔在下一期更正和致歉的承诺,由于"深恐各界不明真相淆惑视听"[③],又在《申报》上刊登介绍本次事件来龙去脉的通告,力图将由此带来的不良影响降至最低。最后,直面竞争对手借由广告混淆视听的欺骗手段。陈嘉庚公司将产品线延伸到制药领域后,与同为新加坡华商胡文虎的虎标万金油产品形成直接竞争关系,后者的在华分行上海虎标永安堂就利用广告制造舆论,诋毁陈嘉庚公司的药品普生油在原料和包装上仿冒其万金油,以宣示其正宗和垄断地位。针对永安堂的这两大诋毁,陈嘉庚公司在《申报》分别刊出《广告之道德》和《商人之道德》两则解释广告(见图5),前者围绕万金油药品并未拥有发明专利权这一实质,后者围绕万金油与普生油包装上的各种具体差别这一焦点,条分缕析地加以驳斥。广告文字不但有理有据,"二十世纪为商战时代,凡百出品,若无注册发明专利权者,无论何人,均可自由互相仿效以竞争";而且语言平和,"盖同业竞争,道德所许,只求态度之光明,手段之正当耳",契合了陈嘉庚的一贯主张"与同业竞争,要用优美之精神,与诚恳之态度"。[④]

五 结语

长久以来,陈嘉庚作为热爱祖国和人民、热心教育和慈善的精神典范而

---

① 《萨赉德大律师代表陈嘉庚公司启事》,《申报》1926年12月17日第1版。
② 俪碧:《陈嘉庚橡皮鞋并非国货之骇闻》,《骆驼画报》1928年第48期。
③ 《陈嘉庚公司上海分行为骆驼画报误载事实通告》,《申报》1928年8月3日第9版。
④ 陈嘉庚:《陈嘉庚公司分行章程》(1929),https://ctext.org/library.pl?if=gb&file=123493&page=29,2020年4月6日。

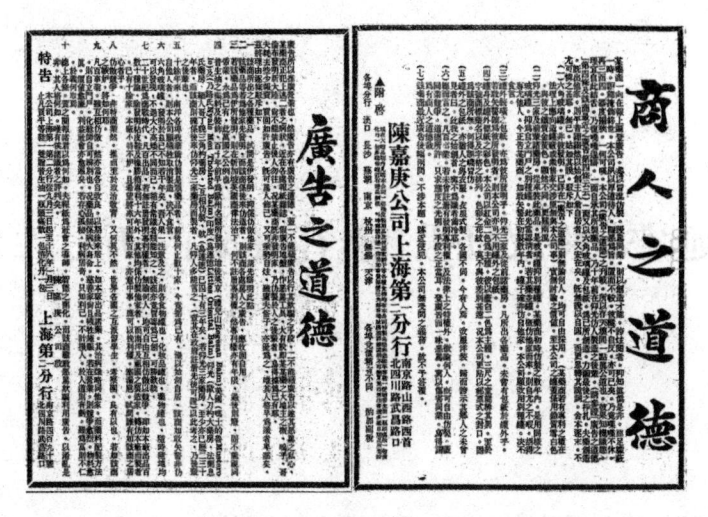

图 5 陈嘉庚公司广告

(《申报》1928 年 9 月 27 日第 2 版，1928 年 10 月 24 日第 2 版)

被世代传颂。而他同样是一位杰出的海外华商，他在短短 30 年时间里，打造了一个以新加坡和马来亚为中心，并扩展到东南亚各个地区的庞大企业王国。虽然其企业受各种主客观因素影响而走向终点，但是仍在东南亚华人经济史上留下了不可磨灭的业绩。

本文通过《申报》陈嘉庚公司公关广告的研究，勾勒了陈嘉庚公司在中国市场的广告活动轨迹。整体而言，其公关广告以实力广告、信誉广告和观念广告为主，主要特征包括塑造心系祖国、回馈社会的企业形象，打造振兴国货、创新质优的产品形象，传递积极进取、自强不息的企业精神，宣扬赤诚相待、诚实守信的经营理念，以及进行自觉维权、主动辩诬的声誉保护。这些公关广告以祖国人民为沟通对象，加深了公众的理解和认识，取得了公众的信赖和支持，树立起"实业救国、实用利民"的形象和声誉。

由于笔者学术能力所限，本文仍有一些不足之处：以往文献对公关广告类型的划分尚未达成一致，采用不同分类标准可能获得不同研究结果，因此本研究得出的结论并非定论。此外，本研究仅以陈嘉庚公司在《申报》所刊广告作为样本，没有包括它在其他国内报刊及新加坡本体报刊的广告，因此，本研究只反映了陈嘉庚公司公关广告的一个侧面。今后的研究可以扩大样本的范围和梳理，以便得到更为全面立体的研究图景。

论延安《解放日报》继往开来的历史作用

乔云霞

(河北大学 新闻传播学院,保定 071002)

摘 要:延安《解放日报》是在革命根据地出版的第一个大型的、每日出版的中共中央机关报,是我国新民主主义革命时期贡献最大、影响最大的革命报纸。它继承了中共早期办报传统,代表着中共办报模式的成形,在传播理念和传播技巧方面都得到成熟,具有里程碑的意义。《解放日报》的传播历程以典范的形式昭示了中国共产党新闻传播事业的责任意识和强烈的历史使命,表现了中国共产党新闻传播事业最好品质。《解放日报》由此成为一个难以逾越的历史丰碑,供后人缅怀。在新闻传播事业史乃至世界无产阶级新闻传播事业史上都占有极其重要的地位,并具有承前启后的历史意义,对后世产生了深远影响。继承和弘扬延安《解放日报》光荣传统,唱响主旋律,将有力激发为实现中华民族伟大复兴的中国梦而团结奋斗。

关键词:延安《解放日报》;继往开来;历史作用

把历史的研究回归历史,把历史的研究放在历史环境中去考察,我们发现延安《解放日报》具有继往开来的历史作用。

一 延安《解放日报》是对中共早期报刊的继承

回顾中共早期办报的经历与传统,发现中国共产党一直重视新闻事业在革命中的作用:首先提出无产阶级报刊是党的事业的重要组成部分;基本使命是:宣传、组织广大民众认识自己的利益,并能为自己的利益奋斗。报刊应为革命服务,正确宣传和贯彻党的民主革命纲领和策略,反映社会和民众的实际需要；报刊工作者为此不惧艰难困苦，不怕牺牲。

在上海白色恐怖中瞿秋白主编《新青年》季刊宣传马克思主义，介绍国际共产主义运动经验。"二大"决定出版第一个中共中央机关报《向导》周报，1922年9月13日在上海创刊，由蔡和森、瞿秋白等主编，到1927年7月中旬停刊，共出201期。它集中宣传了"二大"提出的"打倒帝国主义，打倒军阀、统一中国为真正的民主共和国"的民主革命纲领，宣传建立各革命阶级的统一战线的主张。它声明"本报并不像别的报纸一样，只是发空议论。本报所发表的主张，是有数千同志依着进行的"。① 它的宣传遵照党的纲领、方针、政策进行，密切配合党的中心任务，并和党的领导机关紧密相连。继《向导》之后，中共中央又创办了《前锋》，与《新青年》《向导》相配合，在思想、理论和政治上，形成一个强大的宣传阵势，有力地推动了国民革命的胜利发展。

1925年5月30日，中央决定创办一个日报以指导五卅运动，6月4日，由瞿秋白筹办并任主编的《热血日报》在上海创刊。此时瞿秋白自己遭敌人通缉，白色恐怖已笼罩上海。在此情况下他与编辑部同人共同努力，把《热血日报》办成了一个有声有色的通俗政治性小型报纸。旗帜鲜明，对帝国主义、卖国军阀进行了深刻揭露和无情鞭挞，在五卅运动中发挥了很好的宣传鼓动作用。

大革命失败后，中共在国统区被宣布为非法组织，只能在白色恐怖下秘密办报。1927年10月24日《布尔塞维克》创刊于上海，由瞿秋白主编，集中揭露了国民党叛变革命的真面目及其反革命本质。在白色恐怖下为了通过新闻检查曾用《少女怀春》《虹》等九个化名为封皮。② 1929年4月17日，中共中央宣传部在上海创办《上海报》，由李求实主编，以工人为主要读者对象的四开四版小型报纸，从内容到形式都适合工人阅读，是工人阶级自己的报纸。1930年8月15日，《红旗日报》在上海创刊，先为"中国共产党中央委员会机关报"，后改为"中国共产党和江苏省委机关报"。这些报刊宣传和贯彻党的民主革命纲领和策略，反映社会和民众的实际需要。

---

① 1922年9月13日，《向导》周刊发刊词。
② 吴廷俊：《中国新闻史新修》，复旦大学出版社2008年版，第249页。

1931年12月11日，中华苏维埃临时中央政府机关报《红色中华》创刊于瑞金，1937年1月29日，改名为《新中华报》在陕北瓦窑堡出版。它是中国共产党在革命根据地创办的第一个中央机关报，大力揭露日本帝国主义的侵略罪行，抨击国民党政府的妥协政策，宣传了共产党的抗日救亡主张。

瞿秋白是中共的主要领导，是中共报刊的开拓者，他总结了多年的新闻实践，提出了党的新闻工作者的理论、原则、任务和方法，为我党报刊理论的发展奠定了基础。他在上海时就系统研究了《红色中华》报的政治宣传和新闻业务的情况。写出了《关于〈红色中华〉报的意见》一文，[①] 文中瞿秋白提出了六条意见，概括如下。

第一，党报要反映党的建设。"各级党部的情形，各级党部在苏维埃地方政府之中的作用，各级党部的发展，各级党部的优点和错误等等——必须反映在这个报纸上。"

第二，要正确地在报上开展自我批评。

第三，消息报道，必须能够反映革命的各条战线的具体情形。

第四，"加强社论和一般论文的指导作用，反对命令主义的倾向。"他主张"用这中央机关报的名义直接对一般民众说明某种政策的意义和具体的办法，这样可以大大的帮助简单的法令，可以领导民众反对官僚主义的恶化"。

第五，要开展工农兵通讯运动。强调"要组织每个地方、每个战线的工农兵通讯协会，帮助能够开始写些通讯（关于当地的事实和批评的通讯）的兵士、贫农、工人组织起来，有系统的'发稿'给各种小报、壁报，而《红色中华》报可以利用这些稿子，加以编纂而使自己的新闻栏更加丰富起来"。

第六，建议发行最浅显的《工农报》。

他这些意见不仅对《红色中华》有裨益，而且对办好其他党报也有指导意义。这是对党报理论的开创性贡献。

国共合作后，协商共产党在国民党统治区可以出版报刊。1938年在汉口创办了《群众》周刊、《新华日报》，同年10月25日一起迁至重庆继续出。它们宣传贯彻中央提出的三大政治口号："坚持抗战，反对投降；坚持团结，反对分裂；坚持进步，反对倒退。"它推动和巩固了抗日民族统一战

[①] 瞿秋白以狄康的笔名在上海党的地下刊物《奋斗》第50期上发表。

线，争取了国际舆论对中国抗战的同情和支援。国民党名为允许办报，实则竭力阻挠，党报在极其困难复杂的情况下得以生存和发展，为推动和巩固抗战做出了贡献。

1943年10月，《新华日报》（太行版）出版，成为太行区党委机关报。

这时期抗战报刊在各抗日敌后根据地如雨后春笋发展起来。办刊较长的《晋察冀日报》是中国共产党领导的敌后抗战根据地办报时间最长、影响最大的一张报。在社长兼总编辑邓拓的领导下，"一手拿笔，一手拿枪"，"八头骡子办报"，打着游击办报，坚持对敌政治斗争宣传和劳武结合的生产运动宣传，创造了中外新闻史上的奇迹。[1]

1941年5月16日，《解放日报》在延安创刊，宣告："本报之使命为何？团结全国人民战胜日本帝国主义一语足以尽之。这是中国共产党的总路线，也是本报的使命。"[2] 出至1947年3月27日停刊，共出版2130期。"《解放日报》是在革命根据地出版的第一个大型的、每日出版的中共中央机关报，是我国新民主主义革命时期贡献最大、影响最大的革命报纸。"[3] 毛泽东常常亲自指导《解放日报》的工作，为它撰写重要社论和文章。它继承了中共早期办报传统，在艰苦的环境下遵照中央的决定创办，宣传党的方针政策，由中共中央政治局常委博古负责。《解放日报》代表着中共办报模式的成形，在传播理念和传播技巧方面都得到成熟，具有里程碑的意义。

二 改版后的延安《解放日报》是中共报刊的一个里程碑

为了适应抗战宣传必须创办一个每日出版的大报。1935年10月，中共中央和毛泽东、周恩来等同志率领中央红军长征到达陕北，后进驻延安。1937年1月29日，《红色中华》改名为《新中华报》，成为陕甘宁边区政府机关报，1939年2月7日改组为中共中央机关报，同时仍为陕甘宁边区政府机关报。1939年初，新华社从新中华报社中分离出来，成为一个独立的机构，并略具规模。1940年春，开始筹建广播电台，同年12月30日延安

---

[1] 乔云霞：《论〈晋察冀日报〉的历史地位》，《新闻与写作》2005年增刊。
[2] 1941年5月16日《解放日报》发刊词。
[3] 方汉奇、张之华主编：《中国新闻事业简史》，中国人民大学出版社1995年版，第294页。

新华广播电台开始播音。至此，在延安建起了报刊、通讯社、电台三位一体的新闻事业。除《新中华报》外，延安的报刊还有：中共中央的政论刊物《解放》周刊，党内刊物《共产党人》，陕甘宁边区文化会的刊物《中国文化》，八路军总政治部的刊物《八路军军政杂志》以及《中国工人》《中国青年》《中国妇女》《边区群众报》《今日新闻》等。

延安的报刊虽然有了很大的发展，但中央级的刊物都是刊期较长、以理论宣传为主的杂志。中共中央机关报《新中华报》也只是四开版的小型三日刊，这样的篇幅和刊期显然已不能适应形势的需要。当时，我党虽然在重庆有一张大型机关报《新华日报》，在皖南事变后，该报处境险恶。在党中央指示下，为保存力量，报社不少人员已分批疏散撤离重庆，报纸由原来的对开四个版改成半张两个版，而且报社处在敌特警宪的严密监视之下，报纸不但不能直接宣传党的方针政策，连正常发行都遇到了困难。这样，创办一张大型中央机关报的工作提上了日程。中共中央报《新中华报》和新华社主办的《今日新闻》合并，其他报刊如《中国青年》、《中国工人》、《中国妇女》、《中国文化》、《共产党人》、《解放》周刊、《八路军军政杂志》都先后停止出版，以集中力量创办全新的党的中央机关报。

1941年5月14日，在中央的指示下，博古、杨松、曹若茗、丁玲等《解放日报》的创办者在报社编辑部举行了第一次筹备会，杨松和博古主持并讨论了《解放日报》的办报计划、性质、任务、党报工作者的工作态度基本问题。5月15日，毛泽东起草并下发了创办《解放日报》的通知：规定了《解放日报》作为中共中央机关报的性质和地位，"一切党的政策，经过《解放日报》与新华社向全国宣达。《解放日报》的社论，将由中央及重要干部执笔"。"重要文章除报纸、刊物上转载外，应作为党内、学校机关部队内的讨论与教育材料，并推广收报机，使各地都能接收，以广宣传是为至要。"[①] 毛泽东亲自为《解放日报》题写报名，并撰写《发刊词》。在一天的试刊后，1941年5月16日，中张两版的延安《解放日报》正式诞生。创刊初期，每天四开两个对开版，四个月以后，《解放日报》扩充为对开一大张四个版。博古为首任社长，杨松为总编辑，杨松逝世后由陆定一继任。

---

① 《毛泽东新闻工作文选》，新华出版社1983年版，第54页。

初期的《解放日报》还不是一张完全的党报。它在苏德战争的宣传报道上做出了自己独特的贡献，对敌后抗日游击战和敌占区人民的英勇斗争以及陕甘宁边区的成就都进行了报道，对敌伪的暴行和国民党的反共阴谋也作了一定程度的揭露。报社全体人员，在极为困难的条件下，为办好报纸作了最大的努力。

初期的《解放日报》在内容安排上与党报的宗旨不太符合。在版面编排上有一个固定的模式：一国际，二国内，三边区，四本市（延安市）。国际报道占绝对优势，在一版唱主角。从创刊至11月16日的半年统计上看，上一版头条的国际新闻共181条，国内新闻仅有4条。并不是说国际新闻不能上一版头条，而是有不少新闻价值不大，或不应该上头条的国际新闻被当成了报纸的精华。如"德军被阻各线无变化"（7月21日）、"莫斯科前线无变动"（10月24日）、"苏德全线阵地无变化"（11月1日）等。① 根据统计，从报纸创刊到12月31日，七个半月的时间共发表217篇社论。其中国际问题139篇，占64.1%；国内38篇，占17.5%；解放区36篇，占16.6%；中国共产党问题只有4篇，仅占1.8%，这表明其宣传重心严重地脱离了根据地的革命实际和要求。② 而有关边区军民活动的有价值新闻和涉及边区群众生活的重大决策，却不能上一版头条。在文风上常常下笔千言，离题万里，夸夸其谈，语言往往文白夹杂，晦涩难懂。

1942年2月1日，毛泽东在中央党校开学典礼上作了《整顿党的作风》的著名讲演，标志着整风运动的开始。报纸第二天只在三版的右下角发了一个简讯。1942年，中共中央根据群众公粮负担过重的实际情况，决定减少本年征粮数，这是安定民心、消除谣言的重要决策，反映了党和群众利益的根本一致。像这样一条反映党的政策、牵动边区千家万户的重大新闻，却登在第四版。报纸也没有大力宣传、解释党中央这一决策的现实意义。这样的编排，就把党的重大决策、群众所关心的抗日战况、大生产运动挤到了次要的位置，对党的政策和中心工作宣传不力。

报纸固定不变的版面编排，形式主义的每天一篇社论，机械地搬用某些

---

① 王敬主编：《延安〈解放日报〉史》，新华出版社1998年版，第20页。
② 王敬主编：《延安〈解放日报〉史》，新华出版社1998年版，第20页。

中外大报，诸如苏联《真理报》、国内《大公报》的做法，是缺乏在农村革命根据地环境中办一张大型党报的经验。因为报社编辑部人员绝大多数同志是抗战以后参加革命工作的青年知识分子，有的是从国外和国民党统治区奔赴延安参加抗日的中年知识分子。他们虽然热爱党的新闻工作，有极高的革命热忱，但在思想方法上不同程度地存在着主观主义的毛病，在诸多原因中，其中最主要的是党内以教条主义为特征，王明路线尚未从思想上彻底肃清，因而主观主义、宗派主义和党八股就不可避免地表现在报纸宣传上。党中央、毛泽东同志和许多读者对此都有过批评。从这个意义上讲，它还不是一张完全的党报，有待于进一步改进。

改版后的延安《解放日报》是中共报刊的一个里程碑。《解放日报》的改版，是在党中央和毛泽东同志亲自领导下进行的，是伟大的马克思主义整风运动的一部分。《解放日报》在整风改革中走在了最前面，为了加强党对报纸的领导，党中央派中宣部部长陆定一任《解放日报》社总编辑，并参加党中央政治局的会议，使中央精神直接传达到报社，报社工作直接向中央汇报；还制定了党报工作条例，规定发稿要经过各级党委同意；还规定《解放日报》同时又是中共西北局的机关报，报社派副总编余光生参加中共西北局的会议。这种组织体制的改革是根本改革，从组织上落实了全党办报。

1942年3月16日，中共中央宣传部下达了《为改造党报的通知》，要求各级党委对所办党报进行对照检查和全面改造。4月1日，《解放日报》全文刊载了该通知。这是延安新闻界整风运动中，中共中央发出的一份重要文件。该通知共有五条内容，分别对党报的党性原则、工作任务和编辑方法，提出了具体要求。通知指出："报纸是党的宣传鼓动工作最有力的工具"，"报纸的主要任务就是要宣传党的政策，贯彻党的政策，反映党的工作，反映群众生活"。明确了新闻工作对党的事业的重要性，强调党报不仅要宣传党的政策、报道党的工作，还要密切联系群众，反映群众。该通知下发后，党报改造的路线逐步清晰。1942年3月31日，毛泽东同志亲自召开了《解放日报》改版座谈会，他开宗明义："共产党的路线，就是人民的路线。"[1] 以此概括党性

---

[1]《在本报改版座谈会上，毛泽东同志号召整顿三风要利用报纸，批评绝对平均观念和冷嘲暗箭的办法》，《解放日报》1942年4月2日。

和人民性的统一。4月1日，该报第一版头条刊发《边参会减征公粮公草决议审慎分配各县数字较重之县应予减轻》，体现了党报把人民的利益放在第一位；发了《致读者》的改版社论。从此改变了过去报道的基本顺序"一国际，二国内，三边区，四本市（延安）"，以大量篇幅刊登国内外通讯社消息的做法，而变成了"一边区，二解放区，三全国，四国际"，在改版后的一个月内，头条国内新闻就有20条，占去2/3之多。[①] 注重党的路线，方针政策，我军在前线战况，解放区的政治、经济、文化教育等方面的宣传。在版面安排上，也有明显改革：其一是劳动人民登上了一版头条；其二是对重要政策及重大问题，相对集中，形成一定的宣传规模；其三在统一战线的宣传以我为主；其四是重大国际新闻，不但位置突出，而且要占较大篇幅；其五是注意美化版面。由改版前"没有完成真正的战斗的党的机关报的责任"，"未能成为党中央传播党的路线，贯彻党的政策与宣传组织群众的武器"[②]，通过改版，《解放日报》基本上形成了全党办报、全民办报的思想，直接接受中央领导，为党的各项方针政策服务，真正成为党和人民的喉舌。

　　正面的典型报道是改版后的《解放日报》的一项重大新措施。围绕党的中心工作和方针政策，寻找足以体现该方针和政策的典型人物、集体或事例，用声情并茂的长篇通讯，配以楷体字加方框，以突出代表官方立场态度的社论、言论，又以相关的图片集中宣传报道某个典型，形成压倒一切的舆论氛围，达到宣传党的方针路线和政策的目的。1942年4月30日，《解放日报》头版头条发表记者莫艾的长篇通讯《模范农村劳动英雄吴满有连年开荒收粮特多》，介绍吴满有从一个佃农发展成为新富农的致富经历，同时配发社论《边区农民向吴满有看齐》。5月1日，陕甘宁边区政府召开群众大会，正式宣布吴满有为全边区模范劳动英雄、模范抗属、模范公民。以此为起点，掀起一个轰轰烈烈的"吴满有运动"。继吴满有之后，报纸又相继树立起刘玉厚、申长林、马杏儿、郭秉仁、贺保元、马海旺、张清益、杨朝臣、郭凤英等一系列劳动英雄形象。

　　改革的最后阶段是理论上进行总结。《解放日报》发表了《党与党报》

---

① 李文：《陕甘宁边区新闻事业》，人民出版社2017年版，第192页。
② 1942年4月1日《解放日报》社论《致读者》。

《本报创刊一千期》《提高一步》等理论文章。其中陆定一《我们对于新闻学的基本观点》影响最大。它阐述了无产阶级新闻学的基本原理，指出："新闻的本源是事实，新闻是事实的报道"，"新闻工作者必须尊重事实"，"只有把尊重事实与革命立场结合起来，才能做个彻底的唯物主义新闻工作者"。[①] 从1942年4月1日发表改版社论《致读者》开始，到1944年2月16日发表社论《本报创刊一千期》止，历时1年零10个月。经过改版确立了党报的性质、任务和作用，"全党办报"思想，发展了无产阶级新闻理论与新闻业务，建立通俗易懂，简洁明了，生动富有活力的新文风。在党的新闻事业中起着深远的导航性的影响，是党报史上重要的里程碑。

这时期中共许多报纸都以《解放日报》为榜样进行了改革。从实际效果看，改革是成功的，党的报纸、通讯社、广播电台，真正发挥了鼓动和组织作用，有力地推动了革命的进程。

1946年6月，国民党反动派全面撕毁停战协定和政协协议，悍然向解放区发动全面进攻。在全面进攻遭到挫败后，蒋介石又集中优势兵力，疯狂进攻陕甘宁边区。党中央决定暂时撤离延安和保卫陕甘宁，1946年11月，延安《解放日报》社开始疏散，并在1946年11月20日开始由每期四版改为两版，星期日增刊仍为四版式。《解放日报》响应"保卫陕甘宁，保卫毛主席"，辗转史家畔、冯家岔，继续出版，由此进入了以报道战事为主题和特色战时宣传时期。它迅速全面地反映战争的胜利捷报，用消息、快讯、评论、特写、长篇通讯、诗歌、故事等体裁，鼓舞士气，报道战争形势。同时加大典型宣传，将自卫反击的号召深入人心，用革命的乐观主义精神感召人民，号召人民团结在党中央周围，赢得自卫反击战的最终胜利。在敌人的狂轰滥炸下，报社的窑洞被炸坏，但报社还在坚持出版。1947年3月15日，由于战事紧张、稿源不足，《解放日报》取消副刊，国际消息也只保留一个栏"国际一周"，集中版面和精力报道我党的自卫反击战争进展状况，揭露国民党军队的暴行，直至1947年3月27日被迫停刊。《解放日报》的成员部分改编为战斗人员，其余组建成"四大队"，由范长江率领编入中央直属队，一方面编印《参考消息》，另一方面协助新华社继续新闻活动，为中央

---

① 陆定一：《我们对于新闻学的基本观点》，延安《解放日报》1943年9月1日。

了解国内外情况，发布策令和信息。

《解放日报》的传播历程以典范的形式昭示了中国共产党新闻传播事业的责任意识和强烈的历史使命，表现了中国共产党新闻传播事业最好品质。《解放日报》由此成为一个难以逾越的历史丰碑，供后人缅怀，在新闻传播事业史乃至世界无产阶级新闻传播事业史上都占有极其重要的地位，并具有承前启后的历史意义，对后世产生了深远影响。

三 现在中共报刊延续了延安《解放日报》的总体方针

中国人民正在以习近平总书记为核心的党中央领导下，朝着"两个一百年"的奋斗目标阔步前进。伟大的时代需要伟大的精神，伟大的精神推动伟大的时代。无论从中国共产党以及马克思主义思想理论的传播进行解读，还是从新闻事业发展角度进行考察，延安《解放日报》都是宝贵的精神来源，党报的党性、群众性、组织性和战斗性，是中国近代以来新闻界的理论财富。继承和弘扬延安《解放日报》光荣传统，唱响主旋律，将有力激发为实现中华民族伟大复兴的中国梦而团结奋斗。

《解放日报》在改版社论《致读者》中总结党报工作的四项原则：党性、群众性、战斗性、组织性，其中党性列为第一项。党性是社会主义新闻事业的灵魂，党的新闻舆论工作坚持党性原则，最根本的就是坚持党对新闻舆论工作的领导。中国社会主义新闻事业的性质和任务决定了新闻舆论工作必须坚持党性原则。因为它是中国共产党领导下的社会主义事业的重要组成部分，不仅是党、政府和人民的耳目喉舌，而且是动员群众、组织群众的重要舆论工具。2015年12月25日，习近平同志视察解放军报社时，旗帜鲜明地提出了"军报姓党"的重要论断："新形势下办好解放军报，必须坚持军报姓党。解放军报是党领导和掌握、直接为党领导的人民军队服务的，必须在恪守党性原则上坚持最高标准、最严要求。要毫不动摇坚持党对军队的绝对领导，始终不渝从思想上政治上行动上同党中央保持高度一致，高度自觉维护党中央和中央军委权威，坚定不移传播党中央和中央军委声音。这是解放军报必须坚守的政治灵魂，任何时候都不能忘、不能丢。军报姓党，就要爱党、护党、为党，为巩固和壮大主流思想舆论竭尽全力，让党的主张成为时代最强音。"2016年2月19日上午，习近平到中央电视台视察时，央视在电子显示屏上打出了"央视姓党"标语。下午,习近平在党的新闻舆论工作座谈会发表重要讲话,明确指出:"党和政府主办的媒体是党和政府的宣传阵地,必须姓党。"① 这既是习近平遵循马克思主义新闻思想原理,总结中国革命和社会主义现代化建设伟大实践得出的历史结论,又是他在新形势下对新闻舆论工作党性原则的新发展。

陆定一《我们对于新闻学的基本观点》,用辩证唯物主义的哲学观点与方法,阐述了无产阶级新闻学最基本的问题,即新闻的本源问题,同时阐明了"新闻如何能真实"的问题。论文提出,新闻工作者要"做人民的公仆";办报的人要有群众观点,办报要走群众路线。这些观点与当前我国中央要求新闻工作"三贴近"(贴近生活、贴近实际、贴近群众)正是一脉相承的。目前,我们正面临新一轮的新闻体制改革。但不管时代怎么变迁,不管事业怎么开拓创新,陆定一所阐述的辩证唯物主义的新闻观与办报要坚持正确的立场、坚持走群众路线的思想,永远是我们搞好新闻工作、加强自身修养的思想准则与行动指南。坚持"三贴近"原则,就一定要深入火热生活中去,深入改革开放的生动实践中去,大力宣传改革发展所取得的巨大成就和广大干部群众中涌现出来的先进典型,善于发现、倾听并讲好他们的故事,为广大读者所喜爱和接受,激励和鼓舞干部群众的信心斗志,最大限度地把蕴藏在群众中的聪明才智激发出来,形成实现中华民族伟大复兴的巨大合力。

《解放日报》是中国共产党新闻传播理念和技巧发展与成熟的典范。它在长期的新闻传播实践中总结和积累的许多新闻传播理念和技巧,成为新闻传播事业的宝贵财富。发现典型,运用典型引路,推动各项事业的发展,仍是今天传播党的方针政策的重要方法。运用通俗易懂的语言、漫画等形式进行传播也在使用。有效传播,既要有"道",也要重视"术"。

近年来,智能手机与4G移动互联网技术发展迅速,微博、微信、微视频与App移动客户端,即"三微一端",组成了社交媒体矩阵,代表了信息传播发展的重要趋势。习近平总书记所说的实现中国梦,是物质文明和精神文明比翼双飞的发展过程。"既需要薪火相传、代代守护,更需要与时俱

---

① 陆定一:《我们对于新闻学的基本观点》,延安《解放日报》1943年9月1日。

进、勇于创新。""在新的时代条件下,党的新闻舆论工作的职责和使命是:高举旗帜、引领导向,围绕中心、服务大局,团结人民、鼓舞士气,成风化人、凝心聚力,澄清谬误、明辨是非,联接中外、沟通世界。"但是,延安时期新闻工作的优良传统不能丢,这对推动新闻传播的开拓创新具有重要而深远的现实意义。

建构现代报业托拉斯:论史量才的三次报业"并购"

——20世纪初世界现代报业对中国报业影响之再审视

吴 翔

(南京晓庄学院,南京 211171)

摘 要:《申报》在20世纪20年代连续并购了《时事新报》、《庸报》和《新闻报》,有可能建立中国第一个现代报团,是20世纪中国报业与世界报业直接的接轨。在1929年的"反托拉斯"运动后,《申报》被迫中止了并购与报团设想,报业的扩张唯有"报系"一途。但报系为中国本土形式,一靠自创,规模有限;二靠积累,扩张有限,其实与西方报系(chains)不同,与现代报业经营格格不入。《申报》的并购对今天中国大陆报团的发展犹有价值。

关键词:申报;史量才;报业并购;托拉斯;报团

史量才(1880—1934年),名家修,字量才,出生于江苏江宁县(今南京江宁区)杨板桥村,早年有维新思想。1912年秋天,史以12万元从席子佩手里买下了《申报》,从此开始逐步建立起上海滩最大的媒体帝国,而报业并购是其最重要的手段。随着世界性的报业并购之风于20世纪20年代东渐于上海,史量才主持上海《申报》,在三年之内,连续运作了中国近代报业史上最重要的一系列购并事件,最重要的并购有三次,几乎建成中国第一个现代报团,代表了民国报纸在现代经营上达到一个历史峰值。

史量才堪称中国20世纪二三十年代甚至整个近现代报业史上实力最强的报业资本家。他还是中南银行的创始人之一兼常务董事,参办实业(上海民生纱厂），"担任了上海地方协会、中南银行和《申报》的主要责任，掌握了地方势力、金融机构、舆论阵地"。① 他可能是仅有的能将报业扩张纳入金融资本支持的报业资本家。

茅盾小说《子夜》中有个吴荪甫，作为一个"悲壮性的"形象，② 也是20世纪30年代中国民族资产阶级的隐喻。他运用现代资本手段，兼并中小企业，妄图挑战大买办大资产阶级时，势必成为民族资产阶级的公敌，他的失败既源于强弱悬殊中的实力不济，也因为民族舆论中所处的孤立地位。

史量才，其实就是一个报业吴荪甫，不同的是他依托的不是实业并购，而是报业并购。唯其实力魄力更为雄大，所以史量才失败的悲剧性，或许尤过于吴荪甫。史量才之后，直到20世纪90年代末，中国报业才在政府推动下组建"报团"，但时间已经过去大半个世纪，而内涵却大相径庭。所以，史量才以"吴荪甫式"的托拉斯并购，及其建构报团的失败，对于中国报业检视自身现代经营的百年得失，观照融汇世界传媒大潮的路径，都极具启示价值。

一 《申报》的三次报业并购

《申报》有过三次报业购并，集中在1927—1929年3年期间完成，涉及当时三家重要报纸。

（一）1927年7月，购得《时事新报》全部产权

史量才的这一次并购，堪称《申报》并购的初试啼声。

《时事新报》前身为《时事报》（1907年），1911年和《舆论日报》（1908年）两报合并之后用此名，经理是汪诒年。该报属于"进步党"和"研究系"的机关报，当时立场总体偏右翼。这是史量才第一次并购报业，也是一次被动的购买。年深月久，细节难为人尽悉。一种意见认为，因当时总经理张竹平欲另立山头，与副经理汪英宾等合资谋购《时事新报》的股份。因张系史量才事业的股肱之臣，尤其是在1915年史深陷席子佩官司，缧绁

---

① 周幼瑞：《马荫良先生谈申报》，《古旧书讯》1982年第4期。
② 钱理群：《中国现代文学三十年》，北京大学出版社1998年版，第177页。

狱中赔累近20万元,几乎一蹶不振的情况下,因张的经营得法,而迅速使《申报》恢复元气。所以,十年之内《申报》再成上海第一大报,张实有大功。所以史量才知情后,索性自己买进全部股份,再派张去主持,一边依旧兼职《申报》总经理①。如此处理,既是回报,也是控制。张羽翼未满,又可以依托《申报》另起炉灶,自然愿意顺水推舟(一说,史量才只是支持,并未投资)②。该并购的特点是:①股权买卖,资本控制;②通过高管(张竹平)输入管理,间接控制报纸,有点类似于今之"委托管理";③所以二报之间的关系其实比较松散,史量才拥有而不干预,《时事新报》因而保有较大的经营自主性,与《申报》主要成为"合营的意思",与严格意义上的托拉斯还是有区别的。《时事新报》因此发展进入正轨。张竹平一面经营《时事新报》,一面还在《申报》馆建立两报合营的申时电讯社。直到1930年冬,张竹平邀请粤人熊少豪合资购买《时事新报》股份,史量才半转半卖之后,该报完全脱离《申报》自立③。

(二)1928年8月1日,并购天津《庸报》

天津的《庸报》系由董显光于1925年3月1日创办,开办费用2万元来自吴佩孚,迎合吴尊崇孔孟中庸之道的心理,取名《庸报》。董任社长发行人,王镂冰任经理,邰光典为总编辑,王芸生等为编辑。

董显光(1887—1971),宁波人士,亦系著名报人、作家、外交家。曾在美国密苏里大学和纽约普利策新闻学院留学。经孙中山推荐,出任《民国日报》副主笔,再而为《北京日报》的主笔,创办天津英文报《华北明星报》。《庸报》是他拥有的第一份中文报纸。创办之初,董显光曾进行重要改革,将社论改为要闻打头版。但是,随着吴佩孚直系军阀的倒台,该报渐渐陷入苦苦支撑,于是董显光在办报3年之后的1927年底南下求救于史量才。

1928年8月1日,史量才应董显光之请,北上买下《庸报》使之成为

---

① 庞荣棣:《申报魂》,上海远东出版社2008年版。
② 黄卓明:《关于时事新报的所见所闻》,《新闻研究资料》1983年第3期。
③ 天津市委员会文史资料委员会编:《天津租界谈往》,载《天津文史资料选辑》第75辑,第254页。

《申报》在天津的分馆。史一方面拨付巨款，同时运去一台新型卷筒机和一套制版设备，装置无线电台，还给予技术指导；另一方面直接输入"申报式"管理，建立新《庸报》班子。史量才任董事长，董显光任总经理，张竹平任副董事长兼副总经理，由张直接调度运营①，具体派蒋光堂取代王镂冰做经理，聘北京《晨报》原副总编张琴南为总编辑，辞退原来抽大烟的邵光典②。新《庸报》随即改革新闻与副刊，1928年率先头版报道张作霖被炸的"皇姑屯事件"，引起极大轰动。《庸报》顿时起死回生，日出对开两大张，销路大涨到日销2万份，成为与《大公报》《益世报》《天津商报》并列的津门四大报纸。该并购的特点是：全方位介入资金技术管理，先控股，后重组，一切按母报模式，按企业大报模式运作，"相当于在天津复制《申报》模式"，是一次典型的跨地区并购。《申报》此次并购中的"重组团队"和"管理输出"，较长时间内为新闻史所低估。

（三）1929年，控股上海第一发行大报《新闻报》

这是民国报业史上最大的一起报业并购。因为《新闻报》事实上是抗战前20年间中国发行量最大的报纸，最高日销达15万份，发行始终压《申报》一头，堪称《申报》的头号死敌。该报在全国各地设有分馆、分销处500余所。

大约在1928年，该报美国老板福开森，因年事渐高，加上对南京国民政府新政权的忧惧，决定将股权脱手。史量才得知这一消息，喜出望外，当即以北四行（金城、盐业、中南、大陆四大民营银行的联营机构）的名义安排董显光与之洽购，最终于1929年1月以70万元秘密购得《新闻报》福开森65%（1300股）的股权。未料消息传开，立即掀起一场轩然大波。当时主持《新闻报》报务的汪伯奇、汪仲伟兄弟，因为"深恐影响他们的地位"，煽动员工反对，勾结上海国民党党部全方位介入，并贿使上海商会虞洽卿等煽动上海舆论，制造报界恐慌，演为一场社会性的"反托拉斯运动"。最后史量才被迫退出25%的股份，让给亲蒋的叶琢堂和亲陈果夫、陈立夫的钱

---

① 庞荣棣：《申报魂》，上海远东出版社2008年版，第134—135页。
② 侯福生：《天津民国的那些书报刊》，上海远东出版社2009年版，第21页。

新之，实际控制只有65%的股权，维持原有的副总经理和副总编辑，但公开承诺不干预《新闻报》管理①，但公开承诺不干预《新闻报》管理，才最终平息这场风波。之后，《新闻报》一切照常运作，而史量才本人直到1934年遇难，终生践诺，不入《新闻报》大门一步。此次并购的特点是：①通过购买股份直接控股；②大股东不干涉报务，保持《新闻报》的经营独立性。③开创中国民营大报之间的兼并的先例，几乎合并了中国最大的报业市场。

二 受北岩、戈公振等影响：意在建立"报团托拉斯"

史量才的并购，构成了一个以《申报》为母报、三张子报鼎足而存的局面，极大提高了报纸的影响力。他对蒋介石所言的那句著名的"你有百万兵马，我有百万读者"（黄炎培语）的话，正是凭着四报合一、南北呼应、上海三家鼎立的底气而言的。否则，单凭《申报》一家也不过14万多的发行量，低于《新闻报》的15万份②。

（一）史量才意在建立报团托拉斯

史量才的并购，实际目的是想要建立自己的申新"报团式"托拉斯。关于此，前人之述基本一致。报业托拉斯、辛迪加和卡特尔是最常见的现代报业垄断形式。报业托拉斯的基本特征有以下几点：①参加者须由原属不同主体的企业构成；形成托拉斯后只有一个主体，各企业在生产上、商业上和法律上都丧失独立性。②往往依赖现代资本运营手段，主要采用控股、并购重组，迅速实现报纸所有权集中和市场垄断。③报业托拉斯最通常的形态是报业集团（Group），或全国，或地方，或跨国，一般具有现代企业制度下的公共公司制，取代传统的家族企业制。④核心报业企业，具备地域上的统治地位。

相比之下，另一种垄断组织形式——报业辛迪加（Syndicate），垄断程度不如托拉斯，参与的报业企业，丧失的往往是商业上的独立性（如商品

---

① 马荫良：《怀念戈公振兄》，转引自洪维杰《戈公振年谱》，江苏人民出版社1990年版，第126页。
② 万叶：《上海读者与上海报纸》，上海新闻记者，1937年6月5日创刊号。

和原料由辛迪加总办事处统一办理），在生产上和法律上则仍可保持独立性，其内部各企业间存在争夺销售份额的竞争。史量才的托拉斯，是较为典型的报团形式，手段上二者都有，或控股联营（《时事新报》），或控股加合并（《庸报》），或强行购并（《新闻报》），都是资本运营，而且程度越来越深。三次并购之间，一个规模越来越大的报业集团王国隐然而现。

（二）受北岩的现代报业经营观影响

史量才的《申报》托拉斯，实为西方报业集团（Group）的常见组织模式，是明显受兼并重组为主流的现代报业，这方面史量才最直接的启示者是英国的现代报业之父——北岩。

1921年11月，北岩亲自造访参观《申报》，称赞它是中国的《泰晤士报》，访问中"介绍了他管理报纸、组织报业企业化、进而托拉斯化的成功经验"，尽管今人考证北岩与史量才并未谋面，但并不妨碍史量才事后通过下属了解北岩的讲话内容，并且对他"触动很大"[1]。（北岩1922年回国途中瘫痪，同年8月14日在伦敦逝世，所以双方此后再无音信往来）。此后史量才曾多次表示将《申报》做成北岩报团旗下的《泰晤士报》[2]。他购买《庸报》《新闻报》，与北岩购买《泰晤士报》几乎如出一辙。所以当时《新闻报》指控史量才"图谋组织报业托辣斯"，这一点确实没有说错。事实上，史量才的尝试，使1920的中国报业，融入英、美为代表的世界性的报业兼并的潮流。

史量才托拉斯计划的一个参加者与支持者是戈公振。戈公振在1927—1928年考察英、美、日等西方现代报业，亲临北岩的《泰晤士报》，亲眼见识现代报团组织的恢宏气势，是民初不多的几位有意识考察现代报团组织、并自觉形成现代报业经营观的报人之一；他较早看到，报业的资本化倾向"是中国报纸进化的一种必至的现象"[3]。戈公振认为："报馆同业，竞争激烈，就不能不尽量采用种种进步的机器物品，于是需用大宗资本，乃是不可避免的事实……所以报馆乃由个人产业进而成为一种企业。资本小的报馆竟至不能生存而淘汰。于是大城市的报纸，不但不见增加，而且反见减少……

---

[1] 马光仁：《上海新闻史（1850—1949）》，上海复旦大学出版社1996年版，第691页。
[2] 马光仁：《上海新闻史（1850—1949）》，上海复旦大学出版社1996年版，第589页。
[3] 戈公振：《新闻学》，上海商务印书馆1946年版，第14—15页。

在欧美这种情况更为尖锐。许多的大报纷纷的销灭……欧战之后，更有所谓'产业合理化'。如用人搜材购料等，都取合作的方式……有一家报馆而发行十余种报纸或数十种报纸的，十余家报馆或数十家报馆属于一大组织以下的。甚至以报馆而兼营印刷、出版、电影、通讯社、造纸厂、广告社等，简直像一个最大杂货店。报馆日常所需，几乎无一不备。规模之大，无有伦比。中国近日报界亦渐渐有此种趋势。"1928 年 12 月刚刚回国，戈公振就被史量才罗致《申报》帐下，作为他的总经理助理，直接推动其在 1929 年 1 月的《新闻报》的购并。

史量才的托拉斯并购带有明显的选择性，并购对象一定与《申报》形成互补关系。譬如：①《时事新报》就属于政党政治类报纸，有与《申报》相区别的右翼读者群；②《庸报》直接成为《申报》在天津的子报，与《申报》南北呼应；③购买《新闻报》，是因为后者的"柜台报"定位，偏重工商人群的受众，与偏重知识分子与普通市民的《申报》有别。史量才买下《新闻报》40% 股份后，等于拥有了上海报业的大半壁江山。④史量才还曾经想购并上海的第一"小报"《晶报》，遭到报主余大雄的断然拒绝，但初衷依然是与作为大报的《申报》形成互补。

当然，史量才的报业托拉斯，资本购买只是第一步，核心是报业重组。史总是派出一个班子，输出管理，直接将《申报》的成熟模式复制过去，从《时事新报》《庸报》《新闻报》的情况看，这个班子的核心是兼通现代编辑、经营的经理人（主要是张竹平、董显光，以及曾担任《时报》总编辑兼副经理的戈公振）；这样资金、机器、人马三军齐出，立时使所购报纸气象一新。

（三）托拉斯的管理——老板主导报务

为什么北岩的托拉斯思想能直接影响史量才？因为这符合上海老板对于推进大报企业化程度的内在需要，双方的共同之处在于：报纸决策权掌握在老板而不是编辑手里，老板对报纸编辑的干预变得更加直接，"对于报纸的商业运作方面干涉更多"①。这种干预程度的加深，正是史量才的《申报》

---

① [英] 詹姆斯·卡瑞：《英国新闻史》（第 6 版），栾轶玫译，清华大学出版社 2005 年版，第 34 页。

托拉斯的显著特征。最明显就是他于 1931 年初成立的《申报》总管理处。

总管理处是在原总经理张竹平、总编辑陈景韩离开《申报》之后成立的，"全权处理馆内一切工作"，史量才亲任总经理，下设设计部，聘请陶行知为顾问，黄炎培、戈公振为正、副主任，提拔年轻的外甥马荫良为经理（不是总经理，权力不能影响报务）；同时，史量才、马荫良还担任总务部正、副主任[①]。这个总管理处极大提高了老板对报务的管理，实际上是史量才一手掌控经营、编辑大权。虽然这个总管理处是后来建立的，但显然是对之前报社经理、编辑权力过大的一种回收，方便老板从总体上加强报团的管理（至少当时还有《庸报》在手）。

史量才的报团托拉斯思想，与当时民国通行的"编辑主导报纸"的主流管理思想是截然不同的，这也为托拉斯招致反对带来隐患。

三 史量才托拉斯计划的破产：是国民党干预的结果吗？

史量才表面上是成功地并购了《新闻报》，实际上失败了。为什么成功？因为一方面，即使是退出了 15%（300 股）的股份，他也控制了该报 50% 的股份（1000 股），依然处于绝对的大股东控股地位；二是历史意义重大。戈公振在 1930 年《致史先生信》中称"收回《新闻报》外人股权"是"我国报业史上最光荣的一页……因我国报纸由管家独占及党派利用，而递嬗至经济独立，不可谓非一大进步"[②]；为什么失败？因并购之后，史空具两大报之名，却难于按计划对《新闻报》加以重组，实际上是有"购"而无"并"。没有重组，意味着《新闻报》依然具有经营独立性，史量才所谓申、新报团的托拉斯关系实际上是有名无实。

结果是，史量才虽然名义上控制《新闻报》50% 股权，但是《新闻报》根本上并不视之为老板，依旧继续同《申报》之间的同城报业大战。《申报》请戈公振办《星期画报》，《新闻报》就赶紧上《图画附刊》。也就是说，《申报》与当时英美报纸并购的惯例不同，后者并购报纸是为减少一个

---

① 马荫良：《怀念戈公振》，转引自洪维杰《戈公振年谱》，江苏人民出版社 1990 年版，第 126 页。

② 洪惟杰：《戈公振年谱》，江苏人民出版社 1990 年版，第 44 页。

对手，而《申报》的并购行为是帮助了一个对手，同时支持它继续做自己的死敌——等于一个冤大头。

史量才并购失败，国民党是重要的因素。当时《新闻报》的正副经理汪氏兄弟深知直接拒绝史量才收购很难，于是索性在《新闻报》上发表公开信，造谣诬称史量才组织报业托拉斯的背后，是勾结反动军阀购买报社股票①，称"查该报馆现有大批股票为反动分子齐燮元、顾维钧、梁士诒等之党羽购买……肆其阴谋，公然操纵"②，触动国民党官员的敏感神经。上海大买办虞洽卿受汪氏兄弟贿买，立刻以所主持的全国商会联合会名义电请国民党中央党部干预，诬称史量才购买股份是"反动行为"。警告《新闻报》"不得将股份售于反动分子"③。后又赶赴南京面蒋争取中央干涉，声称"全国舆论操纵于一姓之手"，要求国民政府"迅下明令，由上海特别市总商会监督收回，庶反动分子于托辣斯均无所施其技"④。而国民党上海特别市党务指导委员会（相当于市委）随即开会决议，警告《新闻报》不得出售股份，呈请中央收买。但是，国民党当局虽然干预了，但干预的程度却有夸大之嫌。事实上，南京"宁国府"始终未下达强制回收股权令。而史量才当时通过对上海报纸旧人、国民革命军总司令部秘书长邵力子陈情原委，获得后者谅解，邵复信明确三条：①收回《新闻报》外商股份是好事；②股票转让是私人行为，政府不宜干涉；③所谓军阀齐燮元、梁士诒出资购股实属荒谬⑤。最终，在邵力子的斡旋下，国民党认为只求双方允洽，中央不干涉，也就是说——虞洽卿并未达到"商会回收股份"之图谋。而上海原报人、国民党元老、中央代理宣传部长叶楚伧从南京赶赴上海，名为向史量才施压，也是一半监督推动，一半居中调停。当然国民党的底线很清楚，不愿意中国最大的城市出现"舆论失控"局面，不希望申、新两报成为报业托

---

① 马荫良：《三件往事》，转引自中国人民政治协商会议全国委员会文史资料研究委员会办公室编《和平老人邵力子》，文史资料出版社1985年版，第75页。
② 马荫良：《三件往事》，转引自中国人民政治协商会议全国委员会文史资料研究委员会办公室编《和平老人邵力子》，文史资料出版社1985年版，第75页。
③ 马荫良：《三件往事》，转引自中国人民政治协商会议全国委员会文史资料研究委员会办公室编《和平老人邵力子》，文史资料出版社1985年版，第75页。
④ 方汉奇：《中国新闻通史》（卷二），中国人民大学出版社1996年版，第480页。
⑤ 马荫良：《三件往事》，转引自中国人民政治协商会议全国委员会文史资料研究委员会办公室编《和平老人邵力子》，文史资料出版社1985年版，第75页。

拉斯，结果当然是史量才让步，有"购"无"并"。

史量才失败的一个更直接的原因来自当时大买办大资产阶级控制的上海商界。史量才的受挫很容易被解读为对于虞洽卿的失败。而虞洽卿之于史量才，也很自然地被认为是官僚买办大资产阶级之于民族资产阶级的打压，及其根本的不可调和的阶级矛盾。一个是赵伯韬，另一个就是吴荪甫。因为史量才的报业兼并，其实反映的是越来越强大的民族资本意志，希望通过报纸扩张与舆论影响，与主导商界的大买办大资产阶级代表的一次博弈。上海总商会一个代表的言论在当时最有代表性："如果全国重要舆论操诸一人之手，则其势必偏于利己，而易于为恶。消息任其流布，广告由其抬高，金融归其垄断，其影响于商业不言而喻。"① 显然，"舆论操诸一人之手"只是托词，"影响于商业"才是关键，尤其是直接影响买办阶级的传统利益格局。据马荫良回忆，史量才本来目的有三：一是重组《新闻报》为华商报纸；二是改订上海日报公会章程，只有华人自办报业才可参加（此前，经常因福开森反对而作罢）；三是改组《新闻报》为爱国文化事业。② 很显然，史量才收回《新闻报》将使上海报业背后的华洋共治的格局变成华商自决，这是买办阶级决不希望看到的。

四 史量才失败根源：报界抵制自身的"民族资本主义"

我们认为，史量才失败的根本原因是报界及其影响的社会公众不喜欢报业托拉斯。尤其是报界及其一边倒的舆论，建构了一种不利于、甚至将报业托拉斯"妖魔化"的认知环境。因为风波中的史量才发现，在他购买股权消息公开后，《申报》即陷入了前所未有的孤立状态，为办报以来所未有。在上海，乃至全国没有一家报纸赞成《申报》的并购行为。上海数十家报纸标题多为指责史量才"报阀野心"，意欲"三个月改组《新闻报》、六个月统一望平街"，耸人听闻，不一而足。即使一向持重的《大公报》，虽然没有公开攻击，或者发表反对意见，但是却有意无意"用事实来说话"，在报上及时透露了史量才的"托拉斯计划"。这个"计划"透露了《申报》

---

① 方汉奇：《中国新闻通史》（卷二），中国人民大学出版社 1996 年版，第 450 页。
② 方汉奇：《中国新闻通史》（卷二），中国人民大学出版社 1996 年版，第 450 页。

志在控制市场定价的企图：一是建立各报的联合办事处，联合采访，并共同进行广告提价；二是建立大通讯社同一用稿；三是以廉价拍发专电为饵，交换并垄断外地报纸消息。①此消息出于一向"新闻可靠"的《大公报》，当有几分可信。但如此重要的"独家"新闻，在如此关键处出现，事后并无当事人证实，显然动机不纯——因为作为托拉斯，有这样的计划倒符合心理，没有这样的计划反而不正常。但是，作为一向标榜"言论自由，为民喉舌"的史量才，此时此刻，在把洋人控制的最大报纸收归中国人所有时，有没有被"民众"抛弃的委屈、愤怒和苍凉孤独感呢？

作为民营报业舆论领袖的《大公报》当时为什么反对史量才？第一，表面上看，是因为《大公报》总编张季鸾跟《新闻报》关系更加亲密，私谊上应该帮一把。但是，《大公报》标榜是"不私"的，所以一定别有原因。第二，大公报其实是担心《申报》托拉斯形成报业寡头，垄断中国最大的报业市场，在津沪乃至全国挤占《大公报》的商业利益。因为《大公报》与《申报》根本不同，《申报》是坚持走企业化、商业化的大报之路，营业本位；《大公报》则是独立办报，言论立报，是小股本办报，"只5万元，可谓极小"，就是坚持"不招股，不受投资，不要社外任何补助"，所以绝对不能与作为金融家的史量才比资本之短长。第三，最根本的还是，作为文人论政的报纸，在民国政治条件下的言论空间本就不大，如果出现大型报业巨头，留给中小资金规模的言论小报的生存空间只能更小。所以张季鸾一向反对托拉斯，认为："中国报原则上是文人论政的机关，不是实业机关。这一点可以说中国落后，但也可以说是特长。"②而胡政之干脆认为："希望报纸不要做的太大……更不必象外国由托辣斯包办舆论，因为那在中国是不可能而实际很有害的。我们主张打破'新闻纸是资本主义之产物'之思想。"③

《申报》购并的背后，实质是民族报业在"资本主义"之路日益程度加深的必然结果，建立一定程度上的报业联营托拉斯，是民族资本主义在报业

---

① 方汉奇：《中国新闻通史》（卷二），中国人民大学出版社1996年版，第448页。
② 张季鸾：《本社同人的声明》，《张季鸾集》，上海东方出版社2011年版，第366页。
③ 胡政之：《新闻记者最需要责任人》，载《胡政之文集》，天津人民出版社2007年版，第1043页。

中的必然选择。为何报纸业新闻界更加难以容忍而刻意妖魔化呢？这是因为中国绝大多数国人报纸，只是最基本的商业化，经济自存，远没有可谈"资本主义"的程度——唯有《申报》《新闻报》堪称有此条件。尽管当时的很多报人学者已认识到商业化、资本化是必经阶段，但是，理性上认知与情感上接受是两回事。事实上，当时的中国报纸的舆论，主要在商业化程度并不高的言论报纸手上，如《大公报》等。即使是支持史量才的戈公振，其实对资本化不无疑虑，认为言论小报更能代表民意；而商业大报却能够凭借资本优势，形成主导舆论的态势，因为"报馆日益尖锐之资本化，小报不能立足而为所吞并，使资本家而存偏见，只关有一己之利，则舆论为少数人所操纵，其前途何堪设想？"①

但是，一个不争的事实是，面对强权政府干预新闻自由，文人办报的"独立不党"虽然有效，但不该是唯一一条路；报业托拉斯的产权集中，确实会在一定程度上减少观点多样性，但同时也必然会增加报业的力量，对于抵制强权政府的禁锢和保障新闻自由，何尝没有效用呢？戈公振就认为："（报纸）大部分成为大企业，独立经营，不受任何势力所支配"②，因为"资本的力量，可谓宏大远于极点"，也就是说，报纸"大企业"是抵抗政党操纵的有效方式，何况中国的报业托拉斯不过起步而已。《申报》不过兼并三家报纸，与北岩报团数十家报刊，300万份的发行量，美国赫斯特的19个城市26种日报17种星期日版的规模，相去何止以道里计？同时，报纸企业化，不一定就言论消极。譬如1931年之后的《申报》，不但不"轻言论"，而且言论进步，宣传抗日，捍卫自由，起到极好的舆论领袖作用，不正是证明吗？所以，史量才"新闻报股权风波"中遭遇的举国而非之，其实某种程度也来自报界自身的不成熟，否定了报业自身的资本主义，不期然做了强权政府和大买办阶级的"帮凶"。

四面楚歌之下，史量才只能改变原来擘画，勉强完成交易，被迫承诺"不改变《新闻报》人事制度，全国人员一概不动，不派人员到馆"，当时

---

① 戈公振：《新闻事业之过去现在将来——戈公振在杭青年会演讲（下）》，《上海·记者周报》1930年7月20日。

② 戈公振：《新闻事业之过去现在将来——戈公振在杭青年会演讲（下）》，《上海·记者周报》1930年7月20日。

安排的董显光为《新闻报》总经理,戈公振为总编辑,叶公超为主笔的人事筹划,只能戛然而止。两报最终只是形式上的合并。一个更严重的后果是,史量才因此看到中国报业托拉斯的巨大风险,对报业并购组织报团计划产生犹疑,所以在放弃了"申新报团"计划后,完全放弃了报纸的企业化扩张,不再收购任何一份新的报纸。他的"报业王国"计划悄然流产,直到其 1934 年去世。不但如此,他似乎对已经购买的报纸也改变了态度,产生消极看法,逐渐减少投入。天津的《庸报》后来每况愈下,史量才死后,最终在 1935 年被蒋光堂等转售给日本特务机关;而他将买进的《时事新报》转给去意已决的张竹平,虽有卖个人情、长久合作的考虑,但恐怕真正原因,与史量才对"托拉斯"心生退意不无关系吧。

五 后史量才时代的"托拉斯",仅存"报系"(syndicate)

最大的遗憾还在于中国报业本身。在《新闻报》风波之后,中国知识界对托拉斯成功地造成一种消极的舆论,甚至有妖魔化的倾向。譬如,老舍的著名话剧《茶馆》中,小刘麻子要把舞女、明娼、暗娼、吉普女郎、女招待全组织以来形成一个大"拖拉撕",说"是个美国词儿,意思是'包圆儿'",就是舆论扭曲的案例。当时报界对于托拉斯深自戒惧,视"并购"为"禁脔",目"报团"为雷区。史量才之后,大陆报业的托拉斯之路渐渐走窄,虽还有买卖或重组,但在气魄规模上江河日下,几乎彻底告别"报团"这种典型形态。

(一)张竹平的"四社"托拉斯:实为"卡特尔"

直接沿袭史量才报业托拉斯思想的报人是张竹平。他凭着《时事新报》和申时电讯社的根基,又合资创办《大晚报》,加上 1929 年买进的英文报《大陆报》,成立"联合办事处",张自任总经理打造了著名的"四社"。这几乎可以视为张竹平对申、新两报"重组"思想的贯彻。所以,时人与今之学者均以"四社托拉斯"称之。

但是,"四社"的所谓"托拉斯",和《申报》的报团式托拉斯有明显不同。第一,四社是管理的集合,却不是托拉斯报团常见的产权整合。四社没有总体的董事会制,而是总经理中心制。张不控股(除申时电讯社,在各社股份不超 1/3），而以总经理垄断管理权，控制总编辑权，却不是老板，四社其实各有大股东。第二，"四社"只是办事结构，始终不是报团式，而报团和并购才是托拉斯的典型形式。张竹平曾企图将"联合办事处"升格为"四社总管理处"，其实质应是牟取更多股权，但最终不成。第三，四社核心是申时电讯社，通过向三份不同的日报、晚报、英文报供稿，形成彼此互补的"稿件辛迪加"关系，目的在于降低成本，寻求市场规模优势；同时内容上的合作关系，并非母子报的垂直所属关系。

所以，四社其实就是一种现代报业常见的"卡特尔"（Cartel），也属于一种"垄断组织"，但并非托拉斯，目的"为使整个卡特尔组织利润最大，同意就定价和产出政策方面的行为采取一致的企业组织"。而报业卡特尔，是"有一些城市中存在的属于不同公司的几家报纸，为了瓜分市场……订立联合业务协定，如报纸的订户价格、零售价格和广告价格等。"① 四社各自都不是有统治力的媒体，显然合作是最大利益，而不是分拆，四社管理处就是这种联合业务协定的。但在 1935 年，张竹平因"福建事变"，被迫将"四社"拆分卖给孔祥熙，因自己所占股份并不大，几乎落得两手空空。各社就此几乎失去影响力。

（二）后来的"报系"，实非"托拉斯"

事实上，在《申报》之后，"报系"取代报团成为民国报业经营扩张的主要途径。

最典型的中国"报系"，就是一家报纸在几个城市的不同地方刊。譬如陈铭德的《新民报》最多有"五社八版"；事实上就是一家《新民报》，在重庆、成都、南京三地为日刊、晚刊，北平的日刊，上海的晚刊。②《大公报》也在抗战前后在上海、天津、重庆、桂林、香港等地前后拥有地方刊，但最多同时拥有 4 个城市版，实际上就是同一家报纸的"连锁经营"，与托拉斯相去甚远。当然，这些报纸——以《新民报》为例，内部诸刊之间有内容上的共享，作为节省成本、对外经营的手段，"各地诸报保持着相当大

---

① 保罗·G·法尔汉：《管理者经济学》，曹平译，中国人民大学出版社 2008 年版，第 275 页。
② 杨雪梅、陈铭德：《邓季惺与〈新民报〉》，中华书局 2008 年版，第 94 页。

的独立性",有点接近于一种"稿件辛迪加"的特点,但毕竟也不准确,因为属于一个同报刊主体。

其实,西方所谓报系,有严格的界定——英语为 Newspaper Chains 或者 Syndicate,就是"报业辛迪加"的意思,参与报纸主体在稿件提供上保持一致之外,有各自产权的独立性。而中国的报系,其实是报纸系列、系统的意思,在经营上有天壤之别。所以,这个报系与西方的本义有距离。

(三)成舍我"托拉斯",实为起步阶段

另一个有"托拉斯"思想的报人是成舍我。他 1930 年周游欧洲考察现代报业,行前发布致北平报界书,决意要学习西方的现代报业互助合作手段,实现"大规模新闻事业"[①]。但他创办的报业垄断形式更通常的表述是"报系"。成舍我带有现代报业特征的是两份报。其一是采用互助合作手段(集股合资经营)于 1935 年创办《立报》,成舍我在 10 万元股额中仅占三成,这样就使他的报纸带有现代企业特征,但依然不能称为托拉斯,因为各报之间并不存在总体的资本控制关系。其二是成舍我在 20 世纪 40 年代接受钱新之主持的交通银行与农民、中国三家国家银行共同投资,成立中国新闻公司,打算以《世界日报》为核心,打造一个拥有东西南北中五大地区、十多家报纸的托拉斯报团,但最终只办成重庆《世界日报》一家,真正托拉斯报团远没有形成。其实,成舍我创办的报业"托拉斯",更多是一种泛称,把"托拉斯"混同于"垄断组织"来使用,实际上中国新闻公司是一家报业"持股公司"(holding company),而与史量才并购加重组式的现代报业托拉斯的典型模式相悖。这也跟成舍我缺乏史量才那样的金融实力,而只能选择金融控股有关。

(四)中国本土报系,相对于托拉斯的不足

中国本土的"报系",往往一般成长空间有限。原因有二:一是皆为独资性质,多为家族制,规模有限;二是报纸靠自办,靠原始积累,利用资本

---

① 吴震寰:《成舍我与北平世界日报》,参见张友鸾《世界报业兴衰史》,重庆出版社 1982 年版,第 20 页。

有限，扩张有限。一个有意思的规律是，中国的报系最多只能在5个城市同时创立版面，这些报纸的存在得益于一个勤奋而疲惫的老板，在城市之间匆忙奔波，很难再多一份报纸。"人力有时而穷"，离开现代资本经营的手段，再勤奋的中国报人也无法在6个以上的城市拥有不同的报纸，实际上是相对史量才现代经营思想的退化，对于托拉斯的"并购—报团"（Group）通行模式（而北岩创立的第一个英国报团就创6刊、并购5家报）的疏远。随着史量才的去世，中国报业与世界报业在报业经营上的互动渐居次要地位，而让位于常规的新闻事务的互动。中国"报系"一词也逐渐褪去原义中的有限的"垄断组织"内涵，而回归"报纸系列"的意思。

结　语

史量才及其报业托拉斯，实际上是民营资本独立介入历史的一次"高峰体验"，是报业按照民族资本意志，作为独立、主导型经济力量的尝试。中国报业由此直接与现代资本接轨，几乎融汇到国际经营的主流。在寻求自身发展的同时，中国报业自然产生民族主义的、反对并寻求外来干预和洋奴买办控制的诉求，方法是以资本意志强行购买被洋人及其买办控制的标志性中文报业（《新闻报》），企图建立国人办报的一统格局，将洋人办报进一步边缘化为洋文报纸。所以，史量才的托拉斯，是中国民族报业有史以来最有力量、沛然无匹的一段。他几乎接近成功。

但是史量才失败了。究其实质，史量才是败于大买办、中央政府及报界的合力打压与反对。这意味着两方面，一方面，高度集中的政治环境基于对民族报业的打压和控制，并不希望看到报业的充分资本主义化，发展成尾大不掉的现代垄断形式，以资本意志来侵削中央集权——所以，民国政府本身就有抑制资本主义发展的特质；另一方面，中国主流报界的认知局限，轻视歪曲现代报业的自身发展和垄断竞争，抛荒了本就贫瘠的中国现代报业土壤，错过了本就极为有限的中国报业现代企业化发展的黄金时段。史量才的失败，意味着报业资本主义的方向为全行业所拒绝，而报业资本家很难成为中国报业的主导力量。而中国报业在随后的民族主义的走向中，顺势偏离了现代化发展之路。

近代上海防疫中的史量才和《申报》*
——兼论社会力量在防疫中的作用

叶 冲

(上海市虹口区东体育会路390号上海外国语大学贤达
经济人文学院新闻系,200083)

摘 要:近代上海既是瘟疫的高发区,也是疫病防治的模范区。其间,史量才及其《申报》一直热心于防疫事业,他们投身防疫一线(创办时疫医院、组织社会力量、防疫与救贫相结合),借报纸助力防疫事业(宣传相关知识、预警疫情动态),同时,积极推介名医、资助国药研发并重视医学教育。以史量才为代表的上海地方力量,有效地弥补了政府在防疫事业中的不足。这说明,充分发挥包括媒体在内的各种社会力量的作用,有助于防疫工作。

关键词:防疫;近代上海;史量才;《申报》;社会力量

一 背景

瘟疫是一个严重的社会问题,它不仅危及民众的身体健康,还会影响社会秩序与稳定。2003年的"非典"和今年的"新冠肺炎病毒"疫情就是两个例子。史量才生活的时代,天灾人祸不断,加之生产力与民众卫生意识落后,疫病的暴发更为频繁,破坏的力度也更为剧烈。以史量才为例,研究彼

---

* 本文是国家社会科学基金一般项目"跨学科学术视野中的上海抗战传媒史"(项目编号:19BXW012,2019年)的成果之一。

时的疫病防治，对今天仍在防治瘟疫的我们可以提供历史的镜鉴。

二 史量才与《申报》参与的疫病防治

（一）投身防疫一线

1. 筹建西藏路时疫医院

近代上海之所以成为瘟疫高发区，与其地理地貌有关。首先，上海水网密布，气候温暖，空气湿润，这对病毒微生物的产生是很有利的。其次，人口众多也刺激了微生物的传播。上海于1843年开埠，到1852年，人口有54万之多，而到1910年则将近129万人①。时人感慨道："沪上为寸金之地，橡屋半间，居住数口，空气混浊，又以工厂林立，银炉栉比，……喉痧（猩红热，作者注）乃成。"限于经济条件，下层百姓患上急痧时疫后常无力寻求治疗，"每年因疫而致死者，不知凡几"②。

近代上海，时疫医院是防疫的重要手段。每到夏秋之交，寒热交替，"蚊蝇縻聚于食物，污秽遍积于道路"③，急痧陡然而生，于是，各时疫医院纷纷开张治病。以1927年为例，当年上海的时疫医院有12家，分布于闸北、虹口、浦东、南市等地，开业时间最早的在7月1日（西藏路时疫医院），休业时间最晚在9月底（沪城时疫医院）④。上述医院分布广泛，形式灵活，较好地弥补了政府在防治工作上的力量不足。

史量才很早就参与了时疫医院的建设。1919年8月，沪上暴发时疫，其烈度为几十年所罕见。考虑到现有医院难以接收如此之多的病患。史量才与李一琴、张知笙等商议，筹建仕商养疴别墅以收治绅商病患，意在避免疫者"菌集而居"所带来的交叉感染⑤。经与仁济善堂商议，由后者提供其新购的位于六马路泥城桥大沽路的一号大厦作为院址。1920年7月5日，位于西藏路545号的上海时疫医院新屋落成，史量才作为报界代表出席开幕仪式并捐款。后来，史量才与朱葆三、窦耀庭还共同担任了该院院长。在上海

---

① 邹依仁：《旧上海人口变迁的研究》，上海人民出版社1980年版，第90页。
② 《上海之建筑》，《图画日报》（北京）第二册，第84号第2页。
③ 《时疫医院开幕感言》，《申报》（上海）1921年6月2日。
④ 以上数据是根据《申报》的相关报道所做的统计，作者注。
⑤ 王中秀：《王一亭年谱长编》，中国书画出版社2010年版。

众多的时疫医院中,该院的收治能力最强。据伍连德统计,"西藏路上海时疫医院受治最多,约有2000人,其次为急救时疫医院,有320人,工部局隔离医院有232人,集议善会虹口时疫医院有216人"①。

2. 发挥"闻人效应",组织力量治疫

防疫是一项公益事业,离不开社会的捐助。以上海红十字会时疫医院为例。该院长期苦于经费短缺,"经费则国家无拨款,地方无常款,医药之费、棺殓之费、赁屋赁员之费,无一不赖慈善家之抠汗沥血","一年所费犹达七千金以上"②,因此,"尤祈薄海同胞俯念此项善举,系属生死肉骨,功德立见,相与慨解仁囊,源源接济,则尤深感祷"③。史量才创办的西藏路时疫医院也面临同样的问题,他在《上海时疫医院十八年征信录序》中这样感慨:"去岁十七年(1928年)来院求治者逾六千人,比较十六年(1927年)增多,是以支出之款为数较巨。……而常年经费仍不能不惟诸君子是赖也"④。据该院预计,"在办理时疫期内三月、需费三万两。"⑤

史量才是上海闻人,他充分利用自己的影响力,组织各界力量参与防疫。创办西藏路上海时疫医院后,他在每年6、7月间的开院之际,便组织开幕典礼并广邀各界名流前往参观,同时,他还在《申报》上大作广告,达到吸引社会注意的目的;更重要的是,他借现场之机鼓吹治疫之益以吸纳更多的捐款,待募捐结束后,他又登报鸣谢各位善士,"俾偌大一慈善事业可因之而顺利进行"⑥。

上海是红十字会在中国的发祥地。1904年3月10日,上海万国红十字支会(后更名为上海万国红十字会,下称红会)成立。除了从事战地救护,兴建时疫医院也是红会的一项重要工作。作为一个常设机构,红会时疫医院专门用来诊疗痧症。该院于每年夏秋之交开院,对待病患,无论男女贫富,

---

① 伍连德:《民国21年中国霍乱流行概况》,载伍连德、伍长耀《海港检疫管理处报告书》第三册,1933年版,第6页。
② 中国红十字会时疫医院主编:《中国红十字会时疫医院征信录》,1916年,第2页。
③ 《中国红十字会时疫医院阳历七月一日开幕谨募捐款》,《新闻报》(上海)1916年6月28日第1版。
④ 《上海时疫医院十八年征信录序》,1929年。
⑤ 《申报》(上海)1928年7月2日。
⑥ 《申报》(上海)1929年6月15日。

概不收取任何费用；而且，该院疗效显著，据《新闻报》载，从 1908 年到 1912 年，该院"先后所全活者不下万余人"①。此外，医院还向公众免费提供药水，普及预疫知识，是当时最受上海市民欢迎的防疫机构之一。

史量才与红会结缘甚早。1915 年，他曾向红会时疫医院捐款大洋 200 元，受到了医院的登报表扬并被尊为"大善士"②。1918 年，史量才向美国红十字会捐资 75 元，被后者纳为永久会员并获美国总统亲笔签名证书。1934 年，史量才、刘鸿生出任中国红十字总会副会长（会长王正廷，常务理事杜月笙、王一亭、闻兰亭、林康侯、王晓籁），他们与时疫医院一道为近代上海的公共卫生事业做出了贡献。

3. 一手抓防疫，一手抓救贫

上海是"五方杂处之会"（孔祥熙），无论人口流动还是货物吞吐，均居全国之首。因此，有些人因遇天灾人祸会选择避难于上海，但这很容易把疫病带入上海；而上海如果发生时疫，患者若觉回天乏术，又会选择离沪返乡以免客死他乡。一来一去，都助长了疫情的传播。1911 年，苏州河以北发生鼠疫，而当时东北又暴发鼠疫，这导致从北方逃到上海的人员迅速激增，上海面临着严重的鼠疫挑战。而 1932 年"淞沪战争"爆发以后，大批难民涌入上海，又造成全市天花大流行。可见，防疫本身是被动的。当时，人们就已经认识到这个问题："倘若有人认为'防疫'是一件了不得的卫生事业，则不能不说他是错误了。防疫这件事，一看字面就可明白是一种消极的工作。"③

既然如此，面对疫情，应尽量减少人员的流动。尤其是对上海以外的灾民而言，使其安于当地而不是四处流动，可以有效避免疫病的蔓延。1921 年夏秋之际，因长江流域大雨，加之黄河流域决口，致江苏、安徽、浙江、山东、河南、湖北、直隶、陕西等八省被灾，"灾区达二七，〇〇〇方里，鲁、豫、晋三省被灾区域一四八县，灾民八一四，三三二人"④。在朱葆三的牵头下，上海成立江浙皖水灾义赈会（兼管山东），史量才、徐静仁出任

---

① 《时疫医院之成效》，《新闻报》（上海）1914 年 8 月 1 日第 2 版。
② 《申报》（上海）1915 年 7 月 22 日。
③ 象伊：《我们在防疫运动中的希望》，《卫生教育周刊·医政周刊选辑》，第 26—27 页。
④ 邓拓：《中国救荒史》，北京出版社 1998 年版，第 45 页。

副会长。该会以募款为主要内容,一方面通过《申报》《民国日报》等媒体反复刊载劝募启事,另一方面,又向中央申请拨充附加税,这些款项最终被用于灾民在当地的安置。1924 年,齐卢战争(江苏督军齐燮元与浙江督军卢永祥发生战争,作者注)爆发并波及上海,仅泗泾镇一地就有两千多难民在徐家汇上岸并逃进上海。史量才闻讯后,与该镇乡公所并会同红会在徐家汇南首茶馆设立泗泾救济妇孺报名处,向难民发放入所凭据并将其择地收容,从而避免了对上海市区的冲击,而上述所有费用均由史量才一人承担。此外,史量才还高度关注浮棺问题。所谓浮棺,是指暴露于野的尸棺,死者多为路人、乞丐或因家贫而无力掩埋者。当时,上海郊外常见浮棺,"在距黄浦滩一里之内,即可嗅得腐败尸体之恶味,且有空棺甚多,盖其尸体暴露,有为狗噬者,有因年代久远而淹没者"。[①] 在这些浮尸中,因患传染病而亡的孩童又占多数,以普善山庄为例,其"所收孩尸,大半皆痧子、天花而死"。[②] 这些浮尸一旦遇上其他诱因(比如洪水),即可成为疫病的传播媒介。1928 年,史量才向红会专门捐资,用于浮棺的处置[③]。后来他出任红会副会长,则继续坚持红会的"夏施痧药、冬赈寒衣、死赠棺衾"的慈善传统,以减少浮棺给疫情传播带来的危害。

(二)借报纸助力防疫

1. 宣传防疫知识,科普卫生常识

现代意义上的防疫技术和知识是一种舶来品。对国人而言,走过了一段从抗拒到认同的道路。1910 年 10 月,上海发现鼠疫,此时,适逢东三省因鼠疫泛滥而死者无数,因此,上海的租界当局极为惊恐。为防疫病扩散,工部局派消毒车前往闸北一带查验、消毒。由于洋人医生强捉儿童种牛痘且不加说明,引发了当地居民抗议,而在虹口,工部局用铅皮实施隔离,又引发华洋间冲突,史称"清末检疫风潮"。平心而论,人们对疫病的本能反应是恐惧的,如果对防疫知识缺少了解,则会进一步产生抗拒心理。当时,甚至

---

① 伍连德:《中国推行火葬》,载伍连德、伍长耀主编《卫生署海关检疫报告书》第六册,1936 年,第 22—23 页。

② 《申报》(上海)1928 年 2 月 23 日。

③ 《申报·广告》(上海)1928 年 3 月 6 日。

有人求助于迷信。时谚所云："验疫风潮亦怪哉，病夫闻信愈悲哀。谣言医院如泉路，进去无人再出来"①，就是国人对待防疫的真实心态。

防疫工作的成效取决于公共卫生事业的发达与否，而后者又有赖于民众卫生知识的普及，"中国超格死亡率的原因，实由于国家人民不讲求公共卫生，为疫病袭击所致"。②

《申报》是沪上知名大报，它从两个方面配合防疫工作的开展。

一方面，介绍与防疫有关的信息。虹桥肺病疗养院每周都在《申报》上讲述治疗肺结核的方法和应知事项。而从 1933 年 7 月到 1934 年 10 月，《申报》每周刊载《上海市卫生局每周检验自来水传染病报告》，内容是法定传染病的患病及死亡人数。此外，作为防痨协会的常务理事，史量才推动《防痨先锋》刊物的发行，并借《申报》为刊物做推广，防痨协会每年在全市举办"劝止随地吐痰运动"，《申报》每次都配合宣传。上文提到的红会时疫医院，其自 1908 年创立到 1938 年停办共 30 年时间，该院每逢夏季开院，都会在《申报》事先刊载启事，鼓励疫者及时前往救治。

另一方面，《申报》注重对西方科学技术的引介，尤其是在瘟疫流行期间，报纸经常刊载介绍西方医疗器械、防疫药品的广告。随着媒体的耐心引导，西人的卫生习惯逐渐为华人所接受，甚至成为一种时尚的象征。1932 年，上海虽发生霍乱，但死亡率并不高，对此，伍连德认为："由于扩大卫生宣传所收之效力。盖患者能知速于求治，死亡率自见低减。"③

2. 预警疫情动态，当好"吹哨人"

《申报》常设卫生栏目，专为普及卫生知识。而每到某种传染病要暴发的时节，专栏则会提醒市民加以防范。除了关心国内情况，该报还高度关注输入性疫病。1920 年 6 月，日本暴发"虎疫"（霍乱，作者注）。7 月，《申报》了解到，日本驻沪领事馆内有一例输入型病患，且为重症患者。该报立刻向社会披露此事，起到大海中的"瞭望者"（普利策）之功。

1932 年，"一·二八事变"之后，史量才担任江苏战区救济委员会（下

---

① 顾炳权：《上海洋场竹枝词》，上海书店出版社 1996 年版，第 237 页。
② 翟培庆：《公共卫生常识》，中华书局 1939 年版，第 8 页。
③ 伍连德：《民国 21 年中国霍乱流行概况》，载伍连德、伍长耀（上海）《海港检疫管理处报告书》第三册，1933 年，第 6 页。

称委员会）常务委员。他特别担心疫情的产生。在一份致各机关的函件中，他警告道："入夏以来，天气酷热，疫疠发生，大战之后，必有大疫，传染蔓延，尤意中事。"他向淞沪战区善后筹备委员会喊话，应"设法预防，在嘉定南翔、黄渡、宝昆山等处筹设防疫医院，并分别派员施行注射防疫针。"鉴于战区地广人众，他又向上海各西、中药房呼吁，希望后者能捐助夏令急救痧疫要药以备不时之需。在他的疾呼下，不到一周的时间，上海就有九家药房捐赠治疫药丸、药水。中央防疫处虽然无法提供治疫药水，但史量才设法从前者手中申请到银三千元，为宝太嘉三县增置防疫设备。

（三）重视药物研发，培养医护人员

考察史量才对防疫之热心，其家风家传不可不留意。他出身医药世家，其父史春帆在松江泗泾镇开设"泰和堂"药铺。在药铺堂中央，悬挂有一副题为"掺假药必火烧雷劈"的堂幅，这条店训也是史家的家训。史春帆在世时，每逢夏季，总会在店门口搭起凉棚，摆上痧药水免费供应路人。1932年，在一次与陈彬和、黄炎培、陶行知三人的谈话时，史量才还特意提到，"我父亲经营中药讲信实、行直道，我经营报纸岂能不讲信实、不讲直道？"①

他乐于向社会推介名医。江阴籍名医陈道庵善治疑难杂症，尤精于疟疾。史量才与张謇等人一起在《申报》上为陈医生做广告，"俾救医者知所问津焉"②。他特别关心国药的生产。项松茂旗下的五洲大药房致力于研发国产药品和固本肥皂。有次，《申报》总经理张竹平发现，项氏欠广告费五、六万元。于是，他准备撤下五洲的广告。史量才发现后，立即予以制止，并通过债转股的方式来支持项松茂。后来，固本肥皂果然研制成功，并打败了英商的祥茂肥皂。1927年，五洲大药房制药部长张辅忠被派往德国研究有机化学，史量才特意前往送行，预祝他学成回国，为中国医药界开辟新纪元。

防疫离不开医护人员。早在1913年，时任中华民国业医会会长的萧敏就说过，红会"厥惟人才，则皆须有相当之教育，断非仓促可以立致"③。

---

① 庞荣棣：《现代报业巨子：史量才》，上海教育出版社1999年版，第195页。
② 《申报》（上海）1913年4月20日。
③ 中国红十字会总会主编：《中国红十字会历史资料选编1904—1949》，南京大学出版社1993年版，第271页。

沈敦和是中国红十字会的缔造者，也是时疫防治的先驱。他在 1909 年创办了红会总医院和医学堂，培养了不少时疫防治人才。即便如此，每当疫情来临，医护人员的数量仍然严重不足[①]。1919 年，上海时疫暴发，红会时疫医院多次在报上呼吁医生前来襄助。而在疫病高发时期，对护士的需求又高于医生，"此时所需者中国助手更较西国医生为急"[②]。为解燃眉之急，该院甚至向杭州广济医学校求援数人。1926 年，上海霍乱流行，该院"男女护士甚至劳碌成病"[③]。

史量才非常重视护士教育。1930 年，上海医事事业董事会成立，孔祥熙任董事长，史量才任常务董事，共同筹设中山医院。该院最终于 1936 年落成。中山医院兼具诊疗与教学两重意义，其中的高级护士学校由史量才捐资建成，其护士楼也命名为"量才堂"。当时（1936 年 8 月 20 日），史量才已遇刺身亡，遂由其子史咏庚为该楼基石题词"量才堂奠基纪念"。

三 结语

综观史量才的疫病防治实践，社会力量的参与是打好防疫保卫战的重要因素。

上海是地方自治的先驱。受太平天国运动的影响，清廷对各地的控制力逐渐减弱，这为以士绅为代表的地方力量的崛起提供了机会。1905 年，标志着地方自治萌芽的上海城厢内外总工程局即已成立[④]。此后，随着近代工商业的发展，商人势力开始崭露头角。同时，租界的出现导致上海变成"三界四方"[⑤]之地，这使"上海与北京，一为社会中心点，一为政治中心

[①] 这种情况至今依然如此。据国家卫健委医政医管局检查专员郭燕红介绍，截至 2 月 29 日，全国已派出 4.2 万医护人员驰援武汉，其中护士 2.86 万名，占比 68%。见《新京报》2020 年 2 月 29 日。据中华护理协会理事长吴欣娟介绍，正在武汉驰援的护士以"80 后"和"90 后"的女护士为主，她们现在都是临床的骨干力量。见央视新闻，https://new.qq.com/omn/20200212/20200212A006Apoo.html，2020 年 2 月 9 日。上海医疗救治专家组组长、华山医院感染科主任张文宏表示："有一个很容易被忽略的团队，就是我们的护理团队。你认为我们的医生有多重要，我们的护理姐妹们就有多重要。"澎湃新闻网，https://www.thepaper.cn/newsDetail_forward_6094063，2020 年 2 月 23 日。
[②] 《红会医院之外报观察》，《新闻报》（上海）1919 年 7 月 29 日第 9 版。
[③] 《时疫流行与防范消息》，《新闻报》（上海）1926 年 7 月 25 日第 13 版。
[④] 1909 年，清廷才颁布了《城镇乡地方自治章程》和《城镇乡地方自治选举章程》。作者注。
[⑤] 所谓"三界四方"，是指英租界、美租界、法租界和华人管辖方。作者注。

点,各有其挟持之具,恒处对峙地位"(姚公鹤)。① 1927 年,南京国民政府成立后,青帮仰仗自己在"四·一二事变"时的功劳,也加快了扩张的步伐。因此,上海的地方势力主要由士绅、商人、帮会以及租界所共同组成。

慈善事业是地方自治的重要内容。明清以来,地方力量在慈善救济、水利堤防、团练治安等事务上发挥着重要作用。上海是慈善事业的发源地。"19 世纪 90 年代,以盛宣怀、郑观应、经元善等十余位江浙绅商为中心形成了清末最著名的第一个慈善家群体。"② 而后,随着商人、帮会和租界等势力的加入,上海的慈善机构和慈善家层出不穷,前者如中华慈善团体全国联合会、上海万国红十字会等机构,后者有朱葆三、史量才、杜月笙③等慈善家。到 1930 年前后,上海共有 119 个慈善团体④。上海的慈善事业之发达,源于其与地方力量的交织紧密。以中国红十字总会和上海地方协会(下称地协)为例。1934 年,总会召开全国代表大会,选举新一届理监事会。在 43 位当选的成员中,有 11 位同时也是地协会员。而副会长史量才是地协会长,副会长刘鸿生是地协理事。

正是在这样的背景下,近代上海的公共卫生事业(防疫)走在了全国的前列。以中国公立医院为例。前述"清末检疫风潮"之所以发生,源于工部局在卫生检疫过程中的态度粗暴与政策歧视。为保护华人利益,著名慈善家、中国红十字会创始人沈敦和牵头创建了中国公立医院——第一所由中国人创办的传染病医院。由于该院在疫病防治上功效显著,法国总领事甚至特别邀请沈敦和,请他按照公立医院的模式在法租界内再造一所防疫医院。

近代上海的防疫实践表明,社会的参与可以弥补政府力量的不足。检视近代史料发现,每当时疫发生,政府往往力有不逮而不得不向社会发出乞赈函电,这种情况屡见不鲜。而各社会组织遇到疫情,往往也是当仁不让,群

---

① 姚公鹤:《上海闲话》,上海古籍出版社 1989 年版,第 50—51 页。
② 刘雪芹:《近代上海的瘟疫与社会——以 1926—1937 年上海华界的瘟疫为例》,硕士学位论文,上海师范大学,2005 年。
③ 杜月笙曾担任上海地方维持会、上海地方协会副会长以及中国红十字总会理监事,史量才死后,他接任地协会长和红会副会长,直至 1949 年。他是红会的重要人物,也发挥了巨大的作用。作者注。
④ 张礼恒:《民国时期上海的慈善团体统计(1930 年前后)》,《民国档案》1996 年第 3 期。

起响应。以 1932 年的上海霍乱为例。当时，全市由慈善家设立的时疫医院不下 20 家，其分布为"中区 2 个，北区 4 个，东区 4 个，西区 3 个，南区 3 个，吴淞 1 个，浦东 3 个"。① 这些临时医院不仅消化了一大批疫病患者，而且，因其分布在各个不同的区，这使得分散在全市不同地方的病患都能够就近求治，从而避免了因转送大医院而引发的进一步传染或途中死亡。更重要的是，上述由民间力量建设的时疫医院，尽管它们采用"野战医院"的模式，但其治疗手段并不落后，对此，伍连德曾盛赞道："各医院所有治疗方法，多为生理食盐水静脉注射，收效甚宏，能得群众信仰，各医师等又均经验宏富，凡此皆为减低死亡率之大原因也。"②

近代上海是中国报业的中心。前文已述，史量才及《申报》在防疫事业中发挥了重要作用，走出了一条以办报助防疫、办报防疫相结合的路子。事实上，其他人也发现了报纸之于防疫的功用。1910 年，上海暴发鼠疫，时任中国公立医院院长的沈敦和在摸排疫情、收治病人的同时，还在《申报》上刊出每日疫情报告。由于信息得到及时公开，社会上的各种谣言顿消。1911 年，苏州、河北发生鼠疫，此时，东北也暴发鼠疫，大批难民逃入上海，全市疫情面临严峻挑战。沈敦和在《申报》上刊登《敬告在沪同胞保卫上海之生命商业》一文，提醒各界及时上报疫情动态，"毋任隐瞒贻害"；同时，他还向报界呼吁："记载各省疫事务求详尽，大声疾呼，警觉同胞，使人人咸知疫气质可危可罹，有以激发其思想，共同留意查察，以自卫卫人。"③

由此观之，面对疫情，需要政府、社会和民众的相互配合，这样才能打赢防疫保卫战。

对政府而言，在没有疫情的时候（防疫阶段），主要是制定相关法律和政策、布局公共卫生事业体制、实施基础设施建设以及开展全民卫生运动、宣讲防疫治疫知识等；当疫情来临以后（治疫阶段），则通过政策引导、资源调配和舆论引导等手段，全面协调各方力量投入抗疫活动。

---

① 《申报》（上海）1932 年 8 月 25 日。
② 伍连德：《民国 21 年中国霍乱流行概况》，载伍连德、伍长耀主编《海港检疫管理处报告书》第三册，1933 年，第 6 页。
③ 《敬告在沪同胞保卫上海之生命商业》，《申报》（上海）1911 年 2 月 12 日第 2 版。

但是，在疫情面前，政府常面临制度设计缺陷与施政能力不足等问题。以今年的"新冠肺炎疫情"为例。武汉市长周先旺在接受央视专访时，对制度设计表示过他的意见："各方面对我们信息的披露是不满意的……因为它是传染病，传染病有传染病防治法，它必须依法披露，作为地方政府，我获得这个信息以后，授权以后，我才能披露，所以这一点在当时很不被理解。"① 至于施政能力的问题，在 2 月 23 日召开的统筹推进新冠肺炎疫情防控和经济社会发展工作部署会议上，习近平总书记也特别强调："要针对这次应对疫情中暴露出的明显短板，总结经验、吸取教训，提高应对突发重大公共卫生事件的能力和水平。"②

与之相应的是，社会力量则有其灵活多样的优势，"国家控制力度的增大和权力范围的延伸有利于增强政府的权威和社会的稳定，社会力量的活跃则可以给社会注入活力，两者都是一个国家乃至一个社会健康、稳定发展必不可少的因素"。③ 余新忠基于对清末的瘟疫考查后得出结论："国家和官府同社会力量非但未见日趋严重的对立，相反出现了更广泛的合作。"④ 在此过程中，通过媒体的有力宣导和积极科普，民众对疫病的认识也会从恐惧走向自信，从迷信走向理性，最终战胜疫病。

历史研究可以"知古鉴今，资政育人"。2003 年"非典"期间，各社会组织纷纷投身防疫事业，发挥了较好的协助作用。同样，前述近代上海的防疫实践，也揭示出社会力量的重要性。这说明，国家与社会的良好互动可以为抗疫提供更优化的保障。

---

① 《武汉市长周先旺回应疫情披露不及时：按照传染病防治法，获得授权才能披露》，央视新闻，2020 年 1 月 27 日。
② 《15 点要求！习近平定调下一步疫情防控及经济发展方向》，人民网，http://cpc.people.com.cnnl/2020/0223/C164113-31600333.html，2020 年 2 月 23 日。
③ 刘雪芹：《近代上海的瘟疫与社会——以 1926—1937 年上海华界的瘟疫为例》，硕士学位论文，上海师范大学，2005 年。
④ 余新忠：《清代江南疫病救疗事业探析——论清代国家和社会对瘟疫的反应》，《历史研究》2001 年 6 月。

影像传播

(主持人：齐二娜)

符号学视角下的"奇标签":综艺节目的创新与陷阱

骆静雨

(浙江理工大学 史量才新闻与传播学院,杭州 310018)

摘 要:标签作为一种意义提示的符号在综艺节目中的运用已越来越多。从一开始的简单标签分类到现在的"争奇"标签的出现,综艺节目利用奇标签来达成吸引观众注意力、产生讨论话题、提升竞争优势的目的。同时,奇标签也塑造节目参与者的形象和个性,完成节目内容与观众的互动。本文从"奇标签"现象入手,认为综艺节目采用"奇标签"策略对于节目的话题度和推广度有一定作用。但综艺节目的"奇标签"建构和生产过程,会加剧符号消费,它的运用在一定程度上可能带来新的矛盾和问题。

关键词:奇标签;符号;电视奇观;电视文化

随着5G时代的到来,社会进入了"高速符号化"的时代。信息内容视频化已经成了传播中不可避免的趋势。海量综艺视频都借用不同"标签"进行突围,标签,某种程度上是一个加剧人们固定认知、表达意义的方式,属于符号的一种。目前,"网红""二次元"等标签在电视综艺节目中频繁出现,此时节目对其自身内容所贴的标签,已经成了公众对其认知的重要方式,也成为联系客观信息和主观认知的重要媒介。

综艺节目使用各式各样的标签,有一个明确的作用,即"快餐化"认知。认知的"快餐化"指的是人们通过特定的"符号——意义"的链接,对某种标签产生一种特定的认知。认知的"快餐化",一定程度上节省了公众思索的时间长度,也限制了其思考广度。这种"标签化"现象让人们自发地将某件事物或

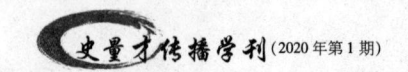

者某个人进行认知归类和组合,产生固定认知。抑或说,当人们观看带有特定标签的事物,他们只是看到了带有标签的"像"①,而不是一个真实的过程。而随着信息的数量指数化增长,公众也习惯于接受用标签对节目进行分类。

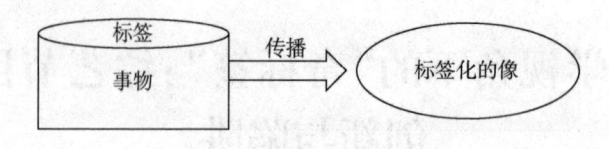

图 1　带标签的"像"形成

标签化可能会导致传播中刻板印象的进一步加深。不过,随着大量标签化的实践出现,内容生产者意识到仅有"标签"是不够的。仅有标签对事物进行分类只能方便观众找寻,却无法让观众真正记住。从海量信息当中脱颖而出,这是"奇标签"产生的现实动因。

一　综艺节目的"奇标签"突围

如果说,"标签"是索绪尔所说的由能指和所指所构建符号中的一种,"奇标签"则是更强调以人为主体参与构建的、具有鲜明个性特征的符号。本文的"奇标签"主要指的是节目制作组为强调选手的特性、节目的冲突性和制造看点,给节目参与者取的昵称、绰号,其形式通常采用夸张或卡通的字幕来强调节目中的戏剧性等。通常而言,综艺节目中的"奇标签",也是充分利用观众这个主体积极参与建构的一个独特的符号系统,而由于人的主体认知是充满了个性化色彩的,因此"奇标签"具有很强的猎奇性、独特性和贴合性,这就使拥有"奇标签"的综艺节目能从同类节目中突围出来,赢得观众认可。

表 1　　标签与奇标签的对比

	标签	奇标签
定义	标签是指按照一定的规则给事物进行归类说明	奇标签是指用带有鲜明特征的词语对某个事物进行描述或者说明
缺陷	加剧刻板印象,形成认知固化	猎奇性较强

---

① 徐红、涂江浩:《解读标签化下的传播偏向》,《新闻世界》2013 年第 12 期。

续表

	标签	奇标签
优点	对事物进行有效的类别划分，提高认知效率	大部分奇标签都是独一无二的描述，增加记忆点，提高人们对事物的记忆度

在内容生产者看来，这样的"奇标签"其实是打破刻板印象的。因为"奇标签"告诉人们"它是与众不同的存在"，参与者是充满个性的"绝无仅有"的个体。参与者只要演绎好"奇标签"的特定属性，就能够保证话题的热度；而不同时期介入节目的观众们也不需要深入解读，只要看到那些"奇标签"就能对节目的整体风格洞然于胸，也无形中节约了前情回顾的时间，使节目更加紧凑。因此，"奇标签"的出现，既是节目组对受众个性化需求的回应，又是借助符号文化避免节目走向同质化的一种对策。

"奇标签"的生产和运用在一定程度上是对"弹幕"的借鉴。早期的电视节目，字幕一般出现在屏幕的底端或者两侧，主要内容为旁白以及人物介绍等。观众只能被动地观看节目组提供的字幕或者说明，哪怕对此并不认同也没有适宜的途径可以表达。而随着字幕组和弹幕的发展，普通观众也有了自由表达的平台。弹幕的出现，让一些流行的有趣的标签贴纸停留在屏幕上，并与后来的文本产生互动。综艺节目也开始运用"弹幕"的活泼形态，在自身的综艺节目中加入了较多的气泡、贴纸等与以往常规字幕不同的形式。将弹幕"互动"形式移植到字幕中来。把观众的点评变成了节目组自我"点评"。经过特意强化的"奇标签"有助于公众快速找到节目与自身的契合点。这也是当下电视传媒业对市场诉求的回应。正是在多方的合谋、推动下，"奇标签"变得"合规化""有效化""常态化"。

法国学者居伊·德波在《景观社会》中提出这样的看法，直接存在的事物会转化成为表象。[①]"奇标签"时代的综艺节目，这种表象衍化成为"奇标签"。而在"奇标签"引领下，电视综艺节目在不知不觉中构建了奇特的电视景观——综艺节目的参与者被各类非主流和反常规的昵称或绰号所包围。参与者为了展现个性挖空心思寻找昵称或绰号。节目中的字幕不断用夸张的字体强化这些昵称或绰号，让它们成为参与者的独特标签。这种充满

---

① 吴佩佩：《论中国当代景观摄影》，硕士学位论文，河南大学，2013年。

主体性建构的过程,已经赋予了"奇标签"新的符号学意义。如今,"奇标签"俨然成为选手"红火"的标配,电视节目突围的利器。摆脱雷同的各式标签,为观众提供新的个性化的体验。比如在《青春有你2》中被形容为"作精"的参赛选手虞书欣,在节目中的各种表现都与其"奇标签""作精"有关,也因为这个"奇标签"在网络引发了较大的话题度。截至 2020 年 5 月 8 日,关于她的微博讨论有 198.6 万,阅读量 10.4 亿。而被贴上"锦鲤""奇标签"的杨超越,则不断在其后续所参与的综艺节目中,强化其"幸运""运气好"这样的成分。从个人认知层面而言,"奇标签"的存在就像微博个性化推荐一样,有助于观众快速寻找到节目与自己兴趣的契合点。在海量信息当中,拥有"奇标签"的信息会因为具有显著特点而更引人关注。

首先,"奇标签"将内隐的刻板印象合规化。Greenwald 和 Banaji[①]曾经指出,我们常常怀有内隐的、无法轻易识别的刻板印象,但这种刻板印象会影响我们对某一特殊社会群体特征的看法。而电视节目中的"奇标签"将这种内隐的印象外化,并将其合规化,当然这可能会影响观众的思考和想法。比如一些小品节目里刻意将地方方言夸张化,"湖南话"成了"扶兰话"。这原本不合规的刻板印象,在综艺节目中却合规化了。这种"合规",让人们一目了然地看到节目制作者(意义发送者)的意图。

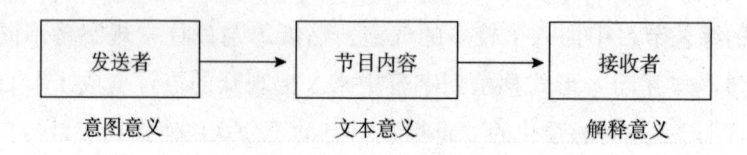

发送者	→	节目内容	→	接收者
意图意义		文本意义		解释意义

图 2　意义被发现的过程

其次,"奇标签"的确立是动态过程。在电视综艺节目中,"我是……"或者参与者的绰号已不再是简单的个人陈述,而是参与者不断回放的"奇标签"。就像美国社会学家库利所言,每个人的社会性是通过与别人的交往而获得的,如果没有其他人的相对意识也就很难拥有自我的意识,[②] 同理,

---

① Anthony G. Greenwald, Mahzarin R. Banaji, Implicit social cognition: attitudes, self-esteem, and stereotypes, *Psychological review*, 1, 1995/1, p.4.

② [美]查尔斯·霍顿·库利:《社会组织》(英文版),中国传媒大学出版社 2013 年版。

如果不是一个个"奇标签",在巨星云集的真人秀节目中,选手们要脱颖而出非常困难,而目前他们主要的方式是借助"奇标签",来不断塑造并标榜自己的"与众不同",从而确立"我是谁"的感知。选手们的"奇标签"会成为一个很重要的参照维度,影响观众的评判。因此,"先下手为强",选手们与其等他人给自己贴上标签,不如给自己设定一个"奇标签"。而且他们会用心去维护恰当的"奇标签",并通过行为不断强化这个"奇标签"。

再次,"奇标签"是一种"共谋"。在综艺节目商业化竞争激烈以及整体娱乐化的背景下,"奇标签"成了电视综艺节目参与者、节目生产者和观众之间的"合谋"产物。没有"奇标签"的参与者容易被淹没在众多参与者当中,而没有"奇标签"的电视综艺节目也会因为没有"爆点"和"热点"得不到观众的关注,其间观众又能通过"奇标签"获取更精准的信息,更好地理解节目,形成共鸣。比如《奇葩说》第二、三季,选手陈铭以"站在宇宙中心呼唤爱"为大家所知,这和他有意每次在辩论的结尾采用以"爱"来收尾节目紧密相关。而选手颜如晶则是喜欢吃鸡的自闭女孩,于是她就刻意经常在辩论中拿鸡肉或者吃鸡肉来譬喻,完成辩论的同时,也强化了其"吃货"个性特质。所以说,"奇标签"是多方合谋的产物。

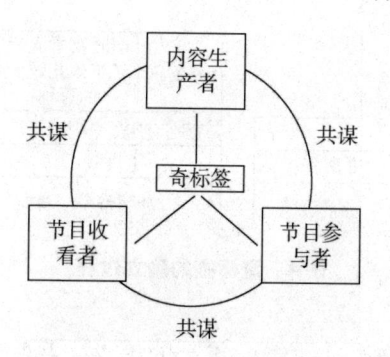

图 3 多方合谋的奇标签

二 "奇标签"所缔造的综艺节目文化奇观

可以说,"奇标签"的流行,建构了一种似真似幻的叙事框架,也构建了一个综艺节目的"神话"。综艺节目正是在这种真实与虚构的不断演绎中形成了独特的文化奇观。对于公众而言,给节目贴"奇标签"更像是一场盛大的集体狂欢。比如《奇葩说》当中，被称为"蛇精男""少奶奶"的肖骁。他的"少奶奶"标签就是在参加《奇葩说》海选的时候由一个玩笑引出的：当时蔡康永与他开玩笑"少奶奶这个角色还蛮适合你的"，有吃有喝又不用干活儿。而他对这个称号并不反感，反而认为少奶奶挺好的，不像自己"公主的身子，王子的气质，无奈生了个丫鬟的命……"① 就这样，这个"奇标签"在肖骁这个选手身上得到了初步确定。紧接着，在节目中，但凡他出场发言，就会有其他辩手在旁边说"少奶奶来了"，而节目组也会故意将夸张的"少奶奶"字幕贴在视频中，于是观众得到了进一步信息确认：原来少奶奶就是指肖骁。紧接着，肖骁对这个"奇标签"也赋予了新的含义，他在节目中时常会承认自己"偷懒""爱赖床"，比较"娘"，但是同时强调自己是一个有"质感"的少奶奶。就这样，这个"少奶奶"原本的所指已经被肖骁重新诠释和取代。这样的"少奶奶"标签伴随了《奇葩说》整整三季。一位男生被贴上"少奶奶"的奇标签，本身是件反常规的事情，而正是这种反差，引发了观众的注意。当人们进一步去探索为何出现这种反差的时候，注意力往往就能够被这位选手吸引，节目的收视率就会稳定下来。

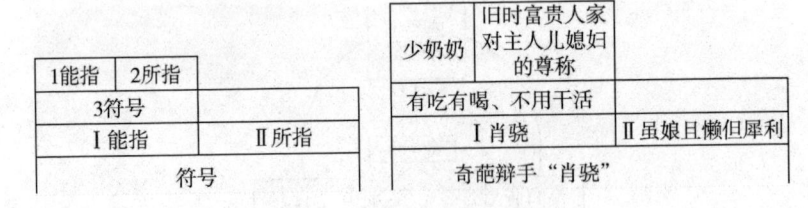

1 能指	2 所指		少奶奶	旧时富贵人家对主人儿媳妇的尊称
3 符号			有吃有喝、不用干活	
Ⅰ 能指	Ⅱ 所指		Ⅰ 肖骁	Ⅱ 虽娘且懒但犀利
符号			奇葩辩手"肖骁"	

图 4 奇标签的确立过程

而这一过程，肖骁通过"奇标签"的确立，并赋予其主要内涵，让自己的个性形象更为丰满。而他的言行举止也赋予了"奇标签"更深广的内涵和意义。从而在《奇葩说》的舞台上、甚至在更广的范围中，人们一提到少奶奶都会条件反射地想起肖骁。在第四季《奇葩说》总决赛，肖骁终于拿到总冠军时，"少奶奶"这个"奇标签"达到了其意义共振的顶峰。但

---

① 王心仪：《专访｜"奇葩"肖骁：我就算娘，也要做个有质感的》，澎湃新闻记者，2015 - 01 - 31，http：//www.thepaper.cn/newsDetail_ forward_ 1299456。

是当他取得了当季冠军之后，他身上的标签除了"少奶奶"这个"奇标签"以外，还多了"BBKing"的标签。这个标签对他之前的"奇标签"产生了反作用力。这个标签是一种代表"成功了"的符号，而这一符号将其原本"奇标签"赋予的神话光环彻底剥夺，他不得不进一步演绎"成功者""教练"等角色。从其第五季和第六季的表现来看，"BBKing"这个标签给他的压力远大于影响力。这种压力带来的落差感已取代了原本"少奶奶"这个"奇标签"赋予他的观众缘，逐渐拉开了他与观众之间的距离。

从这个案例也可以看出，当参与者或主动或被动地给自己添上各种奇标签，能够使得自身特质更为凸显，也提升了电视的收看率，拉近了节目参与者与观众的距离。而当这个"奇标签"被取代时，这个距离就会回到原位。

目前，国内综艺节目总是逃脱不了类型化、同质化的魔咒。哪一类节目赢得观众的喜爱，就很容易引起大规模的跟风。这也导致节目内容难以让观众产生充足的兴趣。从某种意义上说，"奇标签"企图突破的无非是综艺节目过于类型化和同质化的桎梏。"奇标签"融合了策划性、消费性和符号化的一系列特征，通过新的、特别的包装重构电视综艺节目。"奇标签"其实就像巴特尔所说的符号系统一样，把竞争、成功、失败或合作等这些原始的符号统筹和整合在新的"能指"当中，借助不同的能指进行修饰，用变幻莫测的能指修饰着贫弱的所指，用形式的繁复与庞大感染着大众，以期引起共鸣和共情。

三 "奇标签"下综艺节目的陷阱

"奇标签"能够让观众将注意力投放到个别节目和参与者身上，但与此同时，它也可能暗藏着种种陷阱。

首先，"奇标签"将观众的精力消耗在虚妄的"个性"上。为了脱颖而出，众人挖空心思想奇招。贴上的"奇标签"，更多是一种自我幻想，它虽然一定程度上影响人们的行为，但却不能取代人们的个性，更多的是带来一种虚幻的快感。德波在研究景观文化时曾说，人们在观看表演或者戏剧演出时，沉醉于其中，迷失了自我，进而完全被与舞台上演出有关的一切所操控，于不知不觉中陷入了被动状态，从而失去了自主性。这和被"奇标签"诱惑，沉醉其中而不自知的观众是一样的。

其次,"奇标签"加剧了符号消费。"奇标签"加剧了观众的猎奇心理。就像普通明星崇拜一样,很多观众出于对某选手"奇标签"的喜爱,会模仿他们,他们的"奇标签"成了消费符号。人们为了获得类似的"奇标签",反而放任了消费的欲望。伴随着"奇标签"时代的到来,消费行为更是早已不是只用"使用价值"的举动。更多时候,"展示一件商品比拥有一件商品更为重要"。① 而且在这样一个时代,没有独特意义的商品将很难引起消费者的兴趣,对于消费者而言,衡量商品价值的重要标准就在于这种价值是否能够被清晰地看到。故而,"奇标签"这一举动也迎合了电视综艺节目观众的需求,他们在电视节目中寻找榜样,投射的却是关于自我的映像。

再次,奇标签实际上是一种对亚文化收编的尝试。很多奇标签,都将小众的、不为公众所熟知的某个特质进一步放大。"CP感""二次元""鬼畜""娘"等一些此前较为亚文化的一些提法,在现在的综艺中被收编,并利用这种噱头来吸引公众的注意。某种值得关照的亚文化就被移植成节目中的花边和噱头,这本身对亚文化是不利的。这会进一步加固其他人对亚文化的误读和刻板印象。

另外,"奇标签"也加剧了公众的猎奇心态。目前公众对一些选秀类节目的关注点更多是放置在选手的"奇特"表现上。比如在《青春有你2》节目中,某位选手因为不会说唱,表现欠佳,而网络上对选手欠佳表现进行各种恶搞剪辑,进而对节目一无所知的人也知道了"淡黄的长裙,蓬松的头发"这个搞笑梗。但对于节目本身的内容,公众并不太关心。为了满足选手这些特定的角色性格标签,节目的叙事受到固化的困扰。在电视综艺节目中,"奇标签"带来的模仿风潮也无法避免,这带来的是奇妙的荒谬感——人们为了维持"奇标签"不得不对之进行细致的规范和实践,而在规范的条条框框中,自己无形中也僵硬和固化了。"奇标签"的出现就像某种"神旨"告诉大家这是什么,从而让观众顶礼膜拜。观众也由被动的受众角色摇身一变成为仪式的主动参与者,他们向"奇标签"顶礼膜拜时,也就失去了个性和自由。

总之,"奇标签"赋予了标签新的意义和内涵,给综艺节目带来了新变

---

① [法]居伊·德波:《景观社会》,王昭凤译,南京大学出版社2006年版,第5页。

化，给观众提供了参与节目的快捷通道，让观众与节目的互动达到新的高度，掀起了综艺节目新一轮的收视高潮。但不可否认，它也存在着种种问题，比如加剧了符号消费，增加了观众对个性的虚幻追求，带来了新的固化形态。如何扬长避短，有待于在未来的综艺节目进一步反省和改进。

短视频平台"网红"青年教师的生成逻辑及其意义构建分析
——以抖音用户"花阳"为例

王卫明[1]，嵇 健[2]

（南昌大学 新闻与传播学院，南昌 330031）

摘 要：短视频平台的不断兴起，成功构建了短视频用户表达自我的公共网络场域，基于平台的热度，一批批短视频用户也随之走红，进阶成为网络红人，其中以"花阳"为代表的抖音"网红"青年教师以年轻、向上的面貌打破以往大众对于教师的"刻板印象"，令人耳目一新。伴随着全社会尊师重道的价值理念以及大众对于教师群体生活的猎奇心理，使之关注度居高不下，他们借助抖音平台，充当意见领袖，在传播知识的同时，充分发挥正能量传播作用，成为新偶像群体，极具现实意义。

关键词：抖音；网红；青年教师；生成逻辑；意义构建

如今互联网络的不断发展，让以"抖音"为首的短视频App呈现火爆之势，成为现象级产品，抖音用户来自各个领域，发布的短视频内容良莠不齐，其中娱乐戏谑的亚文化视频内容易对价值观尚未形成的青少年用户产生负面影响，本文分析的青年教师花阳则以正能量视频风格吸引了众多用户追捧，成为一名抖音"网红"青年教师，本文将使用个案分析法，以花阳为例，分析他在抖音平台上的网红生成逻辑及产生的价值引导作用，以此进一步探析其构建的现实意义，为短视频的正能量研究作出贡献。

一　生成逻辑：外因与内因的共同作用

抖音用户"花阳"，河南户籍，本名花阳，2019 年毕业于北京理工大学，系工学博士，现任教于合肥工业大学，在抖音共发布短视频 114 条（更新中），粉丝数 28.5 万，获赞数达 355.6 万，其中每条短视频作品下评论量几百到数千不等。花阳的走红，赋予"网红"新的内涵，在充斥娱乐、搞怪为标签的亚文化网络环境中，作为素人青年教师，他所传递的主流价值观在快文化消费的短视频语境下受到网友追捧，其生成逻辑由多重因素共同作用。

（一）外因：传播渠道与社会氛围的先天性

1. 渠道畅通：抖音平台的大众化

据 Quest Mobile 发布的《中国移动互联网 2019 半年大报告》显示，移动视频行业渗透率达到 96%，短视频成为移动视频行业用户增长的主要驱动力，其用户规模同比增加 2 亿，与在线视频的差距进一步缩小；其中时长占比大涨至 12.2%。字节跳动三款短视频去重用户接近 6 亿。[①] 大众对于短视频类产品的热爱可见一斑，作为短视频 App 之一的抖音 App，自 2016 年 9 月上线以来，主打音乐创意类短视频，深受大众喜爱。《2018 抖音大数据报告》显示，截至 2018 年 12 月抖音国内日活跃用户数突破 2.5 亿，国内月活跃用户数突破 5 亿，成为首屈一指的爆款短视频 App。基于平台用户人数庞大，抖音所打造的公共场域很好地满足了用户展现、分享个人生活及围观、模仿他人生活的诉求，此外，抖音具有强大的社交功能，用户之间可以进行互动、转发、评论等功能使视频内容得以扩散，进行二次传播。

花阳的网红路径得益于渠道优势，即抖音的大众化特点，在花阳的抖音账号内，每一条短视频内容下都有成百上千的抖音用户进行评论，这些用户来自各地，处在社会不同阶层，其中不乏缺少高等教育的人群，抖音作为一个窗口，为传受双方提供一个舞台和窗口，让更多大众了解中国当代青年教

[①] Quest Mobile 移动大数据研究院：《中国移动互联网 2019 半年报告》，http://www.questmobile.com.cn/research/report-new/5。

师的崭新面貌，也为花阳扩大知名度做好铺垫。

2. 社会氛围：知识共享与尊师重道思想的齐头并进

自古以来，"尊师重道"的优良传统思想在国人心里根深蒂固，古人云："国将兴，必贵师而重傅；国将衰，必贱师而轻傅"，可知老师对于个人、民族、国家的重要性。走进新时代，"尊师重道"理念从未过时，在2018年召开的全国教育工作会议上，教育部部长陈宝生指出，"要在全社会倡导尊师重教，重提师道尊严，厚植尊师文化，弘扬尊师传统，营造尊师氛围"。① 花阳的走红，与全社会潜移默化的尊师重道思想不无联系，移动互联网络发达时代，让大众感知到了知识的魅力，知识共享也一直被推崇，花阳自带高校教师的标签，使大众对他有了"知识分子"这一先入为主的印象，如今的共享社会，知识共享成为新话题，大众出于获得共享知识，关注花阳也在情理之中。

（二）内因：5W 传播模式的多重因素共同作用

1. 青年教师思想的开放性

美国著名学者蒂奇诺等人提出"知识鸿沟"理论，即"社会经济地位高者通常能比社会经济地位低者更快地获取信息，因此，大众媒介传送的信息越多，这两者之间的知识鸿沟也就越有扩大的趋势"，② 放在自媒体发达的时代，应被赋予新的内涵，无论社会经济地位高者还是经济地位低者，自媒体对于任何阶层的群体都是开放平等的，仅在于大众自身思想的开放性和对媒介平台的接纳与包容性，媒介素养在网络时代显得分外重要，其中当代人的媒介使用能力则是一条数字型鸿沟。进入 21 世纪以来，各大移动 App 如雨后春笋般纷纷涌来，如何把握新时代赋予的机遇，则是当代人值得深究的课题。

根据拉斯韦尔 5W 模式，整个传播体系始于传播主体，某种意义上，主体的个性最终决定着传播效果，花阳的走红，与其自带的标签有千丝万缕的联系。他在其抖音账号内发布的短视频内容丰富，有涉及学习方面的贴士，

---

① 刘海芳：《厚植尊师重道文化的道德根基》，《人民论坛》2019 年第 19 期。
② 郭庆光：《传播学教程》第 2 版，中国人民大学出版社 2011 年版。

有关于教学日常的片段,但更多是关于自己的生活场景,在入职高校教师以来,每一条视频都会带上相关话题#大学教师的日常#,而这种将个人生活以碎片化的形式大方曝光于大众眼前,是当代人的潮流趋势与生活态度,也与时下诸多年轻人思想不谋而合,这是其受到颇多关注的第一步。

2. 内容为王:兼具知识性和观赏性

曼纽尔·卡斯特说:"我们个人和集体存在的所有过程,都直接受到新技术媒介的塑造。"① 抖音已成为当下流行的亚文化中的一种,很多抖音用户称其十分"魔性",主要在于抖音为用户构建的场景几近雷同,模仿爆款短视频成为抖音的一大特质,而这些爆款以娱乐戏谑为主,经过更多网友的转发与竞相模仿,使之成为抖音符号甚至上升为抖音文化。尼尔·波兹曼曾在《娱乐至死》中提到:"有两种方法可以让文化精神枯萎,一种是奥威尔式的——文化成为一个监狱,另一种是赫胥黎式的——文化成为一场滑稽戏",② 抖音已成为大多数群众的娱乐消遣平台,与其中滑稽的内容相比,花阳发布的内容则显得独树一帜,实用的知识经验帖取代模仿秀,日常的学习活动取缔快餐式消遣,居家小视频虽没有令人刺激的视觉体验,但能唤醒大众回归慢生活的潜意识。另外花阳拍摄的视频场景具有生活气息,无论是宿舍场景,还是以景区为视频背景,抑或是办公场所,都给大众带去沉浸式体验,且更具生活气息,其中每一条短视频配合相关暖心的文字,音视频结合恰当使得视频主题升华,大众感官体验更佳。

正是通过这种诉诸理性与诉诸感性的传播方式使花阳积极正能量的主流生活态度获得网友一致好评,随着短视频的关注度攀升,花阳积极发挥网友赋予他的"意见领袖"角色,将正能量持续传递给更多人,在评论区里构建了传者与受者、受者与受者间相互鼓励支持、正向引导的温暖社区,网友表示抖音急需这样的正能量榜样;另外,他不定时更新动态,隔三岔五发一条短视频,在给自己更多空间的同时,也增加了网友的期待值,反观如今充斥着逐利性的短视频利益链,一些网红在走红后趁热打铁,每天不断更新内容,自身被流量绑架的同时,对网友也进行着道德绑架,以此获得高点击

---

① [美]尼尔·波兹曼:《娱乐至死》,章艳译,广西师范大学出版社2004年版。
② 《抖音政务账号分析报告》,https://www.sohu.com/a/235592185_100089499。

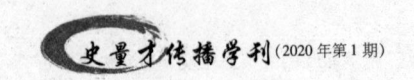

率，这些千篇一律的强迫式行为使大众好感度大降。

3. 受众的"使用与满足"诉求得到回应

"使用与满足"理论强调要从受众角度出发，通过分析受众的媒介动机及这些接触满足了他们的哪些需求，来考察大众传播给人们带来的心理和行为上的效用。用在抖音上，即抖音用户期待从关注者的短视频里寻得满足感，无论是娱乐戏谑还是知识技能，大众对花阳的关注同样符合"使用与满足"理论，一方面，满足了他们对青年教师生活的猎奇心理，教师群体的生活对于大众带有神秘色彩，花阳发布的家居生活等日常视频，则很好地满足了他们的窥探欲，此外，除了对老师角色的好奇，花阳发布的知识性视频内容同样满足了大众求知欲，其中有一条关于读研读博期间的实用经验贴，在这条视频内容下，评论区除了满足考研考博的学生群体需求，也让普通大众增进了知识了解。

4. 打破"刻板印象"：教师形象的解构与重塑

"刻板印象"即指大众通过直接或间接方式使之对某个事物的认知固定化，长期以来，大众对于教师群体的敬畏与教师严肃认真的形象密切相关。进入新时代，大众思想发生转变，无论是教师还是普通人群，更加强调以人为本，师生关系更为开放民主。作为一名"90后"教师，花阳代表着新一代年轻教师群体，朝气蓬勃、积极向上、温暖纯朴的青年形象深入人心，过去教师呆板、严肃的形象逐渐在大众心中解构。除了年轻有为这一标签深入人心，还与其视频内容相关，一名不善言辞的工科类男教师善用媒介，给大众带去的是反差感，使得教师形象进一步重塑，青年教师形象则是以新的符号定义。

二 意义构建：多维度的社会思考

（一）展现青年教师面貌，消减社会距离感

如今物质生活不断丰富，社会利己思想逐渐显现，致使部分群体间的沟通不顺，误解加深，当代师生、医患关系不断成为社会话题，师生关系总基调一步步走向和谐亲近，但不乏一些负面案例，因此两者需要相互沟通了解的窗口，新媒体、短视频的出现不失为一种眺望台。抖音以"年轻人的社

区"为口号，吸引包括青年教师在内的很多年轻群体，同花阳一样在抖音上分享生活的青年教师不在少数，青年教师作为我国教师群体的新鲜血液与力量，自当受到诸多社会关注，善用网络媒介发挥自身价值，拉近师生或老师群体与大众之间的距离，展现青年教师精神风貌。

细观花阳的抖音主页，从读博到任教阶段对工作、学习态度认真刻苦，而在生活中，撇开他青年教师身份，外乡打拼、租房独居已是当下青年群体的现实标签，"90后"已成为社会的崛起力量，以花阳为代表的"90后"对生活抱以热情的模样更是展现了当代年轻人的风采，消减了教师身份所带来的与社会大众的距离感。

（二）传播正能量，进行主流价值引导

2018年6月，由洋葱智库联合卡思数据发布的《抖音政务账号分析报告》显示，24岁以下年轻用户在抖音短视频中占据着较大的比重，约为77%。[①] 另据抖音产品人表示，其软件主要用户是"95后"，甚至是"00后"，用户年轻化成为抖音一大趋势，而青少年群体正是价值观形成的关键阶段，需要正确积极的价值引导。培养理论强调，现代社会中，大众传播媒介潜移默化地培养受众的世界观，如今网络世界虽丰富多彩，却也纷繁复杂，网络舆论戾气过重，青少年群体提供的"象征性现实"，其负面影响不容小觑。

前不久抖音因出现涉嫌侮辱革命英烈邱少云的视频内容，被《人民日报》点名批评，无独有偶，曾在抖音上风靡一时的亲子游戏"180度翻转"使诸多家长带着孩子争相效仿，一位父亲带着2岁女儿模仿，结果孩子的脊髓严重受损致使瘫痪，更让人大跌眼镜的是，一些小学生为博关注在抖音平台录"直播死妈"视频，可见抖音对青少年群体的负面影响之大，因此诸如花阳等积极正能量用户的出现，确实是民心所向，翻看花阳视频下的留言评论，中年人夸他年轻有为，同龄人表示要向他学习，青少年群体则以他为榜样，这种价值引导虽不似官方媒体的强大号召力与影响力，但也正因为是

---

① 孙启菲：《具有持久影响力的经典——再读勒庞〈乌合之众：大众心理研究〉》，《参花》（下半月）2016年第9期。

个人行为,这种感染力与自发性带给网友的是真切感,视频内容没有大篇幅说教,但细腻行为潜移默化地深入大众心中。

(三) 给平台降噪,丰富短视频内涵

尼尔·波兹曼在《娱乐至死》中阐述道:"在电视教学中,让观众心生困惑就意味着低收视率,这就要求节目中不能有任何需要记忆、学习、运用甚至忍受的东西,也就是说任何信息都要以最易懂的方式出现,因为对于电视来说最重要的是学习者的满意程度而不是学习者自己的成长",① 用此观点来说明抖音现象同样成立,塔尔德提出,一切事物不是发明就是模仿,如果说抖音给用户制造了自我个性的展示舞台,那么说它是一场大型狂欢模仿秀则显得更为贴切。

法国学者古斯塔夫·勒庞在著作《乌合之众:大众心理研究》里指出,当个人融入群体后,他的所有个性都会被这个群体所淹没,他的思想立刻就会被群体的思想所取代,并且伴随着情绪化、无异议、低智商等特征。一个抖音热点的形成,通常伴随着大众争先恐后的模仿,而这些热点以娱乐、戏谑的形式出现,抖音似乎慢慢成了一类亚文化社区。

基于此,给抖音平台降噪,丰富视频内容多样性,倡导主流价值观思想成了必不可少的一项工作。目前越来越多的官方媒体与时俱进,开通抖音账号,起到一定降噪作用,但作为普通大众,花阳的作用同样重要,一方面青年教师的身份赋予他一定的"意见领袖"角色以发挥信服力,另一方面,花阳的短视频内容充满积极的生活态度而无漫不经心的说教,极大地丰富了抖音文化。

(四) 短时长延伸大思考

抖音日渐成为模仿秀的大型狂欢阵地,与其自身的推广模式有很大的关联。抖音通过强大的算法技术推送给用户相关的兴趣话题,让受众长期置身于狭小的信息茧房中,很大程度上失去了自我选择的权力和能力,用户平台网络数据的被遗忘权严重受损。此外,抖音会不定时给用户发送消息,参与

---

① 《抖音政务账号分析报告》,https://www.sohu.com/a/235592185_100089499。

其所制定的话题拍摄，并以赢取丰厚奖金等诉诸诱惑的方式吸引用户，让一场场模仿秀大张旗鼓地进行着，用户极易产生审美疲劳。鉴于此，平台自身须进行改进、创新，在适当发布娱乐性内容的同时，应当多利用算法技术推送正能量短视频账号及内容，注销一些低俗趣味的抖音账号，尽力减少平台用户的精神污染。日前抖音推出青少年模式，主要为这类群体推送知识类、教育类相关内容，旨在努力减少青少年抖音成瘾问题，此次尝试为净化抖音空间作出重要一步。

单就青少年抖音成瘾问题来说，归根结底是一个社会性问题，需要家、校、平台方等协同配合进行正确引导、有效监督。抖音成为爆款短视频App，其出现的各种事件及危机，应该让整个短视频行业乃至整个新媒体领域有所思考，如何作出让大众喜闻乐见且符合社会主义核心价值观的产品和内容，需要全社会的共同努力。

三 结语

"网红"青年教师的生成由多重因素共同作用，除身份的特殊性外，更多得益于该群体带给抖音平台及用户的精神净化及能量指引作用，然而也应当引发社会思考，在短视频风行的时代，如何营造清朗气正的短视频环境是永不过时的话题，需要政府、网络平台、大众等多方共同努力维护，始终保持正确的价值观融入新媒介内容中，谨防精神毒瘤肆意生长。

建国前中国喜剧电影的发展路径

蔡东亮[1]，郑昕彤[2]

(1. 福建师范大学，福州　350007；2. 三明学院，三明　365000)

摘　要：用银幕表现喜剧，几乎是电影的"天性"使然。1913年中国拍摄《难夫难妻》《庄子试妻》作为两部短故事片，引入电影叙事模式的同时，也把喜剧性引入电影。早期喜剧片是以夸张动作为特征的滑稽短片，通过性格缺陷、人性贪婪以及反常心理导致的行为倒错来制造笑料和噱头，注重商业性与通俗性。20世纪30年代，混乱的时局背景，导致上海形成三种不同的意识形态，每一种意识形态都主导一类喜剧电影的创作。抗战胜利后，"讽刺喜剧"成为喜剧电影创作的"一枝花"，桑弧编剧、佐临导演的电影《假凤虚凰》被誉为中国最好的喜剧电影。

关键词：中国喜剧电影；喜剧片；显性发展；潜性发展；喜剧结构

用"显潜发展"一词概括大陆喜剧电影的发展，其原因有二。一是喜剧电影作为少数伴随中国电影成长的类型片，其发展并不是一路高歌猛进，反而在特殊的时间段"潜藏"发展，甚至消失。二是中国大陆喜剧电影总是以或隐或显的姿态实现类型目的"笑"，在新时期以前仿佛一个羞答答的小女孩，想笑却又无法放肆大笑，给人以"犹抱琵琶半遮面"之感。譬如，三四十年代基于动乱环境所生产的喜剧片仅达到逗笑的类型目的，为大多数电影制作者所不耻。"笑"这一喜剧类型的最终目的在不同时期的意识形态下总被赋予各种隐性与显性、复杂与纯粹的含义。抛开喜剧电影在中国大陆发展脉络的特殊性，基于喜剧电影本身天然所带有的类型范式上的暧昧意味，也注定本文在阐释大陆喜剧电影类型发展及特点时，必须采用一种"定制"的类型研究方法，即文化、意识形态、社会语境互融的"类型经验"为导向的研究方法。并希望在此基础上，充分结合时代背景进行归纳与梳理，为已经颇丰的大陆喜剧电影研究添砖加瓦。

一　独特的喜剧类型及研究方法

图·安德曾明确指出："要想在方法论的意义上探讨某位电影制作者借某种类型达到自己的目的（时下众多批评所追求的）的方式，我们就必须明确他的类型观的基本要素。但是这还不够，有人对类型这一概念的利用，暗示着它与观众反应有关，这意味着以这样一种方式产生的任何电影作品都源自观众对这一类型的特有期待。"[1]"期待"来自两方面，即类型电影的两个组成部分——类型成规与类型经验。"类型成规"又称为"类型惯例"，它是一套具体的可视可听的既定规则系统，一般包括公式化的情节；定型化的人物；图解式的视觉形象，可以简单地认为是类型电影的"身形相貌"。大部分的类型片依据类型成规而划分种类，大多数观众与制作者也基于类型惯例而建立某种共同认识，就好比人类社会中通过高矮胖瘦的标准去识别或记忆陌生人。

但仅考虑成规或惯例会造成一种"误读"，一个"模棱两可"的情景，在例子中反映为反特片等同于警匪片，当引入"类型经验"的概念时，二者的分界线又如此清晰地显现出来。至于何为"类型经验"，有学者尝试解释道："在新中国的革命历史片中，五角星，五星红旗，党费，革命战士壮烈牺牲时站立的姿态，呼喊的口号，都表现出重要意义。使上述叙事元素产生意义的前提，是观众的类型经验，而不是现实经验。这就是所谓的'类型创造自己的参照域（field of reference）'。"[2] 简而言之，"类型经验"既是主导类型范式及意义产出的深层次结构，亦是一种受文化和现实语境支配的类型逻辑。

依照上述观点审视喜剧片，会出现一个颇为吊诡的现象，即喜剧片作为

---

[1] ［美］安·图德：《类型与批评的方法论》，《世界电影》1998年第5期。
[2] 吴琼：《中国电影的类型研究》，中国电影出版社2005年版，第6页。

最为久远的类型电影之一,它并不存在一种固定的类型惯例或范式,在摄影造型、人物关系设置上并无太多共同之处。"类型"之"类"是根据事物间的相似性进行排序,譬如警匪片是将所有基本满足警匪对垒的影片划为一类,有"警"的视觉样式——制服或手枪,有"匪"的视觉样式——伤疤或追逐,这些具体且基本的视觉图像可以成为足以笼统概括"类型"之所以成为"类"的现实来源。而"喜"是人类的一种原始情感,从古至今,它可见于人类社会的方方面面,过于宽广的表现力导致制作者与观众无法达成一种共识,亦无法用具体的视觉图像概括"喜"。因此,喜剧不存在一种固定的类型范式或惯例,它更多的以类型经验的方式存在,即形式感上的一致——"笑"的语境。

大部分喜剧片都共享一种深层次的逻辑结构——对比。讽刺喜剧是最为强烈、尖锐的喜剧类型,它的对比建立在人性善恶、光明与黑暗、平等与剥削等反差最为显著的现实基础上,并以直视的态度揭示现实的残忍与复杂性,但揭示的过程往往携带着欢声笑语,因此,讽刺喜剧片往往给观众一种复杂的直观感受,既"憨厚"又犀利,博得观众喝彩的同时,亦为喜剧电影本身增添艺术性与思想性。最为广传与典型的例子即数喜剧大师卓别林的《淘金记》(1925,美国)、《摩登时代》(1936,美国)、《大独裁者》(1940,美国)。与讽刺喜剧相对应的是,相对温和、婉转的喜剧类型,譬如沙茨与郑树森笔下的"神经喜剧",又或者中国大陆20世纪50年代末的"歌颂喜剧",统一选择弱化、柔化对立元素的本质属性,希望通过误会或偶然等戏剧处理方式制造冲突,避免因对立元素本质属性不同而产生的刺激性、严肃性冲突。譬如卡普拉导演的经典浪漫喜剧片《一夜风流》(1934,美国),影片的对立结构一目了然,即所谓"富家女"与"穷小子"的经典冲突戏码代表了上层阶级与中产阶级间意识形态的矛盾,若卡普拉没有刻意"软处理"二者间不可调和的意识形态冲突,通过浪漫化对抗的"帘子"取代阶级、秩序间不可逾越的"耶利哥之墙",按照故事本身逻辑的自然发展,这部"神经喜剧"的经典传世之作很可能变为"讽刺喜剧"。

值得注意的是,在某种程度上,所有类型片的深层次逻辑结构都可归纳为"对立",有学者分析到:"类型电影处理的是人类的困境和社会现存的基本矛盾，其故事主题最初都源自现实世界的二元对立冲突，主要被归结为两个方面：建立（维护）社会秩序/反抗秩序（无政府主义），集体价值/个人价值等。"① 因此，除"对立"结构外，需要从"对立"中引申出喜剧电影的另一类型特征，即"夸张"手法。捷克斯洛伐克电影理论家波得斯卡尔斯基认为："喜剧和笑的规律性，给那些嘲笑现实中的反面现象的喜剧的作者和扮演者们预定了两点基本要求：第一，要一目了然地、鲜明突出地、并且用最尖锐的形式表现这一反面的社会现象和正面的社会理想之间的矛盾；第二，要使观众能够主动地意识到这个矛盾，也就是要使他们放声大笑。"② 事实上，大多数商业类型片都希望"隐藏"其深层次的"对立"结构，因为深层次结构所传递的复杂性会破坏观众流畅的观影体验，导致商业性诉求受损。以警匪片为例，警匪对峙所呈现的表层结构是警匪电影戏剧张力的保障，但表层结构下秩序与失序的抵牾所传递的复杂性却是警匪电影不愿展露的，甚至仅希望通过一种仪式化的、符合观众想象的"团圆式结尾"消弭深层次对立结构所传递的复杂性，即"对'大团圆'的需求抗拒这种冲突的复杂性和深层的本质"。③ 而任何喜剧片或"笑"都有两种目的，"一方面是表现和揭露反面事物，为的是把它从社会中清除出去；另一方面则表现和支持正面的新事物，为的是使它在生活中肯定下来"。④ 因此，喜剧片并不惧怕深层次的"对立"结构，甚至喜剧或"笑"的意义的阐释很大程度上构建于此，当然喜剧意义阐释的前提是观众能够发现深层次结构并迅速体会其复杂性本质，若观众无法发现潜在的深层次结构，意义的产出也就无从谈起。于是乎，所有的喜剧电影制作者都面临一个难题，即如何用一种具体的手法凸显深层次的"对立"结构，使观众能够立即地、全部地，而不是逐渐地、部分地意识到某一举动或言语处于"对立"结构的巨大裂缝中，"加强人物行动和他们的真正目的之间不相适合的现象，强调出个别的具体现象同当代社会理想比较之下所显出的那种微不足

---

① 吴琼：《当代中国电影的类型观念》，杨远婴主编：《中国电影专业史研究——电影文化卷》，中国电影出版社2006年版，第298页。
② [俄] T. 亚力山大洛夫：《论电影喜剧》，李溪桥译，中国电影出版社1957年版，第52页。
③ [美] 托马斯·沙兹：《好莱坞类型电影》，冯欣译，上海人民出版社2009年版，第38页。
④ [俄] T. 亚力山大洛夫：《论电影喜剧》，李溪桥译，中国电影出版社1957年版，第5页。

道和无能为力的状况",①并"使观众在笑的时候就意识到与这反面事物相抵触的正面理想"。②夸张手法就是这一难题的解决方案。

从夸张手法所延伸出的,是喜剧类型的独特精神——"超脱"。大部分所谓的"秩序类型"对于现实的态度是"直视""再现"。譬如犯罪片、警匪片、强盗片直视人性欲望在秩序与非秩序的灰色地域的深度演绎,西部片再现或重现了纪念碑峡谷下的"美国神话",它们发现冲突、直视现实,并希望在影片结尾能够修复冲突或现实。相比之下,喜剧则显得十分另类,喜剧电影也发现冲突,随后却不是"直视"现实冲突,而是"跳脱"出现实思考逻辑,在另一层怪诞、嘲弄、讽刺的维度"表现"现实。还是以经典警匪片为例,匪徒犯罪后,警察必然依据现实逻辑——"警察抓小偷"的职业准则追捕罪犯,于是展开一段符合现实逻辑且精彩、专业、紧张的追逐戏码,匪徒为避免牢狱之灾,自然不甘落后,各种精湛的反侦查、反追捕技巧各显神通。可见,警匪间斗智斗勇的戏剧张力是依据现实逻辑所组建。若是喜剧类型主导下的警匪样式电影,譬如《的士速递》(1998,法国)、《笨贼妙探》(1999,美国)、《你丫闭嘴!》(2003,法国)或者新近的韩国喜剧片《极限职业》(2019,韩国),警察不会塑造为《虎胆龙威》(1988,美国)中布鲁斯·威利斯所扮演的神勇警察,而往往是粗心大意、时运不佳的"笨警察",匪徒也不会像安东尼·霍普金斯在《汉尼拔》(2001,美国)中那样狡黠、阴险,而是四肢发达头脑简单的"蠢小偷"。通过这种对现实权威、秩序、戒律的嘲弄,以一种"超脱"的姿态促使观众在笑的同时,也意识到现实的复杂与多义。

喜剧的核心精神是"超脱",超脱的对象是各种社会现实的既定秩序与戒律,即"对立"结构的其中一边,因此喜剧需要和各种禁忌产生互动,禁忌的等级越高,喜剧效果越强。这种禁忌可能是无法调和的阶级秩序或两性关系,观众可以从中感受面对现实的残酷感、无力感,并通过夸张化、荒诞化的处理手段获得替代性满足,在观影活动中,通过想象与"笑"超越自身无力、自卑、绝望的现实存在感。在中国电影喜剧史上,对禁忌的反叛

---

① [俄] T. 亚力山大洛夫:《论电影喜剧》,李溪桥译,中国电影出版社 1957 年版,第 53 页。
② [俄] T. 亚力山大洛夫:《论电影喜剧》,李溪桥译,中国电影出版社 1957 年版,第 53 页。

或跳脱体现较为明显的有"王朔电影"以及受其影响的"冯氏幽默",他们共同的特点——善于调侃与解构。譬如冯小刚在《大腕》(2001,中国)之前的电影都以一种戏谑的姿态开"文革"样板戏或红色经典电影玩笑的台词与情景,这种对禁忌政治意识形态婉转触碰在21世纪前后的大众文化中似乎很受追捧,喜剧效果强烈,其原因无外乎是在传统官方或学术性的话语中,涉及"文革"或红色话语是相当敏感的,甚至在坊间成为闭口不谈的隐性禁忌,当大众文化产品试图以平民姿态"挑逗"禁忌时,解构权威的游戏快感与喜剧效果瞬间释放。事实上,喜剧电影对禁忌的嘲弄与挑逗所产生的快感与欢愉,可以在巴赫金的"狂欢理论"中找到依据。巴赫金在理论中构建了中世纪的文化图景,并分为两极,一极是官方为代表的权威文化,一种不苟言笑的权威话语,另一极是民间通俗文化,而"笑"正是通俗文化的精神所在,在狂欢节的活动中,上下等级间不可逾越的秩序被打破,最为严肃的话语也呈现出解放天性的趋势,民间通俗文化占据主导地位,"笑"所代表的天性、蔑视权威、超脱精神成为狂欢活动中的表征。

综上所述,类型经验、深层次对立结构、夸张手法、"超脱"精神与禁忌既是喜剧类型的5个关键词,亦是讨论喜剧类型的5个关键点。

二 显性发展的解放前大陆喜剧电影

"1913年拍摄的《难夫难妻》(1913,中国大陆)和《庄子试妻》(1913,中国香港)作为中国最早的两部故事短片,在把叙事引入电影的同时,也把喜剧性引入了电影。"[①]《难夫难妻》由郑正秋编剧,张石川、郑正秋联合导演,讲述通过媒人种种撮合,把一对互不认识的男女送入洞房的故事。有学者对影片评价:"仅从内容上看,《难夫难妻》无疑是一部社会讽刺剧,蕴含着内容上的喜剧性。这种讽刺本身,也必然会具有一定的喜剧色彩。由于影片是叙述封建买卖婚姻从'媒人撮合'到'洞房花烛'的全部过程,其叙述的重点自然不会是故事的编造和人物性格的刻画,而在过程的记述、场面的铺排。尤其是所谓场面的铺排,自然会有一些喜剧因素并产生一定的喜剧效果。加上文明戏演员相当夸张的表演,形式上的喜剧性也是不可置疑

---

① 饶曙光:《中国喜剧电影史》,中国电影出版社2005年版,第20页。

的。可以说,《难夫难妻》是一部在内容上和形式上都具有一定的喜剧基因和喜剧色彩的短故事片。"① 影片《难夫难妻》的确是一部带有喜剧性的电影,尽管是中国早期喜剧电影的萌芽,但相较于同时代其他喜剧电影,喜剧效果毫不逊色。

虽然《难夫难妻》已经佚失,但从其本事概述中,依旧能看出郑正秋对时代脉搏以及深层次对立结构的把握,将批判的锋芒对准封建婚姻制度,建立起"新观念"与"旧传统"之间的对立,嘲弄长久以来封建社会所制定的关于婚姻观念的禁忌。从内容上看,虽然无法证实影片是否通过技术性的喜剧因素铺陈以达到喜剧效果,但可以肯定的是,在时代应然与实然的强烈对比差异中,喜剧效果一定存在。而形式或夸张的喜剧手法方面,是否诚如学者所断言的——"加上文明戏演员相当夸张的表演,形式上的喜剧性也是不可置疑的",不得而知。

如果说,因为影片的佚失,而无法精准地从内容和形式两方面证实《难夫难妻》显著的喜剧效果,那么《劳工之爱情》作为中国现存最早的喜剧默片,则弥补了这一缺憾。从内容上看,延续了郑正秋在《难夫难妻》中所批判的婚姻封建制度,坚持一以贯之的"改良社会""教化社会"的艺术观念,通过改业木匠追求祝医生女儿的爱情故事,赞美了社会自由恋爱的风气,揭露封建社会遗留的种种弊病,喜剧效果在"新观念"与"旧传统"的激烈碰撞中得以传达,并且通过独立的空间设置使演员夸张、滑稽的表演在封闭的环境下得以延宕。在技术手法上,"全片一共一百三十多个镜头。摄影机仍然固定不动,但镜头有了景别变化,或大或小,或近或远。打破了视点单一的舞台限制,又克服了以往影片中镜头冗长呆板的毛病。视点不断的变化和转换,使得层次分明,叙述清楚,较好地发挥了电影叙事的功能。影片使用了特写镜头,仅限于突出细节,表现钟表、麻将牌及银圆等物件,而没有一个特写镜头是用来拍摄人物的。大量运用的是中景和全景镜头,以便能够清楚表现人物的动作,这多少保留了以动作为特征的一般滑稽短片的镜头特点。它多次以主观镜头和叠化画面来表达人物的感觉和心理活动。同时采用降格摄影,表现郑木匠安装活动楼梯和帮助祝医生医治病人,收到较

---

① 饶曙光:《旧中国喜剧电影扫描》,《电影艺术》2005 年第 6 期。

好的喜剧效果"。① 可以说，郑正秋、张石川无论是在内容抑或形式上，都追求强烈的喜剧效果表达。作为中国早期喜剧电影的两部代表作品，《难夫难妻》与《劳工之爱情》并没有掺杂太多政治意识形态，与多数喜剧艺术与喜剧电影的经典形态一样，仅仅希望中国喜剧电影能在令人欢笑的前提下，以显明的喜剧效果与态度针砭时弊，指出社会发展的种种问题。

虽然《难夫难妻》与《劳工之爱情》等滑稽片有意、刻意地去传递喜剧效果与喜剧精神，但从整体上看，20年代的"滑稽片"或"笑片"作为一种类型并未充分发展。其中重要的原因在于，喜剧剧本与喜剧明星的缺失，有学者指出："从剧本里要表示出滑稽的戏情，是很不容易的事情。要有正当的意义、滑稽的精神，才不失为一部真正的滑稽影片呢。现在美国有许多著作专家，为诸滑稽明星撰著剧本。著作电影剧要算滑稽影片的剧本最难。要著作滑稽电影的剧本，那种剧情还是要俚俗的，人人看了都懂得的，还是要深刻的，看了耐人寻味的呢。这当然以俚俗而能耐人寻味的为最好。而且全片剧情里都含有滑稽的深意，有深刻的表示，有讽刺的本旨，这才可以算是一部真正有价值的影片。"② 而剧本的缺失，是编剧的问题，更是人才的问题，有学者更进一步指出："现在我国的滑稽影片，寥寥若晨星，间虽有一二，皆不能博观众的欢迎，得佳许的评论，其原因有二种：（一）编剧的困难。编制滑稽剧，极为难事，剧情既不可无意义，而表演又不能太荒唐。倘若不细心去研究，便易生'悲情背理'的弊病。我国的滑稽天才，并非没有，不妨采用名小说家的滑稽小说，来编制剧本，但须删改增加的地方必定很多，这却是编剧家的责任了。（二）滑稽人才的缺失。我国电影演员，富有天才的，大不乏人。但滑稽一门，能够引人入胜的，尚属凤毛麟角。那纵有精良的滑稽剧本，而无滑稽的人材来担任，势必难收效果。"③

有学者认为："就喜剧因素在影片中的'纯粹'程度而言，它也可分为两个层次；第一层次，是'纯喜剧片'，即以美的基本形态之一的'喜

---

① 郦苏元、胡菊彬：《中国无声电影史》，中国电影出版社1996年版，第119页。
② 转引自饶曙光《中国喜剧电影史》，中国电影出版社2005年版，第55页；罗树森《谈滑稽电影》，载明星公司特刊第25期《血泪碑、真假千金》合刊，1927年。
③ 转引自饶曙光《中国喜剧电影史》，中国电影出版社2005年版，第55页；易翰如《滑稽影片小谈》，《影戏春秋》1925年第12期。

剧'为影片的主要美学特征。……第二层次，是'不纯的喜剧片'，其特征是以'喜剧'为主，同时融进其他因素。"① 30年代喜剧电影的创作较20年代而言，显得并不那么"纯粹"，三种电影的意识形态各自"拥兵自重"，争夺文化场域的话语权。"一是中国国民党正统的意识形态理论；二是中国共产党革命的意识形态电影理论；三是软性电影娱乐意识形态理论。"② 比较具有影响力的是左翼电影理论与软性电影理论。左翼电影理论与批评以夏衍、无尘为代表，他们认为电影是意识形态的，可以在阶级斗争中发挥巨大能量，所以电影更被左翼电影人看作"宣传的艺术"。软性电影理论的代表人物是刘呐鸥和黄嘉谟，他们认为"电影是给眼睛吃的冰淇淋，是给心灵坐的沙发椅"，即电影的主要功能表现在娱乐方面，是娱乐的工具，而不是宣传工具。具体到喜剧电影中，则呈现两种从风格到内容完全不同的喜剧类型，第一种是"偏左"的喜剧电影，如《马路天使》《十字街头》；第二种是"偏右"的喜剧电影创作，如《化身姑娘》（1936，中国大陆）、《女财神》（1937，中国大陆）等。

就总体而言，"进入30年代后，喜剧电影创作虽然在形态上从滑稽短片发展到了喜剧长片，但其基本面貌并没有发生多大的改观，大多仍停留在'打闹喜剧'层次上"。③ 缺乏对现实世界的精确提炼，以及对喜剧的复杂性表达，是30年来喜剧电影在中国发展的痼疾。

但30年代悲喜剧电影的异军突起是引人注目的，无论是从内容抑或风格上都呈现一种独特的美学品格。从渊源上来说，"中国的古典悲剧，没有严格的悲剧、喜剧概念，因而很多作品都是悲剧、喜剧成分交融的，像《西厢尘》、《风筝误》等喜剧中都有一些悲剧性的情节或场面。这也是中国古典戏剧与西方戏剧不同的审美特征之一"。④ 在悲喜剧影片中，影片的内核还是喜剧结构，悲剧性的元素主要通过外部形式呈现，将小人物的无奈命运与大环境、大时代相联结，以传递出一种悲剧效果。譬如《十字街头》中的小红是黑色岁月中少数的"花朵"，她既拥有爱情，亦被一群善良的街

---

① 陈孝英：《喜剧电影三论》，《电影艺术》1988年第3期。
② 饶曙光：《中国喜剧电影史》，中国电影出版社2005年版，第55、62页。
③ 饶曙光：《中国喜剧电影史》，中国电影出版社2005年版，第63页。
④ 张东：《苦笑之间：论喜剧电影中悲剧因素的审美价值观》，《当代电影》1988年第5期。

坊邻居所保护，与姐姐小云的形象形成一种强烈的对比，被沈西苓赋予了更多的希冀与偏爱。而小云却是饱受时代摧残，一个受时代与黑色势力压迫的底层形象，有学者称之为："诗性现实主义美学观照下的底层人物塑造。"[1]同样的还有《马路天使》中白杨所饰演的杨芝英，其代表的是新时代能够独立自主的新女性，但她同样也有来自多方的困扰，而在影片结尾，失业后的杨英芝为避免成为一种负担，甚至差点默默离开相互爱怜的老赵。这些悲情的女性角色让人联想到阮玲玉在《神女》（1934，中国大陆）中凄凄惨惨戚戚的出色表演，也让人感同身受地体会到女性相比起男性更加艰辛的生存境遇。

长久以来，世人对悲喜剧形成一种固定的认识，甚至是一种刻板印象，即喜剧的分量较轻，而悲剧的分量较重，因为"悲剧将人生有价值的东西毁灭给人看"，如果没有达到一定分量的悲伤，就无法唤醒受众内心深处的怜悯与恐惧，自然也无法达到精神提纯之目的。而喜剧是以"笑"为媒介，其本身就蕴含着一种放松或娱乐的成分，如果表现过为沉重的内容，观众也就无法放声而笑。这看似无法融合的背后，反映的正是对喜剧观念的误解，或者从根本上看，是对"喜剧"或"笑"本身的误解。因为喜剧并不只意味随意逗笑，许多人只看到它令人发笑的一面，而忽略了喜剧更为本质的一面，认为喜剧就是笑料和噱头的简单堆砌。喜剧并不只是令人发笑，胳肢身体的特殊部位，也会令人发笑，但可以说"胳肢"是一种喜剧吗？显然不是。"真正的喜剧性的东西必须有一定的社会意义。"[2]而社会意义的产生，需要强烈的对比，即喜剧片的深层次对比结构，可以是善与恶的对比，也可以是和平与战争的对比，更可以是"悲"与"喜"的对比，通过加入悲剧性元素，改变喜剧原有的轻松氛围，拓宽所展现的现实的宽度与复杂性，加深思考的深度。因此，但凡是以悲喜形式出现的喜剧片，无一例外地传递出强烈的社会批判意识。

《马路天使》开篇，镜头就从象征城市的摩天大楼至上而下地摇到黑暗的地面，社会阶级的严重分化映入观众视线，以一种强烈的批判姿态审

---

[1] 参见孙萌《以笑写哀 悲喜交集——论诗性喜剧电影〈十字街头〉〈马路天使〉》，《当代电影》2018 年第 3 期。
[2] 张东：《哭笑之间：论喜剧电影中悲剧因素的审美价值观》，《当代电影》1988 年第 5 期。

视镜头下的一切。影片所描绘的上海市井"写真画",一方面,尤其是对底层群像的生动展示,具有强烈的人文关怀,另一方面,上海——一个霓虹闪烁却充满罪恶的摩登之都,成为悲剧元素以及批判对象的组成部分。"对20世纪30年代中国社会现实的观察造成了电影编导对于城市态度的踌躇",① 就像陈犀禾所认为的,上海总是以被批判与反思的对象出现在三四十年代的中国电影中。对待城市既批判亦赞美的复杂、暧昧立场,所反映的正是创作者对"现代性"的一种暧昧态度,一方面对现代化推进现代文明向前发展的部分予以肯定,另一方面对城市严苛的社会等级以及失衡的社会秩序予以嘲讽、揭露。而乡村总是作为城市"他者"的形象出现,成为抚慰城市"失落者"与"冒险家"的心灵家园,但30年代破败的乡村现实景象,打破了这种和谐、美满的乡村图景,只能将其视为残酷现实中的一种梦幻退路。而把乡村的朴实无华视为美好的象征或是退路,这能溯源至我国知识分子所坚持的人文传统,当无法融入残酷的社会,或无法改变黑暗势力的侵蚀,退守田园并保持初心成为中华文化道统的一致选择。相比起20世纪二三十年代中国喜剧电影的退守,同时期卓别林喜剧电影对现代化所造成的资本聚拢,以及资本对人性异化的批判显然更加凌厉,由表现小人物的悲剧性命运,转向机械物质文明与自然人性的深刻比对,并通过这种深层次结构,质疑资本主义的制度与观念。这种不拐弯抹角、直击问题核心的态度,使得卓别林的喜剧颇显几分大气,相比之下,同时期的中国喜剧电影反而显得缺乏相关自觉的社会感知与直击要害的勇气。

除悲喜剧传递出一定社会意义外,悲喜剧的形式还能产生一种特殊的美感。悲剧与喜剧两种元素的融合,使喜剧片产生另类的审美快感,一方面悲剧的恐惧与怜悯净化观众的心灵,提升影片社会意义,令观众始终处于恐惧与悲伤的氛围中。另一方面,通过喜剧所传递的轻松氛围,令观众得到一种愉悦和满足,甚至是来自心理上的优越感。② 这种悲喜交错的观感体验,往往使观众陷入复杂性的沉思与联想,进而得到独特的审美快感。

---

① 秦翼:《论三十年代几部喜剧电影中的城市形象》,《南京师范大学文学院学报》2008年第4期。
② 参见胡克《三种电影喜剧与观众的笑》,《当代电影》1988年第1期。

如果说，30年代喜剧电影的创作主要表达普通人在动乱年代的生存窘境，那么40年代的喜剧电影的创作则上升为有着坚定阶级立场的尖锐讽刺，在讽刺话语的猛烈抨击下，40年代喜剧电影的"喜剧性"达到一个前所未有的高度。《还乡日记》（1947，中国大陆）是张骏祥导演在"中电"体制下创作的讽刺喜剧，影片通过戏剧工作者老赵回上海老家寻找住所的曲折历程以及与汉奸老裴、老洪的斗争，尖锐地嘲讽国民党反动派身上所携带的丑陋恶习，这些所谓的国民党接收大员不仅"接收"房产，还"接收"别人老婆。在国民党统治的黑暗时期，汉奸可以伪装成"抗日英雄"逃脱应有的惩戒，而真正在抗日期间有过牺牲与贡献的人，却过着贫穷、惨淡的生活。可以说，影片通过带有意识形态对立的两类群体、阶层的不同社会境遇，深刻、锐利地嘲弄了当时社会的种种乱象、怪象。

当然，每当谈及40年代大陆喜剧电影的创作，文华影业公司出品的《太太万岁》与《假凤虚凰》总是绕不开的对象，它们"大大地提升了中国喜剧电影的创作水平和品格"。① 桑弧、佐临共同创作的《假凤虚凰》，作为与《还乡日记》、《乘龙快婿》（1947，中国大陆）同时期的讽刺喜剧，并没有将辛辣的笔触用于揭示社会现实问题，反而转向揭露人性之叵测，尔虞我诈、钩心斗角、假仁假义、离心离德的一面在利欲熏心的你来我往中展露无遗。公司总经理张一卿被人逼债，于是发动理发师杨小毛替他允诺报纸上来自"富人家庭"的范如华女士的征婚消息，骗取钱财以挽救公司。正所谓无巧不成书，实际上，范如华女士并非出身豪门，不过是一个寡妇，希望借征婚名义物色"财貌双全"的男子以满足自己与孩子雍容华贵的生活。于是，"假凤"与"虚凰"的故事，在精妙、新颖、新奇的喜剧性结构中展开，具有强烈的喜剧效果，但内容上既不像《还乡日记》《乘龙快婿》那般深沉厚重，亦与滑稽喜剧的肤浅打闹有着显而易见的距离。有学者认为："佐临的喜剧意识充满了人文知识分子的思考、智慧和内涵，既有来自西方人文主义的滋润和浸泡，同时也是建立在中国传统文化中的忧患意识基础上的一种独特喜剧精神。"②

---

① 饶曙光：《中国喜剧电影史》，中国电影出版社2005年版，第112页。
② 饶曙光：《中国喜剧电影史》，中国电影出版社2005年版，第113页。

《假凤虚凰》喜剧效果之强烈，以至于影片上映后在社会中产生极大"不良影响"。当时的上海地区存在地域和行业歧视，尤其对扬州三把刀①更是有着严重的世俗偏见。《假凤虚凰》中的一些镜头引起上海理发工会的不满，认为影片丑化、讽刺、嘲笑苏北人和理发师，于是集结人群抗议影片的上映，部分情绪激动的理发师甚至与观众扭打一团，最后经由警察劝说，文华公司不得不做出让步，修剪与道歉。可以说，如果喜剧效果不强烈；深层次对立结构不明显；讽刺手法不辛辣，是无法引来如此群情激愤的场景的。

　　相比起《假凤虚凰》的强喜剧性结构，《太太万岁》则显得有些平淡无味，就好像是将正常的家庭琐事搬上银幕，但它显然也是"高级的"，就像柏格森所说，"高级喜剧的目的在于刻画性格"。② 影片所塑造的女性人物陈思珍无疑是中国喜剧电影史上无法逾越的高山，她用力地"在一个半大半小的家庭里周旋着，处处委屈自己，顾全大局"。③ 作为贤妻，识得大体，为嫌工钱少的女佣私下补贴费用；为社交应酬学会打牌；为丈夫向吝啬的父亲借钱；为亲戚结婚牵线，最终只赢得丈夫"太太万岁"的呼喊，在一圈徘徊、忙碌之后，陈思珍并没有得到真正意义上的解脱，她再一次地回到最初的位置。可以说，张爱玲所谓的"浮世的悲欢"精确到个体上，就是陈思珍的形象，一方面她是影片喜剧性表达的核心人物，另一方面，"一个天才的女人突然结了婚"的悲剧性也潜藏在她身上，观众在笑的同时也品尝到悲伤的滋味。

　　从30年代的《十字街头》《马路天使》到40年代的《还乡日记》《乘龙快婿》《假凤虚凰》《太太万岁》，中国早期"市民喜剧"呈现出三种显而易见的特点。一是偏爱家庭伦理题材，以小见大，以"家"见"时代"。二是表达了创作者对黑暗时代或人性缺陷的批判性观点。三是有别于粗浅的"打闹喜剧"，市民喜剧一般以巧妙的情节安排或深刻的深层次对立结构制造喜剧效果。有学者总结到："'市民喜剧'在中国呈现出一个相对绵长、

---

① 扬州三把刀是江苏省扬州市的地方传统手工技艺，即天下闻名的扬州厨刀、修脚刀、理发刀。
② [法]昂利·伯格森：《笑——论滑稽的意义》，徐继曾译，中国戏剧出版社1980年版，第91页。
③ 张爱玲：《〈太太万岁〉题记》，十月文艺出版社2006年版，第265页。

连贯的脉络——一个异于'笑闹喜剧'的灌注了人文精神的喜剧电影流脉。它为摆脱'笑闹喜剧'的粗浅模式而生，旨在从'笑'中探问喜剧更充沛的意义，在受到20世纪30年代狂飙突进的左翼思潮的洗礼，再经沦陷时期的沉潜酝酿后，终于在战后步入'人文电影'之殿堂，使中国的喜剧电影达到了一个前所未有的高度。"

主流媒体红色微电影的创新传播探究*

伍宜君，徐 莹

(浙江理工大学 史量才新闻与传播学院，杭州 310018)

摘 要：新媒体时代下，网络技术迭代升级，主流媒体为解决传统内容产品扁平化、同质化的问题，开始积极转变政治语态，创新政治表达方式。面对信息的海量化与碎片化，微电影凭借其"短、精、快"的特点，逐步成为互联网传播的重要载体。本文以主流媒体红色微电影为研究对象，解读红色微电影的新型叙事表达，探究其获得良好传播效果的原因，为主流媒体不断优化微电影传播提供有益借鉴。

关键词：红色微电影；主流媒体；创新传播

随着互联网时代的到来，媒介生产制作环境和用户信息接收模式不断升级，当前语境下的媒介传播正在被重新建构。传统媒体因存在内容空泛、形式呆板、渠道单一等问题，已经无法满足现代社会大众的需求。新媒体的出现和发展，改进了人们获取信息的模式，拓宽了大众分享内容的渠道。"在我国，党和政府也越来越重视新媒体这一舆论阵地，习近平总书记指出，要创新改进网上宣传，运用网络传播规律，弘扬主旋律，激发正能量。"[①] 作为新媒体传播的主要形式，微电影逐渐成为主流媒体政治传播的有力途径。

---

* 基金项目：本文系国家社会科学基金项目《微电影价值引导及创作传播机制研究》（项目编号：16BXW039）的成果。

① 李舒、孙小咪：《时政微视频：媒体政治传播的新探索》，《电视研究》2017年第10期。

一　红色微电影的概念解读

长期以来，人们对于微电影的定位十分模糊，关于"红色微电影"的概念界定更是没有一个统一的说法。笔者尝试对红色微电影作如下界定：从传播内容上看，红色微电影主要以中国共产党领导下的革命斗争和社会建设具体实践为题材，聚焦重大政治事件、深耕重要政治人物，旨在弘扬社会主义核心价值观，传承红色文化及革命精神；从传播形态上看，红色微电影时间短小、简明精练，将政治传播作为首要任务，注重一定的影视语言、具有一定的叙事自觉及一定的艺术价值。[①]

作为红色微电影传播主体的主流媒体，往往拥有较为丰富的人力、物力和财力，譬如《人民日报》、新华社、中央电视台等。主流媒体是党、政府和人民的耳目喉舌，体现并传达了社会主流意识形态与价值观，具有较强的影响力和公信力。

随着信息时代的到来，红色微电影成为当下互联网传播格局中主流媒体发声的重要工具和手段。不同于一般的网络短视频，主流媒体红色微电影根植于政治题材，利用互联网思维打造新型的叙事表达，兼具政治性、艺术性与专业性。

二　红色微电影的叙事表达创新

（一）挖掘主题，以小见大

政治传播的"意义"通常是宏大而抽象的，如何传达这样一种"大"主题，是众多创作者面临的难题。主题是"立身之本"，确定了微电影的基调和方向，也就决定了拍摄的视角和手法。红色微电影在创作上不同于一般的政论片或宣传报道，由于时长的限制，它需要在极其有限的篇幅内呈现出丰富、立体、全面的内容，并保持完整独立的结构设置和简洁明晰的逻辑构思，让受众在短短几分钟里能够充分理解视频所要表达的含义。

因此，主流媒体红色微电影普遍采用"以小见大"的叙事手法，将宏

[①] 冯楷：《主流媒体时政微视频的继承与创新——以"央视新闻"新媒体为例》，《中国广播电视学刊》2019年第8期。

大主题投射到个体叙事上，深入挖掘人物故事，从"小"切入，以"微"见大。由新华社打造的微电影《红色气质》就凸显了"以小见大"的叙事创新。"影片伊始采取了瞿秋白女儿瞿独依清唱《国际歌》串联，成为结构全片的线索，并始终以瞿独依的回忆为主线，通过她的个人视角展现共产党人的家国情怀与民族命运。"① 同时，影片还将中国共产党95年的光辉历史进行浓缩，通过一张张老照片回溯典型人物和典型事迹，找到合适的落脚点，让观众产生代入感，激起情感共鸣。

2017年，《人民日报》推出的《中国进入新时代》，选取了学生、农民、工人、军人等不同身份的普通百姓，通过第一视角讲述自身的"中国梦"，以小见大地反映了国家重大目标与人民日常生活的紧密关联。开怀的笑脸和前进的背影依次闪过，象征着人民对于美好生活的向往以及努力奋斗、不懈追求的精神。次年，中央电视台推出了微视频《我是中国军人》，从母亲、妻子、儿子的角度解读"军人"这一身份，具象化表达的代入感极强，令观众更加深刻地感受到军人的伟大奉献，理解军人身上背负的大爱、责任与使命。

(二) 多元符号，视听交融

著名学者邵培仁在《传播学》中将传播定义为："传播是人类通过符号和媒介交流信息，以期发生相应变化的活动。"② 全媒体时代，微电影本质上是一种融媒体产品，它将文字、图片、视频、声音等多种符号相互叠加，利用数字技术进行再加工和整合，通过可视、可听的影像语言来传递信息、渲染情感。

在主流媒体红色微电影的创作中，多元的叙事符号同样起到了"传情表意"的关键作用。2017年12月13日，在南京大屠杀事件发生80周年之际，由新华社新媒体中心、新华社江苏分社与侵华日军南京大屠杀遇难同胞纪念馆联合打造的微电影《每个人的"12·13"》陆续在各类新媒体终端发布。

---

① 李昂泽：《融媒体视域下微电影〈红色气质〉叙事与创新初探》，《新闻传播》2018年第8期。
② 转引自徐琳《新视听传播下党媒的微视频研究——以新华社〈红色气质〉为例》，《视听》2018年第9期。

影片艺术性和思想性兼备，运用丰富的叙事符号，给予了观众强烈的视听冲击。开头是持续的警报轰鸣，氛围紧张、危机四伏。伴随一声枪响，飞翔的白鸽被击落，鲜血四溅、羽毛飘零，到处燃烧着火焰。一只拨浪鼓掉落在血泊中，婴儿惊惶的啼哭声不止，听得人肝肠寸断。黑暗阴郁的场景与震颤人心的声响相结合，重现了当年南京大屠杀制造的骇人惨案，奠定了影片的情感基调。而后画面转换，淡黄的银杏叶、孩童稚嫩的歌声、阳光下温暖的石板路，皆是和平年代安宁有序的象征。另外，深海血水里破旧的老照片、风霜雨雪中矗立的墓碑等，则代表着一个个在劫难中枉死的灵魂。这段中华民族刻在血肉里的黑色记忆，通过多重符号语言形象生动地再现，传递出的心灵震撼和精神警示是如此直观，让当下的年青一代牢记过往，充分理解"历史点亮未来"的深刻寓意。

（三）技术革新，手法新颖

信息技术的不断发展，为微电影实现技术革新、提高制作水平创造了硬性条件。主流媒体红色微电影摆脱原本僵硬刻板的宣传模式，不断突破创新，既融入了写意国画、折纸动画、全景 CG 等新颖的表现形式，还拓展了网络直播、AI 换脸、话题讨论等多种互动方式。如今的主流媒体红色微电影普遍运用专业电影级的拍摄与制作模式，呈现大片质感。

助推微电影《红色气质》"现象级"传播的主要原因，就是其开创性的表现形式。影片选用了来自新华社档案馆的无数张经典老照片，如何用全新的方式去再现它们，"关键要解决三个问题：一是串起来，二是动起来，三是厚起来"。[①] 一般的红色微电影在史料画面的呈现上，大多是通过对现有视频进行剪辑加工、合成制作而来，然而《红色气质》却反其道而行之，全部采用静止的图片进行拼接和串联，称得上一次大胆而巧妙的创新。主创团队运用"抠像"和"三维重建"的微电影制作技术，使照片中的人物和场景"动"了起来，又结合虚拟演播室技术，搭建起一部"个人相册"和"国家相册"。影片利用剪辑和特效制作时空的连接与转化，实现历史与现

[①] 刁毅刚、陈旭管：《红色气质的三个瞬间——兼论微电影技术与产品创新》，《中国传媒科技》2017 年第 2 期。

实的交会、穿插，打破了原有的线性叙事规律，为受众创造出一种光影交错、时空穿梭的历史厚重感。

由演员杨洋主演的微电影《70年，我是主角》在《人民日报》新媒体平台上线，献礼中华人民共和国成立70周年。影片立足杨洋的视角，通过场景的不断切换再现祖国70年来的历史变迁。画面中依次展现了开国大典、原子弹爆炸成功、恢复高考、港澳回归、汶川地震等一系列具有标志性意义的大事件，带领人们重温数十年来的峥嵘岁月，唤起受众对国家的认同感、归属感和自豪感。主创团队使用特效技术建造出一辆"时光列车"，并在影片结尾实现了"西装杨洋"与"军装杨洋"的隔空对望，象征着历史的变革与传承。此外，《70年，我是主角》也是中国首部全民定制的微电影。《人民日报》新媒体联合京东推出H5换脸视频应用，用户可通过AI定制进入微电影世界，以主人公的视角回顾大国崛起的历史时刻。

（四）故事化叙述，贴近受众

传统的红色微电影，常常带着一种自上而下的命令式口吻。这一宣讲式的语态使得红色微电影在创作和传播过程中格外生硬、单调，一贯的套路公式对于受众而言缺乏足够的吸引力，也就无法达到预想的宣传效果。因此，为了打破这种传统的叙事策略，改变其严肃刻板的风格，使之更具亲和力和感染力，当前主流媒体出品的红色微电影往往倾向于选择更加平民化、故事化的内容，不断下沉，以贴合受众的实际生活和情感需求，让受众发自内心地接受影片所传递的精神内核，产生更多的共情，从而达到更佳的传播效果。

《海南日报》新媒体2019年推出的微电影《老旗手》，即呈现了一个来源于现实生活中的真实事件。影片以"国旗村"——海南省文昌市厚禄村为原型，讲述了三名国旗护卫队退伍老兵帮助厚禄村老村长完成升旗仪式的感人故事。《老旗手》设置了情节的精彩碰撞，以"小故事"烘托"大情怀"，将退伍老兵对于国旗的敬畏之情，以及中国普通百姓朴实却真挚的爱国之心展现得淋漓尽致。

由新华社音视频部、新华社全媒报道平台联合出品的《初心永恒》，则讲述了张富清老英雄的先进事迹。"老人家60年来深藏功与名，一辈子坚守初心、不改本色。"① 采访中，老人面对记者的镜头，哽咽地说道："战友有几多都不在了，比起他们来，我有什么资格拿出立功证件去摆自己啊……"寥寥数语却叫人落泪。真实的东西往往最有生命力，影片中老人的一哭、一笑、一个军礼完整呈现，不加任何修饰，却令那份情怀与感动直抵人心。

三 创新传播方式的驱动力分析

（一）主流媒体的多重优势

由于微电影时长短、制作和传播门槛相对较低，因而吸引了普罗大众的广泛参与，但与此同时，影片质量参差不齐、鱼龙混杂也成为一个突出的问题。一般而言，受众对于主流媒体出品的微电影往往有着较高的心理期待。因为从传播主体上看，主流媒体在创作上具有许多优势。其一，拥有各种各样的影像资源。主流媒体作为头部媒体，"是存储国家文字、图片、音频和视频等资料的丰富资源库，其内容资源是任何商业媒体与自媒体都无法比拟的"。② 其二，拥有高水平、高标准的创作团队。主流媒体创作者自身的专业素养，要求他们必须通过提升作品的艺术价值来增强微电影在受众心中的认可度。他们能够树立口碑意识，强调内容把关，在保持官媒定位的基础上创新表达方式，制作出优质的红色微电影。其三，拥有严格的审核和监管制度。主流媒体作为国家的舆论代表，应以维护微电影行业健康有序发展为首要目标，确保影片价值导向不偏不倚，推动我国精神文明建设发展。因此，主流媒体的红色微电影通常能够在市场竞争中脱颖而出。

（二）传播渠道的开拓创新

在传播过程中，媒介连接传者和受者，任何内容的有效传播都离不开渠道。"以往的政治传播渠道比较单一，主要依赖新华社、《人民日报》等传统媒体，以及央视《新闻联播》、央广《新闻和报纸摘要》等重要窗口，政

---

① 《老英雄张富清：60多年深藏功名，坚守初心不改本色》，凤凰网财经频道，http：//finance.ifeng.com/c/7mzGcVGgl24。

② 杨明珠：《时政微视频：主流媒体时政报道的创新探索》，《出版广角》2019年第8期。

治信息多被处理成'硬新闻'推送给公众。"① 然而，信息碎片化趋势不断加强，传统的传播模式缺乏即时性、便捷性和创新性，已经不再符合大众的需求。因此，互联网时代，为了让主旋律、高大上的内容，以软性的方式更多、更准地投放至受众，各大网络媒体平台逐渐成为政治传播的新载体。主流媒体红色微电影通过微博、微信、客户端、门户网站、视频网站等多重渠道进行推广，观众也能够借助手机、电脑等移动终端设备，随时随地观看微电影，并以点赞、评论、转载的方式助力微电影进一步扩散，实现全矩阵的整合传播。在环环相扣的模式下，主流媒体开拓传播渠道，创新传播手段，整合传播策略，完成内容最大化、最优化传播，也促进了媒体影响力的提升。

（三）受众动机与需求的满足

从使用动机上看，微电影"短、精、快"的特点为它的广泛和快速传播提供了有利条件。微电影时间短、节奏快、便于观看，这一外在形态契合了数字化媒体时代的网民对于内容的浏览习惯，让受众的碎片化时间得到充分利用，并且能够极大地调动受众的主观能动性。主流媒体红色微电影的创新传播，重置了主体、媒介、受众的地位，改变了以往单线条的传受关系，呈现出双向互动性。借助网络的微电影交互性极强，网民摆脱了以往被动观看和接收信息的模式，转变为主动参与微电影的二次传播，由此形成了庞大的用户群体。

从获得需求上看，只有用户至上、内容为王，有思想、有温度、有品位的融媒体产品才能真正吸引受众。主流媒体红色微电影创新了叙事表达，注重"人格化""故事化"，具有高度的情节化，既不会一味煽情，也避免生搬硬套讲大道理，与受众的心理期待相适应。"亲民"是新媒体时代下主流媒体红色微电影制作传播的重要特征，只有符合身份认同，满足情感需求，传递社会主流价值观和正能量的微电影，才是大众喜闻乐见的优质作品。

---

① 李舒、孙小咪：《时政微视频：媒体政治传播的新探索》，《电视研究》2017 年第 10 期。

四 结语

目前，微电影作为一种新兴的艺术表现形式，已经成为主流媒体创新政治语态的主要途径，也形成了许多具有示范意义的样本产品。主流媒体在微电影的叙事表达上不断创新，用"小视角"谈"大主题"，以"讲故事"聊"深意义"，运用多元的传播符号，结合全新的传播技术，为受众呈现出"标杆性"的微电影作品。主流媒体充分发挥其资源优势，整合多重传播渠道，并立足于受众的心理需求，让红色微电影的传播产生积极意义和良好效果。在当下的视频化浪潮中，主流媒体红色微电影既延续了政治传播的本质，也实现了传播形态的转化，提升了在舆论场的竞争中赢得先机的可能性。

参考文献

成润宁：《〈人民日报〉献礼 70 周年新媒体产品传播分析——以〈70 年，我是主角〉为例》，《西部广播电视》2020 年第 1 期。

刁毅刚、陈旭管：《红色气质的三个瞬间——兼论微电影技术与产品创新》，《中国传媒科技》2017 年第 2 期。

冯楷：《主流媒体时政微视频的继承与创新——以"央视新闻"新媒体为例》，《中国广播电视学刊》2019 年第 8 期。

李昂泽：《融媒体视域下微电影〈红色气质〉叙事与创新初探》，《新闻传播》2018 年第 8 期。

李舒、孙小咪：《时政微视频：媒体政治传播的新探索》，《电视研究》2017 年第 10 期。

沈青苗：《时政微纪录片叙事策略分析——以新华社〈国家相册〉系列报道为例》，《数字传媒研究》2018 年第 6 期。

徐琳：《新视听传播下党媒的微视频研究——以新华社〈红色气质〉为例》，《视听》2018 年第 9 期。

杨明珠：《时政微视频：主流媒体时政报道的创新探索》，《出版广角》2019 年第 8 期。

袁芳芳：《新媒体环境下微视频的制作与传播方式探析》，《中国有线电视》2019 年第 10 期。

朱婧敏：《浅析党媒微视频〈中国一分钟·地方篇〉的叙事策略》，《新闻世界》2019 年第 9 期。

影评类短视频的版权争议与制度完善[*]
——以影评类短视频博主谷阿莫被诉侵权案为例

余 人,肖佳茵

(广东财经大学人文与传播学院,广州 510320)

摘 要:影评类短视频作为近年来新兴的一种自媒体形式,在诞生之初,广受青年人的欢迎与喜爱,但其引用影视作品的行为是否合法,也引起诸多争议。本文在介绍影评类短视频的特点与属性的基础上,通过"四要素检测法"与"转换性使用"来界定影评类短视频的引用行为,并基于这些分析提出对我国《著作权法》及《著作权法实施条例》进行修订、完善的建议,以期进一步明确影评类短视频合理使用的范围,平衡二次创作者与原作品版权所有者之间的诉求与利益,充分调动、挖掘各方积极性与创造性。

关键词:影评类短视频;谷阿莫侵权案;版权

影评类短视频也称为"影视作品解说评价类短视频"[①],是一种以电影、电视剧、动画片、音乐短片等视频类型的正片、预告片、花絮为主要内容进行剪辑拼接、变速播放、重新编辑音频、重新配音等二次创作的短视频作品,其时长一般控制在5—10分钟,相较于其他类型的短视频,其内容更为深刻,信息量也更为密集、丰富。影评类短视频在高度概括、精要介绍影视

---
[*] 基金项目:本文为2019年广东省—港美通科技校企合作中青年教师教学能力提升项目(课题编号:PROJ1144602705197666304)阶段性成果。

① 陈亦凡:《影评类短视频是否会侵害影视作品著作权——以谷阿莫案为切入》,《经济与法》2019年第7期。

作品主要内容的同时对其进行解说、评价甚至调侃、讽刺、吐槽，以此展现笑梗，表达创作者的见解与观点，满足快餐时代碎片化信息受众的新需求。

所谓二次创作是指利用已经存在的著作物的文字、图像、人物、事件、音频、视频、动画、影片、音乐等进行的再次创作。

一　影评类短视频的特点

（一）虚拟人设，实现去中心化

草根性是影评类短视频博主们普遍具有的特性。大多数影评类短视频博主会虚拟人设，以一个固定称呼进行自述，并通过穿插在解说词中的自称，实现去中心化，加上虚拟人格塑造，使得习惯于传统的具有话语权、逻辑严密的电影解说的受众感到耳目一新。如，"张猫要练嘴皮子"以"张猫"自称，其开场白为"我叫张猫，没时间解释了"，以超快的语速配合快节奏的背景音乐，简单粗暴地强化短视频紧凑、精巧的特点，同时也突出了个人标签。

（二）积极互动，强化传播效果

互动让内容创作者们更加了解受众的需求，一些创作者还会在创作前通过与网友进行交流，根据网友的投票或者反馈情况，来确定下期内容所讲解的影片或者角色与情节的观点偏向性。[①] 例如，印度电影《摔跤吧！爸爸》在国内上映期间，网上很快涌现关于"女权"的各种话题与争论，"电影大撕"马上跟进，立即推出短视频"闭嘴吧，女权癌们"；而"凹凸说"则发布短视频"摔跤吧！爸爸到底是直男癌还是捍卫女权？三观不正？女权癌们看懂了吗"，这些影评类短视频因为语言犀利、尖锐，引发了受众大量的评论，在一段时间内又将争论推向一个新的高潮。

此外，通过抽奖方式给转发和评论者送礼也是各大影评类短视频博主所青睐的互动方式，同时也是能有效提高转发量、评论量，拉近和已有关注者之间距离的互动方式。

---

① 文酱:《独特的话语符号下，影评短视频的生存处境何去何从？》，传媒大眼，2018年3月6日，https://www.sohu.com/a/224997898_757761。

（三）多元化视频形态与多渠道传播，打造长效 IP

通过多元化视频形态打造长效 IP 的自媒体代表，莫过于前两年大火的"暴走系列"，该系列不仅推出了影评类短视频节目《暴走看啥片儿》，还推出了《暴走大事件》《每日一暴》《暴走编辑部的故事》《暴走恐怖故事》等多种视频形式的暴走漫画，以此积累了大量粉丝，最终形成了独特的 IP 模式。① 然而，多元化视频形态打造 IP 是需要大量资金的，因此大部分博主都会选择成本相对较小的方式优化 IP，即通过多渠道传播的方式打造 IP。例如，影评类短视频博主谷阿莫就在新浪微博积累了一定粉丝数后，迅速开通了自己的微信公众号、AcFun、哔哩哔哩等视频网站账号，逐渐深化视频的个人特色和风格，将自己"IP"化，增加了曝光率和辨识度，使受众能够通过更多渠道接触到自己，形成全媒体联动效应。②

影评类短视频的以上特点使其广受年轻人的欢迎与喜爱，因此讨论其在合理、合法的环境中良性发展，具有很强的现实意义。

二 影评类短视频的版权争议

谷阿莫是以一位来自台湾的影评类短视频博主，2015 年他通过创作短视频系列节目"×分钟带你看完×电影"在短时间内受到广泛关注。他擅长以诙谐、幽默的语言与简洁、凝练的影像剪辑，把数小时的影视作品浓缩为几分钟的短片介绍，为受众呈现影视的核心主旨、剧情走向、角色特征等内容，其创作的短视频形式新颖，内容丰富，受到广大年轻人的关注与喜爱。截至 2020 年 3 月，谷阿莫的微博粉丝为 1249 万、YouTube 个人频道订阅用户超百万、哔哩哔哩视频平台上视频播放总量超 5 亿，是影评类短视频博主的典型代表。然而谷阿莫的爆红也为他带来了不少麻烦。

2017 年 4 月 25 日，台湾影音服务平台"KKTV"、电影发行公司"又水整合"和"得利影视公司"起诉谷阿莫未经授权且在电影公映前曝光《哆

---

① 文酱：《独特的话语符号下，影评短视频的生存处境何去何从？》，传媒大眼，2018 年 3 月 6 日，https://www.sohu.com/a/224997898_757561。

② 孟凌霄：《自媒体时代影视剪辑短视频的传播现状——以谷阿莫"×分钟带你看完×电影"为例》，《传播力研究》2018 年第 15 期。

啦A梦》、《近距离恋爱》、《脑浆炸裂少女》、韩剧《W两个世界》等影片内容，造成影视公司超过8位数新台币的直接经济损失，严重侵犯了影视公司的著作权。

谷阿莫方则称，他制作的短视频符合"著作权法"第二十二条第二款"为介绍、评论某一作品或者说明某一问题，在作品中适当引用他人已经发表的作品"的相关规定①，是"合理使用"；而且他的短视频仅仅只截取了原影视作品的1%—10%，符合二次创作的规定；此外，其短视频并未向受众收取任何观看费用，不涉及商业盈利。

谷阿莫侵权案的争议焦点主要是：①谷阿莫部分作品中引用的影视资源的来源是否合法；②谷阿莫的创作目的是否具有商业性；③谷阿莫作品是否造成市场替代，即是否损害了原作品版权人的利益。针对这三点争议，谷阿莫方主张其行为符合二次创作与合理使用。据此，笔者将从这三个争议点进行逐一分析，并从二次创作与合理使用这两个角度出发讨论谷阿莫作品的版权争议。

（一）从三大争议焦点讨论谷阿莫作品是否存在侵权嫌疑

1. 谷阿莫是否涉嫌利用盗版影视资源

谷阿莫所发布的影评类短视频中未标明影视资源的来源，部分作品甚至出现了官方未放出片源的影视片段，而使用非官方片源的行为几乎可以被认定为非法盗用影视资源。例如：电影《鲨滩》《荒野猎人》《唐人街探案》《金刚：骷髅岛》等，都是在上映前或上映期间，即在影片方片源还未放出期间，就被谷阿莫用作其短视频的"原材料"加以使用，且谷阿莫也并未获得影视作品著作权人的合法授权，严重侵害了影视作品著作权人的合法权益，属于明显的涉嫌通过非法手段获取影视资源的行为。

2. 谷阿莫是否凭借创作获取商业利益

虽然谷阿莫主张其未曾通过其短视频向观众收取任何观看费用而从中获利，但事实上，谷阿莫与多个品牌合作（如微鲸电视、加多宝等），通过在

---

① "台湾著作权法"第52条规定："为报道、评论、教学、研究或其他正当目的之必要，在合理范围内，得引用已公开发表之著作。"

其短视频中植入广告而赚取广告费，且以同样的方式推广自己的品牌产品"谷阿莫凤梨酥"。此外，谷阿莫还与YouTube签约合作，而根据YouTube的"影片盈利功能"，谷阿莫能直接从中获利。在涉嫌盗用他人影视资源的前提下，谷阿莫作品本身存在版权争议，而利用这些作品来盈利，使谷阿莫所主张的公益性的创作目的受到质疑。

3. 谷阿莫涉嫌侵害原作品版权人经济利益

2017年，电影公司"又水整合"对谷阿莫提起诉讼时称，由于谷阿莫短视频使未进影院观影的人可免费了解到电影内容，对电影票房造成严重的打击，同时也造成了影视公司的巨额损失。

对此，谷阿莫主张"应该不会有人觉得看了这点内容就看完原作了"。虽然传统影评以图文形式对影视做出解读和评价，同样在一定程度上影响了未观影人群是否花钱观影的判断，但事实证明，相比于传统的文章影评，谷阿莫作品以更加新奇的形式呈现内容，将更有效地取得观众的信赖，使未观影人群产生先入为主的印象与想法，另外，传统影评多重在评价而不在讲述影视内容，更多的是与已观影者分享感受与心得，而谷阿莫视频内容虽然着重于发表其个人观点，但不置可否的是其作品内容大部分在讲述影视情节，造成剧透，这种行为在某种程度上伤害了片方的利益，因此存在侵权嫌疑。

（二）谷阿莫作品是否构成合法二次创作

根据我国《著作权法》第十二条规定"改编、翻译、注释、整理已有作品而产生的作品，其著作权由改编、翻译、注释、整理人享有，但行使著作权时不得侵犯原作品的著作权"，也就是说，如果二次创作未侵犯原作品的相关权利，则二次创作作品的著作权由创作者享有。由于著作权包括使用权与获得报酬权，如果谷阿莫的短视频作品属于合法二次创作，则其享有使用其作品盈利的权利。

根据我国《著作权法》第三十五条规定，二次创作涉及使用原作品中的部分内容，需经原著作权人许可，且需向原著作权人支付相应报酬；如属于合理使用范畴，则可不经原著作权人许可，也无须支付报酬，但需指明原作品作者姓名、作品名称。谷阿莫使用其作品获利已成既定事实，加之谷阿莫引用他人作品前并未征得原著作权人的允许，也并未向原著作权人支付任何报酬，所以，谷阿莫作品属于有不合法之嫌疑的二次创作。

（三）谷阿莫作品是否构成合理使用

如何判断是否构成合理使用，我国《著作权法》第二十二条明确规定了十二种情形属于合理使用范畴，而国际上使用较多的是"四要素检测法"和"转换性使用"。

美国《1976年版权法》中明确"四要素检测法"从四个层面对作品进行是否构成合理使用的判断，四要素是指受版权保护作品的性质、使用的目的、使用数量占比、使用对原作品产生的影响。在司法实践中，四要素中的要素应用出现了失衡现象，其中讨论"使用行为是否具有商业性"被过分强调。于是，1990年勒瓦尔（Leval）法官根据自己的司法经验整理发表《论合理使用标准》（*Toward a Fair Use Standard*），提出"转换性使用"概念，指出司法实践中不应忽略"使用的目的和性质"中"使用是否具有转换性"的讨论。这一概念后来在"坎贝尔（Campell）案"中被应用，并被下级法院广泛采纳。随着新型使用方法和案件的层出不穷，"转换性使用"在合理使用中的地位与作用不断凸显，逐渐成为合理使用判断中的主导性要素。[1] 如今，美国多将"四要素检测法"和"转换性使用"相结合，以此判断作品是否构成合理使用。而我国的一些法院，也开始逐渐将"转换性使用"应用于相关的司法判决中。

由十二种合理使用情形的规定可见，我国著作权法中对于合理使用情形的规定较为具体，其目的在于保护原作品著作权所有人与社会公众的合法权益，与"四要素检测法""转换性使用"的观点相吻合。但是，我国著作权法中采取的这种列举式立法模式有利有弊，一旦时过境迁，就容易形成滞后现象，难以覆盖新的领域。

综上所述，由于我国现行《著作权法》中的相关规定，尚不能完全解决影评类短视频影视引用版权的争议，笔者拟从"四要素检测法"与"转

---

[1] 袁锋：《网络影评类短视频合理使用问题研究——以转换性使用为视角》，《中国出版》2019年第3期。

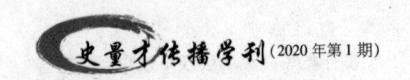

换性使用"相结合的角度,来探讨谷阿莫的创作行为是否构成合理使用。

1. 以"四要素检测法"来判断

"四要素检测法"具体包括:①原作品是否公开发表;②引用他人作品的目的;③所引用内容占整个作品的比例,以及所引用内容是否属于作品的核心或实质内容;④是否会对原作品的正常使用或市场销售造成不良影响。

首先,引用原作品若属于未发表作品,那么二次创作行为是不能构成合理使用的。谷阿莫创作发表的部分影评类短视频由于引用了未上映或正在上映的影视作品,因此其创作行为不属于合理使用。

其次,若二次创作者引用他人作品的目的为商业盈利,那么其行为是不构成合理使用的。由上文可知,谷阿莫确实利用其作品获利,因此从引用目的的角度来看,其行为不构成合理使用。

再次,判断引用作品行为是否合理,其衡量标准不在于引用作品的数量,而在于是否引用了原作品的核心或实质性内容。谷阿莫的作品由于视频时长的限制,引用原作数量没有超过占比规定,但从其引用的内容来看,其引用了原作主要情节的大部分关键影视片段,属于核心和实质性内容,由此看来,其创作行为不构成合理使用。

最后,若二次创作行为对原作品的正常使用或市场销售造成不良影响,是不构成合理使用的。根据影视公司所述,谷阿莫的行为不仅影响了电影票房,甚至对后期影视作品的版权售卖造成了严重影响,导致影视公司承受巨大的经济损失。

基于此,笔者认为,谷阿莫的二次创作行为是不构成合理使用的。

2. 以"转换性使用"来判断

"转换性使用"指对原作的二次使用不是简单的复制或重新出版,而是增加了新的美感、价值、意义和认识。①"转换性使用"是合理使用判断的关键所在,应重在目的性转换,而非内容性转换。

首先,谷阿莫的视频作品属于滑稽模仿,其主要目的在于通过调侃、讽刺的方式传达其批判性评价,是具有较高程度的转换性的。

---

① 赵琪彦:《论合理使用中转换性使用》,硕士学位论文,华东政法大学,2015年。

其次，谷阿莫的视频作品中使用了大量原作品中的关键影视片段，用以展现影视情节内容，其目的在于发表谷阿莫个人的观影感受和评价，讽刺、调侃原作品中不合情理的内容，这个过程赋予了其作品新的意义。

基于此，笔者认为，谷阿莫引用原作品的目的在于使其作品达到良好的讽刺、调侃效果，从"转换性使用"中目的性转换来看，是构成合理使用的。

综上所述，结合"四要素检测法"与"转换性使用"两大判定标准来看，谷阿莫的创作行为是否构成合理使用难以断定。

（四）从近期颁布的法规来讨论谷阿莫创作行为是否合法

2018年3月22日，国家新闻出版广电总局下发《关于进一步规范网络视听节目传播秩序的通知》（以下简称《通知》），要求"坚决禁止非法抓取、剪拼改变视听节目的行为"，"不得擅自对经典文艺作品、广播影视节目、网络原创试听节目作重新剪辑、重新配音、重配字幕，不得截取若干节目片段拼接成新节目播出"。为了避免误读，3月23日总局广播电视发展研究中心发文强调"不给存在导向问题、版权问题、内容问题的剪拼改编视听节目提供传播渠道"，但"一如既往支持鼓励走正道的创新创意"。[①]

此外，自2020年3月1日起开始实施的《网络信息内容生态治理规定》（以下简称《规定》）中也要求，"网络信息内容生产者应当遵守法律法规，遵守公序良俗，不得损害国家利益、公共利益和他人合法权益"。

结合谷阿莫被诉侵权案例，在《通知》要求下，谷阿莫作品由于版权来源不明，属于"存在版权问题的改编视听节目"，因此属于《通知》中按要求进行清理的内容。而在《规定》的要求下，由于谷阿莫作品存在版权争议，侵害了原著作权人的合法权益，因此属于《规定》中所抵制的内容。

从近期颁布的法规来看，谷阿莫的创作行为是不被国家相关法规所保护与支持的，但由于上述法规颁布实施时间晚于谷阿莫被诉侵权案的爆发时间，因此不足以成为案件判定的主要依据。

[①] 《国家新闻出版广电总局办公厅关于进一步规范网络视听节目传播秩序的通知》，2018年3月16日，http://www.cnsa.cn/index.php/industry/policy_details/id/175/type/3.html。

三　完善我国现行著作权合理使用制度的建议

对于短视频领域二次创作和合理使用的界定，国际上公认的"四要素检测法"和"转换性使用"，以及我国《著作权法》中规定的十二种合理使用情形，各有利弊。"四要素检测法"与"转换性使用"的应用具有灵活性，但存在较大的不确定性，因此也为许多美国学者所诟病。[①] 十二种合理使用情形的规定相对来说更加明确、稳定，但随着新媒体的不断发展与丰富，十二种合理使用情形能覆盖的范围受到限制，在司法实践中显得有些"捉襟见肘"。

2011年，我国出台的《最高人民法院关于充分发挥知识产权审判职能作用推动社会主义文化大发展大繁荣和促进经济自主协调发展若干问题的意见》已参考"四要素检测法"的观点，对《著作权法》中合理使用的判定标准进行了补充。[②] 但由于"四要素检测法""转换性使用"与十二种合理使用情形的所属法系、制度基础不同，国内法官的理解、使用标准不同，三种判断标准混用易引发诸多问题。

故笔者建议，我国《著作权法》及《著作权法实施条例》在下一次修订、完善时，关于"合理使用"部分可补充以下内容。

（一）补充原则性标准

由目前我国《著作权法》中的十二种合理使用情形来看，《著作权法》缺乏能在司法实践中灵活应用的原则性标准。据此，笔者建议补充以下原则性标准：

1. 使用他人作品必须通过合法渠道获取资源，需标明资料来源；
2. 要以内容转换性使用为主，进行较高程度的转换性使用；
3. 要求通过合法途径进行传播；
4. 使用他人作品盈利必须协商利益分配。

其一要求通过合法渠道获取资源，是为了保护原著作权人的权益；其二

[①] 孙景蒙：《二次创作短视频的转化性使用与合理使用》，《法制博览》2019年第23期。
[②] 晏凌煜：《美国司法实践中的"转换性使用"及其启示》，《知识产权》2016年第6期。

要求明确转换性使用类型与程度，是为了确保二次创作作品具有一定的文化价值；其三要求通过合法途径传播则是为了规范文化传播行为；其四协商利益分配是为了充分调动与挖掘二次创作者与原著作权人的积极性、创造性，让两者通力合作而不是互相掮架、内耗，以更好地推动文化生产与文化创作，满足人民群众日益增长的对高品质文化的需求。

笔者认为，这四条原则性标准有利于平衡原著作权人、二次创作者及社会公众的权益，同时也有利于营造一个规范、合理的文化环境，调动各方积极性，具有一定可行性。

（二）完善短视频领域相关法律、法规

1. 明确使用影视资源的时间限制

2019年7月，判决迟迟未出的谷阿莫被诉侵权案进入调解阶段，两年的版权之争落下帷幕。谷阿莫被诉侵权案影响了影评类短视频博主的作品选材方向，现在他们更倾向于选择已下映且官方已放出资源的影视作品来进行二次创作，以此规避有可能涉嫌侵权的风险。

选取已下映且官方已放出资源的影视作品进行创作有利有弊，对于影评类短视频博主来说，相较于新近上映的影视作品，这类题材的网络讨论热度较小，不受广大网友关注，不易做成"爆款"视频；对于影视公司来说，虽然其影视作品得到了保护，但同时也失去了影视受到更多关注与评论的机会。

据此情况，笔者建议出台相关法律、法规，对影评类短视频博主使用影视作品提出时间限制。在影视公司公开表示同意影评类短视频博主使用影视资源的前提下，影评类短视频博主可以使用已上映三周的电影进行二次创作。由于电影通常会在影院上映一个月，到了第四周其上座率一般开始走低，此时博主们的二次创作对影视作品的票房造成的影响有限，同时又能利用网络上的舆论热点进行创作，有利于达到双赢的结果。

2. 明确商业利益分配

综合前文讨论，谷阿莫案件的争议点还包括其创作目的。虽然谷阿莫主张其创作具有公益性，但事实上谷阿莫确实从其创作中获取了商业利益。不置可否的是，大多数影评类短视频博主最初是出于对电影的热爱与痴迷进行

创作的，聚焦如谷阿莫这类已经成功建立 IP 的大 V 博主，他们的创作意图是否具有公益性难以判断，剥夺他们通过劳动获取利益的权利似乎也并不公平、合理，更不利于影评类短视频这种媒体形式的发展。因此，笔者认为，通过立法使影评类短视频博主在遵守各项规定的前提下获取合法收益是必要的。

笔者建议，其一，影评类短视频博主应通过合法途径获取正版资源进行二次创作；其二，原作品版权所有者不得对影评类短视频博主创作内容进行干涉；其三，影评类短视频博主通过其作品获取的商业利益，如在短视频中植入广告等，需在获得影视资源时与原影视作品版权所有者进行协商，商业利益必须按协商比例共享，这才有利于调动各方积极性。

3. 明确影视资源使用范围

结合谷阿莫被诉侵权案的讨论可知，影视公司不满自己的版权被非法使用，导致自己商业利益受到侵害，那么假若影视公司的商业利益未受到损害，其资源就能被随意使用吗？笔者认为不然。若影视资源被滥用，易对影视作品本身造成声誉上的伤害，因此也容易影响影视公司的利益。故此，笔者认为，影视公司有必要与二次创作者明确影视资源的使用范围。例如，版权方可允许二次创作者使用影视资源进行二次创作，或在二次创作的基础上植入广告，将二次创作作品在合法的网络视频平台上传播，允许二次创作者对影视作品进行正常的批评、吐槽但不允许恶意抹黑影视作品（法律、法规应界定"恶意"的标准与界限，以便于司法人员实际操作），不允许二次创作作品在非法网站上传播，等等。

版权方通过与二次创作者明确影视资源的适用范围，有利于版权方维护自身利益免遭侵害，有利于二次创作者在尊重版权方作品的基础上进行二次创作，并以此盈利，打造品牌。

四 结语

随着网络技术不断发展，新型媒体形态层出不穷，影评类短视频作为一种极具时代特色的自媒体形式，在发展过程中面临诸多问题，其中影视版权纠纷在一定程度上制约了其发展。要想解决这个问题，单纯依靠行业道德规范影评类短视频创作者的创作行为是远远不够的，只有根据实际需求制定明确的法律、法规条文，并在司法实践中不断完善，才能规范影评类短视频创作者的创作行为，保障影视版权所有者的权益，保障行业健康、有序发展，为社会公众营造健康、多元的文化环境，推动社会的进步、文化的繁荣。

我国户外竞技真人秀的意义输出与接收

——以《奔跑吧》为例

赖尔曼

(暨南大学 新闻与传播学院,广州 510632)

摘 要:本文通过《奔跑吧》为例探讨我国户外竞技真人秀节目意义的输出和观众对节目所输出意义的接收效果。首先通过对节目进行框架分析,总结节目的五个框架,发现节目在娱乐基础上对社会关怀、政治元素的输出。其次通过对《奔跑吧》观众评论文本数据的挖掘与分析,发现观众观看节目的重点是娱乐、竞技,包含政治元素的意义输出效果并不理想。

关键词:"跑男";节目框架;意义输出;接收效果

户外竞技真人秀在我国荧屏上活跃多年,在市场竞争和国家权力监管的双重作用下[1],逐渐发展出自己的特色,其传达的意义和价值的演变颇为有趣。说起国内关注度和话题度高的户外竞技真人秀,不得不提及《奔跑吧兄弟》(后改名为《奔跑吧》,下文简称"跑男"),2020年5月22日晚,最新一季的跑男先导片开播,热度依旧,本文以"跑男"为案例,分析其多年来输出的意义框架和演变过程,并通过大数据分析探讨其效果。

一 文献综述

真人秀电视节目是对自愿参与者在规定情景中,为了预先给定的目

---

[1] 刘娜、常宁:《正能量话语在真人秀节目中的构建和呈现——以〈了不起的挑战〉为例》,《新闻大学》2016年第4期。

的，按照特定的规则所进行的竞争行为的记录和加工[1]，它作为电视娱乐节目的一种形式，适合于承载时代流行元素、娱乐需求和欲望冲动[2]，其主要功能是娱乐大众，受众在观看真人秀的过程中，将节目参与者作为自己的"代理人"间接地参与游戏，这种参与式的愉悦体验使真人秀节目深受观众喜爱。而相比其他类型真人秀节目，户外竞技类真人秀将节目环境设置在较为不可控的户外，竞技元素使得节目难度提升，更加激发观众的猎奇心理。

观众喜爱真人秀节目正好是新自由主义经济的契机，在新自由主义的指导下，节目投资、构思与市场、品牌捆绑在一起，生产出来的真人秀节目也表现出新自由主义人格特征，如竞争性个人主义、成功至上等观念[3]，但这种观念在其发展中的弊端渐渐显露出来，体现为节目的低俗化与扭曲价值的传播，在我国，真人秀节目一度成为缺乏有效制衡的环境中商业利益对公众生活大规模入侵的工具[4]，真人秀等娱乐节目必须在娱乐之余蕴含精神内涵、体现社会责任的观点被不断提及[5][6]。我国媒体虽以市场的方式运作，但宪法将其定位为公共事业，对媒体的掌控权最终握在政府手中。

针对真人秀节目的一系列弊端，广电总局于2015年发出《关于加强真人秀节目管理的通知》，规管真人秀的节目内涵，要求媒体做更有社会意义和公益价值的节目[7]，这比依靠市场自觉要迅速有效，但很容易用力过猛，导致政治元素进入真人秀节目中，但政治元素是否适合加入娱乐节目，这是一个问题。此外，新自由主义追求一个自由负责的个体，国家政治意识形态则强调对民众的保护和服务，这两者在节目中如何融合，也是一个问题。"跑男"作为近几年话题度极高的一档户外竞技真人秀节目，时常成

---

[1] 尹鸿：《解读电视真人秀》，《今传媒》2005年第7期。
[2] 赵颐：《电视栏目的娱乐化倾向与媒体责任——数字时代中国公共频道的展望》，《国际新闻界》2009年第6期。
[3] 方晓恬：《吴靖教授谈〈电视屏幕中的乾坤——新自由主义人格的塑造和不满〉》，《国际新闻界》2016年第2期。
[4] 郭镇之：《中外广播电视史》，复旦大学出版社2008年版。
[5] 王艳：《当代中国电视综艺节目引导力三问——以央视综艺频道节目群为例》，《电视研究》2015年第1期。
[6] 谢耕耘、王彩平：《中国电视娱乐节目市场报告》，《新闻界》2005年第4期。
[7] 姚译添：《〈奔跑吧〉多维度实现转型升级》，《中国广播电视学刊》2017年第8期。

为各领域的研究对象，在传播研究领域中，大量学者聚焦于其本土化与创新①②③④⑤，节目成功范式和运营模式也是研究重点之一⑥⑦，当然也有部分学者研究"跑男"的社会价值⑧⑨，但"跑男"也是作为我国真人秀节目意识形态发展研究的一个理想对象，由此还可探讨我国媒体制度、政治元素与娱乐节目的关系等问题。

本文聚焦"跑男"节目意义输出与接收，而框架建构对于意义输出起重要作用。框架是人们用来认识和解释社会生活经验的一种认知结构，媒体在建构话语时就会有特定的框架，使用什么框架取决于媒体的行业习惯以及媒体想让受众接收什么样的信息。从内容研究角度出发，框架分析主要用于新闻文本内容的研究，分析新闻生产的选择与重组策略⑩，不过也曾有学者运用框架分析对我国近 30 年的电视娱乐节目框架变化进行梳理⑪，但主要从宏观角度聚焦娱乐节目类型的演变，而分析某个真人秀节目框架⑫⑬的研究则注重于分析一个固定框架以提出对节目发展的建议。由此看来，框架分析运用于真人秀节目内容分析是可行的，而对比已有研究，对一个节目的历时性研究更能体现媒体取向和环境的变化。由于真人秀节目内容与新闻文本存在极大的差异，需将媒体框架的高、中、低分层结构理论进行取舍，从宏观结构上分析节目内容的主题，从中级结构层面分析各主题下的具体内容、

---

① 陈佳琦：《〈奔跑吧兄弟〉对 Running Man 的继承与创新》，《新闻爱好者》2015 年第 8 期。
② 毛雷：《从〈奔跑吧兄弟〉看模式引进类节目的创新与突围》，《东南传播》2015 年第 8 期。
③ 张晶晶：《我国真人秀节目的本土化创新研究》，《新闻研究导刊》2016 年第 17 期。
④ 周琼：《从〈奔跑吧〉看电视真人秀节目模式创新》，《中国广播电视学刊》2017 年第 11 期。
⑤ 王善碧：《我国真人秀节目本土化创新之路——对比〈Running man〉和〈奔跑吧，兄弟〉》，《今传媒》2018 年第 2 期。
⑥ 谢毅、马虹：《电视节目用户思维运营模式探析——以〈奔跑吧兄弟〉为例》，《电视研究》2016 年第 7 期。
⑦ 秦杰、胡凡刚：《从 SWOT 理论视角看〈奔跑吧兄弟〉》，《东南传播》2015 年第 8 期。
⑧ 黄冠峰：《探究〈奔跑吧兄弟〉——"撕名牌"游戏产生的社会体育文化效应》，《赤峰学院学报》（自然科学版）2015 年第 15 期。
⑨ 刘雅斐、贾钢涛：《浅析电视真人秀节目〈奔跑吧兄弟〉的社会价值》，《新闻知识》2015 年第 5 期。
⑩ 陈阳：《大众传播学研究方法导论》，中国人民大学出版社 2007 年版。
⑪ 程晟：《从"框架理论"看中国电视娱乐节目框架的转型》，《新闻爱好者》2009 年第 18 期。
⑫ 张斌：《消费文化视域下〈变形计〉节目的框架建构与文化诉求》，《东南传播》2015 年第 6 期。
⑬ 梅珊珊：《〈爸爸去哪儿〉节目的框架建构分析》，《西部广播电视》2015 年第 17 期。

项目设置及语义，从而分析"跑男"节目组对节目内容设置的倾向和认识，以及相应的项目搭配。至于微观结构层面，由于真人秀节目的语言和修辞是参与者临场发挥的，且为了语言和情节的连贯性，节目组无法过度地选择与重组这些信息，所以对微观结构层面的分析意义不大，本文不对此做分析。在研究受众对节目意义的接收时，研究者通常采用问卷调查的方式，但问卷调查存在的问题是，无法精准获取对所研究媒介内容有足够的阅听经历和了解的调查对象，数据获取难度增加，调查结果准确率降低。曾有研究者在研究"女司机"这一特定人群报道的受众框架时以网络新闻客户端相对应新闻的评论文本作为分析对象①，这为本文提供了参考。

二 节目内容框架的建构与嬗变

"跑男"自2014年登陆我国之后，至今已播出七季，第八季也即将开播，仍然保持极高的收视率和话题度，其节目模式由韩国引进，而中韩两国政治、经济与文化环境不同，引进后必须对跑男进行本土化改编②。同时，中国政治、经济与文化环境处于不断变化的时期，"跑男"为适应社会变迁，同样需要不断创新发展。这两种变化相互交织，势必造成"跑男"节目输出意义的不断演变。本文首先通过对跑男七季共87期节目（第一季15期，其余六季各12期）进行框架分析，尝试回答以下问题：

RQ1：跑男1—7季节目输出哪些意义？

RQ2：跑男节目输出意义经历了哪些变化？

（一）框架分析结果

跑男节目内容的主题可分为五大类，分别为：游戏娱乐、竞技精神、中国文化、人文关怀和国家民族（见表1）。前期节目每期容纳的主题较为单一，而后各主题交杂的现象越来越明显，后期可以达到四种主题共存于同一期节目的程度。从每一期节目的第一主题（节目中最着力突出的一种主题）

---

① 黄文静：《从传者框架到受众框架：女司机媒介形象研究》，《新闻研究导刊》2016年第11期。

② 王永超：《简析〈奔跑吧，兄弟〉和〈Running Man〉的异同》，《文教资料》2014年第29期。

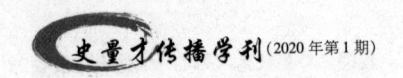

可以看出,"跑男"节目内容主要框架在随着时间推进而演变(见图1)。

表1　　　　　　　　"跑男"1—7季节目框架分析结果

主题	游戏娱乐	竞技精神	中国文化	人文关怀	国家民族
内容	音乐、爱情、友谊、旅行、破案、寻宝、地域逃离、荣誉争夺	挑战自我、坚持不懈、团结合作、友谊第一比赛第二	中国经典故事、特色文化活动	社会议题、社会关怀	展现社会主义新时代风采、弘扬中华民族精神、推进中国体育事业、国际交流互动
任务设置	休闲游戏	极限运动、赛场体育项目、团队任务	故事情景设置、休闲游戏、文化体验	休闲游戏、社会实践	休闲游戏、严肃仪式
语义	游戏乐趣多、明星遇事也是常人反应	竞技体育魅力大、竞技精神值得学习	中国历史悠久、中华文化博大精深	纠正社会不良风气、学习正确的价值观和行为、生活会变得更好	中国取得巨大成绩、中国与世界友好相处、中国为世界做出贡献

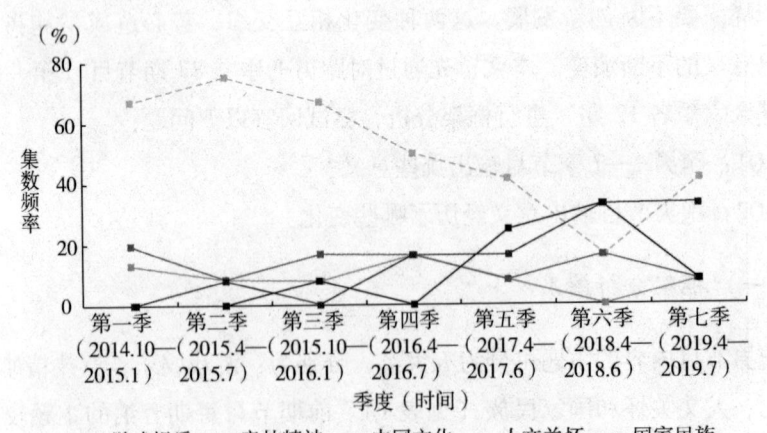

图1　"跑男"1—7季各期节目第一主题频率分布

1. 游戏娱乐

"跑男"的本源《Running Man》定位是游戏类综艺节目,娱乐是其主要功能,跑男引进初期又由《running man》制作团队协助制作,节目模式与《running man》极为相似，而且"跑男"把"娱乐"扩大化了，呈现出为了商业利益"过度娱乐化"的苗头，游戏娱乐主题是"跑男"节目内容建构的基础。纯粹游戏娱乐的期集一般以休闲游戏为基本形式，音乐、爱情、友谊、旅行、案件破解、荣誉争夺、宝物寻回、地域逃离八大线索相互搭配。在这些期集中，主要表现主持人和嘉宾如何凭借自己的体力和脑力完成任务以及这一过程中他们和普通人一样的反应，即使在游戏娱乐主题下，有些期集设置分组作战，但个人表现依旧占据主要地位。而风景旅游区宣传和新电影宣传在这一部分节目中最为常见。通过这些或搞笑、或刺激、或休闲的内容，节目带给观众趣味性体验，并且满足观众对明星真实性格的窥知欲望。

2. 竞技精神

"跑男"作为一档户外竞技节目，其中任务项目大部分带有竞技特性，整个节目本身是具备竞技精神的，但在很多纯粹游戏娱乐的期集中，这一点很容易被埋没。这种竞技精神需要后期剪辑加以选择和强化才能体现出来。体现的竞技精神为"挑战自我""坚持不懈""团结合作""友谊第一，比赛第二"四种精神，通常设置的任务为对战、极限运动、较为正规的体育项目或团队一致努力才能完成的项目，其中体现团队精神的项目完成起来一般非常不容易，如横渡长江、接力爬高楼等，相对来说娱乐元素就会少很多，但这种刺激却容易引起受众的情感起伏。正是为了营造这种"挑战""超越"的情感刺激使得户外竞技真人秀制作方越来越热衷于设置高强度项目，以展现节目参与者在极端情况下身心的应激反应来挑动观众情绪，这是一个极大的误区，是2019年11月27日高以翔在户外竞技真人秀《追我吧》突发猝死悲剧发生的一大原因。

由"团结合作"延伸而出的还有"团队感情"，在七季"跑男"中出现了对奔跑记忆的回溯，强调"跑男"团成员之间的情感。这些精神与情感一般通过后期字幕、背景音乐、镜头回放加以强调，让观众产生强烈的代入感和情感共鸣，告诉观众竞技精神具有强大力量，一起拼搏过的战友之间的感情是坚不可摧的。

3. 中国文化

在"跑男"刚刚落地中国时，协助制作的韩国《running man》导演曹孝镇就表示会在节目中尽量融入中国文化。跑男第一季第1期就使用了"白蛇传说"为背景,这种以中国经典故事为背景的形式是"跑男"中国文化主题期集常用的形式之一,另外一种形式是以特色文化活动为线索,如重庆火锅文化、麻将文化等。节目组会在这些期集中向观众讲述经过部分创新改造的中国传统故事、普及中国文化相关知识,同时强调中国文化"博大精深,历史悠远"的特点。

"跑男"节目对中国文化的选择一直都偏向于文艺和休闲的文化,易于与节目的娱乐性质相结合,但在第六季中出现了以运动竞技型的龙舟文化为主题的两期节目,在中国文化主题中自然而然地融入了"团队协作、勇于突破、坚持不懈"的竞技精神。有趣的是,从第五季开始,节目组总能想方设法在各种各样的主题中融入一些中国文化元素,或是选择非遗的建筑物作为游戏场所,或是将特色食物作为游戏道具,或是将拍摄地的某项特色文化元素融入单个游戏环节中。但观众却很难主动关注这些设置,需要由导演现场口播介绍,再配上后期空镜、字幕加以强调。另外一种比较显眼的方式是直接在项目间隙进行文化表演,但这种做法在整个连贯的节目中则显得十分刻意和突兀。

4. 人文关怀

"跑男"从第一季起就发起了"让公益起跑——公益跑鞋计划",此后每一季都会发起一项较为大型的公益活动,央视《新闻联播》曾于2016年2月17日点名表扬"跑男""电视综艺节目开启公益模式",2016年4月7日,《焦点访谈》也聚焦"跑男"公益举动。而节目中所塑造的主持人和嘉宾敬业、无私、友爱的形象曾被《人民日报》称赞为"在欢笑中传递正能量,引导人们感悟生活的真谛"。可以说,"跑男"的模式和其受欢迎的程度让官方媒体看到了传递正能量话语和主流旋律的一种全新而有效的方式。

原本公益事业和主持人的品格通常作为"跑男"节目外形象宣传的一部分内容,但很少出现在正式播出的节目中,另外,节目一开始也并未刻意以社会风尚和人文关怀为主题。但从第四季起,主打此类主题的内容开始出现,聚焦社会议题和人际交往中个体可能存在的问题两大方面,由此来纠正社会不良风气,弘扬正确的价值观,引导观众辨别是非、提升自我。到了第六季,即便是十分单一的电影宣传,节目组也将其整个设置到人际交往主题当中。

在此类主题期集最后的颁奖环节,导演必定有"这期节目,我们是想告诉大家……""通过这期节目,我们希望大家能看到……"这样句式的口播。

5. 国家民族

娱乐节目跟随国家政策、聚焦政治成就的例子极少,但"跑男"从第五季开始,却设置了不少这样的主题,主要有四类,分别为:展现时代风采、弘扬民族精神、国际交流互动、推进体育事业,而这类主题的期集无一不是在告诉观众中国的崛起以及对世界的贡献。但遗憾的是,这些主题跟游戏项目难以自然而紧密地结合,在搞笑或刺激的游戏前后,总是需要导演或者主持人口头阐述以强调节目设置的目的。于是可以看到,娱乐化的游戏形式又有了改变,诸如黄河大合唱、联合国英语演讲、百人赛跑等比普通体现团队协作精神的项目更为去娱乐化和严肃化的环节渐渐出现,而这类项目通常具有仪式感,这是节目组对这类主题的思考和探索,也给了观众全新的综艺体验。但其中出现的另一个误区是,核心项目的严肃化催生了更加没有营养的娱乐项目的出现,这些项目通常是简单轻巧的游戏,用以搭配大型道具类游戏,对比之下显得敷衍无聊,运用得太多容易使受众产生厌烦情绪。

(二)框架分析结论

通过以上分析,"跑男"节目内容的演变走势便呈现出较为清晰的脉络。

第一,"跑男"节目的核心意义由浅层走向深层。娱乐游戏虽然是"跑男"节目内容的基础,但其核心地位在慢慢地被其他意义所弱化,而竞技精神和中国文化则始终贯彻于节目设计制作之中。娱乐游戏实则是"跑男"作为一个娱乐节目的本质,竞技精神是该节目作为户外竞技真人秀所展现的与其他真人秀节目不同的特质,"跑男"对竞技精神较好的传达已经是对娱乐的一次升华,而中国文化的融入则是满足舶来综艺的本土化需求,在这个架构之上,人文关怀和国家民族是附加意义。

第二,"跑男"节目框架演变是现有框架的扬弃和依据现实的创新。早期引进中国的"跑男",游戏娱乐凌驾于竞技精神之上,节目组认为意义和精神的意味一定要有,但不能太浓[1],这实则是在引进节目模式时的一种判

---

[1] 俞杭英:《〈奔跑吧兄弟〉:做出中国味道》,《中国广播电视学刊》2015年第8期。

断偏差，节目组没有抓住原版《running man》最吸引人的竞技精神特质，过于向娱乐倾斜。没有精神支撑的娱乐是不会有长久生命力的，在随后一两年的探索中，节目组渐渐地将竞技精神从娱乐狂欢的覆没中解放出来。与此同时，依据广电总局《关于加强真人秀节目管理的通知》的要求，节目组也开始探索"用综艺的形式表达人文内涵，用年轻化的语态传递主流价值观"的思路，关注社会议题和人文关怀。到此，"跑男"节目组实则已经完成了许多学者的期望和广电总局的要求，满足了观众对于娱乐、文化深度和社会关怀的多重追求。

第三，娱乐综艺节目承担政治责任成为奇景。在承担起社会责任之后，"跑男"又承担起政治责任，成为国内外中国形象的宣传者。电视综艺节目打造引导力的受众基础是最为广泛的，"跑男"在本土化过程中打通了收视群的全年龄层，收视主力涵盖4—54岁，其议程设置效果和意识形态宣传效果不容小觑，在节目中展现时代风采和民族精神有利于国家形象的打造。但是这种做法在央视推出的娱乐综艺节目中都十分罕见，却出现在一个从国外引进模式的省台节目中，确实是非常奇特的现象。我国电视的公信力和影响力部分来源于其意识形态属性[1]，节目组主动承担政治责任，一方面可赢得政府的保护和优待，使节目在日益艰难的电视环境中更好地生存；另一方面，由于近年爱国热情的全面激发，国家民族意义的表达或许也可让观众产生愉悦的综艺体验。那么，观众在观看过程中是否真的关注这些时代精神和民族精神？接下来本文尝试通过对跑男观众的评论文本的挖掘和分析来探讨这一问题。

三 观众评论文本挖掘与分析

聚焦观众对"跑男"节目"国家民族"框架下时代精神和民族精神的关注度和接收度，本文选取腾讯视频平台上"跑男"第六季（即《奔跑吧第二季》）第7期的观众评论进行文本挖掘分析，此期节目主要为表现中国的工人精神和文化，而工人正是中华人民共和国政权建立的根本，这一期节目是"跑男"中最具有政治内涵主题的一期节目。本次数据挖掘试图解决

---

[1] 崔俊芳：《我国电视体制改革20年：市场驱动与"边缘突破"》，《东南传播》2012年第12期。

以下研究问题：

RQ3：这一期节目中观众最关注的是什么？

RQ4：这一期节目的受众情感倾向如何？

RQ5：这一期节目中受众最喜欢什么？最反感什么？

（一）文本数据获取与预处理

本次分析针对腾讯平台上"跑男"第六季第7期的受众评论数据，在对文本进行基本的预处理、中文分词之后，通过情感倾向性分析、语义网络分析、主题分析，实现对文本评论数据的倾向性判断和隐藏信息的挖掘，以期对受众心理有一定的判断。

图2为节目评论数据分析流程，主要包括以下步骤：

1. 编写爬虫代码，采集腾讯平台跑男第六季第7期视频的评论数据；

2. 对获取的数据进行基本的处理操作，包括去除空白项与无用项、文本去重、过滤替换非中文字符、中文分词；

3. 对处理后的数据进行情感倾向性分析、语义网络分析、主题分析；

4. 对分析结果探讨受众心理。

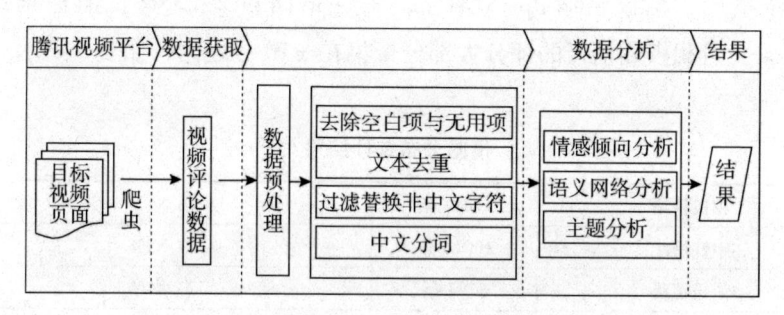

图2 视频评论数据情感分析流程

使用python在腾讯视频平台上爬取评论数据，共爬得原始评论文本41860条，由于文本评论数据中存在大量价值低或者没有价值含量的项，会对后续的挖掘分析造成很大的影响，进而影响数据挖掘成果，所以先对这些文本数据先进行预处理，把大量无价值含量的评论去除。

首先去除空白项与无用项，受众在腾讯平台对视频发表评论的时候，偶尔会随手发布空白消息或数字串等信息，而这些信息是无用的，先予去除；

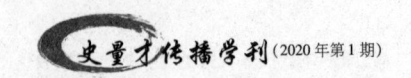

其次，去除文本数据中重复的部分，一些受众会发布多条相同内容的评论以表达激动的心情，重复的评论大量存在会影响最终得到的关注重点和情感倾向，必须去除；再次，过滤和替换符号、字母、数字等非中文字符，去除各种符号、英文字母及使用汉字数字代替阿拉伯数字；最后，对文本评论进行分词处理，在中文中，只有字、句和段落能够通过明显的分界符进行简单的划分，但词和词组的划分没有形式上的边界，本文采用中文分词包"jieba"对文本数据进行分词，此过程中导入一个自定义名词库辅助分词，名词库的内容是节目中的人名、组合名称等。通过以上四个步骤的处理，最终获得分词后的有效评论数据 36603 条。

（二）数据分析结果

1. 情感倾向性分析

使用武汉大学开发的 ROSTCM 6 对预处理后的评论文本数据进行情感倾向性分析。ROSTCM 6 进行情感倾向性分析后将评论文本分割为积极情绪信息、消极情绪信息及中性情绪信息三部分输出。统计结果显示，在评论文本数据样本中，积极情绪占 48.81%，中性情绪占 27.35%，消极情绪占 23.84%，且积极和消极的评分大部分聚集在 ±10 分之内，如表 2 所示。

表 2　　　　　　　　　　情感分布统计结果

积极情绪	17866 条	48.81%
中性情绪	10010 条	27.35%
消极情绪	8727 条	23.84%
其中，积极情绪分段统计结果如下		
一般（0—10）	10496 条	28.68%
中度（10—20）	4679 条	12.78%
高度（20 以上）	2691 条	7.35%
其中，消极情绪分段统计结果如下		
一般（-10—0）	6806 条	18.59%
中度（-20—-10）	1550 条	4.23%
高度（-20 以下）	75 条	0.20%

2. 语义网络分析

语义网络由关键词节点和指向弧构成，可以清晰地看出各个关键词节点之间的联系，这犹如小说的情节线索，可以简化受众所表达的复杂意思。ROSTCM 6 同样可用于语义网络分析，并可生成节点图。

全部评论文本数据的语义网络如图 3 所示。

积极情绪信息的语义网络分析如图 4 所示。

消极情绪信息的语义网络分析如图 5 所示。

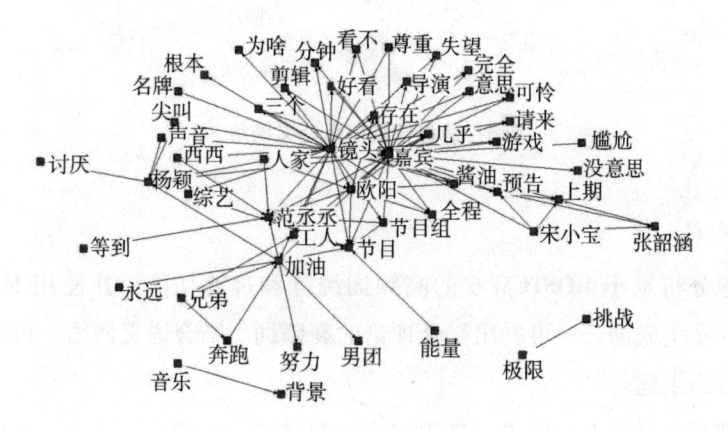

图 3 全部信息语义网络

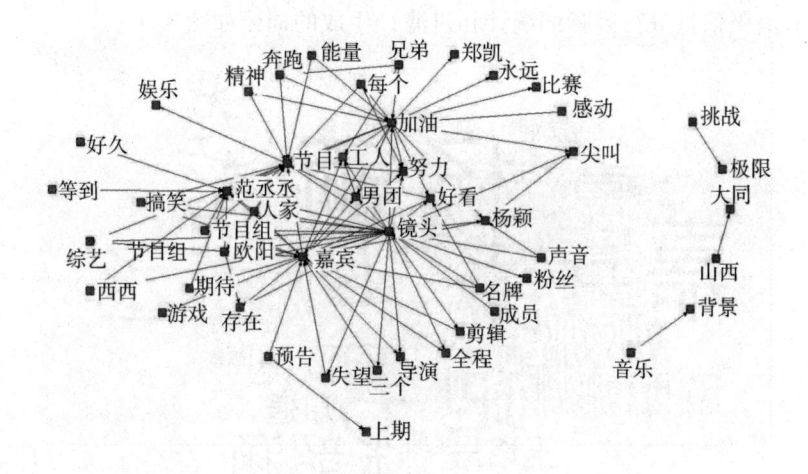

图 4 积极情绪信息语义网络

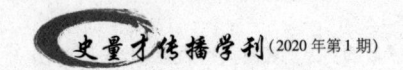

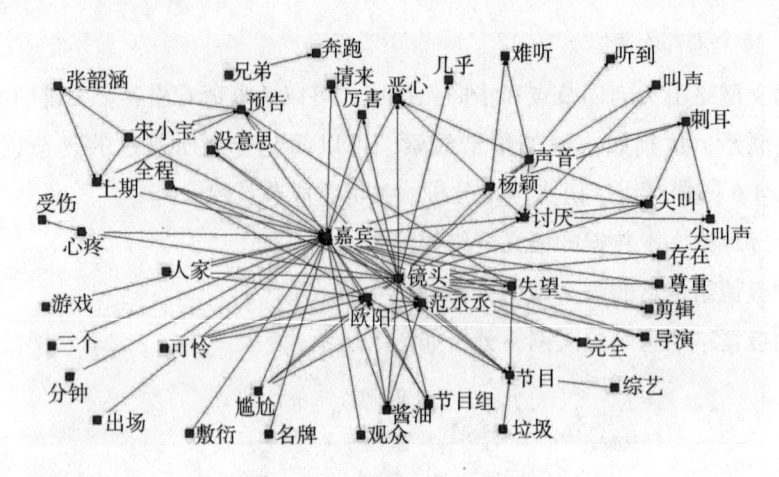

图 5　消极情绪信息语义网络

3. 主题分析

主题分析基于 ROSTCM 6 的高频词统计和过滤功能，并使用 HTML 5 Word Cloud 生成词云，可看出受众评论的高频词。结合语义网络，可得出受众最关心的主题。

对所有评论文本数据进行高频词统计和过滤，生成的词云如图 6 所示。

对积极信息进行高频词统计和过滤，生成的词云如图 7 所示。

对消极信息进行高频词统计和过滤，生成的词云如图 8 所示。

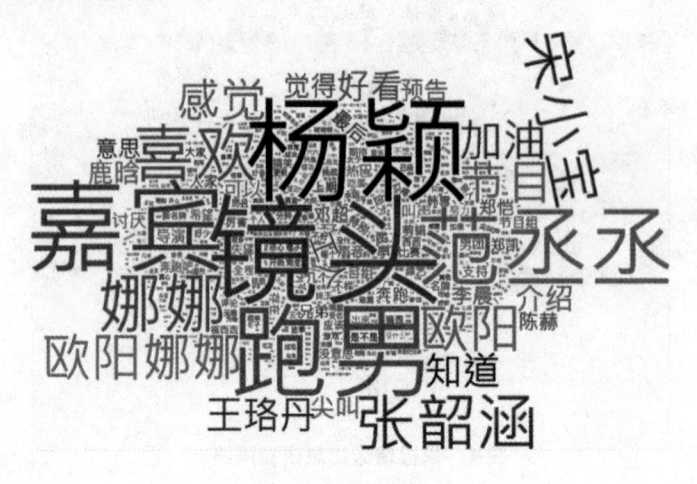

图 6　全部信息词云

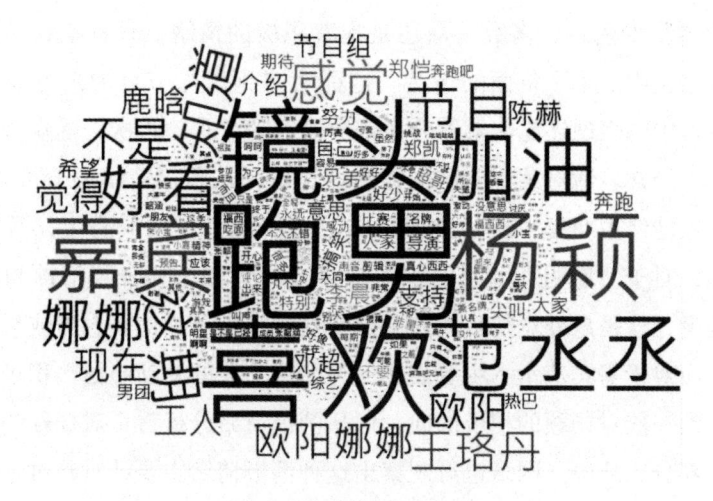

图 7　积极情绪信息词云

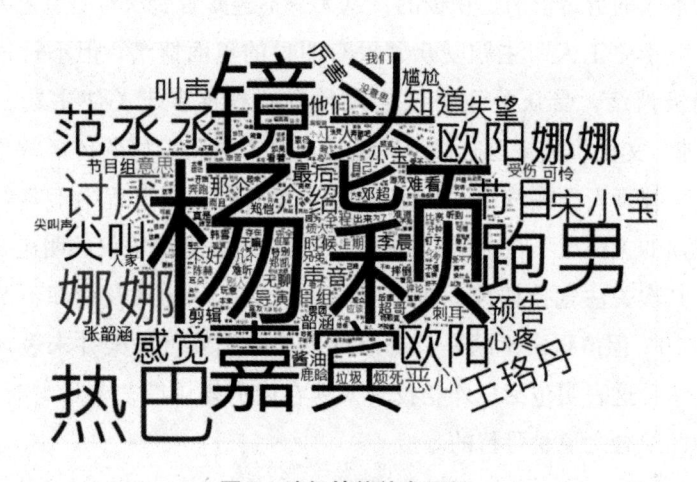

图 8　消极情绪信息词云

(三) 数据分析结论

在对"跑男"第六季第 7 期节目观众评论文本数据的分析中可以发现，节目中观众最关注的仍然是明星艺人。从词云上看，受众对节目的关注点集中在杨颖、范丞丞、欧阳娜娜、王珞丹等明星艺人身上，而且对嘉宾的关注度高于对常驻主持人的关注。而本期节目的主题"工人"则并不受关注。可见受众观看此类真人秀主要还是为了看明星艺人、为了娱乐。其次，对于此期"跑男"的内容，多数受众还是抱着积极的情绪，只有不到三成的观众在观看过程中产生了负面的情绪。这证明"跑男"节目的内容设置以及明星在节目中的表现还是能够符合大部分受众的要求。再次，受众喜欢跑男的精神，也经常表达对某位明星的喜欢或讨厌。从积极情绪词云可以看出，受众的积极情绪主要集中在"跑男"节目本身和几位明星身上，观察语义网络可知，对于"跑男"节目的积极情绪主要是因为其奔跑精神和传递出来的正能量，这是户外竞技真人秀带给受众的区别于其他真人秀或娱乐节目的体现，而对于嘉宾范丞丞主要表达一种期待已久的激动心情。积极情绪分析中可看到一些对杨颖的积极倾向，但从消极情绪分析看，对杨颖的消极情绪占主要部分，从语义网络也可观察出这种消极情绪主要针对她过于夸张刺耳的尖叫声。而与范丞丞相关的负面情绪多是指责节目组给他的镜头太少，对范丞丞本人的情绪依旧是积极的，这无一不透露着受众对明星艺人的猎奇心态。而对于"工人"主题受众并没有明显的负面情绪。但不管是积极情绪还是消极情绪，受众关注明星艺人和竞技精神多于关注主题，这使得"工人精神、文化"的主题有些形同虚设，并未取得较好的传播效果。这凸显了户外竞技真人秀在输出"国家民族"意义的执行过程中不容忽视的问题，即观众的关注点不在主题上，观众最关注的是备受争议的明星在节目中的表现，其次关注竞技精神，而该期主题"工人"的提及量却不及主持人杨颖的1/10。但值得庆幸的是，观众对"国家民族"框架并未表现出消极反感的情绪，这表明包括户外竞技真人秀在内的娱乐综艺节目与时代精神、民族精神的结合之道是可行的。

四 结语

本文通过对"跑男"节目的框架分析和评论文本数据分析，来探索我国户外竞技真人秀输出意义的发展和传播效果。总的来说，"跑男"节目组数年来对于节目意义输出的探索卓有成效，使得节目越来越具有特质和意义，尼尔·波兹曼认为"电视上的一切都是为了给我们提供娱乐[①]"，但从框架分析可以看出，"跑男"并不单纯为了提供娱乐，但令人颇为唏嘘的

---

① [美]尼尔·波兹曼：《娱乐至死》，章艳译，广西师范大学出版社2004年版，第114页。

是，从评论文本的分析中发现，大多数观众主要选择接收娱乐，而户外竞技真人秀本身的竞技精神也在很大程度上分散了受众的注意力。电视节目制作方力图在娱乐之上输出更多的意义，这已经获得了一定的成功，但如何唤醒观众对娱乐、竞技之外的意义的感知，或许是当前需要解决的重要问题。与此同时，此类竞技真人秀执行过程中出现的过度追求竞技刺激、主题和内容无法很好融合的问题，实际上亦是陷入娱乐化旋涡所导致的误区，使节目陷入模式化的项目设置和情绪调动，也是需要警惕的地方。

当前主旋律电视剧话语修辞的舆论引导力研究

张厚远

（北京大学新闻与传播学院高级访问学者，浙江越秀外国语学院网络传播学院副教授，绍兴网络舆情研究院常务副院长）

摘　要：电视剧具有较强的隐喻功能、"培养"功能和"沉浸式"体验效应，能发挥独特的舆论引导作用。2017—2020年之间主旋律电视剧以其鲜明的国家话语修辞，表现出浓厚的国家意识、人民情怀、革命浪漫主义精神和当代"中国式英雄"审美，具有议程建构的功能，传承历史，形成影像记忆和"图式"结构，影响着未来舆论的导向。

关键词：主旋律电视剧；舆论引导力；话语修辞；议程建构

话语修辞研究是当前新闻与传播学领域研究的热点之一，国家修辞的研究尚处于起步阶段，赵启正于2008年提出了"提高国家修辞能力，让世界了解真实的中国"的观点；在此基础上，陈汝东于2011年提出了"国家修辞是国家传播的重要形式之一，在新的国家文化建构中起着重要作用"的论断。他认为："中国既往的修辞学研究多集中在语言修辞现象、修辞手段和修辞方法等方面，其所涉及的修辞主体主要是民众，没有把国家作为一个修辞主体，也很少把国家修辞现象作为研究对象。"[①] 本文重点研究了2017年以来国家主旋律电视剧的国家修辞现象，探索新时代如何通过话语修辞的

---

* 基金项目：2018年度浙江省哲学社会科学规划项目"境外意识形态渗透对我国政治文化安全的影响研究"（立项号：18NDJC288YB）成果。

① 陈汝东：《论国家修辞学》，《江淮论坛》2012年第3期。

方式弘扬主旋律意识形态，提升主旋律电视剧的舆论引导力。

一 当前主旋律电视剧舆论引导力的新课题

党的十九大提出了"新时代中国特色社会主义思想"，与之相应的，中国电视剧生产面临着一个崭新的"国家修辞"新课题，即如何通过话语修辞的创新实践来满足观众不断提高的审美需求和思想新境界，进行国家修辞建构。

对于观众而言，他们既需要符合信息化时代要求的新内容，也需要能够传承民族精神的经典内容，形成历史新记忆。电视剧所包含的信息、观念和意识能够塑造共同的世界观、人生观和价值观，能潜移默化地影响人们的认知活动。马克思认为，意识形态是一种扬弃的思想观念体系，由人们的客观生活规律所决定，它随着实践的发展而不断前进，随着社会物质条件的日益完善而不断自我完善，实践是促进它发展的唯一动力。马克思主义意识形态理论具有这样的创新性：它可以使代表国家精神和主流价值观念体系的意识形态不断自我创新，从而适应时代发展的需求，保持自己的先进性。

当前大数据技术日新月异，高度信息化社会对传统意识形态结构和意识形态引导的创新带来了许多新课题，多元化网络舆情不断地冲击着先进主流意识形态的生态结构。智能化时代的碎片化阅读方式，世界范围内各种"颜色革命"中的意识形态斗争，也会影响我国当前先进意识形态的舆论引导工作。

研究当前严峻的意识形态斗争的复杂性时发现：各种非主流意识形态已经渗透到了我们社会的肌理之中，其感染的"长尾效应"越来越明显。"近十多年来，中国境内外、体制内外的一些政治反对派和'自由主义学者'坚持不懈地研究、鼓吹当代西方'公民社会'理论并加以推广，试图影响舆论、动员群众、积蓄力量，最终一举实现中国政治和社会的全面'转型'。"[①] 美国前总统尼克松在他的《1999年：不战而胜》中写道："当有一天中国的年轻人已经不再相信他们老祖宗的教导和他们的传统文化，我们美

[①] 张厚远：《反华势力对中国进行网络舆情渗透的主要形式》，《湖北警官学院学报》2016年第1期。

国人就不战而胜了。"① 这种严峻的斗争形势，对于融媒体时代先进意识形态的引导力建设形成了巨大挑战，需要使用多模态化的传播方式综合应对。电视剧因其强大的隐喻功能和"沉浸式"的传播体验，能够发挥其他传播形态无法替代的独特作用。

二 主旋律电视剧意识形态舆论引导的建构性功能

这里的主旋律电视剧指的是广电总局规划的2018—2022年百部重点电视剧和2017年各个电视台播放的以弘扬主旋律为主题的电视剧。前者主要为庆祝改革开放40周年、中华人民共和国成立70周年、建党100周年。后者主要是指广电总局推荐的55部参考剧目：31部迎接党的十九大胜利召开、20部庆祝建军90周年和4部庆祝香港回归20周年的电视剧。

（一）国家意识和平民意识的二元融合结构

按照马克思主义学者的相关观点，意识形态建构现实，意识形态能够整合异质性思维，意识形态领导权与经济领导权、政治领导权一样至关重要，甚至他们觉得，意识形态领导权要先于经济领导权、政治领导权。领导权的基础是"国家"，而"国家"由"政治社会"和"市民社会"共同组成，意识形态领导权的建构需要"政治社会"和"市民社会"共同完成。把这种理论付诸实践，不仅能够调动"市民社会"参与先进意识形态建构的主动性和自为性，也能产生"自己人"的身份认同感，符合互联网时代的"共享"理念。这种身份认同感是主旋律电视剧集中表现出来的一个重要情感基调。笔者认为，主旋律电视剧的主题和场景，不再是以前的纯政治性叙事，而是转换成了政治性叙事和社会性叙事的二元融合。既讲政治，又讲平民故事。

迎接党的十九大胜利召开和庆祝改革开放40周年的电视剧主要有两大主题：反贪斗争和平民故事。《人民的名义》把反贪剧的艺术水平提高到了一个崭新的高度，生动再现了政府反贪工作的复杂性和艰巨性，表现出共产

---

① 安轩平：《意识形态领域斗争决不能松懈》，载《安徽日报》"特别关注"，2015年11月30日第4版。

党人对贪污腐败的零容忍态度，这种"断腕自新"的组织行为已经形成了一种共识，获得了一致的国家认同感，属于"国家"叙事。平民故事主要讲述普通老百姓在社会大潮中起起伏伏的感人故事，以励志、创业、亲情、和谐、幸福为主要情感基调，表现了新时代普通人坚持不懈的创新精神和自信乐观的生活态度，属于社会学叙事。《我们的少年时代》讲述了三个少年在追求棒球梦的过程中不断披荆斩棘、最终实现梦想的故事，传递了青春正能量，为青少年观众树立了正确的世界观、人生观和价值观。《喀什噶尔人家》则讲述了维吾尔族、汉族和塔吉克族四个家庭的故事，以时空的转换、感人的故事、原汁原味的镜头向大家展现阳光、进取、热情、善良的喀什噶尔人形象，全面反映了喀什噶尔人独特的思维方式和精神境界，表现了"民族一家亲"的主题。《创业时代》首次讲述了国内互联网创业题材的商业故事，再现了一批充满激情的青年人踏上互联网创业之路的艰辛。虽然成功的路上劫难重重却总能够坚守本心，不断突破行业的恶性竞争和商业巨鳄的残酷攻击，惊心动魄，演绎了"共担、共创、共享"的互联网精神，对于政治、文化和互联网的健康发展而言，富有启示性意义。

在融媒体时代，平民社会本身就是文化、伦理等意识形态领域的构成要素，是政治、法律等政治上层建筑的基础之一。意识形态的基本特征是同意和认同，如果没有来自平民社会的认同，一个国家将很难维持下去，平民认同的原动力来源于普通民众的幸福感和安全感。国家需要借助意识形态的力量整合社会心理，维护社会稳定，为建设和发展提供一个具有"平等共享"精神的和平环境，这体现了"以人民为中心"治国理念。

社会舆论是意识形态领域的风向标，是文化领导权的重要载体，代表"国家治理体系和治理能力现代化"的趋势。主旋律电视剧是一种影响力强大的舆论形态，易于形成具有普遍性意义的世界观、人生观和价值观，具有强大的"团体动力"功能，形成了收视率和影响力的"群聚效应"。所以主旋律电视剧生产成为意识形态舆论引导力的主体之一，是国家治理的重要组成部分。

（二）"既讲政治又好看"的国家叙事结构

主旋律电视剧主要通过"国家叙事"的方式来完成先进意识形态引导

力的建构，体现在国家形象传播和国家根本利益的保护上。它非常重视意识形态在社会教化功能上所具有的广泛性、持续性、非强制性特征，通过恰当的"议程建构"和"传播框架"，营造一个合适的"语境"，形成一个深维度的"镜像"，丰富着先进意识形态价值观的核心理念与核心力量，对社会成员的生活模式和思维模式产生持续性的影响，这种生活模式和思维模式相对稳定地、潜移默化地作用于人的内心世界和社会精神，成为先进意识形态舆论引导的重要动力。

迎接建军90周年的电视剧就采用了"既讲政治又好看"的国家叙事模式，再现建军90年来的中国共产党领导下的人民军队生生不息的奋斗精神和顽强战斗意志，塑造了许多被大家铭记在心的英雄形象。很多场改变中国历史走向和人民命运的重大战役，表现了人民军队神圣的"家国情怀"和"越是艰险越向前"的自信心。《建军大业》运用精彩画面传承民族精神，以"山河统一、拯救民族危难"为主题，表现青年共产党人"有文化、有理想、气质非凡、不怕牺牲"的精神气概。《深海利剑》展示了我国现代化海军实力与潜艇兵的真实生活，用"家国情怀"弘扬了中国梦、强军梦的时代主题，增强民众对"强军梦"的理解和认同感。荣获2017美国亚洲影视联盟"金橡树奖"优秀电视剧奖的《林海雪原》属于"红色经典剿匪大剧"，是一场具有东北特色的视觉盛宴。

马克思主义学者常常把意识形态工作上升到"国家机器"的高度进行国家叙事。他们运用"结构因果性"和"多元决定"等概念所体现出来的结构主义原则，来解释社会形态、生产力与生产关系、经济基础与上层建筑三者之间的各自关系，以及它们三者之间的相互关系。阿尔都塞认为："社会是由经济、政治和意识形态等因素按一定结构方式构成的复杂统一体，历史发展不是按'人的本质的异化'和'扬弃异化'的人道主义方式进行，而是由多种因素相互作用构成的'无主体过程'。"[①] 笔者认为，"多种因素"中最主要的因素是媒体、教育和家庭，媒体、教育和家庭是意识形态形成的重要基础，媒体和教育除了文化传承，还有世界观、人生观和价值观

---

① [法] 路易·阿尔都塞：《马基雅维利的孤独》（校订版），陈越、严翔中译，法国大学出版社（PUF）1998年版，第39页。

的塑造与传承，这些都是通过"温和"的"劝服"方式完成的。同样，家庭是人格形成的重要组成部分，家庭的世界观、人生观和价值观会影响到后代。阿尔都塞观点形成的时间节点是20世纪60—70年代之间，那个时候，电视是意识形态塑造和传承的重要媒介，这一点已被美国传播学界对于电视暴力的一项大型研究——"国家电视暴力研究"（National Television Violence Study）的诸多结论所证实。"既讲政治又好看"的电视剧通过电视媒体和网络视频深入家庭单位，完成国家"教育"的功能。

（三）意识形态舆论引导功能获得了普遍的价值认同感

意识形态舆论引导是一种运用主旋律意识来影响人们的思想意识、规范人们的行为，使其社会成员按照管理者希望的方式从事社会活动的传播行为。

社会舆论是一种多模态化的动力系统，社会稳定和发展的内在逻辑要求有一种能够代表大多数人根本利益的舆论导向。在网络社会组织形式和互联网信息传播方式的双重影响之下，靠传统的社会组织和行政手段来推行先进意识形态思想的行为已经式微，以高超的调控艺术来有效整合大众媒体，成为当前意识形态舆论引导工作的一种普遍模式。

意识形态舆论引导的创新受社会多重因素的影响。大而言之，主要包括：价值观的认同感、执政者的执政理念、社会意识形态结构、国民的素养与精神状态、媒介发展的程度等。小而言之，主要包括：对社会重大事件的关注度、社会内部沟通程度、合意表达的活跃度、对历史方位的准确把握等。

主旋律电视剧准确地把握了上述诸多因素，凝聚了社会共识，形成了意识形态舆论引导的"群聚效应"，获得了普遍的价值认同感，改变了观众对主旋律电视剧的传统认知和刻板印象。2014年10月15日，习近平在文艺工作座谈会上说："广大文艺工作者要高扬社会主义核心价值观的旗帜，把社会主义核心价值观生动活泼、活灵活现地体现在文艺创作之中，用栩栩如生的作品形象告诉人们什么是应该肯定和赞扬的，什么是必须反对和否定的，做到春风化雨、润物无声。"[1] 以《建军大业》、《深海利剑》、《西柏坡

---

[1]《习近平在文艺座谈会上的讲话》，转引自人民网，2015年10月15日，http://culture.people.com.cn/n/2014/1015/c22219-25842812.html。

的回声》和《激情的岁月》等为代表的主旋律电视剧是对这种新理论的一种及时的实践性的回应,不仅提高了观众的审美能力,也提高了观众意识形态新境界,形成了"群聚效应"。按照"群聚效应"的惯性作用,它将融入后来国家先进意识形态的建构之中,影响未来舆论的导向。

(四)极具中国话语修辞特色的"东方式情感表达"

法国社会学家艾德加·莫兰说:"精神活动的前提就是想象活动与认知实践活动原则上的统一,文化应当是体验社会问题的方式与文化系统结构规则之间沟通的回路,它们之间的关系有许多种沟通的类型。"[1]

很多社会学家都认为中国是个人情社会,中国人交流的习惯是"晓之以理,动之以情",中国人做事的原则是"合情、合理、合法"。中国人情常常表现在"五伦"关系之中,即"君臣""父子""夫妇""兄弟""朋友",这"五伦"代表人生活场景中最为重要的五种人际关系。在现代社会里,"君臣"关系可以转换为"国"与"家"的关系,"父子"关系转换为父母和子女的关系,"夫妇"关系则包含"恋人"关系。归结起来,主要包括:对国家和集体的情感、对父母的情感、对子女的情感、男女之间的情感、兄弟姐妹之间的情感、朋友之间的情感、师徒之间的情感等。这些情感的表达就构成了独具中国特色的"东方式情感表达"方式,能集中体现出中国传统文化的融合,即儒、释、道三家传统文化的交相融合,笔者认为,这种融合后的总特征是:中国人遵从"情、理、法"的处世原则,崇尚"富贵、道义、坚韧、内敛、雅静、飘逸、清丽"的精神追求。

在变动的社会里,人对未知世界的想象是比较模糊的,人的认知实践活动是比较盲目的,这种想象与认知活动原则上的统一性正是近代以来中国香港人精神活动的总体特征。处于不断动荡或变动中的中国香港人的精神,既接受了西方文化的熏染又坚守住了中国传统文化的精髓,形成了极具中国特色的"东方式情感表达"特征。

庆祝香港回归20周年的电视剧主要表现中国香港人艰苦卓绝的创业精

---

[1] [法]艾德加·莫兰:《社会学思考》,阎素伟译,上海人民出版社2001年版,第353—358页;转引自张厚远、陈峻俊《论〈功夫熊猫〉中的中国传统文化的视觉传达》,《新闻世界》2009年第2期。

神，以及大陆与香港之间血浓于水的骨肉亲情；《传奇大亨》以爱国爱港的华语影视教父邵逸夫先生以及中国早期影视拓荒者为主要原型创作，讲述了半个世纪以来在港华人的奋斗史诗；《万水千山总是情》以中国20世纪30年代的"救亡图存"时期为背景，讲述一对青年男女之间的跨越万水千山的爱情故事；《我的1977》以小人物为切入点，展现了大时代背景下普通人群的坎坷命运和两地人民之间亲密的情感联系，具有宏观的历史视野。

这些富有影响力的"东方式情感表达"方式一方面赢得了大陆观众的情感共鸣，另一方面，也得到了港澳台以及海外华人的情感认同，组成了先进意识形态价值观的重要组成部分，准确地把握了意识形态舆论引导的时机、尺度和效果。

三 国家意识和人民情怀话语修辞的功能

话语修辞是特定社会语境中人与人之间围绕既定话题进行交流沟通时所使用的特定的言语行为，是在不断的冲突和弥合的过程中完成的，代表一个时代某一特定群体的共同性特征，能够建构正确的社会认知模式。在传播学领域，话语的建构功能居于主导性地位，因为它能够完成传播者所要赋予的意义，整合异质性价值观念，形成新的社会认知模式。而话语框架具有"图式"化功能，有特殊规定性，能产生模式化的意义，影响社会。

（一）形成传播接受的"群聚效应"

"群聚效应是一个社会动力学的名词，用来描述在一个社会系统里，某件事情的存在已达至一个足够的动量，使它能够自我维持，并为往后的成长提供动力。"[1] 比如，一部电视剧的成功，不但能为后面相关电视剧的创作提供足够的动力资源，也能带动相关衍生产业的发展。本文所述的"群聚效应"，指的是当传播动力达到一定的能量之后，就会形成巨大的磁场效应，产生接受的"蜂聚现象"，不但能够凝聚共识，为以后的相关传播带来足够的动力，还能带动一个地方传媒产业和意见市场的繁荣。与社会学

---

[1] 徐漪、沈建峰：《试论共享经济的信息群聚本质》，《产业与科技论坛》2017年第20期。

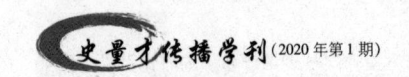

系统里"群聚效应"不同的地方是,传媒的"群聚效应"可以建构起一个足够大的信息场,改善现有意识形态结构和舆论生态环境,推动社会向前发展。

《林海雪原》于2017年7月16日起分别在安徽卫视、山东卫视、黑龙江卫视和爱奇艺视频网站依次播放,形成了"一剧四星"的拼播模式,创下了收视率和观众好评的"双高"。之后,该剧又于2017年10月20日在广东卫视黄金档、2017年10月30日在广西卫视黄金档分别播出,同样收获了良好的赞誉。在52城2017年8月8日榜单上位列第三(见图1),在以"汇聚影视文化大数据"著称的中文投数据网站的日均收视率走势图中,能够看到明显的上升趋势(见图2)。在电视剧上映期间,由韩磊演唱的主题曲《越是艰险越向前》也唱遍了大街小巷。

52城8月8日(周二)19:30—24:00含央视电视剧[http://weibo.com/tvthings]						
排序	名称	频道	集数1	集数2	收视率%	市场份额%
1	深海利剑	浙江卫视	23	24	0.929	3.193
2	深海利剑	北京卫视	23	24	0.828	2.848
3	林海雪原	山东卫视	47	48	0.782	2.683

图1 52城网8月8日全国电视剧收视率排名(2017年12月5日截图)

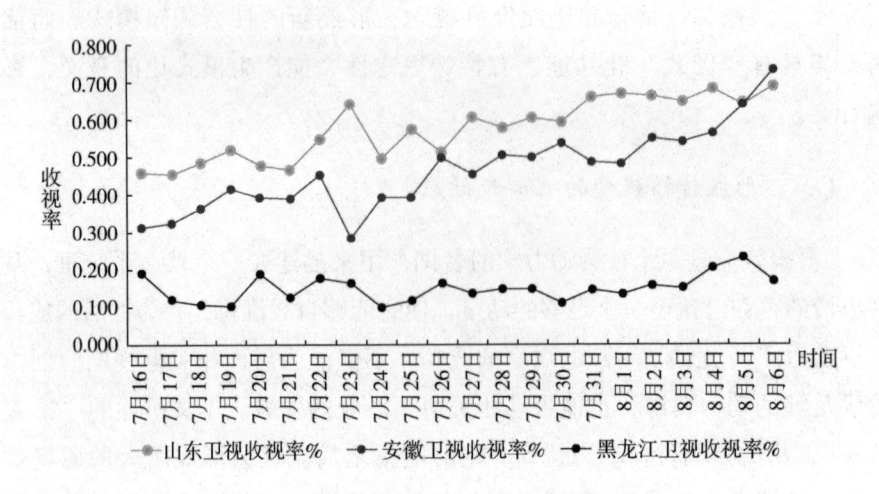

图2 中文投数据网关于《林海雪原》日均收视率走势(2017年12月5日截图)

事实上,《林海雪原》于2017年6月开始分别在一些地方城市电视台播出，收视率奇高。比如，在浙江省湖州电视台播出期间，索福瑞和尼尔森两套收视测量数据显示："《林海雪原》索福瑞收视率1.5%、份额6.3%，完成剧场收视考核值的156%；尼尔森收视率1.94%，份额3.9%，比浙江广电某知名频道在湖州地区播出该剧的收视率高出223%、份额高出117%。当然，更比同月播出该剧的三家卫视的收视率高出780%，份额高出550%。"①

（二）引发观众的情感共鸣

中国的"修辞"最早出现在《周易·乾·文言》中，原句是"修辞立其诚，所以居业也"。唐朝经学家孔颖达注释说："辞谓文教，诚谓诚实也；外则修理文教，内则立其诚实，内外相成，则有功业可居，故云居业也。"② 这里的"修辞"是"修理文教"的意思，与人的修业有关。鲁迅先生在《书信集·致李桦》中也曾写道："正如作文的人，因为不能修辞，于是也就不能达意。"这里的修辞就是今天通用的"修饰文辞"的意思。

修辞通过修辞艺术达到说服的目的，它有三个基本要素：人品诉求、情感诉求和理性诉求。人品诉求主要针对说话人，情感诉求针对观众，理性诉求针对话题。其中，理性诉求包括推理技巧和语言逻辑，它要求推理过程环环相扣，语言的逻辑性要强，让观众不知不觉地融入剧情的推理之中，与内容生产者产生情感共鸣，从而赢得信任，增强说服力。

情感是修辞的重要范畴之一，《林海雪原》以"国家意识"和"人民情怀"作为修辞的情感范畴，通过"修理文教"和"修饰文辞"的表达方式来诠释这两个核心价值观的内涵，唤醒沉淀在国人心底的崇高审美意识，引发情感共鸣。

国家意识是一种基于社会个体对国家的政治、经济、文化、历史和国情等诸多要素的客观认知、理解和认同，逐渐积淀而成的一种国家主人翁的认同感、责任感、自豪感和归属感。它是一种崇高的审美意识，能激发公民的责任心和价值认同感，有利于凝聚共识。人民情怀是民主政治的直接体现，是平等、自由、人民中心论等价值理念在国家治理活动中的外显形式，执行

---

① 朱慧：《探寻多维视角下城市台影视剧节目的宣传推广——以新版64集电视剧〈林海雪原〉为例》，《视听纵横》2017年第6期。
② 赵蒙良：《"修辞立其诚"之我见》，《当代修辞学》1986年第4期。

的是协商原则和多数性原则,在现实社会中,是构建和谐社会的重要基础。"民可近,不可下;民惟邦本,本固邦宁",这句话清晰地表述了"国家意识"和"人民情怀"之间的辩证关系,这种理念在《林海雪原》里体现得比较完美。在第一集里,当少剑波带着这支由 36 人组成的小分队初次面对着东北难以忍受的酷寒时,集体唱道:"我们的队伍向太阳,脚踏着祖国的大地,背负着民族的希望,我们是一支不可战胜的力量,我们是工农子弟兵,我们是人民的武装。"这是这部电视剧的整体情感基调,贯穿始终,与片尾曲《越是艰险越向前》里的"昂起我的头,同饮庆功酒,用生命战斗,甘洒热血写春秋"相互映衬。剧中,台词、音乐、场景设置、灯光设计、叙事节奏、人物性格刻画等,无不体现了"国家意识"和"人民情怀"。

2013 年 8 月 19—20 日,习近平在全国宣传思想工作会议上强调,"坚持人民性,就是要把实现好、维护好、发展好最广大人民根本利益作为出发点和落脚点,坚持以民为本、以人为本","树立以人民为中心的工作导向"①。《林海雪原》的"国家意识"和"人民情怀"贯穿整个剧情之中,这不是简单的政治思维和政治逻辑,而是一种世界观和方法论,是意识形态认识论中的动力要素。

(三) 传递自信自强的自主性精神

弘扬主流价值观时自信自强的政治态度主要表现在自主性上,自主性是指行为主体依照自己意愿行事的动机、能力或特性,它主要包括:主体性、判断力、责任感、自信心、自强性和自由表达。自信自强是建立在自我认知、自我激励基础上的一种自我肯定、自我约束的人生态度,是在综合多种因素之后表现出来的积极向上的、发散着理想主义精神的理性品质。

曾经有段时间,电视剧里"去政治化"成了一种常态,出现了一股犬儒主义的倾向,表现庸俗烦琐和娱乐滑稽的题材占据了主流。其主要表现是:回避理想、迎合世俗、接受低俗、精神颓废、丧失道德原则。后来,随着网络社会的推波助澜,这种犬儒主义之风江河日下,渐变成玩世不恭、愤

---

① 《习近平在全国宣传思想工作会议上讲话》,转引自中华人民共和国中央人民政府网站,2013 年 8 月 20 日,http://www.gov.cn/jrzg/2013-08/20/content_2470777.htm。

世嫉俗、缺乏正义感与廉耻感的风格，并且照单全收世俗世界里最坏部分的观念和行为。此种语境之下，各种非先进意识形态乘虚而入，不断滋生蔓延，逐渐形成了新自由主义、虚无主义、怀疑主义、颓废主义、享乐主义、新左派、"推墙派"和"体制婊"，以及各种伪善、伪道德等。其主题远离重大题材、回避社会现实，沉溺于蝇营狗苟的情绪宣泄和愤世嫉俗。即使是政治题材的影视剧，也不能旗帜鲜明地弘扬我们的核心价值观，即使有所弘扬，也由于多种原因所限，呈现出来的多是粗制滥造和旧题材的机械重复，甚至会出现"政治虚无主义"倾向性。

"文变染乎世情，兴废系乎时序"。文学的变更兴衰与社会变迁、政治动向息息相关。艺术家是时代变迁演进的亲历者、见证者和抒写者，也是时代精神的塑造者。《林海雪原》在弘扬主流价值观方面，表现了非常鲜明的自信自强的自主性态度。剧中着力塑造了少剑波、杨子荣、孙达得、高波、白茹等既乐观自信又无所畏惧的孤胆英雄群像，每一场战斗他们都主动请缨、上阵杀敌，这种自信自强精神具有强烈的艺术感染力，充满着慷慨激昂的英雄气节。无论是奇袭奶头山、智取威虎山，还是围剿大锅盔、暗战神河庙，都是斗智斗勇、殊死拼搏。他们呈现给观众的几乎都是"笑着出征""坦然赴死"的英雄形象，正是这种自信自强的自主性精神，促使他们在每次艰苦卓绝的激烈交锋中，都能全歼凶残狡诈的匪徒。

鲁迅在《坟·文化偏至论》里说："处实之世，而有勇猛奋斗之才，虽屡踣屡僵，终得现其理想。"《林海雪原》把英雄人物置身于一个特定的政治、社会和文化的总体环境之中，用历史的、辩证的方法再现社会的残酷性和严峻性，表现出英雄人物自信自强的自主性精神。

（四）表现革命浪漫主义精神与当代"中国式英雄"审美

革命浪漫主义精神是一个曾经在中国艺术创作和美学研究领域中持续了很长时间的具有主导性意义的审美范畴，在中国人的思想上留下了深刻烙印。其创作的基本原则是：在不违背历史真实性原则的前提下允许艺术化虚构，增强戏剧性效果；在塑造历史人物的时候可以倾入作者的政治理想和情感倾向性，提高作品思想高度；在塑造历史人物形象时允许"诗情画意"，在描绘自然景物时可以营造"情景交融"的意境，使作品充满浓郁的浪漫主义抒情风格。当前,借助各种高科技的手段,革命浪漫主义精神有了更加丰富的表现方式,例如:美轮美奂的特效、栩栩如生的既视感、明暗相间的线索、跌宕起伏的情节冲突、个性鲜明而又富有理想主义精神的人物形象等。

　　从历史上看,近现代以来,中国革命波澜壮阔、艰辛异常,胜利来之不易。与之相匹配的宏大社会背景和宏大叙事的艺术基因已经镌刻在中国人的精神世界里,这种基因在社会发展的关键节点就会迸发出巨大能量。放映于中国人民解放军建军90周年之际的献礼剧(包括纪念红军长征胜利80周年的献礼剧)就是这种能量集聚后的集中释放,把革命浪漫主义精神和当代"中国式英雄"审美紧密结合起来。《林海雪原》塑造了一群个性鲜明的当代"中国式英雄"群像,他们以天下为己任,富有理想、情怀厚重、格调高雅,他们敢于担当、勇于奉献而且智勇双全,精悍威武、不怕牺牲,善于在完成艰巨任务的过程中实现人生升华。对于普通受众而言,期待英雄、崇敬英雄、欣赏英雄、颂扬英雄、借助英雄精神升华人生境界是一种内在的心理需求。《林海雪原》里的"中国式英雄"和剧情里展现出来的革命浪漫主义精神成功满足了观众的这种心理需求。片尾曲则集中总结了那个时代的英雄主义精神和勇往直前的革命豪情:"英雄酒杯装天,何惧明枪暗箭。听我一声狂喊,杀个人仰马翻。信念星火燎原,壮志豪情虎胆。神枪瞄准黑暗,胜利就是我终点。穿林海,跨雪原,越是艰难越向前。"

四　当前主旋律电视剧话语修辞的根源性

　　在中国文化传统中,王阳明的"心即理"、"知行合一"和"致良知"的三大命题能够比较恰当地诠释当前舆论引导对于先进意识形态构建的强关联性。王阳明认为,心灵修养的目的就是每个人的内心世界都能达到各自最高的精神境界,而不是一个模式化的形式上的"圣人"。精神境界达到最高之后就可以摆脱得失、荣辱、生死的困扰,实现生命的超越,当人人都有了高尚境界,社会就有良知和真知,社会人就会通过真实性的实践来完成真理性的认知。王阳明认为,良知就是真理性的知识,是世界内在的规则或者世界的本源。王阳明的"最高的精神境界"与本文论述的"先进意识形态"具有一致性的特征,都是通过"知行合一""致良知"来提升人类社会的精神境界。在"知行合一"和"致良知"的过程中,知识阶层的社会意识能发挥重要作用。孟子曾把春秋战国之乱的原因归结为："圣王不作，诸侯放恣，处士横议"。这里的"处士横议"指的就是国家的舆论环境和意识形态的问题，即国家的政治领导权和意识形态的领导权出现了严重的混乱，这与葛兰西的文化领导权理论相似。不同之处是，葛兰西认为，意识形态领导权要先于经济领导权和政治领导权，而孟子则认为意识形态领导权和政治领导权是因果关系。

文化具有"图式"化功能，能够"同化"异质性文化，获得心理认知的"顺应"性，最后形成新的"平衡"。如此反复，建构起稳固的意识形态结构，维护社会稳定并且给社会提供精神性的准公共性产品。电视剧作为传媒产品，兼具商业性、社会性和准公共产品等三重属性，后两种属性说明它在社会发展过程中具有主导性的功能。同其他媒介相比，电视剧"声画并茂"和"培养"的传播特性使之更容易被社会群体所接受，更易于让观众在轻松愉快的审美活动中"潜移默化"地接受先进意识形态的价值观。同时，电视剧的娱乐价值和审美价值能够跨越国界，具有更普遍的国际适应性，其蕴含着的价值观更便于传播到异质性文化领域。